W0411378

Schillers Dramen. Neue Interpretationen

Schillers Dramen
Neue Interpretationen

Zweite, durchgesehene
und bibliographisch erneuerte Auflage

Herausgegeben von
Walter Hinderer

Philipp Reclam jun. Stuttgart

Alle Rechte vorbehalten. © 1979, 1983 Philipp Reclam jun., Stuttgart
Gesamtherstellung: Reclam, Ditzingen. Umschlaggestaltung: Alfred Finsterer, Stuttgart
Printed in Germany 1983
ISBN 3-15-010285-5

Inhalt

Vorwort

Selbst ein politisch so unverdächtiger Zeuge wie Karl Gutzkow schwärmte zeitgemäß in einem Festspruch am 9. November 1859: »Edler Schiller! Tritt in deiner hohen würdevollen Gestalt aus den unbestimmten Dämmerungen der enthusiastischen Begeisterung dieser Tage und erleuchte dein Volk und die Welt über die wunderbare Schwingung, die dein Geburtsfest dem öffentlichen Geiste Deutschlands gegeben!« Dieses Schillerbild des 19. Jahrhunderts verrät gewiß mehr über die ideologischen Interessen des Sprechers als über den Gegenstand der Rede. Man braucht nur an die neueren Monographien von Gerhard Storz, Benno von Wiese und Emil Staiger und an die vielen bedeutenden Einzelstudien zu erinnern, um die massiven Veränderungen anzudeuten, die seither die Rezeption von Schillers Werk erfahren hat. In seiner berühmten Rede im Mai 1955 blickte Thomas Mann kurz auf die nationalen Feste von 1859 zurück und verwies auf ein anderes, ein »größeres Vorzeichen«, auf Schillers »Willen zum Schönen, Wahren und Guten, zu Gesittung, zu innerer Freiheit, zur Kunst, zur Liebe, zum Frieden, zu rettender Ehrfurcht des Menschen vor sich selbst«. Man mag mit einigem Recht fragen, ob diese Ansicht denn wirklich so weit vom *Schillerfestspruch* Gutzkows entfernt sei, das Schiller-Bild, das Thomas Mann in seinem liebevoll-ironischen *Versuch* zeichnet, ist es bestimmt. Über den Dramatiker Schiller heißt es dort zum Beispiel: »Er hat sich ein persönliches Theater-Idiom erfunden, unverwechselbar nach Tonfall, Gebärde und Melodie, sofort als das seine zu erkennen, – das glänzendste, rhetorisch packendste, das im Deutschen und vielleicht in der Welt je erfunden worden, eine Mischung von Reflexion und Affekt, des dramatischen Geistes so voll, daß es schwer ist seither, von der Bühne zu reden, ohne zu ›schillerisieren‹.« Nicht umsonst galt das ›Schillerisieren‹ auch im 19. Jahrhundert von Georg Büchner, Friedrich Hebbel, Otto Ludwig bis hin zu Ferdinand Lassalle als eine der beiden dramatischen Hauptstilarten, der man sich je nach der ideologischen Einstellung entweder total verschrieb oder von der man sich betont polemisch abwandte.

Es war bestimmt nicht bloß als diplomatischer Schachzug gemeint, wenn Schiller seine eigene Begabung von der Goethes abhob und diesem am 31. August 1794 mitteilte: »Sie haben ein Königreich zu regieren, ich nur eine etwas zahlreiche Familie von Begriffen, die ich herzlich gern zu einer kleinen Welt erweitern möchte.« Trotz aller negativen Untertöne spricht er in diesem Brief nicht ohne Selbstbewußtsein von seiner Sonderstellung als Dichter und Intellektueller: »Mein Verstand wirkt eigentlich mehr symbolisierend, und so schwebe ich, als eine Zwitterart, zwischen dem Begriff und der Anschauung, zwischen der Regel und der Empfindung, zwischen dem technischen Kopf und dem Genie. Dies ist es, was mir, besonders in frühern Jahren, sowohl auf dem Felde der Spekulation als der Dichtkunst ein ziemlich linkisches Ansehen gegeben; denn gewöhnlich übereilte mich der Poet, wo ich philosophieren sollte, und der philosophische Geist, wo ich dichten wollte.« In der Tat, er reflektierte von Anfang an über die geistige, geschichtliche und politische Situation seiner Zeit, widmete sich beharrlich neben seiner poetischen und dramatischen Produktion anthropologischen und kulturphilosophischen Spekulationen und suchte schließlich 1793, enttäuscht von der Entwicklung der Französischen Revolution, um das »politische Problem in der Erfahrung zu lösen, durch das ästhetische den Weg« zu nehmen.

Dieser Doppelbegabung für Begriff und Anschauung, für Regel und Empfindung, für Reflexion und Affekt verdankte Schiller nicht nur sein spezifisches »Theater-Idiom«, sondern sie machte ihn auch zum Prototyp des sentimentalischen, d. h. des modernen Dichters, der ebenso auf philosophische, anthropologische, existentielle, ästhetische, poetologische, rhetorische wie auf historische, geistesgeschichtliche, sozialhistorisch-gesellschaftliche und politische Fragestellungen antwortet. Was Goethe nach Schillers Tod gegenüber Eckermann (14. 11. 1823) als Negativum vermerkte, daß nämlich die »beiden gewaltigen Hülfen, die Geschichte und die Philosophie«, den Dichter des *Wallenstein* an dem »reinen poetischen Sukzeß« gehindert haben, erwies sich nachträglich gerade als ein rezeptionsgeschichtliches Positivum. Nicht zuletzt die Schiller-Forschung der letzten fünfundzwanzig Jahre ist ein beredtes Beispiel dafür.

Nach einer ausgedehnten Diskussion der Theorie und der sozialgeschichtlichen Bedingungen seines Werkes wäre es allerdings an der Zeit, die vielfältigen Einsichten und Entdeckungen für die praktische Interpretation von Schillers Dramen nutzbar zu machen. Eben darin besteht die Zielsetzung der Beiträge des vorliegenden Sammelbandes: sie möchten nicht nur ein neues Verständnis von Schillers Dramen und eine neue Beschäftigung mit seinem Werk anregen, sondern auch die verschiedenen Standpunkte der bisherigen Interpretationsgeschichte kritisch überschaubar machen; sie wollen sowohl als Arbeitshilfe und Erläuterung für den praktischen Unterricht als auch zur Einführung für den interessierten Laien dienen. Es wurde freilich dem einzelnen Autor überlassen, wie er die Akzente setzen, ob er sich auf einen neuen Aspekt beschränken und in welchem Ausmaß er sich mit den tradierten Vorstellungen auseinandersetzen wollte; denn es schien mir bei einem solchen Unternehmen wenig sinnvoll zu sein, die Beiträger auf ein einheitliches Konzept zu verpflichten. Bei einem Band mit neuen Interpretationen über Schillers Dramen erschien es mir überdies als durchaus wünschenswert, ein möglichst breites Spektrum von Decodierungsverfahren und Rezeptionsweisen (einschließlich der kritischen Reflexion darüber) vorzustellen; denn was Roland Barthes für die Kritik reklamiert hat, gilt ebenso generell für die Auslegung von Texten: Sie ist »eine Folge von intellektuellen Handlungen, die tief in der historischen und subjektiven Existenz dessen wurzeln, der sie ausübt«.

In diesem Sinne spiegelt der vorliegende Sammelband von Interpretationen auch die Vielfalt heutiger Erkenntnisinteressen wider. Im Zentrum der Fragestellung stehen Schillers sämtliche Dramen, wobei freilich zahlreiche Verweise auf die anderen Werke nicht ausbleiben. Wenn von den Fragmenten nur *Der Menschenfeind* und *Demetrius* behandelt werden, so liegt das zum großen Teil an der Umfangsgrenze, die der Verlag setzte, zum kleinen Teil auch an der subjektiven Vorliebe des Herausgebers. Für eine weiterführende Beschäftigung mit der umfangreichen Literatur stellt die detaillierte Bibliographie S. 349 ff. das Material bereit. Vielleicht läßt sich aller historischen Distanz und Pathosfeindschaft zutrotz noch heute mit Gutzkow dergestalt zu einer neuen Lektüre und Rezeption von Schillers Dramen einladen: »In *Schiller* ist alles Zukunft. Palmen winken und der Lorbeer.«

W. H.

KLAUS R. SCHERPE

Die Räuber

Räuber Moor liest im Plutarch wie der junge Werther in ›seinem‹ Homer (I,2). Beide müssen sich eine heroische Physiognomie herbeibuchstabieren, die in einem von Subordination, Konvention und Fügsamkeit geregelten »bürgerlichen Leben« nicht zu gewinnen ist. Die ›Alten‹ bürgen für eine wahrhaftige Lebensgeschichte, den Traum vom »Adlerflug«, wo in der Wirklichkeit die Gesetze des feudalen Despotismus den produktiven Helden zum »Schneckengang« zwingen.
Die epische und dramatische Poesie der Stürmer und Dränger ist, wenn sie sich auf Alltäglichkeit einläßt, voll von akademischem Protest. Das »Tintengleksende Sekulum« hat der Autor des *Werther* im Leipziger Studium erfahren, in Leipzig läßt Lenz die Studentenszenen seines *Hofmeisters* spielen, und auch Karl Moor und seine Kumpanen haben dort den Schimpf auf das bürgerliche Leben gelernt, das dem adligen Regiment unterliegt. An einer literarischen ›Soziologie‹ solcher Lehrjahre hat sich allerdings nur der unselige Lenz fragmentarisch abgearbeitet. Die idealischen Phantasien und Träumereien des Rechtspraktikanten Dr. Goethe wie auch die des angehenden Regimentsmedikus Schiller strebten sogleich nach dem großen, weltumfassenden Entwurf. Um so notwendiger war das heroische Zitat, zumal dann, wenn nicht nur das moralische Gewissen sich regte, sondern auch die Ordnung im Staate als naturwidrig empfunden wurde. Homer öffnet dem jungen Werther die Seele für das »gemeine Volk«. Es ist der »Wiegengesang« einer patriarchalischen Vorzeit, der ihm das Gemüt aufrührt und besänftigt.[1] Das Leiden der Kreatur, aber keine politische Leidenschaft treibt den jugendlichen Helden in die Melancholie. Anders Karl Moor, mit dem Plutarch in der Hand, als könnte aus ihm, unter dem Zeichen der geschichtsmächtigen Heroen des Altertums, ein politischer Held werden, ein Volkstribun gar: »Stelle mich vor ein Heer Kerls wie ich, und aus Deutschland soll eine Republik werden, gegen die Rom und Sparta Nonnenklöster seyn sollen« (I,2).
Über die Frage, ob Schiller mit seinen *Räubern* tatsächlich ein politisches Stück geschrieben hat, wird noch nicht dadurch entschieden, daß sein rebellischer Grafensohn fleißig als visionärer Republikaner oder der spätere Räuberhauptmann als oppositionelle Kraft gegen die feudale Obrigkeit aus dem Schauspiel herauszitiert wird.[2] Womöglich ist dieser Forschungsertrag nicht mehr als eine gutgemeinte Verdoppelung des politisch-heroischen Zitats, das im Stück selbst wirksam ist. Noch weniger akzeptabel allerdings ist eine Interpretation, welche die politischen ›Stellen‹ erst gar nicht für zitatwürdig erachtet oder sie sogleich eingemeindet ins Menschlich-Elementare oder Moralisch-Religiöse: das weite Feld der geistesgeschichtlichen Interpretation,[3] auf dem ein so widerspruchsreifes Werk wie *Die Räuber* fortgedeiht, ist reich bestellt und doch wie Kraut und Rüben. Was so widersprüchlich ist an Schillers Jugendwerk – der aufrührerische Gestus der feindlichen Brüder und die Einkehr bei der Religion und der Obrigkeit, die Verbindung der Räubergeschichte an der Grenze der Kolportage mit dem Familiendrama an der

Grenze des Rührstücks, das moralische Erziehungswerk, an das der Autor glaubt und an dem er doch zweifeln muß angesichts der Wirklichkeit des Mannheimer Hoftheaters –, dies kann gewiß nicht verstanden werden ohne Rücksicht auf den historischen Prozeß. Und hier sollte es der Interpret gewiß mit Schiller halten, z. B. auf diese Weise, daß er des Autors unziemlichen Stoßseufzer über den »naturwidrigen Beischlaf der *Subordination* und des *Genius*«[4] nicht überhört, dessen mißliche Folge eben nur ein Werk wie *Die Räuber* sein konnte.
Spricht Schiller hier zunächst nur aus der Erfahrung des Karlsschülers, der sein poetisches Talent gegen die herzogliche Willkür freikämpfen mußte, so taugt der Satz doch auch zur Bestandsaufnahme jener literarischen Feldschlacht, die der junge Genius sich quasi heroisch zugemutet hat. Die erzwungenen Umarbeitungen zeigen die Kampfesspuren. Als Poet hatte er zu kämpfen auf dem Terrain des neuen bürgerlichen Schauspiels mit seiner Verheißung einer sozialpragmatischen Wirkung der Bühne im Sinne der bürgerlichen Emanzipation. Hier war die Balance zu finden zwischen der Erfahrung in der feudalabsolutistischen Wirklichkeit und der ideologieträchtigen Konstruktion, die hätte hinausführen können über die leidigen Verhältnisse. So viel Macht und Gewalt auf der Bühne, so viele Träume und unterdrückte Phantasien fügen sich zu einem dramatischen Kraftakt, der schon manchen der zeitgenössischen Dichterkollegen genierte[5] und einige der nachgeborenen Interpreten die Nerven verlieren ließ[6].
Auf der ersten ›wilden‹ Szene (I,2), in der »Schenke an den Gränzen von Sachsen«, reckt sich Karl Moor empor vor seinem Spiegelberg, dem räuberischsten unter den Spießgesellen, um dem eigenen »Kastraten-Jahrhundert« die Leviten zu lesen, gestärkt durch die Lektüre des Plutarch. Das ›Politische‹ ist darin durchaus vorsorglich behandelt. In dem vom Druck zurückgezogenen Bogen B zielt Karls Rede noch genauer auf »die verfluchte Ungleichheit in der Welt«[7], in der Armut und Reichtum so ungerecht nebeneinander bestehen. Die »Gesetze«, die so einschnürend wirken, daß die Freiheit sich nur Raum schaffen kann in der Form von »Kolossen und Extremitäten«, werden nach ihrem Urheber und seiner Legitimität befragt: »Warum sind Despoten da? Warum sollen sich tausende und wieder tausende unter die Laune Eines Magens krümmen, und von seinen Blähungen abhängen? – Das Gesetz bringt es so mit sich – Fluch über das Gesetz, das zum Schneckengang verderbt was Adlerflug worden wäre!«[8] Der Gestus der Rede bleibt nicht ohne Inhalt. Es ist die feudalabsolutistische Herrschaft, welcher der Gehorsam aufgekündigt wird. Der politische Inhalt trägt allerdings nicht so weit, daß Karl auch Worte finden könnte über die deutsche »Republik«, die er, wild gestikulierend, hinaussteigert über das Vorbild von Rom und Sparta. Karl stampft auf den Boden und wirft den Degen auf den Tisch. Im vollendeten »Schauspiel« der zweiten Fassung dominiert der ausschweifende rebellische Gestus über den partiellen Inhalt der Rede, der zudem eingeschränkt ist auf die leidenschaftliche Empörung über den schulmäßigen Umgang mit den »Helden des Altertums«: die Ver-Bildung also, welche die eigenen produktiven Kräfte an die Kette legt. Dem rebellischen Gestus allein klatscht Spiegelberg Beifall mit seinem »Bravo! Bravissimo«.
Spricht man von »Ambivalenzen« in Schillers *Räubern*, so finden wir hier einen Grund. Das Rebellische ist zunächst einmal eine Sache des kräftigen Auftretens und der wütenden Rede. Darin ist das gesellschaftliche Konfliktpotential ›aufge-

hoben‹ in doppeltem Sinne. Der direkte politische Affront gegen den feudalen Despotismus und sein Zwangssystem der ›Ungleichheit‹ wird gerade dadurch heruntergespielt, daß der rebellische Gestus zum nachhaltigen Eindruck von Wildheit und Grobheit hochgespielt wird. Dies, so scheint es, ist geradezu die Bedingung für die Herausforderung der herrschenden Ordnung auf dem Theater. Das Kämpferische der Aussage geht darum nicht verloren, nur wird es sozusagen freier assoziierbar zwischen dem akademischen Protest gegen die »abgeschmakten Konvenzionen« der Schulbildung, Spiegelbergs imperialen Phantasien eines Königreichs in Judäa (unterdrückter Bogen B) und der räuberischen Gesetzlosigkeit in den böhmischen Wäldern. Auch ist der rebellische Gestus leichter revozierbar als das politische Programm, spätestens dann – und dies ist der Weg des Räubers Moor –, wenn der in gewalttätigen Handlungen sich verrennende Held gegen sich selbst zu wüten beginnt.

Der zur Verselbständigung tendierende rebellische Nimbus ist zweifellos Anlaß für die revolutionäre Inanspruchnahme des Stückes über die Intentionen des Autors hinaus. So ist es zu erklären, daß die französischen Revolutionäre dem Verfasser der *Räuber* das Revolutionspatent ausstellten.[9] Wie sonst hätten Schillers *Räuber* in den zwanziger Jahren unseres Jahrhunderts auf Piscators Agitationsbühne Modell stehen können für die Oktoberrevolution.[10] Nicht anders ist es zu erklären, daß in jüngster Zeit das Moorsche Bandenwesen auf der Bühne Bedeutung gewinnt im Sinne der außerparlamentarischen Opposition.[11]

Vom revolutionären Höhenflug ist auf Schillers Weg der Befreiung aus der württembergischen Fürstenschule zum Mannheimer Hoftheater wenig zu spüren. Die *Räuber* kosten ihn Familie und Vaterland. Dafür hofft er die Bühne und das Publikum zu gewinnen. Der Aufbruch des »Genius« führt jedoch wieder in die »Subordination«, die ihm dieses vergleichsweise liberale Theater dennoch aufzwingt. Das ›Republikanische‹ findet sich versteckt wieder in der Bildersprache, mit der Schiller sein Schauspiel der Theaterinstitution und dem dort herrschenden Geschmack, wenn auch stolz, andienen muß. Er fordert für sein Stück »Siz und Stimm«, das »Bürgerrecht auf dem Schauplatz« des Theaters, und kann diese Forderung doch nur vorbringen, indem er sie sich selbst bestreitet wegen der darin angelegten »Beleidigung der Sitten«.[12] Wie sehr auch Schiller sich bereits im ersten Entwurf um das Ausbalancieren seiner dramatischen »Ungeheuer« bemüht hatte: angesichts der Theateröffentlichkeit beginnt das Nachhutgefecht der Textrevision und der öffentlichen Apologie in den Vorreden.

Freiherr Wolfgang Heribert von Dalberg, der Prinzipal der Mannheimer Bühne, traf seine Vorkehrungen gegen den rebellischen Gestus des Stücks. Dabei glänzte er als Förderer des ehrgeizigen Genies. Die Hoftheaterregie auf der Bühne und der Mangel an Republikanern im Parterre[13] ließen nicht eben erwarten, daß die Aufführung aus Schillers Text das rebellische Pathos als das einer politischen Revolution herausdeklamieren würde. Vielmehr ging es um die theatralische Neutralisierung des Aktuell-Politischen. Die altdeutsche Kostümierung, die Dalberg dem Stück oktroyierte, und die Verlegung der Handlung in die Zeit des »Landfriedens« von 1495, der gelobt wird, weil er seinerzeit dem »Faustrecht« Grenzen gesetzt hatte, dienten diesem Zweck. Bemerkenswert ist die Kontroverse, die hierüber zwischen der Theaterleitung einerseits und den Schauspielern und dem Autor andererseits entstand. Die Protokolle des Mannheimer Nationaltheaters verzeichnen, »daß in Betracht der *Räuber* die allgemeine Stimme wider das altdeutsche Kostüm sich erklärt hat«.[14] Auch Schiller fürchtete um die Wirkung des Stückes. Die »Karaktere« seien »aus dem Schooß unserer Gegenwärtigen Welt herausgehoben, und taugten nichts in dem Maximilianischen Alter«.[15] Die untertänige Sophistik, mit der er Dalberg recht geben mußte, daß des Prinzipals Auffassung der *Räuber* als modisches Ritterstück dennoch besser sei, auch wenn der Autor darum sein »ganzes Schauspiel verlieren sollte«,[16] ist bereits Ausdruck der Resignation vor den Machtverhältnissen, die auch der Bühne keine eigene »Gerichtsbarkeit« beließen, wie es Schiller in seiner Mannheimer Schaubühnenrede so rühmlich forderte.[17] Dalbergs Machtspruch für das Ritterkostüm läßt deutlich erkennen, daß es sich um eine politische Entscheidung über Schillers Stück handelte, wenngleich er nur mit der poetischen »Wahrscheinlichkeit« argumentiert: »Mag die allgemeine Stimme sagen, was sie immer will [...] Hier ist es schiefes Vorurtheil einiger mit Schauspielwirkung wenig vertrauter Köpfe. Die Räuber können nach allen Begriffen vom Theater-Effekt nicht anders als mit idealistischem Anstrich und älteren Kostümen gegeben werden. Dann, wo ist nur der geringste Grad von Wahrscheinlichkeit, daß in unsern jetzigen politischen Umständen und Staaten-Verfassung sich eine solche Begebenheit zutragen könne«.[18] Was als ästhetische Rettung des Schauspiels ausgegeben wird – die Historisierung sei notwendig, um die Handlung vor der Unwahrscheinlichkeit als zeitgenössischer Begebenheit zu bewahren –, ist doch nichts anderes als die politische Maßregelung seines Realismus. Was blieb Schiller anderes übrig, als untertänigst und gegen den rebellischen Vortrag seines Stückes der Theater-Exzellenz die Realität einer »abgeschliffenen Polizey« und die »Bestimmtheit der Geseze« zu loben, die im eigenen »hellen Jahrhundert«[19] die Existenz rebellischer Räuberbanden sogar zur ästhetischen ›Unwahrscheinlichkeit‹ verdammten? Gegen die politische Zensur seines Textes hatte er ohnehin kein Einspruchsrecht. Aus dem geifernden Pater, an dem die Mannheimer Jesuiten Anstoß nahmen, wurde eine »Magistratsperson«, die für die Obrigkeit spricht. In der Schenke an der Grenze wird in der Mannheimer Uraufführung die Gemsjagd Kaiser Maximilians beredet, bevor der Räuberbund schwören muß, das »Faustrecht« gegen den gerechten Frieden des Kaisers aufrechtzuerhalten.[20] Noch im historischen Kostüm mußte die Räuberszenerie als politisches Verbrechertum gehörig ins Unrecht gesetzt werden.

Ein übriges tat der Mannheimer »Theaterstil«, in dem der Rebellengestus der *Räuber*, vermindert um einige inhaltlich brisante Bezugspunkte, nunmehr fugenlos aufgehen konnte.[21] Die *Räuber* wurden am 13. Januar 1782 uraufgeführt. Die Aufführung, in der August Wilhelm Iffland in der Rolle des Franz als Virtuose des Schmerzes und der Raserei brillierte, lebte von der Zurschaustellung der Affekte. Schillers Stück, das ja mit Aufstampfen, Zähneknirschen und Haaresträuben schon reichlich ausgestattet war, wurde eingebracht ins Opernhafte, in dem sich das Hoftheater gefiel.[22] Die gestische Übersteigerung ließ nur das Herzzerreißende und Sentimentale übrig und keineswegs die Versinnlichung des Gedankens, wie der Autor es gern gehabt hätte. In Daniel Chodowieckis Skizzen zur *Räuber*-Aufführung erscheint das ›Seelische‹ gebannt und erstarrt im theatralischen Gestus. Und eben dieser sorgte für die leidenschaftliche Teilnahme des Publikums, von der die Zeitgenossen berichten, und nicht etwa ein republikanischer Freiheitstaumel.

Die Mannheimer Theaterwirklichkeit konnte dem jungen »Genius« verdeutlichen, was ihn in der großen literarischen Öffentlichkeit[23] erwartete. Der ästhetische und politische Kompromißvorschlag, den das Schillersche Manuskript doch schon enthielt, reichte bei weitem nicht aus zur Versöhnung mit dem herrschenden Geschmack nach der Fasson des adligen Ritterstücks oder der des zum Rührstück verkommenden bürgerlichen Dramas. Diese Tatsache ist es wohl, die Schiller in den verschiedenen Vorreden zur ästhetischen Apologie seines Schauspiels trieb.[24] Sie ist es auch, die ihn an der sozialpragmatischen Wirkung der dramatischen Dichtkunst zweifeln ließ, wie sie die Aufklärer seit Lessing propagiert hatten. Hofft er darauf, daß der Charakter des Karl »nicht in dem Augenblik vergeßen wird, als der Vorhang der Bühne gefallen ist«,[25] so doch wohl kaum in dem Sinne, »daß Karl Moors unglückliche Räubergeschichte die Landstrassen [...] viel sicherer machen wird«[26]. Wenn Schiller diese Gewißheit nicht ohne Ironie in seiner großen Rede *Was kann eine gute stehende Schaubühne eigentlich wirken?* vermerkt, so kommt er beiläufig und doch prinzipiell auf die Widersprüchlichkeit einer dem Theater zugedachten moralischen Erziehung zu sprechen. In der Gefolgschaft von Lessing und Diderot spricht er über die bürgerliche Emanzipation, wenn er die Schaubühne »eine Schule der praktischen Weißheit, ein[en] Wegweiser durch das bürgerliche Leben« nennt.[27] Auch er verkündet das Ideal einer Bühne, von der aus die ständeübergreifende Menschlichkeit wirkt, wo die moralische Erziehung der ganzen Nation gelingt, wo die Rührung über das menschliche Leiden sogar in das Herz der Fürsten dringt und dadurch einer Besserung der gesellschaftlichen Verhältnisse vorarbeitet. Der Optimismus dieser Ansprache ist allerdings zweckgebunden schon allein dadurch, daß Schiller seine Worte für die kurfürstliche deutsche Gesellschaft zu Mannheim wählt. Weniger offiziell und weniger optimistisch äußert er sich zuvor im *Wirtembergischen Repertorium*, wo er die friedliche Verbürgerlichung der Fürsten durch das Theater, wie er sie aus der Tugendschule der *Emilia Galotti* herausliest, schroff bestreitet: »[...] welcher Fürst gibt dem Vater seine geschändete Tochter wieder? – – Glücklich genug, wenn euer Spiel sein getroffenes Herz unter dem Ordensbande zwei- oder dreimal stärker schüttelt. – Bald schwemmt ein lärmendes Allegro die leichte Rührung hinweg«.[28] Bitter gemacht durch die Mannheimer Erfahrungen mit dem Theater, sieht Schiller im »Schauspiel weniger Schule als Zeitvertreib«. Das müßiggängerische Publikum freut sich am »Schaume der Weisheit« und dem »Papiergeld der Empfindung«, was im Theater zu haben ist: »[...] so lang es mehr für die Toilette und die Schenke arbeitet: so lange mögen immer unsere Theaterschriftsteller der patriotischen Eitelkeit entsagen, Lehrer des Volks zu seyn. Bevor das Publikum für seine Bühne gebildet ist, dörfte wohl schwerlich die Bühne ihr Publikum bilden«.[29] Damit ist ein Dilemma beschrieben, über das der junge Theaterdichter schwerlich hinauskann. Verständlich wird, warum er in den Vorreden zu den *Räubern* sein Publikum als »Pöbel« beschimpft und doch seine Veredelung in Aussicht stellt, um seine Gunst zu erwerben. Was sollte die Kunst in dieser Alltäglichkeit? Wohin mit den patriotischen Phantasien, welche die *Räuber* enthielten, wenn auch verdeckt unter dem Schreckbild des tyrannisch entarteten Franz oder dem des vom Humanismus zum Räuberischen verrannten Karl?

Die Mannheimer Theaterwirklichkeit als Dilemma des aufbruchsbereiten Genius:

sie kann als Exempel stehen für die deutsche Misere, in der sich die bürgerliche Emanzipation in der Form der dramatischen Dichtkunst immer noch zurechtfinden mußte. Die Interpretation der *Räuber* darf sich darum nicht darauf beschränken, im literarischen Werk nur die Spiegelung dieser Misere zu finden, wie sie dem Eleven Schiller auch schon auf der Karlsschule erfahrbar war. Vielmehr sollte es darum gehen, in Schillers dramatischem Kunstwerk jene Spuren zu entdecken, welche die kämpferische Auseinandersetzung der sich formierenden bürgerlichen Klasse mit dem Feudalabsolutismus hinterließ. Zu erhellen ist die Widersprüchlichkeit eines aufs Revolutionäre zielenden Stücks, das in sich doch die Möglichkeit der Revolution energisch bestreitet. Als historische Erklärung für diese Konstellation taugt die Rekonstruktion der Mannheimer Kulissenkämpfe um Schillers Schauspiel womöglich mehr als die abstrahierende Hochrechnung der Klassenkonfrontation zwischen Feudalherrschaft und bürgerlicher Emanzipation zu Beginn der 1780er Jahre. Der historische Klartext des *Räuber*-Dramas ist damit allerdings noch nicht gewonnen.

Schillers *Räuber* werden in der Regel im Zusammenhang mit der literarischen Rebellion des Sturm und Drang gesehen. Besonders die motivliche Übereinstimmung mit dem Sturm-und-Drang-Drama (feindliche Brüder, Vaterautorität) legt die literaturhistorische Verwandtschaft nahe.[30] Übereinstimmung oder Differenz wird in der Forschung festgestellt je nach der Tendenz, die aus der interpretatorischen Aneignung des Schillerschen Jugenddramas herausfällt: entweder die politische Krönung des literarischen Protests der Stürmer und Dränger[31] oder aber die Absage an ihre radikale Gesellschaftskritik und prometheische Tatbereitschaft in Gestalt einer menschheitsversöhnenden Heilsgeschichte (Karl) bzw. eines materialistisch zubereiteten Nihilismus (Franz)[32]. Richtig ist wohl eher eine Übereinstimmung im Widerspruch, der mit der Besonderheit der deutschen Sturm-und-Drang-Bewegung als einer Literatur-Revolution ohne revolutionäre bürgerliche Klasse gegeben ist.[33] Nicht erst Schillers edler Räuber ist hin und her gerissen zwischen heroischer Tatbereitschaft und melancholischer Kontemplation. Schon die geschichtsmächtigen oder für die Menschheit philosophierenden Sturm-und-Drang-Helden (Prometheus, Werther, Götz, Faust) sind tragische Schicksalsfiguren der bürgerlichen Emanzipation, zweifelnd und verzweifelt zwischen der Utopie eines revolutionären Humanismus und dem Stillstand im praktisch-zweckgebundenen Leben.[34]

Nach der Seite des Handlungsheroismus wäre Karl Moor ein wahrer Sturm-und-Drang-Held, wenn Schillers eigene Deutung der Figur einfach zuträfe: »[...] den großen Mann vollendet ein unersättlicher Durst nach Verbesserung und eine rastlose Tätigkeit des Geists«.[35] Mit diesem programmatischen Individuum im Sinne der nach Produktivität strebenden bürgerlichen Emanzipation ist Schillers Dramenheld nicht nur deshalb schwer identifizierbar, weil er zugleich als »Don Quixote« und »armer Sünder« ausgestellt wird, sondern vor allem deshalb nicht, weil Schiller die Sphäre des praktischen Lebens, in der das produktive Individuum seine Bewährung sucht, aus seinem Heldenstück der moralischen Läuterung heraushält. *Die Räuber* meiden, ebenso entschieden wie der *Fiesco*, den »engen, dumpfen Kreis unsers alltäglichen Lebens«,[36] an dem die programmatischen Werke des Sturm und Drang sich abarbeiteten. Schillers Helden operieren, ob im Schloß oder im

Böhmerwald, in einer »höheren Sphäre«. Die Entscheidungsschlacht zwischen der subjektiven Rebellion und der gesellschaftlichen Ordnungsmacht wird ausgefochten als Prinzipienstreit. Der Schauplatz ist eine Seelenlandschaft, auf der das Prinzipielle so ausgefaltet wird, daß es den Protagonisten als individuelle Reaktion und Verhaltensweise anhaftet. Damit ist die soziale Charakteristik und auch die politische Machtprobe keineswegs ausgeschaltet. Jedoch erscheint sie eingebunden und auskonstruiert in einem moralisch-rationalistischen Schematismus, der von sich aus die Handlung bewegt. Diese Eigenart macht Schillers Werk der an der Lebenspraxis orientierten Sturm-und-Drang-Dichtung, z. B. der eines Lenz, äußerst fremd. Der durchaus gemeinsame thematische Widerspruch zwischen dem Anspruch nach »Verbesserung« nicht nur der moralischen Welt und der Resignation vor einer diesem Anspruch entgegenstehenden Ordnung erscheint bei Schiller in der Art einer moralisierenden Überkonstruktion, in der der protestierende Held sich selbst ein höheres Einverständnis mit der Weltordnung verschafft. Schillers Drama *repräsentiert* den Widerspruch und verschärft ihn dadurch in der weltanschaulichen Konstruktion, wenn auch um den Preis von *praktischer* Erkenntnis, für die weder der edle Räuber Karl noch der räuberische Usurpator Franz einfach Modell stehen konnten.

Schillers *Räuber* konnten, ebenso wie die kraftstrotzenden und regelwidrigen Meisterstücke des Sturm und Drang, als Bruch mit der friedlichen Verbürgerlichung des Dramas empfunden werden, für die Gellert und Lessing die prominenten Beispiele geliefert hatten. Der Fundus dieser bürgerlichen Dramatik ist jedoch in Schillers Jugendwerk durchaus präsent, wenn auch in ›überarbeiteter‹ Form. Der Bruch wird vollzogen mit dramatischen Elementen, die eher für Kontinuität hätten bürgen können. Die *Räuber* sind als Familiendrama angesetzt. Ziel und Zweck dieses Genres – die Emotionalisierung des Zuschauers, um ihn auf den Begriff der Tugend und der wahren Menschlichkeit zu bringen – sind auch in Schillers Drama angelegt. Die »Wollust des Schmerzes« ist die ›gute‹ Empfindung Karls, die seine räuberische Mannheit erschüttert und auch den Zuschauer »weichmütig« macht, wenn der Räuber heimkehrt und sich der Empfindung für den Vater und für die Geliebte hingibt (V,2). Die Seligkeit der ›vie domestique‹, die das bürgerliche Drama der höfischen Sphäre von Macht und Gewalt entgegensetzte, bleibt auch die Sehnsucht Karls. Konsequent im Sinne des Genres fällt dem despotischen Franz die Rolle zu, die »zärtlichen« Familienbande zu zerstören. Das Drama beginnt mit Franz' negativer Exekution dieser Gemütserregungskunst unter dem Stichwort der »Zärtlichkeit«. Indem er dem Vater seine »zärtliche« Liebe zu dem Erstgeborenen in eine »grausame Zärtlichkeit« verwandelt (I,2), setzt er den Handlungsmechanismus in Gang, der Karl unwiderruflich aus dem Schoß der Familie treibt. Diese Form der Exposition aus dem Familiendrama setzt die ›politische‹ Handlung frei, die nach dem Modell der feindlichen Brüder doppelt strukturiert wird. Franz, an der Seite des »regierenden Grafen von Moor«, spielt in einem höfischen Intrigenstück die Konventionen dieses Genres aus. Er bestärkt im Zuschauer die Reserve vor dem ›Politischen‹, das dieser gewöhnlich mit der feudalen Regierungsgewalt identifizierte. Innovatorisch gegenüber dem rührenden Familiendrama und dem höfischen Intrigenstück ist lediglich die Räubergeschichte, die Schiller den traditionellen Dramenelementen aufsetzte. Allein schon von dieser Konstruktion her, in

der die Räuber-Handlung der Schloß-Handlung die Waage halten soll, ist die Räuber-Handlung als ›politische‹ ausgewiesen, unabhängig davon, was an konkret Politischem in ihrem Text gesprochen wird.
Ist häufig und wohl zu Recht gesagt worden, daß Schiller die Verknüpfung der Familien-Handlung und der politisch deutbaren Räuber-Handlung nicht recht gelungen sei, so sollte die Beachtung der Genreeigentümlichkeiten, die Schiller neu vermischt und dramaturgisch verrechnet, Voraussetzung für die Bewertung sein. Die Unebenheiten und Widersprüchlichkeiten dieser formalen Konstruktion, die noch nicht identisch sind mit denen der inhaltlich-weltanschaulichen Konstruktion, lassen sich auch nicht in dem einfachen Schluß begradigen, daß Schillers Familienstück als politisches zu lesen sei, daß es dem Autor gelungen sei, dem verbrauchten Genre der privaten Tugendlehre die öffentlich-politische Handlung abzugewinnen.[37] Zeigt doch die recht willkürliche Vermischung der disparaten Dramenelemente – mit den Kernpunkten des Zerreißens und des vergeblichen Zusammenfügens der rührenden Familienkonstellation am Anfang und am Ende – zunächst nicht mehr als ein Tableau von Erfahrungen, die sich im Zorn gegen die ideologische Konstellation der hausväterlichen Ordnung, als Ordnung auch im Staat, wenden lassen. Diese Erfahrungen mußten sich abrupt Raum schaffen in der Räuber-Handlung, der dann sofort und unbedingt das Interesse galt – das des Autors und das seines Publikums.
Trotz der zureichenden Beobachtung des Disparaten und Unfertigen in Schillers Jugendwerk, dessen historischen Grund die marxistische Forschung zumindest summarisch benannt hat,[38] war die bürgerliche Literaturwissenschaft unermüdlich bemüht, den *Räubern* ein »inneres Bildungsgesetz«[39] abzutrotzen, welches das Werk in seiner Totalität retten könnte. Hierbei hat wohl eher der ›klassische‹ und geschichtsphilosophische Schiller Pate gestanden, der das Reich der Notwendigkeit in der ästhetischen Utopie hinter sich läßt, und nicht der Literaturprozeß eben jenes »Tintengleksenden Sekulums«, in den der junge Autor sein ehrgeiziges Werk wohl oder übel einfügen mußte. Nur so ist es zu verstehen, daß so unterschiedliche Phänomene wie der pathetische Sprachstil, die Art der mechanischen Psychologisierung oder die »Tiefendimension des theologischen Konflikts« zum Angelpunkt einer ›inneren Einheit‹ des Dramas ernannt wurden. Die mit der klassischen Ästhetik vorgegebene Norm wird in den so ansetzenden Interpretationen mit Bestandteilen der Literatur- und Geistesgeschichte des 17. und 18. Jahrhunderts vermischt. Bei der theologischen oder säkularisiert heilsgeschichtlichen Ausdeutung,[40] die Karls nach der »Irrfahrt« unabdingbare Einkehr bei der göttlichen und sittlichen Autorität wohlwollend begleitet, ist die geistesgeschichtliche Rekonstruktion besonders mißlich. Erscheint die Religion in Schillers Drama doch nicht nur in der inneren Form der Reflexion, sondern im Gegenteil als äußeres Handlungsmoment, das geradezu soziologisch nachprüfbar ist. Bevor Karl sich reuig der göttlichen Gnade anheimgibt, war immerhin zu erfahren, was die Religion praktisch macht: Der Pater, der die Räuber und vor allem ihren Hauptmann zur Kapitulation zwingen soll, ist gezeichnet als kaltblütiger Repräsentant einer grausamen Obrigkeit (II,3). Pastor Moser dagegen erscheint als Freund des geknechteten Volkes, der den Tyrannen so rasch wie möglich von der Erdoberfläche wegbeten möchte (V,2).
Halten wir fest am bisher Beobachteten: der sprachlichen und gestischen Verselb-

ständigung des Rebellischen schon in der ersten Szene der Räuber-Handlung; der gegenüber der Sturm-und-Drang-Literatur befremdlichen, moralisierenden ›Überkonstruktion‹ des praktischen Konflikts von produktivem Individuum und resistenter Gesellschaftsordnung; den in der Handlung wirksamen Rührungseffekten mit Hilfe des bewährten Familiengenres, das sich so einfach politisch nicht wenden ließ. Diese Indizien taugen vielleicht schon zu einer ersten Einsicht in die ›Werkstattprobleme‹, an denen ein junger Autor laborierte, wenn er um 1780 aus dem Erfahrungs- und Wissenshorizont seiner württembergischen »Subordination« daranging, das erfahrbare gesellschaftliche Konfliktpotential – eine Revolte gar gegen die herrschende Ordnung des Feudalabsolutismus – literarisch zu traktieren und öffentlich zu machen. Die historische Problematik, von der auszugehen ist, liegt nicht etwa darin, daß der junge Schiller schon über ein, wie immer, fortgeschrittenes, revolutionäres Bewußtsein verfügte, das er sich in der Literatur zähmen und modisch einkleiden mußte. Dafür sorgte, wie zu sehen war, die Mannheimer Theaterintendanz. Das Problem liegt vielmehr darin, daß der junge »Genius« sich selbst, überzeugt und bezwungen von der deutschen Misere, in der er stand, den revolutionären »Adlerflug« versagte, zu dem er doch eben erst ansetzte. Diese Problematik lohnt die literaturhistorische Rekonstruktion, sowohl nach der Seite der eminenten Herausforderung an die herrschende Macht und Gewalt als auch nach der Seite der melancholischen Resignation. Will die Interpretation den historischen ›Klartext‹ entdecken, so muß sie im Ästhetischen wie im Ideellen in jeder Szene mit dieser Widersprüchlichkeit rechnen.

Schillers *Räuber*, dramatisch eingefaßt in die Geschichte vom verlorenen Sohn und dramaturgisch aufbereitet als minuziöses Seelendrama, sind zweifellos ein Stück über die politische Macht, den Machtkampf,[41] die Frage nach der gerechten und ungerechten Herrschaft und auch über die Legitimität des Widerstands. Diese politische Struktur des Schauspiels entspricht keinem antifeudalen Programm im Kopfe des Autors, dennoch ist sie im Stück manifest, im Detail und in der Gesamtkonzeption. Daß die Handlung sich primär an moralischen Gewissensentscheidungen und Reflexionen festmacht und nicht etwa am politischen Entscheidungsprozeß und der staatstheoretischen Reflexion, ist dabei keineswegs verwunderlich. Abgesehen von den hierin bescheidenen Kenntnissen und Erfahrungen des Autors, gilt auch noch für die *Räuber* die Devise des bürgerlichen Dramas, nach der zwischen Tugend und Laster moralisch entschieden wird, auch und gerade dann, wenn die politische Herausforderung der feudalen Herrschaft in seine Reichweite kommt. In Lessings *Emilia Galotti*, dem kämpferischsten Stück der bürgerlichen Emanzipation in Deutschland vor den *Räubern* und *Kabale und Liebe*, dominiert insgeheim die Reflexion über die Schuldhaftigkeit politischen Handelns, so daß allein die bürgerliche Tugend zögernd den Aufstand gegen das höfische Laster wagt.[42] Schiller läßt in diesem Konflikt schon eine deutlichere Sprache sprechen, sowohl im Streit um die Erbfolge des reichsunmittelbaren Grafen von Moor als auch im Böhmerwald, wo die »Gesetzlosigkeit« der angriffslustigen Rede auf die herrschenden Gesetze freien Lauf läßt.

Wird die Handlung der *Räuber* fortbewegt durch Intrigen, Leidenschaften und Konflikte des Gewissens, so hält sie zugleich doch fest an Reflexionen, Bildern und Träumen, in denen sich der Sinn des Geschehens manifestiert. Das politische Drama ist in dieser Sinnstruktur aufgehoben, besonders in seinen »Extremitäten«. Auf der Seite des Höfischen und Herrschaftlichen wird die Unnatur des Despotismus sicher nicht zufällig eher räsonierend und psychologisierend vorgeführt (Franz) oder berichtend eingebracht (Kosinsky). Auf der Seite des ungesetzlichen Räuberlebens gibt der wilde Handlungsablauf von sich aus als ›Verwilderung‹ Sinn. Die Akzente setzen hier die ›edlen‹ Räsonnements des Räubers Moor über die Ungerechtigkeit der herrschenden Ordnung in Kontrast zur verbrecherischen Lust des Spiegelberg, der Karl als Sinn- und Schreckbild der Rebellion begleitet und verfolgt.

Die Geschichte Kosinskys spiegelt nicht nur das Schicksal des verstoßenen und in der Liebe gescheiterten Karl, sie enthält als Parallelgeschichte zum adligen Familiendrama (III,2) auch alle jene ›in tyrannos‹-Elemente, die auf dem Schauplatz der Moorschen Grafschaft, in der Form der Hofintrige, *nicht* ausgespielt werden. Es scheint, als habe Schiller hierfür Lessings *Emilia Galotti* nachstudiert und das Tyrannendrama, in der Tat, politisiert. Das Mädchen, das der böhmische Edelmann Kosinsky in die Ehe führen will, ist, anders als Lessings Emilia, tatsächlich von »bürgerlicher Geburt«. Die »Vorurtheile des Adels« führen zur Hofintrige, die, durchaus symptomatisch, der »erste Minister des Hofes« für den Potentaten ausführt. Kosinskys Amalia wird ins Gefängnis gebracht und zur Mätresse erniedrigt. Dem rasenden Edelmann und Liebhaber wird der Prozeß gemacht, seine Güter werden eingezogen, unter dem »Joch des Despotismus« krümmt er sich zusammen, ›frei‹ im Gefühl seiner Rache. Dieses Drama, das Schiller in seine Familien- und Räubergeschichte hineinzitiert, läßt in der Frontstellung zwischen Adelsherrschaft und bürgerlichem Emanzipationsanspruch an politischer Deutlichkeit nichts zu wünschen übrig. Die fünf Akte, in denen Schiller den gleichen Antagonismus bewegt, wirken bei allem Grauen und Schrecken vergleichsweise abstrakt und am Ende versöhnlich in ihrer politisch-ideologischen Zielsetzung. *Kabale und Liebe* sollte erst noch geschrieben werden. In den *Räubern* finden wir an der Stelle dieser politischen Radikalität aus dem Privatleben eher den Traum von der guten Herrschaft, konfrontiert mit der rebellischen Herausforderung der feindlichen Brüder, die allerdings gegenüber dem Traum die Wirklichkeit ausmacht.

Der alte Graf von Moor ist geradezu der Inbegriff des guten Herrschers. Der despotische Franz, der die Macht usurpiert, ruft dieses Idealbild in Erinnerung: »Mein Vater überzuckerte seine Forderungen, schuf sein Gebiet zu einem Familienzirkel um, sas liebreich lächelnd am Thor, und grüßte sie Brüder und Kinder« (II,2). Das Idealbild der hausväterlichen Ordnung als Ordnung im Staate, an dem die gutgläubige bürgerliche Aufklärung festhielt,[43] wird von Schiller realistisch gewendet, indem er es der zynischen Rede des Usurpators unterstellt. Realistisch im Sinne der historischen Wahrheit über die Machtverhältnisse im feudalabsolutistischen Staat ist womöglich auch die notorische Schwäche der so idealistisch ausgestatteten Vater- und Herrscherfigur des alten Moor. Wenn schon der Autor selbst und nach ihm die Forschung Klage darüber führt, daß die Figur des jammernden und haareraufenden Alten dramaturgisch mißlungen ist, so müßte dieser Gedanke zur Erklärung hinzugefügt werden: daß auch in der dramatischen Kunst das Ideal auf Krücken geht, wenn es in der Wirklichkeit mißhandelt wird. Schillers Drama konfrontiert im Verlauf seiner Handlung und mit den handlungsbegleitenden Reflexionen den schönen Traum mit der bösen Tat. Diese banale Formel reicht im Grunde als Ansatzpunkt zur Interpretation des Schauspiels, wenn sie nur recht begriffen wird im historisch-gesellschaftlichen Kontext, in dem sein Stoff zum dramatischen Kunstwerk wird. Der alte Moor, hilflos ausgeliefert den Intrigen seines Franz, träumt nicht nur von der Verzeihung seines erstgeborenen Karl, er hält auch fest an seinen »goldenen Träumen« (I,1) von der legitimen Erbnachfolge des besseren Herrschers, der Tugend und Menschlichkeit praktiziert, ohne dabei den guten »Namen« aufs Spiel zu setzen. Eben dies ist aber das Skandalon Karls und führt zum Verlust des Erstgeborenen. So muß sich der alte Moor für den zur Herrschaft bestimmten Karl in »seinen Planen betrogen« fühlen (I,1). Was den Lebensplan für den Sohn im Kopfe des alten Grafen zusammenhält, das führt Franz in seiner negativen Charakteristik dieses »Vatersöhnchens« auf: die Empfindung für Größe und Schönheit, den männlichen Mut, gepaart mit dem Herzen für die Leidenden und Armen, seine Abneigung gegen die bigotte Kirchenlehre, die er eintauscht gegen das Ideal eines Julius Cäsar und eines Alexander Magnus (I,1). Diesem wahren »Universalkopf« an Bildung, Menschlichkeit und Tatkraft gelten die »goldenen Träume« und »Aussichten« des alten Moor. Ihn erkennt auch noch der treue Diener Daniel wieder bei der unerkannten Heimkehr – als »goldiger Junker« (IV,3).

Karls Heimkehr steht unter dem Leitstern dieser Träume, wenn ihm auch in der Wirklichkeit »kein leitendes Gestirn« mehr leuchtet. Er träumt die »goldenen Träume« des Vaters fort, wenn er von den hinausgeschobenen »unvollendeten Planen« spricht (IV,5), die »Vollkommenheit« und »Glückseligkeit« verhießen. Da die Zukunft, die Realisierung des »goldenen« Ideals, ihm nunmehr endgültig verwehrt ist, träumt er sich zurück in die Kindheit: »Die goldne Mayenjahre der Knabenzeit leben wieder auf in der Seele des Elenden – da warst du so glüklich, warst so ganz, so wolkenlos heiter – und nun – da liegen die Trümmer deiner Entwürfe! Hier solltest du wandeln dereinst, ein groser, stattlicher, gepriesener Mann – hier dein Knabenleben in Amalias blühenden Kindern zum zweytenmal leben – hier! hier der Abgott deines Volks [...]« (IV,1). Allein die Regression in die »Elisiums Scenen« der unschuldigen Kindheit kann jetzt noch das Ideal bewahren: das des vollkommen glücklichen Mannes und das des guten Herrschers über sein Volk. Die mehrfach und überdeutlich aufgeführte regressio ad uterum enthält, gewiß nicht zufällig, auch ein Stück sozialer Phantasien, wenn Karl sich zurücksehnt an den Grund der Gesellschaft, an deren Spitze er stehen sollte: »Daß ich wiederkehren dürfte in meiner Mutter Leib! daß ich ein Bettler gebohren werden dürfte! – Nein! ich wollte nicht mehr o Himmel – daß ich werden dürfte wie dieser Taglöhner einer! – O ich wollte mich abmüden, daß mir das Blut von den Schläfen rollte [...]« (III,2). Amalia, die auch in ihren Träumen Karl die Treue hält, teilt ebenfalls diese Vision vom Bettler als wahrem König (I,3).

Das Ausmaß der Träume in diesem rational durchkonstruierten Stück mag zunächst erstaunen lassen. Fragen wir nach der Bedeutung der Träume für die Wirklichkeit, so müssen wir einmal mehr fragen, welche Wirklichkeit diese Träume erzeugt. Bleiben wir im Rahmen des Stückes, so finden wir hierin, traumatisch aufgearbeitet, die unterdrückten Phantasien von den Leiden und den verborgenen Kräften der einzelnen Kreatur und denen des ganzen Volkes, das eine gerechte

Herrschaft verdient. Die Regression ist offenbar eine notwendige Form, um diese Thematik in der ohnehin verkappten politischen Handlung sichtbar zu machen. Die andere Form ist die Räuber-Handlung, geschützt durch ihre Monströsität. Im Blick auf die ideologisch-politische Konstruktion des Stückes ist festzuhalten, daß der Autor den »goldenen« Traum von der guten Herrschaft darstellt als Verlust von Realität. Das antifeudale Potential an Menschlichkeit, produktiver Tätigkeit und Selbstbestimmung, das Schiller seinem Protagonisten derart überschreibt, gilt ohnehin nur einem Helden, der die Welt von ganz oben regiert, und nicht etwa ›republikanisch‹, wie es der Räuberhauptmann im Zorn einmal ahnen ließ. Und trotz dieser Einschränkung auf den guten, vom Herzen her aufgeklärten Herrscher bedarf die Utopie in der Konstruktion des Schauspiels noch der träumerischen Regression, um im Spiel zu bleiben.

Die ganze Spannweite der in den *Räubern* auskonstruierten Reflexionen über Macht und Herrschaft ist allerdings erst erfaßt, wenn auch die bösen Träume des machthungrigen Franz zur Sprache kommen, zunächst einmal abgesehen von der Räubergefahr, die sich derweil in den böhmischen Wäldern bedrohlich zusammenballt. Es spricht für den Realismus in Schillers Dramenkonstruktion, daß er die »goldene« Herrschaftsutopie, der zweifellos sein Herz als Untertan gehört, hauptsächlich nur in der Form des Dementis durch den räuberischen Despoten Franz zur Geltung bringt. Im Deutschland der 1780er Jahre gehörte *der* Form der Herrschaft, die mit Franz auf der Bühne erscheint und die der junge Schiller genau kannte, die Wirklichkeit. So gemessen ist den Illusionen der ›guten‹ Moors über eine menschenfreundliche Ordnung im Staate ohnehin das Urteil gesprochen. In der Wirklichkeit des Schauspieltextes ist Franz' despotische Herrschaft allerdings mit einigen Merkmalen belastet, die den Zuschauer hoffen lassen. In seiner Psychopathologie des zurückgesetzten Zweitgeborenen, in seinem abgründigen Materialismus und mit seiner rechtzeitigen Höllenfahrt, an der der Einfall der Räuber ebenso beteiligt ist wie die Predigt des kreuzbraven und volksfreundlichen Pastor Moser: in dieser Konstellation erscheint die Herrschaft des Franz fast schon wie ein unglücklich-glücklicher Unfall der Geschichte. In der Dramaturgie, die aufs Tragische zutreiben soll, muß der Bösewicht übergewichtig sein, damit den »goldenen Aussichten«, die in der Versenkung zu verschwinden drohen, zumindest poetische Gerechtigkeit zuteil wird.

Als Franz Moor dem im todesähnlichen Schlaf versunkenen Vater die Augen zudrückt und darüber frohlockt, daß die Herrschaft dieser »lästigen Larve von Sanftmuth und Tugend« nicht mehr bedarf, schreit er *seine* ›Regierungserklärung‹ heraus, die tyrannischer nicht sein könnte: »Meine Augenbraunen sollen über euch herhangen wie Gewitter-Wolken, mein herrischer Name schweben wie ein drohender Komet über diesen Gebirgen, meine Stirne soll euer Wetterglas seyn! Er streichelte und küßte den Naken, der gegen ihn störrig zurükschlug. Ich will euch die zakichte Sporen ins Fleisch hauen, und die scharfe Geisel versuchen. – In seinem Gebiet solls so weit kommen, daß Kartoffeln und dünn Bier ein Traktament für Festtage werden, und wehe dem, der mir mit vollen feurigen Backen unter die Augen trit! Blässe der Armuth und sclavischen Furcht sind meine Leibfarben: in diese Liverey will ich euch kleiden!« (II,2). Wären *Die Räuber* nur das Familienstück von den feindlichen Brüdern und nicht auch ein politisches, so wäre gar nicht zu begreifen, warum Franz, der doch ausreichend okkupiert ist im schurkischen Umgang mit Bruder und Vater und der in Liebe versprochenen Amalia, geradezu explodiert mit dieser Schimpfrede auf sein Volk. Die Übersteigerung des Tyrannischen faßte Schiller selbst im Vorwurf der »Karrikatur« und begründete dies als ästhetische Schutzmaßnahme für den Zuschauer, dem das Lasterhafte nicht deutlich genug sein könnte.[44] Dahinter steckt freilich eine politische Schutzgebärde: Die Überzeichnung des Despoten schützt vor der historischen Glaubwürdigkeit, so daß der Zuschauer statt eines ›Leider, so ist es!‹ eher zur Reaktion mit einem ›So schlimm ist es nun auch wieder nicht!‹ gebracht wird. Die Despotie des Franz Moor, die doch die Realität des ganzen Stücks beherrscht, erscheint in dieser Strategie als ein böser Traum, wogegen sich die ins Traumhaft-Illusionäre verdrängte ›gute‹ Herrschaft doch noch als die bessere Wirklichkeit ins Bild setzen läßt.

Die absichtliche Verzeichnung des Franz ins unbedingt Boshafte nährt sich von seinen philosophischen »Räsonnements«, die, ausgehend von Schillers eigenen Kommentaren,[45] von der Forschung immer wieder differenzierend bedacht wurde. Franz, so zeigt sich, ist gar nicht der Willkürherrscher als Wüterich, wie er im Drama sich darstellt (oder darstellen läßt, z. B. durch Ifflands Virtuosität in der Mannheimer Uraufführung), sondern der Denker, der seine familiäre und politische Mitwelt rational zerkleinert und zerstückelt, bis deren Ideale und menschenwürdige Attribute vor seiner Machthybris vergehen. Aus seiner in der Tat materialistischen Denkart findet er auch den Grund für seine politische Handlungsweise, die geradewegs zur Tyrannei führt: »Wohl gibt es gewisse gemeinschaftliche Pakta, die man geschlossen hat, die Pulse des Weltzirkels zu treiben. Ehrlicher Name! – Wahrhaftig eine reichhaltige Münze mit der sich meisterlich schachern läßt, wers versteht, sie gut auszugeben. Gewissen, – o ja freilich! ein tüchtiger Lumpenmann, Sperlinge von Kirschbäumen wegzuschröken! – auch das ein gut geschriebener Wechselbrief, mit dem auch der Bankerotirer zur Noth noch hinauslangt. In der That, sehr lobenswürdige Anstalten, die Narren im Respekt und den Pöbel unter dem Pantoffel zu halten, damit die Gescheiden es desto bequemer haben. Ohne Anstand, recht schnackische Anstalten! Kommen mir für, wie die Hecken die meine Bauren gar schlau um ihre Felder herumführen – daß ja kein Haase drüber sezt, ja beileibe kein Haase! – Aber der gnädige Herr gibt seinem Rappen den Sporn, und galoppirt weich über den Weyland Aerndte« (I,1). Es scheint so, als ob der herrische Franz Moor hier gegen sich selbst spräche: gegen die adlige Willkür des Jagdrechts, gegen die Käuflichkeit des Gewissens, gegen die »Pakta« und Gesetze, die das Gemeinwesen idealiter zusammenfassen, in der Praxis aber nur den Mächtigen nützen. Nicht anders haben die Jakobiner gesprochen, als sie dem Volke die Illegitimität der Fürstenherrschaft beweisen wollten.[46] Franz Moors Denkart speist sich aus den philosophischen Kenntnissen des Karlsschülers Schiller. Zwar wird er die materialistische Aufklärung der Helvétius, La Mettrie, Holbach oder deren Trabanten nur fragmentarisch gekannt haben. Es ist jedoch deren radikale Lehre gegen jeglich theologische oder philosophische Metaphysik von der Geistigkeit und Freiheit des menschlichen Wesens, die er hier im Munde seines Franz Moor reproduziert. Und Franz erscheint, derart ausgerüstet gegenüber Karl, der mit seinem Herzen und seinem Gewissen rebelliert, als der perfektere Revolutionär: »Jeder hat gleiches Recht zum Grösten und Kleinsten, Anspruch wird an Anspruch, Trieb an Trieb, und Kraft an Kraft zernichtet. Das Recht wohnet beym Ueberwältiger, und die Schranken unserer Kraft sind unsere Gesetze« (I,1). Was Franz hier aus der Kategorie der natürlichen Gleichheit deterministisch herausphilosophiert, war nicht nur erschütternd für die zeitgenössische Morallehre von der Freiheit des Gewissens, sondern es hätte auch noch dazu taugen können, die bürgerlich-idealistische Revolutionsphilosophie von der Freiheit, Gleichheit und Brüderlichkeit zu desavouieren. Im Horizont von Macht und Herrschaft des Schillerschen Schauspiels wird der im materialistischen Denken wurzelnde Plan zum Umsturz der Verhältnisse allerdings anders funktionalisiert. Ist die Konsequenz des deterministischen Materialismus, daß man aus dem Menschen alles macht, was man machen will,[47] oder, mit Franzens Worten: »Das Recht wohnet beym Ueberwältiger«, so ergibt sich daraus anstandslos eine Anweisung zur Technik der Machtergreifung und Machtsicherung, die dem Despoten zur Verfügung steht. Inwiefern Schiller hier die »Perversion der Aufklärung«[48] oder besser die Illusion des aufgeklärten Absolutismus mitgedacht hat, sei dahingestellt. Spürbar ist die Angst vor der Entfesselung der Vernunftkräfte, die allen Glauben und alle Werte zerstören, auch den der Revolution. Schiller hielt es eher mit einem menschenfreundlicheren Rousseauismus. Daher taugt ein Stück Gesellschaftsanalyse, wie es Franz vorträgt, nicht für eine ›revolutionäre Perspektive‹ der *Räuber*. Die schärfste Gesellschaftskritik, die das Stück kennt, wird dadurch gebändigt, daß sie von vornherein der Charakterphysiognomie des bösartigen Tyrannen unterstellt wird. So bleibt die Rebellion bei den Räubern und ihrem edlen Anführer.

Die Räuber-Handlung ist, verglichen mit dem, was der Autor seinem Franz Moor in den Kopf setzt, sozialpsychologisch betrachtet fast ein ›antiautoritäres Kinderspiel‹. Genau so ist sie verankert im Autoritätskonflikt und in den idealischen Kindheitsphantasien des Karl Moor, der für die räuberische Wirklichkeit nicht geboren ist. Eine Abwertung ist mit dieser Wertung keineswegs gemeint. Die Räuber-Handlung war und ist die revolutionäre Attraktion des Stückes. Ihr gehörte der Jubelruf ihres Schöpfers und auch seine Klage, da er sie zum Scheitern bringen mußte. In den Apologien, mit denen Schiller sein Stück und insbesondere natürlich das Räuberische darin begleitete, kommt er auf die außerordentliche Faszination des Themas zu sprechen, die nach der sittlichen Ordnung und dem »guten Geschmack« eigentlich nicht sein durfte: »*Räuber* aber sind die Helden des Stücks, Räuber, und einer, der auch Räuber niederwägt, ein *schleichender* Teufel. Ich weiß nicht, wie ich es erklären soll, daß wir um so wärmer sympathisieren, je weniger wir Gehilfen darin haben; daß wir dem, den die Welt ausstößt, unsere Tränen in die Wüste nachtragen; daß wir lieber mit Crusoe auf der menschenverlassenen Insel uns einnisten, als im drängenden Gewühle der Welt mitschwimmen. Dies wenigstens ist es, was uns in vorliegendem Stück an die so äußerst unmoralische Jaunerhorden festbindet. Eben dieses eigentümliche Korpus, das sie der bürgerlichen Gesellschaft gegenüber formieren, seine Beschränkungen, seine Gebrechen, seine Gefahren, alles lockt uns näher zu ihnen, aus einer unmerkbaren Grundneigung der Seele zum Gleichgewicht meinen wir durch unsern Beitritt, welches zugleich auch unserm Stolze schmeichelt, ihre leichte unmoralische Schale so lang beschweren zu müssen, bis sie waagrecht mit der Gerechtigkeit steht«.[49] Wenn

Schiller hier in seiner Selbstrezension auch versucht, das Räuber-Faszinosum moralisch »aufzuwägen« – und keinem anderen Zweck dient letztlich auch die dramatische Konstruktion der Räuber-Handlung –, so steht er doch auch zu dieser Faszination, von der er behauptet, daß er sie sich nicht erklären kann.

»Banditen«, so schreibt Eric J. Hobsbawm in seiner Geschichte des Sozialbanditentums, »gehören der erinnerten Geschichte an«: sie »verwandelt sich in Träume frustrierter Städter«.[50] Räuberhelden wie der Schinderhannes gehören der erinnerten Geschichte schon in der historischen Gegenwart, in der sie zum Mythos wurden. Dem Bürger, der sich zur Ordnung bequemen muß, stehen sie für Abenteuer, Heldenmut und die Sehnsucht nach einer gerechteren Welt, wenn auch das Räubertum nur wenig davon in der historischen Wirklichkeit hat. Das, so scheint es, ist auch Schillers Faszinosum. In der emphatischen Darstellung der von der Gesellschaft Ausgestoßenen und Verlassenen sind die unterdrückten Phantasien des verhinderten Revolutionärs von der unbedingten Revolte gegen die bestehende Ordnung verborgen. Geht man von diesem nur scheinbar »Unerklärlichen« aus – gerade die wilden Träume zeugen vom Druck einer unerträglichen Wirklichkeit –, so ist Vorsicht geboten bei einfachen sozialgeschichtlichen Ableitungen des Schillerschen Räuberpanoramas aus der Realität des Räuberwesens, das der feudalstaatlichen Obrigkeit des 18. Jahrhunderts in der Tat schwer zu schaffen machte. Abgesehen von einer allzu optimistischen Einschätzung der historischen Realität der Räuberbanden als »Revolutionspotential«[51], können auch die Räuberphantasien in Schillers Schauspiel nicht einfach verstanden werden als vorrevolutionäres Bewußtsein. In seinem spektakulären Jugenddrama steckt eben kaum die Keimform der bürgerlichen Republik oder gar die eines »bewaffneten Aufstands«,[52] sondern vielmehr die heroische Rationalisierung der deutschen Misere, dürftig eingekleidet ins römische Heldengewand, um so prächtiger aber in das der deutschen »Jaunerhorden«.

Das will nicht heißen, daß die soziale Wirklichkeit des organisierten Bandenwesens vom Schlage des Krummfinger-Balthasar oder der Buttlerschen Rotte als historische Erscheinungsform des Pauperismus und der antifeudalen Selbsthilfe in Schillers Drama nicht Eingang gefunden hätte.[53] Massenarmut und Hungerkrisen, mit denen das rückständige Produktions- und Handelssystem und die verrottete feudalabsolutistische Staatsführung nicht fertig wurden, betrafen nicht nur die Ärmsten der Armen – das »fahrende Volk«, die leibeigenen Kleinbauern und die stellungslosen Handwerker –, sondern auch die halbwegs durch Besitz gesicherte Bauernschaft, die Gewerbetreibenden und insbesondere auch die bürgerliche Intelligenz, die mit einem »Amt«, z. B. einer Pfarrstelle oder einer provisorischen Hofmeisterexistenz, nur ganz unzureichend versorgt werden konnte.[54] Wenn Spiegelberg, in Schillers Stück selbst einer der depravierten und verwilderten Famuli, über die Rekrutierung der Moorschen Bande berichtet, so wird diese Realität getroffen: »[...] und itzt sind unserer acht und siebenzig, meistens ruinirte Krämer, rejicirte Magister und Schreiber aus den schwäbischen Provinzen, das ist dir ein Korps Kerles« (II,3). Die volkstümliche Überlieferung versieht das Räubertum, das in der Wirklichkeit nur in den seltensten Fällen über die Wegelagerei und die organisierten Raubzüge hinauskam, mit dem Nimbus der antifeudalen Volksbewegung.[55] Schiller konnte hier anknüpfen. Und nicht zufällig verstärkt er das noble Verbrechertum. Doch nicht etwa durch den Volkshelden aus dem Bauernstand als den Helfer für seinesgleichen, welcher der Wirklichkeit noch näher gestanden hätte. Der in seiner Welt gekränkte und verstoßene Edelmann vom Typ eines Kosinsky und Karl Moor ist es, der in der dramatischen Poesie das Räuberische veredelt. Er läutert den räuberischen Mannesmut zur stolzen Männlichkeit. Er ist, sans phrase, der Führer der Bande, dem gedient wird, als gelte es die hierarchische Gesellschaftsordnung, gegen die man kämpft, in den böhmischen Wäldern am Leben zu halten.[56]

Auf diesem Terrain des räuberischen Befreiungstraums, versetzt mit bürgerlichem Bildungsgut und aristokratischem Ehrenkodex, gedeiht Schillers moralisches Lehrstück. Karl Moor zeigt durchaus Anlagen zum Volkshelden, z. B. mit jener verkehrten ›Ringparabel‹, in der er frohlockt über den Rubin des Ministers, den Diamanten des Finanzrats und den Achat des Pfaffen an seiner Hand (II,3). Schiller demonstriert in dieser Szene auf grandiose Weise ein Selbsthelfertum für das Volk, das jedoch nicht vom Volke ausgeht. Zur Erklärung dieser im Drama eingefangenen Konstellation mag die historische Erklärung von der »Unreife« der deutschen Verhältnisse taugen, die an keine anderen revolutionären Regungen denken ließen.[57] Die historische Realität der Bauern- und Handwerkerrebellionen bis in die Zeit auch der deutschen revolutionären Bestrebungen im Zuge der Französischen Revolution blieb Schiller fremd. Zu fragen ist, ob die moralische Konstruktion der Räuber-Handlung, ihre Instrumentalisierung für die Apologie der herrschenden Ordnung im Schlußbild des Dramas, mit dem »Unreife«-Argument bereits zureichend erklärt ist. Interpretieren wir auch die Räuber-Handlung, wie zuvor die der Moorschen Schloßintrige, als politische Handlung, so ist der Interpretationsgegenstand nicht einfach aufteilbar ins politisch Fortschrittliche, zu dem der Räuber Moor sich durch antifeudale Gewalttaten aufschwingt, und ins politisch Reaktionäre, in das er mit der Absage ans Räuberleben zwangsläufig zurückfällt. Revolutionsfreundliche Inszenierungen der *Räuber*, wie die berühmt gewordene Erwin Piscators von 1926, haben hier gewöhnlich ihre Schwierigkeiten. Die literaturgeschichtliche Rekonstruktion von Schillers Jugendwerk muß zusammenhalten, was die dem vermeintlichen Revolutionär Schiller befreundete Gesinnung auseinanderreißt. Das heißt, daß gerade die politische Deutung der Räuber-Handlung die moralische ›Überkonstruktion‹ miterfassen muß, unter deren Lizenz der Autor den Räuberphantasien freien Lauf läßt.

Die Räuberphantasien sind Fluchtpunkte der herrschenden Gewalt. In der Art, wie Schiller mit seiner Figur des Edelbriganten Karl Moor die Räuber-Handlung moralisch verkonstruiert, werden, so läßt sich behaupten, die unterdrückten Phantasien weggearbeitet, die das Stück bei den Zeitgenossen und den Nachgeborenen so faszinierend erscheinen ließen. Ernst Bloch hat womöglich dies gemeint, wenn er Schiller im Blick auf die *Räuber* das »eigentliche Genie der Kolportage« nannte: ein Genie, das nicht frei bleiben konnte wegen des Zwangs zur Sublimierung.[58] Was Schiller moralisch ›sublimiert‹, hat direkt zu tun mit dem illusionären Traum von der »goldenen« Herrschaft, um die sich der regierende Graf von Moor durch die Tyrannei seines Franz und der edlere Karl durch die Herausforderung des Räuberlebens betrogen sehen. Beides sind nach der moralischen Konstruktion »Laster«, Abweichungen vom Wege der »Tugend«. Was als moralische Gefährdung erscheint, ist jedoch auch das politisch Bedrohliche. Denn in der gesellschaftlichen Wirklichkeit, auch der des Schiller-Dramas, spricht vieles für die Realität der despotischen Gewaltherrschaft und die dadurch erzwungene Gegengewalt der Räuber und nur wenig für den Realitätsgehalt des Idealbildes von der ›guten‹ Autorität in Familie und Regierung. Um so notwendiger also ist die energische Intervention zugunsten der Tugend, um so dringender ihre Rettung.

Karls Räuberleben wird von Anfang an als moralische Irrfahrt dargestellt, und nicht erst nach seiner Einsicht in die Konsequenzen seines ungesetzlichen Tuns. Hält man sich nur an den äußeren Handlungsablauf und an das Psychodrama, das Ursache und Wirkung der einzelnen Handlungsschritte begründet, so erscheint Karls ›Krise‹ als moralischer Konflikt im engeren Sinne: als Bewährungsprobe in der »Krise des Vertrauens«.[59] Der vom Vater verstoßene Sohn gibt sich verloren in der Gesetzlosigkeit des Räuberlebens. Doch ist er zugleich beherrscht von dem Gedanken, das Verlorene wiederzugewinnen: er träumt von der Heimkehr. Diese Konstellation ist bereits in der ersten Räuber-Szene in der Schenke (I,2) fertig ausgebildet. In den folgenden wird sie in der Form der moralischen Entscheidungssituation des Helden beständig wiederholt und gesteigert. Der Gewissenskonflikt ist jedoch nur der engste, wenn auch der Kernbezirk auf dem Gebiet der moralischen Handlung. Karl, der »Universalkopf«, strebt nach dem Willen des Autors auch in der Situation des Bruchs und der Krise mit der ihm angestammten Welt ins Universale: »die Privaterbitterung gegen den unzärtlichen Vater wütet in einen Universalhaß gegen das ganze Menschengeschlecht aus«.[60] Diese Kommentierung Schillers ist eine der vielen Schutzformulierungen gegen das ›Politische‹ in seinem Schauspiel. Der Kampf der gesetzlosen Räuber gegen das Gesetz ist hier so »universal« gefaßt, daß die Spuren der tatsächlichen Konfrontation verwischt werden. Im Stück jedoch sind sie so deutlich ausgeprägt, daß es keineswegs schwerfällt, die politische Handlung zu identifizieren. Indem Schiller primär den Familienkonflikt dramatisch hochspielt, vermeidet er zwar das Politische, wozu sich das bürgerliche Drama schon bei Lessing bequemen mußte. Doch eben darin wird, wie zu zeigen ist, das Politikum identifizierbar, deutlicher als in der Tradition des genre familial.

Der Vertrauenskonflikt ist im Kern ein Autoritätskonflikt.[61] Die Vaterautorität steht für Gesetz und Ordnung, die weltliche und die göttliche. Sie repräsentiert die sozialen Normen und die autoritären Verhaltensmuster, von denen in Schillers Stück konkret, im Sinne praktischer Lebenserfahrung, so wenig die Rede ist. Wegen der mangelnden sozialen Konkretion über die moralische Irritation des Familienkonflikts hinaus kann die Verletzung der Normen auch so extrem ausfallen: Karl stürzt sich in die absolute Negation durch die Gesetzlosigkeit des Räuberlebens. Wird die moralische Handlung über die soziale Konkretion hinweg derart kurzgeschlossen, so könnte sie gerade darum fast als politische Handlung funktionieren: die Räuberbande bedroht die Grafschaft. Franz, der neue Herr auf dem Schloß, faßt in seinen Verwünschungen den Einbruch der Räuber als Aufstand und Verschwörung von innen und außen.[62]

Für Schillers Moralisierung des politischen Konflikts als Autoritätskonflikt sind nun die Weichen allerdings so gestellt, daß der Bruch zwischen Vater und Sohn, zwischen Herrschaft und Opposition als tragisches Mißverständnis erscheint. Beide sind sich ja einig im Wunschtraum der »goldenen« Herrschaft. Die Machenschaften des Franz erscheinen als das wahre Übel. Die eigentlich ›politische‹ Konfrontation zwischen Franz dem Tyrannen und Karl dem Rebellen findet nicht statt. Auf der Bühne begegnen sie sich nie. Die Räuber-Handlung erhält *aus sich heraus* nie die Stoß- und Zielrichtung der Beseitigung der Tyrannenherrschaft, trotz der antidespotischen Reden, die darin geführt werden, und trotz der Bedrohung und Vernichtung des despotischen Regiments, die bezeichnenderweise allein der bedrohte Franz instinktiv als politische Rebellion erfaßt. Wird die mögliche Vorstellung der Räuberaktion als politische Revolte derart abgegolten, so ist damit das Terrain frei für das moralische Exerzitium, das der Autor mit seinen Räuber-Szenen veranstaltet.

In Karls Gewissenskonflikt wird die wild ausschweifende Räuber-Handlung zur Räson gebracht; die unterdrückten Phantasien von der unbedingten Negation der herrschenden Ordnung werden weggearbeitet angesichts des von Anfang an gegebenen Einverständnisses über die Gültigkeit des bürgerlichen Tugendideals in Herrschaft und Familie. Das Tragische gerät der äußeren Handlung nach auf das Nebengleis der Intrige. Die Moral der Räuber-Handlung ist das schlechte Gewissen, das für die »innere« Tragik sorgen soll. Auch als *politische Handlung* ist die Räuber-Handlung daher schon bald auf dem Rückzug, trotz der in der Fülle der Begebenheiten punktuell verankerten Ausfälle gegen die herrschende Ordnung, die zugleich rhetorische Glanzpunkte sind.

Karl tritt unter die Räuber wie im Traum. Ein böser Traum ist ihm die Kränkung durch den Vater. Im Geiste abwesend »stiert« er auf die Spießgesellen, die Spiegelberg durch seine aufsässigen Reden zuvor und ohne ihn zur Räuberbande zusammengeschweißt hat. Halb in Trance und halb wahnsinnig vor Schmerz über das erlittene Unrecht schwört er im Nu auf das Räuberleben: »[...] der Gedanke verdient Vergötterung – Räuber und Mörder! – So wahr meine Seele lebt, ich bin euer Hauptmann!« (I,2). Damit stellt Karl sich in den Widerspruch, von dem er, der Verzweifelte und Selbsthelfer aus Trotz, wohl weiß, daß er ihn nicht aushalten kann. Der Gemütsmensch als katilinarische Existenz! So angeführt, ist das Räuberunternehmen zum Scheitern verurteilt. Wenn Karl als Räuberhauptmann den »Meisterstreich« gegen die bigotte Stadt zur Befreiung seines Roller führt, so triumphiert er in »Freyheit« über die gelungene Tat. Die hybride Tonart (»Führt meinen Rappen ab, und wascht ihn in Wein«; II,3) zeigt aber schon an, daß er darüber die ›innere‹ Freiheit seines Gewissens verliert. Politisch übersetzt, müßte man vielleicht von ›Gewissenhaftigkeit‹ sprechen. Und die steht auf der Seite der gesetzlich geordneten »bürgerlichen Gesellschaft« und nicht auf der der Gesetzlosigkeit, der sich Karl wie im Rausch hingibt.

Der entscheidende Punkt ist jedoch die Frage der Gewalt. Als Schufterle von den bei der Befreiungsaktion ermordeten Frauen und Kindern erzählt und dabei das Schurkische herauskehrt, bricht der heldenhafte Räuberhauptmann zusammen wie vom Schlage gerührt. Die in der Praxis entsetzliche Tat zerstört ihm die »schönsten Werke«, die er sich als edle Befreiungstat gedacht hatte. Ebenso rasch, wie er sich den Räubern verschworen hat, entsagt er nun dem »frechen Plan« (II,3). Es ist dies nicht nur der Schauder in der beleidigten Seele eines trotzigen Individuums. Dahinter steht das Erschrecken im bürgerlichen Bewußtsein über die Konsequenz eines Handelns, das vom Ideal des menschenversöhnenden und tugendhaften Wirkens nicht gedeckt ist. Dem Gewaltmonopol des feudalabsolutistischen Staates ausgesetzt, kann die bürgerliche Opposition sich über die Möglichkeit der eigenen Gewaltanwendung doch nur in der Form von Schuld und Sühne ihrer Ohnmacht vergewissern. Schillers moralisierende Konstruktion der Räuber-Handlung bringt genau diesen Tatbestand hervor, der in der aktuellen politischen Geschichte Deutschlands erst noch zum Tragen kommen sollte: die der Französischen Revolution zunächst in Gedanken enthusiastisch zugewandten deutschen Dichter und Denker sagten sich entsetzt von den Pariser Ereignissen los, als die Köpfe rollten. Die Citoyen-Urkunde, die die Französische Nationalversammlung ihm ausstellte und die dem Revolutionär-Heroischen in seinem Räuberstück galt, mußte Schiller nach den Massakern als Beleidigung empfinden.

Karl Moors Verhältnis zu den Räubern klärt sich bei der ersten Probe aufs Exempel der Gewalt, ohne die eine Räuberexistenz nun einmal nicht denkbar und schon gar nicht praktizierbar ist. Das ›edle‹ Räubertum, von dem die volkstümliche Überlieferung auch in Schillers Stück kündet, dient von Anfang an dazu, zwischen dem noblen Führer und der verbrecherischen Bande Distanz zu schaffen. Dem Räuberwesen wird keine eigene Moral zugestanden, so berechtigt die Raubzüge gegen die Herren auch sein mögen. So bleibt nur der Weg der moralischen Läuterung, den Karl geht und auf dem ihn (nach dem Text der Trauerspielfassung) auch noch Kosinsky – »unter den Unreinen der einzige Reine« – und der treue Schweizer begleiten dürfen (V,8).

In der Figur des Spiegelberg hat Schiller das Schreckbild des verbrecherischen Räubers zusammengefaßt, das er braucht, um seinen edlen Räuberhauptmann moralisch zu salvieren. Spiegelberg ist nicht einfach, wie behauptet wurde, eine häßliche Karikatur von Karl Moor.[63] Im Text, genau besehen und auch historisch betrachtet, ist die Figur des Spiegelberg – mit ihren Kennzeichen der intellektuellen Wühlarbeit, die zum Aufruhr führt, mit der Etikettierung als mißratenes »National-Genie« (II,3) und den soziologischen Stigmata des verluderten Studenten und des Juden noch dazu – durchaus einem Steckbrief vergleichbar, mit dem die Obrigkeit nach Räuberhauptleuten jagen ließ.[64] Schaut man auf die Gewichtung des Schurkischen in Schillers Schauspiel – die von ihm so benannten »Extremitäten« –, so hält Spiegelberg dem Despoten Franz die Waage: eine Parallelaktion ohne Handlungsinhalt, die für die wahre Konfrontation von Herrschaft und Rebellion stehen könnte. Im Verhältnis zu Karl, der auf dem Wege zur sittlichen Läuterung weit über dieser Konfrontationsebene des »Lasterhaften« angesiedelt ist, bedeutet Spiegelberg also weit mehr als eine Karikatur ins Boshafte. Ein großartiger Einfall Schillers ist die pantomimische Aufbereitung der Szene, in der Karl den infamen Brief des Bruders empfängt, der ihm statt der erhofften Vergebung die Aufkündigung der väterlichen Gnade bringt, womit ihm auch die Heimkehr in die vermeintlich gütig geordneten Lebens- und Herrschaftsverhältnisse versperrt ist. Den in der schrecklichen Lektüre stumm versunkenen Karl begleitet Spiegelberg mit den »Pantomimen eines Projektmachers«, aus denen er wild herausspringt mit dem Ruf »La Bourse ou la vie« (II,3). In dieser Pantomime des Gauners ist auf groteske Weise Karls Rebellion gegen die väterliche Ungerechtigkeit in der Form von Raub und Mord angedeutet. Neben Karls ideales »Projekt« – den gemeinsam mit dem Vater geträumten »goldenen« Traum – wird durch Spiegelbergs pantomimischen

Auftritt die Verführung zur gewaltsamen Aktion des Räuber-»Projekts« gesetzt, noch ehe Karl einen solchen Gedanken fassen kann. Spiegelberg spiegelt die unterdrückten Phantasien des im Autoritätskonflikt befangenen Karl. In der folgenden Handlung spielt er das Ungesetzliche, Verbrecherische und Gewaltsame aus, zu dem Karl nur ansetzt und das für ihn letztlich nur Anlaß zur moralischen Besserung wird.

In der einschlägigen Forschung wird die Figur des Karl Moor entweder in der einen Dimension des revolutionären Selbsthelfers belassen oder aber auf dem Wege der Selbsterkenntnis, der Selbstkritik und des Zweifels bis zum bitteren Ende begleitet. Beide Deutungen rekonstruieren die Aura des tragischen Helden, wobei sich doch eher die den Zuschlag verdient, die das ästhetische Phänomen des Tragischen in den Zusammenhang der historischen Widersprüchlichkeit stellt.[65] Zu fragen bleibt, ob Schiller in seiner moralischen ›Überkonstruktion‹ des Räuberstückes Karls Läuterung tatsächlich als schmerzhaften Erkenntnis*prozeß* herangebildet hat. Zu fragen ist auch nach der tragischen Konsequenz des Schlußtableaus. Wem gehört am Ende die Schlußapotheose des Helden, in der dieser doch so weit abrückt von dem, was er sein wollte nach seiner Wirklichkeit *und* seinem Ideal?

In Karls Bußgang durch die Räuberwelt ist die Tragödie doch so weit vorgefertigt, daß von einem Läuterungs- und Erkenntnisprozeß, von einer tragödienreifen »Zerrissenheit« des Helden, nur bedingt die Rede sein kann.[66] Karls Denken und Handeln schwankt zwischen dem Freiheitspathos in der Beschwörung der antiken Republiken und in der die deutschen Verhältnisse grandios maßregelnden ›Ringparabel‹ einerseits und der Melancholie über diese Verhältnisse in der lieblichen Szene an der Donau und der traurigen Empfindung von der Vergeblichkeit des eigenen Strebens nach Vollkommenheit, mit der er sein Brutus-Lied begleitet (IV,5), andererseits. Karl läutert sich, wenn man so will, auch insgeheim ›politisch‹: von seiner katilinarischen Existenz am Anfang, die Spiegelberg hervorlockt, zur Haltung des als Symbol für den im Skrupel verzweifelten Tyrannenmörder herbeizitierten Brutus. In der einen oder anderen Form der Rebellion ist ihr moralisches Scheitern als Niederlage im praktischen Handeln besiegelt. »Der sterbende Herkules sey heut Parole«, heißt es vor der Attacke auf das väterliche Schloß (IV,5). Diese Parole könnte auch schon in der Exposition des Dramas stehen, zwischen den Zeilen. Hier bereits und in der Folge der Begebenheiten herrscht ein grundsätzlicher Dualismus zwischen rebellischem Aktivismus und räsonierender Resignation. Karls *Melancholie* ist es, die die Entscheidungssituationen präformiert und das Ideal, um das es doch geht – die Glückseligkeit für die Familie und die Gerechtigkeit in der ›guten‹ Herrschaft über das Volk –, immer schon in die Form des unerfüllbaren Wunschtraums und die der Regression in die unschuldige Kindheit bannt. Statt einer existentiellen »Zerrissenheit« des Helden zwischen Ideal und Wirklichkeit finden wir eher ein statisch-dualistisches Nebeneinander von Aktion und Kontemplation, in dem von der moralischen ›Überkonstruktion‹ des Ganzen her doch schon entschieden ist, worüber der Held sich noch mit sich selbst entzweit.

Sobald der Räuberhauptmann rastet von den mörderischen Befreiungstaten, die ihn im Innersten nichts angehen, verfällt er der melancholischen Weltbetrachtung, ganz im Stile eines Werther, der die unproduktive Geschäftigkeit der »bürgerlichen

Gesellschaft« beklagt: »Bruder – ich habe die Menschen gesehen, ihre Bienensorgen, und ihre Riesenprojekte – ihre Götterplane und ihre Mäusegeschäfte, das wunderseltsame Wettrennen nach Glükseligkeit; – dieser dem Sturm seines Rosses anvertraut – ein anderer der Nase seines Esels – ein dritter seinen eigenen Beinen; dieses bunte Lotto des Lebens, worein so mancher seine Unschuld, und – seinen Himmel sezt, einen Treffer zu haschen, und – Nieten sind der Auszug – am Ende war kein Treffer darinn. Es ist ein Schauspiel, Bruder, das Tränen in deine Augen lockt, wenn es dein Zwerchfell zum Gelächter kizelt« (III,2). Jenseits des Dualismus von räuberischer Tatbereitschaft und moralischer Verpflichtung des Gewissens gibt Karl seinen eigenen Lagebericht vom »Schauspiel des Lebens« in den Topoi der Melancholia: das Leben als Lotterie und »schaales Marionettenspiel« (IV,5). Damit kommt ein für die moralische und politische Tugend-Laster-Konstruktion an sich fremder Zug in das Räuberdrama, der Karls Schicksal als wahrhaft tragisch erscheinen läßt. Die »unerreichte Vollkommenheit« der eigenen »Plane« erscheint ihm von Grund auf unerreichbar. Karl bestätigt die Regression seiner Wunschträume in die unschuldige Kindheit, da sie in dem ihm bestimmten Leben keinen Platz haben. Die Verzweiflung über die Möglichkeit des glücklichen Lebens und der glückbringenden Herrschaft – insgeheim auch die über die Möglichkeit des im Sinne der bürgerlichen Emanzipation auf ›Produktivität‹ sinnenden Selbsthelfers – läßt ihn, wie den jungen Werther, zur Pistole greifen. Allen Erfordernissen des praktischen Lebens abgewandt, greift seine Phantasie dann jedoch hinaus über die elende Wirklichkeit, die sie zuvor in der Kindheitsvision zu verklären suchte. Aus dem »Gefängnis des Lebens« will er seine nur »ihm selbst« gehörende Tatkraft mit hinübernehmen in eine Todeslandschaft, die ihm Leben verheißt: »Wenn Du mir irgend einen eingeäscherten Weltkreis *allein* liessest, den Du aus deinen Augen verbannt hast, wo die einsame Nacht, und die ewige Wüste meine Aussichten sind? – Ich würde dann die schweigende Oede mit meinen Phantasien bevölkern, und hätte die Ewigkeit zur Muße, das verworrene Bild des allgemeinen Elends zu zergliedern« (IV,5).[67] *Diese* Tragödie der Selbstverwirklichung zwischen dem in die fruchtbar-öde Jenseitslandschaft der »Freyheit« getragenen Ideal und der zum Tode zwingenden Wirklichkeit hat Schiller in seinem Drama allerdings nicht ausgetragen. »Nein! ich wills dulden«, so beschließt Karl seinen qualvollen Monolog. »*Er wirft die Pistole weg.* ›Die Qual erlahme an meinem Stolz! Ich wills vollenden‹« (IV,5). Die tragische Konsequenz des sich allein verwirklichenden Selbsthelfers als Bedingung der Möglichkeit des Denkens und praktischen Handelns wird zurückgestellt hinter die moralische und politische Handlung, die Karl vollenden muß, ohne sich darin doch selbst vollenden zu können.

Was dem Schauspiel an tragischem Inhalt zu vollenden bleibt, ist gedacht als ein Triumph der Tugend über das Laster, des Rechts über die Rache, der »mißhandelten Ordnung« über den Missetäter. Es siegt die *Notwendigkeit*, die den Anstrich einer »unverletzbaren Majestät (V,2) bekommt. Doch wo bleibt die *»Freyheit«*, wenn das »Opfer« nicht ihr, sondern der in ihrer »Sittlichkeit« beharrlichen Welt gebracht wird? Zugunsten der »Ordnung« verdammt Karl die Räuber als »Kreaturen des Abgrunds« (V,2). Sie rücken zusammen als Sinnbild des Bösen, dem der tugendhafte Held verfallen ist um den Preis seiner geliebten Amalia, die er nun der Mordbande aufopfern muß. Die Steigerung der moralischen Satisfaktion in die

Höhe der göttlichen Gerechtigkeit läßt die zuvor gelungene Veranschaulichung des Religiösen in Gestalt des die Obrigkeit exekutierenden Paters oder in der des volksfreundlichen Pastor Moser vergessen.[68] Die politische Apologie ist nicht minder deutlich. Die weltliche Gerichtsbarkeit, die zuvor doch auch das ›Edle‹ in Räuber Moor erzürnte und durch die Tyrannei eines Franz erheblich in Mitleidenschaft gezogen wurde, erscheint jetzt abstrahiert als die unbestreitbare Garantie der staatlichen Ordnung. Wenn Karl am Ende mit jenem notorisch-berühmten Spruch – »dem Manne kann geholfen werden« – dem Tagelöhner einen eigenartigen Lohn verschafft durch das Kopfgeld, das man auf ihn ausgesetzt hat, so liefert er auf diese Weise nicht nur sich selbst der Obrigkeit reumütig aus, sondern treibt auch den »armen Mann« in die Arme der Herren, die ihn arm machen. Die dem Autor abverlangte Überarbeitung des »Schauspiels« zum »Trauerspiel« verstärkt bezeichnenderweise noch die Tendenz zur politischen Mäßigung und Anpassung: »Gehet hin, und opfert eure Gaben dem Staate. Dienet einem Könige, der für die Rechte der Menschheit streitet« (V,7). So spricht Karl Moor als Wächter von Gesetz und Ordnung.

Dieser Tragödienschluß, der keiner ist, rafft die verzweifelte Rebellion hinweg, von der das Stück kündet, und ebnet seine »Extremitäten« ein, die allein das Tragische aus dem Konflikt hätten heraussteigern können. Das Tragische im Schluß der *Räuber* mißlingt, da das Gute gar nicht mehr aus der eigenen Kraft erscheint, mit der zuvor die schlechte Wegstrecke des Räuberlebens durchlaufen werden mußte. Was jetzt als positive Macht und Sittlichkeit einfach gesetzt wird – der König als Anwalt der Menschenrechte –, hat mit der gesellschaftlichen Wirklichkeit in Schillers Drama wenig zu tun. Denn in ihr konnte ja die »goldene« Herrschaft nur als Wunschtraum erscheinen, als freundliche Illusion, die an den »Extremitäten« des Despotismus und der Räubergewalt zuschanden wird. Am Schluß von Schillers Drama rächt sich die moralische ›Überkonstruktion‹ der konkreten Inhalte des Stücks, einschließlich der im Handlungsverlauf stillgestellten Tragik Karls zwischen dem Anspruch und der Misere seiner Selbstverwirklichung, als ästhetische Fehlleistung. Die Tugend-Laster-Konzeption läuft auf eine moralische und politische Abstraktion hinaus, die zur Legitimierung der bestehenden gesellschaftlichen Verhältnisse scheinbar bedingungslos taugt. *Eine Bedingung allerdings ist die Abstraktion!* Und darin liegt dann doch, auch in der Schlußkonfiguration, das kritisch-realistische Potential des Schillerschen Schauspiels beschlossen. Am Ende ist das Räuberdrama in der Tat so zeit- und ortlos, wie es manche Interpreten gerne in toto sehen möchten.[69] Doch gerade diese ›Gesellschaftslosigkeit‹ des versöhnlichen Schlusses kann verstanden werden als *inhaltlich* kräftiges Dementi der Apologie der feudal-absolutistischen Herrschaft, zu der sich der Autor am Ende *in aller Form* bereitfindet. Dies gilt unter der Voraussetzung, daß die monströse Handlung die Illusion einer menschenfreundlichen Feudalherrschaft ja bis ins Kleinste dramatisch ›zerkleinert‹ und ›zernichtet‹ hat. So gesehen bleibt Schillers Drama offen im Widerspruch. Und eben deshalb ist der Autor wegen seines kompromißlerischen Schlußakts nicht einfach zu tadeln.

In seiner Selbstrezension des *Neuen Menoza* formulierte Jakob Michael Reinhold Lenz die schmerzhafte Einsicht, daß die deutsche »Nation« zur tragischen Gestaltung ihrer Geschichte noch nicht reif sei.[70] Schiller hatte vielleicht Ähnliches im

Sinn, wenn er voraussieht, daß sein Erstlingswerk auch in der abgeschliffenen Form der Tragödie auf der Bühne noch kein »Bürgerrecht« erlangen wird.[71] Der Grund ist, historisch gesehen, der Mangel an konkreter Utopie über die bestehende Gesellschaft hinaus, für die ein in seiner Masse zur Revolution objektiv nicht fähiges und subjektiv kaum williges Bürgertum wenig taugte. Seine »Subordination« ist beständig, weniger die feudalabsolutistisch regierte Ständegesellschaft, die auch im Deutschland der 1790er Jahre ins Wanken gerät. Wenn Schiller in seinen ›klassischen‹ Stücken die Utopie findet in der Ästhetik des Tragischen und, damit verbunden, in seiner geschichtsphilosophischen Reflexion, so doch unter Preisgabe des »Reichs der Notwendigkeit«, das die *Räuber* so extremistisch herausdramatisierten. Der Preis für den ›Extremismus‹ der *Räuber*, der mit der friedlichen Verbürgerlichung des Dramas der Aufklärung hätte brechen können, war, historisch gesehen, die nicht minder extreme moralische ›Überkonstruktion‹, die in Schach hielt, was hier unbotmäßig zur Sprache kam. So findet sich paradoxerweise der historische ›Klartext‹ am überzeugendsten in den unterdrückten Phantasien und bösen Träumen von Macht und Gewalt, in denen die herrschende Ordnung bedroht wird. Eine die Verhältnisse sprengende Utopie hätte zusammenfügen müssen, was Schiller poetisch sittsam verteilt und mindert: die Sprengkraft des die Legitimität der feudalen Herrschaftsverhältnisse zermürbenden Materialismus eines Franz und den gewaltigen Idealismus eines Karl, der auch die Gewalttätigkeit eines Spiegelberg nicht scheut. Diese Utopie konnte allerdings nicht die Sache Schillers sein für seine Räubergeschichte. Die Verhältnisse zwischen Stuttgart und Mannheim um 1780 gaben sie nicht her.

Anmerkungen

Der Dramentext wird zitiert nach: Schillers Werke. Nationalausgabe. Bd. 3: Die Räuber. Hrsg. von Herbert Stubenrauch. Weimar 1953. Nachweise (Akt, Szene) in Klammern unmittelbar hinter dem Zitat.

1 Vgl. Werthers Eingangsbriefe. Die Leiden des jungen Werther. Zitiert nach: Goethes Werke. Hamburger Ausgabe. Bd. 6. Hamburg [7]1968. S. 10 ff.

2 In diese Richtung, wenn auch nicht nur in diese, gehen einige neuere ›linke‹ Deutungsversuche, welche die *literarische* Emanzipation der bürgerlichen Klasse sehr direkt *als* politische und ökonomische Emanzipation fassen: Das Räuberbuch. Die Rolle der Literaturwissenschaft in der Ideologie des deutschen Bürgertums am Beispiel von Schillers *Die Räuber*. Frankfurt a. M. 1974. Darauf aufbauend: Johannes Merkel/Rüdiger Steinlein: Schillers *Die Räuber*. Modellversuch bürgerlich-revolutionärer Umgestaltung des feudalistischen Deutschland. In: Walter Raitz / Erhard Schütz (Hrsg.): Der alte Kanon neu. Opladen 1976. (Lesen 2.) S. 109–135. Ähnlich Anthony Williams: The ambivalences in the plays of the young Schiller about contemporary Germany. In: Bernd Lutz (Hrsg.): Deutsches Bürgertum und literarische Intelligenz 1750–1800. Stuttgart 1974. (Literaturwissenschaft und Sozialwissenschaft 3.) S. 1–112.

3 Eine Summierung vor allem dieser Forschung, auf deren wesentliche Ergebnisse im einzelnen noch eingegangen wird, gibt Helmut Koopmann: Friedrich Schiller I. 1759–1794. 2., erg. und durchges. Aufl. Stuttgart 1977. – Statt nach den Gründen des gewiß unentwickelten politischen Bewußtseins des jungen Schiller oder nach den Ursachen des Vor-Scheins des Unpolitischen zu fragen, findet sich in der geistesgeschichtlichen Forschung häufig die Bekräftigung der Antithese von Politik und Poesie, die dem ›klassischen‹ Schiller abstrakt abgelesen wird. Ein prominentes Beispiel hierfür gibt Dolf Sternberger: Macht und Herz oder Der politische Held bei Schiller. In: Schiller. Reden im Gedenkjahr 1959. Hrsg. von Bernhard Zeller. Stuttgart 1961. S. 310–329.

4 Ankündigung der »Rheinischen Thalia« (Schillers Werke. Nationalausgabe. [Im folgenden zitiert als: NA.] Bd. 22. S. 94).

5 Am bekanntesten ist Goethes spätere Verurteilung des Stückes, in der er seine »rohe Großheit« und das Fratzenhafte und Grelle seiner Figuren beklagt. Die »ethischen und theatralischen Paradoxen«, von denen Goethe sich zu reinigen strebte, findet er in den »Räubern« »im vollen hinreißenden Strome über das Vaterland ausgegossen«. (Zitiert nach: Johann Wolfgang Goethe. Gedenkausgabe der Werke, Briefe und Gespräche. Hrsg. von Ernst Beutler. Zürich 1949 f. Bd. 14. S. 93; Bd. 16. S. 865.)

6 So moniert z. B. Emil Staiger die »barbarische Vehemenz« des Stückes: »Das Originalgenie muß zuerst die bestehende Welt beiseite räumen, um für die neue Platz zu gewinnen. Und eben deshalb bedarf es des Terrors, des Terrors [!], den Karl Moor mit seiner Bande ausübt und den Schiller selbst von seiner Bühne herab mit Grauen auszuüben nicht müde wird« (Emil Staiger: Das große Ich in Schillers *Räubern*. In: Theater – Wahrheit und Wirklichkeit. Freundesausgabe zum 60. Geburtstag von Kurt Hirschfeld. Zürich 1962. S. 98).

7 NA 3,248.

8 Ebd.

9 Am 26. August 1792 verlieh die Französische Nationalversammlung dem Verfasser der »Räuber« das Diplom eines »citoyen français«. Allerdings konnte man in Paris kaum seinen Namen richtig buchstabieren. Die revolutionstaugliche Bearbeitung der »Räuber« durch Lamartellière (d. i. Jean Henri La Martelière) wußte mit der zur Versöhnung mit der herrschenden Ordnung tendierenden Konsequenz des Stückes natürlich nichts anzufangen.

10 Piscator inszenierte »Die Räuber« als Gastregisseur am Staatlichen Schauspielhaus, Berlin. Die Premiere fand am 12. 9. 1926 statt.

11 Zu denken ist hier an die aufsehenerregende Aufführung an der Volksbühne in Berlin 1971 unter der Regie von Matthias Langhoff und Manfred Karge. Zum Streit über diese Inszenierung, die die traditionelle »Erbe«-Pflege in der DDR gehörig provozierte, vgl.: Dialog über die *Räuber*. Notiert, ausgew. und bearb. von Peter Ullrich. In: Theater der Zeit 27 (1972) H. 3. S. 5–10; Dialog über *Die Räuber* in der Volksbühne. In: Mitteilungen der Deutschen Akademie der Künste 10 (1972) Nr. 1. S. 2–11.

12 Unterdrückte Vorrede (NA 3,243f.).

13 Nach dem Mißerfolg des »Fiesco« schrieb Schiller am 5. 5. 1784 an Wilhelm Reinwald: »[...] den Fiesco verstand das Publicum nicht. Republicanische Freiheit ist hier zu Land ein Schall ohne Bedeutung, ein leerer Name – in den Adern der Pfälzer fließt kein römisches Blut« (Schillers Briefe. Hrsg. von Fritz Jonas. 7 Bde. Stuttgart [1892–96]. [Im folgenden zitiert als: Jonas.] Bd. 1. S. 185).

14 Die Protokolle des Mannheimer Nationaltheaters unter Dalberg aus den Jahren 1781 bis 1789. Hrsg. von Max Martersteig. Mannheim 1890. S. 45.

15 An Dalberg, 12. 12. 1781 (Jonas 1,48).

16 Ebd. (Jonas 1,47).

17 Was kann eine gute stehende Schaubühne eigentlich wirken? (NA 20,92).

18 Protokolle (Anm. 14). S. 46.

19 An Dalberg, 12. 12. 1781 (Jonas 1,47).

20 Vgl. hierzu den Text des Soufflierbuches zur Uraufführung der »Räuber«: Schillers *Räuber*. Urtext des Mannheimer Soufflierbuches. Hrsg. von Herbert Stubenrauch und Günter Schulz. Mannheim 1959. S. 44 f.

21 Eingehender informiert hierüber: Gertrud Rudloff-Hille: Schiller auf der deutschen Bühne seiner Zeit. Berlin/Weimar 1969. Otto Schmidt erläutert, daß Schillers »Räuber« in Mannheim nur als Rührstück spielbar waren (Otto Schmidt: Die Uraufführung der *Räuber* – ein theatergeschichtliches Ereignis. In: Mannheimer Soufflierbuch [Anm. 20]. S. 151–180).

22 Barocke und opernhafte Züge in Schillers Text hat die Forschung eingehend untersucht. Ludwigsburg und Mannheim wären demnach aufeinander zu beziehen in der Rekonstruktion feudaler Theaterkultur. Von der neueren Forschung vgl. z. B. Peter Michelsen: Studien zu Schillers *Räubern*. In: Jahrbuch der Deutschen Schillergesellschaft 8 (1964) S. 57–111; Michael Mann: Sturm-und-Drang-Drama. Studien und Vorstudien zu Schillers *Räubern*. Bern/München 1974.

23 Zu unterscheiden ist hier gewiß zwischen der noch eng an die Hofkultur gebundenen ›Öffentlichkeit‹ und der literarischen Öffentlichkeit, die sich allmählich über den Literaturmarkt, Freundeskreise und eigene Institutionen als *bürgerliche* emanzipierte. Zu warnen ist allerdings vor einer allzu

optimistischen Rekonstruktion, wie sie z. B. Jürgen Habermas (Strukturwandel der Öffentlichkeit. Neuwied/Berlin 1962) der deutschen Literaturgeschichtsschreibung des 18. Jahrhunderts zugetragen hat. Die These, daß die literarische Öffentlichkeit in die politische überleitet, geht allzu aufklärerisch davon aus, daß der Emanzipationsprozeß der bürgerlichen Klasse in einer Geschichte ihrer Veröffentlichungen zu fassen ist. Zur Problematik vgl. Ulf Milde: »›Bürgerliche Öffentlichkeit‹ als Modell der Literaturentwicklung des 18. Jahrhunderts. In: Gert Mattenklott / Klaus R. Scherpe: Westberliner Projekt: Grundkurs 18. Jahrhundert. Bd. 1: Analysen. 2., durchges. Aufl. Kronberg (Taunus) 1976. (Literatur im historischen Prozeß 4/1.) S. 41–73.

24 »Ironische Apologetik« findet Hans Mayer zu Recht in Schillers Vorreden, wenn er ihren ästhetischen und geistesgeschichtlichen Gehalt überprüft. Vgl.: Schillers Vorreden zu den *Räubern*. In: Hans Mayer: Von Lessing bis Thomas Mann. Wandlungen der bürgerlichen Literatur in Deutschland. Pfullingen 1959. S. 134–154.

25 An Dalberg, 6. 10. 1781 (Jonas 1,44).

26 Was kann eine gute stehende Schaubühne eigentlich wirken? (NA 20,95).

27 Ebd.

28 Ueber das gegenwärtige teutsche Theater (NA 20,80f.). – Daß die antifeudale Position in der Behauptung der bürgerlichen »Tugend« gegen das feudale »Laster« schon in der Wirkungsstrategie der Lessingschen Tragödie problematisch wird, kann eine Interpretation des 5. Akts der »Emilia Galotti« zeigen. Vgl. Klaus R. Scherpe: Historische Wahrheit auf Lessings Theater, besonders im Trauerspiel *Emilia Galotti*. In: Edward P. Harris / Richard E. Schade (Hrsg.): Lessing in heutiger Sicht. Beiträge zur Internationalen Lessing-Konferenz Cincinnati, Ohio 1976. Bremen/Wolfenbüttel 1977 S. 259–277.

29 NA 20,81f. Zur Problematik der sozialpragmatischen Wirkungsintention des bürgerlichen Dramas seit Lessing vgl. Gert Mattenklott / Helmut Peitsch: Das ›Allgemeinmenschliche‹ im Konzept des bürgerlichen Nationaltheaters. In: Mattenklott / Scherpe (Anm. 23). S. 147–188.

30 Eingehend hierzu Fritz Martini: Die feindlichen Brüder. Zum Problem des gesellschaftskritischen Dramas von J. A. Leisewitz, F. M. Klinger und Fr. Schiller. In: Jahrbuch der Deutschen Schillergesellschaft 16 (1972) S. 208–265.

31 So etwa in Franz Mehrings Aneignung des Klassikers fürs Proletariat in seiner Schiller-Monographie und in seinen Kritiken und Aufsätzen (Mehring: Aufsätze zur deutschen Literatur von Klopstock bis Weerth. Berlin 1961. S. 114–121, 242–247) und nach ihm Teile der marxistisch orientierten Literaturwissenschaft (z. B. Paul Reimann: Die Welt verdankt ihm, was er sie gelehrt. In: Schiller in unserer Zeit. Beiträge zum Schillerjahr 1955. Weimar 1955. S. 367–373).

32 Seit den Schiller-Monographien von Benno von Wiese (Friedrich Schiller. Stuttgart 1959. S. 136 bis 170) und Gerhard Storz (Der Dichter Friedrich Schiller. Stuttgart 1959. S. 19–60) und dem einschlägigen Aufsatz von Günter Rohrmoser (Theodizee und Tragödie im Werk Schillers. In: Wirkendes Wort 9 [1959] S. 329–338) ist die Theodizee-Deutung der tragischen Konstellation in den »Räubern« manifest gegenüber der gesellschaftsbezogenen Interpretation, die eher die Nähe zum Sturm und Drang sucht. Wird in Karls problematischer Natur die heilsgeschichtliche Sehnsucht unter Abstraktion ihres theologischen Grundes gesehen (Rohrmoser), so passen hierzu auch ältere Untersuchungsergebnisse wie das des »psychologischen Prinzips«, das, unter rigider Abstraktion vom gesellschaftlichen Grund des Dramas, das Tragische festmacht an der »Unbedingtheit des Gewissens«: »[. . .] auch der Sturm-und-Drang-Haltung wird die Gewissenserfahrung entgegengestellt; nicht die Revolution um der Revolution willen, nicht der Ruf nach Freiheit ist Sinn des Dramas, sondern die Rückwendung auf die Gewissenserfahrung sowohl von der Aufklärungs- wie von der Sturm-und-Drang-Haltung aus. Erst in diesem Durchbruch zur Unbedingtheit des Gewissens stellt sich Schillers eigene Position her, schon in den ›Räubern‹« (Paul Böckmann: Die innere Form in Schillers Jugenddramen. In: Dichtung und Volkstum [d. i. Euphorion] 35 [1934] S. 439–480). Noch energischer wird die Revolutionsproblematik, die Verbindung hält zum Sturm und Drang, bestritten, wenn, wie schon bei Max Kommerell, Schillers Drama umstilisiert wird zur Selbsterkenntnis und Selbstanklage des Nihilismus (Kommerell: Schiller als Gestalter des handelnden Menschen. Frankfurt a. M. 1934. S. 26) oder, wie bei Hans Schwerte, die historisch identifizierbare Problematik zurückgenommen wird in eine »schicksalhaft unausweichliche geschichtlichte Erfahrung«, woraus in der »Tiefendimension des theologischen Konflikts« die absolute Tragödie der Negativität resultiert (Schwerte: Schillers *Räuber*. In: Der Deutschunterricht 12 [1960] H. 2. S. 18–41).

33 Vgl. Klaus R. Scherpe: Natürlichkeit und Produktivität im Gegensatz zur ›bürgerlichen Gesell-

schaft‹. Die literarische Opposition des Sturm und Drang – Johann Wolfgang Goethes *Werther*. In: Mattenklott / Scherpe (Anm. 23). Bes. S. 191–97.

34 Zu dieser Problematik vgl. Gert Mattenklott: Melancholie in der Dramatik des Sturm und Drang. Stuttgart 1968.

35 So Schiller in seiner Selbstrezension für das »Wirtembergische Repertorium« (NA 22,120).

36 Fiesko, Erinnerung an das Publikum (NA 22,90).

37 Zu dieser Problematik vgl. Hans-Günther Thalheims Äußerung anläßlich der »Räuber«-Aufführung in der Volksbühne: Dialog über *Die Räuber* (Anm. 11). S. 5.

38 Vgl. u. a. die Habilitationsschrift von Hans-Günther Thalheim (Der junge Schiller. Historische Voraussetzungen und weltanschaulich-künstlerische Entwicklung von 1759 bis 1780. Berlin 1961 [Masch.]) und seinen Aufsatz »Volk und Held in den Dramen Schillers« (in: Thalheim: Zur Literatur der Goethezeit. Berlin 1969. S. 85–117).

39 Den Ausdruck prägt Böckmann (vgl. Anm. 32). Die für die Forschung durchaus repräsentativen Aufsätze des von Klaus L. Berghahn und Reinhold Grimm herausgegebenen Sammelbandes »Schiller. Zur Theorie und Praxis der Dramen« (Darmstadt 1972) scheinen mir zumeist dem hier kritisierten Interpretationsansatz verpflichtet.

40 Vgl. Anm. 32.

41 In diese Richtung geht auch die neue Interpretation von Hans Mayer: Schillers *Räuber* 1968. In: Theater heute H. 9 (1968), H. 10. S. 1–6. Betont Mayer im Verweis auf die Shakespeareschen Königsdramen den »Mechanismus selbst von Macht und Machtergreifung« (S. 2), so rückt er das Schiller-Drama wohl doch allzusehr ein in die existentialistisch gefärbte Shakespeare-Deutung von Jan Kott (Shakespeare heute. München/Wien 1964). – Fritz Martini erläutert, wie Schiller »den Bruderkonflikt zum Gesellschaftskonflikt ausweitete« (Die feindlichen Brüder [Anm. 30]. S. 142 f.).

42 Vgl. meine Interpretation der »Emilia Galotti« (Anm. 28).

43 In Reinkultur findet es sich z. B. bei J. M. R. Lenz, der in seinen Dramen die heillose Wirklichkeit der feudalen Repression und der bürgerlichen Subordination zur Anschauung bringt, in seinen projektiven Phantasien jedoch, z. B. in der Erzählung vom »Landprediger«, patriarchalisch getönte Aufklärungsideen ungebrochen gelten läßt. Vgl. hierzu Klaus R. Scherpe: Dichterische Erkenntnis und »Projektemacherei«. Widersprüche im Werk von J. M. R. Lenz. In: Goethe-Jahrbuch 94 (1977) S. 206–235; zum »Landprediger« S. 211–214.

44 Vgl. die Vorrede zur 1. Auflage (NA 3,5f.); Unterdrückte Vorrede (NA 3,244).

45 Vgl. Selbstrezension (NA 22,123).

46 Vgl. hierzu die Analysen der deutschen jakobinischen Literatur in: Gert Mattenklott / Klaus R. Scherpe (Hrsg.): Demokratisch-revolutionäre Literatur in Deutschland: Jakobinismus. Kronberg (Taunus) 1975. (Literatur im historischen Prozeß 3/1.)

47 P.[aul Henri] T.[hiry] d'Holbach: Ausgewählte Texte. Hrsg. von Manfred Naumann. Berlin 1959. S. 147.

48 So Hans Mayer (Anm. 41), der in Schillers »Räubern« bereits die »Auseinandersetzung zwischen elitärem Materialismus und demokratischer Religiosität« am Werke sieht, die 1793 in Paris die politischen Fraktionskämpfe bestimmte. So einsichtig dies prinzipiell ist, habe ich doch den Verdacht, daß Mayer hier eher von Büchners »Dantons Tod« her konstruiert als von den weitverzweigten Klassenkämpfen der Französischen Revolution.

49 Selbstrezension (NA 22,118f.).

50 Eric J. Hobsbawm: Die Banditen. Frankfurt a. M. 1972. S. 199.

51 So etwa in dem mit dem Elan der Studentenbewegung geschriebenen »Räuberbuch« (Anm. 2, S. 54 u. ö.) und auch noch bei Anthony Williams (Anm. 2, S. 57: »potential revolution«). Historisch Genaueres auf der Grundlage quellenkritischer Forschung erfährt man hierüber bei Carsten Küther: Räuber und Gauner in Deutschland. Das organisierte Bandenwesen im 18. und frühen 19. Jahrhundert. Göttingen 1976. (Kritische Studien zur Geschichtswissenschaft. Bd. 20.)

52 So bei Williams (Anm. 2). S. 57; »Räuberbuch« (Anm. 2). S. 46.

53 Wichtig hierzu ist die Arbeit von Günther Kraft (Historische Studien zu Schillers Schauspiel *Die Räuber*. Über eine mitteldeutsch-fränkische Räuberbande des 18. Jahrhunderts. Weimar 1959), obwohl diese historisch sorgfältige Arbeit den Literaturwissenschaftler zu dem Fehlschluß verleiten könnte, daß sich das Räuberisch-Rebellische in Schillers Drama einfach sozialgeschichtlich ›belegen‹ ließe.

54 Zur historischen Grundlagenforschung vgl. neben dem genannten Buch von Küther (Anm. 51)

Wilhelm Abel: Massenarmut und Hungerkrisen im vorindustriellen Deutschland. Göttingen 1972; Hans-Werner Engels: Materialien zur sozialen Lage der Intelligenz in Deutschland 1770–1800. In: Gert Mattenklott / Klaus R. Scherpe (Anm. 46). S. 243–275.

55 Vgl. hierzu: Lev E. Genin: Die volkstümliche deutsche Räuberdichtung im 18. Jahrhundert als Protest gegen den Feudalismus. In: Weimarer Beiträge 6 (1960) S. 727–746.

56 Daß dies vielleicht nicht nur eine poetische Phantasie ist, läßt die historische Forschung von Küther erkennen, der gelegentlich davon spricht, daß die Banden »als geheime Konkurrenzgebilde der bestehenden Ordnung« betrachtet werden können (Anm. 51, S. 95). Allerdings scheint auch Vorsicht geboten vor dieser These, da sie die »bestehende Ordnung« und das ordnungsfeindliche Bandenwesen so nur formal aufrechnet.

57 Die verbreitete These, daß die zur Revolution »unreifen« deutschen Verhältnisse nur revolutionäre »Ersatz«-Handlungen in der Literatur zuließen, läßt in der Regel einige historische Kenntnisse vermissen (z. B. über die politische Praxis und die Literatur der deutschen Jakobiner) und auch historische Dialektik, da trotz des festgestellten Widerspruchs eher »Positionen« aufgesucht werden (z. B. die, daß Karl Moor als revolutionärer Selbsthelfer die nationalen und sozialen Interessen der antifeudalen Schichten »vertritt«). Derart wird die in Schillers »Räubern« brüchige und widersprüchliche bürgerliche Emanzipation zu linear und kontinuierlich und damit verkürzt dargestellt als emanzipatorische Verheißung über die bürgerliche Revolution hinaus. Vgl. hierzu die grundlegenden Forschungen von Hans-Günther Thalheim (Volk und Held in Dramen Schillers [Anm. 38]. Bes. S. 89 ff.), die Eingang gefunden haben in die literaturhistorischen Lehrbücher der DDR (z. B. in: Erläuterungen zur deutschen Literatur. Klassik. Berlin 41971. S. 135–149).

58 Ernst Bloch: Das wilde Märchen: als Kolportage. In: Bloch: Ästhetik des Vor-Scheins 1. Hrsg. von Gert Ueding. Frankfurt a. M. 1974. S. 89. Mit Blochs Einfall arbeitet auch Hans Mayer in seinem »Räuber«-Vortrag aus aktuellem Anlaß (Mayer [Anm. 41]. S. 1).

59 In diesem Sinne interpretiert z. B. Adolf Beck: Die Krisis des Menschen im Drama des jungen Schiller (1955). In: A. B.: Forschung und Deutung. Ausgewählte Aufsätze zur Literatur. Hrsg. von Ulrich Fülleborn. Frankfurt a. M. 1966. S. 119–166.

60 Selbstrezension (NA 22,120).

61 Diese Feststellung ist Standard in der »Räuber«-Forschung. Ihr historischer Grund ist jedoch nur vorläufig bedacht worden, entweder in der Art einer modernen Soziologie der bürgerlichen Familie für das 18. Jahrhundert (so z. B. im »Räuberbuch« [Anm. 2], S. 72 ff.) oder aber, was mir wichtiger erscheint, im politischen Modell autoritären Verhaltens (z. B. bei Klaus Peter Wallraven: Individuum und Revolution. Zur Bestimmung einer Kategorie im historischen, dramatischen und ästhetischen Werk Schillers. Diss. Freiburg i. Br. 1967. S. 62–68).

62 Die Szene ist so gefaßt, daß dem Usurpator Franz der Alptraum der Vernichtung seiner Existenz und seines Regiments Wirklichkeit wird. Zur Verteidigung gegen den drohenden Räubereinfall macht er zunächst den der ›guten‹ Herrschaft ergebenen Diener Daniel gefügig, indem er ihn der Konspiration bezichtigt (IV,2). Dann packt ihn die Angst vor dem »Pöbel« und den eigenen Bediensteten (»Du bist auch unter der Rotte?« [V,1]). Er läßt alle Gewehre laden. Pastor Moser schließlich bereitet Franz sein »inneres Tribunal« (V,1). Seine fromme Predigt gegen den Tyrannen beschwört den Aufstand des unterdrückten Volkes als Seelenqual des Unterdrückers (V,1): ein weiteres Indiz für Schillers Art der Dramatisierung des Politischen in der Form der unterdrückten Phantasien. Als der Alptraum seines Sturzes Wirklichkeit wird, geht Franz in die Knie vor dem gepeinigten Volk: »[. . .] alle Gefangne sollen los seyn und ledig, ich will den Armen alles doppelt und dreyfach wiedergeben [. . .]«. (V,1).

63 Michael Mann (Anm. 22). S. 116. Am wichtigsten aus der reichhaltigen Spiegelberg-Literatur auch für diese Arbeit ist wohl Hans Mayers Aufsatz »Der weise Nathan und der Räuber Spiegelberg. Antinomien der jüdischen Emanzipation in Deutschland« (in: Jahrbuch der Deutschen Schillergesellschaft 17 [1973] S. 253–272).

64 Vgl. hierzu die Arbeit von Carsten Küther (Anm. 51), die das Sozialprofil der Räuberbanden rekonstruiert und dabei insbesondere auch auf die Verbindung der geächteten Juden und Räuber in der sozialen Wirklichkeit und in der Vorstellung der Obrigkeit darüber zu sprechen kommt.

65 Interessanterweise findet sich die Dichotomie dieser Deutungen auch in der Debatte anläßlich der Berliner Aufführung der »Räuber« in der Volksbühne, die im marxistischen Dialog gegenüber der bürgerlichen Forschung die historische Qualität des Stücks kontrovers herausarbeitet. Der Germanist Thalheim behauptet Karls revolutionäre Position auch im Widerspruch seiner

historischen Situation und seines Handelns: »Trotzdem repräsentiert er im Denken und Handeln die Vorhut, die relativ isolierte Vorhut der bürgerlichen antifeudalen Emanzipation im Deutschland seiner Zeit«. Langhoff betont dagegen für die Theaterregie des Stückes: Karl Moors »wirkliche Qualität aber liegt in seinen Skrupeln, sie sind seine größte Denkleistung, das, was er in der Erkenntnis der Bande voraus hat, sie sind es allerdings auch, die ihm zum Fallstrick werden« (Dialog über *Die Räuber* [Anm. 11]. S. 7).

66 Zum Vergleich: In J. M. R. Lenz' Dramen »Der Hofmeister« und »Die Soldaten« steht der Held in seiner »Zerrissenheit« inmitten der widersprüchlichen sozialen Wirklichkeit einer Klassengesellschaft, an der sich das Stück abarbeitet. Die moralisierende Tendenz, die Schiller in seine Tragödie als sicherndes Element hineinkonstruiert, erscheint in den Schlußszenen der Lenzschen Dramen eher als optimistischer Nachruf auf den tragisch vernichteten Helden (vgl. Anm. 43).

67 Von Wiese verfolgt auch hier nur die »theologische Entscheidung«, die »ganz in die einzelne Person projiziert« sei (Anm. 32, S. 160). Daß die »theologischen« Vorstellungen auch soziale und politische Phantasien bergen können, wäre ein naheliegender Schluß.

68 Vgl. S. 16.

69 So z. B. Schwerte, der sich zusätzlich noch auf Hofmannsthals Ansicht von »einer gewissen Weltlosigkeit in Schillers Dramen« beruft (Anm. 32, S. 147).

70 J. M. R. Lenz: Rezension des *Neuen Menoza* von dem Verfasser selbst aufgesetzt. In: Lenz: Werke und Schriften. Hrsg. von Britta Titel und Hellmut Haug. Bd. 1. Darmstadt 1966. S. 418 f.

71 Vgl. S. 11.

ROLF-PETER JANZ

Die Verschwörung des Fiesco zu Genua

I

»Den Fiesco verstand das Publicum nicht«, hat Schiller voller Enttäuschung über die Mannheimer Aufführung an Reinwald berichtet: »Republicanische Freiheit ist hier zu Land ein Schall ohne Bedeutung, ein leerer Name – in den Adern der Pfälzer fließt kein römisches Blut.«[1] Ob und wieviel den Pfälzern an republikanischer Freiheit 1784 gelegen war, soll hier nicht untersucht werden. Schiller jedenfalls, soviel scheint sicher, hat den *Fiesco* ausdrücklich als historisches und politisches Stück verstanden wissen wollen und ihm darum auch den Untertitel »Ein republikanisches Trauerspiel« gegeben. In der Tat beherrscht der Konflikt zwischen Republik und Monarchie, zwischen Gesetz und absolutistischer Willkür über weite Strecken das Stück. Fiescos Verschwörung gilt einem Doria, dessen Familie die Macht in der Stadtrepublik Genua usurpiert hat – historisch wie auch nach den Quellen, die Schiller vorlagen,[2] einer der Händel innerhalb der Oligarchie, wie sie in den italienischen Stadtrepubliken der Renaissance an der Tagesordnung waren. Die Verschworenen, genuesische Adlige, beschließen im Namen der republikanischen Verfassung und der Freiheit den Tyrannenmord. Schillers Konstruktion des historischen Konflikts stellt mit Verrina einen Gralshüter republikanischer Gesetzestreue gegen Gianettino Doria, der den Widerstand der Stadt mit Terror zu brechen sucht. Die Schlüsselrolle in der Verschwörung kommt Fiesco zu. Als deren Haupt erhält er die Gelegenheit zu entscheiden, entweder Genuas »glücklichster Bürger« oder sein absoluter Herrscher zu werden.

Er entschließt sich zum Staatsstreich, Fiesco stürzt den Tyrannen Doria, läßt sich zum Fürsten ausrufen und wird seinerseits im Namen der Republik von Verrina ermordet. Soweit die politische Handlung, die in ihrem Kolportagecharakter aus einem barocken Trauerspiel entlehnt sein könnte.

Kein Zweifel, daß Schiller mit *Fiesco* einen politischen Konflikt auf die Bühne gebracht hat, dessen Brisanz unter feudalabsolutistischen Verhältnissen den Zeitgenossen täglich erfahrbar war und der ihnen auch in den historischen Kostümen der italienischen Renaissance schwerlich entgangen sein konnte: Es geht in Schillers Stück um Freiheit und Subordination, um die Verbindlichkeit von Gesetzen und die Willkür der Feudalgewalten, um Widerstandsrecht und Tyrannenmord; damit auch um politische Theorien, wie sie sich bei Machiavelli, Montesquieu oder Rousseau erörtert finden. So läßt Schiller seinen Protagonisten die Probe auf die Souveränität machen, die sich auf den Ausnahmezustand gründet.[3]

Seinen Entschluß, sich zum Herrn über Genua zu machen, legitimiert Fiesco vor sich selbst nicht mit den Mordanschlägen Dorias. Von der Notlage des Staates, der einen Retter braucht, ist nicht die Rede. »Es ist schimpflich, eine Börse zu leeren – es ist frech, eine Million zu veruntreuen, aber es ist namenlos groß, eine Krone zu stehlen« (III,2). Fiesco gibt sich keine Mühe, seine Tat an politischen oder ethischen Normen zu rechtfertigen. Die Entscheidung des absoluten Souveräns geht allein

auf seinen unbedingten Willen zurück, der sich allen Legitimationszwängen enthoben weiß. Seine unumschränkte, rechtsetzende Gewalt bindet alle, außer ihn selbst. »Zu stehen in jener schröcklich erhabenen Höhe«, so entwirft Fiesco sein Bild absoluter Herrschaft, »[...] tief unten den geharnischten Riesen Gesetz am Gängelbande zu lenken – schlagen zu sehen unvergoltene Wunden, wenn sein kurzarmiger Grimm an das Geländer der Majestät ohnmächtig poltert«. Zwar findet Fiescos Staatsstreich in Dorias Usurpation einen Anlaß, doch gründet sich die Entscheidung einzig auf den Willen zur Macht. Augenscheinlich ist Schiller darauf bedacht gewesen, dem Zuschauer vor Augen zu führen, daß Fiesco sein Handwerk als »Souverän der Verschwörung« versteht. Alle Handlungen Fiescos sind Teil eines durchrationalisierten Systems, dessen Logik nur ihm einsichtig ist und das er virtuos beherrscht.[4] Dazu gehört die Maskerade als Epikuräer, um die Dorias und die übrigen Adligen zu täuschen, die demagogische Verführung der Massen ebenso wie die Organisation der Truppen und die Strategie zur Eroberung der Stadt. Mit Recht ist seine politische Strategie mit einem Schachspiel verglichen worden, bei dem »jeder Zug berechenbare Folgen hat und wo der klügste Rechner gewinnt«.[5]
An Fiesco hat Schiller noch einmal die unheilige Allianz von Rationalität und feudaler Macht illustriert, die vor allem Franz Reichsgraf von Moor in den *Räubern* verkörpert;[6] es ist jene Allianz, die er bei seinem ebenso despotischen wie aufgeklärten Landesherrn Karl Eugen, gerade als er *Fiesco* schrieb, zu spüren bekommen hatte, zumal während jener vierzehn Tage gnädigst verhängten Arrestes, die ihn u. a. zur Flucht aus Stuttgart bewogen haben. Die gleiche Koalition zwischen aufgeklärtem Verstand und despotischer Gewalt hatte Lessing vor allem am preußischen Hof am Werk gesehen, wo sich auf Einladung des Königs Voltaire aufhielt. Sie findet sich im 1749 geschriebenen *Freigeist* behandelt[7], und vielleicht ist in *Emilia Galotti*, die mit Schillers *Fiesco* mehr als nur das Virginia-Motiv gemeinsam hat, Graf Marinelli für sie das beste oder vielmehr schlechteste Beispiel. Auch Fiesco kann als Sinnbild des Bündnisses von Macht und Vernunft verstanden werden, das in Deutschland zur Ausbildung der bürgerlichen Gefühlskultur der Empfindsamkeit erheblich beigetragen haben dürfte. Dem verbreiteten Mißtrauen gegen dies Bündnis trägt, wie es scheint, noch Schillers Stück in der Weise Rechnung, daß es seinen Helden mit der empfindsamen Liebe Leonores konfrontiert.
Die politische Maschinerie, die von Fiesco für die Republik in Gang gesetzt wird, um schließlich – ein machiavellistisches Meisterstück – seine Alleinherrschaft zu installieren, wird nur von seinem republikanischen Gegenspieler Verrina durchschaut. Er sieht als einziger die Gefahr, daß der von den Republikanern zum »Souverän der Verschwörung« bestellte Fiesco leicht die Souveränität über die Verschwörung gewinnen kann. Fiesco verlangt, nachdem er zum Haupt der Revolte gekürt worden ist, von den Verschworenen unbedingte »Subordination«. Daß zur Verteidigung der republikanischen Freiheit deren Abschaffung (und sei's auch nur auf Zeit) vonnöten sei, stößt lediglich auf den Widerspruch Verrinas. Auf Fiescos Frage: »Genueser, ihr stelltet mich freiwillig an die Spitze des Komplotts. Werdet ihr auch meinen weitern Befehlen gehorchen?« (III,5) antwortet Verrina zunächst mit einem womöglich Rousseau entlehnten Vorbehalt: »So gewiß sie die besten sind.« Befehle werden nur befolgt, sofern das vernünftige Subjekt von deren Zulässigkeit überzeugt ist.[8] Derlei Bedingungen sind mit der von Fiesco geforderten

Ermächtigung unvereinbar, und schließlich stimmt auch Verrina ihr zu: »Ein freies Leben ist ein paar knechtischer Stunden wert«.
Wenn der Coup gelingt, so auch deshalb, weil sich Fiesco auf die »charismatische Autorität« des Herrschers verlassen kann. Ihm werden, folgt man Max Weber, übernatürliche oder übermenschliche Fähigkeiten zugeschrieben.[9] Die das Charisma Fiescos begründende Anerkennung durch die Beherrschten grenzt an gläubige Hingabe. Im Schlußtableau der Mannheimer Bühnenfassung liegt das Volk vor Fiesco auf den Knien, bis er das Zeichen zum Aufstehen gibt, und über Fiescos öffentliche Bekanntmachung des Attentats auf ihn berichtet Lomellin: er »streifte den blutenden Arm auf, das Volk schlug sich um die fallende Tropfen wie um Reliquien« (II,14). Schließlich gilt – auch dies eine Bedingung charismatischer Autorität – die Außerordentlichkeit seiner Person als magisch bedingt. Fiesco selbst sieht sich herrschen mit »schöpfrischem Fürstenstab«, der »auch die Träume des fürstlichen Fiebers ins Leben schwingt« (III,2). Wenn Fiesco nach der gewaltsamen Eroberung der Staatsmacht sich von »Volk und Senat« Genuas den Fürstenornat antragen läßt, erfährt damit die auf seine Autorität sich gründende Legitimierung der Herrschaft eine »antiautoritäre« Umdeutung. Schillers Protagonist rechtfertigt seine fürstliche Macht nachträglich nach Art eines Plebiszits aus der offiziell eingeholten breiten Zustimmung der Beherrschten (V,12). In *Fiesco* findet sich so der politische Weg literarisch präfiguriert, den Napoleon Bonaparte und Louis Napoleon beschritten haben.[10]
Der politische Konflikt des Dramas erhält dadurch zusätzliche Bedeutung, daß Schiller in ihm die Geschichte Roms zitiert. Mehr als einmal beruft sich Verrina auf die republikanischen Tugenden eines Brutus, der die Ermordung Caesars mit dessen Bruch der römischen Verfassung legitimieren kann. Verrina, der sich als Vater der Republik versteht, ermordet Fiesco, weil er deren Gesetze außer Kraft setzte.

II

Schillers Drama handelt indessen nicht allein und nicht vorrangig vom politischen Konflikt zwischen republikanischer Verfassung und Despotie. Das wird zunächst dort erkennbar, wo Fiesco die Verschwörung als Theatercoup ins Werk setzt. Nicht nur hat er am Abend vor der Erhebung gegen Doria die Verschworenen zu einer »Komödie« geladen, nicht nur inszeniert er die Rache an Julia als Schauspiel, dem die beleidigte Gattin hinter den Kulissen beiwohnen soll, nicht nur gibt er am Ende dieser Szene Julias Konterfei als »Theaterschmuck« an die Gedemütigte zurück. Fiesco veranstaltet vielmehr die ganze Verschwörung als Komödie, er ist ihr Autor, Regisseur und Hauptdarsteller in einer Person;[11] an die Mitverschworenen verteilt er einzelne Rollen, sich selbst allerdings behält er die Ubiquität aller möglichen Rollen vor. Ob den »Epikuräer«, der Julia verfallen ist, den Kunstliebhaber, den ersten Republikaner, den Fürsten – alle Rollen spielt er mit der gleichen Virtuosität. Als einziger Figur des Stücks steht Fiesco das komplette rhetorische Repertoire zur Verfügung.
Aufschlußreich für die Exposition der Verschwörung als Theaterstück ist auch die

Gegenüberstellung Fiescos mit dem Maler Romano, die Verrina herbeiführt, um den vermeintlichen Libertin durch die heroische Darstellung der Virginia-Geschichte an seine politischen Pflichten zu erinnern. Die Begegnung hat den gewünschten Erfolg. Du »stürzest Tyrannen auf Leinwand – bist selbst ein elender Sklave? Machst Republiken mit einem Pinsel frei – kannst deine eigene Ketten nicht brechen?« – hält Fiesco dem Maler entgegen: »Geh! Deine Arbeit ist Gaukelwerk – der Schein weiche der Tat – *(Mit Größe, indem er das Tableau umwirft)* Ich habe getan, was du – nur maltest. *(Alle erschüttert. Romano trägt sein Tableau mit Bestürzung fort)*« (II,17). Die ästhetische Darstellung heroischer Taten ist gegenüber deren Ausführung nicht nur unerheblich, sondern gefährlich, denn die Abbildung auf der Leinwand droht deren Ausführung zu ersetzen. Die Tat selbst hat vor ihrer Fingierung im Gemälde absoluten Vorrang. Indem Fiesco das Tableau »umwirft«, wird die Nichtigkeit der Kunst gegenüber der Tat handgreiflich. Zugleich aber gibt sich diese Handlung wiederum als theatralische Gebärde zu erkennen, die vor allem auf den Affekthaushalt der Mitverschworenen berechnet ist, deren ›Erschütterung‹ sich auch prompt einstellt. Denn nicht im Traum denkt Fiesco daran, die Inszenierung des Staatsstreichs als Kunstwerk aufzugeben. »Ich habe getan, was du – nur maltest.« Fiesco versteht sich nicht als Widersacher des Künstlers, sondern eher als sein Verwandter. Indem er die Kunst dergestalt der politischen Tat entgegensetzt, erklärt er die Verschwörung zum künstlerischen Akt.[12]

Bei allem politischen Kalkül ist Fiesco weniger Techniker der Macht als schöpferisches Genie, das das politische Geschäft als Staatskunst betreibt. Der »schöpfrische Fürstenstab« soll »auch die Träume des fürstlichen Fiebers« zum Leben erwecken (III,2). Von Anfang bis beinah zum Ende seines Stücks läßt Schiller die Verschwörung als Komödie, den Staatsstreich als Theatercoup veranstalten, und die Kostüme, die in ihr getragen werden, sind vorzugsweise römische Togen. Erst mit der Ermordung Leonores ist Fiesco die Regie entglitten.

III

Neben dem politischen Konflikt zwischen republikanischer Freiheit und absolutistischer Herrschaft dominiert ein zweiter Konflikt in Schillers Drama: der zwischen Macht und Moral,[13] und auf eigentümliche Weise ist er mit dem politischen Konflikt verschränkt. Schiller hat seinen Helden nicht nur vor die Wahl: Fürst oder Republikaner gestellt, er hat ihn vor allem, wie die Vorrede programmatisch verkündet, dem Konflikt zwischen dem Menschen und dem »staatsklugen Kopf« ausgesetzt.[14] Und die Antinomie zwischen menschlicher und politischer Handlung, natürlicher und politischer Person, Herzenssache und Staatsaktion, Privatheit und Öffentlichkeit geht wie ein Riß durch das ganze dramatische Personal. Leonore möchte nur Fiesco lieben, aber ihr sozialer Status (ihre Familie gehört zu den Nobili) läßt sie auch am Traualtar auf den Tyrannensturz sinnen. »Ich bin ein Weib – aber ich fühle den Adel meines Bluts, kann es nicht dulden, daß dieses Haus Doria über unsre Ahnen hinauswachsen will« (I,1). Andreas Doria muß als Herzog den Gianettino des Hochverrats an der in ihm personifizierten Herrschaft bezichtigen und als Oheim dem Neffen in »gottloser Liebe« verzeihen. Verrina schließlich ist als Vater um das häusliche Glück und die Verheiratung der Tochter besorgt, als dem ersten Republikaner dagegen hat Schiller ihm die Rolle des Verfassungshüters und Tyrannenmörders zugedacht. Bevor er Fiesco ins Meer stürzt, beschwört er ihn ein letztes Mal: »Nicht Untertan gegen Herrn – nicht Freund gegen Freund – Mensch gegen Mensch red ich zu dir« (V,16). Gerade an Verrina, so scheint es wenigstens, hat Schiller die Antithese von Politik und Moral mit aller Schärfe ausgebildet – und zugleich auch aufgehoben. Denn Verrina setzt das private Schicksal seiner Tochter mit dem Schicksal der Republik gleich. Er verurteilt seine Tochter, der Gianettino Gewalt angetan hat, zum Ausschluß aus der menschlichen Gesellschaft, zur Verbannung im eigenen Hause, bis der Tyrannenmord ausgeführt und Genua befreit ist. »Genuas Los ist auf meine Berta geworfen. Mein Vaterherz meiner Bürgerpflicht überantwortet.« Um die Verschwörer auf den Tyrannenmord zu verpflichten, setzt Verrina als Belohnung für ihn die Freilassung seiner Tochter aus. Indem er die eigene Tochter als Geisel nimmt, läßt er sie stellvertretend die Unterdrückung Genuas erleiden. Die Unterdrückung, gegen die Verrina rebelliert, wird von ihm selbst im eigenen Hause vollstreckt. »Freue dich«, ermuntert er Berta, »des Vaterlands großes Opfer zu sein« (I,12).

Schwerlich wird man sich vorstellen können, daß derlei Ermunterungen bei der Tochter verfangen haben. Die Geiselnahme der eigenen Tochter, die schuldlos ist, enthüllt die Ineinssetzung von privatem Schicksal und öffentlicher Angelegenheit als inhumanen Akt. Daß Verrina von Bourgognino zuerst den Kopf des Doria verlangt, bevor er ihm die Hand der Tochter gibt, läßt für das Glück des jungen Paares wenig hoffen. »Das erste Paar, das die Furien einsegnen«, wie Verrina selbst bemerkt, nur entgeht ihm dabei, daß er es ist, der ihnen dabei die Hand führt. Indem Schiller Verrina in einem barbarischen Akt die Identität von privater und öffentlicher Angelegenheit auf Kosten der Tochter behaupten läßt, wird die unüberbrückbare Kluft von Macht und Moral um so deutlicher sichtbar.

Es ist dieselbe Entgegensetzung, von der die *Schaubühnen*-Rede ihren Ausgang nimmt, die Schiller im Sommer 1784, einige Monate nach der *Fiesco*-Aufführung, in Mannheim vor der kurpfälzischen deutschen Gesellschaft gehalten hat. Ihre Frage lautete: »Was kann eine gute stehende Schaubühne eigentlich wirken?« Schillers Antwort: Die moralische »Gerichtsbarkeit der Bühne fängt an, wo das Gebiet der weltlichen Gesetze sich endigt«.[15] Selbstbewußt und ungeachtet der deprimierenden Erfahrungen, die er bei der Aufführung der *Räuber* wie des *Fiesco* mit der Mannheimer Hoftheaterregie machen mußte, setzt Schiller hier den in den deutschen Fürstentümern herrschenden Gesetzen die Gerichtsbarkeit der Bühne gegenüber. Die Mangelhaftigkeit der politischen Gesetze macht die moralische Rechtsprechung zwingend erforderlich. Auf der Bühne erst läßt sich auch »die Unzulänglichkeit der politischen Gesetze« in aller Deutlichkeit, auch für die Augen der Landesherren, sichtbar machen.[16] Die politischen Gesetze sind schlecht oder – sollten sie ausnahmsweise taugen – doch gefährdet; die moralische Gerichtsbarkeit bleibt dagegen intakt. Die Gesetze politischen Handelns, so das Fazit der *Schaubühnen*-Rede, sind unmoralisch, das moralische Gesetz dagegen politisch machtlos.[17]

Die *Schaubühnen*-Rede erörtert damit, nicht anders als *Fiesco* oder Lessings *Emilia*

Galotti, die Trennung von Moral und Politik, die der Absolutismus zum Prinzip erhoben hatte und deren Einhaltung er mit allen Mitteln sicherzustellen suchte. Aber diese Erörterung Schillers bleibt, wie Koselleck gezeigt hat, nicht resignativ. Gewiß schreibt die Trennung von Moral und Politik denen, die von der Macht ausgeschlossen sind, den Rückzug in die Privatsphäre vor. Indem aber die herrschende Politik dem moralischen Richtspruch unterworfen wird, gewinnt das moralische Urteil selbst den Charakter politischer Kritik.[18] Der Moralbegriff des 18. Jahrhunderts hat noch politische Dimensionen und ist noch nicht im Interesse der absolutistischen Macht auf den Bereich privaten Wohlverhaltens eingeschränkt. Überdies gibt das Werk des jungen Schiller auch darüber Aufschluß, daß die Antithese von Moral und Politik kein Glaubensartikel oder gar ein Merkmal der Seinsverfassung ist. Unter absolutistischen, auch aufgeklärt absolutistischen Verhältnissen ist für Schiller und seine Generation Moral nicht anders denn als Negation von Politik und Politik nur als Abwesenheit von Moral erfahrbar gewesen. Auf die Demoralisierung der Politik bei Hofe antwortet der Bürger, wie Schillers *Schaubühnen*-Rede zeigt, mit der Politisierung der Moral; mit einer Moral, die, wie es scheint, ganz im Sinne des Absolutismus sich von der Politik abwendet – um sie der moralischen Kritik um so unerbittlicher aussetzen zu können. Dabei wird sie selbst politische Kritik. Unter diesen Gesichtspunkten liest sich *Fiesco* nun so, als habe Schiller die Unterwerfung politischen Handelns unter die moralische Gerichtsbarkeit hier dramatisch erprobt und anschließend in der Mannheimer Rede programmatisch zusammengefaßt.

Zwei Personen vor allem hat Schiller mit dem moralischen Urteil über Fiescos politisches Handeln betraut: Leonore und Verrina. Leonore ruft gegen Fiescos Pläne zum Staatsstreich Empfindung und Liebe zu Zeugen auf, sie weiß sich in Übereinstimmung mit der natürlichen und göttlichen Ordnung. »Fürsten, Fiesco? diese mißratenen Projekte der wollenden und nicht könnenden Natur – sitzen so gern zwischen Menschheit und Gottheit nieder; – heillose Geschöpfe. Schlechtere Schöpfer« (IV,14). Das ist Fürstenkritik im Sinne des Naturrechts, wie sie in Deutschland vor allem die Empfindsamkeit ausgebildet hat. »Liebe«, so beschwört Leonore Fiesco in der rührendsten Szene des Stücks, »hat Tränen und kann Tränen verstehen; Herrschsucht hat eherne Augen, worin ewig nie die Empfindung perlt [...]. Herrschsucht zertrümmert die Welt in ein rasselndes Kettenhaus, Liebe träumt sich in jede Wüste Elysium.« Der Rückzug auf privates Liebesglück in »romantischen Fluren« soll Fiesco für die Preisgabe seiner öffentlichen Ambitionen entschädigen. Die gleiche Idylle wird aus empfindsamem Überschwang Ferdinand Luise Millerin ausmalen.[19] Augenscheinlich hat Schiller die Heldin gründlich seine *Theosophie des Julius* lesen lassen. Der Konflikt von Macht und Moral, der das Stück beherrscht, ist dort in der Antithese ›Egoismus und Liebe‹ bereits vorgebildet:[20] »Liebe zielt nach Einheit, Egoismus ist Einsamkeit. Liebe ist die mitherrschende Bürgerin eines blühenden Freistaats, Egoismus ein Despot in einer verwüsteten Schöpfung.«

Verletzung der natürlichen und göttlichen Ordnung, so lautet auch die Anklage, die Verrina gegen Fiesco erhebt. »Du hast eine Schande begangen an der Majestät des wahrhaftigen Gottes, daß du dir die Tugend die Hände zu deinem Bubenstück führen und Genuas Patrioten mit Genua Unzucht treiben ließest. [...] Das fürstliche Schelmenstück [Fiescos Griff nach der Krone] drückt wohl die Goldwaage menschlicher Sünden entzwei, aber du hast den Himmel geneckt, und den Prozeß wird das Weltgericht führen« (V,16). Verrina ist Ankläger und Gerichtsherr zugleich. Unter Berufung auf das Weltgericht stößt er Fiesco ins Meer.

An Verrinas Anklage fällt auf, daß sie zwischen politischer und moralischer Kritik der Macht bzw. des Machtmißbrauchs nicht unterscheidet. Das weist zurück auf Verrinas Gleichsetzung von privater und öffentlicher Angelegenheit. Ist Verrina in erster Linie Republikaner, Patriot, dessen politische Ziele die Sorgen des Familienvaters einschließen? Oder ein »fürchterlicher« Vater (V,15), der alle Hebel der Politik in Bewegung setzt, um die Ehre der Tochter wiederherzustellen? Die Tochter, sagt er, soll sich freuen, »des Vaterlands großes Opfer zu sein«. Eher wohl ist sie das Opfer väterlicher Rechtgläubigkeit. Der Schändung durch den Despoten fügt der Bürger die Freiheitsberaubung hinzu. Nach dem Verlust der Ehre durch feudale Gewalt hat die Tochter auch noch den Verlust der Freiheit zu ertragen, zu dem moralischer Dogmatismus sie verurteilt. Sieht man auf das Schicksal der Tochter, so steht dem Tyrannen in seinen eigenen vier Wänden der Haustyrann in nichts nach. Der Republikaner Verrina zählt zwar zum Adel Genuas, aber er gibt sich in seiner Pflichtethik weit eher als legitimer Nachfahre Odoardo Galottis[21] zu erkennen, und sein Erbe wird in *Kabale und Liebe* ein ganz unverdächtiger Zeuge bürgerlicher Moral antreten: der Musikus Miller.

Die Schlüsselworte in Verrinas Anklage gegen Fiesco sind: Schande, Tugend und Unzucht. Auch sie legen den Schluß nahe, daß im Ankläger Verrina der Familienvater gegenüber dem Republikaner die Oberhand behält. Dafür spricht überdies der erstaunliche Schluß des Stücks. Verrina hat das letzte Wort: »Ich geh zum Andreas«. Nachdem die Familienehre wiederhergestellt, die despotische Gewalt gegen die Tochter geahndet ist, nachdem auch Fiescos Wiederholung dieser Gewalttat, seine »Unzucht« mit Genua gesühnt ist, kehrt der radikalste Republikaner zurück – zum fürstlichen Status quo.

IV

Das Drama unterwirft nicht nur eine absolutistische Politik der moralischen Gerichtsbarkeit des Bürgers, es veranschaulicht auch – dies ist Koselleck entgegenzuhalten – die Folgen dieses Prozesses für das Verhältnis von Politik und Moral. Die moralische Kritik der Politik ist in Gefahr, auch die Politik zu einer rein moralischen Angelegenheit zu machen. Dieser Gefahr ist zumindest Verrina erlegen. Schillers Drama löst den Konflikt um Macht und Moral in der Weise, daß es die Moral zur einzigen Macht stilisiert.

»Ein Diadem erkämpfen ist groß. Es wegwerfen ist göttlich« (II,19) und: es »ist namenlos groß, eine Krone zu stehlen« (III,2). Beide Sätze stehen in Monologen Fiescos, im einen entscheidet er sich für die Republik, im andern für den Staatsstreich. Sie zeigen, daß Fiesco weniger an der Krone oder der Republik als an der eigenen Größe interessiert ist. An der Krone fasziniert ihn in erster Linie, ob sie die eigene Größe beweist, es könnte auch die Rettung der Republik sein.[22] Das mag erklären, warum Schiller seinem Stück in der Buchfassung einen tragischen und in der Mannheimer Bühnenfassung einen glücklichen Ausgang geben konnte. Das Thema dieses Historiendramas ist Fiescos Größe, die sich selbst absolut setzende Subjektivität, die sich über der »Menschlichkeit reißenden Strudel« erhaben weiß. Das Außerordentliche, ja Monströse muß unternommen werden, um den Abstand zu den »gemeinen« Sterblichen sicherzustellen. Der politische Ausnahmezustand der Verschwörung ist nichts anderes als der Ausnahmezustand der moralischen Person, in jenem findet dieser seinen Ausdruck. In seinem »wütenden Durst nach Gewalt und Vergötterung«[23] ist Fiesco mit Karl Moor in den *Räubern* und mit Ferdinand in *Kabale und Liebe* verwandt. Sie sind Repräsentanten jener selbstherrlichen bürgerlichen Subjektivität, die der Sturm und Drang zu seinem bevorzugten Thema machte, und sie zeigen, wie nah das Pathos des bürgerlichen Heroismus an den Habitus des Aristokraten heranreicht; alle drei nämlich sind von Stand.

Schiller hat für sein Stück einen Helden gewählt, mit dem ein bürgerliches Publikum sich schwerlich identifizieren konnte. Der Graf von Fiesco verfügt über alle Insignien feudaler Macht, er hat »Person – Welt – Geschmack«. Wer zur monde gehört, muß mit allen Wassern höfischer Kabalen und Intrigen gewaschen sein. Daran beseitigt bereits das Personenregister jeden Zweifel. Fiesco wird dort vorgestellt als »junger, schlanker, blühend-schöner Mann von dreiundzwanzig Jahren – stolz mit Anstand – freundlich mit Majestät – höfisch-geschmeidig und ebenso tückisch«. Nur einem Höfling mochte Schiller das Komplott gegen Doria und den Handstreich gegen die Republik zutrauen. In der Tat wird Fiesco in der Organisation der Verschwörung und in der kunstvollen Technik des Machterwerbs, die auch zwielichtige exotische Gestalten und Kriminelle wie den Mohren und seine Spießgesellen selbstverständlich einsetzt, von niemandem übertroffen.

Schiller eröffnet sein Drama mit einem rauschenden Fest, in dem Fiesco und mit ihm der Adel Genuas die eigene Macht vor aller Augen feiert. Dabei scheint nicht nur Interesse am historischen Panorama der Renaissance im Spiel zu sein. Auch am Hofe Karl Eugens, wo das Gebaren des Barockpotentaten mit aller zugehörigen Prachtentfaltung unbeschadet auch aufklärerischer Ambitionen lange fortgedauert hatte,[24] war für Schiller zu erfahren gewesen, daß die feudale Herrschaft nicht ohne die verschwenderische Zurschaustellung ihrer selbst auskommt. Zumal in seinen opernhaften Zügen erinnert das tolle Treiben in den Ballsälen und an den Spieltischen in Fiescos Palast an barocke Residenzen.

Beim Maskenball der Nobili Genuas gibt sich indessen nicht nur die ehrenwerte Gesellschaft ein Stelldichein. Zu ihr gehören Bankrotteure und Lebemänner wie Sacco und Calcagno, die sich von einem Komplott gegen Doria die Tilgung ihrer Schulden oder aber die Gunst der Gräfin von Lavagna versprechen. Vor allem gehört zu ihr der Mohr, die schillerndste Figur des Stücks, die ihr Bühnendasein nicht nur ihrer theatralischen Wirksamkeit verdankt, eine »originelle Mischung von Spitzbüberei und Laune«. Sein krimineller Part weist den Mohren in die literarische Tradition des barocken Intriganten, dessen Intelligenz und Willen u. a. die Handlung in Gang hält. Die exotische Ausstattung der Intrigantenrolle ist dabei kaum literarisch, etwa durch Shakespeares Mohren von Venedig, vielmehr historisch verbürgt. Sie verweist auf die Ausbreitung der Macht Genuas bis in ferne Länder und auf die Beteiligung der Stadt am Sklavenhandel, über die auch einer der Gewährsleute

Schillers, William Robertson, berichtet;[25] womöglich auch auf Mohren, die zum Hofstaat in Württemberg gehörten.[26] Eingeführt wird der Mohr mit einem Anschlag auf Fiesco im Auftrag Dorias, den Fiesco ausnutzt, um sich der beträchtlichen Fähigkeiten des Attentäters zu versichern. Die parasitäre Teilnahme des Mohren am Dasein der Nobili kommt zustande, nicht weil der Mohr ein Schurke wäre, sondern weil der Schurke in den Palästen gebraucht wird. Und die Kollaboration von Welt und Unterwelt schließt – zu denken ist an des Mohren vertrauten Umgang mit den Lebedamen der Stadt, bei denen der Prokurator die Staatsgeheimnisse ausplaudert – die Halbwelt gleich ein. Der Mohr als Komplize des adligen Verschwörers läßt das Publikum nicht im Zweifel darüber, daß der Erwerb der Fürstenkrone nur mit wenig fürstlichen Machenschaften zu bewerkstelligen ist.

Die Erhabenheit der Majestät wird indessen nicht nur durch die »Spitzbüberei« des Mohren, sondern auch durch seine »Laune« erschüttert. Mit dem kriminellen fällt dem Mohren auch der komische Part des Stücks zu. Die Kritik der Fürstenherrschaft, die über ihre kriminelle Komplizenschaft bühnenwirksam in Szene gesetzt wird, ließ sich, so hat es Schiller gesehen, nur in der Tarnkappe des exotischen Narren vortragen. Zum Brief, der den Mordanschlag Dorias auf Fiesco und elf Senatoren aufdeckt, ist der Mohr gekommen »ohngefähr wie – Euer Gnaden zur Republik« (III,4). Die Motive des »erhabenen Verbrechers« werden in denen des ›komischen‹ Verbrechers abgebildet; die hemmungslose Geldgier des Parias[27] ist der ungehemmten Machtgier des Grafen nur ebenbürtig. In den niedrigen Beweggründen des Mohren wird die Erhabenheit Fiescos komisch dementiert.[28] Das Gaunergenie läßt die Bäume des genialen Machtpolitikers nicht in den Himmel wachsen. Wenn der Mohr seine Arbeit schließlich getan hat und gehen kann (III,4), so nicht, weil Undank aller Welt Lohn ist, sondern weil die hehre Majestät den Pakt mit dem lichtscheuen Gesindel um ihrer Legitimität willen zu kündigen hat. Umgekehrt bietet das unausweichlich böse Ende des Mohren Schiller die willkommene Gelegenheit, gegenüber dem Kriminellen, auch wenn er komisch ist, die Erhabenheit seines »erhabenen Verbrechers« ins rechte Licht zu setzen.

Wenn der Staatsstreich in erster Linie als Geniestreich zu verstehen ist – und an Fiescos Genie zweifelt auch seine bürgerlich-empfindsame Kritikerin Leonore nicht –, wird auch die Verwandtschaft zwischen dem adligen Verschwörer und den bürgerlichen Selbsthelfern ersichtlich, in denen die Literatur des Sturm und Drang bürgerliche Ideale und Illusionen entworfen hat. Fiesco trägt auch die Züge eines Selbsthelfers, den es nicht wie Karl Moor in den Böhmerwald, sondern in die Republik Genua, auf das Terrain der Staatskunst verschlagen hat. Was er ist, will er aus eigener Kraft bzw. von eigenen Gnaden sein.

V

Züge wie diese verraten weit mehr Sympathien des Autors für seinen Helden, als die Charakterisierung im Personenverzeichnis vermuten läßt. Fiesco gehört zum Typus des »erhabenen Verbrechers«, den in den *Räubern* Karl Moor repräsentiert und den Schiller in der Selbstrezension dieses Stücks unter Berufung auf Rousseau und Plutarch gegenüber dem »erhabenen Tugendhaften« gerechtfertigt hatte. »Wenigstens dünkt es mich, solche [erhabenen Verbrecher] bedürfen notwendig einer ebenso großen Dosis von Geisteskraft als die erhabene Tugendhafte, und die Empfindung des Abscheus vertrage sich nicht selten mit Anteil und Bewunderung.«[29] Für die Wahl des »erhabenen Verbrechers« zum Helden gibt Schiller u. a. eine dramaturgische und eine moralische, höchst diplomatisch formulierte Begründung: der erhabene Tugendhafte sei fürs Theater unergiebig, nämlich langweilig, und der auf der Bühne erwünschte, wo nicht vorgeschriebene Triumph der Tugend lasse sich nirgends besser als in der Auseinandersetzung mit dem Laster zeigen.

Bewunderung und Abscheu, die Fiesco nach dem Willen seines Autors beim Publikum erregen soll, sind genauer zu untersuchen. Zustimmung wird dem Helden gewiß zuteil aus politischen Gründen; »in tyrannos« ist die Devise, unter der Schiller Fiesco einführt. Doch auch, als aus dem republikanischen Verschwörer längst der neue Tyrann geworden ist, bewahrt ihm das Stück die Sympathien. Die Bewunderung für Fiesco, die das Schauspiel dem Zuschauer abnötigen soll – es war auch Schillers eigene –, gilt der Größe eines Helden, der sich über moralische Konventionen ebenso wie über republikanische Gesetze hinwegsetzt, der sich alle Freiheit nimmt – mit der Freiheit zu herrschen.

Wie Schiller selbst das Stück verstanden wissen wollte, zeigt die *Erinnerung an das Publikum*, die er als Anschlag und Handzettel für die Mannheimer Uraufführung am 11. Januar 1784 verfaßt hat: »Wenn es zum Unglück der Menschheit so gemein und alltäglich ist, daß so oft unsere göttlichsten Triebe, daß unsere besten Keime zu Großem und Gutem unter dem Druck des bürgerlichen Lebens begraben werden – [...] wenn tausend lächerliche Konvenienzen am großen Stempel der Gottheit herumkünsteln – so kann dasjenige Schauspiel nicht zwecklos sein, das uns den Spiegel unserer ganzen Kraft vor die Augen hält, das den sterbenden Funken des Heldenmuts belebend wieder emporflammt – das uns aus dem engen dumpfen Kreise unsers alltäglichen Lebens in eine höhere Sphäre rückt.«[30]

Wenn man berücksichtigt, daß sich Schiller hier auf die Mannheimer Bühnenfassung bezieht, in der er den Protagonisten in einem Akt stoischer Selbstüberwindung zum Republikaner sich läutern läßt, fällt auf, daß die Laudatio auf seinen Helden dessen republikanische Wende nur beiläufig erwähnt. Nachdrücklicher rückt er ihn als Muster ungehindert sich entfaltender menschlicher Fähigkeiten ins Bild, das alle Beschränkungen des alltäglichen Lebens hinter sich läßt.

Die Spuren der Redaktion, der Schiller *Fiesco* für das Mannheimer Hoftheater nicht zuletzt aus politischen Rücksichten unterzogen hat, sind auch in dieser Erläuterung für das Publikum sichtbar geblieben. Wo Schiller metaphernreich von unsern »besten Keimen zu Großem und Gutem« spricht, die unter dem »Druck des bürgerlichen Lebens begraben werden«, lassen sich immer noch die Konturen eines Protagonisten erkennen, den der Bürger, der sich auf Gesetz und Ordnung verpflichtet sieht, als Inbegriff von Abenteuer, heroischem Tatendrang und Sehnsucht nach unumschränkter Freiheit verstehen kann. So kann auch der gräfliche Verschwörer zum Träger bürgerlicher Hoffnungen avancieren. Daneben ist freilich nicht zu verkennen, daß Fiesco es den Zuschauern schwer macht, an seiner Auflehnung gegen »Gesetze« und die Enge des »alltäglichen Lebens« deren historische Signatur wahrzunehmen.

Gründlicher nämlich als mit zeitgenössischen Staatstheorien hat Schiller Fiesco mit der Genielehre seines Lehrers Abel ausgestattet, dem das Stück gewidmet ist: »Das Genie voll Gefühl seiner Kraft, voll edlen Stolzes, wirft die entehrenden Fesseln hinweg, höhnend den engen Kerker, in dem der gemeine Sterbliche schmachtet, reißts sich voll Heldenkühnheit los und fliegt gleich dem königlichen Adler weit über die kleine niedre Erde hinweg und wandelt in der Sonne. Ihr schimpft, daß er nicht im Gleise bleibt, daß er aus den Schranken der Weisheit und Tugend getreten, – Insekten, er flog zur Sonne«.[31] Auch wenn das Stück seinen Helden ins Recht setzt gegenüber dem Terrorregime eines Gianettino, geht es in ihm nicht vorrangig um die Auflehnung gegen feudale Gewalt. Das Drama räumt den Republikanern das Widerstandsrecht gegen die »Gesetze« unter Doria ein, und in Fiescos Auflehnung gegen Gesetz und Ordnung ist der politische Vorbehalt eines Bürgertums mitgedacht, das allen Grund hatte, »Gesetzen« zu mißtrauen, von denen nur die feudale Herrschaft profitierte.

Wenn Fiesco jedem Gesetz, gleich ob republikanisch oder von Gnaden Dorias, die Anerkennung verweigert, so mit dem Recht des Genies. Was Abel zufolge für »gemeine Sterbliche« Gültigkeit hat, etwa die »Schranken der Weisheit und Tugend«, darüber setzt sich das Genie hinweg. Auch den Räuber Moor hatte Schiller die Genielehre Abels verkünden lassen: »Ich soll meinen Leib pressen in eine Schnürbrust und meinen Willen schnüren in Gesetze«. Die gleiche Frage stellt Fiesco: »Der Harnisch, der des Pygmäen schmächtigen Körper zwingt, sollte der einem Riesenleib anpassen müssen?« (III,2). Bei Karl Moor heißt es weiter: »Das Gesetz hat zum Schneckengang verdorben, was Adlerflug geworden wäre. Das Gesetz hat noch keinen großen Mann gebildet, aber die Freiheit brütet Kolosse und Extremitäten aus« (I,2). Karl Moor und Fiesco kommen darin überein, daß sie auf die herrschenden Gesetze mit »Gesetzlosigkeit« antworten, mit der Gesetzlosigkeit des Räuberlebens bzw. der des politischen und moralischen Ausnahmezustandes. Während sich aber Räuber Moor am Ende reumütig der Obrigkeit und ihrer Justiz überantwortet, schickt sich Fiesco an, die im Handstreich eroberte Macht auch auszuüben, bevor ihn Verrina ins Meer stürzt. Folgt der Untergang des Helden nach der Logik des Stücks aus dramatischer Notwendigkeit? Immerhin hat Schiller selbst, diesen Eindruck vermittelt die Mannheimer Bühnenfassung, den Schluß des *Fiesco* für revisionsbedürftig gehalten. Beide Fassungen aber, der Tyrannenmord an Fiesco wie auch dessen heroische Umkehr zu Genuas »glücklichstem Bürger«, behaupten *Fiesco* als politisches Stück. Damit ist die Frage nach dem republikanischen Trauerspiel in *Fiesco* erneut gestellt.

VI

Eingeführt wird Fiesco als Techniker des Machterwerbs und der Machterhaltung, dem Machiavellis *Il Principe* zum Vorbild gedient haben könnte, und die historische Verschwörung ist von Schiller als eine Versuchsanordnung konstruiert, in der sich die Gesetzmäßigkeit politischen Handelns demonstrieren läßt. Fiesco führt vor, welche Maßnahmen zur Eroberung der Macht in Frage kommen und wie sie anzuwenden sind. »Alle Maschinen des großen Wagestücks sind im Gang« (II,16). Zur politischen Praxis Fiescos gehört vor allem die absolute Freiheit in der Wahl seiner Mittel. Damit werden alle Ansprüche der Ethik von vornherein dispensiert. Den dramatisch sinnfälligen Beweis dafür bieten die kriminellen Fähigkeiten des Mohren, die sich Fiesco früh zunutze macht. »Nichts kann zu ehrwürdig sein«, so die Einstellungsbedingung, »das du nicht in diesen Morast untertauchen sollst, bis du festen Boden fühlst« (II,15).

Frei von moralischen Rücksichten sind auch die Antriebe für Fiescos politisches Handeln. »Herrschsucht«, »Ehrgeiz«, »brausendes Blut – wütender Durst nach Gewalt und Vergötterung« – es ist die Mechanik natürlicher Begierden, die zur Machtergreifung führt. Für die Verschwörung läßt Schiller seinen Helden drei Legitimationsversuche unternehmen. Zum einen beruft sich Fiesco gegenüber den Mitverschworenen legalistisch auf den Notstand der Republik, um sie zur Teilnahme am Aufstand gegen Doria zu gewinnen: »das Unternehmen ist gerecht, denn Genua leidet«. Zum andern führt er den Ruhm ins Feld, den es zu erwerben gilt. Die Verschwörung verspricht Unsterblichkeit, denn sie »ist gefährlich und ungeheuer«. Zum dritten sucht Fiesco den Erwerb fürstlicher Macht nachträglich mit der »Wohltätigkeit« zu rechtfertigen, die er den Untertanen angedeihen lassen will.

Der Verweis aufs öffentliche Wohl hat taktische Gründe, ausschließlich nämlich ist Fiesco an der Heroisierung seiner selbst interessiert. Allerdings kann er sich dabei auf das despotische Regiment Gianettino Dorias berufen. Während die Mitverschworenen an eine zeitweilige Unterbrechung der republikanisch verfaßten Ordnung glauben, um sie zu erhalten, plant Fiesco die Beseitigung der Republik. Er ist der Souverän, der über den Ausnahmezustand befindet,[32] sein Staatsstreich macht den Ausnahmefall zur Institution auf Dauer.

Auch wenn Schiller hier den Ausnahmezustand als Problem vordringlich der politischen Praxis, aber auch der Staatstheorie auf die dramatische Probe gestellt hat – ebenso wie als politische hat ihn sein Held als moralische Person interessiert. Fürst zu sein heißt für Fiesco in erster Linie, der Geschichte enthoben zu sein. Wenn er dem »Rad der blinden Betrügerin« zu entkommen hofft, das »Schicksale schelmisch wälzt« (III,2), wenn ihm Geschichte als unaufhaltsam, unerforschlich und unvernünftig erscheint, mag sich darin die Erfahrung des Bürgers artikulieren, den Wechselfällen der Geschichte ohnmächtig ausgeliefert zu sein.[33] Die verläßlichste Versicherung, den geschichtlichen Prozeß nicht als blindes Schicksal erfahren zu müssen, bietet sich dem dramatischen Helden im Vorbild des Fürsten, der seine Welt beherrscht. Schillers Protagonist erliegt einer Illusion, an deren Fortwirken der feudalen Macht nur gelegen sein konnte, der Illusion, daß der absolute Souverän, und nur er, der Geschichte enthoben ist, das aber heißt, mit dem Schicksal gegen seine Untertanen, die es zu erleiden haben, sich verbündet hat. In der Schicksalsgläubigkeit Fiescos gibt sich mit dem resignierten Eingeständnis des Bürgers, Objekt der Geschichte zu sein, indessen auch die Hoffnung zu erkennen, ihrer habhaft zu werden. Der aristokratische Abenteurer und Glücksritter, der den Zufall auszunutzen versteht, kann insofern auch bürgerlichen Sehnsüchten Ausdruck verleihen, als er sich zum Herrn über das Schicksal aufschwingt. »Was die Ameise Vernunft mühsam zu Haufen schleppt, jagt in einem Hui der Wind des Zufalls zusammen« (II,4). Sätze wie diese deuten auf die Geringschätzung bürgerlicher Tugenden wie Vernunft, Fleiß und Mühe, die dem »engen dumpfen Kreis unsers alltäglichen Lebens« zugehören, zugunsten höfischer Machtpolitik, ohne daß Fiesco indessen entginge, daß zwar die Gunst der Stunde zu nutzen ist, aber das Schicksal nicht als ein verläßlicher Verbündeter in Betracht kommt. Die Ermordung Leonores, sosehr sie ihn für einen Augenblick erschüttert, bestätigt ihm, daß es ungeachtet aller machiavellistischen Kunstfertigkeit Ereignisse gibt, die außerhalb der Reichweite des absoluten Souveräns liegen. Dessen Stärke erweist sich gerade darin, daß er Rückschläge einkalkuliert und auf sie angemessen zu reagieren weiß. »Größe will auch ein Opfer haben«, hatte Fiesco Leonore zuvor erklärt. Den Techniker der Macht zeichnet aus, daß er die Unkalkulierbarkeit Fortunas selbst in sein Kalkül aufnimmt. So kann Fiesco nach einem Moment größten Schmerzes das private Unglück zum Anlaß nehmen, über die Erhaltung und glanzvolle Repräsentation seiner Macht nachzudenken: »die Vorsehung, versteh ich ihren Wink, schlug mir diese Wunde nur, mein Herz für die nahe Größe zu prüfen? – Es war die gewagteste Probe – itzt fürcht ich weder Qual noch Entzücken mehr. [...] Ich will Genua einen Fürsten schenken, wie ihn noch kein Europäer sah – Kommt! – dieser unglücklichen Fürstin will ich eine Totenfeier halten, daß das Leben seine Anbeter verlieren, und die Verwesung wie eine Braut glänzen soll –« (V,13).

Das Unglück in der Familie gilt Fiesco nur mehr als erfolgreich bestandener Härtetest für die künftigen Aufgaben des Herrschers. Zum Ausnahmezustand gehört nicht nur die Liquidierung der Republik; der absolute Souverän, nach dessen Willen »die Verwesung wie eine Braut glänzen soll«, erhebt darüber hinaus auch die Durchbrechung der Naturgesetze wie der himmlischen Ordnung zum Programm. Die Gedenkrede für die Gattin wird in den Herrschaftsphantasien Fiescos zur Apotheose des unumschränkten Souveräns. Daneben steckt in den Phantasien des Helden auch ein resignatives Moment. Was in der Geschichte, auch der persönlichen, als unabänderlich erfahren wird, läßt sich immerhin als Probe auf die eigene psychische Belastbarkeit deuten. Darin ist bereits der später in der Theorie des Erhabenen ausgeführte und durch sie sanktionierte Heroismus angelegt, der sich nicht mehr als Aufbegehren gegen gesellschaftliche Zwänge, sondern als Selbstüberwindung, als stoische Hinnahme wie auch immer verursachten Leidens versteht.[34]

Es gehört zu den Kunstgriffen des Dramas, auf dem Höhepunkt der Macht die Demontage des Helden sichtbar zu machen, wenn auch nicht ihm selbst. Fiesco erklärt sich die Ermordung Leonores als Unglücksfall, mit der ›Übereilung‹ seiner Augen. »Herrschsucht«, so hatte zuvor Leonore ihn beschworen, »hat eherne Augen, worin ewig nie die Empfindung perlt. [...] Herrschsucht zertrümmert die Welt in ein rasselndes Kettenhaus«. Daß Fiesco Leonore ermordet, ist kein unglücklicher Zufall, sondern notwendige Folge seiner Selbstermächtigung. Die fürstliche Gewalt hat Fiesco mit der Preisgabe menschlicher Empfindungen erkauft. Deren Folgen werden in der ›Übereilung‹ seiner Augen sichtbar. Der absolute Souverän ist seiner eigenen Augen nicht mächtig. Sinnfällig findet sich in Schillers Stück die fürstliche Gewalt mit Verblendung stigmatisiert. Fiescos Staatsstreich richtet sich schließlich gegen ihn selbst.

Als erste fällt die Gattin dem despotischen Regiment Fiescos anheim; allerdings hat Schiller dies Opfer nicht unschuldig nennen wollen. Der Rollenwechsel von der empfindsamen Gattin, die mit Fiesco »in romantischen Fluren ganz der Liebe« leben möchte (IV,14), zur römischen Heroine, die sich mit dem Schwert ins Getümmel der Verschwörung stürzt, gibt Rätsel auf. Es löst sich womöglich, bedenkt man, daß Leonore ihrer Vertrauten als ›entsetzliche Schwärmerin‹ erscheint. »Schwärmerische Melancholie« wird in einer Regieanweisung von ihr verlangt. Als »schmelzendes« Weib ebenso wie als rasende Heroine verkörpert Leonore die komplementären Seiten derselben Schwärmerei, deren Gefährlichkeit in ihren regressiven Phantasien von einer exotischen Idylle und in der besinnungslosen Wahl des fürstlichen Purpurs als republikanischer Garderobe zum Ausdruck kommt.

Die letzte Szene seines Stücks hat Schiller als Gerichtsverhandlung angelegt, in der über Fiesco das Urteil gesprochen und vollstreckt wird. Der fürstliche Souverän wird vor die Schranken eines Tribunals zitiert, das eine Grundlage absoluter Herrschaft, die Trennung von Politik und Ethik, für nichtig erklärt. War die Verschwörung für Fiesco ein technisches, kein moralisches Problem, wird er nunmehr von Verrina gezwungen, seine Herrschaft nachträglich über die in Aussicht genommene »Wohltätigkeit« zu rechtfertigen. Die Verschwörung, die Fiesco zu seinem Ruhm unternommen hat, soll für andere von Nutzen sein. Indem Fiesco die Legitimationsbedürftigkeit seiner Herrschaft überhaupt zugesteht, hat Schiller seinen Helden als absoluten Souverän abdanken lassen und als aufgeklärten Fürsten etabliert. Denn absolut ist nur der Souverän, der keiner wie auch immer gearteten Legitimation unterliegt. Republikanische Gesetze, die für alle Verbindlichkeit besitzen, so wird Fiesco durch Verrina belehrt, sind fürstlichen Gnadenerweisen vorzuziehen, die nach Belieben gewährt und verweigert werden können. Die auf Gesetzen und Verträgen beruhenden Beziehungen der Individuen sichern ihnen eine Souveränität, die fürstliche Gnade und Wohltätigkeit nicht aufzuwiegen vermag. Im Disput um republikanische Freiheit, um rationale Organisation der Gesellschaft einerseits und um Despotismus als politisches Hasardspiel andererseits, den Schiller Fiesco und Verrina in der Schlußszene des Stücks veranstalten läßt, stehen die Chancen seines Helden denkbar schlecht. Denn auch gegenüber Fiescos Versuch, das Herrschaftsverhältnis durch die freundschaftlichen Beziehungen der Privatpersonen annehmbar zu machen, zeigt sich Verrina immun. »Sei – mein – Freund«, bittet Fiesco. Verrinas Antwort: »Wirf diesen Purpur weg, und ich bins – Der erste Fürst war ein Mörder und führte den Purpur ein, die Flecken seiner Tat in dieser Blutfarbe zu verstecken« (V,16). Dürfte auch in dieser Kritik der Feudalgewalt die blutrünstige Note eher einem erwünschten Affektsturm im Theaterpublikum geschuldet sein, Verrinas Starrköpfigkeit vermag gleichwohl dem Zuschauer die Illusionen über die Möglichkeiten einen humanen, aufgeklärten Absolutismus zu nehmen. Als Verrina, ausgestattet mit der Lizenz des Freundes, seine Anklage gegen das Zensurgebot der Majestät fortsetzt, muß Fiesco machiavellistisch auf dem Gehorsam auch des Vertrauten bestehen. Die politische Tugend des Herrschers läßt sich nicht mit privater Tugend vereinbaren. Ein Fürst, so lautet bereits die Einsicht Machiavellis, muß anders handeln als gewöhnliche Sterbliche. Fiesco kann für Augenblicke gerührt sein, aber das politische Geschäft und mehr noch die Fürstenwürde zwingen zur Preisgabe menschlicher Empfindungen.

Indem Schiller Verrina wie vor ihm schon Leonore die Legitimationsbedürftigkeit fürstlicher Macht einklagen läßt, gewinnt die Intrigenhandlung aus dem Genua des 16. Jahrhunderts unversehens an Aktualität. Auch wenn die Usurpation eines Doria und die Verschwörung des Grafen Fiesco mit dem politischen Alltag in den deutschen Fürstentümern zunächst wenig gemein haben, stellt das Drama, indem es republikanische Freiheiten beschwört, seinen Zuschauern eindringlich die Frage nach der Rechtmäßigkeit fürstlicher Gewalt.

Als Verrina beschließt, Fiesco zu töten, ist auch er um eine Illusion ärmer: Gewaltherrschaft läßt sich nicht durch Beziehungen des Menschen zum Menschen (»wir liebten uns doch so brüderlich warm«) beseitigen, sondern durch Gewalt. Mit dem Urteil Verrinas über den neuen Tyrannen und seiner Vollstreckung im Namen göttlicher Gerechtigkeit und unter Berufung auf die Gesetze der Republik endet indessen nicht Schillers Stück. Es endet mit Verrinas Satz: »Ich geh zum Andreas«. Auch wenn das Drama die republikanische Sache gegenüber dem Fürsten Fiesco zu seiner eigenen macht, Verrina seinerseits gerät mit diesem Vorsatz ins Zwielicht. Er hat die Beseitigung des Tyrannen verfolgt, nicht aber die Sicherung oder die Wiederherstellung der Republik. Verrinas Stärke, absolute Gesetzestreue, bezeichnet auch seine Schwäche, die Anbetung des Gesetzes, nicht weil es bürgerliche Freiheiten garantierte, sondern weil es das Gesetz ist. In Verrinas Gesetzestreue steckt ein Konservatismus, der auch den Status quo, das moderate, aufgeklärte Regiment des Andreas Doria, annehmbar macht, dessen Tod Verrina zuvor kategorisch verlangt hatte. Der Gesetzlosigkeit eines politischen Abenteurers wie Fiesco ist die patriarchalische Herrschaft eines Andreas Doria, der sich zuvor auch gegenüber dem hochverräterischen Neffen als Hüter von Gesetz und Gerechtigkeit empfohlen hat, immer noch vorzuziehen. Die Rückkehr Verrinas zu Andreas Doria – und wäre auch nur die Unterwerfung unter dessen fürstliche Gerichtsbarkeit gemeint – erweist seinen Kampf für die Sache des »Gesetzes« als abstrakten Republikanismus. Der gewaltsame Sturz des neuen Tyrannen erfolgt weniger um der republikanischen Sache willen als in Übereinstimmung mit der legitimen Gewalt, der durch Doria repräsentierten Ordnungsmacht, der sich Verrina gleich danach auch unterstellt. Daß es Gesetze gibt, wie unter der ›gerechten‹ Herrschaft des Andreas Doria, ist für Verrina von größerer Bedeutung als die Gesetze der Republik. Der gleiche Formalismus der Legalität ist es auch, der es Verrina gestattet, das Schicksal Genuas mit dem Schicksal der Tochter gleichzusetzen.

Wenn Verrina die republikanische Sache preisgeben kann oder sie auch bei Andreas Doria aufgehoben findet, so hat sein erbitterter Kampf gegen Fiesco nicht nur politische Gründe. Für welche politische Freiheit Verrina das Wort führt und was die republikanischen Gesetze für wen besagen, bleibt auffallend unklar. Sehr viel deutlicher dagegen fällt die Anklage gegen Fiesco aus, er habe Genuas Patrioten mit Genua »Unzucht« treiben lassen. Die Gewalt, die Gianettino Berta und die Fiesco Genua angetan hat, wird gleichermaßen weniger nach den Gesetzen der Republik als denen der Moral geahndet.

VII

Damit aber zeitigt der grandiose bürgerliche Anspruch der *Schaubühnen*-Rede wie auch des *Fiesco*-Dramas, die feudale Macht vor die Schranken der moralischen Gerichtsbarkeit zu zitieren, bedenkliche Folgen. Sosehr der Bürger daran interessiert sein muß, politische Handlungen der Obrigkeit an seinen moralischen Maßstäben zu messen – die Moralisierung der Politik droht die politische Kritik fürstlicher Gewalt zu ersetzen. Die allein moralische Kritik der Majestät leistet deren Verharmlosung Vorschub. Der strenggläubige Moralist Verrina kann sich auch den Staatsstreich nur als »Unzucht« vorstellen. Erkennbar reichen die moralischen Begriffe nicht aus, das Ausmaß despotischen Machterwerbs zu fassen. Die private Tugend, welche die politische Tugend zu ersetzen sich anschickt, droht auch den Staatsstreich als Exempel einer unsittlichen Handlung mißzuverstehen. Das moralische Urteil über die fürstliche Macht, sosehr dem Bürgertum an ihm liegen muß, wird dort fragwürdig, wo die Moral sich als alleinige Macht installiert. An Verrinas »Ich geh zum Andreas« läßt sich ablesen – womöglich gegen Schillers Intention –, daß die selbstermächtigte Moral sich unversehens bei der fürstlichen Ordnungsmacht wiederfindet.

Es sind explizit vor allem Gründe der Wirkungsästhetik, die Schiller veranlaßt haben, die politische Dimension des Fiesco-Stoffes zurückzunehmen; auch diese Gründe aber sind Teil seiner Moralisierungsstrategie. »Daß nur Empfindung Empfindung weckt«, ist die erste Maxime in Schillers früher Dramaturgie. Die »kalte, unfruchtbare Staatsaktion aus dem menschlichen Herzen herauszuspinnen, und eben dadurch an das menschliche Herz wieder anzuknüpfen – den Mann durch den staatsklugen Kopf zu verwickeln – und von der erfindrischen Intrige Situationen für die Menschheit zu entlehnen«,[35] so lautet das Programm des *Fiesco*, das zugleich sein Problem ist. Das Drama sollte zum einen die Gesetzmäßigkeit politischen Handelns, eine Angelegenheit der Kabinette, zum andern die Empfindungen des menschlichen Herzens auf die Bühne bringen und diese Gesetzmäßigkeiten damit für den Zuschauer nachvollziehbar machen. Nicht die Vorrede, wohl aber das Stück selbst läßt erkennen, daß Schiller geahnt haben mag, daß beide Ziele in einen Widerspruch geraten mußten. Was haben die Gesetze politischen Handelns mit dem Affekthaushalt des Individuums zu tun? Schiller hat sich die Lösung des Problems so vorgestellt, daß politische Praxis aus der Mechanik der Begierden abzuleiten sei. Auf den ersten Blick scheint dies Konzept beiden Anforderungen Rechnung zu tragen. Bei näherem Hinsehen zeigt sich allerdings, daß der Psychologie der dramatis personae mit Rücksicht auf die anzustrebende Gemütsverfassung des Publikums das Interesse an der politischen Handlung weichen mußte. Wie ernst Schiller den wirkungsästhetischen Grundsatz nahm, daß nur Empfindungen auf der Bühne das mitfühlende Publikum zu erreichen vermögen, davon geben die zahllosen, detaillierten Regieanweisungen einen Begriff. Die Angaben, wie die Schauspieler sich zueinander verhalten sollen, sind identisch mit Schillers Wunschvorstellungen über die Reaktionen des Publikums.

Eine »einzige große Aufwallung, die ich durch die gewagte Erdichtung in der Brust meiner Zuschauer bewirke«, heißt es in der *Erinnerung an das Publikum*, »wiegt bei mir die strengste historische Genauigkeit auf«.[36] Die Freiheitsidee, die das Drama erörtert, interessiert Schiller nur insofern, als sie pathetische Gehalte bereitstellt.[37] Vom Ablauf historischen Geschehens und den Prinzipien politischen Handelns kann nur zur Sprache kommen, was eine Gemütserregung des Zuschauers verspricht. Damit indessen hört *Fiesco* nicht auf, ein politisches Stück zu sein. Auch in Schillers wirkungsästhetischen Überlegungen, die vermeintlich nur der Empfindungsfähigkeit des Publikums gelten, setzt sich der Vorbehalt des Bürgers gegen die Politik als höfische Angelegenheit durch. Im Programm der Emotionalisierung der Zuschauer steckt neben dem resignativen indessen auch ein kritisches Moment. Den Herrschenden werden ihre Defizite vorgeführt, sie können nicht Menschen sein. Daneben mag sich der Zuschauer trösten, daß er an menschlichen Empfindungen, ›großen Aufwallungen‹ zumal, nur teilhat, wenn er mit der Macht – und wär's auch die eigene – nichts zu schaffen hat.

Die Konfliktlinie in diesem Drama verläuft zwischen »Ehrgeiz« und »Tugend«, weniger zwischen politischer Freiheit und Despotie. Unter den Republikanern ist es Bourgognino, Verrinas Schwiegersohn, der an Gianettino Doria den Verführer seiner Braut rächt: »Daß mir keiner in meine Rechte greife – Genua ist hier eine Kleinigkeit – es gibt etwas Größeres abzuhandeln. [...] Mein Schwert spricht im Namen der Unschuld.«[38] Auch die absolutistische Herrschaft, sieht man auf den Helden des Stücks, ist in erster Linie ein Problem der sich selbst absolut setzenden Subjektivität. Die Moralisierung der Politik, die die feudale Macht allererst der bürgerlichen Kritik unterwarf, muß, wie Verrina zeigt, in dem Maße problematisch werden, wie sie politische Handlungen nur als Handlungen der moralischen Privatperson gelten läßt. Schiller faßt dank der Mechanik natürlicher Begierden, wie seine frühe Psychologie sie verstand, die politische Selbstermächtigung Fiescos vor allem als bedenkliche, nämlich politische Gestalt des legitimen Anspruchs auf Selbstbehauptung. Fiescos Herrschaftsphantasien und sein Staatsstreich sind fehlgeleitete Formen der legitimen Selbstverwirklichung des Individuums. Nach der *Erinnerung an das Publikum* handelt das Verschwörerstück von »unseren göttlichsten Trieben«, »unseren besten Keimen zu Großem und Gutem« und von den prosaischen Verhältnissen, unter denen sie verkümmern. Wenn *Fiesco* die Selbstbehauptung des Individuums oder vielmehr des Kraftgenies in Szene setzt, wird verständlich, daß Schiller wenig Mühe hatte, den tragischen Schluß gegen das Happy-End der Mannheimer Bühnenfassung auszutauschen. Ist Fiescos Staatsstreich nur ein fehlgeleiteter Akt der Selbstbefreiung, läßt sich leicht für ihn ein legitimes Pendant finden: Selbstverwirklichung als heroische Selbstüberwindung. Gegenüber der Überwindung der eigenen Triebnatur, der »Herrschsucht«, ist das Bekenntnis zur Republik ein Lippenbekenntnis. Zu Recht hat die Schiller-Forschung der Mannheimer Bühnenfassung den Bruch mit der Konstruktion des Stückes zum Vorwurf gemacht.

Der Versuch, die »kalte, unfruchtbare Staatsaktion aus dem menschlichen Herzen herauszuspinnen«, hat zu einem Neben- und Gegeneinander von höfischer Intrigenhandlung und Familienstück geführt. In den Kulissen und Dekorationen des »republikanischen Trauerspiels«, das Staatsaktionen und Verschwörungen präsentiert, wo Freiheit und fürstlicher Despotismus auf dem Spiele stehen, findet ein bürgerliches Familiendrama statt. Mit dem häuslichen Unglück Verrinas oder den ehelichen Sorgen Leonores sind die politischen Konflikte umständlich und eher ge-

waltsam verknüpft. Auch wenn gegenüber den Staatsaktionen dem Familienstück nur wenig Szenen, etwa zwischen Fiesco und Leonore oder Verrina und seiner Tochter gehören, beherrschen seine Probleme das ganze Drama. Auch wo es um republikanische Freiheit und fürstliche Macht geht, besteht nur die Wahl zwischen Tugend und Laster.
Schiller hat, wie es scheint, die Gleichzeitigkeit von republikanischem Trauerspiel und bürgerlichem Drama selbst als mißlich empfunden;[39] in *Kabale und Liebe*, wenige Monate nach *Fiesco* in Mannheim aufgeführt, hat er auf die Staatsaktion zugunsten des Familiendramas verzichtet. Hauptfigur ist nicht mehr der Mächtigste unter den Adligen Genuas im 16. Jahrhundert, sondern ein Bürgermädchen in einem deutschen Duodezstaat. Den Schauplatz hat Schiller aus den Palästen der Nobili in die gute Stube des Musikus Miller verlagert. Die Verfolgung der Unschuld, in *Fiesco* eine Nebenhandlung, ist in *Kabale und Liebe* zum Thema geworden. Während in *Fiesco* der Tochter eines Republikaners vom Fürsten Gewalt angetan wird und die Gerechtigkeit ihren Lauf nimmt, bringt *Kabale und Liebe* die bürgerliche Privatsphäre und mit ihr die leidenschaftliche Liebe eines Mädchens auf die Bühne, das sich gegen die feudale Willkür, freilich auch die Zwänge bürgerlicher Moral, vergeblich empört. Anders als in *Fiesco* gilt die höfische Intrige nicht mehr der Eroberung politischer Macht, sie trifft vielmehr die bürgerliche Heldin in ihrem privaten Lebensglück. Indem das bürgerliche Trauerspiel auf die Staatsaktion verzichtet, wird gerade eine politische Tragödie sichtbar. Hatte *Fiesco* das vom Protagonisten im Ausnahmezustand außer Kraft gesetzte Tugendsystem in Familie und Staat restauriert[40] und mit Verrina eine moralische Gerichtsbarkeit installiert, die zu urteilen *und* zu strafen befugt war, beläßt es *Kabale und Liebe* beim moralischen Schuldspruch für den verbrecherischen Präsidenten. Dem Bürger, der sich als Opfer feudaler Willkürherrschaft erfährt, bleibt der Triumph moralischer Überlegenheit. Skeptischer als *Fiesco* setzt *Kabale und Liebe* an die Stelle einer illusionären Moralisierung fürstlicher Herrschaft, die den Moralisten par excellence schließlich auf die Seite der fürstlichen Ordnungsmacht führt, neben die Macht auch die Ohnmacht bürgerlicher Moral.

Anmerkungen

Der Dramentext wird zitiert nach: Friedrich Schiller. Sämtliche Werke. Hrsg. von Gerhard Fricke und Herbert G. Göpfert. Bd. 1: Gedichte. Dramen I. München ³1962. Nachweise (Akt, Szene) in Klammern unmittelbar hinter dem Zitat. Außer Betracht bleibt hier die Leipziger Bühnenfassung, deren Authentizität umstritten ist. Vgl. dazu Helmut Koopmann: Friedrich Schiller I: 1759–1794. 2., erg. und durchges. Aufl. Stuttgart 1977. S. 32, 36, 39.

1 An Wilhelm Reinwald, 5. 5. 1784 (Schillers Briefe. Hrsg. von Fritz Jonas. 7 Bde. Stuttgart [1892 bis 1896]. Bd. 1. S. 185). – Die ausführlichste Interpretation des »Fiesco« hat Walter Hinderer in einer Darstellung gegeben, die zugleich Forschungsbericht ist. Ihr sind wichtige Einsichten zu verdanken, so in den geistesgeschichtlichen Kontext der Sehnsucht Fiescos nach »Größe« (Mendelssohn, Sulzer u. a.), in die ästhetische Dimension der Verschwörungshandlung, die Spielernatur des Helden und den Despotismus Verrinas.
Die Heidegger entlehnten Kategorien bleiben indessen gegenüber Schillers Stück äußerlich. Für Heideggers »Seinsmodi der Eigentlichkeit und Uneigentlichkeit« lassen sich nicht »Schillers Formeln«, etwa »Ideal« und »Leben«, »Ich« und »Welt« einsetzen (Walter Hinderer: »Ein Augenblick

Fürst hat das Mark des ganzen Daseins verschlungen.« Zum Problem der Person und der Existenz in Schillers *Die Verschwörung des Fiesco zu Genua.* In: Jahrbuch der Deutschen Schillergesellschaft 14 [1970] S. 244. Vgl. auch S. 231 f., 243–246, 257 u. ö.).

2 In der Vorrede zu »Fiesco« hat er sie genannt: Jean François Cardinal de Retz: La conjuration du Comte Jean Louis de Fiesque. 1665 u. ö.; der sog. Chevalier de Mailly: Histoire de la République de Gênes. 1696; François Joachim Duport-Dutertre: Histoire des conjurations, conspirations et révolutions célèbres. Bd. 3. 1754 [Dt. Übers.: Geschichte der so wohl alten als neueren Verschwörungen, Meutereyen, und merkwürdigen Revolutionen. Breslau 1764–71.]; William Robertson: Geschichte der Regierung Kaiser Karls V. Bd. 3. Braunschweig 1771 (Friedrich Schiller. Sämtliche Werke. Hrsg. von Gerhard Fricke und Herbert G. Göpfert. München [3]1962. [Im folgenden zitiert als: SW.] Bd. 1. S. 640, 937). – Näher haben die Bedeutung der Schrift von de Retz für »Fiesco« Wertheim und Storz untersucht (Ursula Wertheim: Schillers *Fiesko* und *Don Carlos.* Zu Problemen des historischen Stoffes. Weimar 1958. S. 72–80; Gerhard Storz: Der Dichter Friedrich Schiller. Stuttgart 1959. S. 83–87). Vgl. auch Albert Leitzmann (Hrsg.): Kardinal de Retz: Histoire de la conjuration du Comte Jean Louis de Fiesque. Halle a. d. S. 1913.

3 Zum Ausnahmezustand und zu seinen staatstheoretischen Erörterungen u. a. im Zeitalter des Absolutismus vgl. Hans Boldt: Ausnahmezustand. In: Geschichtliche Grundbegriffe. Hrsg. von Otto Brunner, Werner Conze, Reinhart Koselleck. Bd. 1. Stuttgart 1972. S. 343–375.

4 Paul Böckmann: Die innere Form in Schillers Jugenddramen. In: Klaus L. Berghahn / Reinhold Grimm (Hrsg.): Schiller. Zur Theorie und Praxis der Dramen. Darmstadt 1972. S. 28.

5 Ebd.

6 Vgl. Hans Mayer: Lessings poetische Ausdrucksform. In: Lessing und die Zeit der Aufklärung. Göttingen 1968. S. 131 f.

7 Ebd.

8 Vgl. Böckmann (Anm. 4). S. 32 f. Schiller hat in der »Erinnerung an das Publikum« bemerkt, er wisse vom Fiesco-Stoff »vorläufig nichts Empfehlenswerteres«, »als daß ihn J. J. Rousseau im Herzen trug« (SW 1,752). Er bezieht sich dabei auf Helfrich Peter Sturz' »Denkwürdigkeiten von Johann Jakob Rousseau«, denen zufolge Rousseau den Grafen von Fiesco der Biographie eines Plutarch für wert befunden hat (vgl. SW 1,936f.). Zur Bedeutung Rousseaus für den frühen Schiller vgl. Wolfgang Liepe: Der junge Schiller und Rousseau. Eine Nachprüfung der Rousseaulegende um den *Räuber*-Dichter. In: Zeitschrift für deutsche Philologie 51 (1926) S. 299–328. Gegenüber Liepe, der Schiller in entschiedener Distanz zu Rousseau und unter dem Einfluß Montesquieus sieht, hat Böckmann u. a. gezeigt, daß Schiller in »Don Karlos« Posa »zum Anwalt der Ideenwelt des *Contrat social*« macht (Paul Böckmann: Schillers *Don Karlos.* Stuttgart 1974. S. 490–507; 500). Ob, wie Lützeler vermutet, 'Schiller bei der Arbeit an »Fiesco« Rousseaus »Contrat social« gekannt hat oder sich auf die Darstellung von Sturz bezog, wäre noch zu zeigen (Paul M. Lützeler: »Die große Linie zu einem Brutuskopfe«. Republikanismus und Cäsarismus in Schillers *Fiesco.* In: Monatshefte 70 [1978] S. 15–28).

9 Vgl. Max Weber: Wirtschaft und Gesellschaft. Halbbd. 1. Köln/Berlin 1964. S. 179, 198.

10 Ebd. S. 198.

11 Ausführlicher hierzu Hinderer (Anm. 1) S. 256 f.; 250 f.

12 Die »ästhetische Haltung« Fiescos hat auch Ilse Graham im einzelnen untersucht (Graham: Schiller, ein Meister der tragischen Form. Darmstadt 1974. S. 5–69). Ihre These, daß Fiesco zunächst den »ästhetischen Zustand« des Menschen im Sinne der Briefe »Über die ästhetische Erziehung« verwirkliche, bevor er schließlich »zur Bestie« werde (S. 17, 46, 51, 65), übersieht, daß Schiller in dieser Schrift die harmonische Übereinstimmung von Vernunft und Sinnlichkeit und die Entfaltung aller Vermögen der Subjektivität als »schöne Moralität« definiert. Vgl. Rolf-Peter Janz: Autonomie und soziale Funktion der Kunst. Studien zur Ästhetik von Schiller und Novalis. Stuttgart 1973. S. 64 ff. Die zwanglose, spielerische Selbstverwirklichung, die die Briefe der Subjektivität in Aussicht stellen, findet sich in »Fiesco« allenfalls insofern angedeutet, als sein Held den Zwängen eines »alltäglichen Lebens« (SW 1,754) zu entkommen sucht. Der bedenkenlose Spieler und Hasardeur aus der Familie der Kraftgenies hat mit dem Spiel der »schönen Seele«, die aus Natur sittlich handelt, nichts zu tun. Von der gewaltsamen Selbstbehauptung des Sturm-und-Drang-Helden zum klassizistischen Ideal der harmonischen Subjektivität führt kein Weg.

Überzeugender sind in Grahams Arbeit, die vor allem die Metaphorik des Stücks untersucht, Symmetrien und Antithesen zwischen der Fiesco- und der Verrina-Handlung dargestellt; auch

Beobachtungen wie die, daß der Mohr die triebgebundene Seite von Fiescos Persönlichkeit verkörpert und daß Schillers Stück durchgängig Ansprüche der Sinnlichkeit als ›Verrat‹ an und als ›Rebellion‹ (IV,12) gegen die (vernünftige) Ordnung der menschlichen Natur diskreditiert (S. 55–57).

13 Die Forschung hat diesen Konflikt zu Recht als zentrales Thema des »Fiesco« dargestellt. Umstritten ist, wie das politische Stück und das Seelendrama aufeinander bezogen sind. Korff deutet »Fiesco« ausschließlich als Auseinandersetzung um republikanische Freiheit und Despotie; Koopmann will dagegen den politischen Gehalt des Stücks so gering wie möglich veranschlagen. (Hermann August Korff: Geist der Goethezeit. Bd. 1. Leipzig [7]1964. S. 208–211; Koopmann [Vorbemerkung]. S. 35–38). Demgegenüber wird im folgenden versucht, das politische Stück und das Drama des menschlichen Herzens jeweils so zu rekonstruieren, daß ihre prekäre Verschränktheit einsichtig wird.
Auf die Antithese Republikanismus–Cäsarismus hat jüngst Lützeler das »Fiesco«-Drama reduziert. Dabei wird gerade die Widersprüchlichkeit Verrinas wie auch des »erhabenen Verbrechers« übergangen (Lützeler [Anm. 8]).

14 SW 1,641.

15 SW 5,823. Die Rechtsprechung der Schaubühne in Konkurrenz zu den herrschenden Gesetzen haben vor Schiller u. a. Marmontel im Artikel »Comédie« für die Encyclopédie und Lessing in der »Hamburgischen Dramaturgie« gefordert. Zum Status dieses Arguments in der Diskussion um die Funktion des Theaters vgl. Thomas Koebner: Zum Streit für und wider die Schaubühne im 18. Jahrhundert. In: Festschrift für Rainer Gruenter. Heidelberg 1978. S. 41 f.

16 Vgl. Reinhart Koselleck: Kritik und Krise. Frankfurt a. M. 1973. S. 83.

17 Ebd.

18 Ebd. S. 84.

19 Vgl. auch »Die Piccolomini« I,4; III,3; »Wallensteins Tod« II,2 u. ö.

20 Auf diesen Zusammenhang hat Walter Hinderer (Anm. 1) S. 266 hingewiesen. Das folgende Zitat: SW 5,351.

21 Koopmann (Anm. 1). S. 34.

22 Storz (Anm. 2). S. 68; Kurt Wölfel: Pathos und Problem. In: Berghahn / Grimm (Anm. 4). S. 162 bis 167.

23 SW 1,942.

24 Vgl. Benno von Wiese: Friedrich Schiller. Stuttgart [3]1963. S. 14 f.

25 Wertheim (Anm. 2). S. 91.

26 Jacob Minor: Schiller – Sein Leben und seine Werke. Berlin 1890. Bd. 2. S. 50.

27 Diesen Terminus schlagen Benno von Wiese und Joachim Müller für den sozialen Status dieser Figur vor (von Wiese [Anm. 24]. S. 183; Joachim Müller: Die Figur des Mohren im Fiesco-Stück. In: J. M.: Von Schiller bis Heine. Halle a. d. Saale 1972. S. 121).

28 Für komische Situationen ist in »Fiesco« nicht allein der Mohr zuständig; Schiller läßt auch und gerade die Standespersonen die komische oder satirische Entzauberung ihrer prätendierten Würde betreiben, so etwa, wenn der zukünftige Herzog seine Schwester, die Gräfinwitwe Imperiali, tituliert als »ein Stück Weiberfleisch, in einen großen – großen Adelsbrief gewickelt«, und sie ihrerseits den Thronprätendenten einen »tolldreisten Affen« schilt, der »auf dem Kredit seines Onkels steckenreitet« (III,8). Wenn Schiller in einem Brief an Dalberg vom 3. 4. 1783 den Wechsel von Komischem und Tragischem im »Fiesco« als Mangel bezeichnet, so kaum, um sein Stück zu tadeln, als vielmehr in einem diplomatischen Akt der klassizistischen Norm von der ›Reinheit‹ der Gattungen die Reverenz zu erweisen, die das Stück selbst ihr so offensichtlich verweigerte (Schillers Briefe [Anm. 1]. Bd. 1. S. 110).

29 SW 1,622.

30 SW 1,754.

31 Jakob Friedrich Abel: Rede über das Genie. Mit einem Nachwort hrsg. von Walter Müller-Seidel. Marbach a. N. 1955. S. 31.

32 Carl Schmitt: Politische Theologie. Vier Kapitel zur Lehre von der Souveränität. München/Leipzig 1922. S. 11.

33 Gert Ueding: Schillers Rhetorik. Idealistische Wirkungsästhetik und rhetorische Tradition. Tübingen 1971. S. 172.

34 Vgl. Rolf-Peter Janz: Schillers *Kabale und Liebe* als bürgerliches Trauerspiel. In: Jahrbuch der Deutschen Schillergesellschaft 20 (1976) S. 227 f.

35 SW 1,641.
36 SW 1,753.
37 Böckmann (Anm. 4). S. 35 f.
38 SW 1,943.
39 Herbert Kraft liest »Fiesco« durchgängig als republikanisches Trauerspiel; das Familiendrama gerät ihm dabei aus dem Blick. Die Schwäche dieses Stücks, so Kraft, bestehe darin, daß es den Sturz des *Usurpators* Fiesco als den Gehalt eines *republikanischen* Trauerspiels behaupte. Hauptfigur sei seit dem 3. Akt im Grunde der Republikaner Verrina, und erst sein Übertritt zum Dogen Andreas Doria, die Preisgabe der Idee einer »Republik der Gleichen und Freien« stelle die Katastrophe des republikanischen Trauerspiels dar. Ersichtlich unterschätzt Kraft die Bedeutung Fiescos für das Stück und die Begründung des Staatsstreichs in der psychischen Verfassung des genialen Selbsthelfers. Indem er Verrina als Hauptfigur annimmt, übersieht er einmal die frühe Problematisierung des republikanischen Heroen in der Vater-Tochter-Handlung, zum andern die Bedenklichkeit seines Republikanismus. – Kraft ist indessen darin zuzustimmen, daß Schillers Trauerspiel mehr an der »Trauer über den Sturz der Größe« als an der Trauer über das Scheitern der Republik gelegen ist (Herbert Kraft: Um Schiller betrogen. Pfullingen 1978. S. 59–69. Die Zitate S. 63, 69).
40 Adorno hat gegen Schiller geltend gemacht, sein Idealismus, der das »allmenschlich Grandiose und Erhabene« zu Lasten des »Vulgären und Minderen« verkläre, laufe auf das Einverständnis mit der herrschenden Macht hinaus. Usurpatoren, die die Macht an sich reißen, statt ihr zu widerstehen, hätten »denn auch Schiller am meisten beschäftigt«. An diesem Einwand, sieht man auf »Fiesco«, ist richtig, daß Schillers Held, statt gegen das Regiment der Doria republikanischen Widerstand zu leisten, selbst die Macht erobert. Zwar läßt Adornos Kritik außer acht, daß in »Fiesco« dem Usurpator auch der Prozeß gemacht wird, doch spricht für sie, daß das Schicksal des idealischen Helden schließlich die in Genua bestehenden Machtverhältnisse bestätigt (Theodor W. Adorno: Minima Moralia. Frankfurt a. M. 1962. S. 110).

KARL S. GUTHKE

Kabale und Liebe

I

»Sieh doch nur erst die prächtigen Bücher, die der Herr Major ins Haus geschafft haben« – in der häuslichen Szene, über der sich der Vorhang zu *Kabale und Liebe* hebt, hält die Frau des Stadtmusikanten Miller diesen Trumpf ihrem Mann entgegen, als dieser mit Kraftausdrücken von Lutherscher Drastik bezweifelt, daß es dem seiner Tochter Luise den Hof machenden jungen Baron Ferdinand von Walter »pur um ihre schöne Seele zu tun« sei. Wenn Schiller die gute Frau dann aber noch hinzufügen läßt: »Deine Tochter betet auch immer draus«, so schlägt er ein Thema an, das vielleicht das dominante des ganzen Stücks ist, ohne daß es in den ungewöhnlich weit auseinandergehenden Deutungen bisher als solches erkannt worden wäre.[1] Was in dem Satz der Frau Miller durch die pointierte Einführung eines Wortes aus dem Bereich der religiösen Devotion in einen an sich nichtreligiösen Kontext signalisiert wird, ist bei aller Komik jene – nicht zuletzt in der Literatur betriebene – Sakralisierung des Profanen, speziell des Eros, die im deutschsprachigen Raum das entscheidende geistesgeschichtliche Ereignis der zweiten Hälfte des 18. Jahrhunderts darstellt, für das sich das Kennwort Säkularisation eingebürgert hat.

Eine ausgefallene Vermutung? Wohl kaum, wenn man sich etwa erinnert, daß Goethe eins der literarischen Hauptdokumente ebendieser erotischen Sonderform der Säkularisation, seinen *Werther*, brieflich einmal anstandslos sein »Gebetbuch« genannt hat.[2] Und sinnfälliger als durch die einander entsprechenden Stellen in Schillers Drama und Goethes Brief könnte nicht in die Augen springen, daß die Bedeutung dieses Säkularisationsvorgangs nicht darin besteht, daß das Profane einfach das Sakrale, im Bereich der Literatur also die weltliche Dichtung einfach die religiöse ablöste, sondern darin, daß das Profane die Funktionen des Sakralen, die weltliche Literatur die Funktionen der Erbauungsliteratur übernimmt und weiterführt: man liest jetzt Romane wie früher die Bibel; eben das imponiert der Millerin, während ihr Mann es für »gottlos« hält (I,3).

Denn von was für Büchern ist doch die Rede? Von jener säkularen Belletristik offenbar, die in der Zeit, als Schiller schreibt, auf dem Buchmarkt einen ungeheuren Aufschwung nimmt, und das in gleichem Maße, wie die Erbauungsschriftstellerei zurückgeht.[3] Gegen das Lesen an sich hat der alte Miller sicherlich nichts; die Bibel, das Gesangbuch, der fromme Traktat wären ihm schon recht; die weltlichen Bücher – aus »der höllischen Pestilenzküche der Bellatristen« – sind es, die er verdammt, und zwar deswegen, weil sie, wie auf der Buchmesse, die christlichen verdrängen und so die Werte der christlichen Lebensführung unterminieren. »Ins Feuer mit dem Quark. Da saugt mir das Mädel – weiß Gott was als für? – überhimmlische Alfanzereien ein, das läuft dann wie spanische Mucken ins Blut und wirft mir die Handvoll Christentum noch gar auseinander, die der Vater mit knapper Not so so noch zusammenhielt« (I,1). Mit dem Hinweis auf die aphrodisischen Spanischen Fliegen wird vollends deutlich, was für Bücher es sind, durch die der kleinbürgerliche Hausvater die kirchlich behütete Wohlanständigkeit seiner Tochter so akut gefährdet sieht. Und gefährlich werden sie nicht etwa oder doch nicht in erster Linie durch die krasse Sexualität, an die die derbe Bildlichkeit seiner Rede denken läßt, sondern durch ihre »überhimmlischen Alfanzereien«. Was kann das aber anderes bedeuten als die – wie man damals sagte – »enthusiastische« Überhöhung des Eros zum quasireligiösen Erlebnis? Auch diese Stelle bedeutet daher nicht so sehr, daß die orthodoxe Gläubigkeit, in der Luise als Tochter ihres Vaters aufgewachsen ist, verdrängt würde durch eine diesseitige Lebensorientierung, sondern daß sie ersetzt und sogar übertrumpft wird durch eine weltliche Anschauung, die sich ihrerseits alle Weihen der Religion gibt, ja die Weihen einer höheren Religion – nicht nur himmlisch, sondern »überhimmlisch«. So ungefähr muß der Alte es aus dem Mund seiner Tochter vernehmen, wenn sie, aus der Kirche kommend, ihn mit seinen eignen Denkformen von der religiösen Dignität des Profanen, nämlich ihrer Liebe zu Ferdinand, zu überzeugen versucht: »Wenn meine Freude über sein Meisterstück mich ihn selbst übersehen macht, Vater, muß das Gott nicht ergötzen?« (I,3). Woraufhin Miller, die Scheinlogik der säkularen Frömmigkeit durchschauend, sich mit einem »Da haben wirs!« unmutig in den Stuhl wirft: »Das ist die Frucht von dem gottlosen Lesen.«

Luise scheint ihre Belletristik gut zu kennen. Welche Werke es genauer sind, die Ferdinand ihr mitgebracht hat, verrät Schiller zwar nicht. Aber seine eigene Lektüre, Arbeitslektüre sozusagen, während der Entstehungszeit von *Kabale und Liebe* darf man als Fingerzeig auffassen, der uns, wenn wir ihn nur recht verstehen, direkt in das Sinnzentrum des Dramas weist (was man andererseits von den eigentlichen ›Vorlagen‹, von Lessings *Emilia Galotti* bis zu Otto Heinrich von Gemmingens *Deutschem Hausvater* und Johann Christian Brandes' *Landesvater*, nicht behaupten kann). Mitten aus der Arbeit an der *Luise Millerin*, wie das »neue Trauerspiel«, das 1784 als *Kabale und Liebe* erscheinen wird, damals noch heißt, schreibt Schiller am 17. Dezember 1782 aus Bauerbach bei Meiningen (wo er nach dramatischer Flucht aus dem Herrschaftsbereich des nur unvollkommen aufgeklärten Despoten Karl Eugen ein Refugium gefunden hatte) dem Meininger Bibliothekar Wilhelm F. H. Reinwald einen Brief, in dem er unter anderem um Shakespeares *Othello* und *Romeo und Julia* bittet. Offensichtlich sieht er einen Zusammenhang zwischen diesen Stücken und dem Liebes- und Eifersuchtsdrama, das er unter der Feder hat; für das zweite bestätigt er das ausdrücklich, wenn er zwei Wochen später Reinwald mahnt: »Sie werden mir einen Dienst erzeigen, wenn Sie mir die Romeo und Juliette mit dem bäldisten verschaffen, weil ich etwas daraus zu meinem St[ück] zu schlagen gedenke.« Etwas – aber was? Vielleicht dasselbe, was er im *Othello* brauchbar fand, da er die beiden Stücke doch im gleichen Atem nennt und beide unverkennbar ihre Spuren hinterlassen haben im thematischen Gefüge von *Kabale und Liebe*? Was ihn an *Othello* interessierte, deutet er in den *Philosophischen Briefen* in dem spätestens gleichzeitig mit *Kabale und Liebe* entstandenen Abschnitt über die *Theosophie des Julius* unmißverständlich an: »*Eine* Regel leitet Freundschaft und Liebe«, lesen wir dort. »Die sanfte Desdemona liebt ihren Othello wegen der Gefahren, die er bestanden; der männliche Othello liebt sie um der Träne willen, die sie ihm weinte«.[4] Der Passus, in dem dies steht, ist »Liebe«

überschrieben; Liebe aber bedeutet im Zusammenhang der dort entwickelten Philosophie des »Enthusiasmus« tatsächlich nichts Geringeres als säkularisierte Religion. Denn Liebe ist eine Beziehung zu jenem Göttlichen, das die Welt im Innersten zusammenhält, ist ein »himmlischer Trieb«, »die Quelle der Andacht und der erhabensten Tugend«, und »wenn sie nicht ist«, ist »die Gottheit« aufgegeben und mit ihr alles, was der Religion heilig ist, einschließlich der Unsterblichkeit. Um solche Liebe – die säkularisierte Religion der Liebe – geht es auch in Shakespeares *Othello*, meint Schiller, und sicher nicht zu Unrecht. Sind die Liebenden in dieser Tragödie doch überzeugt, »der Himmel« habe sie füreinander »gemacht«,[5] und ist die Liebe dort doch der einzige und absolute Wert, der als solcher zugleich mit der Aura des Transzendenten umgeben wird.

Ein besseres Beispiel noch für diese Thematik der *Theosophie des Julius* wäre die Tragödie der »star-crossed lovers« gewesen, die Schiller für *Kabale und Liebe* offenbar noch wichtiger war als *Othello* und deren Beziehung zu *Kabale und Liebe* denn auch sichtlich noch enger ist. Nicht zufällig ist *Romeo and Juliet* ja eins der frühen Kardinalbeispiele für jene Thematik der Sakralisation der Liebe,[6] die, wie es scheint, in *Kabale und Liebe* zwar im verborgenen, aber desto mächtiger wirkt. Das spürt man selbst noch in der Wielandschen Übersetzung, die Schiller (mit dessen Englisch es nicht weit her war) benutzt hat. Gleich als Romeo und Juliette sich begegnen, klingt dieser Ton der erotischen Ersatzreligion auf, die Petrarca die Renaissance gelehrt hatte: Romeo verwendet betontermaßen religiöses Vokabular, um sein Entzücken über die junge Capulet in Worte zu fassen: »Wenn meine unwürdige Hand diesen heiligen Leib entweiht hat, so laß dir diese Busse gefallen: Meine Lippen, zween erröthende Pilgrimme, stehen bereit den Frefel, mit einem zärtlichen Kuß abzubüssen.« Juliette antwortet im gleichen Stil: »Ihr thut eurer Hand unrecht, mein lieber Pilgrim; sie hat nichts gethan, als was die bescheidenste Andacht zu thun pflegt; Heilige haben Hände, die von den Händen der Wallfahrenden berührt werden, und Hand auf Hand ist eines Pilgrims Kuß.« Und weiter wird dies Motiv des säkularen »Betens« – Luise Millerin »betete« aus den weltlichen Büchern, die Ferdinand ins Haus des kirchenchristlichen Musikus Miller brachte – ausgestaltet mit der anschließenden Wechselrede: »J u l i e t t e. Heilige rühren sich nicht, wenn sie gleich unser Gebet erhören. R o m e o. O so rühre du dich auch nicht, indem ich mich der Würkung meines Gebets versichre – *(Er küßt sie.)*«[7] Mag das noch nach concettistischer Spielerei klingen, so präludiert dieses preziöse Wortgefecht doch schon ganz entschieden das alles andere als spielerisch gemeinte religiöse Vokabular der Balkon-Szene, das dort ebenfalls das Weltliche, die Liebe, sakralisiert, wenn Romeo seine »theure Heilige« anredet: »O, rede noch einmal, glänzender Engel! Denn so über meinem Haupt schwebend scheinst du diesen Augen so glorreich als ein geflügelter Bote des Himmels den weitofnen emporstarrenden Augen der Sterblichen.« Dem korrespondiert Juliettes spätere Bemerkung: »Jede Zunge, die meines Romeo Namen ausspricht, ist die Zunge eines Engels für mich.« »Der Himmel ist da, wo Juliette lebt« – ausgerechnet dem Bruder Lorenz, dem Mönch, sagt Romeo dies, wodurch die Säkularisation effektiv Blasphemie wird.

Fällt es uns da nicht wie Schuppen von den Augen: das Vokabular der Sakralisierung des Erotischen in Shakespeares Liebes- und Eifersuchtsdramen stimmt wörtlich überein mit dem in *Kabale und Liebe* bevorzugten. Versuchen wir das als einen Wink aufzufassen, daß Schiller, indem er eine Affinität jedenfalls zwischen der *Romeo and Juliet*-Tragödie und seinem Ferdinand-und-Luise-Drama wahrnahm, in seinem eigenen Werk (das ihm übrigens bei den frühsten Rezensenten den Titel »Shakespeare der Deutschen« einbrachte)[8] die Sakralisierung des Profanen oder die Säkularisation des Religiösen am Paradigma der Liebe thematisiert habe. Eine gewisse Ermutigung, dem zunächst hypothetischen Gedanken etwas weiter nachzugehen, finden wir in dem Umstand, daß das zeitgenössische Publikum *Kabale und Liebe* nicht zuletzt darum mit hochgezogenen Augenbrauen aufnahm, weil es sich an den »gotteslästerlichen Ausdrücken« stieß.[9] Und das nicht von ungefähr, denn die Sakralisierung des Eros zum »heiligen Gefühl«[10] war ja die besondere Form der Säkularisation oder der Vergöttlichung des Menschen,[11] die in der deutschen Literatur der siebziger und achtziger Jahre bei der rebellisch »shakespearisierenden« jungen Generation geradezu Mode geworden war.[12] Ein Stichwort für diese Heiligsprechung der Liebe hatte Rousseau gegeben, als er die *Nouvelle Héloïse* dahin interpretierte, daß »der Liebesenthusiasmus sich der Sprache der religiösen Andacht bedient. Er sieht nur noch das Paradies, Engel, die Tugenden der Heiligen, die Seligkeiten des himmlischen Aufenthaltes.«[13] Alle diese religiösen Metaphern für die weltliche Liebe (dazu noch Heiligtum, Reliquie, Segen, Gebet usw.) kehren dann z. B. in der Liebesdichtung und in den Liebesbriefen des jungen Goethe immer wieder. »Heilige Liebe«[14] lautet seine Abbreviatur dieses weltlichen Kults. Die Empfindsamen unter den Zeitgenossen wirken daran lebhaft mit; in diesem Zusammenhang sei nur an Johann Martin Millers *Siegwart* erinnert. Wenn die ältere Generation darüber die Hände über dem Kopf zusammenschlug, es »Schwärmerey«[15], romanhaft oder auch gotteslästerlich nannte, so entging ihr allerdings, daß die literarischen Werke dieser jungen Leute hier und da selbst schon einen Schritt über das weltliche Hosianna hinausgingen und die *Problematik* der neuen Weltanschauung zum Thema erhoben. Während Novalis noch in schöner Ahnungslosigkeit Liebe als Religion definierte in seiner bekannten Äußerung, er habe »zu« seiner Geliebten »Religion«,[16] so explorierten geniezeitliche Werke schon die Gefahren der Liebesreligion: *Werther* etwa und *Das leidende Weib*, *Lenore* und nicht zuletzt der Roman *Beyträge zur Geschichte der Liebe aus einer Sammlung von Briefen* (1778) – dessen anonymer Verfasser sich als Jakob Friedrich Abel herausstellt, der Stuttgarter Philosophielehrer des jungen Schiller, dem dieser weltanschaulich derart Entscheidendes verdankt, daß man ihn seinen »Erwecker« genannt hat.[17]

Ist nicht auch *Kabale und Liebe* in diese Reihe zu stellen? Weist die rhetorisch übersteigerte, hyperbolische Sprache der Liebenden (die zeitgenössische Kritik spricht von dem »Galimathias« der »überspanntesten Karaktere«)[18] nicht ebenso deutlich auf die exaltierte Liebesmetaphysik der »Schwärmer«, wie die sich allmählich entwickelnden Spannungen zwischen den Liebenden und der sich daraus ergebende oder doch damit korrelierte Handlungsverlauf auf eine *kritische* Artikulation dieser Liebesmetaphysik deuten? Man darf die Frage versuchsweise bejahen.

Kurz vorweggenommen: Die in der idealistischen Liebesreligion postulierte Autonomie und selbstgewisse Dignität des Menschen bewährt sich im Verlauf des Dramas gerade nicht; Luise fühlt sich letztlich einem anderen, traditionelleren religiösen Anspruch verpflichtet, während Ferdinand in der Ausübung seiner idealistischen Liebesreligion menschlich eklatant versagt, zur Einsicht in seinen subjektivistischen Irrtum gelangt und sich daraufhin dem Vorstellungsbereich von Luises Religiosität zuordnet.

Indem die tragische Demonstration des Dramas solcherart die Möglichkeiten und Grenzen, die Erfüllungen und Gefahren des Anspruchs auf Absolutheit der Liebe und Autonomie des Menschen erkundet und auf diesem Wege zu dem Schluß kommt, daß »die menschliche Natur eines konsequenten Idealism gar nicht fähig«[19] sei, erweist sich *Kabale und Liebe* als Zeitstück in einem Sinne, der zugleich erklärt, warum ihm auch heute noch sein Publikum sicher ist. Denn sein Thema, so akut es in Schillers geistesgeschichtlichem Moment war, ist offenbar nicht an diesen Moment gebunden. Um die »Natur der Sache« und die bis in die Moderne reichende allgemeine Problematik der Säkularisation (des experimentum medietatis) aus dem Spiel zu lassen, mag nur an die literarischen Mutationen des Themas der »absoluten Liebe« von Abélard und Dante über Petrarca, Shakespeare, Rousseau und Goethe *(Werther)* bis zu D. H. Lawrence und Erich Segal erinnert sein.

II

Diese Überlegung läßt vermuten, daß es von der bezeichneten Fragestellung aus (*Kabale und Liebe* als Tragödie der Säkularisation) gelingen mag, den toten Punkt jener Antinomie zu überwinden, in der sich die Deutungen des Dramas seit langem festgerannt haben. Die Geister scheiden sich ja gerade an der Frage, ob Schiller ein »zeitlos gültiges« Schauspiel, nämlich das »Drama der unbedingten Liebe«[20], *oder* ein Zeitstück geschrieben habe, ein Zeitstück noch dazu in einem sozialpolitisch konkreteren Sinne, als soeben angedeutet wurde: eine Tragödie des Klassenkonflikts, ein politisches Tendenzstück. Und nicht ganz unabhängig von diesem Stillstand der Fronten ist die ähnlich festgefahrene Situation der *Wertung* von *Kabale und Liebe*: hier als »reine Tragödie«, dort als »melodramatischer Reißer«,[21] denn in solchen pauschalen Urteilen über das Werk als Ganzes ist immer schon ein Verdikt enthalten über den Stellenwert und die Relevanz der aktuellen Gesellschaftskritik, die natürlich *als Faktum* gar nicht aus dem Stück wegzuleugnen ist. Dieser Stellungskrieg ist hier rasch zu rekapitulieren, um seine Strategien zu kennzeichnen und die Möglichkeiten eines neuen Interpretationsansatzes zu erkunden.

Auf der einen Seite wird die ausschlaggebende tragische Substanz des Dramas in der gesellschaftlichen Tatsache der Ständetrennung gesehen, die die Liebesheirat Ferdinands und Luises verhindere. *Kabale und Liebe* – der von Iffland vorgeschlagene Titel für *Louise Millerin* wird in dieser Richtung im allgemeinen als brauchbar zur Charakterisierung der Positionen verstanden – liest sich dann als »Dolchstoß in das Herz des Absolutismus«[22], als Schillers Verteidigung des »Rechts des Menschen auf Liebe gegen die Standesvorurteile der herrschenden Klasse«[23]. Wenn Luise ihrerseits kein Recht auf solche Liebe zu haben glaubt, so wird das kurzerhand aus ihrer »kleinbürgerlichen Klassengebundenheit« erklärt, aus ihrer »zeitbedingten Klassenlage« also, die ihr Denken (aber bemerkenswerterweise nicht das ihrer töricht aufstiegsfreudigen Mutter, die diese Klassenlage doch teilt!) determiniere und in dieser Weise zum modernen »Schicksal« geworden sei. Daß Schillers Dramengestalten jedoch, dem widersprechend, in einem »religiösen Bezugssystem« denken, spätestens in der eschatologischen Schlußszene mit ihrem Ewigkeits- und Weltgerichtsprospekt, ficht auch die subtileren dieser Deutungen nicht an: wichtiger als das, was die »Figuren des Stücks sagen und selbst wohl auch glauben mögen«, sei das, was »das Stück objektiv« aussage – woraufhin dann eben diese religiösen Äußerungen quasi aus Prinzip gar nicht erst ernstgenommen werden.[24] Allenfalls wird zugestanden, daß z. B. die Bindung Luises an das Christentum ihres Vaterhauses eben eine Begleiterscheinung der Klassenlage sei, sozialhistorisch akkurates Lokalkolorit sozusagen. Wenn Luise daher an dieser Bindung festhalte (statt sich rückhaltlos zu Ferdinands Liebesevangelium zu bekennen) und damit die Tragödie besiegle, so sei das eben die Unfähigkeit, sich von der »Bürgerwelt« loszusagen.[25] So interpretiert, ermöglicht also die Religiosität des Opfers geradezu die Thematik, die man vom sozialkritischen Blickpunkt zu sehen pflegt: »die Verfolgung der unschuldigen Bürgerstochter« durch den »feudalen Verführer«, und zwar dargestellt »als exemplarisch für die Bedrohung an Leib und Leben [...], die virtuell alle Bürger vom Fürsten zu gewärtigen haben«.[26]

Widerspricht aber solcher konsequent soziologischen Sicht nicht gerade das, was sie selbst und nur sie selbst so überzeugend in den Blick bekommt: die Ironie nämlich (so würde man es in parte infidelium bezeichnen, wo man nicht gleich mit »Dialektik« bei der Hand ist), daß das angeblich »Ständische« des Denkens[27] und Handelns *beider* sozialen Parteien, des Adels und des Bürgertums, sich auf Schritt und Tritt ins Gegenteil verkehrt und somit eine wechselseitige Ähnlichkeit an den Tag legt? Das zeigt sich etwa, wenn Ferdinands Idolisierung der unbedingten Liebe, der Liebe in einer gesellschaftsfernen, abstrakten Privatheit, als bürgerliches Phänomen klassifiziert wird, so sehr sie auch noch »die Liebe des Barons« bleibe, nämlich die herrisch über den geliebten »Besitz«-Gegenstand verfügende; und das zeigt sich andererseits, wenn ausgerechnet dieses aristokratische »Verfügen« über den Menschen (über Luise) doch ebenfalls wieder auf seiten des Bürgertums gesehen wird, auf seiten des alten Miller, der die personale Freiheit seiner Tochter (aus seinem bürgerlich repressiven Moraldenken heraus) ebenso unterdrückt wie Ferdinand (aus aristokratischer Herrschsucht).[28] Hebt solche Ironisierung der Klassen nicht die auf den Klassenkonflikt abzielende soziologische Deutung aus den Angeln? Und taucht infolgedessen als der eigentliche, strukturbestimmende Gegensatz hinter dem vordergründigen sozialen nicht vielmehr der Unterschied auf, der in der Haltung der Dramenfiguren zum zentralen Problem der Sakralisierung der Liebe (als einer zeitgenössisch prominenten Erscheinungsform der Säkularisation) zutage tritt?

Dieselbe Frage ist im übrigen auch an diejenigen Interpreten zu richten, die die mehr oder weniger marxistisch inspirierte soziologische Deutung von *Kabale und Liebe* als gesellschaftskritisches Zeit- und Anklagestück ablehnen, aber nichtsdestoweniger die zentrale Wendung des Stücks, Luises Entscheidung gegen die Liebesreligion Ferdinands, verstehen als einen Konflikt der unbedingten Liebe und der »Pflicht zur Wirklichkeit« – wobei diese Wirklichkeit denn doch wieder als »der Standesgegensatz« definiert wird.[29] Demzufolge hätte sich also tatsächlich der

Wirklichkeitssinn des alten Miller auf seine Tochter »übertragen«.[30] Bemerkt man in dieser Deutungsrichtung trotzdem das Offensichtliche, daß nämlich der Wirklichkeitssinn bei Luise eine ausgeprägte religiöse Dimension hat in der Anerkennung einer traditionellen christlichen göttlichen Ordnung (III,4), so sieht man sich zu sonderbar gewundenen Erklärungen wie beispielsweise dieser gezwungen: der Wirklichkeitssinn führe »im übrigen [!] nur [!] noch auf einen religiösen Bereich, der der eigenen ethischen [!] Haltung den Horizont gibt«.[31] Dadurch wird dem Religiösen die eigene Valenz wieder genommen: die Religion hat sich zu bewähren vor der schon eigenständig, in der Innerlichkeit, getroffenen ethischen Entscheidung und nicht umgekehrt – ganz als wäre Luise Millerin eine Iphigenie in Württemberg.

Merkwürdig ist, wie diese Relativierung des Religiösen auch auf der Gegenseite erscheinen kann: dort, wo die verworfene soziologische Deutung auch nicht durch die Hintertür wieder hereingelassen wird, sondern kategorisch als unerheblich im tragischen Bedeutungsgefüge abgetan wird. Es handle sich statt um ein Zeitstück um eine zeitlose Tragödie der absoluten Liebe, heißt es dort, und Luises ganz natürliche Angst vor dem Sprung ins Ungewisse, ins Abenteuer der Liebe, bediene sich der Frömmigkeit eben nur als eines Vorwands, ja als einer Rationalisierung.[32] (Wobei zu denken gibt, daß bei den Psychologiefreudigen dasselbe Verhalten, Luises Zurückschrecken vor Ferdinands Liebesphilosophie, auch, ebenso abstrakt »zeitlos«, aus dem »tieferen Instinkt der Frau« erklärt werden kann, die »um die Grenzen des Menschen in dieser irdischen Wirklichkeit weiß«[33] – ganz als spräche Luise nicht klipp und klar aus, daß sie im Ständegegensatz eine gottgewollte »ewige Ordnung« sieht [III,4].)

Weniger radikale Deutungen dieser Richtung (die also den Widerpart zur soziologischen macht) gestehen der sozialen Problematik allenfalls einen Stellenwert zu, münden dann aber, im Gegensatz zu den psychologisierenden, sofort in die Theologie der Tragödie. Das Problem der Säkularisation und der subjektivistischen Autonomie berühren aber auch sie nicht. In diesen Interpretationen liest sich *Kabale und Liebe* als »Drama der unbedingten Liebe, die an der Welt überhaupt scheitert, wobei der Standesgegensatz nur die zufällige, auswechselbare Form dieser Welt bildet«.[34] Welt wäre Zeitlichkeit, die »Schranken des Unterschieds« wären nur der spezielle, mehr oder weniger willkürlich, aber doch zeitgeschichtlich naheliegend gewählte »Ausdruck der Zeitlichkeit überhaupt«,[35] der der Mensch seiner Bestimmung gemäß unterworfen sei. Die Tragödie stellt sich, so gesehen, als die »des endlichen Menschen« dar statt als die des Klassenkonflikts. Diese seine Endlichkeit erfährt der Mensch in dem Moment, in dem seine religiöse Utopie, das in der Liebe gegenwärtige Paradies, zerstört wird durch die Gebrechlichkeit und Unzulänglichkeit der »Wirklichkeit«, die hier also vergegenwärtigt wird durch die repressive Sozialordnung. Schließlich »gipfelt [...] die religiöse Gesellschaftskritik des Dramas in einem Gericht, das die Verschuldung eines Standes in der allgemeinen des verlorenen Paradieses untergehen läßt«.[36] Schillers Drama wird damit als christliche Tragödie vom Sündenfall entschlüsselt, sei es als fromme Tragödie oder aber als Anklage gegen Gott »im Streit um die Theodizee«.[37]

Diese theologischen (antisoziologischen) Interpretationen gehen von einer Voraussetzung aus, die jener der soziologischen (antitheologischen) zwar diametral entgegengesetzt, aber nicht weniger problematisch ist als diese: Während die soziologischen Deutungen die Liebe, wie sie im Stück erscheint, ganz als Phänomen und Machtfaktor der Weltlichkeit auffassen, so ist für die theologischen die Liebe Ferdinands und Luises eine in christlichen Kategorien gesehene Seligkeit, die Seligkeit des Paradieses. Die erste Deutung nimmt das religiöse Vokabular, mit dem sich die Liebe in Schillers Drama zur Religion stilisiert, nicht ernst; die zweite nimmt es ernst, aber auch zu wörtlich: sie nimmt es für die bare Münze christlichen Lebensverständnisses und übersieht dabei, daß die Erosreligion der beiden enthusiastisch Liebenden zur christlichen Religion in Gegensatz tritt, mit anderen Worten: daß das Liebesevangelium eine »Religion« im Raum der Säkularisation ist. Mit einem Stichwort: der Gott Ferdinands, zu dem er anfänglich auch Luise bekehrt, ist »der Vater der Liebenden«, er ist nicht der »Richter«. Was aber die geistige und historische Substanz des Dramas ausmacht, ist nichts anderes als das Gegeneinander des Gottes der säkularen Religion und des Richtergottes des Christentums. Die Liebenden bekennen sich zunächst zu dem ersten, sie versuchen ihn wohl auch mit dem zweiten zu identifizieren; ihre Tragödie ist indes die des Fehlschlags dieses Versuchs. Luise sagt dem »Vater der Liebenden« nach schwerem Konflikt zugunsten des Gottes ihres Vaterhauses ab; Ferdinand versagt als Bekenner des Gottes der Liebenden und kehrt schließlich zu dem Richtergott Luises zurück. Aus dieser entgegengesetzten Entwicklung der beiden Protagonisten entsteht eine Doppeltragödie des experimentum medietatis, die Tragödie der Säkularisation oder genauer der Sakralisierung der Liebe, die in der zweiten Hälfte des 18. Jahrhunderts ein geistesgeschichtlich hochaktuelles Thema war. Um diese thematische Fragestellung, die in gewisser Weise zwischen den beiden herrschenden, auf Kollisionskurs festgefahrenen Interpretationen vermittelt, ohne bloße Diplomatie zu sein, in den Blick zu bekommen, ist es nötig, im einzelnen auf die Sprachgebung, speziell auf die Wortwahl in den Reden der Liebenden zu achten. Denn Säkularisation im Umkreis der Empfindsamkeit und des Idealismus ist in erster Linie ein sprachliches Phänomen.

»Bis heute ist kein Drama Schillers so umstritten und stellt die Auslegung vor so verwickelte Probleme wie ›Louise Millerin‹«, bemerkte Benno von Wiese 1959.[38] Wenn er für das Unbefriedigende dieser immer noch unveränderten Sachlage das ungeschichtliche Vorgehen, das Hineinsehen moderner Problematik in Schillers Text, verantwortlich machte, das die marxistischen Deuter mit ihren Gegenspielern denn doch gemeinsam hätten, so kann jedenfalls dieser Vorwurf dem folgenden Versuch nicht gemacht werden.

Die Schwierigkeiten der Deutung lösen sich durch betont historisches Vorgehen jedoch nicht von selbst auf. Vielmehr stößt es früher oder später auf eine neue Schwierigkeit. Und zwar ist diese gerade in der *Sprache* der empfindsamen Liebenden begründet, besonders in der des »Idealisten der Liebe«.[39] Daß diese Sprache in Wortwahl und rhetorischem Duktus für den heutigen Leser exaltiert wirkt, ist unbestreitbar. Es fragt sich nur, wie man diese Tatsache bewertet, die schließlich ausschlaggebend ist für die Interpretation des ganzen Stückes. Der konsequente Historiker (Benno von Wiese etwa) stimmt in seiner Interpretation das Überspannte des Vokabulars stillschweigend auf eine Art Normalmaß herab mit der Begründung, daß »das empfindsame Pathos« in seiner Unbedingtheit nach heutigen Begriffen eben regelmäßig, sozusagen normalerweise im Ausdruck zu hoch gegriffen habe. Man dürfe also dieses Vokabular (z. B.: »Das Mädchen ist mein! Ich einst ihr Gott, jetzt ihr Teufel!« [IV,4], »*Mein* bist du, und wärfen Höll und Himmel sich zwischen uns« [II,5], »*Mir* vertraue dich. Du brauchst keinen Engel mehr – Ich will mich zwischen dich und das Schicksal werfen« [I,4]) nicht eigentlich beim Wort nehmen und von ihm Rückschlüsse ziehen auf die Eigenart oder Verfassung der Person, der es in den Mund gelegt wird.[40] Das sei unhistorischer Psychologismus, Charakteranalyse am falschen Objekt. Also: die erstaunliche Erschütterlichkeit von Ferdinands hybrid-religiösem Liebespathos durch seine alles andere als erhabene Eifersucht und seine nicht weniger erstaunliche Herabwürdigung der Geliebten zum Objekt seiner Rache – das dürfe man nicht als Hinweis auf eine psychologisch kritische Sicht des Dramatikers verstehen, sondern eben nur als extreme Bekundung der idealistischen Unbedingtheit des Liebenden, die als solche unantastbar bleibe, makellos und vorbildhaft, nicht etwa ins Licht des Fragwürdigen gezogen würde. Die Dinge *so* betrachten, werden wir belehrt, hieße vielmehr sie zu genau betrachten; der junge Schiller wäre darüber »gewiß sehr erstaunt gewesen«.[41] Aber hat der junge Schiller selbst denn seine Dramenfiguren nicht gerade in dieser Weise genau betrachtet: psychologisch genau? Seinen Ferdinand zwar nicht (er hat sich kaum über ihn geäußert), wohl aber den ihm in vielfacher Hinsicht ähnlichen absoluten Idealisten Marquis Posa (in den *Briefen über Don Karlos*), ferner Karl Moor (in der *Selbstrezension* und den *Vorreden*) und schließlich auch, in unmittelbarster Nähe zu *Kabale und Liebe*, den Julius der *Theosophie* (s. S. 79). In all diesen Äußerungen bekundet sich Schillers Neigung zur psychologischen Deutung gerade der exaltiertesten seiner Dramenfiguren, und er sieht da gewiß nichts Falsches. Denn mit dem menschenkennerisch geschulten Blick des Dr. med., der er war, fragt der Dramatiker Schiller doch gerade in seinen frühen Dramen tatsächlich mit unbestechlicher Insistenz nach den menschlichen, sagen wir ruhig: den psychologischen Möglichkeiten, Risiken, Chancen und Gefahren jenes Idealismus, den er theoretisch bevorzugt oder bevorzugen möchte. Und was er dabei immer wieder findet und gestaltet, ist die menschliche Unzulänglichkeit oder Gefährdung seiner Idealisten; so auch bei dem »Idealisten der Liebe« Ferdinand. Die skizzierte »historische«, nämlich ganz in den Bahnen des Idealismus denkende Deutung neigt in ihrer immanenten, aber textfernen Logik dazu, diese psychologisch akzentuierte Problematik zu ignorieren – in merkwürdiger Einmütigkeit mit der von ihr bekämpften marxistischen, der die Brüchigkeit von Ferdinands Haltung auch nicht ins Konzept paßt, weil durch sie der Angriff auf die gesellschaftlichen Verhältnisse seine geballte Kraft verlöre.

Richtiger als beide urteilten da schon einige zeitgenössische Rezensenten, die die »verstiegene Einbildungskraft«, die »überspannten« oder »himmelanschleudernden« Empfindungen und »schwülstigen Ausdrücke« kopfschüttelnd vermerkten und etwa eine Stelle wie »Das Mädchen ist mein« für »Bramarbasieren« hielten. Das sind Urteile des psychologischen Commonsense.[42] Sie fragen aber nicht, ob dieser psychologische Commonsense nicht etwa in Schillers Gestaltungsabsicht liege, die Kritik also zugleich Schillers Kritik sei. Stellen wir jedoch diese Frage, so leisten wir damit nicht nur Schillers eigenem Wink (in seinen Bemerkungen zu seinen frühen Dramen) Folge, sondern erblicken darin auch die Möglichkeit einer zugleich historischen und »zeitlos«-psychologischen Interpretation. Diese könnte darüber hinaus auch speziell die theologische und die soziologische Deutung auf einen gemeinsamen Nenner bringen, da sie historisch wäre im Sinne der Geistesgeschichte (Säkularisation) und psychologisch auch im Sinne der Determination des Psychischen durch die ständische Umwelt.[43]

Versuchen wir zu sehen, in welcher Weise diese Fragestellung den Text zum Sprechen bringt. In welchem Sinne ist *Kabale und Liebe* eine Tragödie der Säkularisation?

III

Daß das Liebesevangelium des jungen Barons und der Geigerstochter mit den Lehren der Kirche in Konflikt steht, wird – wir erinnern uns – gleich in der 1. Szene ausgesprochen und damit das, wie es scheint, übergreifende Thema der Tragödie angeschlagen. Zwar geschieht das hier nur aus der Sicht eines Außenstehenden, des Musikus Miller, der im Gegensatz zu seiner kaffeetrinkenden, tabakschnupfenden, sich im Negligé gefallenden Frau klare Verhältnisse liebt: hie »überhimmlische Alfanzereien« der »Bellatristen«, hie »Christentum«. Aber Luise selbst nimmt, kaum daß sie, »ein Buch in der Hand«, vom morgendlichen Gottesdienst zurückkehrend, die Bühne betreten hat, die für das ganze Drama konstitutive Entgegensetzung wieder auf, wenn sie nach flüchtiger Begrüßung sofort zur Sache kommt und ihre Liebe als Vergehen gegen die Religion visiert: »O ich bin eine schwere Sünderin, Vater – War er da, Mutter?«, nämlich Ferdinand (I,3). Nicht zufällig richtet sie ihr Sündenbekenntnis an den Vater, dessen Denken sie teilt, auch wenn ihre Gefühle ihrem Denken jetzt nicht mehr zu folgen imstande sind: »Ich hab keine Andacht mehr, Vater – der Himmel und Ferdinand reißen an meiner blutenden Seele, und ich fürchte – ich fürchte –«. In dieser Konfliktsituation faßt sie den Gedanken, von dem sie sich die Überbrückung des Gegensatzes zwischen der Welt der Liebe und der Welt des Millerschen »Herrgotts« (I,2) verspricht und damit die Lösung der Säkularisationsproblematik, wie sie sich ihr stellt: »Wenn meine Freude über sein Meisterstück mich ihn selbst übersehen macht, Vater, muß das Gott nicht ergötzen?« (I,3). In solcher Hoffnung stilisiert sie den Gott des väterlichen Christentums um zu dem Schöpfer und Garanten des menschlichen Glücks, der der aufgeklärten Säkularisationstheologie ebenso geläufig ist, wie er Luises Vater (»Gott ist mein Zeuge«) fremd ist und bleibt. Wenn dieser in liebevoller Erschütterung die Gefahr ahnt, die seiner Tochter von ihrer desperaten theologischen Sophistik droht, so ahnt er, daß Luise in Wirklichkeit von einem ganz anderen Evangelium spricht als dem, das sie soeben von der Kanzel vernommen hat.

Zum Vokabular dieses, des eigenen, des neuen Evangeliums wechselt Luise in demselben Gespräch denn auch schon bald ganz unzweideutig über, wenn sie fortfährt: »Er wird nicht wissen, daß Ferdinand mein ist, mir geschaffen, mir zur Freude vom Vater der Liebenden.« Nein, davon weiß das orthodoxe Christentum allerdings nichts. Luises Äußerung ist etwas ganz anderes, als wenn ihre Mutter, deren Hoffart Miller gerade eben ohne Erfolg mit einem Tritt »vor den Hintern« zur Raison zu bringen versucht hat, dem um ihre Tochter anhaltenden Sekretär Wurm

»dumm-vornehm« bedeutet, »der liebe Gott« wolle ihr Kind »barrdu zur gnädigen Madam« machen (I,2). Luises Äußerung nimmt vielmehr wörtlich genau die säkularisierte Liebestheologie auf, die damals bei Klopstock und den Empfindsamen im Schwange war. Derzufolge sind die Liebenden von Gott füreinander »bestimmt«,[44] die Geliebte hat Gott »geschaffen zu meiner Liebe«,[45] und die ganze Weltordnung ist, wie später auch Ferdinand sagen wird, auf nichts anderes angelegt als auf das Glück der Liebe, die den Menschen erhebt zum Innewerden aller wahren Werte. Wohl versucht man, jedenfalls hier und da in der Übergangszeit, diese zur Religion gesteigerte Liebe wieder oder noch »in Verbindung mit der [christlichen] Religion«[46] zu sehen und so zu legitimieren, ähnlich wie Luise es ja auch tut. Aber das ist dann schon ausdrücklich eine Verwahrung gegen den Vorwurf der Unchristlichkeit. Und wenn z. B. Klopstock in seiner »erhabenen Zärtlichkeit« (Lessing) nichts dabei findet, in einer Ode in horazischem Silbenmaß den Herrgott um seine Geliebte anzuflehen, »die du mir gleich erschufst«, so muß er sich von dem Pastorensohn Lessing sagen lassen: »Was für eine Verwegenheit, so ernstlich um eine Frau zu bitten.«[47]

Solche mehr oder weniger orthodoxen Bedenken gegen die Identifikation der zum säkularen Heil gesteigerten Liebe mit der christlich erlaubten werden, durch väterliche Liebe gemildert und tragisch getönt, auch dem Musikus Miller durch den »alten mürben Kopf« gehen, als sein einziges »teures – herrliches Kind« ihm in der gleichen empfindsamen Bekenntnis-Szene schwärmerisch erklärt, sie habe, als sie Ferdinand zum erstenmal begegnete, »von keinem Gott mehr« gewußt, »und doch hatt ich ihn nie so geliebt« (I,3). Im Grunde ist das schon keine theologische Vermittlung zwischen den beiden ›Evangelien‹ mehr, sondern eine Usurpation des christlichen durch das empfindsame. Luise scheint das, kaum daß sie die an Blasphemie grenzenden kühnen Worte ausgesprochen hat, selbst zu spüren, wenn sie, von der eignen Unbedingtheit erschrocken, um den Vater zu beschwichtigen, gleich einschränkend hinzufügt, sie erwarte diese Seligkeit ja erst im Jenseits. (Aber auch das ist keine Rückkehr zu christlichen Vorstellungsformen, vgl. S. 78.)

Ferdinand, der in diesem Moment auf der Bühne erscheint, kennt derartige Einschränkungen keineswegs. Die empfindsame Liebestheologie trägt für ihn ihren Rechtsanspruch unzweideutig in sich selbst; des rechtfertigenden Seitenblicks auf die christliche Heilslehre bedarf es für ihn nicht: im »Riß zum unendlichen Weltall« ist ihre Liebe vorgesehen, versichert er Luise, die durch die Meinungsverschiedenheit mit dem Vater in ihrem Gewissenszwiespalt etwas kleinmütig geworden ist, und »die Handschrift des Himmels in Luisens Augen« lautet für ihn unmißverständlich: »Dieses Weib ist für diesen Mann.« Dieser Himmel ist nicht mehr der christliche, an den Luise dachte, als sie »für dieses Leben« zu entsagen bereit war. Das christliche Vokabular ist bei Ferdinand dem säkularen Sinn dienstbar gemacht, im Effekt sogar parodiert, und soweit er die christliche Vorstellungswelt überhaupt noch als sui generis in den Blick bekommt, so nur im Sinne ihrer Übertrumpfung durch die eigene: »*Mir* vertraue dich. Du brauchst keinen Engel mehr [. . .]. An diesem Arm soll meine Luise durchs Leben hüpfen, schöner als er dich von sich ließ, soll der Himmel dich wieder haben und mit Verwunderung eingestehn, daß nur die Liebe die letzte Hand an die Seelen legte« (I,4).

Indem Schiller auf diese Weise die geistigen Fronten noch einmal klar umreißt, hat er aber zugleich schon den Verlauf des Konflikts vorprogrammiert und damit den Ausgang des experimentum medietatis Ferdinands und Luises, das die thematische Substanz der Tragödie ausmacht. Nicht nur hat er Luises Gewissenskonflikt – durch ihre, wenn auch noch wenig genau artikulierten, aber doch zuversichtlich als christlich zu bezeichnenden Bedenken gegen die Liebestheologie – ins Spiel gebracht, und zwar auf spezifisch dramatische Weise, sofern es doch diese Bedenken sind, die Ferdinand zu dem zitierten Bekenntnis zu seiner säkularen Theologie, zu seiner Sakralisierung der Liebe, gleichsam herausfordern. Darüber hinaus hat Schiller in der Gestaltung Ferdinands zugleich auch schon die interne Problematik des Glaubens an die Liebe präludiert. Und zwar geschieht das hier noch ganz im Medium der Sprache. Sicherlich gehört der sprachliche Höhenflug zur Ausdrucksweise des empfindsamen Schwärmers so selbstverständlich wie die Fremdwörterei zu der des Höflings von Kalb und die derbe Direktheit zu der des Kleinbürgers Miller. Nüchternheit des Ausdrucks wird man von Ferdinand nicht erwarten. Da aber die Exaltiertheit seines Sprachstils sich in den Reden über die Liebe so auffällig und triumphierend eines von Haus aus theologischen Vokabulars bedient, ist es gerechtfertigt, Ferdinand beim Wort zu nehmen; tut man das, so hört man eine subjektivistische Hybris aus dieser rhetorischen Selbststeigerung heraus, die selbst bei Karl Moor kaum ihresgleichen hat. Die Theologen nennen sie Superbia. Superbia war die Sünde Satans, der sich zum Gegengott aufzuschwingen suchte, und wie bezeichnet sich doch Ferdinand später selber? »Ich einst ihr Gott, jetzt ihr Teufel« (IV,4). Schon in der sprachlichen Hyperbolik also pervertiert sich der Idealismus ins Problematische. (Um eine weitere Dimension wird diese Problematik bereichert, wenn Ferdinand, von Luises Kleinmütigkeit befremdet, bereits in der eben besprochenen 4. Szene des 1. Aktes einen Anflug von jener Eifersucht und Erschütterlichkeit seiner Liebe und zugleich von seiner »aristokratischen« Arroganz an den Tag legt, die ihn später zu Fall bringen werden: »Du bist meine Luise! Wer sagt dir, daß du noch etwas sein solltest? [...] Wärest du ganz nur Liebe für mich, wann hättest du Zeit gehabt, eine Vergleichung zu machen?« Solche Unsicherheit ist, psychologisch plausibel, die Kehrseite der theologischen Hybris.)

Mit dieser zweifachen Akzentuierung des auf die Sakralisierung der Liebe und damit auf die Selbstvergottung des Menschen hinauslaufenden experimentum medietatis hat Schiller schon in der Mitte des 1. Aktes die Weichen gestellt für den Fortgang der inneren Handlung; Ferdinands hybrider Autonomieanspruch und Luises christliche Bedenken dagegen sind die beiden sich gegenseitig anziehenden und abstoßenden Pole, um die die tragische Demonstration sich bewegen wird.

Tragen Ferdinand und Luise daher von Anfang an bereits den Keim ihrer – sehr verschiedenen – Tragik in sich, so bedarf es dennoch des Anstoßes von außen, um die fatale Entwicklung herbeizuführen. Das ist die Funktion der Kabale. Konsequent wendet sich Schiller ihr in dem Moment zu, als die – doppelte – innere Gefährdung der sakralisierten Liebe unüberhörbar signalisiert ist. Mit dieser Wendung tritt die höfische Welt ins Rampenlicht. Von jener Liebe »weiß« diese ebensowenig wie die bürgerliche Welt, aber sie versteht sich auf sie, und damit bringt sie den tragischen Ablauf ins Rollen.

Der Plan des alten Walter, als »Präsident« offenbar des Fürsten rechte Hand, seinen Sohn Hals über Kopf an Lady Milford zu verheiraten, die Mätresse des

Herzogs, die im Hinblick auf »die Ankunft der neuen Herzogin« eben nur »zum Schein den Abschied erhalten« soll (I,5), gibt Ferdinand zunächst noch einmal Gelegenheit, sein kompromißlos hohes Ethos in Worte zu fassen, seine »Begriffe von Größe und Glück« denen des Vaters und der höfischen Welt entgegenzusetzen. »Mein Ideal von Glück zieht sich genügsamer in mich selbst zurück. In meinem *Herzen* liegen alle meine Wünsche begraben« (I,7). Gewiß wird damit die elegante Verderbtheit der Hofwelt ins Unrecht gesetzt, die mit ihrem Verkuppelungsmanöver unter die moralische Norm des »*Menschen*« gesunken ist. Zugleich aber gelingt es Schiller auch wieder, die tiefe Fragwürdigkeit des unbedingten Idealisten durchscheinen zu lassen: wer seine Autonomie (die des Herzens, der Liebe) derart rigoros nicht nur, wie vorher, gegen Gott, sondern auch gegen die Wirklichkeit seiner Lebenswelt behauptet, ist tatsächlich nicht »genügsam«, sondern vermessen in der arroganten Illusion seiner Unerreichbarkeit und Unverletzlichkeit und daher ironischerweise überaus anfällig für die Anschläge dieser Wirklichkeit, die sich nicht einfach die Tür weisen läßt. Der Erfolg der Intrige wird das rasch genug zeigen.

»Einen Spiegel« will Ferdinand anschließend an die Konfrontation mit seinem Vater auch der Lady Milford »vorhalten« (I,7). Das kann aber schon darum nicht in der beabsichtigten Weise gelingen, weil die Lady entgegen allen höfischen Spielregeln wirklich in Ferdinand verliebt ist und weil Schiller ihr einleitend, in der Kammerdiener-Szene (II,2), die Chance gibt, ihren nicht weniger untypischen Sozial- und Edelsinn zu bekunden. Was geschieht, ist vielmehr, daß dieser »Spiegel« Ferdinands eigene Züge ins Problematische verzerrt wie in der Szene mit dem Vater auch. Volltönend nimmt er zwar eingangs die »Gesetze der Menschheit« für sich in Anspruch und läßt seine Selbstgewißheit auftrumpfend gipfeln in dem theatralischen Fanfarenstoß seines idealistischen Liebesbekenntnisses: »Wir wollen sehen, ob die *Mode* oder die *Menschheit* auf dem Platz bleiben wird« (II,3). Aber wenn sich in diesem Zusammenhang das Ideal der Selbstgenügsamkeit des Liebenden noch einmal artikuliert, dann wird damit nicht allein seine schon berührte Problematik erneut in Erinnerung gerufen: »*Sie* [können] einen Mann von einem Mädchen reißen, das die ganze Welt dieses Mannes ist?« Diese Problematik erhält dazu noch einen höchst ironischen Akzent, wenn Ferdinand jetzt dieselbe Selbstgenügsamkeit des Herzens auch für Luise behauptet: »Sie [können] einem Mädchen den Mann entwenden, der die ganze Welt dieses Mädchens ist?« – ironisch klingt diese rhetorische Frage, weil wir mittlerweile wissen, daß Ferdinand keineswegs »die ganze Welt« Luises ist. Ferdinands sogenannte Unbedingtheit der Liebe wirkt daher eher wie Selbstüberschätzung und gestörtes Wirklichkeitsverhältnis.

Noch sehr viel fragwürdigere Züge erhält der »Idealist der Liebe« jedoch in der Rückspiegelung dieser Szene, als Ferdinand seiner Geliebten anschließend darüber berichtet (II,5). Deutlicher als je zuvor stehen sich da der theologisch formulierte hybride Autonomie- und Totalitätsanspruch und die tatsächliche Erschütterlichkeit, ja Hohlheit dieser selbstherrlichen Liebe gegenüber. Mit dem »*Mein* bist du, und wärfen Höll und Himmel sich zwischen uns« beginnt es in einem vertrauten Ton. Um so überraschender aber Ferdinands gleich darauffolgendes Bekenntnis, er komme »aus dem gefährlichsten Kampf zurück«. »Eine Stunde, Luise, wo zwischen mein Herz und dich eine *fremde* Gestalt sich warf – wo meine Liebe vor meinem Gewissen erblaßte – wo meine Luise aufhörte, ihrem Ferdinand *alles* zu sein«. Wenn man den einleitenden Satz in seiner rhetorischen Hyperbolik nur als übersteigernden Ausdruck einer über alle Fragwürdigkeit erhabenen Unbedingtheit der Liebe liest, wie der »Historiker« es pointiert tut,[48] so ist es allerdings schwer, den sofort anschließenden Bericht über die Erschütterung dieser Liebe von solchen Voraussetzungen aus zu erklären. Wie könnte ein seiner selbst angeblich so sicherer Liebesidealismus sich ins Wanken bringen lassen durch die vom Publikum mitangehörte Lebensgeschichte der Lady Milford, aus der hervorgeht, daß sie, dem Anschein entgegen, mit »stiller Tugend«, ja mit Menschlichkeit an dem korrupten Herzogshof gewirkt habe. Bei Gellert verliebt, verlobt und verheiratet man sich, wenn man die Tugend des Partners erkennt, aber in *Kabale und Liebe*? Wieso sollte nach allem, was wir über Ferdinands Liebe zu Luise erfahren haben, Lady Milfords tugendhaftes Wirken (»ich habe Kerker gesprengt – habe Todesurteile zerrissen, und manche entsetzliche Ewigkeit auf Galeeren gekürzt«) einen Anspruch auf die Hand Ferdinands begründen, noch dazu in Ferdinands Augen? Warum sollte die Konfrontation mit der wahren Lady Milford in Ferdinand einen »gefährlichsten Kampf« entfachen, in dem er »erschrocken und außer Atem« selbst noch in der Szene mit Luise begriffen ist, wenn er hervorstößt: »Unmöglich, Lady! *Zuviel* verlangt! Ich kann dir diese Unschuld [Luise] nicht opfern«. Verständlich wird diese allzuleichte Erschütterlichkeit des unbedingt Liebenden hingegen, wenn man sich den kritischen Akzenten nicht verschließt, die Schiller eben gerade in Ferdinands Bekenntnissen zur absoluten Liebe gesetzt hat. Es ist kein unangebrachtes und unhistorisches Psychologisieren, sondern ein Vorgehen in den von Schiller als Deuter seiner eigenen Dramen vorgezeichneten Bahnen, wenn man an diesen Bekenntnissen die ans Absurde streifende theologische Vermessenheit (»und wärfen Höll und Himmel sich zwischen uns«) und die am Vorstellungsbild der eigenen Größe sich berauschende Unsicherheit betont (»Frei wie ein Mann will ich wählen, daß diese Insektenseelen am Riesenwerk meiner Liebe hinaufschwindeln«). Die Unsicherheit oder innere Haltlosigkeit äußert sich nicht zuletzt auch in Ferdinands exklusiver Besitzsucht, im egozentrischen Für-sich-haben-Wollen des geliebten Menschen, das diesen zum Gegenstand degradiert[49] (»Mein bist du« und schon vorher, in I,4: »Du bist meine Luise! Wer sagt dir, daß du noch etwas sein solltest?«).

Vermessene Herausforderung an Gott, vermessene Selbststeigerung, vermessener Besitzanspruch – das sind im Grunde alles nur rhetorische Kraftakte aus Schwäche. Bezeichnenderweise muß Ferdinand sich denn hier auch, als sei er doch nicht Manns genug, durch die Berufung auf jene Fremdinstanz bestätigen, die er selbst eigentlich schon disqualifiziert hatte, auf den Gott Luises: »Ich will sie führen vor des Weltrichters Thron, und ob meine Liebe Verbrechen ist, soll der Ewige sagen« (II,5). Das ist keine Konversion, sondern Rekrutierung Gottes für den eigenen Zweck. Gleich darauf fällt logisch das selbstherrliche Wort von den »Insektenseelen«, denen es am »Riesenwerk« seiner Liebe schwindeln soll; und wenig später in derselben Szene nimmt Ferdinand, immer noch ohne festen Fuß im eigenen Glauben an seine unbedingte Liebe, die theologisch hybride Autonomiepose denn auch wieder auf. Und zwar richtet sich diese jetzt *gegen* den soeben – scheinbar – noch als höchste Autorität verehrten Richtergott des Alten Testaments, mit Worten noch dazu, die ähnlich schon am Anfang der Szene standen: »Der Augenblick, der diese zwo Hände trennt, zerreißt auch den Faden zwischen *mir* und *der Schöpfung*.« Auch diese Drohung ist nicht zu verharmlosen als bloße Wortgebärde. Sie ist, wie die Herausforderung an Himmel und Hölle am Anfang des Auftritts, vielmehr eine Übertrumpfung des üblicherweise mit Himmel, Hölle und Schöpfung assoziierten Herrgotts des Christentums im Namen des eigenen Liebesevangeliums, das allenfalls noch einen »Vater der Liebenden« als Weltinstanz zuläßt. Die Vermessenheit dieser Haltung ist nicht weniger deutlich als die der Besitzsucht und des Selbstherrlichkeitswahns. Und sie fällt besonders dadurch in den Blick, daß Schiller Ferdinand in dieser Szene den »Weltrichter« einen Augenblick lang akzeptieren läßt (»Ich will sie führen vor des Weltrichters Thron . . .«) – bevor er es auch mit ihm aufnimmt.

Wer es mit dem Weltrichter aufnimmt, wird auch vor dem Stellvertreter seines Stellvertreters auf Erden nicht zurückschrecken. Der Schluß des 2. Aktes – Ferdinand gerät mit seinem Vater aneinander, der von der brutalen Verhaftung Luises nur durch die Drohung seines Sohns abgebracht wird, er werde der Residenz eine Geschichte erzählen, *»wie man Präsident wird«* (II,7) – dieser Schluß ist handfestes Theater, aber geistig mehr die Konsequenz aus gegebenen Voraussetzungen, die ihrerseits schwerer wiegen. Nichtsdestoweniger gibt Schiller auch mit diesem turbulenten Schluß dem Zuschauer eine Frage in die Pause mit. Es ist die Frage des kritischen Menschenkenners, des Doktors der damals noch recht philosophischen Medizin: die Frage nach der Substanz, aus der heraus Ferdinand handelt. Ist es die Unbedingtheit des »Idealisten der Liebe«, oder bezeugt Ferdinand, der »Schwärmer« (III,1), nicht auch in diesem äußerlich triumphalen Finale vielmehr seine *unsichere* Beheimatung in jener hochfliegenden Philosophie und Theologie der Liebe? Denn würde *die* ihn wohl, wenn er wirklich auf sie verpflichtet wäre, Zuflucht nehmen lassen zu den verachteten, aber wirksamen Praktiken der höfischen Welt, zur Erpressung in ihrer ganzen Banalität, die dadurch um nichts nobler wird, daß sie gegen den Vater gerichtet ist? Dem Idealisten mit seiner Prätention der »Seelengröße« (III,1) steht sie eigentlich schlecht zu Gesicht. Wohl aber wird durch diese Regression in die Denk- und Handlungsweisen seines geistigen und gesellschaftlichen Milieus vorbereitend und sozusagen realistisch verständlich,[50] wieso der »unbedingt« Liebende gleich darauf auf die an sich doch überaus unglaubwürdige intrigante Täuschung hereinfallen kann, die die Peripetie des Dramas ausmacht. Denn höfischem Denken, wie es in *Kabale und Liebe* erscheint, kann es von vornherein nicht unplausibel sein, daß die Geliebte falschspielt. Daß sie es noch dazu mit einem schon zur Karikatur des Höflings geratenen Kammerherrn tut, ist dann auch vielleicht eher einleuchtend als unwahrscheinlich.

Keiner weiß das besser als der Sekretär Wurm, der die Intrige, die die Liebenden trennen soll und wird, mit dem von Luise erpreßten Liebesbrief (Erpressung auch auf der Gegenseite also!) an den geckenhaften Hofmarschall von Kalb in die Wege leitet. Auf die Psychologie der »Schwärmer« versteht der in Hofkreisen verkehrende Bürger sich nicht weniger gut als auf die der »Menschenart« des eigenen Standes, dem Luise angehört. Folgerichtig ist es Wurm, der im 3. Akt die Briefintrige ausheckt, sie dem Präsidenten als einzig gangbaren Weg einredet und schließlich auch inszeniert, indem er Luise den Liebesbrief an den Hofmarschall diktiert.

Auf diese Weise dient die äußere Handlung des 3. Aktes, die die Machenschaften des Hofs dramatisch-spannend in den Vordergrund rückt, der Vorbereitung auf die Überspielung Ferdinands durch die Hofkabale: Ferdinand wird in eine Situation manövriert, wo er, der »Phantast« der Liebe (III,1),[51] seiner Schwäche unfehlbar verfallen muß. Bevor Schiller es aber dazu kommen läßt, fügt er jedoch noch eine Szene ein, die im voraus den letzten Zweifel daran beseitigt, daß es im Grunde Ferdinand selbst ist, der für den Erfolg der Intrige und damit das anschließende Debakel verantwortlich ist. Es ist mit andern Worten eine Szene, die den von Iffland vorgeschlagenen und von Schiller mit seinem unbestreitbaren Sinn für das theatralisch Zugkräftige akzeptierten Titel *Kabale und Liebe* der Unangemessenheit überführt, sofern dieser doch an einen allzu planen und äußerlichen dramatischen Konflikt zwischen dem Hof und den Liebenden denken läßt. In dieser für die innere Handlung entscheidenden Szene – es ist die 4. des 3. Aktes – beleuchtet der Bühnenpraktiker mit aller wünschenswerten Klarheit (die nur den auf die Klassenkampfthematik fixierten Interpreten nicht deutlich ist) die tatsächliche Bedingtheit des »unbedingt« Liebenden: Ferdinands Unsicherheit gerade in der Liebe, die ihn dann in der Krise um so leichter in »höfisches« Denken und Handeln zurückfallen läßt. Damit aber bestätigt sich, was in früheren Szenen schon mehr zwischen den Zeilen im Sinne eines Verdachts zu spüren gewesen war. Überdies ist diese Szene geradezu ironisch darauf angelegt, zu zeigen, wie der extreme Subjektivist der Liebe sich in seiner realitätsblinden Phantasie selbst die Falle stellt, in die er hineintappen wird – wie er sie selbst stellt, noch bevor seine höfischen Gegenspieler sie ihm stellen: er verfällt der Eifersucht, noch bevor ihm die Briefintrige dazu einen greifbaren Anlaß zuspielt.

Daß diese Anfälligkeit für den falschen Schein sich aus nichts anderem ergibt als aus Ferdinands hochgespanntem säkularen Liebesidealismus, demonstriert Schiller zu Anfang dieses Auftritts, wo sein jugendlicher Held sich zur blasphemischen Ersetzung des christlichen Gottes durch die eigene Göttlichkeit hinreißen läßt: »Der Sohn wird den Vater in die Hände des Henkers liefern – Es ist die *höchste* Gefahr – – und die höchste Gefahr mußte da sein, wenn meine Liebe den Riesensprung wagen sollte.« (Wir erinnern uns an das selbsterklärte »Riesenwerk« seiner Liebe als einen desperaten Akt der rhetorischen Selbstbestätigung in dem Moment, als Ferdinand von Selbstzweifeln verfolgt war [II,5].) »Höre Luise – ein Gedanke, groß und vermessen [!] wie meine Leidenschaft, drängt sich vor meine Seele – *Du*, Luise, und *ich* und die *Liebe*! – – Liegt nicht in diesem Zirkel der ganze Himmel? oder brauchst du noch etwas Viertes dazu?« Was Luise noch dazu braucht, ist ihr Gott, der ihre Welt von der Wiege im Vaterhaus bis zum christlichen Jenseits bestimmt. Ferdinands experimentum medietatis könnte nicht deutlicher sein. Die Sakralisierung der Leidenschaft in einer Welt, die für ihn sonst ohne Gott wäre, machen seine religiösen Metaphern unmißverständlich, wenn er, den Plan einer Flucht aus der gesellschaftlichen Öffentlichkeit in ein idyllisches Nirgendwo ausmalend, fortfährt: »Werden wir Gott in keinem Tempel mehr dienen, so ziehet die Nacht mit begeisternden Schauern auf, der wechselnde Mond predigt uns Buße, und eine andächtige Kirche von Sternen betet mit uns. [...] Deine Ruhe ist meine heiligste [Pflicht].« Das ist das geläufige Vokabular der Säkularisation;[52] Ferdinand zelebriert den Gottesdienst des Eros, zu dem die Empfindsamen sich in diesen Jahren allenthalben bekennen. Man verkennt den Sinn dieser Rhapsodie, wenn man, befangen in gesellschaftlichen Vorstellungen, kommentiert: die hier genannten »Orte des Rückzugs in die Natur« seien »bezeichnenderweise immer noch als öffentliche Institutionen (Tempel, Kirche) charakterisiert. Bereits an ihnen erweist sich Ferdinands Intention auf bürgerliche Privatheit als problematisch«, nämlich sofern diese Intention durch die Sprache der Metaphern (Tempel, Kirche) evident mache, daß Ferdinand »den Zwängen *seines* Standes« dennoch verhaftet bleibe, daß gerade das Abenteuer der Flucht aus dem gesellschaftlich-ständischen Dasein hinaus von öffentlich-aristokratischem »Zuschnitt« bleibe.[53] Im Gegenteil: durch Luises Repliken wird vollends offensichtlich, daß es hier jedenfalls primär noch einmal um den bereits im 1. Akt konstituierten geistesgeschichtlichen Gegensatz von Ferdinands »Himmel« und Luises »Himmel« geht. (Nicht zufällig läßt Schiller in dieser Szene beide dieses Wort gebrauchen, um die Kontrapunktik der jeweils intendierten Bedeutung hervorzuheben.) Säkularisation und Orthodoxie, Erhebung der Liebe zur Religion und Rückhalt am »Christentum« stehen sich noch einmal gegenüber. Was für Ferdinand höchste Frömmigkeit ist, ist für Luise »Frevel«, Verstoß gegen das Gebot des Herrgotts.[54]

Wenn dieser für das ganze Drama grundlegende Gegensatz hier wiederholt wird, so nur, um zu zeigen, daß Ferdinand ihm nicht gewachsen ist. Als der Gegensatz in der 4. Szene des 1. Aktes und in der 5. Szene des 2. Aktes dramatisch vergegenwärtigt wurde, war Luises weltanschauliche Position Ferdinands »Träumen« (I,4; II,5) gegenüber noch unartikuliert (wenn auch nicht dem Zuschauer), und sie blieb Ferdinand verborgen angesichts der konkreten und von der Situation her gegebenen Ängstlichkeit Luises (»Man trennt uns!« [I,4]; »Sprich es aus, das entsetzliche Urteil. Deinen *Vater* nanntest du? Du nanntest die *Lady*?« [II,5]). Jetzt aber, in der 4. Szene des 3. Akts, wird der Gegensatz in äußerster Schärfe als ein ideologischer formuliert: Luise sagt sich in festem Ton von Ferdinand los, weil sie – man beachte wieder die wohlüberlegte kontrapunktierende Wortwahl – eine andere »Pflicht« kennt als die, die Ferdinand die »heiligste« ist: die Verpflichtung auf die von Gott (einem sehr lutherisch gesehenen Gott) geschaffene weltliche Ordnung, in die sie hineingeboren ist. Mit dieser menschlichen Realität konfrontiert, versagt der »Idealist der Liebe«. Noch viel stärker und nachhaltiger wird seine Liebesreligion jetzt erschüttert als durch die Erfahrung der Realität der tugendhaften Kurtisane. Sein rhetorisch zum einzigen Lebensinhalt übersteigertes säkularisiertes Evangelium hat ihn blind und verständnislos gemacht für jede Wirklichkeit außerhalb seiner »Träumereien von Seelengröße« (III,1). Der Idealist enthüllt sich als im Grunde naiver »Phantast« (III,1), der maßlos Selbstsichere als der Unsichere, seine Gewißheit als Selbsttäuschung. Daß Ferdinand in dieser radikalen Desorientierung nach dem nächstliegenden Halt greift, ist nur zu verständlich: er fällt zurück in die Vorstellungsformen seiner höfischen Welt, wenn er Luise der Untreue verdächtigt, an die er flüchtig schon in der ersten Krise gedacht hatte (»Wärest du ganz nur Liebe für mich, wann hättest du Zeit gehabt, eine Vergleichung zu machen?« [I,4]). Jetzt heißt es brutaler: »Schlange, du lügst. Dich fesselt was anders hier. [. . .] Kalte Pflicht gegen feurige Liebe! – Und mich soll das Märchen blenden? – Ein Liebhaber fesselt dich, und Weh über dich und ihn, wenn mein Verdacht sich bestätigt« (III,4). Ironisch ist wieder die Wortwahl: Ferdinand glaubt eine Blendung zu durchschauen, wo keine ist, und erweist sich eben dadurch als der Verblendete.

Ein solcherart gestörtes Wirklichkeitsverhältnis, das die engste Vertrauensbeziehung zerstört, macht es dann durchaus begreiflich, daß Ferdinand das tatsächliche Täuschungsmanöver seiner Gegenspieler nicht durchschaut: indem er den falschen Liebesbrief Luises an den Hofmarschall für bare Münze nimmt, wird er im Grunde mehr durch sich selbst getäuscht als durch die vorgespiegelte Realität. Interessant ist dabei, daß er in dem Moment, als er, das Billet »durchfliegend«, die prätendierte Selbstgewißheit seiner Liebe unwiderruflich verliert, sich sofort in eine neue, aber entgegengesetzte Selbstgewißheit flüchtet, die sich nun genauso blasphemisch-autonom bezeugt wie die ursprüngliche: »Wenn Himmel und Erde, wenn Schöpfung und Schöpfer zusammenträten, für ihre Unschuld bürgten – es ist ihre *Hand* – – ein unerhörter, ungeheurer Betrug, wie die Menschheit noch keinen erlebte!« (IV,2). Gegen den Schöpfer, ja als Übertrumpfung des Schöpfers konzipiert Ferdinand auch hier seine Autonomie, seine Selbstgewißheit – obwohl er dem »Herrgott« doch jetzt nicht mehr seine Liebesreligion entgegensetzen kann mit ihrem »Vater der Liebenden« als Gegengott und obwohl er auch sich selbst nicht mehr, wie vorher als Liebender, als »einen Gott fühlen« kann (IV,3). Seine Auffassung, daß er und Luise füreinander geschaffen seien, ihre Liebe im Plan der Weltordnung vorgesehen sei, kann nun nicht mehr gelten; seine Autonomie, die er auch in der Enttäuschung seines Idealismus paradoxerweise noch mit der vertrauten Maßlosigkeit behauptet, ist desavouiert, der Substanzlosigkeit überführt. Was ihm »himmlisch« schien, hat sich als »teuflisch« enthüllt – so äußert er selbst (IV,2). Aber in Wirklichkeit sagt er damit, daß sein säkularisierter Glaube, seine Religion der Liebe, sich als nicht tragfähig enthüllt hat: als »glücklicher Wahnsinn« (IV,2). Aufrechterhalten kann sich seine Autonomie jetzt nur noch durch den Umschlag der Liebe in eine Zerstörungswut, wie sie Karl Moor in seiner Enttäuschung nicht schlimmer kannte: »Tod und Rache!«[55] Nur daß sie hier die Raserei der Selbstzerstörung mit einschließt. Der Bankrott der durch sich selbst zu Fall gebrachten theologischen Vermessenheit könnte nicht offenkundiger sein. Kein Wunder, daß Ferdinand sich in diesem Moment des Verlusts des eigenen Glaubens, der im Grunde ein Glaube an sich selbst war und an die Tragfähigkeit der Liebe als der Projektion dieses Selbst, an *den* Gott klammert, den er bisher nur genannt hatte, um ihn selbstherrlich zu übertrumpfen, den Richtergott des Christentums, den Gott Luises und ihres Vaters. Allerdings ist auch das keine echte Konversion, keine echte Unterwerfung unter diesen Gott; denn noch ordnet Ferdinand sich ihm nur zu, um – nicht weniger selbstherrlich als zuvor – sein Zerstörungswerk zu vollenden: um sich und Luise (statt des Himmels wie bisher) nun die Hölle zu schaffen:

»Richter der Welt! Fodre sie mir nicht ab. Das Mädchen ist mein. [...] Mich laß allein machen, Richter der Welt! [...] Das Mädchen ist mein! Ich einst ihr Gott, jetzt ihr Teufel! [...] Eine Ewigkeit mit ihr auf ein Rad der Verdammnis geflochten – Augen in Augen wurzelnd – Haare zu Berge stehend gegen Haare – Auch unser hohles Wimmern in *eins* geschmolzen – Und jetzt zu wiederholen meine Zärtlichkeiten, und jetzt ihr vorzusingen ihre Schwüre – Gott! Gott! Die Vermählung ist fürchterlich – aber ewig!« (IV,4).

Statt Sakralisierung der Liebe Dämonisierung des Hasses – krasser könnte sich das Experiment der Säkularisation nicht selbst verurteilen und auch stilreiner nicht. Denn indem Ferdinand hier seine bisherige Anmaßung der Autonomie, der Autonomie der Liebe, als Irrtum brandmarkt, maßt er sich mit eben diesen Worten dennoch wieder die Autonomie an: im Namen des jetzt als Richter konzipierten Gottes wirft er sich selbst zum Richter (über Luise) auf und usurpiert dessen Recht (»Mein ist die Rache«) – Karl Moor redivivus! So gesehen ist Ferdinands Vollzug seines Verdikts über Luise im 5. Akt in erster Linie ein Verdikt über sich selbst und seinen vermessenen Anspruch, sich selbst zur Mitte zu machen, in zweiter Linie auch ein Rückfall in standestypisches Verhalten, in aristokratisches Verfügen über den anderen Menschen.

Wie wenig sicher Ferdinand aber aller donnernden Rhetorik zum Trotz auch in seiner »teuflischen« Gewißheit ist (nicht sicherer als in der »himmlischen« Gewißheit der Liebe), das hat Schiller eigens hervorgehoben an einer erstaunlicherweise kaum beachteten Stelle, die die Tragfähigkeit auch dieser säkularisierenden Anmaßung in Zweifel zieht. Als Luise ihm auf seine Frage bekennt, sie habe den Brief an den Hofmarschall geschrieben, was Ferdinand, sollte man denken, doch bereits unerschütterlich glaubt, bleibt Ferdinand »erschrocken stehen«. Er kann es entgegen allen entrüsteten Tiraden offenbar immer noch nicht glauben: »Luise – Nein! So wahr meine Seele lebt! du lügst [...]. Ich fragte zu heftig – Nicht wahr, Luise – du bekanntest nur, weil ich zu heftig fragte?« (V,2). Und dann »mit scheuem, bebenden Ton« noch einmal: »Schriebst du diesen Brief?« (V,2). Erst als Luise auch diese Frage »bei Gott! Bei dem fürchterlich wahren«, bei dem sie Wurm den Eid zu schwören gezwungen hatte, bejaht, setzt Ferdinand seine Rache ins Werk und damit – unwissentlich – das Gericht über sich selbst. Superbia fast bis zuletzt: Sein Entschluß, Luise und sich den Tod zu geben, ist gefaßt, und »die obern Mächte«, mit denen sich schon Karl Moor in verhängnisvoller Verblendung bei seinem Zerstörungswerk im Bunde zu wissen glaubte, »nicken mir ihr schreckliches *Ja* herunter, die Rache des Himmels unterschreibt«.[56] Noch gesteigert und damit vollends in ihrer inneren Hohlheit und Unsicherheit enthüllt wird diese theologische Hybris, wenn Ferdinand, scheinbar im Gegensatz zu der gerade zitierten Äußerung, eben diesen »Himmel« auch wieder »angreift« mit den Worten: »Ich will dich nicht zur Rede stellen, Gott Schöpfer – aber warum denn dein Gift in so schönen Gefäßen? [...] Tränen um die Gottheit, die ihres unendlichen Wohlwollens hier verfehlte« (V,7).

Der Gott, von dem Ferdinand hier spricht, ist – statt des »Vaters der Liebenden« – wieder der Gott Luises und ihres Vaters, der Gott der christlichen Orthodoxie. Diesmal aber ordnet Ferdinand sich ihm bei aller Hybris schon in authentischerer Weise zu als noch kurz zuvor (s. S. 75), und erst recht, als er gleich anschließend seine Rache an Luise nicht »in *jene* Welt hinaus treiben« will und Luise »in fürchterlicher Bewegung« warnt, daß sie, ehe die Kerze noch ausbrenne, »vor Gott« stehen werde. An rechtgläubigen Denkformen, die er früher nicht für verpflichtend gehalten hatte, orientiert er sich auch, wenn er (wie Luise) Gott um Erbarmen bittet (V,7). Sein Gott, der Gott der säkularen Liebesreligion, hat abgedankt. Zwischen den Zeilen erklärt Ferdinand den Bankrott seiner Liebestheologie, seines experimentum medietatis.

Nun aber geschieht etwas Erstaunliches, was ebenfalls bisher nicht aufgefallen ist. Indem Ferdinand nämlich in diesem Augenblick von der sterbenden Luise – »der Tod hebt alle Eide auf« – die Wahrheit erfährt: daß der Brief erzwungen und diktiert war, Luise ihm nicht untreu wurde, kehrt er nicht etwa zu dem Gott seiner Liebesphilosophie zurück, der durch diese Enthüllung doch eigentlich vindiziert wäre, sondern bekennt sich erneut zu Luises Richtergott und das mit mehr Nachdruck als je zuvor: »Mörder und Mördervater! – *Mit* muß er, daß der Richter der Welt [!] nur gegen den Schuldigen rase« (V,7). Und noch pointierter, an Luises Leiche: »Gott meiner Luise! [!] Gnade, Gnade dem verruchtesten der Mörder! Es war ihr letztes Gebet!« Auch in der letzten Szene (V,8), die sich ganz zum mehr als nur »weltlichen« Tribunal gestaltet (wie Schiller es wenige Monate nach der Uraufführung von *Kabale und Liebe* in seiner Rede *Was kann eine gute stehende Schaubühne eigentlich wirken?* für das Theater forderte), kehrt Ferdinand nicht zu »seinem« Gott zurück, sondern ordnet sich vielmehr wiederum dem christlichen Herrgott zu, wenn er mit seinen letzten Worten dem Drama seinen Weltgerichtsprospekt gibt. Jetzt »zittert« er vor jenem Jüngsten Gericht, das zu den geläufigen Vorstellungen der traditionsgebundenen Frömmigkeit Luises (III,6) gehörte, aber bis vor kurzem nicht zu den seinen. Vor den »Richter der Welt« sieht er sich mit seiner Schuld treten, und dem Vater beschwört er Füßlische Schreckvisionen herauf für den Tag, an dem »Gott« *ihn* »richtet«. Ganz unmißverständlich wird diese neue Orientierung Ferdinands (die seine frühere, die wir mit dem Stichwort Säkularisation umschrieben, desavouiert) schließlich noch dadurch, daß der »Richter der Welt«, den er soeben angerufen hat, nun auch vom Präsidenten apostrophiert wird, der die früheren Schwärmereien seines Sohnes nicht einen Augenblick ernst genommen hatte, wohl aber den »Richter«-Gott (I,7): »Von mir nicht, von mir nicht, Richter der Welt, fodre diese Seelen«. Ironischerweise – das wird durch die Wiederholung des Worts pointiert – finden sich also Vater und Sohn, die durch das ganze Stück hindurch auch und besonders in weltanschaulicher Hinsicht Antagonisten gewesen waren, in ihrem Bekenntnis zum alttestamentlichen »Richter der Welt«. Ohne solche ironische Pointierung, dafür aber am Rand des theatralischen Kitsches (in den Schiller auch in der Namengebung abgeglitten ist), finden sich Vater und Sohn ganz am Schluß noch einmal in jener Geste der Vergebung, mit der Ferdinand stirbt. Auch das ist ein Hinweis auf die neue, nun mehr neutestamentlich gefaßte und sehr »bürgerliche« Christlichkeit Ferdinands: vergebend war auch Luise gestorben, die sich damit in die Nachfolge ihres Gottes stellte: »Sterbend vergab mein Erlöser« (V,7).

Nichts also deutet darauf hin, daß Ferdinand nach seiner ›Konversion‹ zum Gott Luises noch einmal zu seinem säkularen Liebesevangelium zurückgefunden hätte. Seine Worte »Laßt mich an diesem Altar verscheiden« (auf die die Bühnenanweisung folgt: »Der Major wird neben Luisen niedergelassen« [V,8]) sind kein solches Indiz: nicht nur, weil Ferdinand gleich darauf neutestamentlich-orthodox von »Gott dem Erbarmenden« spricht, sondern auch, weil er kurz vorher Luise »eine Heilige« genannt hatte in einem Kontext, der den Gedanken an eine Übertragung der religiösen Vokabel in das Sinnfeld der säkularisierten Religion verbietet. Auch findet sich in den Schlußreden nichts von einer Verklärung der Liebe und der Liebenden übers Grab hinaus, von einer Re-Sakralisierung der Liebe also, schon gar nicht in der von Ferdinand anfangs in seiner Vermessenheit vorausgesehenen Weise (»Schöner als er dich von sich ließ, soll der Himmel dich wieder haben und mit Verwunderung eingestehn, daß nur die Liebe die letzte Hand an die Seelen legte«

[I,4]). Für die folgende Deutung des Dramenschlusses etwa gibt es im Text tatsächlich keinen Anhalt: »In diesem Tode erfüllt sich das Unbedingte dieser Liebe – jenseits der gänzlich bedingten, in heilloser Gebrechlichkeit ins Tragische hineinzwingenden realen Welt [...]. Im Tode erst wird die Freiheit gewonnen – als Freiheit der Liebenden zu ihrer Liebe [!?] und – so darf man wohl [!] interpretieren: als ihre Freiheit in Gottes Willen und Gerechtigkeit.«[57] Über einen »gütigen Vater im Himmel, der die Liebenden [...] verzeihend empfängt«, von dem ein anderer Deuter spricht,[58] schweigt der Text selbst sich aus. Der Text selbst bekundet vielmehr gerade die Besiegelung des Zusammenbruchs des Versuchs, die Liebe zu sakralisieren, bekundet die Enttäuschung der hybriden Liebesmetaphysik Ferdinands. Das heißt: weder ist die Welt, die der Schluß vorführt, die eines »Vaters der Liebenden«, der die Schöpfung auf das Liebesglück angelegt hat, noch läuft dieser Schluß auf eine Apotheose der Liebe im Jenseits hinaus.

Nur eine einzige Stelle könnte die Gedanken in diese Richtung lenken. Sterbend spricht Ferdinand unter anderen auch die Worte: »Luise – Ich komme« (V,8). Darin könnte man einen Hinweis sehen auf die Vorstellung von der Vereinigung der auf Erden unglücklichen Liebenden im Himmel. Diese Vorstellung gehört allerdings zur säkularisierten Liebestheologie der Aufklärungszeit;[59] für sie ist der »Himmel« der Ort weltlicher Glückserfüllung, nicht aber ist er das für das Christentum, das solcher Erotisierung des Todes und des Jenseits eher ablehnend gegenübersteht und statt dessen den Aspekt des Gerichts und der Läuterung betont. (In *Pilgrim's Progress* sehen sich die Liebenden im christlichen Jenseits nicht wieder, und Dantes Liebende, Paolo und Beatrice, finden sich nach dem Tod charakteristischerweise nicht im Himmel, sondern in der Hölle wieder.) Als Luise am Anfang des Dramas in ihrem Liebesrausch die Vollendung ihrer Liebe zu Ferdinand auf das Leben nach dem Tode vertagte (I,3), näherte sie sich, wie ihr Vater genau spürte, gerade nicht christlichen Vorstellungen, sondern blieb im Raum ihres säkularisierenden Denkens. In diesem Raum bewegt sie sich auch, wenn sie später – unchristlich, wie ihr Vater ihr vorhält – vorübergehend an Selbstmord denkt, wobei nicht von ungefähr die gleiche Vorstellung wieder auftaucht: der Tod als »Brautbette« (V,1), wie ihn sich ja auch Werther, Rousseaus Julie und schon Haller in der berühmten »Trauer-Ode« gedacht hatten. Die Luise der Schlußszenen ist von der empfindsamen Liebestheologie jedoch denkbar weit entfernt, und Schiller wird mit Bedacht Ferdinands Äußerung, die an den »Wir sehen uns wieder«-Topos anklingen mag, an einer Stelle der dramatischen Entwicklung angebracht haben, an der Luise ihrem Liebhaber diese säkulare Utopie nicht mehr bestätigen kann. Natürlich hätte sie sie nicht bestätigt, sondern abgelehnt. Da Schiller sich aber durch die Ereignisfolge auch der Möglichkeit beraubt hat, diese Ablehnung dramatisch vorzuführen, stellt sich um so mehr die Frage, ob das bloße »Luise – Ich komme« tatsächlich auf den Vorstellungsraum der Säkularisation verweist oder nicht. Bezieht sich das Wort nicht viel eher auf das Jüngste Gericht, das doch die ganze Szene hindurch und schon seit dem Ende der vorhergehenden das eigentliche Thema ist, besonders für Ferdinand (im Unterschied zu Clavigo, der mit einem identischen »Ich komme« stirbt)? Daß er in kurzem vor den Weltrichter treten werde, ist Ferdinands alles beherrschende – christliche – Zwangsvorstellung in seinen letzten Lebensminuten. Nicht »allein« wird er zu dieser großen Abrechnung erscheinen: sein Vater »muß *mit*« vor den »Richter der Welt« (V,7) und Luise, die Unschuldige, nicht minder: »für *sie*«, ruft er Miller zu, »muß ein anderer rechten«, keine weltliche Instanz (V,8). In diesem Zusammenhang also gewinnt das »Luise – Ich komme« seinen Sinn. Ferdinand kehrt in den Schlußminuten nicht zu der säkularisierten Liebestheologie der Empfindsamkeit zurück, und diese wird nicht gerechtfertigt; sie bleibt desavouiert.

An Plausibilität gewinnt dieses Verständnis des Schlusses als eines endgültigen Verdikts über Ferdinands Liebestheologie schließlich noch durch einen Seitenblick auf die *Philosophischen Briefe*, die gleichzeitig mit *Kabale und Liebe* entstanden sind.[60] Die darin enthaltene *Theosophie des Julius* wurde bereits eingangs als Dokument für jenen überschwenglichen »Enthusiasmus« der zweiten Jahrhunderthälfte herangezogen, der auch Ferdinands Sakralisierung des Erotischen inspiriert. Zu ergänzen ist jetzt, daß Schiller diese zunächst unabhängig entstandene bekenntnishafte Abhandlung durch ihre Aufnahme in die *Philosophischen Briefe* ins kalte Licht der Kritik gerückt hat. Die *Theosophie des Julius* wird nämlich mit den Worten des Julius eingeführt als »entworfen in jenen glücklichen Stunden meiner stolzen Begeisterung. Raphael, wie ganz anders finde ich jetzo das alles! [...] Mein Herz suchte sich eine Philosophie, und die Phantasie unterschob ihre Träume. [...] Ein kühner Angriff des Materialismus stürzt meine Schöpfung ein. [...] mein Stolz ist so tief gesunken«.[61] Ähnlich wird auch die »Begeisterung«, die »Träumerei« des »Phantasten« Ferdinand ernüchtert und des »Irrtums« überführt. Was Schiller in der »Vorerinnerung« zu den *Philosophischen Briefen* von solchem »Irrtum« (auch »Unsinn«, »Ausschweifungen«, »überspannte Behauptungen«) sagt, darf auch auf Ferdinand bezogen werden: »Die Kenntnis der Krankheit mußte der Heilung vorangehen.«

Wie gesagt: die Krankheit war eine Zeitkrankheit, und Rezepte gegen das Schwärmen sind in der Literatur der Zeit an der Tagesordnung. Die Kritik konnte von zwei Richtungen kommen: von der rationalistischen Philosophie (wie in Kants *Träumen eines Geistersehers* und *Über Schwärmerei und die Mittel dagegen*) und von der christlichen, besonders protestantischen Orthodoxie.[62] Mit dem Schluß von *Kabale und Liebe* dürfte Schiller sich kaum in das erste Lager stellen, aber auch im zweiten wäre er nicht recht am Platz. Denn das hieße, daß er sich rückhaltlos auf die Seite der Orthodoxie schlüge: Musikus Miller als Räsonneur?! *Kabale und Liebe* ist offensichtlich alles andere als ein doktrinäres Drama der protestantischen Apologetik. Denn schließlich läßt der Dramatiker (der ähnlich wie der Verfasser der *Philosophischen Briefe* in Gegensätzen denkt, aber nicht in der Absicht, die eine Position als die richtige triumphal gegen die andere auszuspielen) Ferdinands Widerpart, Luise, mit ihrem orthodoxen Christentum ja keineswegs als unproblematische Figur erscheinen. Im Gegenteil! Wohl beruht die geistige Struktur des Dramas auf dem Gegeneinander von Ferdinand und Luise, aber ebenso wie der kritische Menschenkenner den Schwärmer ins Licht des Fragwürdigen rückt, umgibt er auch die gläubige Christin mit der Aura des Problematischen. Und nur so gelingt es ihm, beide in die tragische Gesamtoptik einzuschließen, die seine Artikulation des Säkularisationsthemas hier bestimmt.

IV

Ferdinands und Luises Tragödie stehen in komplementärem Verhältnis zueinander. Ferdinand erfährt die Unhaltbarkeit seines experimentum medietatis, Luise die Qualen der Bindung an das orthodox-traditionelle Lebensverständnis angesichts der Versuchung durch Ferdinands säkularisiertes Liebesevangelium. Am Ende bekräftigen beide den Glauben an den Herrgott des Christentums und sein Jüngstes Gericht. Sehr verschieden jedoch waren ihre Wege dahin: der Umschlag des säkularen Glaubens in den Offenbarungsglauben bei Ferdinand, die Überwindung der säkularen Anfechtung des Offenbarungsglaubens bei Luise.
Die Tragödie Luises ist von klarerer Linienführung als die Ferdinands (deren Eigenart sich erst dem zwischen den Zeilen lesenden Blick zu erkennen gab). Daher kann Luises Dilemma, soweit es nicht schon im Hinblick auf Ferdinands Entwicklung zur Sprache kam, wesentlich knapper nachgezeichnet werden.
Luise selbst formuliert dieses Dilemma mit den Worten: »Der Himmel und Ferdinand reißen an meiner blutenden Seele« (I,3). Als sie dies sagt, in der ersten Auseinandersetzung mit dem Vater, und noch in dem gleich anschließenden Gespräch mit Ferdinand erscheint sie zwar in einer seelischen Konfliktsituation, aber den Gegenpol Ferdinands bildet darin, soweit er ins Wort gefaßt wird, nicht »der Himmel«, der christliche Imperativ, sondern Luises Furcht vor der Vereitelung ihrer Liebe durch die höfische Macht, die Ferdinands Vater verkörpert: »Ich seh in die Zukunft – [...] – dein Vater – mein Nichts. [...] Ferdinand! ein Dolch über dir und mir! – Man trennt uns! [...] O, wie sehr fürcht ich ihn – diesen Vater!« (I,4). *Diese* Befürchtungen (nicht aber orthodoxe Selbstvorwürfe, wie man erwarten müßte) bedrängen Luise hier und andererseits Ferdinands »Hoffnungen«, die ihr Herz »wie Furien anfallen« (I,4). Daran hat sich auch beim nächsten Auftreten Luises noch nichts geändert, als sie zur Zeugin von Ferdinands Erregung durch die Aussprache mit Lady Milford wird: »Sprich es aus, das entsetzliche Urteil. Deinen *Vater* nanntest du? Du nanntest die *Lady*? – Schauer des Todes ergreifen mich – Man sagt, sie wird heiraten« (II,5). Das heißt also, daß Luises Dilemma *zunächst* nicht durch das von ihr selbst bezeichnete *ideologische* Koordinatensystem definiert ist (»der Himmel und Ferdinand«) – es sei denn, man wolle ihre Verstörtheit durch die Ahnung einer unglücklichen Wendung umdeuten zur verschleierten Äußerung ihres Schuldbewußtseins gegenüber ihrem »Himmel«. Dafür jedoch gibt es im Text selbst keinen Anhaltspunkt. Vielmehr ist es so, daß die eingangs eindeutig benannte ideologische Artikulation ihres Dilemmas sich in dem Augenblick *wieder* geltend macht, als – bei Karl Moor geschieht Ähnliches[63] – der Aufruhr der Affekte sich gelegt hat, der sie zu keiner klaren Einsicht in die eigene Lage kommen ließ.
Dieser Augenblick ist die Wiederbegegnung der Liebenden nach der Turbulenz des 2. Aktes (der damit endete, daß Ferdinand seinen Vater hochdramatisch erpreßte, Luise nicht an den Pranger zu stellen). Als sie sich in Millers Haus wiederbegegnen, ist Luise gefaßter als Ferdinand: »Alle meine Hoffnungen sind gesunken« (III,4). Mit wiedergekehrter Besonnenheit hat sie ihr Dilemma als das ideologische *wieder*erkannt (mit »Rationalisierung« hat das in Schillers Denkkategorien nichts zu tun), und damit hat sie zugleich ihr Schwanken – vorerst – überwunden in der Entscheidung für den »Himmel« und gegen Ferdinands Evangelium vom »Vater

der Liebenden«. Wenn Schiller in dieser Szene Ferdinand einleitend mit charakteristisch pointierender Wortwahl vom Himmel sprechen läßt (»*Du*, Luise, und *ich* und die *Liebe*! – – Liegt nicht in diesem Zirkel der ganze Himmel?«), so wird rasch klar, daß Luise diesem »Himmel« zugunsten *ihres* Himmels entsagt hat, von dem sie denn auch gleich spricht. Zunächst aber entgegnet sie: »Und hättest du sonst keine Pflicht mehr als deine Liebe?«

Hier nun gilt es genau zu lesen. Das Bewußtsein ihrer Pflicht macht die Crux ihrer Tragödie aus; welche Pflicht aber hat Luise im Sinne? Die Kindespflicht gegen den Vater? So scheint es zunächst, wenn sie nämlich den »Vater, der kein Vermögen hat als diese einzige Tochter«, als Hinderungsgrund für die gemeinsame Flucht mit Ferdinand nennt. Man hat tatsächlich davon gesprochen, daß das Hauptthema des Stückes die »possessive love« des alten Miller sei, deren Recht und Macht Luise hier mit Selbstverständlichkeit anerkenne.[64] Dem steht aber jedenfalls an dieser Stelle entgegen, daß Ferdinand sich sofort bereit erklärt, Luises Vater auf die Flucht mitzunehmen – damit aber Luises Bedenken keineswegs entkräftet. Denn jetzt hält sie der Fluch *seines* Vaters vor dem abenteuerlichen Unternehmen zurück, dieser aber nur, weil dadurch der »Himmel«, *ihr* Himmel, ins Spiel gebracht würde: Gott würde einen solchen väterlichen Fluch unfehlbar erhören, »die Rache des Himmels« würde sie verfolgen. Warum? Weil sie sich mit diesem Schritt ins Abenteuer gegen Gottes Gebot vergehen würden. Hier von den »engen *moralischen* Bindungen [auch »Vorurteilen«] des Kleinbürgermädchens«[65] zu sprechen, ist wohl marxistisch linientreu, aber interpretatorisch textfern. Der Text spricht vom »Himmel« (das Wort besitzt geradezu Schlüsselbedeutung für die Deutung der inneren Handlung und des Gehalts von *Kabale und Liebe*); und als ob auch das noch nicht genug wäre, läßt Schiller Luise gleich hinzufügen: »Nein, mein Geliebter! Wenn nur ein Frevel dich mir erhalten kann, so hab ich noch Stärke, dich zu verlieren« (III,4). »Frevel« – Adelungs Wörterbuch definiert das Wort 1775 in erster Linie als »vorsätzliche Beleidigung *Gottes* und der Menschen«, wofür Stellen aus dem Alten Testament als Belege genannt werden.[66] In diese religiöse Bedeutungssphäre weist auch Luise selbst, wenn sie an dieser Stelle »Frevel« mit »Kirchenraub« gleichsetzt und beides mit ihrem »Anspruch« auf Ferdinand.

Worin aber bestünde der Frevel der gemeinsamen Flucht aus der Gesellschaft in ein standesloses Idyll? Die Antwort wird in aller nur wünschenswerten Klarheit gegeben: Luise will »einem Bündnis entsagen, das die Fugen der Bürgerwelt auseinandertreiben, und *die allgemeine ewige Ordnung zugrund* stürzen würde«.[67] An diesen Worten (mit denen Luise Ferdinand entsagt und die dieser als Untreue auffaßt) scheiden sich die Geister der Interpreten der Tragödie.

Auf der einen Seite hört man aus Luises Worten nur die Anerkennung der Standesschranken heraus, also konservatives Sozialdenken rein diesseitiger Prägung, sei es, daß man, dem zustimmend oder dem Ton nach unengagiert, von einem »Konflikt von [›bürgerlicher‹] Sitte und Liebe« spricht[68], sei es, daß man solches Denken mit marxistisch erhobenem Zeigefinger als kleinbürgerliche Untertanenmentalität abkanzelt und seine Empörung darüber auch Schiller zuschreibt. Nimmt man andererseits die *religiöse* Formulierung dieses Bekenntnisses ernst, so heißt es zur Linken: »Diese christliche Ergebenheit in die ›gottgewollten Abhängigkeiten‹: das ist der tiefste Grund der politischen Unfreiheit, gegen die Schillers Drama zu empören sucht«,[69] zur Rechten hingegen: es müsse Luises »Bindung an die väterliche Welt als eine positive Seite ihres Charakters verstanden werden«, die zugleich auch Schiller Ehre mache.[70]

Ein unfruchtbarer Streit. Der Tragiker nimmt nicht Partei, er stellt dar. Aber was? Augenscheinlich dies, daß Luise (zeitgenössischem, besonders lutherischem Sozialdenken entsprechend) die weltliche Gesellschaftsordnung als von Gott institutiert begreift. Gott hat nicht die Liebenden füreinander bestimmt (wie die empfindsame Säkularisationstheologie meinte), sondern die Menschen für ihre gesellschaftliche Ordnung. Nicht aus ständischer Gebundenheit sagt Luise Ferdinand und seiner Vorstellungswelt ab, sondern aus einem Beweggrund, der sie zugleich die ständische Bindung anerkennen läßt: Kaum erwachsen, hat sie zurückgefunden in die religiösen Denkformen ihrer Kindheit.

Daß sie darin aber dennoch nicht ganz zu Hause ist, zeigt der folgende Verlauf; das Dilemma, das von Anfang an Luises geistige (und geistesgeschichtliche) Signatur war, erneuert sich nur zu bald in seiner früheren Dringlichkeit. In der sich anschließenden Szene mit Wurm allerdings (III,6), in der dieser ihr den fingierten Liebesbrief in die Feder diktiert und sie (hinter der Bühne) »das Sakrament darauf nehmen« läßt, »diesen Brief für einen freiwilligen zu erkennen«, in dieser Szene findet Luise zwar noch expressis verbis bei ihrem »Himmel« eine Stütze, aber schon in der wenig späteren theatralischen Konfrontation mit Lady Milford ist Luise offenbar wieder ins Schwanken geraten (IV,7). Als die Lady sie auffordert, Ferdinand zu »entsagen«, antwortet sie zunächst: »*Freiwillig* tret ich Ihnen ab den Mann, den man mit Haken der Hölle von meinem blutenden Herzen riß« (der Anklang an die »blutende Seele« als Ort ihres Dilemmas [1,3] ist unüberhörbar). Das entspricht den wiedergewonnenen christlichen Denkformen; es entspricht ihnen aber nicht mehr, wenn sie folgendermaßen fortfährt: »Vielleicht wissen Sie es selbst nicht, Mylady, aber *Sie* haben den Himmel zweier Liebenden geschleift, voneinander gezerrt zwei Herzen, die *Gott* aneinanderband; zerschmettert ein Geschöpf, das ihm *nahe* ging wie Sie, das er zur Freude schuf wie Sie, das ihn gepriesen hat wie Sie, und ihn nun nimmermehr preisen wird«. *Dieser* Ton überrascht: die typische Metaphorik der empfindsamen Liebestheologie ist wieder da, selbst der säkularisierte Himmel, nur daß Luise den »Vater der Liebenden« nun nicht mehr, wie noch im 1. Akt (I,3), »preisen« kann. Halben Herzens zumindest hat sie hier dem eben wiedergefundenen Gott ihres christlichen Vaterhauses bereits wieder entsagt, nicht zuletzt mit der anschließenden Drohung ihres Selbstmordes.

Wie sehr sie sich durch diese Absicht, Hand an sich zu legen, von den Geboten ihres Herrgotts, kaum daß sie ihn wiedergefunden hatte, entfernt, führt ihr in der Eingangsszene des 5. Akts ihr Vater in seiner liebevollen Besorgnis vor Augen: Luise selbst spricht von ihrem Tod, vom »dritten Ort« des Jenseits, in Ausdrücken, die statt der Geborgenheit im christlichen Denken die erneute Faszination von Ferdinands »Träumereien« unmißverständlich an den Tag legen. Denn dieser »dritte Ort« ist für Luise ja »ein Brautbette«, der Ort der Wiedervereinigung mit Ferdinand, nicht aber das christliche Jenseits. Geradezu polemisch betont Luise dies, wenn sie im selben Atemzug versichert: »Nur ein heulender Sünder [als ›Sünderin‹ hatte sich die Liebende in I,3 bezeichnet] konnte den Tod ein Gerippe schelten; es ist ein holder, niedlicher Knabe, blühend, wie sie den Liebesgott [!]

malen, aber so tückisch nicht – ein stiller, dienstbarer Genius, der der erschöpften Pilgerin Seele den Arm bietet über den Graben der Zeit, das Feenschloß der ewigen Herrlichkeit aufschließt, freundlich nickt und verschwindet« (V,1). Natürlich drückt sich Millers Bestürzung über solches Sichhinwegsetzen über die »Sünde« in Wendungen aus, die ebenso pointiert christlich sind, wie es die Luises nicht sind: »Selbstmord ist die abscheulichste [Sünde], mein Kind – die einzige, die man nicht mehr bereuen kann, weil Tod und Missetat zusammenfallen.« Für ihn ist *»lieben«* eindeutig »Frevel«, *dieses* Lieben, das Luise hier in ihrer berühmten rhetorischen Frage (»Ist *lieben* denn Frevel, mein Vater?«) offenbar nicht für Frevel hält, wiewohl sie es vorher – dasselbe Schlüsselwort benutzend [III,4] – so bezeichnet hatte!

Damit ist Luises Dilemma also wieder akut geworden; sie ist an ihre Ausgangssituation zurückgelangt. Nur für den Augenblick allerdings. Wenig später läßt sie sich von ihrem Selbstmordvorsatz wieder abbringen. Den Ausschlag dafür gibt die Aufforderung des Vaters: »Wenn die Küsse deines Majors heißer brennen als die Tränen deines Vaters – stirb!« – Daraus resultiert aber auch die Schwierigkeit für die Deutung. Denn die Interpreten, die das zentrale Thema von *Kabale und Liebe* in der »possessive love« des Vaters sehen, weisen natürlich triumphierend auf diese Stelle.[71] Aber zu Recht? Ordnet Luise sich hier wirklich ihrem Vater unter? Der alte Miller sieht es natürlich so. Aber Luise? Dreht sich das ganze vorausgehende Gespräch mit dem Vater denn nicht vielmehr um die Rechte des christlichen Gottes an Luise? Wenn Luise durch die Herausforderung Millers ihrem Vater wiedergewonnen ist, so ist sie damit nicht zuletzt auch dem christlichen Herrgott wiedergewonnen, gegen den sie sich zu versündigen versucht war. Sie selbst deutet das an in ihrer Antwort: »Vater! Hier ist meine Hand! Ich will – Gott! Gott! was tu ich? was will ich? Vater, ich schwöre – Wehe mir, wehe! Verbrecherin, wohin ich mich neige! – Vater, es sei! – Ferdinand – Gott sieht herab!« Luises Gott ist jetzt wieder der christliche Herrgott ihres Vaterhauses.

Damit hat sie ihre letzte Schwankung zwischem dem Gott der Christen und dem »Vater der Liebenden« vollzogen. In der folgenden Verhör-Szene mit Ferdinand (»Schriebst du diesen Brief?« [V,2]) fühlt sie sich folgerichtig durch den auf das »Sakrament« geschworenen Eid gebunden. War sie in der ersten Bewährungsprobe der Qual des Gehorsams gegenüber dem christlichen Imperativ nicht gewachsen gewesen (Konfrontation mit Lady Milford), so besteht sie in der zweiten, schwereren Krise durchaus vor ihrem Gott. Wie auch später (besonders in der *Maria Stuart*) streift Schiller hier die Nähe der Märtyrertragödie. Wie eine Märtyrerin stirbt Luise: »Ich sterbe unschuldig, Ferdinand. [...] Sterbend vergab mein Erlöser – Heil über dich und ihn [Ferdinands Vater, den fabricator doli]« (V,7). Der Nachruf bekräftigt es: »Das Mädchen ist eine Heilige« (V,8).

V

Es ist Ferdinand, der dies sagt. Damit hat sich der Kreis geschlossen. Ferdinand und Luise haben sich gefunden – nicht im »Himmel« des empfindsam säkularisierten Denkens (der vielmehr desavouiert bleibt), sondern in der gemeinsamen Anerkenntnis jenes Richtergottes, zu dem sie beide zurückgefunden haben.

Das heißt bei aller Nähe der Schlußmomente zur Märtyrerdramatik aber keineswegs, daß Schiller mit der gemeinsamen »Konversion« der Liebenden nun doch ein frommes Thesenstück geschrieben habe. Es fehlt nicht nur ein ›fabula docet‹, es wäre auch fehl am Platze. Denn aller Nachdruck liegt in der dramatischen Menschengestaltung auf der *Frage*: der Frage »Was ist der Mensch?«, in der spezifischen Form, in der sie sich in Schillers Zeit, dem Zeitalter der eben erst einsetzenden Säkularisation, stellte: Ist der Mensch das Geschöpf des Herrn der Heerscharen und als solches bedingt durch seine Endlichkeit, Unvollkommenheit und Erlösungsbedürftigkeit, oder ist er vom »Vater der Liebenden« bestimmt, Herr seiner selbst zu sein, und als solcher befähigt, sein »Glück« zu realisieren, das diese Zeit mit einer Besessenheit gesucht hat wie kaum eine andere vorher und nachher. Indem Schiller diese seiner Generation auf den Nägeln brennende Frage stellt, beantwortet er sie zugleich im Medium der Menschengestaltung, die auch bei ihm »das Problem erledigt« (Hofmannsthal). Nur allzu klar läßt Schillers Antwort – alles andere als eine Patentformel – die Sorge um die Gefahren *beider* möglicher Entscheidungen durchblicken: die Erkenntnis, daß *beide* den Menschen um sein »Glück« bringen, sei es, daß er es sich aus religiöser Bindung versagen zu müssen glaubt; sei es, daß er es verwirkt, indem er seinen Anspruch darauf zur Religion steigert. Aber gerade so, in diesem Schwebezustand zwischen Nicht-mehr und Noch-nicht, zwischen Zweifel an der herkömmlichen Orientierung und Bedenken gegen die aktuelle, neue, profiliert sich *Kabale und Liebe* als zeitgeschichtliches Dokument von eindringlicher Unmittelbarkeit. Und wer wollte sagen, daß es sich – mutatis mutandis – überlebt hätte? Die zeitgenössischen Theaterspielpläne belehren uns eines Besseren.[72]

Anmerkungen

Der Dramentext wird zitiert nach: Friedrich Schiller. Sämtliche Werke. Hrsg. von Gerhard Fricke und Herbert G. Göpfert. Bd. 1: Gedichte. Dramen I. München 1965. Nachweise (Akt, Szene) in Klammern unmittelbar hinter dem Zitat.

1 Ein knapper Hinweis, wie ich nachträglich feststelle, bei Ludwig W. Kahn: Literatur und Glaubenskrise. Stuttgart 1964. S. 83 f. Für den größeren geistesgeschichtlichen Zusammenhang vgl. auch Walther Rehm: Experimentum Medietatis. München 1947.

2 An Charlotte Kestner, 27. 8. 1774 (Goethes Briefe. Hamburger Ausgabe. Bd. 1. Hamburg ²1968. S. 168).

3 Rudolf Jentzsch: Der deutsch-lateinische Büchermarkt nach den Leipziger Ostermeßkatalogen von 1740, 1770 und 1800 in seiner Gliederung und Wandlung. Diss. Leipzig 1912.

4 Friedrich Schiller: Sämtliche Werke. Hrsg. von Gerhard Fricke und Herbert G. Göpfert. München 1958 ff. (Im folgenden zitiert als: SW.) Bd. 5. S. 350; die folgenden Zitate ebd. 5,348–351.

5 Othello, I,8. Alle Shakespeare-Zitate nach Christoph Martin Wieland: Akademie-Ausgabe. 2. Abt. III. Berlin 1911.

6 Kahn (Anm. 1). S. 64–66.

7 Romeo und Juliette, I,6. Die folgenden Zitate ebd. II,2; III,4.5.

8 Julius W. Braun (Hrsg.): Schiller und Goethe im Urtheile ihrer Zeitgenossen. 1. Abt. II. Leipzig 1882. S. 130. Vgl. 1. Abt. I. S. 94 und 116.

9 Karl Philipp Moritz (1784). Zitiert nach: Schillers Werke. Nationalausgabe. (Im folgenden zitiert als: NA.) Bd. 5. S. 228.

10 Goethe: Ganymed (Goethes Werke. Hamburger Ausgabe. Bd. 1. Hamburg ⁹1969. S. 46 f.).

11 Vgl. Kahn (Anm. 1). Kap. II: »Homo homini deus: die Selbstvergötterung des Menschen«.

12 August Langen: Zum Problem der sprachlichen Säkularisation in der deutschen Dichtung des 18. und 19. Jahrhunderts. In: Zeitschrift für deutsche Philologie 83, Sonderheft (1964) S. 33–35; Kahn (Anm. 1). Kap. IV; Paul Kluckhohn: Die Auffassung der Liebe in der Literatur des 18. Jahrhunderts und in der deutschen Romantik. Tübingen [3]1966. Bes. Kap. IV.

13 Nouvelle Héloïse. Séconde préface: »L'enthousiasme est le dernier degré de la passion. Quand elle est à son comble, elle voit son objet parfait; elle en fait alors son idole, elle le place dans le ciel: et, comme l'enthousiasme de la dévotion emprunte le langage de l'amour, l'enthousiasme de l'amour emprunte aussi le langage de la dévotion. Il ne voit plus que le paradis, les anges, les vertus des saints, les délices du séjour céleste.« (Übersetzung: Kahn [Anm. 1]. S. 71.)

14 An Auguste Gräfin Stolberg, 14.–19. 9. 1775 (Goethes Briefe [Anm. 2]. Bd. 1. S. 195). Zur Motivik von Goethes Sakralisierung der Liebe vgl. Kahn (Anm. 1). S. 72–81.

15 NA 5,228.

16 Novalis: Schriften. Hrsg. von Paul Kluckhohn und Richard Samuel. Bd. 2. Stuttgart [2]1965. S. 395.

17 Reinhard Buchwald: Schiller. Leben und Werk. Wiesbaden [4]1959. S. 169. Zu Abels Roman vgl. Kluckhohn (Anm. 12). S. 216 f.

18 NA 5,227 f.

19 SW 5,773 f. Vgl. allgemein Käte Hamburger: Zum Problem des Idealismus bei Schiller. In: Jahrbuch der Deutschen Schillergesellschaft 4 (1960) S. 60–71.

20 Wolfgang Binder: Kabale und Liebe. In: Benno von Wiese (Hrsg.): Das deutsche Drama vom Barock bis zur Gegenwart. Düsseldorf 1958. Bd. 1. S. 248 f.

21 Buchwald (Anm. 17). S. 356; Erich Auerbach: Mimesis. Bern 1946. S. 387.

22 Hermann August Korff: Geist der Goethezeit. Bd. 1. Leipzig [7]1964. S. 206.

23 Joachim Müller: Schillers *Kabale und Liebe* als Höhepunkt seines Jugendwerkes. In: J. M.: Wirklichkeit und Klassik. Beiträge zur deutschen Literaturgeschichte von Lessing bis Heine. Berlin 1955. S. 121. Die Zitate des folgenden Satzes ebd. S. 128, 137.

24 Rolf-Peter Janz: Schillers *Kabale und Liebe* als bürgerliches Trauerspiel. In: Jahrbuch der Deutschen Schillergesellschaft 20 (1976) S. 209.

25 Joachim Müller: Der Begriff des Herzens in Schillers *Kabale und Liebe*. In: Germanisch-Romanische Monatsschrift 22 (1934) S. 436. Vgl. Janz (Anm. 24). S. 224.

26 Janz (Anm. 24). S. 212; vgl. S. 220.

27 Daß der Stand zum Faktor des psychologischen Verhaltens internalisiert wird, hat besonders nachdrücklich Fritz Martini betont: Schillers *Kabale und Liebe*. Bemerkungen zur Interpretation des »Bürgerlichen Trauerspiels«. In: Der Deutschunterricht 4 (1952) H. 5. S. 18–39. Einwände gegen diese Sicht bes. bei Benno von Wiese: Friedrich Schiller. Stuttgart 1959. S. 201.

28 Janz (Anm. 24). S. 217–220 und 223 f.

29 Paul Böckmann: Die innere Form in Schillers Jugenddramen. In: Dichtung und Volkstum [d. i. Euphorion] 35 (1934) S. 469 und 470.

30 Wilhelm Grenzmann: Der junge Schiller. Paderborn 1964. S. 54.

31 Böckmann (Anm. 29). S. 476. Martini (Anm. 27, S. 32) versteht Luises Entscheidung sogar in dem Maße als rein ethisch, daß das Religiöse gar nicht mehr zur Sprache kommt.

32 Elizabeth Wilkinson / Leonard Willoughby (Hrsg.): Schiller: *Kabale und Liebe*. Oxford 1944. Bes. S. XXI. Vgl. auch Helmut Koopmanns Referat über diese Richtung: die »Tragödie der Liebe überhaupt, die auch in einer anderen Welt, unter anderen Voraussetzungen und Bedingungen ähnlich geendet hätte« (Friedrich Schiller I. 1759–1794. Stuttgart [2]1977. S. 46).

33 Martini (Anm. 27). S. 29. Vgl. von Wiese (Anm. 27). S. 193.

34 Binder (Anm. 20). S. 249. Vgl. Anm. 32.

35 Binder (Anm. 20). S. 259. Das nächste Zitat ebd. S. 267.

36 Wilfried Malsch: Der betrogene Deus iratus in Schillers Drama ›Luise Millerin‹. In: Collegium Philosophicum. Studien Joachim Ritter zum 60. Geburtstag. Basel 1965. S. 205.

37 Knut Lohmann: Schiller: *Kabale und Liebe*. In: Rudolf Henß / Hugo Moser (Hrsg.): Germanistik in Forschung und Lehre. Berlin 1965. S. 127. Die Auffassung vom »frommen« Schluß vertreten z. B. Malsch, Martini und Binder.

38 Von Wiese (Anm. 27). S. 193. Zum folgenden Satz vgl. S. 194.

39 Von Wiese (Anm. 27). S. 201.

40 Von Wiese (Anm. 27). S. 195, 199; polemisch gegen Martini (Anm. 27) und Adolf Beck: Die Krisis des Menschen im Drama des jungen Schiller. In: Euphorion 49 (1955) S. 163–202.

41 Von Wiese (Anm. 27). S. 195.
42 Zeitschrift für den deutschen Unterricht 12 (1898) S. 286 f.; Braun (Anm. 8). 1. Abt. I. S. 130, 181, 220.
43 Vgl. dazu Martini (Anm. 27).
44 Kluckhohn (Anm. 12). S. 177, 187.
45 Joseph August von Törring: Agnes Bernauerinn. München 1780. I. 2.
46 Johann Martin Miller: Beytrag zur Geschichte der Zärtlichkeit. Zitiert nach Kluckhohn (Anm. 12). S. 187.
47 Gotthold Ephraim Lessings sämtliche Schriften. Hrsg. von Karl Lachmann. 3., aufs neue durchges. und verm. Aufl., besorgt durch Franz Muncker. Bd. 4. Stuttgart 1889. S. 376.
48 Von Wiese (Anm. 27). S. 195, 203.
49 Vgl. Janz (Anm. 24). S. 216.
50 Kritiker wie Friedrich Wilhelm Kaufmann und Benno von Wiese betonen zum folgenden statt dessen, daß es gerade der weltfremde Idealist sei, der getäuscht werde (Kaufmann: Schiller. Poet of philosophical idealism. Oberlin 1942. S. 45; von Wiese [Anm. 27]. S. 205 f.). Das Moment des »höfischen« Verdachts ist nicht weniger wichtig.
51 Vgl. auch SW 5,780 über den »Phantasten« (Über naive und sentimentalische Dichtung).
52 Vgl. Langen (Anm. 12).
53 Janz (Anm. 24). S. 217 f. Hervorhebung K. S. G.
54 Johann Christoph Adelung: Versuch eines vollständigen grammatisch-kritischen Wörterbuches der Hochdeutschen Mundart. Bd. 2. Leipzig 1775. S. 282.
55 IV,2. Vgl. Die Räuber, I,2.
56 V,6. Vgl. Die Räuber, IV,5.
57 Martini (Anm. 27). S. 38 f.
58 Kurt May: Friedrich Schiller. Idee und Wirklichkeit im Drama. Göttingen 1948. S. 44.
59 Vgl. zum folgenden Eudo C. Mason: »Wir sehen uns wieder!« Zu einem Leitmotiv des Dichtens und Denkens im 18. Jahrhundert. In: Literaturwissenschaftliches Jahrbuch N. F. 5 (1964) S. 79 bis 109. Bei Mason wird allerdings (S. 103) der »Kabale und Liebe«-Schluß im Zusammenhang der säkularisierten Liebestheologie gesehen; dagegen schon Robert R. Heitner: Luise Millerin and the shock motif in Schiller's early dramas. In: The Germanic Review 41 (1966) S. 43: »The imminence of death itself, while breaking the power of the oath, brings no return, however fleeting, to the former relationship existing between the lovers. Luise tells the truth before expiring and asks for forgiveness, but no word of hope is expressed for union in the after life and there is no pledge of eternal devotion, not so much as a parting kiss. Ferdinand's dying whisper, ›Luise – Luise – Ich komme –‹ (V, viii), if [!] taken as a hope for reunion [was ich bestreite], belong to him and his unorthodox concepts of the hereafter, not to Luise.«
60 Vgl. NA 21,151 und Helmut Koopmann: Schillers ›Philosophische Briefe‹ – ein Briefroman? In: Wissen aus Erfahrungen. Festschr. für Herman Meyer. Tübingen 1976. S. 192–216.
61 SW 5,343 f.
62 Vgl. Victor Lange: Zur Gestalt des Schwärmers im deutschen Roman des 18. Jahrhunderts. In: Festschr. für Richard Alewyn. Köln 1967. Bes. S. 154.
63 Vgl. »Die Räuber«, I,2 und II,3.
64 Ilse Appelbaum Graham: Passions and possessions in Schiller's *Kabale und Liebe*. In: German Life and Letters N. S. 6 (1952/53) S. 16–20.
65 Siegfried Streller in einem Diskussionsbeitrag in: Weimarer Beiträge 5 (1959). Sonderheft: Wissenschaftliche Konferenz über das Schaffen Friedrich Schillers [. . .] in Weimar. Referate und Diskussionen. S. 37.
66 Vgl. Anm. 54. Hervorhebung K. S. G. Vgl. den Gebrauch des Wortes in dem Wieland-Zitat S. 60.
67 Hervorhebung von mir.
68 Heinz Otto Burger: Die bürgerliche Sitte. Schillers *Kabale und Liebe*. In: H. O. B.: »Dasein heißt eine Rolle spielen«. Studien zur deutschen Literaturgeschichte. München 1963. S. 209; vgl. S. 203 f.
69 Korff (Anm. 22). S. 207; zustimmend zitiert von Streller (Anm. 65), S. 36.
70 Von Wiese (Anm. 27). S. 213.
71 Graham (Anm. 64). S. 19; Janz (Anm. 24). S. 223.
72 Vgl. etwa Dietrich Steinbach: Der Lektürekanon des Dramas in der Perspektive des Theaterspielplans. In: Der Deutschunterricht 19 (1967) H. 1. S. 72.

HELMUT KOOPMANN

Don Karlos

Worum geht es eigentlich in diesem ersten klassischen Drama Schillers mit seiner komplizierten Entstehungsgeschichte, einer Zeitschriftenfassung (Thalia, 1786/87, bis zum 9. Auftritt des 3. Akts) und vier Buchfassungen (1787, 1801, 1802, 1805)? Im Rahmen literaturhistorischer Wirkungsabläufe pflegen sich durch Jahrzehnte hindurch in der Regel Übereinkünfte auszubilden, die um so hartnäckiger sind, je höher ein Werk in der literarischen Rangskala steht. Innerhalb der *Karlos*-Literatur hat sich vor allem die Ansicht verfestigt, daß sich das Drama von einem »Familiengemälde in einem fürstlichen Hauße« zu einer politischen Tragödie gewandelt habe.[1] Zwei andere Auffassungen sind ebenfalls immer wieder geäußert worden, haben sich letztlich aber nicht in der Breite durchsetzen können wie die vom Wandel des Stoffes zum politischen Drama: die Auffassung vom »Ideendrama«, die in seinem Verfasser vor allem den Idealisten sah,[2] und die vom Freundschaftsdrama, die sich im wesentlichen auf Schillers *Briefe über Don Karlos* stützen konnte.[3] Vollständig zu dominieren vermochte allerdings keine dieser Deutungen, und das hat schon früh dazu geführt, daß man im *Don Karlos* eine bunte Mischung von allem sah. Das Gewissen als Instanz politischer Entscheidungen und der Freiheitskrieg der Völker, realistische Politik und die Idee der Freundschaft, die Nemesis und die Menschheitsidee: das alles hat man gelegentlich zusammen aus dem *Karlos* herausgelesen, und im Zeitalter der synthetischen Interpretationen hat man das Heil in der Vielfalt gesehen und die Forderung des Methodenpluralismus auf eine Weise zu verwirklichen versucht, die nicht selten auf eine coincidentia oppositorum hinauslief. Aber ist die gelegentlich geäußerte Feststellung, daß wir es hier mit einer vierfachen Tragödie zu tun haben,[4] tatsächlich ein Interpretationsgewinn? Oder haben wir es hier nicht vielmehr mit einer interpretatorischen Bankrotterklärung zu tun, die das eigentlich Unvereinbare dennoch zusammenbringen will? Wo anders als im Kopf des Interpreten verträgt sich das politische Drama mit der Freundschaftstragödie und die Liebesgeschichte mit der sittlichen Gewissensentscheidung? Hat der recht, der alles das und vielleicht noch mehr »synthetisieren« kann, und ist die früher so gern gestellte Frage nach der Tragik des Dramas damit beantwortet, daß man von der »tragischen Vielschichtigkeit« dieses Stückes spricht?[5] Politik also und Theologie, Freundschaftserfahrungen und »Ideen« – ist das Drama das letztlich unentwirrbare Ineinander aller dieser Ingredienzien, und sieht der es am besten, der alles das sieht, ohne ernsthaft den Versuch zu machen, das Dosierungsverhältnis dieser heterogenen Gehalte genauer zu bestimmen? Wir erkennen heute klarer als noch vor wenigen Jahren, daß der Methodenpluralismus seine gefährlichen Schattenseiten hat und die Exegese eines Textes zu einer bequemen und am Ende unverbindlichen Meinungskundgabe macht, aller interpretatorischen Akrobatik zum Trotze. Der Methodenpluralismus, auf Schillers Dramatik bezogen, bedeutet, daß man selbst noch das Widersprüchlichste zum sehr wohl noch Zusammenstimmigen erklärt. Das mag bei Unsinnsstücken seine

Berechtigung haben. Aber Erklärungen mit Hilfe des sogenannten Methodenpluralismus sind, auf die Dramatik Schillers bezogen, nicht nur unverbindlich, sondern haben bei aller vorgegebenen Werktreue in einen Ahistorismus hineingeführt, der seinesgleichen in der neueren Literaturgeschichte sucht. Schillers Zielsetzungen und Vorstellungen mögen sich im Verlauf der Arbeit am *Don Karlos* verändert haben. Aber er hat niemals gleichzeitig und im selben Drama ein Bild realistischer Politik *und* ideeller Überzeugungskraft, dazu die Darstellung einer verworrenen Liebesgeschichte und darüber hinaus noch die Beschreibung eines Vater-Sohn-Konfliktes liefern wollen. Das alles vereinigte sich, ob tragisch oder nicht, nur immer im Kopf jener Interpreten, die es fertigbrachten, auch noch das einander völlig Entgegengesetzte in ihren Deutungen miteinander zu verbinden. Es wäre an der Zeit, das Gefährliche, ja Unzulässige dieses Methodenpluralismus in seiner exegetischen Anwendung zu demonstrieren. Denn er ist Ausdruck des Verzichtes auf eine einlinige und eindeutige Auslegung. Aber wir haben nun einmal davon auszugehen, daß Schiller durchaus Eindeutiges gewollt hat; denn nahezu alle seiner Dramen realisieren Vorhaben, die er nicht selten klar und mit wenigen Worten beschrieben hat. Die Ansicht, daß der Dichter nur der erste Leser seiner Werke sei, mag für moderne konzeptionslose Autoren gelten.[6] Für Schiller, der feste Vorstellungen hatte, gilt das keineswegs, mochten sich diese Vorstellungen gelegentlich auch in langen Entstehungsgeschichten wandeln oder modifizieren. Zu den gravierenden Schwächen des Methodenpluralismus gehört, daß die Dichtungsintentionen nicht ernst genug genommen werden. Man müßte Schiller allerdings poetische Schizophrenie zubilligen, hätte er gleichzeitig alles das gewollt, was Interpreten aus seinem Drama herauslesen.

Das soll nicht heißen, daß eindeutige Exegesen immer richtig waren; das gilt vor allem für die Verfechter des Ideendramas. Seit dem Erscheinen der Säkular-Ausgabe ist Schillers *Karlos* immer wieder als »weltgeschichtliche Ideentragödie« (Weißenfels) gedeutet worden,[7] von Fritz Strich, der hier am Ende die »Idee der allgemeinen Menschenliebe« dramatisch umgesetzt fand,[8] über Herbert Cysarz, der im Drama das »Menschheitsdrama« und nicht mehr die Familientragödie sah,[9] bis zu Gerhard Fricke, der der Meinung war, daß Schillers Dichtung hier »wie keine zuvor zum durchscheinenden Gefäß der Idee« geworden sei,[10] und bis hin in die fünfziger Jahre zur Ansicht Kurt Mays, daß sich hier die »Tragödie des Idealisten der Freiheit« abspiele.[11] Die Wiederholungen haben diese Ansicht nicht überzeugender gemacht. Daß alle diese Deutungen in die Zeit einer idealistisch orientierten Germanistik fielen, relativiert allein schon ihre Aussagekraft, und noch stärker werden diese Thesen dadurch in Frage gestellt, daß sie im Drama keine eindeutigen Äquivalente haben. Schließlich ist die Vorstellung vom »Menschheitsdrama« auch dadurch fragwürdig, daß im *Karlos* nicht die Menschheit agiert, sondern wenige einzelne auf der Bühne stehen. Man wird dieser Exegese also vor allem ihr Ausmaß an Abstraktion vorhalten müssen: auf der Bühne Reales, Darstellbares, Vergängliches erscheint in derartigen Deutungen allenfalls als »Ideengefäß«, aber nicht in seiner eigenen Wirklichkeit. Schiller hat zwar selbst vom »Ideal einer Menschenrepublik« gesprochen – allerdings nicht im Drama selbst, sondern in seiner Verteidigungsschrift, den *Briefen über Don Karlos*.[12] Doch auch das hat noch, als Staatsutopie, die Konkretisation eines Staatsideals, während die Vorstellung vom

Drama als einer »weltgeschichtlichen Ideentragödie« jeglicher Anschauung ermangelt: Schiller hat weder Denkspiele noch Ideendramen geschrieben, auch in dieser Zeit nicht. Doch auch die Interpretationen, die hier nur ein politisches Drama sehen wollen, werden dem ganzen Stück nicht gerecht. Eine ausschließlich politische Tragödie ist das Drama nirgendwo und war es zu keiner Zeit, und politische Absichten allein hat Schiller zu keiner Phase der Entstehungsgeschichte verfolgt. Sicherlich münden auch nicht alle Vorstellungen, die sich mit dem Drama in seiner langen Metamorphose verbunden haben, in die politische Tragödie ein. Der Hinweis auf die Bedeutung der Geschichte ist in diesem Zusammenhang ebenfalls nicht sonderlich erhellend.[13] Denn in diesem Bereich treffen sich diejenigen, die in der Geschichte die unendliche Annäherung an ein ewiges Reich der Werte sehen, mit jenen, die eben hier den Menschen erkennen und keine Abstraktion, und schon diese Koinzidenz muß die Deutung verdächtig machen: daß alles Geschichte sein soll, reduziert die Überzeugungskraft der politischen Interpretation.

Was geschieht also eigentlich im *Don Karlos*? Haben die Kritiker richtig geurteilt, die gemeint haben, daß Intrigenstück und Liebestragödie nicht vereinbar gewesen und Ideen- und Handlungsdrama auf nur höchst dürftige Weise miteinander verbunden worden seien? Oder hat Böckmann recht, der das Drama nur aus dem Wechselbezug zwischen den Charakteren und ihrer geschichtlichen Situation deuten wollte und die Ansicht vertreten hat, Schiller habe hier, in direktem Anschluß an Diderot, ein »Tableau« geschaffen, in dem nun doch wieder zweierlei, Familiäres und Politisches, miteinander vereinbar sei, indem die häuslichen Katastrophen zugleich als Katastrophen des Staates wirksam werden?[14] Bedenklich ist daran allerdings, daß Schiller sich mit Diderots dramatischer Theorie zu keiner Zeit ausführlicher beschäftigt hat, und nicht weniger, daß hier die dem Interpreten sichtbaren Gegensätze am Ende bloß formalistisch mit Hilfe eines dramentechnischen Begriffs überbrückt werden. Und läuft das alles letztlich nicht auf die dramaturgische Binsenweisheit hinaus, daß die Charaktere ebenso von ihrer Umgebung her konturiert werden, wie sie ihrerseits diese Umgebung beeinflussen? Rettet der Begriff des »Tableaus«, von Schiller zwar mehrfach, aber immer mehr beiläufig und ohne jede gedankliche Betrachtung oder explikatorische Tendenz gebraucht, die strukturelle Einheit des Dramas? Oder sollte am Ende Karl Theodor von Dalberg recht behalten, der schon unmittelbar nach Erscheinen des Dramas »die verfehlte Einheit« und die »Unverständlichkeit des Plans« kritisiert hatte?[15]

Zweifellos läßt die Entstehungsgeschichte erkennen, daß Schiller bei seinem Stück Zentrierungsprobleme hatte. Daß er den überlangen Text wiederholt kürzte, hat nicht nur praktische Aspekte gehabt. Am bedeutsamsten sind die Veränderungen von der Thalia-Fassung zur Buchfassung vor 1787. Schiller hat Herder gegenüber selbst einmal gestanden, daß er das Unglück habe, sich während seiner »weitläuftigen poetischen Arbeit« selbst zu verändern und am Ende eines dichterischen Prozesses anders zu denken und zu empfinden als am Anfang«.[16] Die Dramengenese läßt in der Tat erkennen, daß Schiller seinen Stoff durchvariiert hat. Seine *Briefe über Don Karlos* von 1788 haben die Ansicht verfestigt, daß die Veränderungen des Dramas Folgen eines gedanklichen Entwicklungsprozesses gewesen seien. So hatte Schiller selbst festgestellt: »Neue Ideen, die indes bei mir aufkamen, verdrängten die früheren; Karlos selbst war in meiner Gunst gefallen, vielleicht aus keinem andern Grunde, als weil ich ihm in Jahren zu weit vorausgesprungen war, und aus der entgegengesetzten Ursache hatte Marquis Posa seinen Platz eingenommen.«[17] Man hat von dorther vor allem die These der Wandlung des Dramas vom »Familiengemälde« zur politischen Tragödie begründet gesehen. Aber es ist doch noch die Frage, ob Schillers Drama sich so grundsätzlich verändert hat. Schiller hat sich immer nur auf seine eigenen Veränderungen berufen, nicht auf die seines Dramas, und er hat sich noch deutlicher in einem Brief an Herder darüber geäußert: »Während der Zeit nämlich, daß ich es ausarbeitete, welches mancher Unterbrechungen wegen eine ziemlich lange Zeit war, hat sich – in mir selbst viel verändert. An den verschiedenen Schicksalen, die während dieser Zeit über meine Art, zu denken und zu empfinden, ergangen sind, mußte notwendig auch dieses Werk teilnehmen. Was mich zu Anfang vorzüglich in demselben gefesselt hatte, tat diese Wirkung in der Folge schon schwächer und am Ende nur kaum noch.«[18] Kein Wort über grundsätzliche Umorientierungen in der Konzeption des Dramas – Schiller versucht statt dessen den Nachweis der inneren Einheit seines Dramas zu führen, und er will hier zunächst einmal verdeutlichen, warum überhaupt der Eindruck aufkommen konnte, daß das Drama in sich inkonsistent sei. Die offenkundigen Brüche erklärt er aus literaturfernen Motiven – eben seiner eigenen Wandlung. Aber das ist eigentlich eine Entschuldigung, keine Rechtfertigung. Diese läuft vielmehr darauf hinaus, daß er das Seinige getan habe, um die Urkonzeption zu wahren: »[...] ich hätte also das Stück entweder ganz unterdrücken müssen (und das hätte mir doch wohl der kleinste Teil meiner Leser gedankt), oder ich müßte die zweite Hälfte der ersten so gut anpassen, als ich konnte. Wenn dies nicht überall auf die glücklichste Art geschehen ist, so dient mir zu einiger Beruhigung, daß es einer geschicktern Hand als der meinigen nicht viel besser würde gelungen sein.«[19] Das alles spricht für ein Festhalten an den Anfängen, der eigentlichen Konzeption des Dramas. Es wäre Schiller durchaus möglich gewesen, eine veränderte Dramenkonzeption in das Drama selbst hineinzunehmen; nichts hätte ihn daran hindern können, das Drama so anzulegen, wie viele seiner Interpreten es später dann gelesen haben: also als Wandlungsdrama gewissermaßen, als Entwicklungstragödie in einem spezifischen Sinn, als Drama der Veränderung vom Familienstück zum politischen Trauerspiel. Aber Schiller hat dergleichen nicht einmal angedeutet. Er betonte hingegen mehrfach sein Bemühen, die zweite Hälfte des Dramas so gut wie möglich der ersten anzupassen. Diese hatte in der Tat für den Dichter verpflichtenden Charakter. Doch das lag nicht nur daran, daß Schiller hier, wie er meinte, seinem Publikum gegenüber Erwartungen erweckt hatte, die er auch erfüllen zu müssen glaubte; denn schon die Tragödienvorstellungen der Zeit verboten überhaupt Wandlungsdramen dieser Art.

Schiller hat sich zwar in der Zeit der Entstehung des *Don Karlos* darüber nicht ausgesprochen. Aber wir haben darüber aus wenig späterer Zeit unzweideutige Zeugnisse, die die Vorstellungen jener Interpreten, die hier nichts anderes als die Wandlung vom Familiendrama zur politischen Tragödie sehen, von vornherein hinfällig machen – und gerade das, was Schiller vor und nach der Zeit der Entstehung des *Don Karlos* über die Tragödie und ihre Baugesetze, ihre Absichten und Möglichkeiten gesagt hat, ist immer wieder übersehen oder in den Wind geschlagen worden, wenn es darum ging, im *Don Karlos* grundsätzliche Konzeptionsverschiebungen aufzuspüren. Aber Schillers Dramenvorstellungen geben dafür nicht den geringsten Raum, und weil seine grundsätzlichen Äußerungen zum Drama vor und nach dem *Karlos* immer wieder um Einheitsvorstellungen kreisen und nirgendwo eine innerdramatische Wandlung der Art, wie manche Interpreten sie im *Karlos* für gegeben halten, auch nur andeutungsweise erwogen, gefordert oder gar verteidigt wird, ist ein Blick auf Schillers dramentheoretische Feststellungen so unerläßlich wie aufschlußreich. Es gibt vielfältiges Belegmaterial. So hat Schiller sich in den wenigen kurzen Partien von *Ueber epische und dramatische Dichtung*, die etwa zehn Jahre später konzipiert wurden, in aller Deutlichkeit über die Erfordernisse dramatischer Dichtungen ausgelassen; aber nichts spricht dafür, daß man hier nur den präzisierenden Einfluß Goethes sehen kann; alles deutet im Gegenteil darauf hin, daß Schiller hier Vorstellungen niedergelegt hat, die in seiner Zeit ohnehin und überall galten: »Der Epiker und Dramatiker sind beyde den allgemeinen poetischen Gesetzen unterworfen, besonders dem Gesetze der Einheit und dem Gesetze der Entfaltung«;[20] was folgt, bezieht sich im wesentlichen auf Darstellungsmodalitäten, auf Präsens und Imperfekt als gattungsspezifische Unterscheidungskriterien. Im Grunde überwiegen die Gemeinsamkeiten deutlich, nicht nur, was das Grundsätzliche der Eingangsbestimmung, sondern auch was das Darstellungsmaterial betrifft: »Die *Welten*, welche zum Anschauen gebracht werden sollen, sind beyden gemein«, notiert Schiller,[21] und so reduzieren sich die Besonderheiten am Ende mehr oder weniger ausschließlich auf »die Behandlung im Ganzen«: auf die Präsentationsformen des Epischen und des Dramatischen und deren temporale Differenzen. Zwar unterscheiden auch »vorwärtsschreitende« Motive, »welche die Handlung fördern«, das Drama vom Epos, das die »rückwärtsschreitenden« Motive bevorzugt; aber auch das hängt mit den spezifischen Darstellungsformen der beiden Gattungen zusammen, und wenn davon die Rede ist, daß die Handlung im Drama durch vorwärtsschreitende Motive gefördert werde, dann steht doch unverrückbar fest, daß die Handlung von Anfang an bestimmt und festgelegt worden ist; die progredierenden Motive haben keine andere Aufgabe als die, die derart vorherbestimmte, festgelegte Handlung ihrem Ende zuzuführen. Der ganze »Cardo rei« in der Tragödienkunst der Griechen, so schreibt Schiller in einem Brief an Goethe aus dieser Zeit,[22] liege darin, »eine poetische Fabel zu erfinden« – aber auch schon für den Dichter des *Karlos*, dessen Thalia-Fassung in aller Hände ist, geht es vor allem darum, der poetischen Fabel treu zu bleiben: daher die Anpassungsversicherungen in der Selbsterklärung. Schiller hat immer wieder Schwierigkeiten gehabt, eine poetische Anordnung konsequent zu Ende zu bringen – wir kennen das schon von den *Räubern* und noch augenfälliger vom *Fiesco* her, wo es die Dramenschlüsse sind, die sich nicht zur Anfangskonzeption fügen wollen.[23] Hier, im *Karlos*, ging es freilich nicht um zwei oder drei Fassungen des Schlusses, sondern darum, daß es überhaupt noch keinen Schluß gab und nicht einmal einen Fortgang nach den ersten Szenen des dritten Aktes; und wenn Schiller also von seinen Anpassungsversuchen spricht, so argumentiert er so, wie er argumentieren mußte.

Schiller hat sich in den neunziger Jahren immer wieder mit Fragen der Organisation dramatischer Stoffe beschäftigt – bis zum Übermaß, und wenn er irgend etwas an der antiken Tragödie studiert hat, dann das Problem der tragischen Verwicklung und der Zubereitung der Stoffe. Der *Oedipus Rex* war ihm nichts anderes als eine »tragische Analysis«: »Alles ist schon da, und es wird nur herausgewickelt. Das kann in der einfachsten Handlung und in einem sehr kleinen Zeitmoment geschehen, wenn die Begebenheiten auch noch so compliciert und von Umständen abhängig waren. Wie begünstigt das nicht d[en] Poeten!«[24] Aber man sähe die Beziehung Schillers zur griechischen Tragödie falsch, nähme man an, daß ihm der *Oedipus Rex* erst zur entscheidenden Einsicht in die Struktur der Tragödie verholfen hätte. Schiller hat hier nur den Prototyp seiner Tragödienvorstellungen gefunden: am *Oedipus Rex* konnte er die Tragödiengesetze nachweisen, an deren Selbstlegitimation er glaubte. Nebenbei ging es, so wissen wir, in seiner Beschäftigung mit den Formgesetzen der Tragödie und des Epos im Briefwechsel mit Goethe auch um poetologische Selbstbestimmungen, zumal Goethe sich selbst im Brief vom 9. Dezember 1797[25] als eigentlich epischer Dichter begriff und Schiller sich als Dramatiker. Aber die ganze Diskussion betraf, davon abgesehen, im wesentlichen immer wieder nur Darstellungsprobleme und Darbietungsformen, und vor allem interessierte die Frage, wie in der Moderne ein Äquivalent zur griechischen Tragödie gefunden werden könne, das zwar alle Vorteile der alten Tragödie hätte, aber doch neue Stoffe verarbeiten sollte. Mit anderen Worten: Schiller hat die Grundgesetze der Tragödie, also das »Gesetz der Einheit« und das »Gesetz der Entfaltung« nicht erst an der griechischen Tragödie entdeckt, sondern sah beides hier in Idealform demonstriert. Die Frage nach der epischen und dramatischen Dichtung und deren Abgrenzung zueinander reduzierte sich am Ende auf die Frage nach der adäquaten Behandlungsart poetischer Stoffe: es kann überprüft werden, ob sie mit den poetologischen Grundforderungen an Tragödie oder Epos übereinstimmen, da diese Forderungen an sich bestehen und nicht erst aus den Stoffen deduziert werden müssen.

Sicher hat Schiller das alles noch nicht in dieser Deutlichkeit gesehen, als er am *Don Karlos* arbeitete. Und für die dramatische Frühzeit scheinen überdies andere Interessen zu gelten. Wir müssen auch hier noch einmal etwas weiter ausholen. Wir haben keine poetologischen Grundsatzbekenntnisse, wohl aber eine Reihe von Äußerungen zu seinen eigenen Dramen, und sie zeigen zunächst eine andere Dramenkonzeption. An den *Räubern*, so erfahren wir aus der Selbstrezension Schillers, interessiert in erster Linie das »kühne Gemälde der sittlichen Häßlichkeit«.[26] Shakespeare gilt diesem Schiller als der »größte Menschenmaler«,[27] als Porträtist dramatischer Stoffe. Die Vorstellungen von den dramatischen Gemälden sind alt und gehen bis auf Jean Baptiste Dubos' *Réflexions critiques sur la poésie et sur la peinture* zurück; seit 1760 waren sie auch in deutscher Übersetzung bekannt. Dem scheint Schiller mit seinen Charakterdarstellungen des Bösen und des Erhabenen, des Niedrigen und des Tugendhaften zu folgen, und er selbst hat durch seine Rezension viel zu dieser Auffassung beigetragen, da er den Hauptteil seiner Argumentation auf die Figuren des Dramas verwendet. Aber darüber darf man nicht unbeachtet lassen, was Schiller am Rande und eingangs erwähnt, nicht, weil es unbedeutend wäre, sondern weil es im Gegenteil nur zu bekannt ist. »Zuerst denn von der *Wahl* der Fabel«, beginnt Schillers eigentliche Explikation des Stückes. Das Originalstück folgt seinen Intrigen und den »krummen Mäandern« der göttlichen Verführung; für das Schicksal des »großen Rechtschaffenen« gilt, daß dort »durchaus kein Knoten, kein Labyrinth stattfindet, daß sich seine Werke und Schicksale notwendiger Weise zu voraus bekannten Zielen lenken«[28] – aber für beide gilt letzten Endes doch, daß sie einem dramatischen Plan folgen, der zugleich ihr fiktiver Lebensplan ist und der in der Fabel angelegt sein muß. Und die großen Schwierigkeiten, die Schiller mit seinen Dramenschlüssen von den *Räubern* bis zum *Don Karlos* hatte, sind Bemühungen um die Folgerichtigkeit dramatischer Pläne und Fabeln, nicht etwa Eingeständnisse dramatischer Phantasielosigkeit. Die Wahl der Fabel ist zugleich immer eine Entscheidung zu einem in sich geschlossenen, folgerichtig auszubreitenden Stoff, zu einer übersehbaren Handlung, zur überzeugenden Entwicklung auf einen Schluß hin. »Wir haben eine so ziemlich vollständige Ökonomie der ungeheuersten Menschenverwirrung«, schreibt Schiller zu seinem *Räuber*-Drama, »selbst ihre Quellen sind aufgedeckt, ihre Ressorts angegeben, ihre Katastrophe ist entfaltet«.[29] Die Katastrophe entfaltet: das konnte nur geschehen, weil sie angelegt war, weil ein Bauplan des Lasters und seiner Verstrickung vorhanden war, und was hier fast nebenbei noch einmal gesagt wird, ist nur eine Erinnerung an bestimmte Grundprinzipien der dramatischen Kunst, die mit der epischen eben gemeinsam hat, daß Plan und Umriß des Ganzen in nuce von Anfang an angelegt sein müssen. Schiller geht also schon damals von mehr oder weniger Selbstverständlichem aus, und eine der schärfsten Partien seiner Selbstkritik betrifft die Konsequenz und Konsistenz einer dramatischen Person. Amalie scheint der dramatischen Grundforderung an die folgerichtige Entwicklung von Handlung und Charakter nicht zu genügen, und deswegen äußert sich Schiller in aller Schärfe zu der von ihm geschaffenen Figur: »Auch handelt sie im ganzen Stück durchaus zu wenig, ihr Roman bleibt durch die ersten drei Akte immer auf ebenderselben Stelle stehen (so wie, beiläufig zu sagen, das *ganze Schauspiel in der Mitte erlahmt*). Sie kann sehr artig über ihren Ritter weinen, um den man sie geprellt hat, sie kann auch den Betrüger aus vollem Halse heruntermachen, der ihn weggerissen hat, und doch auf ihrer Seite kein angelegter Plan, den Herzeinzigen entweder zu *haben*, oder zu *vergessen*, oder durch einen anderen zu *ersetzen*; ich habe mehr als die Hälfte des Stückes gelesen und weiß nicht, was das Mädchen will, oder was der Dichter mit dem Mädchen gewollt hat, ahnde auch nicht, was etwa mit ihr geschehn könnte, kein zukünftiges Schicksal ist angekündiget oder vorbereitet, und zudem läßt ihr Geliebter bis zur letzten Zeile des dritten Akts kein halbes Wörtchen von ihr fallen. Dieses ist schlechterdings die *tödliche Seite des ganzen Stückes* [...].«[30] Die Kritik ist so scharf, weil sich der Autor, so sieht es der mit ihm identische Rezensent, gegen eine Fundamentalforderung des Dramas vergangen hat: die konsequente Entwicklung eines Charakters. Nichts stimmt, meint Schiller, nichts ergibt sich, nichts ist angelegt, nichts folgert zwangsläufig, nichts ist »angekündiget« oder »vorbereitet«; so macht der Dichter sich selbst den Prozeß, weil alles nur dramatisches Stückwerk und impressionistisches Kolorit ist, ein planloses Nebeneinander ohne Konsequenzen oder Vorherbestimmungen, und in der Tat bleibt denn alles im dramatischen Chaos stecken, wirkt unüberlegt und zusammengestoppelt. Schiller verwendet übrigens danach auch noch einige Seiten auf diese dramatische Mißkonstruktion, zitiert ausführlich (was freilich zu den Rezensionsgewohnheiten der Zeit gehört), und kommt dann noch einmal zu einem vernichtenden Fazit: »Noch wär ein Wort über die zweideutige Katastrophe der

ganzen Liebesgeschichte zu sagen. Man frägt, war es *tragisch*, daß der *Liebhaber* sein Mädchen ermordet? War es in dem gegebenen Falle *natürlich*? War es *notwendig*? War kein *minder schrecklicher* Ausweg mehr übrig?«[31] Es sind die gleichen Fragen an Sinn und Notwendigkeit der dramatischen Konstruktion, die eben von der traditionellen Dramenauffassung her löchrig und unüberzeugend wirkt. Für Schiller ist das dann freilich zugleich ein Anlaß, von der Verneinung der rhetorisch gestellten Fragen her dennoch die Einheit des Dramas zu retten, und sein endgültiger Schluß – »offenbar krönt diese Wendung das Stück und *vollendet* den Charakter des *Liebhabers* und *Räubers*«[32] – glorifiziert geradezu das Drama. Aber selbst hier noch sind Vorstellungen vom dramatischen Plan, von dramatischer Konsequenz, Übersichtlichkeit und Folgerichtigkeit mit im Spiel: denn was hier *»vollendet«* wird, war prädisponiert, und die Verteidigung läuft allein darauf hinaus, hier einen scheinbaren Bruch, eine scheinbare Inkonsequenz als das darzustellen, was die Poetik des Dramas in dieser Zeit dem Drama vorschrieb: Konsequenz und Kontinuität des »Plans«, der Handlung und der Charaktere.
Das alles ist vom Verständnis des 18. Jahrhunderts her nichts Ungewöhnliches. Die dramatische Handlungskonsequenz entsprach ja nur zu genau der Konsequenz des Weltlaufs; mit der planvollen Organisation des Universums hätte ein willkürlich verfahrender Dramenplan mit Abschweifungen und ohne Ziel nicht in Einklang gebracht werden können. Dramatische Willkür ist im 18. Jahrhundert etwas Undenkbares, und die fruchtbarste dramatische Situation wäre fruchtlos geblieben, hätte es am »Generalriß« des Stückes gefehlt.[33] Von dorther erklären sich sowohl beim jungen Schiller als auch noch beim Klassiker die Korrekturen, die der Dramatiker an geschichtlichen Stoffen vorzunehmen genötigt war. Mochte sich die Geschichte gelegentlich planlos und undurchschaubar ausnehmen – der Dramatiker hat nicht ihr zu folgen, sondern seinem eigenen dramatischen Weltentwurf, und so kann das Drama sogar gelegentlich die Geschichte korrigieren oder ihr doch wenigstens den Sinn abgewinnen, der sich hinter den historischen Tatsächlichkeiten gelegentlich verhüllt. Gewiß blieb für Schiller auch nach den *Räubern* das Drama ein »*offener Spiegel* des menschlichen Lebens«, wie er es in seiner Schrift *Ueber das gegenwärtige teutsche Theater* von 1782 darstellt,[34] »auf welchem sich die geheimsten Winkelzüge des Herzens illuminiert und fresko zurückwerfen, wo alle Evolutionen von Tugend und Laster, alle verworrensten Intriguen des Glückes, die merkwürdige Oekonomie der obersten Fürsicht, die sich im wirklichen Leben oft in langen Ketten unabsehbar verliert, wo, sage ich, dieses alles in kleinern Flächen und Formen aufgefaßt, auch dem stumpfesten Auge unübersehbar zu Gesichte liegt«. Aber auch hier ist bezeichnenderweise von der merkwürdigen Ökonomie der »obersten Fürsicht« die Rede; im Drama ist es der Dichter selbst, der als Inkarnation dieser »obersten Fürsicht« nicht anders verfahren darf, als es die wirkliche »Fürsicht« tut, und Konsequenz, Ordnung und eben der in Realität umzusetzende Plan des Ganzen sind die Determinanten seines dramatischen Handelns. Wie stark generelle Anschauungen über die Regelmäßigkeiten einer grundsätzlich geordneten Welt die dramatischen Vorstellungen des jungen Schiller bestimmen, zeigt der Aufsatz an weiteren markanten Stellen. Schillers frühe Dramen sind Demonstrationen der Aufklärung, die für ihn um 1780 noch ungebrochen weiterwirkte, und er kann sich nur planvolle dramatische Welten vorstellen: das Drama als verkleinertes Ab-

bild der Welt ist das Abbild einer überall geordneten Welt. Natürlich ist bei Schiller das alles angelesene Aufklärung, aber es ist zugleich doch auch eine geglaubte Aufklärung; er ist von ihrer Berechtigung und Richtigkeit überzeugt. »Wir Menschen stehen vor dem Universum«, schreibt er, »wie die Ameise vor einem grossen majestätischen Palaste. Es ist ein ungeheures Gebäude, unser Insektenblick verweilt auf *diesem* Flügel, und findet vielleicht *diese* Säule, *diese* Statuen übel angebracht; das Auge eines bessern Wesens umfaßt auch den gegenüberstehenden Flügel, und nimmt dort Statuen, und Säulen gewahr, die ihren Kameradinnen hier symmetrisch entsprechen. Aber der Dichter male für Ameisenaugen, und bringe auch die andere Hälfte in unsern Gesichtskreis verkleinert herüber; er bereite uns von der Harmonie des Kleinen auf die Harmonie des Grossen; von der Symmetrie des Theils auf die Symmetrie des Ganzen, und lasse uns letztere in der erstern bewundern. Ein Versehen in diesem Punkt ist eine Ungerechtigkeit gegen das ewige Wesen, das nach dem unendlichen Umriß der *Welt*, nicht nach einzelnen herausgehobenen Fragmenten beurtheilt seyn will.«[35] Im Grunde soll der Dichter also noch mehr zeigen als bloß ein Abbild des geordneten Weltlaufs; er soll das Weltganze geben, und es versteht sich von selbst, daß es planvoll und geordnet ist. Keine »Kopie der Natur« also, wohl aber die Darstellung und Verkündigung der »Vorsehung« – und was Schiller hier, ganz in der Sprache des aufgeklärten 18. Jahrhunderts, »Vorsehung« nennt, bedeutet im Bereich des Dramas Fabel und Sujet, das Ganze und das »Gesetz der Entfaltung«, da nur so Ordnung in die dramatische Welt hineinkommen kann, die der der wirklichen Welt entspricht, auch wenn diese nicht immer sichtbar ist. Um so dringlicher erscheint die Aufforderung an die Dichter, ein Abbild zu vergegenständlichen, das den eigentlichen Weltlauf ausmacht.

Schiller hat nicht nur in dieser Schrift, sondern auch in der zweiten Theaterarbeit dieser Jahre, der *Schaubühnen*-Rede, auf die Religion als die edlere Schwester der Schauspielkunst hingewiesen – kein rhetorischer Vergleich, sondern ein weiterer Hinweis auf die aufgeklärte Nähe von theologisch geordnetem Weltplan und der in diesem Sinne ebenfalls planvollen Struktur des dramatischen Ganzen. »Welche Verstärkung für Religion und Geseze«, heißt es dort, »wenn sie mit der Schaubühne in Bund treten, wo Anschauung und lebendige Gegenwart ist, wo Laster und Tugend, Glückseligkeit und Elend, Thorheit und Weißheit in tausend Gemählden faßlich und wahr an den Menschen vorübergehen, wo die Vorsehung ihre Räzel auflößt, ihren Knoten vor seinen Augen entwickelt, wo das menschliche Herz auf den Foltern der Leidenschaft seine leisesten Regungen beichtet, alle Larven fallen, alle Schminke verfliegt, und die Wahrheit unbestechlich wie Rhadamantus Gericht hält.«[36] Wieder ist hier von der Vorsehung und dem »entwickelten« Knoten die Rede: die Welträtsel sind gemeint, aber zugleich der dramatische Knoten, der nach Auflösung verlangt. Alles das spricht ebenfalls für planvolle dramatische Strukturen, für das unbeirrbare Verfolgen eines dramatischen Themas, für Handlungskonsequenz und Kontinuität der Vorgänge – und diese Forderungen an die Bühne überlagern weitgehend die Vorstellungen von der Bühne als eines dramatischen Weltspiegels. Von einer realistischen Weltabschilderung auf der Bühne kann keine Rede sein – das Theater ist das wirksamste Aufklärungsinstrument überhaupt, und zu seinem Lehrcharakter gehört die in sich überzeugende, und das heißt bruchlose, stringente Darstellung dessen, was das Wesen der Welt ausmacht. Schiller hat gerade in der Schaubühnenschrift noch einmal ein Bekenntnis zur Aufklärung abgelegt, und es ist identisch mit seinem Bekenntnis zur planvoll operierenden dramatischen Dichtkunst: »Menschlichkeit und Bildung fangen an der herrschende Geist unserer Zeit zu werden, ihre Strahlen sind bis in die Gerichtssäle, und noch weiter – in das Herz unserer Fürsten gedrungen. Wie viel Antheil an diesem göttlichen Werk gehört unseren Bühnen? Sind *sie* es nicht, die den Menschen mit dem Menschen bekannt machen, und das geheime Räderwerk aufdecken, nach welchem er handelt?«[37] Nichts könnte besser die planvollen dramatischen Strukturen bei Schiller demonstrieren als das Bild vom geheimen Räderwerk. Es bestimmt nicht nur das Dasein überhaupt, sondern, stellvertretend, den Gang des Dramas. Anders könnte dieses dem Anspruch, die Wahrheit zu geben, auch kaum gerecht werden. Die Bühne bahnt den Weg vom Verstand zum Herzen, wie es kurz darauf heißt: ein planvoller Vorgang, der bloße Assoziationen oder Willkür ausschließt. So ist das Theater eine »künstliche Welt«,[38] aber eben darum können in ihr die gesetzmäßigen Abläufe sichtbar werden, die in Wirklichkeit, so meint Schiller, so oft verdeckt sind.

Das Problem einer Theorie der Tragödie hat Schiller auch danach noch mehrfach beschäftigt. 1790 hat Schiller über eine *Theorie der Tragödie* gelesen und darüber auch eine Veröffentlichung geplant; er wollte sie »bloß allein aus eignen Erfahrungen und Vernunftschlüßen« entwickeln (Briefe an Huber vom 30. 9. 1790 und Körner vom 22. 2. 1791).[39] Am Ende erschien freilich nur die Schrift *Ueber den Grund des Vergnügens an tragischen Gegenständen* (1792), stark Kantisch gefärbt und durchaus nicht nur auf eigene Erfahrungen gegründet. Auch dort ist noch von »Kunstplan« und »Planmäßigkeit« die Rede,[40] von »moralischer Zweckmäßigkeit« und der »höchsten Gesetzgebung der Vernunft«.[41] Bestätigt werden soll in der Tragödie »die Vernunft in ihrer Gesetzgebung«: alles das setzt einen dramatischen Plan voraus, da etwas demonstriert werden soll, was sich aus sich selbst heraus nicht ergibt, und noch einmal ist hier eine Grundforderung der Aufklärung zu hören, die zugleich eine Grundforderung an den Dramatiker ist: »[...] ein heller Verstand und eine von jeder Naturkraft also auch von moralischen Trieben (insofern sie instinktartig wirken) unabhängige Vernunft wird erfordert, die Verhältnisse moralischer Pflichten zu dem höchsten Princip der Sittlichkeit richtig zu bestimmen [...]. Sieht nicht oft genug der gemeine Haufe da die häßlichste Verwirrung, wo der denkende Geist gerade die höchste Ordnung bewundert?«[42] Zweckmäßigkeit ist hier die Kantische Leitidee Schillers, bis in die »zweckmäßige Anordnung« hinein.

Schiller hat dergleichen Überlegungen auch in *Ueber die tragische Kunst* fortgesetzt. Geradezu programmatisch heißt es dort: »Die Kunst erfüllt ihren Zweck durch *Nachahmung der Natur*, indem sie Bedingungen erfüllt, unter welchen das Vergnügen in der Wirklichkeit möglich wird, und die zerstreuten Anstalten der Natur zu diesem Zwecke nach einem verständigen Plan vereinigt, um das, was diese bloß zu ihrem Nebenzwecke machte, als letzten Zweck zu erreichen«.[43] Ohne diesen »verständigen Plan« ist eigentlich auch die Tragödie undenkbar. Ein unaufgelöster Knoten, so heißt es mit Bezug auf die griechische Bühne, darf nicht zurückbleiben;[44] alles muß sich lösen »in die Ahndung oder lieber in ein deutliches

Bewußtseyn einer teleologischen Verknüpfung der Dinge, einer erhabenen Ordnung, eines günstigen Willens«[45] – die neuere Kunst hat das der griechischen voraus, da sie eine »geläuterte Philosophie« kennt. Schillers Vorstellungen kulminieren schließlich in seinen strengen Forderungen an die Tragödie, die in etwa wohl das wiedergeben, was er 1790 mit seiner *Theorie der Tragödie* geplant hatte: die Tragödie ist »Nachahmung einer *vollständigen* Handlung. Ein einzelnes Ereigniß, wie tragisch es auch seyn mag, giebt noch keine Tragödie. Mehrere als Ursache und Wirkung in einander gegründete Begebenheiten müssen sich mit einander zweckmäßig zu einem Ganzen verbinden [...]. Es kommt also darauf an, daß wir die vorgestellte Handlung in ihrem ganzen Zusammenhang verfolgen, daß wir sie aus der Seele ihres Urhebers durch eine natürliche Gradation unter Mitwirkung äußerer Umstände hervorfließen sehen. So kann auch allein der große Abstand ausgefüllt werden [...], der sich zwischen der ruhigen Gemüthsstimmung des Lesers am Anfang und der heftigen Aufregung seiner Empfindungen am Ende der Handlung findet«.[46]

Alle diese Äußerungen Schillers sind unmißverständlich, in sich folgerichtig und in Übereinstimmung mit den herrschenden europäischen Theateransichten. Sie sind Produkte einer aufgeklärten Weltsicht, die im Theater ein Erziehungsinstrument und Demonstrationsmittel sah. Sie alle gehen davon aus, daß ein Theatergeschehen planmäßig zu verfahren habe, da es sich nur durch die Analogie zum Weltgeschehen legitimieren könne. Brüche oder Wandlungen sind in seinen Ansichten nicht zu orten, überall aber ein folgerichtiges Festhalten an den aufgeklärten Theateranschauungen: sie gehen von der Frühzeit unverändert über in die Anschauungen der Kantischen Periode und ebenso unverändert in die der Beschäftigung mit der antiken Tragödie, und sie führen bis in die Spätphase seiner Beschäftigung mit der Theatertheorie in seinen mit Goethe gemeinsamen Überlegungen zur epischen und dramatischen Dichtung. Zu den wichtigsten Kunstvorstellungen gehört, daß die Tragödie eine Einheit darzustellen habe und sich aus einem dramatischen Entwurf entfalten müsse. Schiller hat zu keiner Zeit diese Grundsätze in Frage gestellt, und die dramatische Praxis zeigt, in welchem Ausmaß er bemüht war, seine Dramenhandlungen diesen obersten Grundsätzen anzugleichen. Nirgendwo Brüche, Abwege, Problematisierungen – und eben von dorther grenzt es ans absolut Unwahrscheinliche, daß Schiller im *Don Karlos* im Verlauf seines Dramas einen anderen Kurs als den des Anfangs eingeschlagen haben sollte. Was hätte ihn nach so vielen und vor so vielen Treuebekundungen gegenüber der überkommenen Dramentechnologie bewegen können, von seinem Kurs abzugehen? So spricht zunächst alles dafür, bei diesem Drama zumindest das Bemühen um dramatische Kontinuität vorauszusetzen. Daß Schiller hier einen Dramenstoff von der Familiengeschichte zum politischen Staatsdrama entwickelt habe, läßt sich von Schillers Ansichten vom Wesen der Tragödie her nicht abstützen. Auch seine *Briefe über Don Karlos* sind ein weitausholender Versuch, die Einheit seines Stückes zu erweisen, nicht, weil er sich gegen Tageskritiker zur Wehr setzen, sondern weil er sein Stück in Übereinstimmung mit den herrschenden Dramenauffassungen, die auch die seinigen waren, sehen wollte. Die Argumentation hat also nicht davon auszugehen, daß Schiller hier ein mit inneren Brüchen belastetes Drama gegen seine Kritiker als einheitlich verteidigen mußte. Zu fragen wäre vielmehr, ob ein nach Vorhaben und Theaterpraxis in sich einheitliches und folgerichtig ablaufendes Drama so durchgehalten wurde – und, wenn ja, worin diese Einheitlichkeit besteht.

Man hat den Bauerbacher Entwurf, Schillers erste Niederschrift seines Dramenplanes, häufig nur als eine erste Stufe in der weitläufigen und komplizierten Entstehungsgeschichte des *Don Karlos* angesehen. Aber wir haben hier eben das »Gesetz der Einheit« und das »Gesetz der Entfaltung« auf beinahe vollkommene Weise umgesetzt. Daß Schiller hier mehr als nur eine bloße Handlungsskizze verfaßt hat, machen seine Überlegungen zum Ablauf des geplanten Dramas nur zu deutlich: »I. Schritt. Schürzung des Knotens. [...] II. Schritt. Der Knoten verwickelter. [...] III. Schritt. Anscheinende Auflösung, die alle Knoten noch mehr verwickelt. [...] IV. Schritt. Dom Karlos unterliegt einer neuen Gefahr. [...] V. Schritt. Auflösung und Katastrophe«: klarer könnte ein dramatischer Ablauf kaum konzipiert sein. Schiller folgt hier vollständig seinen und den herrschenden Dramenvorstellungen, und mit Ausnahme des »IV. Schrittes« sind seine Hinweise zum Fortgang des Ganzen stoffungebunden. Wenn überhaupt, ist die Einheit des *Karlos* hier, im Bauerbacher Entwurf zu finden, und die Frage wird sein, wie weit Schiller sie in den folgenden Phasen der Entstehungsgeschichte durchzuhalten vermochte. Über das Thema des geplanten Dramas bestand von Anfang an kein Zweifel: Schiller plante eine Familiengeschichte, und wir haben darin nicht nur den Einfluß der vorangegangenen *Luise Millerin* zu sehen, sondern eine neue thematische Variante innerhalb eines Bereiches, in dem Schiller sich von Anfang an bewegt hatte. Schon die *Räuber* waren in erster Linie eine Familientragödie gewesen, der Vater-Sohn-Konflikt und der Bruderkrieg waren Sujets, die den beliebtesten Stoffbereich der damaligen Dramatik nur um eine besonders gewagte Variante erweitern und bereichern sollten, auch wenn Schiller sich dabei teilweise in schon ausgetretenen Pfaden bewegte. Zwar ist *Fiesco* anders konzipiert, als Tragödie »des würkenden und gestürzten Ehrgeizes«, wie Schiller damals an Dalberg geschrieben hatte.[47] Aber es gibt untergründig doch manches, was sich auch hier an die Tradition der Familienstücke anschließt: dazu gehören motivische Verwandtschaften mit Lessings *Emilia Galotti* ebenso wie die sich fast verselbständigende Berta-Verrina-Handlung. Verrina erscheint beinahe als Odoardo, Berta als wiederholte Virginia, Gianettino als teuflisch gewordener Prinz von Guastallo, Julia Imperiali als nachempfundene Orsina: die Schatten dieser bürgerlich-unbürgerlichen Familientragödie sind deutlich genug auch über den *Fiesco* geworfen. Doria als Vaterfigur, der republikanische Aufstand als politische Variante des Generationskonfliktes – das Drama kann seine Prägung auch von dorther gewiß nicht völlig verleugnen. *Kabale und Liebe* aber war sicherlich mehr als ein Versuch, »ob er sich auch in die bürgerliche Sphäre herablassen könne«, wie Andreas Streicher damals gemeint hatte.[48] Die Figurenkonstellation war zu einem erheblichen Teil aus Otto Heinrich von Gemmingens *Der deutsche Hausvater* übernommen – und wir wissen ja, wie deutlich auch Heinrich Leopold Wagners *Kindermörderin* und *Die Reue nach der Tat* im Hintergrund des Stückes stehen, schließlich auch Johann Martin Millers Roman *Siegwart, eine Klostergeschichte* – Familiengeschichten alles, wie Lessings ebenfalls benutzte *Miß Sara Sampson* und seine *Emilia Galotti.* Man hat das Drama mehrfach, dadurch allerdings nicht gründlicher, als bürgerliches Freiheitsdrama gedeutet, als demagogisches Drama oder auch als handfestes politisches Tendenzstück, andererseits als Tragödie des endlichen Menschen schlechthin. Aber all das kann nicht überzeugen; wir haben es auch hier wieder mit einem Familiengemälde in bürgerlichem Hause zu tun, und daß dieses Familiengemälde kein sehr freundliches ist, zeigt das Ausmaß der Bedrohung dieser für das bürgerliche Zeitalter wichtigsten Sozialinstitution zum Ausgang des 18. Jahrhunderts. Wir wissen, wie häufig diese »Familiengemälde« in der dramatischen Literatur damals waren. Der Erfolg eines Stückes von Otto Heinrich von Gemmingen, *Die Familie oder der deutsche Hausvater*, ist für Mannheim eindeutig belegt. Ifflands *Verbrechen aus Ehrsucht* war ebenso ein »Familiengemälde« wie Georg Friedrich Wilhelm Großmanns *Nicht mehr als sechs Schüsseln*, wie Friedrich Ludwig Schröders *Der Vetter aus Lissabon* und wie August von Kotzebues *Menschenhaß und Reue*. Alle diese Dramen waren Erfolgsstücke. Das sieht zwar sehr nach literarischer Mode aus. Aber dahinter ist doch wohl ein tieferreichendes Interesse an der problematisch gewordenen Familie zu orten: zu keiner Zeit scheint sie im 18. Jahrhundert stärker bedroht gewesen zu sein.

Liegt es von dorther gesehen nicht nahe, im *Don Karlos* eine weitere Variante des Familiengemäldes zu sehen, eben das »Familiengemälde in einem fürstlichen Hauße«? Bezeichnender ist, daß Schiller sich in allen Phasen der Entstehungsgeschichte um die historischen Realitäten nicht sonderlich stark gekümmert hat: historische Faktizität war kein dramatisches Kriterium, das Historische nur ein Kostüm. Und der Bauerbacher Entwurf zeigt das Familiendrama in aller Deutlichkeit: Karlos, der die Stiefmutter, die Königin, liebt; »der tiefe Affekt seines Vaters, sein Argwohn, seine Neigung zur Eifersucht, seine Rachsucht«, wie Schiller noch zur »Schürzung des Knotens« notiert hat; die wachsende Liebe Karlos' und die Gegenliebe der Königin, dazu »Philipps Alter, Disharmonie mit ihrer Empfindung«, dann des »Königs Unwillen über seinen Sohn«, bis hin zur wachsenden Vater-und-Sohn-Tragödie gegen Ende des Dramas: »Der König beschließt seines Sohnes Verderben«, und: »König entdeckt eine Rebellion seines Sohnes«. Am Ende ist das Politische, sofern es überhaupt je eine Rolle gespielt haben sollte, vollkommen ausgeklammert; nach den »Regungen der Vaterliebe«, die den Sohn zunächst noch zu begünstigen scheinen, verschärft dann die Leidenschaft der Königin »die Sache« und »vollendet des Prinzen Verderben«. Aus dieser Perspektive wird nur zu deutlich, daß die Rebellion Karlos' alles andere als politisch motiviert war; es ist die Rebellion des Sohnes gegen den Vater, und Teil dieser Rebellion ist die Liebe des Sohnes zur Königin. Die Rolle des Marquis ist von dorther nur strukturell motiviert: »Der Marquis wälzt den Verdacht auf *sich*, und verwirret den Knoten aufs neue«, heißt es zum III. Schritt, in dem »alle Knoten noch mehr verwickelt« werden sollen. Und so haben wir es denn hier mit einer an die Grenzen des Möglichen und Wahrscheinlichen getriebenen Variante des Familiendramas zu tun; dazu gehört nicht nur die absurde Verwicklung der Konflikte ineinander, sondern ebenfalls die Transposition des Familienthemas in die Welt der hohen Tragödie. Das war einerseits durch die Vorliebe Dalbergs für die hohe Tragödie motiviert, aber Schiller hat das sicherlich nicht allein zum Anlaß genommen, um das Familiendrama zum Stück in einem »fürstlichen Hauße« umzuschreiben. Diese Transposition läßt vielmehr etwas von der Macht der Familientragödie spüren.

Schiller hat den historischen Stoff nicht nach dem Urbild von *Kabale und Liebe* zum Familiendrama umgeformt, sondern umgekehrt das Familiendrama ausgeweitet in Richtung auf die hohe Tragödie hin, und der Stoff des *Karlos* schien ihm die Brücke vom bürgerlichen Trauerspiel zum fürstlichen Familienstück zu bieten: nichts könnte besser die beinahe absolute Vormachtstellung des Familiendramas in dieser Zeit verdeutlichen als gerade das.
Was blieb von dieser Konzeption? Noch Anfang Juni 1784, nach der Niederschrift des Bauerbacher Entwurfes, war Schiller entschlossen, ein Familiengemälde darzustellen, »die schrekliche Situazion eines Vaters, der mit seinem eigenen Sohn so unglüklich eifert, die schreklichere Situazion des Sohnes, der bei allen Ansprüchen auf das gröste Königreich der Welt ohne Hoffnung liebt, und endlich aufgeopfert wird«. Und sein Zusatz, der *Karlos* würde »nichts weniger seyn, als ein politisches Stük«,[49] bestätigt die politische Abstinenz des Autors. Oder anders herum: noch immer dominierte die Familientragödie. Und Familientragödie blieb das Drama auch nach der Versifikation. Schiller hat sich im übrigen in der Vorrede zum *Don Karlos* in der *Rheinischen Thalia* darüber deutlich genug ausgesprochen. »Wenn dieses Trauerspiel schmelzen soll«, so heißt es dort, »so muß es – wie mich deucht – durch die Situation und den Charakter König Philipps geschehen«. Aber diese Situation ist nicht politisch motiviert, sondern allein von der eigentümlichen Familiensituation her: von der »Geschichte des unglücklichen Dom Karlos und seiner Stiefmutter«, der Fürstin, deren Herz »durch die Leidenschaft des Sohnes und des Vaters gleich unmenschlich gemißhandelt wird«. Also *Menschen*, wie Schiller noch einmal ausdrücklich betont, nicht Staatsrepräsentanten – und nicht zufällig kommt Schiller auch hier noch einmal auf einen seiner wichtigsten dramenpoetologischen Grundsätze zu sprechen, wenn er feststellt, daß der ganze Gang der Intrige »schon in diesem ersten Aufzug« eingelegt sei: »Beide Hauptkaraktere laufen hier schon mit derjenigen Kraft, und nach derjenigen Richtung aus, welche den Leser errathen läßt, wo und wann und wie heftig sie in der Folge widereinander schlagen«.[50] Was immer der Leser sich vom ersten Akt und damit vom Drama erwarten mag, Schiller hat hier allen Mißverständnissen eindeutig vorgebeugt. Weder geht es hier um die Erfindung eines zu sich selbst entschlossenen Ichs noch um eine bloße Liebeshandlung. Es ist pure Willkür, aus dem ersten Satz des Bauerbacher Entwurfs, »Der Prinz liebt die Königin«, eine Spannung zwischen persönlichem und politischem Schicksal herauszulesen und hier den Zusammenstoß des persönlichen Gefühlsanspruchs mit den unpersönlichen Staatsnotwendigkeiten zu sehen.[51] Die Liebestragödie des Bauerbacher Entwurfs entfaltet sich durchaus nicht »an einer besonderen politisch-gesellschaftlichen Situation«,[52] sondern allein aus den tragisch-verqueren Beziehungen innerhalb dieser Familie, in der nicht ein politisches und ein persönliches Dasein verflochten sind, sondern in der das alte Thema der gefährdeten Familie nur in die Ebene der hohen Tragödie und zugleich ins absurde Extrem gesteigert erscheint. In der Fußnote der *Thalia*-Fassung findet sich ein Satz, der über die Absichten des Autors ebenfalls nicht den geringsten Zweifel läßt: »Dom Karlos ist ein Familiengemählde aus einem königlichen Hause«[53]. Damit aber ist Schiller hier den Absichten des Bauerbacher Planes aufs gradlinigste treu geblieben: die Konzeption des Dramas ist unverrückbar immer noch die gleiche. Wenn überhaupt Veränderungen auftraten, dann nur danach; dem entspricht

die Feststellung im ersten Brief der *Briefe über Don Karlos*, daß die zweite Hälfte der ersten, bereits veröffentlichten, angepaßt werden mußte. Hat hier nun das politische Drama das Familiengemälde aus einem fürstlichen Hause verdrängt?

Wie sehr nicht nur Schillers Absicht, sondern bereits die ersten Akte die Familientragödie vorbereitet haben, zeigt der Text selbst. Posa ist zurückgekehrt als »Abgeordneter der ganzen Menschheit« (I,2,157), der Kunde von den gepeinigten flandrischen Provinzen bringt – aber Karlos gesteht ihm, daß er, äußerste Verwirrung im Familiengemälde, seine Mutter liebe: »Von meinem Vater sprich mir nicht« (I,2,304). Und dennoch geht das ganze folgende Gespräch über Väter und Söhne, und am Ende steht nicht nur eine metaphorische Umschreibung der Situation zwischen Vater und Sohn, sondern zugleich eine Vordeutung: »Hier, Roderich, siehst du zwey feindliche / Gestirne, die im ganzen Lauf der Zeiten / Ein einzig Mal in scheitelrechter Bahn / Zerschmetternd sich berühren, dann auf immer / Und ewig aus einander fliehn« (I,2,341f.). Die Familientragödie wäre an sich schon vollständig, aber hier kommt noch hinzu, daß der Vater zugleich König ist, und nur in diesem Sinne ist zu Anfang des Dramas Politisches mit dem Familiengemälde verbunden. Daß der Vater dem Sohn die Braut genommen hat, macht den Konflikt zwischen Vater und Sohn unlösbar. Philipp wiederum bezeichnet mit: »Hier ist die Stelle, wo ich sterblich bin« (I,6,867) seinerseits genau den Punkt der tragischen Verwicklung aus seiner Sicht. Des Prinzen Wunsch, Flandern zu retten, verbindet sich aufs deutlichste mit dem Versuch des Sohnes dem Vater gegenüber, »In seiner Gunst [sich] wieder herzustellen« (I,8,915). Marquis Posa erscheint dem Prinzen ebenfalls in familiären Termini: »Sind wir / Nicht Brüder?« (I,9,930f.). Dem König ist Karlos »der Sohn des Hauses« (II,1,1017), Philipp entsprechend Pater familias. Was Philipp von Karlos trennt, ist das, was den König vom Prinzen zurückhält, und im irrealen Versuch, eben das zu überspringen, äußert Karlos: »Wir sind allein. / Der Etikette bange Scheidewand / Ist zwischen Sohn und Vater eingesunken« (II,2,1057–59). Im 2. Auftritt des 2. Akts spielt sich das verzweifelte Werben des Sohnes um den Vater ab und mündet in die Vision Karlos' von einer familiären Idealbeziehung: »Ich will Sie kindlich, will Sie feurig lieben / [...] / Wie groß und süß, in seines Kindes Tugend / Unsterblich, unvergänglich fortzudauern, / Wohlthätig für Jahrhunderte! – Wie schön / Zu pflanzen, was ein lieber Sohn einst erntet, / [...]« (II,2,1113.24–27). Philipps Zweifel, ob er hier nicht seinen Mörder vor sich habe, zerstört aber die Möglichkeit einer Beziehung abrupt und unwiderruflich, und daß der König am Ende spricht und der Vater schweigt, besiegelt die Sohnestragödie vollkommen. Daß Philipp die Eboli liebt, diese Karlos, Karlos wiederum die Stiefmutter, führt diese Familiengeschichte in extreme Situationen. Philipp weiß um die Liebe seines Sohnes zu Elisabeth, Karlos um Philipps Liebe zur Eboli – ein »dunkles Labyrinth« (III,4,2697). Als Posa mit seinen Weltverbesserungsideen zum König kommt, führt Philipp ihn in die Familientragödie zurück: »Ihr habt / Auf meinem Thron mich ausgefunden, Marquis. / Nicht auch in meinem Hause?« (III,10,3303–5). Und Philipp selbst bringt die ganze Misere der königlichen Familientragödie zur Sprache, wenn er sagt: »Doch – wär' ich auch von allen Vätern der / Unglücklichste, kann ich nicht glücklich seyn / Als Gatte? Marquis. Wenn ein hoffnungsvoller Sohn, / Wenn der Besitz der liebenswürdigsten / Gemahlinn einem Sterblichen ein Recht / Zu diesem Namen geben, Sire, so sind Sie / Der glücklichste durch beides. König *mit finstrer Miene.* Nein! ich bin's nicht. / Und daß ich's nicht bin, hab' ich tiefer nie / Gefühlt als eben jetzt –« (III,10,3308–14). Damit ist alle Staatsphilosophie, die ohnehin überraschend und unmotiviert kam, auf das zurückgeführt, was das Drama von Anfang an bestimmte: auf die absurden, verqueren, unlösbaren Familienverhältnisse, auf unmögliche und wider alles Erwarten doch existente Liebesbeziehungen und Haßgefühle. Philipp schließt: »Ihr kennt / Den Menschen« (III,10,3339f.): er meint nicht den Staat, sondern seine eigenen Lebensverhältnisse, die sich hier in aller Deutlichkeit anbahnende Familienkatastrophe, in der die eigentlich menschlichen Beziehungen unterminiert und zerstört erscheinen.

Daß Philipp nichts anderes als den Familienkonflikt sieht, wird im 4. Akt noch einmal deutlich, als er daran zweifelt, ob die Infantin wirklich seine Tochter sei, und seinen Sohn der Vaterschaft verdächtigt – »Weg! Weg! / In diesem Abgrund geh' ich unter« (IV,8,3661f.). Er fühlt sich hintergangen – als Gemahl und Vater, nicht als König. Verfehlte Liebe ist es, die die Eboli zum Diebstahl treibt. Posa weicht als Freund der Geliebten (IV,21,4265), Karlos sucht nach dem Verhüllungs- und Enthüllungsspiel mit Posa immer noch Verzeihung bei seinem Vater (V,3, 4730), »Sind wir nicht Sohn und Vater«, fragt auch Philipp selbst nach dem Tode Posas, und Karlos' ein wenig verspätete Absage ist die Absage an den Vater: »Suchen / Sie unter Fremdlingen Sich einen Sohn –« (V,4,4848–50). Philipp empfindet diesen letzten Satz seines Sohnes, der eine Aufkündigung dieser Sohnesbeziehung ist, als Urteil und Gericht: »Mein Urtheil ist gesprochen. / In diesen stummen Mienen les' ich es / Verkündigt. Meine Unterthanen haben mich / Gerichtet« (V,4,4852–55). Er selbst ist sich nicht mehr als »ein ohnmächt'ger Greis«; sein Sohn soll mit »königlichem Schmucke« bekleidet werden, und Lerma fällt vor Karlos aufs Knie: »König meiner Kinder! / O meine Kinder werden sterben dürfen / Für Sie. Ich darf es nicht. Erinnern Sie Sich meiner / In meinen Kindern« (V,7,4943–46). Die Fronten sind am Ende umgekehrt: nicht Karlos beugt sich dem Vater, sondern »Dieser Philipp zittert heute / Vor seinem eignen Sohn!« (V,7, 4953f.). So vollzieht sich die Vater-Sohn-Tragödie vollends, und am Ende sieht Philipp im toten Posa den eigentlichen Sohn: »In diesem Jüngling / Ging mir ein neuer, schön'rer Morgen auf« (V,9,5051f.). Für ihn aber hat sich Posa als der erwiesen, der die ihm angetragene Sohnesrolle nicht angenommen, sondern der sich dem eigentlichen Sohn und Erben zugewandt hat: »Nicht / Den Philipp opfert er dem Karlos, nur / Den alten Mann dem Jüngling, seinem Schüler. / Des Vaters untergeh'nde Sonne lohnt / Das neue Tagwerk nicht mehr. Das verspart man / Dem nahen Aufgang seines Sohns –« (V,9,5067–72).

Am Ende opfert Philipp seinen Sohn, den er bei der Königin findet, der Inquisition, und die Familientragödie kommt zum tödlichen Ende. Sie schließt mit dem vollkommenen Untergang dieser Königsfamilie, dem Abbruch der Generationenkette, dem Sieg des Alters über die Jugend, dem des Vaters über den Sohn: die natürlichen Verhältnisse sind umgekehrt, in jeder Hinsicht. Von politischen Umbruchsplänen ist nur bei Karlos die Rede, aber seine Ideen werden von der Wirklichkeit widerlegt, und die Wirklichkeit ist die des enttäuschten Vaters, der seinen Sohn der Inquisition überliefert. Schiller hat damit die Familientragödie zu einem äußersten Höhepunkt getrieben: daß die Väter die Söhne überleben, war an sich zwar ein schon vor Schiller gebräuchliches Motiv der Familientragödie; aber hier ist zugleich die Beziehung Philipps zu seiner Frau zerstört, und so endigt denn alles im Untergang. Er war freilich von vornherein angelegt. Daß Karlos von seinem Vater gefürchtet und gehaßt wird, seine Stiefmutter liebt, der Vater aber die Frau dem Sohne geraubt hat, die Vertraute der Königin wiederum von Philipp geliebt wird, diese aber Karlos einzufangen versucht, Karlos über sie zur Königin vorzudringen versucht, Philipp in Karlos den Nebenbuhler wittert und in seiner Tochter das Kind seines Sohnes zu sehen meint, Philipp Posa erst wie dem besseren eigenen Sohn vertraut, dann aber vom gleichen Mißtrauen wie seinem eigenen Sohn gegenüber erfüllt wird, die Freundschaft des Posa zu Karlos gelegentlich geradezu als Liebesersatz erscheint, Karlos in Posa den Bruder sieht und Posa den Bluts- und Geistesverwandten in Karlos – das alles trägt nur zu deutlich die Züge des Familiendramas, und es kann kein Zweifel sein, daß die perennierenden Züge dieses Familiendramas im *Don Karlos* bis zum Ende hin durchgehalten sind. Übrigens hat Schillers Freund Körner im Anschluß an die Dresdner Aufführung vom 19. Februar 1789 Schiller noch einmal auf das hingewiesen, was den eigentlichen Erfolg ausmache: »Es gibt Stellen, die auch bei der schlechtesten Vorstellung wirken müssen. Diese sind am häufigsten in den beiden letzten Acten, als: die Eifersuchtsscene mit der Königin; die Scenen zwischen Karl und Lerma; die Gefangennehmung Karlos'; der Abschied des Marquis bei der Königin; des Marquis Tod etc.«[54] Familienszenen also – aber sie haben wohl nicht nur melodramatisch gewirkt. Selbst nach dem Tod Posas denkt Karlos weiterhin in Familienkategorien, auch dort, wo sie von ihm negativ gesehen werden und er die Familienstrukturen zu überwinden versucht. »Jetzt geh' ich / Aus Spanien, und sehe meinen Vater / Nicht wieder – Nie in diesem Leben wieder. / Ich schätz' ihn nicht mehr. Ausgestorben ist / In meinem Busen die Natur – Seyn Sie / Ihm wieder Gattinn. Er hat einen Sohn / Verloren« (5,12,5338–44), sagt Karlos in seinem Abschiedsgespräch mit der Königin, als Philipp schon im Hintergrund steht. Das ist keine politische Tragödie, sondern eine menschliche, das Ende der natürlichen Sozialbindungen, die Umkehr der Familienordnung ins unsinnige Gegenteil: hier siegt die Ideologie über die Realität der familiären Strukturen, und der Weltbefreiung haftet zugleich etwas von Weltzerstörung an. Das Ende des Dramas bestätigt es.

Nun bleiben freilich die Weltentwürfe Posas übrig, die dann die Karlos' werden. Sie passen nicht in das Bild der Familientragödie, jedenfalls auf den ersten Blick hin nicht, und sie scheinen die These von der Wandlung des Familiengemäldes in einem fürstlichen Hause zum politischen Drama allen Anspielungen zum Trotz zu bestätigen. Posa entwirft das »kühne Traumbild eines neuen Staates« (IV,21,4280), aber er will es nicht mit Philipp verwirklichen (»In diesem starren Boden / Blüht keine meiner Rosen mehr« [IV,21,4318f.]), sondern mit Karlos: »Zwei kurze Abendstunden hingegeben, / Um einen hellen Sommertag zu retten« (4315f.). Philipp erkennt freilich, was Posa gewollt hat: »Der Freundschaft arme Flamme / Füllt eines Posa Herz nicht aus. Das schlug / Der ganzen Menschheit. Seine Neigung war / Die Welt mit allen kommenden Geschlechtern« (V,9,5060–63).
Man hat das alles als Sieg des Politischen über das Freundschafts- und Freiheitsdrama gedeutet. Aber man darf zunächst einmal die Sturm-und-Drang-Wurzeln

dieser Menschheitsphilosophie nicht übersehen. Posa schwärmt von einer besseren Welt, wie alle Stürmer und Dränger das getan haben; realen politischen Gehalt wird man diesen Vorstellungen schon deswegen nicht zusprechen können. Es kommt hinzu, daß alle diese Menschheitsträume von Posa nicht zufällig erst auf kommende Generationen hin projektiert sind – auch das ist ganz konform mit der Sturm-und-Drang-Dramatik. Wäre *Don Karlos* deswegen schon ein politisches Drama, so müßten fast alle Sturm-und-Drang-Dramen politisch genannt werden.

Man hat sich mit der politischen Interpretation allerdings auch auf die *Briefe über Don Karlos* berufen können, unter ihnen vor allem auf den 8. Brief. »Und was wäre also die sogenannte Einheit des Stückes«, heißt es dort, »wenn es *Liebe* nicht sein soll und *Freundschaft* nie sein konnte? Von jener handeln die ersten drei Akte, von dieser die zwei übrigen, aber keine von beiden beschäftigt das Ganze«.[55] Das ist richtig, aber Schillers Schlußfolgerung »Unter beiden Freunden bildet sich also ein *enthusiastischer Entwurf, den glücklichsten Zustand hervorzubringen, der der menschlichen Gesellschaft erreichbar ist, und von diesem enthusiastischen Entwurfe wie er nämlich in Konflikt mit der Leidenschaft erscheint,* handelt das gegenwärtige Drama« läuft auf eine Vereinseitigung des Dramas hinaus, denn für die ersten drei Akte gilt das mit Sicherheit nicht, für die letzten nur in bezug auf Posa und Karlos, und das wiederum nur teilweise. Durchgängig allein ist das Familienstück, und wenn es einen Konflikt gibt, dann den zwischen den Sozialstrukturen der Familie und den Menschheitsträumen, deren Verwirklichung man Philipp nicht mehr zutraut.

Schiller hat das Problematische an seiner Interpretation ebenso wie das Problematische der Menschheitsträume durchaus gesehen und schließlich festgestellt, daß er den Marquis endlich von Schwärmerei durchaus nicht freigesprochen haben wolle.[56] – Aber es geht hier ebensowenig ausschließlich um Menschheitsbeglückungen wie um Sturm-und-Drang-Vorstellungen. Vor allem aber gibt es keinen Bruch zwischen dem Familiendrama und diesen Weltveränderungsideen. Denn es gehört zu den Familiendramen des ausgehenden 18. Jahrhunderts, daß sie über die Verhältnisse der jeweils wirklichen Familie hinaus- und zurückreichen in Urstrukturen hinein, und von Lessings *Miß Sara Sampson* und seiner *Emilia Galotti* an spielen Grundsituationen der Familie eine Rolle. Im Virginia-Mythos und in dem Medea-Motiv sind die Familienkonflikte auf Elementarkonstellationen zurückgeführt, und von dorther, von dieser Reduktion des Alltäglichen und Wirklichen auf die Grundmuster her sind die *Erziehung des Menschengeschlechts* und die *ästhetische Erziehung des Menschen* ebenso verständlich wie die menschheitlichen Urbeziehungen von Bruder und Schwester in Lessings *Nathan dem Weisen.* In den *Briefen über Don Karlos* lassen sich auch dafür Belege finden: Wahre Größe führe, so meint Schiller, »in steter Hinsicht auf das Ganze«, und dahinter »verschwindet nur allzuleicht das kleinere Interesse des Individuums in diesem weiten Prospekte«.[57] Posas Vorstellungen gehen in der Tat über das Individuelle weit hinaus; aber das Menschheitliche muß so verstanden werden, daß es nicht in Widerspruch zum Individuellen steht. Es ist vielmehr der Versuch, dieses zu transzendieren, auf Grundsätzliches zurückzuführen; und in ebendiesem Sinne reduzieren sich im *Karlos* die Wirklichkeiten für ihn zu Idealbildern. Daß den Schreckenseindrücken von der zerstörten Königsfamilie hier die Visionen einer besseren Menschheit gegenübergestellt werden, ist kein Zufall, sondern kennzeichnet genau die Differenz zwischen Wirklichkeit und Ideal. Die Weltverbesserungsentwürfe sind Menschheitsentwürfe – aber damit steht das Drama auch wieder nur zu sehr in der Tradition der Familiendramen, die in der zweiten Hälfte des 18. Jahrhunderts eben immer jenen Menschheitsgrund sichtbar machten, der auch bei Posa deutlich wird: als Gegenbild zur zerstörten Familienordnung, als Vision einer besseren Menschheit, die sich im Sinne von Lessings *Nathan* brüderlich begreift; als Idealvorstellung gegenüber der bedrohten Sozialordnung der Familie. So ist das Drama in gewissem Sinne auch noch ein bürgerliches Trauerspiel, wenn man das Thema von der bedrohten oder zerstörten Familie als das wichtigste Thema der bürgerlichen Dramatik ansehen will. Das Ideal Posas ist das Ideal der wiederhergestellten Ordnung und Sozialordnung – in diesem Sinne könnte man das Drama auch als politisches Drama deuten. Dem steht die absolute Zerstörung der Familie gegenüber: Schiller hat die Möglichkeiten des Familiendramas aufs äußerste Extrem getrieben und es in gewisser Weise sogar ad absurdum geführt. Zu deutlich sind das ganze Drama hindurch die Hinweise auf die Familientragödie, als daß man sie überlesen dürfte – und zu genau passen sich die Menschheitsvorstellungen der Tradition des Familiendramas an, als daß man hier Wandlungen vom Familiären zum Politischen als einem völlig andersartigen und eigenständigen Bereich sehen dürfte. Das scheinbar Politische ist, genauer besehen, nichts anderes als das, was das Drama zu Anfang bestimmte; und so ist Schiller auch in der dramatischen Praxis den poetologischen Vorstellungen treu geblieben, von denen schon seine Jugendschriften handelten und die sich noch ein Jahrzehnt später so deutlich wiederfinden. Schiller hat dort deutlicher die Idee der Einheit des Dramas verteidigt als in den *Briefen über Don Karlos*, die seine Interpreten so oft auf falsche Fährten geführt haben. Was *Don Karlos* zeigt, ist Höhepunkt und – für Schiller – ein vorläufiges Ende des Familiendramas, eines Dramentypus, der die dramatische Kunst des 18. Jahrhunderts entscheidender mitbestimmt hat als alles andere. Die problematisierte, gefährdete Familie, ihre Bedrohung und endliche Zerstörung ist Rahmenthema vom bürgerlichen Trauerspiel bis zum Drama des Sturm und Drang und der Frühklassik. Die politischen Konnotationen sind strenggenommen nichts als Steigerungen der Familienproblematik, und daß Philipp Vater und König ist, Karlos Prinz und Sohn, zeigt nur, in welchem Ausmaß die Familie auch noch in den politischen Bereich hineinreicht. Sieht man hier allein die Liebestragödie »an einer besonderen politisch-gesellschaftlichen Situation entfaltet«,[58] so reduziert man das Familiendrama nicht nur unzulässigerweise auf eine Liebesgeschichte, sondern unterlegt dem Stück auch einen Sozialaspekt, der dort anachronistisch ist, wo man den einzelnen derart ausschließlich im Kräftespiel politischer Gewalten sieht. Das 18. Jahrhundert hat einen sehr viel weiteren Begriff des Politischen gehabt: das Politische ist in dieser Zeit mit dem Menschheitlichen weitgehend identisch, und politische Forderungen sind immer Forderungen an den Menschen schlechthin. In diesem und nur in diesem Sinne sind Schillers Briefe *Über die ästhetische Erziehung des Menschen* eine politische Schrift, und wenn auch ein aktuelles politisches Ereignis, die Französische Revolution, mit hineinspielt, so ist das Politische für Schiller und seine Zeit doch zugleich immer und in erster Linie etwas Elementares, ursprüngliche humane Verhältnisse betreffend. So gesehen stehen sich Familiengemälde und fürstliches

Haus nicht als einander bedingende, in tragische Konfrontation geratende Bereiche gegenüber, sondern sind bruchlos miteinander zu verbinden: hinter dem Familiengemälde wird im Verlauf des Dramas etwas Ursprüngliches, Vorzeitliches, die humane Sozialordnung des Menschen überhaupt sichtbar, und der Rahmen des »fürstlichen Haußes« zeigt nichts anderes als deren allgemeine Bedeutung und Geltung. In diesem Sinne ist der historische überlieferte Stoff von Schiller bewußt enthistorisiert und auf grundsätzliche Verhältnisse gebracht worden: und eben dieses macht für Schiller zugleich die Differenz zwischen Geschichtsschreibung und Dichtung aus. In diesem und nur in diesem Sinne ist aber das Familiengemälde auch wieder politisiert: nichts könnte der Bedrohung der Familie deutlichere Akzente geben als die Transposition eines ursprünglich bürgerlichen, damit aber auch vereinzelt erfahrenen und individuell beschriebenen Themas und Stoffes ins »fürstliche Hauß« und damit nicht ins Entrückte und allzu Hochstehende, sondern ins Allgemeine und jedermann Einsichtige. Die Tragödie hat gegen Ende des 18. Jahrhunderts keine andere Aufgabe als eben das, und so ist die Transposition des bürgerlichen Stoffes ins »fürstliche Hauß« Teil einer Verdeutlichungspraxis und Generalisierungsstrategie, der Schiller sich in dieser Zeit bedient hat, ebenso wie vor ihm schon Lessing und Leisewitz. So ist das Ganze mehr als Experiment, aber zugleich auch weniger als ein Konfliktfall zwischen Familie und Politik: vielmehr erscheint die Familiengeschichte erst so und nur so in ihrer politischen, und das heißt für Schiller: grundsätzlichen Bedeutung.

Das Drama ist ein »Familiengemälde in einem fürstlichen Hauße« geblieben, über alle Metamorphosen hinweg. Karlos' geplanter Aufbruch nach Flandern erinnert nur zu deutlich an ähnliche Aufbruchs- und Ausbruchsversuche im bürgerlichen Trauerspiel: Ferdinand in *Kabale und Liebe* will im Grunde nichts anderes, ähnliches auch Julius in Leisewitz' *Julius von Tarent*, Vergleichbares auch Karl Moor mit seiner Räuberbandengründung in den böhmischen Wäldern. Philipp hat das eigentümlich Unwirkliche der menschheitsbeglückenden Pläne Posas am besten erkannt, das Utopische der vermeintlich realpolitischen Absichten des Marquis, wenn er über ihn urteilt: »Seine Neigung war / Die Welt mit allen kommenden Geschlechtern« (V,9,5062f.). Man muß freilich auch das Aufklärerische aus dieser Charakteristik heraushören: es geht auch hier um die Erziehung des Menschengeschlechts. Das mag sich vom Zeitalter Philipps her wie kühne Zukunftsmusik ausnehmen, aber von der Entstehungszeit des *Karlos* her wirkt ein solches Programm fast schon wieder anachronistisch. Allen diesen Ausbruchsversuchen des Sturm und Drang haftet der gleiche unbezähmbare Optimismus an – und alle scheitern. Hinter allen stehen Familientragödien.

Schiller hat auch nach dem *Karlos* Familiengeschichten geschrieben: bis hin zur *Braut von Messina* und zum *Wilhelm Tell*. Sicherlich sind alle diese Dramen mehr als bloße Familiengemälde, aber wesentliche Partien spielen doch im Bereich der bedrohten Familie, und Spuren dieser Problematik finden sich im *Wallenstein* ebenso wie in der *Jungfrau von Orleans*. So erscheint *Don Karlos* in einen Zusammenhang eingebettet, der immer dann verlorenzugehen droht, wenn man das Drama ausschließlich als politische Tragödie deutet. Die eigentliche Tragödie ist die des Zusammenbruchs der für das 18. Jahrhundert entscheidenden Sozialordnung der Familie selbst in einem fürstlichen Hause.

Anmerkungen

Der Dramentext wird zitiert nach: Schillers Werke. Nationalausgabe. Bd. 7,I: Don Karlos. Hrsg. von Paul Böckmann und Gerhard Kluge. Weimar 1974. Nachweise (Akt, Auftritt, Vers) in Klammern unmittelbar hinter dem Zitat.

1 Zitat aus einem Brief an Wolfgang Heribert von Dalberg, 7. 6. 1784. In: Schillers Briefe. Hrsg. von Fritz Jonas. 7 Bde. Stuttgart [1892–96]. (Im folgenden zitiert als: Jonas.) Bd. 1. S. 192. – Diese These ist immer wieder vertreten worden, zuletzt noch von Paul Böckmann in seinem entstehungsgeschichtlichen Kommentar zum »Karlos«. Vgl. hierzu: Schillers *Don Karlos*. Edition der ursprünglichen Fassung und entstehungsgeschichtlicher Kommentar von P. B. Stuttgart 1974.

2 Diese These ist vor allem in den Kommentaren der Jahrhundertwende vertreten worden, so etwa von Richard Weißenfels (Schillers Sämtliche Werke. Säkular-Ausgabe. Stuttgart/Berlin 1904/05. [Im folgenden zitiert als: SA.] Bd. 4. S. v–xliv), aber auch von Strich, Cysarz, Fricke und May. Vgl. Fritz Strich: Schiller. Sein Leben und sein Werk. Leipzig 1912 [Erg.-Bd. zu: Schillers Sämtliche Werke. Leipzig 1910–12]; Herbert Cysarz: Schiller. Halle a. d. S. 1934; Gerhard Fricke: Der religiöse Sinn der Klassik Schillers. Zum Verhältnis von Idealismus und Christentum. München 1927; Kurt May: Friedrich Schiller. Idee und Wirklichkeit im Drama. Göttingen 1948.

3 Zum Freundschaftsdrama vgl. vor allem Melitta Gerhard: Schiller. Bern 1950.

4 So Joachim Müller in seiner an sich sehr lesenswerten Studie: Die Humanitätsidee in der Geschichte. In: J. M.: Das Edle in der Freiheit. Leipzig 1959. S. 108–123.

5 So Benno von Wiese in: Die Dramen Schillers. Politik und Tragödie. Leipzig 1938. Davon ist von Wiese in seiner 1959 erschienenen Schiller-Monographie selbst wieder abgerückt.

6 Vgl. dazu etwa Harald Weinrich: Kommunikative Literaturwissenschaft. In: H. W.: Literatur für Leser. Essays und Aufsätze zur Literaturwissenschaft. Stuttgart 1971. S. 7–11. Bes. S. 9.

7 In seiner Einleitung zu SA 4,xxix.

8 Strich (Anm. 2). S. 151.

9 Cysarz (Anm. 2). S. 125.

10 Gerhard Fricke: Die Problematik des Tragischen im Drama Schillers. In: Jahrbuch des Freien Deutschen Hochstifts 1930. S. 21.

11 May (Anm. 2). S. 58.

12 Schillers Werke. Nationalausgabe. (Im folgenden zitiert als: NA.) Bd. 22, S. 141.

13 So Gerhard Storz in: Der Dichter Friedrich Schiller. Stuttgart 1959. S. 125 ff.

14 Böckmann (Anm. 1). S. 379 ff.

15 Jonas 2,51.

16 NA 22,138.

17 Ebd.

18 Ebd.

19 NA 22,138f.

20 NA 21,57.

21 NA 21,58.

22 4. 4. 1797 (Jonas 5,167).

23 Vgl. dazu Lieselotte Blumenthal: Aufführungen der *Verschwörung des Fiesko zu Genua* zu Schillers Lebzeiten (1783–1805). In: Goethe. N. F. des Jahrbuchs der Goethe-Gesellschaft 17 (1955) S. 60–90. Ferner Fritz Lothar Büttner: Schiller. Die *Fiesko*-Aufführung Bondinis und der sogenannte Theater-Fiesko. In: Kleine Schriften der Gesellschaft für Theatergeschichte H. 20 (1964) S. 3–35. Außerdem: »Theater-Fiesko«. Die letzte neuaufgefundene Fassung der *Verschwörung des Fiesko zu Genua*. Hrsg. von Hans Heinrich Borcherdt. Weimar 1952.

24 An Goethe, 2. 10. 1797 (Jonas 5,271).

25 Goethes Werke. Hrsg. im Auftrage der Großherzogin Sophie von Sachsen. Abt. 4. Bd. 12. Weimar 1893. S. 374.

26 NA 22,119.

27 NA 22,121.

28 NA 22,118.

29 NA 22,119.

30 NA 22,125.

31 NA 22,127.
32 NA 22,128.
33 NA 22,117.
34 NA 20,79.
35 NA 22,82f.
36 NA 20,91.
37 NA 20,97.
38 NA 20,100.
39 Jonas 3,101.135.
40 NA 20,135.
41 NA 20,139.
42 NA 20,144f.
43 NA 20,157f.
44 NA 20,157.
45 Ebd.
46 NA 20,165f.
47 16. 11. 1782 (Jonas 1,79).
48 Andreas Streicher: Schillers Flucht von Stuttgart und Aufenthalt in Mannheim von 1782 bis 1785. Neu hrsg. von Paul Raabe. Stuttgart 1968. S. 94.
49 An Dalberg, 7. 6. 84 (Jonas 1,192f.).
50 NA 6,345.
51 So Böckmann (Anm. 1). S. 436 f.
52 Ebd. S. 438.
53 NA 6,495.
54 Schillers Briefwechsel mit Körner. Hrsg. von Karl Goedeke. Leipzig 1874. Bd. 1. S. 278.
55 NA 22,164.
56 NA 22,177.
57 NA 22,170.
58 Böckmann (Anm. 1). S. 438.

HANNA H. MARKS

Der Menschenfeind

Das *Menschenfeind*-Fragment ist ein Stiefkind der Schiller-Forschung. Mehrfach wurde ihm nur Beachtung geschenkt, um es abzukanzeln. Für Oskar Walzel bewegt es sich »in den Bahnen des Familienstücks und seiner feststehenden, dem Publikum der Zeit unentbehrlichen Effekte«.[1] Als »Philipp im Schlafrock, im Kotzebuestil« summiert Herbert Cysarz die Hauptfigur.[2] Emil Staiger hält zwar die Charakteranalyse für bemerkenswert, aber die Fabel für absurd.[3] Gerhard Storz meint, daß Schillers dramatische Phantasie keine Möglichkeit fand, um das dramatische Hauptmotiv, Huttens Verzweiflung, zu individualisieren.[4] Die Veröffentlichung des Bruchstücks in der *Thalia* ist für Käte Hamburger ein Zeichen, »daß hier Schillers Selbstkritik ein wenig versagt hat«.[5] Trotzdem hat sich Hamburger mit diesem unbequemen und unfertigen Sprößling eingehend befaßt und seine Verwandtschaftsbeziehungen zu Schillers philosophischen Geisteskindern herausgestellt. Auch das geistige Erbe von Shaftesburys Moralphilosophie wird hier untersucht sowie die Darstellung der Kalokagathie, deren begriffliche Analyse Schiller dann in *Anmut und Würde* vollzieht. Walter Hinderer fügt der Charakteristik des unvollendeten Dramas ein wesentliches Moment hinzu, indem er nachzuweisen versucht, daß Wieland hier Pate gestanden hat, ja daß Shaftesburys Einfluß wohl nur über dessen Vermittlung erfolgen konnte.[6] Auf den Stellenwert des *Menschenfeindes* innerhalb der langen Ahnenreihe von themengleichen Werken geht Gerhard Hay in seiner Studie zur Misanthropie ein.[7]

Der vorliegende Aufsatz stützt sich auf diese Forschungsbeiträge und will sie durch weitere Fragestellungen bereichern, die sich ebenso auf den Text der vorhandenen Szenen wie auf den geistigen Standort des Dichters in ihrer Entstehungszeit beziehen. Die Ansätze für diese Untersuchung lassen sich folgendermaßen formulieren: Wie spiegelt sich die Anthropologie des jungen Schiller in den Charakteren des unvollendeten Dramas wider? Welchen Beitrag leistet Huttens Welt- und Menschenbild zum Verständnis der Zeitkrankheit, von der er befallen ist, und wie hebt sich dieser »neue Karakter«[8] von Schillers früheren Darstellungen fiktionaler Personen mit menschen- und gesellschaftsfeindlichen Tendenzen ab? Wie ist die Rolle der Angelika zu bewerten, und worin besteht ihr unverwechselbarer Standort in der Fülle menschlicher Verhaltensweisen? Inwieweit ist das Fragment eine Station auf Schillers Suche nach einer idealen Gesellschaft und der Vervollkommnung des einzelnen in ihr, einer Suche, die nach dem Abbruch des Dramas in philosophischen Reflexionen kulminiert? Eine weitere Frage, was Schiller neben der Auseinandersetzung mit philosophischen oder literarischen Einflüssen an ganz persönlichen Erfahrungen in dieses Fragment einfließen ließ, erfordert zunächst einen kurzen Blick auf die eigene Krisensituation, die ihn zu einer dramatischen Gestaltung der Misanthropie veranlaßt haben mag.

I

Das geistige Klima, in dem der junge Schiller aufwuchs, war äußerst ungünstig für eine Dichterlaufbahn. Zwar hatte sich Christoph Martin Wieland schließlich eine literarische Rangstellung erkämpft, aber das Rezeptionsvermögen seiner schwäbischen Landsleute hatte dieser bereits 1752 in einem Brief an Johann Jacob Bodmer charakterisiert: »Einen Poeten hält man da vor einen Zeitverderber und unnützen Menschen.«[9] Schillers Ausbildung war auf persönlichen Befehl seines Landesherrn ganz auf Nützlichkeit ausgerichtet – ein forciertes Brotstudium, das ihn zuerst zum Juristen, dann zum Mediziner machen und eine Bestallung in herzoglichen Diensten garantieren sollte. Die Neigung des Karlsschülers zur Theologie wurde unterdrückt, die dichterische Tätigkeit des jungen Regimentsarztes verboten und bestraft. »Ein seltsamer Mißverstand der Natur hat mich in meinem Geburtsort zum Dichter verurteilt«,[10] schrieb er rückblickend auf diese Lebensepoche als Herausgeber der *Rheinischen Thalia*; er konnte sich damals aus der geistigen Bevormundung und der Rechtlosigkeit des schwäbischen Untertanen nur durch die Flucht nach Mannheim retten. Hier konnte den Weltbürger kein Gesetz mehr an seiner Neigung zur Dichtung hindern. Auch fand er am Mannheimer Theater zunächst den öffentlichen Beifall, dessen sein schwankendes Selbstgefühl bedurfte. Allerdings genügte die Anerkennung seines *Räuber*-Dramas, das »der naturwidrige Beischlaf der Subordination und des Genius in die Welt setzte«,[11] nicht, um seinen Verfasser in der Theaterwelt Fuß fassen zu lassen und die negativen Erfahrungen des jungen Künstlers auszugleichen. Es lagen vielmehr Jahre voll innerer und äußerer Krisen vor ihm, bis sich sein Ruhm und seine Stellung in der Gesellschaft gefestigt hatten. Die völlige Unkenntnis realer Lebensbedingungen mußte zunächst notwendig mit einer dichterischen Begeisterung in Konflikt geraten, die an keinen anderen Thron mehr appellieren wollte als an die menschliche Seele.[12]

Hatte sich der von seiner Berufung überzeugte Dichter der Willkür eines tyrannischen Landesvaters noch entziehen können, so sah er sich nun mit Existenzproblemen konfrontiert, die seinen Glauben an die Menschheit erschütterten. Wo er aufgrund seines dramatischen Schaffens Entgegenkommen und Freundschaft erwartet hatte, begegneten ihm häufig Gleichgültigkeit, Unverständnis und verletzende Kritik. Auch enttäuschte es den jungen Idealisten nicht wenig, daß der erfolgreiche Kampf um die geistige Freiheit nicht eine Unabhängigkeit von den Sorgen des täglichen Lebens nach sich zog. In seiner Verzweiflung riet er dem Fluchtgenossen Andreas Streicher: »Wenn man die Menschen braucht, so muß man ein H.....t werden, oder sich ihnen unentbehrlich machen. Eines von beiden oder man sinkt unter.«[13]

Einen vorläufigen Ausweg aus diesem Dilemma bot Henriette von Wolzogen mit ihrer Freundschaft und dem Dichterasyl in Bauerbach an. Von dort aus beschrieb Schiller seine innere Verfassung:

»Sie glauben nicht, wie nöthig es ist, daß ich edle Menschen finde. Diese müssen mich mit dem ganzen Geschlechte wieder versöhnen, mit welchem ich mich beinahe abgeworfen hätte. Es ist ein Unglük, meine Beste, daß gutherzige Menschen so gern in das Entgegengesezte Ende geworfen werden, den *Menschenhaß*, wenn einige unwürdige Karaktere ihre warmen Urtheile betrügen. Gerade so ging es mir. Ich

hatte die halbe Welt mit der glühendsten Empfindung umfaßt, und am Ende fand ich daß ich einen kalten Eisklumpen in den Armen hatte.«[14]
Die frühen Selbstzeugnisse Schillers über die Misanthropie machen die äußeren Umstände seines Lebens, das Resultat einer »Mißlaune« des »Schicksals«[15] dafür verantwortlich, daß ihm sein Dasein als eine traurige »Stuffenreihe von Gram und Widerwärtigkeit«[16] erschien. Als Theaterdichter erfuhr er berufliche Enttäuschungen, die ihm sowohl aus der durch lange Krankheit reduzierten Arbeit als auch durch mangelnde Unterstützung und Anerkennung erwuchsen. Einen äußeren Anlaß zur Enttäuschung über seine Mitmenschen bildeten beispielsweise die drückenden Geldschulden, von denen ihn die Mannheimer Bekannten nicht durch eine Anleihe befreien konnten oder wollten. Er gestand Ludwig Huber, daß er sie nicht mehr auf die Probe stellen mochte, da er Gefahr liefe, »zum zweitenmal Timon zu werden und mit der Menschlichen Natur zu verfallen«.[17]
Der Name Timon war in dieser Zeit paradigmatisch und tauchte überall sofort auf, wenn von Menschenhaß die Rede war.[18] Für Schiller bedeutete die Anspielung allerdings mehr als die Verwendung einer gängigen Formel. Mit Timons Menschenfeindschaft rief er zur Selbstcharakterisierung ein Verhaltensmuster aus der literarischen Tradition auf, dessen Ausformung durch Shakespeare ihn besonders beeindruckt hatte.[19] Kein anderes Stück des englischen Dramatikers, so erklärte er 1784 in seiner Vorlesung über die Wirkung der Schaubühne, spräche lauter und beredter zu seinem Herzen als *Timon von Athen*.[20]
Schillers eigene Darstellung eines misanthropischen Charakters liegt in den Stimmungen der Bauerbacher und Mannheimer Zeit begründet.[21] Die Datierungsfrage des Fragments läßt sich aber mit diesem biographisch-persönlichen Kontext nicht eindeutig lösen, wie es beispielsweise Reinhard Buchwald versucht hat, für den die Niederschrift eindeutig in die Mannheimer Zeit fällt.[22] Seiner Argumentation ist entgegenzuhalten, daß Schiller das Stück zwar »jahrelang im Kopfe getragen« hatte,[23] die Fertigstellung des 1. Aktes aber erst am 3. März 1787, also aus Dresden, an seinen Verleger Georg Joachim Göschen melden konnte.[24] Auch darf der persönliche Anteil, den der Dichter an der Isolierung seiner dramatischen Figur von der Gesellschaft nehmen mußte, nicht überbewertet werden, denn der »Künstler und dann vorzüglich der Dichter behandelt niemals das *wirkliche*, sondern immer nur das *idealische*, oder das kunstmäßig ausgewählte aus einem wirklichen Gegenstand«.[25]
Der Gegenstand des Menschenhasses ist durchaus nicht auf die persönliche Gestimmtheit des Autors beschränkt. Schiller stellt seinem Verleger mit dem geplanten Drama ein Stück in Aussicht, das möglicherweise seine bisherigen durch das allgemeine Interesse seines Inhaltes übertreffen könnte,[26] denn Misanthropie ist nicht nur ein weitverbreiteter Topos der Literatur überhaupt,[27] sondern sie kann geradezu als Modekrankheit des 18. Jahrhunderts bezeichnet werden.[28] Als solche beruht sie nicht allein auf Leiden, Fehlschlüssen über Menschen, hintergangenen Erwartungen,[29] sondern man kann durch Temperament und Veranlagung besonders anfällig dafür sein. Auch diese Erfahrung hatte Schiller gemacht, als er die Dresdner Freunde vor dem schwarzen Genius seiner Hypochondrie[30] warnte. Nicht nur die Widrigkeit des Schicksals konnte für die Gemütskrankheit verantwortlich gemacht werden, da – wie Schiller Christian Gottfried Körner erklärte – »in *uns selbst* die Quelle der Schwermuth und Fröhlichkeit ist«.[31]

Neben der Melancholie,[32] die aus einer Laune des Augenblicks oder einem unmittelbaren konkreten Anlaß entstehen konnte, stellte sich das Problem der Misanthropie für Schiller als eine Grundsatzfrage nach der Beschaffenheit des Menschen. Wo immer sich ihm das Menschengeschlecht »auf einigen häßlichen Blößen«[33] zeigte, drohte er in eine »philosophische Hypochondrie«[34] zu verfallen. Auch diese Form des Menschenhasses gehörte zum geistigen Gemeinbesitz der Zeit und hatte in Shaftesburys Palemon[35] oder Wielands Alcest[36] Ausdruck gefunden. Schiller ging in Huttens Charakterisierung von einer Misanthropie aus, die mit Wielands Worten »zwar aus einem Eifer für das gute entspringt, aber vom Stolz zu einer Passion aufgeschwellt wird, welche den Menschen schändet, und eine Art von Empörung gegen die Vorsicht ist«.[37]

Der Eifer für das Gute äußert sich in Schillers Menschenfeind nicht nur in der Wohltätigkeit, einer traditionellen Eigenschaft der literarischen Timon-Gestalt, sondern vor allem in der Erziehung der Angelika, durch die ein Idealbild des Menschen Gestalt gewinnen soll. Wieweit sich Schillers Misanthrop mit seinem Haß und seiner selbstgewählten Isolation nur selber schadet, und inwiefern er gesellschaftsfeindliche Einflüsse geltend machen kann, wird sich bei der näheren Betrachtung des Fragments zeigen. Auf die Vielschichtigkeit des Problems macht Schiller beispielsweise durch Rosenbergs Äußerung aufmerksam, daß Hutten gar kein echter Menschenfeind sei. Der Titel der Veröffentlichung in der *Thalia*, *Der versöhnte Menschenfeind*, zeigt jedenfalls, daß die Misanthropie als eine Gemütskrankheit dargestellt werden sollte, von der Hutten schließlich geheilt wurde.

Die Interpretation eines Fragments verleitet immer ein wenig zur Spekulation. Wie konnte aus der Anlage der vorhandenen Szenen eine Versöhnung des Menschenfeindes bewirkt werden? Wie sah der Plan des Ganzen aus, den Schiller auf Herders Anraten entwarf,[38] der aber unter den nachgelassenen Papieren nicht zu finden war?[39] Der einzige Wegweiser bei der Beantwortung solcher Fragen findet sich in den von Körner berichteten Unterredungen mit dem Verfasser, denen zufolge Rosenberg »nach einem hartnäckigen Widerstande endlich siegen sollte, und [...] die Erscheinungen einiger Menschenfeinde anderer Art bestimmt waren, diesen Erfolg zu begünstigen«.[40] Schiller selbst hat anläßlich der Veröffentlichung deutlich erklärt, daß er nicht mehr daran dachte, das Bruchstück zu vervollständigen. In einer Fußnote des *Thalia*-Druckes erwähnte er verschiedene Ursachen,[41] die er aber nicht weiter ausführte. Aufschlußreicher ist ein Brief an Körner, in dem Schiller seinen Entschluß damit begründete, daß der dargestellte Menschenhaß für die tragische Behandlung viel zu allgemein und philosophisch sei.[42] Dieses Problem soll anhand des Textes eingehender untersucht werden.

II

Der Analyse der dramatischen Szenen muß eine kurze Vorüberlegung vorausgeschickt werden. Der Interpret darf sich nicht dazu verleiten lassen, die Thematik des Stückes allein aus seinem Titel abzuleiten. Denn das Fragment behandelt nicht nur den philosophischen Menschenhaß der Titelfigur, sondern es versucht auch gleichzeitig, in der Tochter des Misanthropen das Ideal menschlicher Vollkommenheit darzustellen. Als konsequente Verkörperung der Ideen von Misanthropie und Kalokagathie können die beiden Hauptfiguren allerdings nicht verstanden werden, wohl aber als Modellgestalten für die zwei höchst unähnlichen Geschlechter, die Schiller bereits in seinen *Philosophischen Briefen* den menschlichen Grundverfassungen – Liebe und Egoismus – zuordnete.

In den philosophischen Spekulationen des Karlsschülers wurden Misanthropie und Egoismus als weitgehend identisch dargestellt. Diese Gleichsetzung wird im *Menschenfeind* durch Rosenberg unterstrichen: »Es gibt keinen Menschenhasser in der Natur, als wer sich allein anbetet oder sich selbst verachtet« (3). In der *Theosophie des Julius* wird Egoismus als »die höchste Armut eines erschaffenen Wesens«[43] definiert. Der Egoist ist einsam; er nimmt keinen Anteil an seinen Mitmenschen. Die »Begierde nach fremder Glückseligkeit«[44] ist ihm fremd. Der Menschenfeind ist im Grunde nicht lebensfähig; er begeht durch seinen Menschenhaß verlängerten Selbstmord.[45] Er nimmt sich die Möglichkeit zum Glücklichsein, indem er nur die negativen Eigenschaften seiner Umwelt sieht, denn er tritt schließlich selber in den Zustand, welchen er wahrnimmt. Wer die Menschen liebt und sie als schön, wahr und vortrefflich empfindet, ergreift nach der Idee des Julius von diesen Eigenschaften Besitz. »In dem Augenblicke, wo wir sie uns denken, sind wir Eigentümer einer Tugend, [...] Inhaber einer Glückseligkeit.«[46] In moderner Terminologie könnte man von einer durch Haß bewirkten Ichverengung sprechen, während die Liebe, die um das reicher macht, was man liebt, zur Icherweiterung führt. Sie ist »die Leiter, worauf wir emporklimmen zu Gottähnlichkeit«.[47]

Auf Angelika paßt zunächst, was Raphael über Julius sagt: »Du warst gut aus Instinkt, aus unentweihter sittlicher Grazie.«[48] Sobald die allgemeine Menschenliebe des Mädchens sich aber auf einen einzelnen Menschen konzentriert, kann man sie nicht mehr mit jener uneigennützigen Liebe identifizieren, von welcher Julius an Raphael schrieb. Das Glück naiver Unschuld, das Angelika wie eine »Königin« im »Paradiese« genoß (2), wird in der ersten Konfrontation mit der Außenwelt zerstört. Sie war »glücklich wie eine Himmlische«, kann aber »nicht wieder umkehren« (2). Diese Erkenntnis bezeichnet Angelikas Weg, der – in Schillers späterer Metapher – »nun einmal nicht mehr nach *Arkadien* zurück kann«,[49] sondern aus »einem Zustand der Harmonie und des Friedens mit sich selbst und von außen«[50] mitten in den Konflikt zwischen Pflicht und Neigung hineinführt. Angelikas Menschenliebe muß sich in der realen Welt bewähren, von der sie vor Rosenbergs Einbruch in ihren idyllischen Lebensraum abgeschnitten war.

Den umgekehrten Weg aus der Welt in die Einsamkeit seines Landsitzes hat Hutten beschritten. Ebenso wie Angelikas Liebe eine reale und eine ideale Komponente enthält, so verhält es sich auch mit Huttens Misanthropie. Auf ihren konkreten Anlaß wird allerdings nur in sehr vagen Ausdrücken verwiesen. Der Gärtner spricht von schlechtbelohnten Erwartungen und gescheiterten Plänen (1). Hutten selber erwähnt schwere Schicksale und die Geschichte seiner Mißhandlungen (8).

Der Menschenhaß erscheint als Resultat erlittenen Unrechts bereits in Schillers frühen Werken. Er begleitet die zerstörerischen Leidenschaften von Karl und Franz Moor, und er wird zur Rechtfertigung des Verbrechers Christian Wolf herangezogen. Der Menschenforscher Schiller will anhand dieser fiktionalen Personen nicht nur Handlungen zeigen, sondern auch ihre Motivation ergründen. Er versucht, die unveränderliche Struktur der menschlichen Seele zu erkennen und die veränderlichen Bedingungen, welche sie von außen beeinflussen.[51] Im Falle Franz Moors verlegt der Dramatiker die Triebfedern der Unmenschlichkeit in eine Vernachlässigung der Natur, eine unglückliche Veranlagung, durch die »das Gleichgewicht der ganzen geistigen Organisation«[52] aufgehoben ist. Im Monolog der 1. Szene klagt Franz selbst den Fehler seiner Geburt an: »Ich habe große Rechte, über die Natur ungehalten zu sein, [...] ich glaube, sie hat von allen Menschensorten das Scheußliche auf einen Haufen geworfen und mich daraus gebacken.«[53] Die einzig wertvolle Gabe der Natur ist der Erfindungsgeist, der ihm erlaubt, seine Machtansprüche zu verwirklichen. Die Blutliebe ist für ihn nur Geschwätz.[54] Paul Böckmann interpretiert Franz Moor als Extrem bestimmter, mit der Aufklärung gegebener Möglichkeiten: »Für Franz sind jene großen Monologe charakteristisch, in denen die ursprünglichen Gefühle intellektuell zersetzt werden, in denen der Zynismus einer extrem aufklärerischen Haltung die menschlichen Elementarbeziehungen vernichtet.«[55]

Dem Menschenhaß des zynischen Realisten steht die Verbitterung des Idealisten Karl Moor gegenüber. Vertrauen, Zuversicht, Reue und Liebe scheinen durch den Vater abgewiesen zu sein. »[...] wenn Blutliebe zur Verräterin, wenn Vaterliebe zur Megäre wird«,[56] kann man den Menschen nur noch mit Haß und Rachegefühlen begegnen. Unfreiwillig spricht Karl die Wahrheit aus: »Menschen haben Menschheit vor mir verborgen, da ich an Menschheit appellierte.«[57] Durch diesen Verrat fühlt er sich berechtigt, jegliche Schonung und menschliche Sympathie aufzugeben. »Ich habe keinen Vater mehr, ich habe keine Liebe mehr, und Blut und Tod soll mich vergessen lehren, daß mir jemals etwas teuer war.«[58]

Zum Leben außerhalb der Gesellschaft als Räuber und Mörder fühlt sich auch Christian Wolf berechtigt. Während sich für Karl Moor »die Privaterbitterung gegen den unzärtlichen Vater [...] in einen Universalhaß gegen das ganze Menschengeschlecht« ausweitet,[59] macht der Sonnenwirt die unbillige Rechtsprechung und die ungerechte Gesellschaftsordnung für seinen Menschenhaß verantwortlich. Die schärfste Verurteilung der Verhältnisse innerhalb der Erzählung wird allerdings als Rechtfertigung von Wolfs Menschenhaß und Verbrechen dadurch abgewertet, daß sie aus dem Mund des Anführers einer Räuberbande stammt. Es heißt dort:

»Weil du ein paar Schweine geschossen hast, die der Fürst auf unsern Äckern und Feldern füttert, haben sie dich Jahre lang im Zuchthaus und auf der Festung herumgezogen, haben sie dich um Haus und Wirtschaft bestohlen, haben sie dich zum Bettler gemacht. Ist es dahin gekommen, Bruder, daß der Mensch nicht mehr gelten soll als ein Hase? Sind wir nicht besser als das Vieh auf dem Felde? – Und ein Kerl wie du konnte das dulden?«[60]

Ähnlich wie Franz Moor hat die Natur auch Wolf mit einem erfinderischen Kopf ausgestattet, aber »seinen Körper verabsäumt«[61] und ihn für böse Leidenschaften anfällig gemacht. Schiller konnte hier nicht wie an Karl nur die Wirkung des zerrütteten Systems der guten Leidenschaften[62] veranschaulichen. Weniger motiviert als bei Karl Moor ist daher der allmähliche Übergang des Menschenhasses in den Selbsthaß und in die Reue, die in beiden Fällen zur freiwilligen Auslieferung an die irdische Gerechtigkeit führt.

In Karl Moor wird die Misanthropie durch eine Täuschung ausgelöst. Der vermeintliche Liebesentzug des Vaters treibt den Sohn in die Verzweiflung. Schiller stellt hier einen Menschenhaß dar, den sein Lehrer Jacob Friedrich Abel in seiner *Allgemeinen Einleitung von dem Nutzen der Menschenkenntnis* (1784) als »Zustand absoluter Tugendlosigkeit« beschreibt, als Reaktion auf eine enttäuschende Erfahrung, welche die Konsequenz der Leichtgläubigkeit ist.[63] Im *Verbrecher aus verlorener Ehre* werden nicht die bitteren Erfahrungen des Außenseiters Christian Wolf in Frage gestellt, der sich als »Märtyrer des natürlichen Rechts und als ein Schlachtopfer der Gesetze« zum »unversöhnlichen glühenden Haß allem, was dem Menschen gleicht«,[64] berechtigt fühlt. Der Leser soll hier ausdrücklich in den Stand versetzt werden, darüber zu urteilen, ob der Verbrecher mehr Duldung verdient und ob er für den Staat zu retten gewesen wäre. Bei der Darstellung von Huttens Charakter wird eine solche Meinungsbildung des Lesers über das Verhältnis von Ursache und Wirkung absichtlich verhindert. Ein realer Anlaß für die Gesellschaftsfeindlichkeit wird zwar angedeutet, aber nicht konkretisiert. Die Möglichkeit, daß Huttens Enttäuschung über die Menschheit in Wahrheit wie bei Karl Moor das Resultat einer Täuschung ist, kann weder völlig abgewiesen noch aus dem Text belegt werden. Immerhin wird der Leser in Hutten mit einem Charakter konfrontiert, der sich selbst von aller Realität abgeschnitten hat, der die Wirklichkeit nicht sehen kann oder sehen will. Weil ihn die Welt enttäuscht hat, will er sie auch in ihren positiven Erscheinungen nicht wahrnehmen. Diese Haltung beklagt bereits in der ersten Szene der Gärtner, der den Blumengarten und die Baumschule im ehemaligen Sumpf pflegt, damit sie seinem Herrn ein ähnliches »Seelenvergnügen« bereiten wie ihm selbst. Die Szenenanweisung der 7. Szene zeigt statt dessen den Lebensraum, der Huttens Stimmung entspricht, als »eine abgelegene Gegend des Parks, ringsum eingeschlossen, von anziehendem, etwas schwermütigem Charakter«. Mit der ersten Rose des Frühlings kann Biber nur die Tochter erfreuen, die mit ihrer Liebe zu Rosenberg einen Stimmungskontrast zu Huttens Trübsinn darstellt.

In der 5. Szene wird das Thema von Huttens realitätsfremder Haltung durch eine Dialogführung erweitert, welche erkennen läßt, daß sich Hutten nicht nur vor der Natur, sondern auch vor guten Menschen verschließt, deren Existenz er aus seiner misanthropischen Haltung heraus leugnen will. Wenn er später Angelikas Weltsicht als eine Täuschung bezeichnet, die nicht der Realität entspricht, sondern nur dem Widerschein ihrer eigenen schönen Seele (8), so charakterisiert er im Gespräch mit dem Verwalter die eigene Wirklichkeitsperspektive als Widerschein seiner unvergnügten Seele.[65] Sein Solipsismus wird eklatant an der Forderung demonstriert, daß die Menschen um jeden Preis seinen Erwartungen entsprechen müssen. Die Abwesenheit des treuen Rentmeisters darf nicht durch einen Unfall erklärt werden. Hutten verlangt: »Er *soll* aber ein Betrüger sein« (5). Der Verwalter ist ein wahres Kleinod, solange er die Skepsis seines Herrn teilt, wird aber für sein Amt untauglich, sobald er es ablehnt, ein Schelm zu werden und damit Huttens negatives Menschenbild zu bestätigen.

Die Gemütskrankheit des Misanthropen äußert sich in dieser Szene als Diskrepanz von Wort und Tat. Während Hutten seine Mitmenschen zu Betrügern und Schelmen machen möchte, die seinen Menschenhaß rechtfertigen, handelt er selber aus einem Altruismus, der seine Theorie widerlegt. Hutten hat in seiner Grafschaft eine ideale Gesellschaft gegründet. Hier sind die Untertanen von der Leibeigenschaft befreit und haben keine materiellen Sorgen. Die Wildnis der Güter ist zum Paradies umgeschaffen. Durch ein umfangreiches Reformprogramm, das freie Religionsausübung, Erziehung und Rechtsprechung garantiert, hat Hutten die Untertanen zu Menschen gemacht (6) und ihnen Zufriedenheit oder – um den gängigen Begriff des 18. Jahrhunderts zu verwenden – »Glückseligkeit« ermöglicht. Dabei verwirft er ausdrücklich die Menschenliebe als treibende Kraft seiner idealen Gesellschaftsordnung, indem er erklärt: »Von meiner Liebe habt ihr euer Glück nicht empfangen. Mir gebührt nichts von der eurigen« (6).

Hutten versagt den Menschen seine Liebe, weil er sie verachtet. Das wird in folgenden Worten deutlich:

»Es ist *meine* Schuld nicht, wenn ihr da liegen bleibet, wo ich euch hinwarf. Euer eigen Geständnis spricht euch das Urteil. Diese Genügsamkeit beweist mir, daß meine Arbeit an euch verloren ist. Hättet ihr etwas an eurer Glückseligkeit vermißt – es hätte euch zum erstenmal meine Achtung erworben« (6).

Nicht Tücke, Zwietracht und Laster, deren er die Menschen bezichtigt, nähren seinen Menschenhaß in erster Linie, sondern die mangelnde Idealität, das Versäumnis, sich aus dem Alltagsglück zum Streben nach der Vollkommenheit zu erheben. Die Menschheit, die so ihre Bestimmung verfehlt, benennt Hutten in seinem großen Monolog der 7. Szene als Quelle der Misanthropie.

Huttens Welt- und Menschenbild beruht auf seinem Glauben an einen untadeligen Plan des Schöpfers. Alles in der Natur sucht und findet das in diesem Plan angelegte schöne Maß der Vollendung. Die ruhige Pflanzenwelt spiegelt das göttliche Bild wider. Aber der Mensch, der dem schönsten Gedanken des Schöpfers entsprechen sollte, hat durch seine Leidenschaften die ursprüngliche Harmonie zerstört. »Wo der Mensch wandelt, verschwindet mir der Schöpfer«. Hutten hat zwar Ehrfurcht vor der menschlichen Natur, aber die Menschen selbst kann er nicht lieben, denn noch die Besten unter ihnen zerstören »das goldene Spiel«, »das Geheimnis der Kräfte«, das sich im ruhigen Gleichmaß der Natur offenbart.

Huttens Menschenhaß erweist sich in seinem Monolog als Resultat einer apriorischen Idee,[66] als »die praktische Folge der für wahr gehaltenen These, daß die menschliche Gesellschaft disharmonisch und böse sei«.[67] Das Motiv der erfahrungsbedingten Misanthropie, das in den ersten vier Szenen des Fragments anklingt, tritt hier völlig hinter einem philosophischen Menschenhaß zurück, welcher nicht als Folge eines schrecklichen Schicksals, sondern eher als »Bitterkeit gegen die unidealische Welt«[68] erscheint, die den entzückenden Traum (7) von der herrlichen hohen Erscheinung des Menschen verscheucht.

Schiller wirft anhand dieses Traumes ein Problem auf, das ihn bereits an der Figur des Marquis Posa im *Karlos*-Drama beschäftigt hatte. Ist Posa ein »sonderbarer Schwärmer«,[69] wie der König meint, und ein lebendiges Beispiel für die Erfahrung, »daß man sich in moralischen Dingen nicht ohne Gefahr von dem natürlichen praktischen Gefühl entfernt, um sich zu allgemeinen Abstraktionen zu erheben«,[70] oder soll er durch seinen »enthusiastischen Entwurf, den glücklichsten Zustand hervorzubringen, der der menschlichen Gesellschaft erreichbar ist«,[71] als ein vorbildlicher Mensch verstanden werden? Schiller wußte, wie problematisch es war, eine scharfe Trennungslinie zwischen Schwärmerei und Enthusiasmus zu ziehen, und schloß sich damit Wielands Auffassung an, daß die Grenzen in jedem Menschen verschwimmen.[72] In einem Brief an Ludwig Huber hatte Schiller versucht, das Schicksal aller menschlichen Pläne mit dem folgenden Symbol anzudeuten: »Enthousiasmus ist der kühne kräftige Stoß, der die Kugel in die Luft wirft, aber derjenige hieße ja ein Thor, der von dieser Kugel erwarten wollte, daß sie ewig in dieser Richtung und ewig mit dieser Geschwindigkeit auslaufen sollte.«[73] Was er hier als Torheit bezeichnet, stellt der Dichter an Hutten als Gemütskrankheit dar. Es ist die Krankheit der Seele, die in Wielands Definition der Schwärmerei als Fieber oder Erhitzung erscheint »von Gegenständen, die entweder gar nicht in der Natur sind, oder wenigstens das nicht sind, wofür die berauschte Seele sie ansieht«.[74] Ebensowenig wie Posa, der sich über die Person des Prinzen hinwegsetzte, kann man Hutten von der Schwärmerei freisprechen, der um einer großartigen Menschenidee willen Angelikas »Herz« ignoriert und statt zu beglücken nur veredeln will.[75] Schiller stellt ihn einseitig als Idealisten dar, welcher, »indem er überall auf die *obersten* Gründe dringt, [...] die *nächsten* Gründe, durch die alles wirklich wird, leicht versäumen« kann.[76] Während auf diese Weise Huttens Charakter einerseits zu einer Kritik am Schwärmertum aufruft, dient er andererseits zur Gestaltung des Enthusiasmus als der »Wirkung des unmittelbaren Anschauens des Schönen und Guten, Vollkommenen und Göttlichen in der Natur und unserem Inneren, ihrem Spiegel«.[77]

Mit der Darstellung seines enthusiastischen Misanthropen bricht Schiller grundsätzlich aus den Bahnen der literarischen Tradition aus, um sich mit den Ideen der eudämonistischen englischen Moralphilosophie auseinanderzusetzen, »die sich im philosophischen Bewußtsein des 18. Jahrhunderts mit denen von Leibniz amalgamierten und in der Luft lagen«.[78] Käte Hamburger entdeckte als Quelle für die von der 5. Szene an veränderte Figur Huttens das Bild eines Menschenfeindes von der Idee her, das Shaftesbury in den *Moralists* durch seinen »complete Timon or man-hater«[79] Palemon entworfen hatte. Bis in den Wortlaut hinein weist sie eine Abhängigkeit des deutschen Dramatikers vom englischen Moralphilosophen nach. Huttens Preis der »großen Mutter« (7) der Schönheit der Natur, welche die vom Schöpfer gewollte Harmonie des Universums sinnfällig macht, entspricht beispielsweise dem Naturhymnus des Enthusiasten Theocles bei Shaftesbury:[80]

»Oh glorious nature! supremely fair and sovereignly good! all-loving and all-lovely, all-divine! whose looks are so becoming and of such infinite grace; whose study brings such wisdom, and whose contemplation such delight; whose every single work affords an ampler scene and is a nobler spectacle than all which ever art presented.«[81]

Theocles sieht das Streben nach Vollkommenheit, das jedem einzelnen Naturwesen eignet, als Grundgesetz der gesamten Natur an. Der natürliche Instinkt leitet das Tier. Die Pflanze strebt den ebenmäßigen Wuchs an. Nur der Mensch, der doch das Hauptwerk der Schöpfung ist, hat an dieser Weltordnung keinen Teil. »The unequal state of man«[82] wird aus dem Kontrast mit der harmonischen Natur abgeleitet, wie Palemons Apostrophe zeigt: »O wretched state of mankind! Hapless Nature, thus to have erred in thy chief workmanship! Whence sprang this fatal weakness?«[83] Durch den Kontext dieser Klage wird genau wie für Schillers Men-

schenfeind die Erfahrung in der Welt als Ursache des negativen Menschenbildes ausgeschlossen. Die dankbaren und glücklichen Untertanen, die Hutten an seinem Geburtstag huldigen, rechtfertigen ebensowenig seine leidenschaftliche Anklage wie die Situation, aus der heraus der englische Misanthrop die Menschheit verdammt. Philocles beschreibt sie als »a day when everything looked pleasing, and the kind itself, I thought, never appeared fairer or made a better show«.[84]
Obwohl Shaftesburys Einfluß auf Schiller durch derartige Parallelen überzeugend nachgewiesen werden kann, ist doch eine gründliche Beschäftigung des Dichters mit den Schriften des Engländers nur durch sehr knappe und undeutliche Hinweise belegt.[85] Ende 1788 stellte Schiller die Lektüre für den folgenden Sommer in Aussicht;[86] er hatte aber zu dieser Zeit möglicherweise bereits durch Wielands Vermittlung Einblicke in das Gedankengut des englischen Aufklärers erhalten, denn es ist sehr wahrscheinlich, daß Huttens Monolog bereits im Sommer 1788 entstanden war.[87] Man kann die Parallelen im *Menschenfeind* zu Shaftesbury auch mit der möglichen Lektüre von Wielands Fragment *Theages oder Unterredungen von Schönheit und Liebe* (1758) zu erklären versuchen, das deutlich in der Nachfolge der *Moralists* steht.[88]
Theages lebt wie Hutten in selbstgewählter Isolation von der Gesellschaft als ein verborgener Wohltäter des menschlichen Geschlechts,[89] was wohl als Muster für Huttens vorbildliche Behandlung seiner Untertanen gelten kann. Nicias, ein »Virtuoso nach Schaftsburys Idee«,[90] beschreibt die Tätigkeit von Wielands »Platonischem Einsiedler« folgendermaßen:
»Ich will itzt nicht von der schönen Ordnung sagen, welche er in der Regierung seiner ansehnlichen Ländereien gemacht hat; von seiner Leutseligkeit gegen seine Untertanen, welche er in eine so gute Verfassung gesetzt hat, daß er selten Gelegenheit hat, sie durch Wohltaten zu verbinden; von seiner Sorgfalt, ihnen weise Lehrer zu geben, welche die Kunst verstehen, auf eine Sokratische Art Tiere mit menschlichen Fähigkeiten zu wirklichen Menschen zu bilden.«[91]
Bei Schiller findet sich die Entsprechung: »Ihre Vorfahren haben uns dem Vieh auf unseren Feldern gleich gehalten. Sie haben uns zu Menschen gemacht« (6).
Auch Wieland hat sich mit dem Problem des Menschenfeindes auseinandergesetzt; er porträtiert es nicht nur im Alcest seiner *Sympathien*, sondern stellt es auch als eine Entwicklungsstufe im Werdegang des Agathon dar, der ähnlich wie Palemon und Hutten an der Dissonanz zwischen den Menschen und seiner Idee der Menschheit leidet. Das verbindliche Menschenbild, das Wieland im *Theages* zu gewinnen hoffte, entsteht ebenso durch die misanthropische Kritik an den Fehlern der Menschen wie durch den Versuch, die Glückseligkeit als »die allerwichtigste und nächste Angelegenheit des Menschen«[92] zu bestimmen. Solange Theages nur diverse Vergnügungen, aber nicht die Erfahrung von einem zusammenhängenden Zustand des Vergnügens kennenlernt, kann er sich »die ekelhaften plagenden Gespenster, die man Schmerzen, Sorgen, Reue, Überdruß nennt, nie vom Halse schaffen«.[93]
Die menschlichen Voraussetzungen für den Zustand der Glückseligkeit versuchen beide Einsiedler in ihren Töchtern zu schaffen, die sie zu diesem Zweck abseits von der Gesellschaft nach einem Plan erziehen, welcher »der Natur selbst abgelernt« ist.[94]

III

Mit der philosophischen Begründung der Misanthropie in Huttens Monolog und der ebenfalls als philosophisches Konzept formulierten Erziehungstheorie, die im folgenden anhand der 8. Szene von Schillers Fragment erläutert wird, ändert sich die Konzeption von Schillers Drama grundlegend. Die ersten vier Szenen weisen nicht über die Thematik und eine dem 18. Jahrhundert angemessene Behandlung eines Familienkonflikts hinaus, schaffen also die Voraussetzungen für ein bürgerliches Schauspiel etwa in der Nachfolge von Otto Heinrich von Gemmingens *Deutschem Hausvater* oder August von Kotzebues *Menschenhaß und Reue*[95]. Schiller selbst hatte bereits ein bürgerliches Trauerspiel geschrieben, das August Wilhelm Iffland, der die damals gültigen Denkkategorien und Gefühlsschablonen des Bürgertums kannte,[96] *Kabale und Liebe* nannte. Wenn hier auch der Konflikt zwischen Vaterbindung und Liebe durch die politischen Implikationen im Sinne einer Grundsatzkritik an der absolutistischen Staatsordnung aus der Privatsphäre herausgehoben wurde, so rief das Stück doch die kritische Meinung hervor, daß das »Zufällige, Persönliche und Gemütvolle des besonderen Falles [...] die Aufmerksamkeit allzusehr in Anspruch« nähme.[97] Angelikas Besorgnis, daß der hypochondrische Vater die Ehe mit Rosenberg verbieten könne, weist auf jeden Fall nicht über das literarische Modell eines Rührstückes hinaus. Ein Konflikt dieser Art hätte also allenfalls zur weinerlichen Komödie französischen Musters ausgestaltet werden können.[98] Schiller selber hat später die thematische Begrenzung der Familienschauspiele, mit denen die Friedrich Ludwig Schröder, Iffland oder Kotzebue die damaligen Bühnen überschwemmten und dem seichten Publikumsgeschmack entgegenkamen, in seiner Distichenreihe *Shakespeares Schatten* ironisiert.[99] Der englische Tragiker tritt hier mit der kritischen Frage auf:

»Woher nehmt ihr denn aber das große gigantische Schicksal,
Welches den Menschen erhebt, wenn es den Menschen zermalmt?«

Schillers *Menschenfeind*-Fragment nähert sich den großen Gegenständen der Menschheit[100] gewiß nicht durch Angelikas Liebeskonflikt an, sondern eher durch die Begründung der Misanthropie aus der vergeblichen Suche nach einer Menschheit, die ihre ideale Bestimmung erfüllt.[101] Diese Thematik kann als eine ethische Mahnung verstanden werden, die sich nicht mehr wie in den Jugenddramen gegen bestimmte soziale und politische Zustände richtet, sondern die alles begrenzt Zeitliche in der »Erweiterung zu einer über die politisch-gesellschaftliche Lage des Moments hinausreichende Menschheitsfrage« überwindet.[102]

Die Frage nach dem vollendeten Menschentum wird im Drama durch Huttens Erziehungsplan beantwortet, demzufolge Angelika in ihrer Entwicklung zum Idealbild, zum »vollendeten Engel« (8) den Abfall des Menschen von seinem positiven Urbild demonstrieren soll. Käte Hamburger hat sich bei ihrer Analyse des *Menschenfeindes* besonders mit der Idealvorstellung auseinandergesetzt, die in der Aufklärung durch den Begriff der Kalokagathie bezeichnet wurde sowie durch deren verschiedene Bedeutungsnuancen wie *virtuoso*, *moral grace*, Anmut, schöne Seele,[103] die von der antiken Vorstellung des Schön-Guten über das Bildungsideal eines Baldassare Castiglione[104] bis hin zu Shaftesburys Moralphilosophie und zu Wieland, seinem »Zwillingsbruder im Geiste«[105], das Bezugsfeld absteckt, auf das sich Schiller stützen

konnte.[106] In diese Einflußsphäre gehört auch Johann Joachim Winckelmann, der die Schönheit griechischer Plastiken als Ausdruck seelischer Haltungen deutete.
Schiller war auf die Abgüsse im Mannheimer Antikensaal im *Brief eines reisenden Dänen* (1785) eingegangen und hatte ganz im Sinne Winckelmanns aufgrund des Mannheimer Eindrucks Tugend und Schönheit als »Schwestern der nämlichen Mutter«[107] bezeichnet. Da »nur die bildende Kunst, nicht aber die Dichtung Schönheit zum symbolischen Ausdruck seelischer Haltungen machen« kann, so argumentiert Hamburger, mußte Schillers Versuch scheitern, mit Angelika eine fiktionale Gestalt zu schaffen, bei der »Leibesschönheit der symbolische und selbst physiognomische Ausdruck der Seelenschönheit ist«.[108] Wie stark der Schönheitsbegriff aus der bildenden Kunst Schillers Darstellung der Menschenidee beeinflußte, zeigt der Wortlaut des Fragments, der Hutten als Bildhauer kennzeichnet: »In verschlossener Werkstatt reifte die Bildsäule still unter dem Meißel des Künstlers heran, die vollendete muß von einem erhabeneren Gestelle strahlen« (8).
Die Parallele von Mensch und Kunstwerk konnte Schiller auch in Wielands Fragment *Theages* kennenlernen, worin die platonischen Grundsätze von Schönheit und Liebe zu einem System verarbeitet werden sollten. Theages' Schwester Aspasia, die mit ihrem Reichtum, ihrer Schönheit, Güte, Wohltätigkeit und freiwilligen Ehelosigkeit ein Muster für Angelika sein könnte, dokumentiert durch eine Gemäldesammlung die Identität des Schönen und Guten. Die größte Stärke des Malers liegt nach Nicias im bildlichen Ausdruck der Gemütsbewegungen. Seine Kunst besteht darin, die Natur zu kopieren, »welche das Angesicht zum getreuen Spiegel der Seele gemacht hat«.[109] Das bedeutendste Stück der Sammlung ist ein Bild der Grazien, welche nach Aspasias Meinung »eigentlich den Namen des Widerscheins der innerlichen Güte einer menschlichen Seele« verdienen; »ohne sie ist Schönheit ein lebloses unvollendetes Bild«.[110]
Der Wertbegriff der Grazie, eine Übertragung der »grace« aus Shaftesburys Schriften, bleibt keineswegs dem ästhetischen Raum von Aspasias Galerie vorbehalten. Das Fragment des Biberacher Philosophen schreitet genau wie das seines jüngeren Landsmanns von der Theorie zur Verkörperung fort. Denn Theages erzieht in seiner Einsiedelei seine Tochter Pasithea, ein Mädchen, »welches das Urbild aller dieser Gratien ist und an welchem sich zeigt, was eine Erziehung, die nach den Winken der Natur eingerichtet ist, vermag«.[111] Theages befürchtet nicht, »daß sie menschenfeindlich und leutescheu sein möchte, wenn er sie künftig in einem reifern Alter nach und nach in die Gesellschaft einführen würde«.[112] Pasithea soll durch ihre Schönheit und Güte[113] der Welt dienen und »moralisch Gutes [...] in die menschliche Gesellschaft bringen«.[114]
Während das Erziehungsideal bei Wieland und Schiller weitgehend identisch ist, wobei auch beide ihren Bildungsbegriff unter dem Einfluß einer Auffassung entwickeln, »welche gerade die Frau als fast geheimnisvolle Trägerin und Verkörperung des Schönheits- und Tugendideals erkennt«,[115] unterscheiden sich beide Fragmente grundsätzlich durch den Zweck, zu dem Wielands Eremit und Schillers Menschenfeind ihre Töchter bestimmen. Während die Verkörperung von Theages' Menschenidee der Suche nach Glückseligkeit gilt, welche als Ausgleich egoistischer und altruistischer Triebe zu verstehen ist, dient Angelikas Erziehung einem Racheplan. Ihre unwiderstehliche Schönheit, gepaart mit Anmut, weiblicher Milde,

Tugend und Wohltätigkeit soll den Mitmenschen zunächst gezeigt werden, so daß sie »von nie empfundenen Gefühlen erglühen« (8). Aber gerade dann, wenn sie »den ganzen Himmel sehen, der an diesem Herzen bereitet liegt«, soll sich Angelika ihnen entziehen. Der Misanthrop fordert: »Und jetzt fliehe in deine Glorie hinauf – in schwindligter Ferne sehen sie über sich die himmlische Erscheinung! ewig unerreichbar ihrem Verlangen« (8).

Die Wirkung der schönen Seele soll Unfreiheit sein, Versklavung, Bindung des Menschen an unerfüllbare Triebziele.[116] Gerade die Edelsten und Besten sollen in dieser goldenen Schlinge (8) verstrickt werden. Huttens leidenschaftliche Ansprache in der 8. Szene über die Glorie der Angelika enthält durchaus auch die »Ironie des Dramatikers, der weiß, daß der idealische Entwurf Huttens von seiner Tochter mit der Wirklichkeit dieser Tochter nur wenig übereinstimmt«.[117] Dieser Entwurf sprach vom Menschen als Gottes schönstem Gedanken (7), aber die menschliche Realität stimmt mit der Harmonie der Schöpfung nicht überein. Dementsprechend soll auch Angelika Huttens schönsten Gedanken verkörpern und sein Geschöpf sein. Sie hat aber menschliche Gefühle und Reaktionen, die außerhalb seines Vorstellungsmodells liegen und die er mit dem Zwang väterlicher Autorität zu unterdrücken versucht. »Ich habe Leben gekostet, kann mich mit der toten Bildsäule nicht mehr zufrieden geben« (2), erklärt Angelika, die sich in Rosenbergs Gegenwart als leichtsinniges liebendes Mädchen (2) fühlt, dessen Hoffnungen der gemütskranke Vater zu zerstören droht. Dieser stellt sie vor eine Wahl, die keine glückliche Lösung zuläßt: »Ich gehe und lasse dich zwischen zwei Abgründen stehen. Du wirst weinen, meine Tochter, oder du wirst beweinenswürdig sein« (8). Damit wird ein dramatischer Konflikt angedeutet, der aus der Titelfigur herausverlegt ist.

Hutten betrachtet seine Tochter nicht als der Welt zugehörig, als ein Mitglied menschlicher Gesellschaft, sondern als ein verkörpertes Ideal, Teil seiner selbst, da von ihm geschaffen. Er verdinglicht sie zur Statue und will sie zum Instrument seiner Rache mißbrauchen. Er beweist damit Schillers Überzeugung, daß Menschenhaß aus Egoismus entspringt und zu Despotismus führen kann, was Schiller in den *Briefen über Don Karlos* folgendermaßen formuliert:

»Ich halte für Wahrheit, [...] daß der uneigennützigste, reinste und edelste Mensch aus enthusiastischer Anhänglichkeit an *seine Vorstellung* von Tugend und hervorzubringendem Glück sehr oft ausgesetzt ist, ebenso willkürlich mit den Individuen zu schalten, als nur immer der selbstsüchtigste Despot.«[118]

Mit dem überzeugenden Gewicht seiner väterlichen Autorität stellt Hutten seiner Tochter die Ehelosigkeit als Kindespflicht dar: »Das ganze Geschlecht ist mein Mörder – Angelika – Begleite den Sohn meines Mörders nicht zum Altar« (8). Die Liebe ist für ihn nur ein Phantom, ein schmeichelnder Wahnsinn (8), ein verirrter Trieb (8), für den es in der wirklichen Welt kein Ziel geben darf. »Das Geschöpf, das du anbetest, bist du selbst«, erklärt der Misanthrop, der selber der Liebe nicht fähig ist und mitmenschliche Beziehungen als Handelsware betrachtet. Geld und Lohn, Bezahlung und Nutzen sind die Schlüsselbegriffe in den Auseinandersetzungen mit redlichen Dienern oder dankbaren Untertanen. Aber der Gärtner will für seine Mühe nicht Lohn, sondern Anerkennung; der Verwalter hat doppeltes Gehalt und Belohnung aus Treue ausgeschlagen; die Gratulanten wollen kein Geld, sondern einen gütigen Blick. Hutten versucht, auch Angelikas Gehorsam mit Geld zu erkaufen, indem er ihr unerschöpflichen Reichtum als Erbteil verspricht. Sein Manipulationswille wird sofort durch ihre Anklage entlarvt: »So tief, mein Vater, lassen Sie mich sinken!« (8).

Die schmerzliche Wahl, mit der Angelika konfrontiert wird, bezeichnet eine ausweglose menschliche Situation, die Schiller immer wieder beschäftigte. In den *Räubern* hatte er mit Amalie eine Frauengestalt geschaffen, die ihrer Liebe treu blieb, aber als völlig passives Opfer des Menschenhasses, der die Handlungsweise der Protagonisten bestimmte, untergehen mußte. Luise Millerin wurde in den unlösbaren Zwiespalt ihrer unbedingten Liebe und einer Weltordnung gestellt, in der väterliche Autorität noch als gottgewollt akzeptiert wurde. Elisabeth erhob sich über den privaten Konflikt zwischen ihrer Liebe zu Don Karlos und der despotischen Vaterfigur König Philipps, um einer höheren Menschheitsidee zu dienen. Angelika wird die Entsagung erspart, wie man dem Titel der ersten Veröffentlichung entnehmen kann; denn Hutten sollte sich mit der Menschheit versöhnen. Daß diese harmonische Lösung dem Weltbild des Dichters im Grunde nicht entsprach, geht aus der späteren Ausformung eines vergleichbaren Themas hervor, wo der nun klassische Dramatiker seine jugendliche Heldin Thekla aus einer weltfernen Idylle in eine Welt versetzt, an deren widersprüchlichen Forderungen sie sich als Mensch bewähren muß, wobei sie ganz im Sinne der in der Zwischenzeit entstandenen philosophischen Schriften den Konflikt zwischen Pflicht und Neigung nur im Tod aufheben kann.

Anmerkungen

Der Dramentext wird zitiert nach: Schillers Sämtliche Werke. Säkular-Ausgabe. Stuttgart/Berlin 1904/05. Bd. 7. Nachweise der Szenen in Klammern unmittelbar hinter dem Zitat.

1 Oskar Walzel: Einleitung zu: Schillers Sämtliche Werke. Säkular-Ausgabe. Hrsg. von Eduard von der Hellen. Stuttgart/Berlin 1904/05. (Im folgenden zitiert als SA.) Bd. 7. S. XLII.
2 Herbert Cysarz: Schiller. Halle a. d. Saale 1934. Nachdr. Darmstadt 1967. S. 137.
3 Emil Staiger: Friedrich Schiller. Zürich 1967. S. 278.
4 Gerhard Storz: Der Dichter Friedrich Schiller. Stuttgart 1959. S. 166. Auch in den folgenden Schiller-Monographien wird das Fragment kurz abgehandelt: Karl Berger: Schiller. Sein Leben und seine Werke. Bd. 1. München [6]1910. Nachdr. New York 1971. S. 484–486; Reinhard Buchwald: Der junge Schiller. Bd. 1. Wiesbaden 1953. S. 367, 442 f.; Melitta Gerhard: Schiller. Bern 1950. S. 90 f.; Benno von Wiese: Friedrich Schiller. Stuttgart [3]1963. S. 279 f., 284 f.
5 Käte Hamburger: Schillers Fragment *Der Menschenfeind* und die Idee der Kalokagathie. In: Deutsche Vierteljahrsschrift für Literaturwissenschaft und Geistesgeschichte 30 (1956) S. 369.
6 Walter Hinderer: Beiträge Wielands zu Schillers ästhetischer Erziehung. In: Jahrbuch der Deutschen Schillergesellschaft 18 (1974) S. 365 f.
7 Gerhard Hay: Darstellung des Menschenhasses in der deutschen Literatur des 18. und 19. Jahrhunderts. Frankfurt a. M. 1970. S. 135–138.
8 An Friedrich Schröder, 12. 8. 1786 (Schillers Briefe. Hrsg. von Fritz Jonas. 7 Bde. Stuttgart [1892–96]. [Im folgenden zitiert als: Jonas.] Bd. 1. S. 312).
9 11. 4. 1752 (Christoph Martin Wieland: Wielands Briefwechsel. Hrsg. von Hans Werner Seiffert. Bd. 1. Berlin 1963. S. 62).
10 SA 16,136.
11 SA 16,137.
12 SA 16,138.
13 8. 12. 1772 (Jonas 1,82).

14 4. 1. 1783 (Jonas 1,88f.).
15 An Christian Gottfried Körner, 3. 7. 1785 (Jonas 1,249).
16 An Ludwig Ferdinand Huber, 7. 12. 1784 (Jonas 1,221).
17 An Huber, 28. 2. 1785 (Jonas 1,234).
18 Hamburger (Anm. 5). S. 370.
19 Schiller wollte seinen Hutten durchaus als neuen Charakter verstanden wissen, der mit Shakespeares Timon keinen Berührungspunkt als den Namen habe, aber den Schauspieler nicht weniger beanspruche als Lear und Hamlet. Vgl. Brief an Schröder, 12. 10. 1786 (Jonas 1,312).
20 Schillers Werke. Nationalausgabe. Bd. 20. Weimar 1962. S. 94.
21 Berger (Anm. 4). S. 484.
22 Buchwald (Anm. 4). S. 367.
23 An Schröder, 12. 10. 1786 (Jonas 1,312).
24 Jonas 1,332.
25 Diese »allgemeine Regel« teilte Schiller seinem Freund Körner am 25. 12. 1788 mit (Jonas 2,187).
26 An Georg Joachim Göschen, 3. 3. 1787 (Jonas 1,332).
27 Zur Motivgeschichte vgl. Gerhard Hay (Anm. 7), der den Menschenhaß von der Genese des Misanthropentypus in der Antike über die verschiedenen literarischen Darstellungen bis ins 19. Jahrhundert hinein verfolgt. Vgl. auch Elisabeth Frenzel: »Menschenfeind« und »Der Mißvergnügte«. In: E. F.: Motive der Weltliteratur. Ein Lexikon dichtungsgeschichtlicher Längsschnitte. Stuttgart 1976. S. 524–535 und S. 535–550.
28 Hinderer (Anm. 6). S. 365.
29 An Körner, 9. 3. 1789 (Jonas 2,250).
30 An Körner, 29. 12. 1786 (Jonas 1,327).
31 An Körner, 14. 10. 1787 (Jonas 1,426).
32 Zur Übereinstimmung der Begriffe misanthropisch, melancholisch und hypochondrisch vgl. Gerhard Hay (Anm. 7), S. 206: »Eine Einheit zwischen Melancholie und Misanthropie sah nur noch die Literatur des 18. Jahrhunderts. Jede Form eines gestörten Verhältnisses von Individuum und Gesellschaft mußte bei ihrer Betrachtungsweise der Gesellschaftlichkeit des Menschen – nur in der Gesellschaft konnte sich der Mensch vervollkommnen – als Menschenfeindschaft erscheinen. So vermischen sich hier, ohne daß nach der Ursache gefragt wird, Melancholie, Hypochondrie, Mißmut u. a. mit der Erscheinung der Misanthropie.« Vgl. auch Wolf Lepenies, Melancholie und Gesellschaft, Frankfurt a. M. 1969, S. 86, über Weltschmerz, Melancholie und Hypochondrie im 18. Jahrhundert: »Die Begriffe können gar nicht getrennt werden, weil sie in der Zeit als synonym gelten.«
33 An Wilhelm Reinwald, 27. 3. 1783 (Jonas 1,109).
34 An Körner, 7. 1. 1788 (Jonas 2,5).
35 Anthony Earl of Shaftesbury: The moralists. Indianapolis 1964. (Characteristics of men, manners, opinions, times. Hrsg. von M. Robertson. Bd. 2.)
36 Christoph Martin Wieland: Sympathien. In: Werke. Hrsg. von Fritz Martini und Hans Werner Seiffert. Bd. 3. München 1967. (Im folgenden zitiert als: W.) S. 109–166.
37 W 119.
38 Im Brief vom 8. 8. 1787 berichtet Schiller Körner von einem Gespräch mit Herder, in dem dieser ihm empfahl, »schnelle Brouillons hinzuwerfen und dan erst langsam darinn nachzuarbeiten. Seine Idee war helle und richtig« (Jonas 1,375). Daß Schiller diesen Rat befolgte, geht aus seinem Brief an Körner vom 20. 8. 1788 hervor: »Eher, versichere ich Dir, schreibe ich keine Zeile an der Ausführung, bis ich mit dem Plane ganz und aufs genaueste in Ordnung bin, und bis dieser Plan alle meine Forderungen erfüllet« (Jonas 2,105).
39 Siehe Christian Gottfried Körner: Nachrichten von Schillers Leben. 1812. Zitiert bei Bodo Lecke (Hrsg.): Friedrich Schiller. Von den Anfängen bis 1795. München 1969. S. 325.
40 Ebd.
41 Ebd. S. 326.
42 26. 11. 1790 (Jonas 3,117).
43 SA 11,122.
44 Ebd.
45 Ebd.
46 SA 11,119.
47 SA 11,127.

48 SA 11,116. Benno von Wiese leitet diesen Satz von Shaftesburys Gedanken der moralischen Grazie her und datiert ihn auf die Zeit von 1786 (von Wiese [Anm. 4]. S. 104). Zu Schillers Kenntnis von Shaftesburys Schriften vgl. Anm. 85 und 86.
49 SA 12,228.
50 SA 12,223.
51 SA 2,193.
52 SA 16,28.
53 Die Räuber, I,1.
54 Ebd.
55 Paul Böckmann: Die innere Form in Schillers Jugenddramen (1934). In: Klaus L. Berghahn / Reinhold Grimm (Hrsg.): Schiller. Zur Theorie und Praxis der Dramen. Darmstadt 1972. S. 11.
56 Die Räuber, I,2.
57 Ebd.
58 Ebd.
59 SA 16,26.
60 SA 2,205f.
61 SA 2,194.
62 SA 16,26.
63 Zitiert bei Hay (Anm. 7). S. 127.
64 SA 2,197.
65 Zur Geschichte der unvergnügten Seele s. Heinz Otto Burgers Entwurf in: H. O. B.: »Dasein heißt eine Rolle spielen«. Studien zur deutschen Literaturgeschichte. München 1963. S. 120–143.
66 Hamburger (Anm. 5). S. 370.
67 Von Wiese (Anm. 4). S. 280.
68 SA 16,16.
69 Don Karlos, III,10,3216.
70 SA 16,92.
71 SA 16,82.
72 C. M. Wielands sämmtliche Werke. Leipzig 1858. Bd. 35. S. 136. Wielands pointierte Definition der beiden Begriffe hinterließ deutliche Spuren in Jacob Friedrich Abels »Rede über das Genie« (14. 12. 1776), deren Einfluß auf den jungen Schiller bekannt ist. Vgl. dazu Hinderer (Anm. 6). S. 359.
73 5. 10. 1785 (Jonas 1,270).
74 C. M. Wielands sämmtliche Werke (Anm. 72). Bd. 35. S. 134 f.
75 SA 12,256f.
76 SA 12,254. Das Weltbild des Idealisten, das in der Schrift »Über naive und sentimentalische Dichtung« formuliert wird, muß durch das des Realisten ergänzt werden, denn Schiller will an dieser Stelle beweisen, daß nur durch eine Verbindung dieser beiden der Menschheit Genüge geleistet werden kann (SA 12,251).
77 C. M. Wielands sämmtliche Werke (Anm. 72). Bd. 35. S. 135.
78 Hamburger (Anm. 5). S. 371.
79 Shaftesbury (Anm. 35). S. 12.
80 Eine 1773 verfaßte dichterische Version dieser Apostrophe hatte Herder seiner Schrift »Gott« beigefügt, wo sie Schiller möglicherweise zuerst las. Vgl. dazu Hamburger (Anm. 5) S. 372. Auf die Lektüre von Herders Aufsatz ging Schiller im Brief an Körner vom 19. 8. 1787 ein, nachdem er am 8. 8. 1787 bereits auf eine persönliche Unterredung mit Herder hingewiesen hatte (Schillers Briefwechsel mit Körner von 1784 bis zum Tode Schillers. Hrsg. von Karl Goedecke. Leipzig ²1878. S. 93 und S. 83 f.).
81 Shaftesbury (Anm. 35). S. 98.
82 Ebd. S. 67.
83 Ebd. S. 10.
84 Ebd.
85 Vgl. Hamburger (Anm. 5). S. 371 f.; Oskar Walzel: Shaftesbury und das deutsche Geistesleben des 18. Jahrhunderts. In: Germanisch-Romanische Monatsschrift 1 (1909) S. 416–437; Ernst Cassirer: Schiller und Shaftesbury. In: Publications of the English Goethe Society N. S. 11 (1935) S. 37–59.
86 An Caroline von Beulwitz, 27. 11. 1788 (Jonas 2,163).
87 Die Datierungsfrage wurde bereits von Hamburger (Anm. 5) aufgrund des Briefwechsels zwi-

schen Schiller und Körner erörtert (S. 368 f.). Schiller hatte am 27. 7. 1788 von wichtigen Veränderungen des ersten Plans berichtet. Körner bemerkt zur Lektüre des »Thalia«-Fragments, daß ihm ein Monolog von Hutten neu war.

88 Hinderer (Anm. 6). S. 368.
89 W 184.
90 W 170.
91 W 185 f.
92 W 189.
93 W 188.
94 W 183.
95 Schiller sah dieses Stück am 31. 12. 1789 auf der Weimarer Bühne. Im 243. Xenion gibt er seinen Eindruck darüber wieder: »Menschenhaß? Nein, davon verspürt ich beim heutigen Stücke / keine Regung: jedoch Reue, die hab ich gefühlt.«
96 Burger (Anm. 65): Europäisches Adelsideal und deutsche Klassik. S. 214.
97 Erich Auerbach: Musikus Miller. In: Mimesis. Dargestellte Wirklichkeit in der abendländischen Literatur. Bern ²1959. S. 410.
98 Zur Charakteristik dieser Gattung vgl. Richard Daunicht, Die Definitionen des Dramas und die Comédie larmoyante (in: Die Entstehung des bürgerlichen Trauerspiels in Deutschland. Berlin 1963), wo er auf S. 16 erwähnt, daß Voltaire diese Gattung anhand von Molières »Le Misanthrope« untersucht hat. Körner hatte Schiller vorgeschlagen, sich mit seinem Menschenfeindthema »in der Gattung des edlen Lustspiels« zu versuchen (4. 3. 1789, Schillers Briefwechsel mit Körner [Anm. 80]. S. 283; 29. 6. 1790, ebd. S. 374). Kotzebues Schauspiel über den Menschenhaß hielt er für mißlungen. Er beschrieb es im Brief vom 24. 10. 1789 als »ein elendes Product in Ifflands weinerlicher Manier, aber ohne einen Funken von Ifflands Talent« (Goedeke, S. 334).
99 Buchwald (Anm. 4). S. 398.
100 Wallenstein, Prolog.
101 Eine ähnliche Verbindung von privater Liebesthematik mit einer umfassenderen, welche die ganze Menschheit betrifft, hatte Schiller bereits im »Don Karlos« versucht, wobei er zu dem Schluß kam: »[...] das Glück des menschlichen Geschlechts auf viele Generationen hinunter, worauf alle Betrachtungen des Marquis [...] hinauslaufen, kann nicht wohl *Episode zu einer Handlung sein, die den Ausgang einer Liebesgeschichte zum Zweck hat*« (SA 16,79).
102 Gerhard (Anm. 4). S. 91.
103 Hamburger (Anm. 5). S. 380.
104 Burger (Anm. 65). S. 222.
105 Goethe: Zu brüderlichem Andenken Wielands. Gedenkrede vom 18. 2. 1813 (Goethes Werke. Hrsg. im Auftrage der Großherzogin Sophie von Sachsen. Abt. 1. Bd. 36. Weimar 1893. S. 311–346).
106 Vgl. Hans Schmeer: Der Begriff der ›schönen Seele‹ besonders bei Wieland und in der deutschen Literatur des 18. Jahrhunderts. Berlin 1926.
107 SA 11,106.
108 Hamburger (Anm. 5). S. 379.
109 W 177.
110 W 180.
111 Ebd.
112 Ebd.
113 Vgl. Klaus Bäppler: Der philosophische Wieland. Stufen und Prägungen seines Denkens. Bern/München 1974. S. 16. In seiner Interpretation des »Theages« hebt Bäppler hervor, daß diese Eigenschaften Shaftesburys Wertsystem entnommen sind. Er schreibt: »Shaftesbury begreift Wahrheit, Schönheit und Tugend nicht nur als nicht reduzierbare Grundwerte, sondern er folgt auch der neuplatonischen Vorstellung seiner Zeit von deren letztlicher Identität.«
114 W 183.
115 Diese Feststellung trifft Bäppler (Anm. 113) für Wieland (S. 22). Sie trifft aber ebenso auf Schiller sowie auch auf Goethe zu.
116 Eine ähnliche Wirkung unerreichbarer Schönheit und Tugend beschreibt Wieland in »Araspes und Panthea«.
117 Von Wiese (Anm. 4). S. 285.
118 SA 16,89.

WALTER HINDERER

Wallenstein

Nachdem Schiller mit psychologischem Geschick am 23. August 1794 die Summe der Existenz seines späteren Mitklassikers gezogen und dessen launiges Wohlwollen erhalten hatte, bekannte er acht Tage später mit listiger Selbstkritik: »*Mein* Verstand wirkt eigentlich mehr symbolisierend, und so schwebe ich, als eine ZwitterArt zwischen dem Begriff und der Anschauung, zwischen der Regel und der Empfindung, zwischen dem technischen Kopf und dem Genie [...]; denn gewöhnlich übereilte mich der Poet, wo ich philosophieren sollte, und der philosophische Geist, wo ich dichten wollte.«[1] Nicht zuletzt dieser Amphibienhaftigkeit verdankt das deutsche Drama ein dergestalt intelligentes Theateridiom, daß es schwer ist seither, wie Thomas Mann notiert hat, »von der Bühne zu reden, ohne zu schillerisieren«[2]. War dem zeitgenössischen Publikum schon der *Fiesco* als »zu gelehrt« erschienen, was sollte es da erst über das Glanzstück seines »poetisierten Intellektualismus«[3], seinen *Wallenstein* sagen? Selbst Goethe, der neben Christian Gottfried Körner und Wilhelm von Humboldt vom Autor in einen intensiven Gedankenaustausch über das entstehende dramatische Gedicht hineingezogen worden war, bestand da eigensinnig auf seinen Vorbehalten.[4] Er fand es betrübend, so äußerte er etwa gegenüber Eckermann am 14. November 1823, daß »ein so außerordentlich begabter Mensch sich mit philosophischen Denkweisen herumquälte, die ihm nichts helfen konnten«.[5] Noch das bekannte Lob, Schillers *Wallenstein* sei so groß, »daß in seiner Art zum zweiten Mal nicht etwas Ähnliches vorhanden ist«, enthält den seltener zitierten Nachsatz: »aber Sie werden finden, daß eben diese beiden gewaltigen Hülfen, die Geschichte und die Philosophie, dem Werke an verschiedenen Teilen im Wege sind und seinen reinen poetischen Sukzeß hindern«. Dabei hatte der schwäbische Dramatiker immer wieder in den Briefen an den Freund die notwendige Inthronisierung des Poetischen gerade im Hinblick auf den spröden historischen Stoff betont und nicht ohne Genugtuung schließlich am 2. Oktober 1797 berichtet, daß »das Ganze [...] poetisch organisiert« und »der Stoff [...] in eine reine tragische Fabel verwandelt« sei.[6] Aber Goethe schien davon nicht überzeugt: ihn störten die »gewaltigen Hülfen, die Geschichte und die Philosophie«, die er grundsätzlich an Schillers dramatischen Produkten ablehnte, ohne offenbar zu merken, daß es gerade das Modern-Sentimentalische ist, das dessen Werken ihren spezifischen Charakter gibt. Das alles freilich hat den Verfasser des *Faust* nicht davon abgehalten, eben auch die Vorteile dieser im ganzen doch intellektuelleren Produktion genau zu beobachten und herauszustreichen. Von ihm stammt die wohl präziseste Beschreibung (1799) des Riesenwerks *Wallenstein*, die er selbst auf folgenden Nenner bringt: »Der Dichter hatte also zwei Gegenstände darzustellen, die miteinander im Streit erscheinen: den *phantastischen Geist*, der von der einen Seite an das Große und Idealische, von der andern an den Wahnsinn und das Verbrechen grenzt, und das *gemeine wirkliche Leben*, welches von der einen Seite sich an das Sittliche und Verständige anschließt, von der andern dem Kleinen, dem

Niedrigen und Verächtlichen sich nähert.«[7] Diese Einstellung siedelt *Wallenstein* eindeutig in der Mitte des in der Schrift *Ueber naive und sentimentalische Dichtung* näher beschriebenen »psychologischen Antagonism unter den Menschen in einem sich kultivierenden Jahrhundert«[8] an. Da man sicher sein kann, daß Schiller dieser Formulierung zugestimmt, wenn er sie nicht sogar mit formuliert hat, scheint sich die immer wieder aufs neue auflebende Diskussion über einen Realisten[9] oder Idealisten[10] Wallenstein auf eine sinnvollere Grundlage stellen zu lassen.[11]
Während der Arbeit am *Wallenstein* (besonders zwischen 1796 und 1798) haben sich Schillers ästhetische und ideologische Positionen mehrmals verändert. Die anhaltende Beschäftigung mit den griechischen Tragikern, mit Shakespeares *Richard III.*, *Macbeth* und *Julius Cäsar*,[12] mit Aristoteles[13] und beispielsweise Goethes *Hermann und Dorothea* führten den eigenen Überlegungen ständig neue Anregungen hinzu. »Das epische Gedicht von Goethen«, so schreibt Schiller am 7. April 1797 an Körner, welches »alle Ideen über epische und dramatische Kunst in Bewegung brachte, hat, verbunden mit der Lectüre des Shakespeare und Sophokles, die mich seit mehrern Wochen beschäftigt, auch für meinen Wallenstein große Folgen; und da ich bei dieser Gelegenheit tiefere Blicke in die Kunst gethan, so muß ich manches in meiner ersten Ansicht des Stücks reformiren«.[14] Er hört nicht auf mit dem Reformieren, ob es um einzelne Motivänderungen wie die neue Verwertung der Astrologie,[15] um die Einfügung der Kapuziner-Predigt,[16] die relativ späte Ausarbeitung des Max-Thekla-Komplexes[17] geht oder um grundlegende formale Änderungen wie die Entscheidung, »den *Wallenstein* in Jamben zu machen«[18] und das »Monstrum« in »drei bedeutende Stücke«[19] zu gliedern. »Seitdem ich meine prosaische Sprache in eine poetisch-rhythmische verwandle«, so berichtet er am 24. November 1797 Goethe, »befinde ich mich unter einer ganz andern Gerichtsbarkeit als vorher; selbst viele Motive, die in der prosaischen Ausführung recht gut am Platz zu stehen schienen, kann ich jetzt nicht mehr brauchen«.[20] Schon aus diesem Grund dürfte es sich wenig empfehlen, frühere Äußerungen Schillers unkritisch auf sein »kleines Universum«[21] zu beziehen und es gar von ihnen her erklären zu wollen. Vielmehr sei hier versucht, durch regelmäßige Verweise auf Schillers ästhetische Anthropologie und Geschichtsauffassung, durch häufige Vergleiche des Wallenstein-Bildes der Trilogie mit dem der *Geschichte des Dreißigjährigen Krieges*, durch eine eingehende Analyse der Rezeptionsanweisungen in *Prolog* und *Lager* und der Meinungen und Gesinnungen der personae dramatis den komplexen Problemzusammenhang des umfangreichen, 7764 Verse umfassenden Dramas zu erschließen.

Der »Prolog« als historische und dramatische Exposition

Schiller widmete sich in seiner Geschichtsdarstellung vornehmlich dem 16. und 17. Jahrhundert, weil sich hier eine höhere Form bürgerlicher Freiheit auszubilden begann, »als sie in den ständisch regierten Monarchien des späten Mittelalters vorherrschte«.[22] Die erste Phase der bürgerlichen Emanzipation, in der »die bedrängte Menschheit um ihre edelsten Rechte ringt«,[23] beschreibt er nicht ohne Enthusiasmus in der *Geschichte des Abfalls der vereinigten Niederlande* und die letzte Phase in der *Geschichte des Dreißigjährigen Krieges.* Als Ergebnis dieser letzten Phase hält er bereits im ersten Buch fest: »Aber Europa ging ununterdrückt und frei aus diesem fürchterlichen Krieg, in welchem es sich zum erstenmal als eine zusammenhängende Staatengesellschaft erkannt hatte.«[24] Das könnte nach Schiller den Weltbürger mit dem Schrecken des Krieges versöhnen; denn nun garantiere eine »allgemeine Staatensympathie« den Frieden, »der diesem Krieg ein Ende machte«.[25] Den Westfälischen Frieden bezeichnete Schiller im fünften Buch deswegen auch als ein »Riesenwerk«, als »mühsames, teures und dauerndes Werk der Staatskunst«,[26] das als »Fackel der Kultur« die so lange vom Krieg verwüsteten Staaten »erleuchten« wird. Gerade diese durch den Westfälischen Frieden begründete Ordnung gerät im letzten Drittel des 18. Jahrhunderts ins Wanken.[27] Im *Prolog* spielt Schiller deutlich genug auf diesen Sachverhalt an: »Zerfallen sehen wir in diesen Tagen / Die alte feste Form, die einst vor hundert / Und funfzig Jahren ein willkommner Friede / Europens Reichen gab, die teure Frucht / Von dreißig jammervollen Kriegesjahren« (*Prol.*, 70–74). Das illustriert überdies, wie Schiller diese »düstre Zeit« gleichzeitig als ein Demonstrationsobjekt für aktuelle Probleme der Gegenwart benutzen wollte.

So, wie Schiller in seiner Geschichtsauffassung die »Unbegreiflichkeit« zum Standpunkt macht, läßt er auch in der Geschichtsschreibung mehr die Phänomene für sich sprechen. Nicht die Geschichte als Person regiert die Ereignisse und »bleibt unausgesetzt auf dem Schauplatz«, sondern sie stellt sich in der *Geschichte des Dreißigjährigen Krieges* gewissermaßen in den historischen Personen König Gustav Adolfs von Schweden und des Generals Albrecht von Wallenstein auf nahezu idealtypische Weise dar. Die *Geschichte des Dreißigjährigen Krieges* wird für Schiller, wie Theodor Schieder zu Recht beobachtet, geradezu zur Geschichte Gustav Adolfs und Wallensteins, zu einem fast klischeehaften Widerstreit zwischen Gut und Böse.[28] Während er den König mit allen positiven Eigenschaften ausstattet (er besitzt einen »alles beleuchtenden Adlerblick«, »Heldengröße«, ist »Held und König«, »Eroberer, Gesetzgeber und Richter«), malt er den Feldherrn Wallenstein mit düsteren Farben (als »brausender Kopf«, voller »schimärischer Entwürfe«, als Ehrgeizling und Verbrecher). Die Ereignisse werden dergestalt dramatisiert, und Schiller scheint auf der Seite der Wallenstein-Gegner zu stehen, als er plötzlich eine überraschende Wendung vornimmt[29] und die vermittelte Wirklichkeitsperspektive entscheidend korrigiert. Gustav Adolf, so hören wir plötzlich, hat nur sein vorzeitiger Tod davor bewahrt, ein *ungerechter* Eroberer[30] zu werden, und Schiller kommentiert ebenso lakonisch wie abwertend: »Unverkennbar strebte der Ehrgeiz des schwedischen Monarchen nach einer Gewalt in Deutschland, die mit der Freiheit der Stände unvereinbar war, und nach einer bleibenden Besitzung im Mittelpunkt dieses Reiches. Sein Ziel war der Kaiserthron.« Nicht genug damit, der erklärte Kritiker Wiens sähe die »Kaiserwürde« in der »Hand« des Schweden »einem weit größeren Mißbrauch ausgesetzt, als man von dem österreichischen Geschlechte zu befürchten hatte«.[31] Es war nach der Ansicht Schillers zu diesem Zeitpunkt »der größte Dienst, den [Gustav Adolf] der Freiheit des Deutschen Reiches noch erzeigen« konnte, nämlich »zu sterben«.[32]

Wallenstein selbst wird im zweiten Buch noch folgendermaßen porträtiert: »Die meisten Offiziere waren seine Geschöpfe, seine Winke Aussprüche des Schicksals für den gemeinen Soldaten. Grenzenlos war sein Ehrgeiz, unbeugsam sein Stolz, sein gebieterischer Geist nicht fähig, eine Kränkung ungerochen zu dulden.«[33] Schiller berichtet, wie die Absetzung in Regensburg Wallensteins Einstellung dem Kaiser gegenüber verändert, und bemerkt: »[...] der Raub, der an ihm selbst verübt wurde, machte ihn zum Räuber.«[34] Wie später der Dramatiker schildert auch der Geschichtsschreiber Schiller die Macht und die Eigenschaften Wallensteins, seine Großzügigkeit, Prunksucht, den Glauben an die Astrologie, seine Lärmempfindlichkeit, seinen Ernst, fügt Mosaikstein an Mosaikstein. Doch das historische Porträt ist überwiegend düster, es trägt saturnische Züge:[35] »Finster, verschlossen, unergründlich, sparte er seine Worte mehr als seine Geschenke, und das wenige, was er sprach, wurde mit einem widrigen Ton ausgestoßen. Er lachte niemals, und den Verführungen der Sinne widerstand die Kälte seines Bluts [...] Er war von großer Statur und hager, gelblicher Gesichtsfarbe, rötlichen kurzen Haaren, kleinen, aber funkelnden Augen. Ein furchtbarer, zurückschreckender Ernst saß auf seiner Stirn, und nur das Übermaß seiner Belohnungen konnte die zitternde Schar seiner Diener festhalten.«[36] Kein Wunder, daß der Dramatiker Schiller den Freunden Humboldt, Goethe und Körner von seinem Gegenstand nicht gerade enthusiastisch berichtet. Er hat für ihn »nichts Edles, er erscheint in keinem einzelnen LebensAkt groß, er hat wenig Würde«[37], das »Sujet interessiert« ihn »gar nicht«[38], »sein Charakter [...] ist niemals edel und darf es nie seyn, und durchaus kann er nur furchtbar, nie eigentlich groß erscheinen«[39]. Man sieht hier schon, wie sich das historische Bild des Wallenstein auch in Schillers poetischen Überlegungen fortsetzt. Doch wie im Drama eine überraschende Diskrepanz von Wallenstein-Mythos, den die Meinungen im Lager bei den Soldaten und in der Stadt bei den Offizieren erschaffen, und dem Wallenstein, den man schließlich im direkten Handlungsspiel auf der Bühne erlebt, entsteht, erhält auch die historische Gestalt in der *Geschichte des Dreißigjährigen Krieges* eine zusätzliche Dimension. In dem Augenblick, in dem Wallensteins sämtliche Entwürfe zusammenstürzen, steigert sich sein Charakter zu erhabener Größe: »Einsam steht er da«, so hält Schiller die Situation fest, »verlassen von allen, denen er Gutes tat, verraten von allen, auf die er baute. Aber solche Lagen sind es, die den großen Charakter erproben. In allen seinen Erwartungen hintergangen, entsagt er keinem einzigen seiner Entwürfe; nichts gibt er verloren, weil er sich selbst noch übrig bleibt«.[40] Dieser Rückzug auf die eigene Person macht Wallenstein zu einem erhabenen Objekt der Weltgeschichte im Sinne der Definition *Ueber das Erhabene*[41]: Er liefert die Probe auf das Exempel eines historischen Falles, »wo das Schicksal alle Außenwerke ersteigt, auf die er seine Sicherheit gründete, und ihm nichts weiter übrig bleibt«, als der »Macht der Natur« zuvorzukommen und »durch eine freie Aufhebung alles sinnlichen Interesse [...] sich moralisch zu entleiben«.[42] Wie auf der Bühne des Dramas wird auf der Bühne der Weltgeschichte an Wallenstein die Unabhängigkeit der menschlichen Person von Naturbedingungen[43] demonstriert, womit gleichzeitig veranschaulicht ist, daß der Historiker Schiller die nämlichen Konzepte seiner anthropologischen Ästhetik verwendet, die auch der Dramatiker vorführt.

Am Schluß des vierten Buches errichtet Schiller sogar für Wallenstein eine Art Epitaph: »So endigte Wallenstein in einem Alter von funfzig Jahren sein tatenreiches und außerordentliches Leben; durch Ehrgeiz emporgehoben, durch Ehrgeiz gestürzt, bei allen seinen Mängeln noch groß und bewundernswert, unübertrefflich, wenn er Maß gehalten hätte.«[44] Es ist immer wieder von den Historikern[45] notiert worden, wie viele einzelne Züge des historischen Wallenstein-Bildes in die Trilogie eingegangen sind. Noch die Bemerkung am Ende des vierten Buches, wo Schiller scharfsichtig darauf hinweist, daß sich die »Verräterei des Herzogs« und sein »Entwurf auf die böhmische Krone« bloß auf Vermutungen, nicht aber auf Tatsachen stützen,[46] setzt er dramatisch um. Wenn er erwähnt, daß die »geheimen Triebfedern« von Wallensteins Handeln noch nicht aufgedeckt sind, daß viele »seiner getadeltsten Schritte [...] bloß seine ernstliche Neigung zum Frieden« bewiesen, so werden das auch Motive des Dramas. Da Schiller aus Mangel an relevanten Quellen »die *historische* Wahrheit über Wallenstein nicht rein und unverfälscht finden konnte«, hat er ihn, so ließe sich mit Theodor Schieder[47] pointiert sagen, »schließlich im Lichte der *poetischen* Wahrheit verständlich gemacht«. Die Historiker von Josef Pekař bis Golo Mann, die sich dem Rätsel Wallensteins verschrieben haben, finden sogar das in der Trilogie entworfene Charakterbild »wahrhaftiger und wirklichkeitsnäher« als eine Reihe späterer Darstellungen.[48]

Im *Prolog* zitiert Schiller gewissermaßen die von der Geschichte tradierten Charakterbilder[49] Wallensteins, wie sie »von der Parteien Gunst und Haß verwirrt« (*Prol.*, 102) sind, und knüpft dort an, wo seine Geschichtsdarstellung endete: »Ein Unglück für den Lebenden, daß er eine siegende Partei sich zum Feinde gemacht hatte – ein Unglück für den Toten, daß ihn dieser Feind überlebte und seine Geschichte schrieb.«[50] Wer also war Wallenstein? Die latente Frage des *Prologs* knüpft zunächst an Resultate aus Schillers Geschichtsdarstellung an: Er war der »Schöpfer kühner Heere«, des »Lagers Abgott und der Länder Geißel«, die »Stütze und der Schrecken seines Kaisers«, des »Glückes abenteuerlicher Sohn«, ein verwegener Emporkömmling, ein Opfer seiner »unbezähmten Ehrsucht« (*Prol.*, 91 bis 101). Indem er diese Resultate als bekannte Fakten ausgibt, stellt er sie auch gleichzeitig in Frage. Der plötzlichen dialektischen Wende in seiner Geschichtsdarstellung entspricht hier der Hinweis auf die Veränderung der Perspektive durch die Kunst; sie soll die historische Person »menschlich« näherbringen, indem sie »jedes Äußerste« auf die Natur zurückführt, den »Menschen in des Lebens Drang« zeigt und die »größre Hälfte seiner Schuld / Den unglückseligen Gestirnen« (*Prol.*, 104 bis 110) zuwälzt. Das bedeutet aber nicht, wie es Kurt May[51] versteht, eine Idealisierung der historischen Wallenstein-Figur, sondern nur eine stichwortartige Erklärung der anthropologisch-ästhetischen Erkenntnisinteressen. Die politischen Handlungen, die extremen psychischen und politischen Situationen Wallensteins will Schiller mit Hilfe der Kunst auf die Bedingungen seines Charakters (seine menschliche Natur) zurückführen, also die »kalte, unfruchtbare Staatsaktion«, um hier die Formulierung aus der *Vorrede* zu *Fiesco* aufzugreifen, wieder ans »menschliche Herz« anknüpfen. Daneben will er die Umstände zeigen, die zeitgeschichtliche Konstellation, um beim Rezipienten menschliches Verständnis für die Handlungen seiner Hauptfigur zu wecken. Diesen Umstand, Wallensteins spezifische zeitgeschichtliche Konstellation (»unglückselige Gestirne«), erhärtet Schiller mit folgender späteren Begründung: »Denn seine Macht ists, die sein Herz verführt, / Sein Lager nur erkläret sein Verbrechen« (*Prol.*, 117f.). Gordon, den Schiller selbst als personifizierte »Moral des Stücks«[52] bezeichnet hat, wiederholt in *Wallensteins*

Tod (IV,2) diese Motivierung des Untergangs: »Zum Fallstrick ward ihm seine Größ und Macht«, »Doch unnatürlich war und neuer Art / Die Kriegsgewalt in dieses Mannes Händen«, »O schad um solchen Mann! denn keiner möchte / Da festestehen [...], wo er fiel«. Gegenüber der Position der Jugenddramen ist bei Schiller insofern eine Veränderung in der Auffassung eingetreten, als er das Handeln, die Tat nicht mehr ausschließlich auf die Person, den Charakter zurückführt,[53] sondern eben auch einen großen Teil auf die Umstände, die »unglückseligen Gestirne«.

Aber der Prolog verspricht seinem Publikum, d. h. dem bürgerlichen und adligen Publikum Weimars im Oktober 1798, das mit den Geschicken der einheimischen Schaubühne, wie die Anspielungen am Anfang illustrieren (z. B. die Erinnerung an die Schauspieler Schröder und Iffland, *Prol.*, 10–23), genauestens vertraut war, nicht nur Wallenstein in »lebender Gestalt« (*Prol.*, 116), sondern er signalisiert auch in Stichworten schon den historischen Kontext, den »finstern Zeitgrund« (*Prol.*, 91), die »sechzehn Jahre der Verwüstung, des Raubs, des Elends« (*Prol.*, 80f.). Diese vom Krieg zerstörte Welt, in welcher der Bürger nichts, der Krieger alles gilt, in der »straflose Frechheit [...] den Sitten Hohn« spricht und »rohe Horden [...] sich [...] auf dem verheerten Boden« lagern (*Prol.*, 79–90), womit Schiller schon deutlich Bewertungszeichen für das *Lager* und die *Piccolomini* gibt, konfrontiert nun der *Prolog* nachdrücklich mit der Gegenwart und der »Zukunft hoffnungsreiche Ferne« (*Prol.*, 78).

Ist nun die »düstre Zeit« des Dreißigjährigen Krieges als negatives Gegenbild zur Zeitgeschichte um 1798 oder als Trostbild zu verstehen? Soll die Gegenwart durch den Vergleich mit der Vergangenheit aufgewertet werden, oder besteht zwischen dem momentanen »Kampf der Naturen« und den vergangenen Ereignissen ein enger problemgeschichtlicher Zusammenhang? Die Situation, wie sie der *Prolog* angibt, ist folgende: Die »alte feste Form« (*Prol.*, 71), die das »Riesenwerk« des Westfälischen Friedens Europa gab,[54] zerfällt »in diesen Tagen«; jetzt, an des »Jahrhunderts ernstem Ende«, spielt sich vor den Augen des zeitgenössischen Publikums der »Kampf gewaltiger Naturen« ab und tritt ein »bedeutend Ziel« in Erscheinung: das Ringen »um der Menschheit große Gegenstände«, um Herrschaft und Freiheit (*Prol.*, 61–66). Wenn man die Definition der Weltgeschichte als »Konflikt der Naturkräfte untereinander selbst und mit der Freyheit der Menschen«[55] in Erinnerung ruft, welche der *Prolog* hier dem Sinne nach zu zitieren scheint, könnte man in der Tat mit Kurt May[56] annehmen, der Dichter des Jahres 1798 fühle »sich in einem erhabenen Moment der Zeit«. Auch von den Zeitgenossen wurden die Stellen im *Prolog* über »Kunst und Zeitverhältnisse« durchaus als Mittel verstanden, »gleichsam der Zeit selbst einen Mund zu geben«.[57] Nun läßt sich »Kampf gewaltiger Naturen« und damit das Drama von Wallenstein kaum eindeutig auf den französischen General Dumouriez[58] oder auf Napoleon[59] beziehen, da Schiller nicht auf eine bestimmte historische Person anspielt, sondern nur den jetzigen »Kampf gewaltiger Naturen« mit dem vor 150 Jahren parallelisiert. Es geht ihm um die verwandte historische Situation einer politischen Neuordnung von Herrschaft und Freiheit im Sinne des Solon, daß »die politische Gesetzgebung der Vernunft übertragen, der Mensch als Selbstzweck respektiert und behandelt, das Gesetz auf den Thron gehoben, und wahre Freiheit zur Grundlage des Staatsgebäudes gemacht« wird.[60] Würde dieses »politische Schöpfungswerk«, in dem er die Hauptaufgabe »in diesem letzten Decennium des achtzehnten Jahrhunderts« sieht,[61] gelingen, so könnte er, wie Schiller betont, »auf ewig von den Musen Abschied« nehmen.[62] Da aber die »Regeneration im Politischen«,[63] dieses »Schöpfungswerk« so total mißlingt, daß er von einer Regression Europas auf die Stufe der »Barbarey und Knechtschaft«[64] spricht, fühlt er sich zum Entwurf seines ästhetisch-anthropologischen Programms in den Briefen an den Herzog von Augustenburg genötigt. »Alle Reform«, so stellt er hier fest, »die Bestand haben soll, muß von der Denkungsart ausgehen, und wo eine Verderbniß in den Principien herrscht, da kann nichts gesundes, nichts gutartiges aufkeimen. Nur der Karakter der Bürger erschafft und erhält den Staat, und macht politische und bürgerliche Freiheit möglich«.[65]

Schillers Gedicht *Der Antritt des neuen Jahrhunderts* auf den Frieden von Luneville am 9. Februar 1801 spricht wie der *Prolog* von der Auflösung der alten Ordnung Europas, von dem Einsturz der »alten Formen«, aber es entwertet illusionslos diesen Frieden als Farce;[66] denn zwei Nationen (Frankreich und England) ringen weiter um den »alleinigen Besitz« der Welt und streben danach, »aller Länder Freiheit zu verschlingen«. Umsonst späht man »auf allen Länderkarten« nach der »Freiheit ewig grünem Garten«, und der Dichter empfiehlt im Sinne seiner Auffassung der ästhetischen Kultur:

»In des Herzens heilig stille Räume
Mußt du fliehen aus des Lebens Drang:
Freiheit ist nur in dem Reich der Träume,
Und das Schöne blüht nur im Gesang.«[67]

Diesen Weg nach innen,[68] den Schiller im Gegensatz zur Romantik als eine Voraussetzung für die »politische Regeneration«,[69] also als einen Weg nach außen versteht, zeigt Schiller auch in seinen Dramen, indem er die Handlungen auf die Personen zurückführt,[70] die Taten auf den Charakter und sie dann am Quellpunkt der Kritik aussetzt. Nur von diesem Quellpunkt her lassen sich auch Sachverhalte korrigieren, die sich in des »Lebens Drang« abspielen; denn nicht nur malt sich der Mensch in seinen Taten, wie Schiller einmal schreibt,[71] sondern malt der Mensch auch seine Taten. Die von Wallenstein behauptete Trennung zwischen Handeln und Denken, zwischen Tat und Charakter ist im Grunde ein Versuch, moralische Verantwortung zu relativieren und die Gesinnung von der Handlung zu isolieren. Auch mit seiner Gesinnung reicht der Mensch noch »in des Lebens Drang«, steckt er im Kontext der Umstände, wie es im *Prolog* heißt, womit Schiller durchaus die moralische Person in eine dialektische Beziehung zur Geschichte setzt.

Im *Prolog* spricht Schiller der Kunst, deren »Schattenbühne« gewissermaßen im Wettbewerb mit des »Lebens Bühne«, der Bühne der Zeitgeschichte, steht (*Prol.*, 61–69), eine ebenso neue wie höhere Funktion (*Prol.*, 50.54.68) zu. Die »neue Ära« der Kunst soll den Zuschauer aus dem Themenkreis der gewohnten bürgerlichen Thematik, wie sie etwa die Stücke Ifflands und Kotzebues bis zum Überdruß anboten,[72] auf einen »höhern Schauplatz« führen, der dem »erhabenen Moment der Zeit« in nichts nachsteht. Wie in seiner Mannheimer Vorlesung[73] fordert

Schiller im *Prolog* die Befreiung des Menschen aus seiner Beschränkung und geistigen Verengung durch den bürgerlichen Alltag. Das Mittel dazu ist eben der »große Gegenstand«, denn es »wächst der Mensch mit seinen größern Zwecken« (*Prol.*, 60) – oder mit den Worten der Mannheimer Vorlesung: »Je erhabner das Ziel ist, nach welchem wir streben, je weiter je mehr umfassend der Krais, worinn wir uns üben, desto höher steigt unser Muth, desto reiner wird unser Selbstvertrauen, desto unabhängiger von der Meinung der Welt.«

Der *Prolog* bereitet das Publikum also nicht nur auf die Geschichte des Dreißigjährigen Krieges vor und auf Wallenstein, der ihm im *Lager* nur als »Schattenbild« (*Prol.*, 111–118) begegnen wird, sondern auch auf die zeitgeschichtliche Aktualität des Themas. Es geht in der Trilogie um das, was den »tiefen Grund der Menschheit« aufregt, um die Probleme von Herrschaft und Freiheit, von »Usurpation« und »Insurrektion«, um die Möglichkeit und Unmöglichkeit einer politischen Gesellschaft, die den Menschen »als Selbstzweck respektiert«.[74] Der *Prolog* konfrontiert eine Zeit des Übergangs mit der Gegenwart, in der die Zeitgenossen ein ähnliches Wechselspiel von Auflösung alter Ordnung und der Hoffnung auf eine neue erleben.[75] Gerade die indirekte und direkte Kritik in der Trilogie sowohl an den Rebellen (Wallenstein-Partei) als auch an der Reaktion (Kaiser-Partei) verweist das Publikum auf ein wünschenswertes Drittes: die Notwendigkeit von »Verjüngung, Erneuerung, Veränderung«.[76] Unter diesem Aspekt läßt sich mit Walter Müller-Seidel behaupten, daß im *Wallenstein* »geschichtlicher Wandel zum schlechterdings zentralen Motiv« wird.[77] Der letzte Satz der Trilogie: »dem *Fürsten* Piccolomini« stanzt geradezu epigrammatisch das Scheitern der »Idee des Fortschritts«[78] in die Schlußszene und setzt diese historische Lösung pointiert der kritischen Negation aus. In schlichter Prosa lautet die negative Bestandsaufnahme so: »Die Usurpation wird sich auf die Schwachheit der menschlichen Natur, die Insurrection auf die Würde derselben berufen, bis endlich die große Beherrscherinn aller menschlichen Dinge, die blinde Stärke, dazwischen tritt, und den vorgeblichen Streit der Prinzipien wie einen gemeinen Faustkampf entscheidet.«[79]

Indem der *Prolog* die Trilogie als eine Verlängerung oder Intensivierung der weltgeschichtlichen Bühne in Vergangenheit und Gegenwart ankündigt, versucht er das Publikum in einem Zwischenbereich zwischen Historie, Zeitgeschichte und Fiktion anzusprechen und von dorther die Erwartungen des Illusionstheaters in Frage zu stellen. Er unterscheidet dabei prononciert die »Täuschung« des Theaters, den ästhetischen Schein gegenüber der Wirklichkeit: das »düstre Bild der Wahrheit« und das »heitre Reich der Kunst« (*Prol.*, 133f.). Weder wird die Bühne der Geschichte mit der des Theaters identifiziert noch der ästhetische Schein der Wahrheit »betrüglich« unterschoben, sondern vielmehr bei der Gemeinsamkeit der Ziele die grundsätzliche Verschiedenartigkeit beider Erscheinungsformen betont. Der *Prolog* beginnt mit spezifischen Hinweisen auf die Weimarer Schaubühne, reflektiert über die Vergänglichkeit von »des Mimen Kunst«, die in der Erfüllung des Augenblicks besteht (*Prol.*, 32–49), und kündigt mit *Wallenstein* eine »neue Ära« des Theaters an. Schiller tut auf der einen Seite alles, um die Aktualität und Bedeutung seines dramatischen Vorwurfs vor Augen zu stellen, auf der anderen betont er den Modellcharakter seines Werkes. Der Modellcharakter befreit von dem nämlichen »Lebensdrang«, von dem neben dem oben zitierten Gedicht auch der *Prolog* spricht.

Unter solchem »Drang« steht zwar auch der fiktionalisierte Wallenstein, aber nicht der Rezipient. Dieser soll nicht nur die »Freiheit des Gemüts in dem lebendigen Spiel aller seiner Kräfte« *(Über den Gebrauch des Chors in der Tragödie)* erleben, Icherweiterung erfahren, sondern unabhängig von der »stofflichen« oder »moralischen« (geistigen) Wirkung über die dargebotenen aktuellen Inhalte reflektieren. Schiller will eben nicht Identifikation, vielmehr Distanz, nicht Einfühlung, vielmehr Reaktion des Bewußtseins. Mit der Trennung von Bühnenfigur und Publikum antizipiert Schiller schon »Formen der epischen Distanz«,[80] die im *Lager* voll entfaltet werden und gewiß dem epischen Theater Brechts näherstehen als der klassizistischen Tragödie. Der *Prolog* dient in verschiedener Weise der Vorbereitung[81] des Publikums, er stellt die zeitgeschichtlichen Bezüge her, bewertet das historische Geschehen, das dargestellt wird, und liefert insofern Rezeptionsanweisungen, als er durch ästhetische Distanz gerade die außerästhetische Geltung dieses zentralen Themas der Menschheitsgeschichte präsent halten will. Der *Prolog* ist eine Exposition zum *Lager*, wie dieses zu den *Piccolomini* und die *Piccolomini* zu *Wallensteins Tod*;[82] aber er leitet eigentlich die ganze Trilogie ein, indem er die Verbindung von Geschichte und Fiktion in die richtige Perspektive rückt und durch Distanz auch eben jene Formen der komischen *(Lager)* und der tragischen Ironie *(Wallensteins Tod)* vorbereitet, d. h. das richtige Lesen ihrer Signale einübt.[83]

Das »Lager« als prägnanter Zustand

Der »heitere Einakter«[84], dieses »Lust- und Lärmspiel« (Goethe) schildert die Basis von Wallensteins Macht, präsentiert ein Stück Zeitgeschichte und führt in die Problematik der Trilogie ein. »Am Gesinde erkennt man die Herren: an dem stumpf-gierigen Kroaten den hirn- und hemmungslosen ›Pauckettierer‹ Isolani, an den forschen und eitlen Jägern den Haudegen Illo, an dem Friedland-behexten Trompeter und den sturmerprobten Dragonern die Terzky und Buttler, in den kaisertreuen Arkebusieren vom Regiment Tiefenbach die Rolle Octavios und in den pflichtfreudigen Pappenheimern die schöne Seele Max. Der Oberste der Unteren, der Wachtmeister, vereinigt die Blicke zum ersten Mal auf den höchsten Führer«.[85] Herbert Cysarz, der dergestalt seine Eindrücke zusammenfaßt, versteht den Kapuziner als »Hohlspiegel der dunklen Pfaffenränke, die Wallenstein am Wiener Hof verleumden«. Nach der Art der Gattungs- oder Typenkomödie werden hier die Mitglieder der Gesellschaft, in diesem Fall einer Soldatengesellschaft, auf der untersten Stufe im niederen Stil in offenen, aneinandergereihten Bildfolgen oder Episoden vorgeführt.[86] Dieser »Staat im Staat« liegt außerhalb der Stadt, in der die *Piccolomini* gleichzeitig spielen, und stellt eben das Lager jener rohen, verwilderten Horden dar, von denen der *Prolog* redet (*Prol.*, 84–90). Die Soldaten sind gewiß weniger Repräsentanten des Volkes[87] als vielmehr jenes negativen Naturzustandes, den Schiller im 5. Brief *Ueber die ästhetische Erziehung des Menschen* im Hinblick auf seine Gegenwart folgendermaßen kritisiert: »In den niedern und zahlreichern Klassen stellen sich uns rohe gesetzlose Triebe dar, die sich nach aufgelöstem Band der bürgerlichen Ordnung entfesseln und mit unlenksamer Wuth zu ihrer thierischen Befriedigung eilen.«[88] So, wie die Soldaten ein Produkt des zeitgeschichtlichen Kontextes (Krieg) und ihrer Anführer (der Offiziere, vor allem des »Soldatenvaters« Wallenstein) sind, so stehen andererseits die Befehlsgewaltigen bis hin zu Wallenstein in Abhängigkeit von ihren Truppen.[89] Während allerdings die Anführer, vor allem Wallenstein, nicht immer das sind, was sie scheinen, und in mehrere Rollen schlüpfen, sind die Soldaten, was sie scheinen; es herrscht eine Identität von Rolle und Existenz, was damit zusammenhängt, daß sie im Sinne von Schillers Definition keine »Zöglinge der Kunst«[90] sind. Da sie meinen, was sie sagen,[91] enthüllen sie um so deutlicher ihre Ziele, Anschauungen, Wünsche und Absichten, die der Kapuziner aufs Schuldkonto des Herzogs schreibt: »Wie die Glieder, so auch das Haupt! / Weiß doch niemand, an wen *der* glaubt!« (*WL*, 8, 593f.). Gerade die Verneinung wird hier zur Anspielung, denn von den direkten Aussagen der Soldaten kann er mühelos auf die antiklerikale Einstellung Wallensteins schließen.

Das *Lager* entwirft als prägnanten Zustand und prägnantes Zeitmoment,[92] in dem wohl viel geredet, aber nicht gehandelt wird,[93] schon Spiel und Gegenspiel der oberen Ränge, die ohnedies den Augenblick der Aktion bestimmen, während die Soldaten nur die passiven Objekte ihrer Befehle sind.[94] An der Spitze des Spiel- und Gegenspiels stehen als die obersten Repräsentanten Kaiser Ferdinand und Herzog Wallenstein; auf der mittleren (Offiziere) und unteren Ebene (Soldaten) kehrt diese Gliederung wieder. Im »Kampf zwischen Kaiser und Friedland geht es« in der Tat, wie Kurt Partl[95] ausführt, »um die Gesinnung der Armee«, weil sie die Basis ihrer Macht darstellt, und das *Lager* spiegelt gewissermaßen von unten, wie sehr im Moment der »Parteien Gunst« zu drei Vierteln dem Friedländer und nur zu einem Viertel dem Kaiser gehört (*P*, I,3).[96] Das *Lager* präludiert die Stimmung, die auf der mittleren Ebene *(Die Piccolomini)* so deutlich wird, daß Questenberg schon resignierend meint: »Hier ist kein Kaiser mehr. Der Fürst ist Kaiser!« (*P*, I, 3,294). Die einhellige Meinung der »Sozietät« (*WL*, 11,1006) wird, sieht man einmal vom Kapuziner ab, eigentlich nur vom 1. Arkebusier (*WL*, 11) massiv gestört, dessen Gesinnung nicht von ungefähr auf den späteren Überläufer Tiefenbach verweist, wie die Ansichten der Kürassiere viel vom Verhalten ihres Anführers Max Piccolomini vorwegnehmen. Dieses *Lager*, das heißt die Art und Weise, wie die Armee das Geschöpf eines offenbar genialen Feldherrn mit höheren Ambitionen ist, wie diese ihn vergöttert und ihn mit dem Kaiser auf eine Stufe oder gar über ihn stellt, erklärt nicht nur Wallensteins Verbrechen *(Prolog)*, sondern auch die Panikstimmung am Hofe zu Wien. In der Auseinandersetzung zwischen Kaiser und Feldherr geht es um Machtfragen, aber auch um Unterschiede in den politischen Zielen und Interessen, um die Alternative Ancien régime oder novus ordo saeculorum. Mit dem Informationsvorsprung der *Piccolomini* und *Wallensteins Tod* erkennt man allerdings die Parodoxie, die darin liegt, daß die Soldaten für den Soldatenvater sind, weil er ihnen ein ebenso sorgenfreies wie abwechslungsreiches Leben ermöglicht, für ihre Kriegerexistenz bürgt und die Fortuna auf seiner Seite hat, während Wallenstein in Wirklichkeit mit Friedensvorstellungen liebäugelt und der Kaiser den Krieg konsequenter, als der Herzog das seiner Ansicht nach zu tun scheint, führen möchte. Die Armee will im Grunde, was der Kaiser will: den Fortbestand und die Verstärkung der alten Ordnung, allerdings aus anderen Motiven, die aber nicht weniger von »empörendem Egoismus«[97] zeugen. Auch wenn Wallenstein mit den Friedens- und Reichsideen nicht bloß in Gedanken gespielt hätte, wäre eine Realisierung durch eine solche Armee (Offiziere und Soldaten), die jede bürgerliche Existenzform negierte und ihre Eigeninteressen verfolgte, nicht einfach gewesen. Trotzdem läßt sich die Basis der Armee und ihre Berufsideologie nicht eigentlich als reaktionär bezeichnen, wie das Nandakishore Banerjee[98] im Gegensatz zur marxistischen Literaturkritik[99] tut. Die Soldaten sind »verwildert«, anarchisch, Glücksgewinnler und Produkte des langen Krieges und illustrieren, wie es die *Geschichte des Dreißigjährigen Krieges* beschreibt, die »alte barbarische Wildheit«, welche »den aufglimmenden Funken der Kultur in Deutschland auf ein halbes Jahrhundert verlöschte«.[100]

Aber diese »düsteren Züge« sind im *Lager* durch die Heiterkeit des Komischen aufgehellt. In einem bunten Bilderbogen, der trotz der Tendenz zur Typisierung und trotz »des Reimes Spiel« (*Prol.*, 131) wirklichkeitsnah wirkt, zeigt Schiller die Vielfalt der Soldateska und stellt gleichzeitig durch die komische Struktur in Frage, was der Zuschauer hört und sieht. Die Distanz wird erreicht durch Mittel der *versteckten Ironie*[101], die wohl das Publikum versteht, aber nicht die Gesprächspartner, und mit denen der Autor die Meinungen, Ansichten, Ideologien der Soldaten systematisch als Täuschungen entlarvt. Obwohl gerade bei der Armee nicht die Doppelbedeutung der Worte,[102] der Doppelsinn des Lebens, der Zwiespalt zwischen Gedanke und Tat[103] wie in den *Piccolomini* (Max und Thekla bilden hier die Ausnahme) und *Wallensteins Tod* herrscht, verleihen die satirische Struktur des Lust- und Lärmspiels und die Ironiesignale den Aussagen einen zweiten Sinn – natürlich wiederum nur aus der Perspektive der Zuschauer. Der zweite Sinn, der dem Rezipienten zugespielt wird, unterstellt die Aussage der Kritik oder genauer: falsifiziert sie.[104] Die *versteckte Ironie* setzt somit die Distanzierungsanweisungen von dem, was sich auf der Bühne abspielt, fort. Sie werden mit anderen, z. T. subtileren Mitteln in den beiden folgenden Stücken weitergeführt, so daß Alfons Glück[105] mit einigem Recht auch *Wallensteins Tod* unter dem Aspekt der Satire als Desillusionierung einer großen Illusion interpretiert.

Im *Lager* gibt es zwar Exzesse, falsches Spiel, Betrug, aber man meint, was man sagt, und intrigiert nicht. Die Intrige ist ohnedies ein Prärogativ der oberen Ränge und gehört zumindest seit Gracian zur Praxis der politischen Welt. Aber in diesem Sinne spielen die Soldaten keine politische Rolle, sie sind auf der historischen Bühne nur personae dramatis, denen der Regisseur Wallenstein die Rollen vorschreibt. Er denkt die Tat, die sie vollbringen müssen. Der Unterschied zwischen Gedanke und Tat wird bei ihnen irrelevant; denn wie der Mörder Macdonald seinem Vorgesetzten Buttler sagt: »Wir denken *nicht* nach. Das ist deine Sache! / Du bist der General und kommandierst, / Wir folgen dir, und wenns zur Hölle ginge« (*WT*, V,2,3235–37). Damit wird auch die Verantwortung für die Tat abgelehnt, was der Wachtmeister im *Lager* (*WL*, 6,339f.) in der Wiederholung von Wallensteins Parole für seine Armee zum Ausdruck bringt: »Das Wort ist frei, / Die Tat ist stumm, der Gehorsam blind«. Doch diese Parole ist schon wieder ihrerseits ein Echo auf die Ausführungen des 1. Jägers, des »langen Peter aus Itzehö«, der die »Kriegessitt«, den Korpsgeist lobend, auf die schönen, alten Regeln des Faustrechts verweist: »Wo die Klinge noch alles tät bedeuten, / Da gibts nur *ein* Vergehn und Verbrechen: / Der Ordre fürwitzig widersprechen!« (*WL*, 6,316 bis

318). Ein zentrales Thema im *Lager* ist die Erörterung des Gegensatzes von militärischer und bürgerlicher Existenzform, des Konfliktes von Wehr- und Nährstand, von Kriegs- und Friedensordnung. Im Verlauf der Erörterungen suchen die Teilnehmer der Diskussion nach dem Selbstverständnis des Soldatentums. Dabei zeigt sich eine Diskrepanz der Meinungen, die schließlich am Ende des 11. Auftritts durch das gemeinsame »Pro memoria« und vor allem durch das Lied überspielt wird, das der 2. Kürassier anstimmt und in das der Chor einfällt, im Gesang den Gemeinschaftsgeist herstellend, wie er der Prosa der Reden spürbar fehlte. Solche Unterschiede im Selbstverständnis sind z. T. durch die Truppenzugehörigkeit bestimmt. Die Sprecher sind ja immer auch Repräsentanten (nur vom langen Peter aus Itzehö, von der Gustel aus Blasewitz, der Marketenderin, und vom Rekruten, dem Erben einer »kleinen Mützenfabrik«, erfährt man etwas über die private Existenz) ihrer Truppengattung, ihrer landsmannschaftlichen Zugehörigkeit und z. T. ihrer Anführer.

Die Auseinandersetzung zwischen Wachtmeister und dem 1. Jäger entzündet sich kurz an der Überheblichkeit des ersteren, und der letztere entwertet ihn dann auch als Kopisten, der nur äußere Dinge, die er bei Wallenstein abgeschaut hat, nachahmen kann, aber eben nicht sein »Schenie«, seinen Geist (*WL*, 6). Während der Wachtmeister den Soldaten von »Saus und Braus«, »Tempo«, »Sinn und Schick«, »Begriff«, »Bedeutung« und vom »feinen Blick« her bestimmt, hauptsächlich von äußeren Maßstäben her, wirft der 1. Jäger ein: »Die Freiheit macht ihn!« Er muß es wissen, denn er ist der »Schreibstub und ihren engen Wänden« entlaufen. Aber diese Freiheit stößt sich nicht an den Regeln des alten Faustrechts, die den totalen Gehorsam fordern, den Soldatenstand zum Sklavenstand machen, wo »der selbstherrschende Wille sich zum dienstbaren Glied eines Uhrwerks herabsetzt«.[106] Der militärische Freiheitsbegriff läuft im Grunde auf diese simple Forderung hinaus: »Flott will ich leben und müßig gehn, / Alle Tage was Neues sehn, / Mich dem Augenblick frisch vertrauen, / Nicht zurück, auch nicht vorwärts schauen –« (*WL*, 6,242–245). Mit anderen Worten: Der Soldat denkt nicht, er lebt nur dem Augenblick. Der 2. Holkische Jäger gar brüstet sich, daß man sie »des Friedländers wilde Jagd« nennt, daß sie wie die »Sündflut« das Land verheeren (»Keine Ordnung gilt mehr und keine Zucht«, *WL*, 6,223), vergewaltigen (»der Krieg hat kein Erbarmen«, *WL*, 6,224), und er identifiziert ganz offen den Berufsstand mit Grausamkeit, Anarchie und Gewalt. Die Vorteile des Berufsstandes sind: »Soff und Spiel und Mädels die Menge« (*WL*, 6,272), das »Saus und Braus«, aber auch, wie der 1. Jäger in der Nachfolge des 2. rühmt: »Da tret ich auf mit beherztem Schritt, / Darf über den Bürger kühn wegschreiten, / Wie der Feldherr über der Fürsten Haupt« (*WL*, 6,312–314). Mit »Helm [...] und Wehrgehäng« (*WL*, 7,417) steigert sich nach des Wachtmeisters stolzer Meinung der Bürger überhaupt erst zum Menschen; er zieht mit der Uniform gewissermaßen einen »neuen Menschen« an. Nur der 1. Arkebusier, der »Gevatter Schneider und Handschuhmacher« (*WL*, 10,660), wie ihn deswegen der 1. Jäger abschätzig nennt, behauptet, wenn auch mit verhaltener (und dadurch komischer) Einschränkung: »Der Bauer ist auch ein Mensch – so zu sagen« (*WL*, 10,658). Bloß die Pappenheimer, die Ausnahmesoldaten, als die sie dann später auch Wallenstein (*WT*, III,15) behandelt, legen Wert auf Selbstgefühl (»Der Soldat muß sich können fühlen«, *WL*, 11,911), auf edles und nobles

Verhalten. Der 1. Kürassier spricht stellvertretend ihr Selbstverständnis aus: »Soll ich frisch um mein Leben spielen, / Muß mir noch etwas gelten mehr« (*WL*, 11,914f.). Wenn er sich wie die Kroaten schlachten ließe, müßte er sich verachten, und selbst die beiden Jäger stimmen hier zu: »Ja, übers Leben noch geht die Ehr!« (*WL*, 11,918). Es ist trotzdem gewissermaßen gegen den 2. Jäger gesprochen, wenn der 1. Kürassier auf der Selbstehre und eigenen Würde insistiert, denn ohne diese *Eigen*schaften (der Soldat muß ein »Gut und Wert« haben, etwas »sein eigen nennen können«) wird »der Mensch [...] morden und brennen« (*WL*, 11,932).
Im Berufsethos gibt es also bei der Soldateska ebenso handgreifliche Unterschiede wie bei den Offizieren. So wie Max Piccolomini seit seiner gemeinsamen Reise mit Thekla die Heimkehr des Soldaten in die Menschlichkeit herbeiwünscht (*P*, I,4), so glaubt sein Kürassier, was dieser am Schluß mit seinem Oberst auch zu demonstrieren scheint (*WT*, IV,10), daß man sich im Krieg »doch menschlich fassen« könne (*WL*, 11,965).[107] Er versteht dies allerdings in ganz anderem Sinn als sein idealistischer Anführer: im Krieg kann er sich menschlich verhalten, ohne auf sich »trommeln zu lassen«. Damit rückt er in die Nähe von Wallensteins behaupteter Alternative, er müsse »Gewalt ausüben oder leiden« (*WT*, II,2,766). Der Krieg, d. h. der Soldatenstand, läßt dem Kürassier Freiheit, er selbst zu sein,[108] was ansonsten nicht möglich wäre: »Im Felde, da ist der Mann noch was wert, / Da wird das Herz noch gewogen. / Da tritt kein anderer für ihn ein, / Auf sich selber steht er da ganz allein« (*WL*, 11,1054–57). Daß damit kritische Lichter auf die gesellschaftliche Situation der Zeit des 17. und 18. Jahrhunderts fallen, versteht sich bei dem Autor von *Kabale und Liebe* von selbst. Immer wieder taucht in der Diskussion der Begriff Freiheit[109] auf, der in verschiedene Kontexte gestellt wird, bis das für die Trilogie entscheidende Stichwort fällt: »Freiheit ist bei der Macht allein« (*WL*, 11,1023), das mit der oben zitierten Alternative Wallensteins sinngemäß übereinstimmt. Alfons Glück[110] versteht deshalb den *Wallenstein* unter anderem als eine Satire auf dieses Stichwort des *Lagers*.
Während die Soldaten im *Lager* ihren Beruf als repräsentativ für den Menschen hinstellen,[111] werten sie die bürgerliche Existenzform ab, den Nährstand, den sie, wie der 1. Arkebusier zu Recht einwendet, verleumdet haben (*WL*, 11,967ff.). Aus ihrer Perspektive bedeutet das bürgerliche Leben nur ewigen Kreislauf (*WL*, 7,425ff.), existentielle Enge, äußere und innere Beschränkung; aus ihnen dagegen »kann alles werden«, wie man an dem Beispiel des Generalmajors Buttler und am Friedländer selbst sehen kann (*WL*, 7,441ff.447ff.). »Und wers zum Korporal erst hat gebracht«, so lautet die Auffassung des Wachtmeisters, »der steht auf der Leiter zur höchsten Macht« (*WL*, 7,435f.). Jeder Soldat trägt also den »Marschallstab im Tornister«,[112] und vor ihm liegt die »Weltkugel« offen, da er »auf der Fortuna ihrem Schiff« (*WL*, 7,421) segelt. Der ganze Stand folgt dem »Glückes Stern« (*WL*, 11,1027), setzt sein Leben auf das »Glücksrad« (*WL*, 3,95) und hält nichts von der Plackerei, den Sorgen des »ehrlichen Gewerbs« und dem materiellen Joch, unter dem der Bürgersmann (*WL*, 11,946ff.; vgl. auch *WL*, 11,1078ff.) geht. In dem Glücksspiel, das wie schon im *Fiesco*[113] auch in der Trilogie Spiel- und Theatermetaphern thematisieren, setzen sie ihr Leben als Pfand ein: »Und setzet ihr nicht das Leben ein, / Nie wird euch das Leben gewonnen sein« (*WL*, 11,1106f.). Daß das ebenfalls ein falsches Spiel ist, wie es das Falschspiel des

Bauern illustriert, das dieser aus »Desperation«, so lautet die Erklärung des 1. Arkebusiers (*WL*, 10,653), versucht, beweisen nicht nur passim die Ironiesignale, sondern auch die von Schiller nachträglich angefügte Strophe des Reiterlieds.[114] Was der Bauer aus Verzweiflung tut, macht der Soldat aus Übermut oder genauer: aus Bindungslosigkeit, die er ebenfalls mit Freiheit verwechselt. Immer wieder kommt die Rede auf die prinzipielle Heimatlosigkeit des Soldaten, für die der 1. Kürassier insofern repräsentativ ist, als er nicht einmal seine Herkunft kennt (*WL*, 11,789f.). Schwert und Waage (*WL*, 11,962), Schwert und Pflug (*WL*, 11,919) stehen einander gegenüber wie Krieg und Frieden, Verwüstung und Kultur, Heimatlosigkeit und Heimat (Herd). Der Soldat muß »ohne Heimat« auf dem »Erdboden flüchtig schwärmen«, was der 1. Arkebusier unter dem Protest der anderen als »ein elend Leben« (*WL*, 11,933) bezeichnet. Daß die militärische Existenz Aussetzung in die »Fremde des Lebens«[115] bedeutet, erkennt auch Max, der von dem »schönen Tag« schwärmt, an dem der »Soldat ins Leben heimkehrt« (*P*, I,4,534f.). In diesem Gegensatz deutet sich schon das Syndrom der zeitgeschichtlichen Situation an und der Problemzusammenhang, in dem die Wallenstein-Figur steht.

Stellvertretend für seine Kameraden begreift der Kürassier den Frieden als die Bedrohung der eigenen freien Existenz, die eben nur im Zustand[116] des Krieges gedeihen kann, wo der Soldateska die Macht gehört und nicht den Bauern und Bürgern (dem Nährstand). Er will »auf das Gehudel unter [ihm] / Leicht wegschauen von [seinem] Tier« (*WL*, 11,956), und wenn das auf Kosten der Bürger und Bauern geht, so kann er daran nichts ändern, denn bei der militärischen Aktion müsse er selbst über den Leib seines Bruders und leiblichen Sohnes hinwegreiten, lägen sie im Wege (*WL*, 11,980ff.). Diese Stelle signalisiert nochmals, wie das soldatische Selbstverständnis humanitäre und private Rücksichten oder altruistische Wertvorstellungen ausschließt. Man wähnt sich jenseits von Herrschaft und Knechtschaft,[117] weil man sich als Teil des Ganzen fühlt, wo die »Macht« sitzt (*WL*, 11,748), die ja allein die Freiheit garantiert, wie wir vom 2. Jäger hören. Im Grunde identifizieren die Teilnehmer an diesem Gespräch Freiheit mit Herrschaft und Macht wie ihr vergötterter Oberbefehlshaber; deshalb halten sie auch so lange zu ihm, solange er über die Macht gebietet, d. h. Fortuna, das Glück, »zwingt und regiert«.[118] Das Reiterlied ist nicht nur eine Apotheose des Selbstverständnisses des Lagers mit allen weltanschaulichen Über- und Unteraspekten, es drückt auch den Enthusiasmus für Wallenstein aus, die Begeisterung oder die Kraft des »Geistes«, »der im ganzen Korps tut leben« (*WL*, 6,309). Nicht von ungefähr gipfeln im 11. Auftritt alle mitgeteilten Informationen (die Ankunft der Herzogin, der Fall Regensburgs,[119] die geplante Schwächung des Friedländischen Heeres, der vermutete Machtkampf zwischen Kaiser und Wallenstein) in dem gemeinsamen Entschluß, ein »Pro memoria« zu verfassen. Diese Loyalitätserklärung für den Soldatenvater und die Schilderung der Voraussetzungen, die zu ihr führen, sind der prägnante Moment, dem Thematik und Handlung der anderen beiden Dramen der Trilogie entspringen.

Das *Lager* hält einen Zustand fest, in dem weniger Handlungen als Meinungen und das ideologische Selbstverständnis eines Berufsstandes präsentiert werden; aber diese Zuständlichkeit erstreckt sich auf das Lager in einem weiteren Sinne: es deutet die Situation Wallensteins und seiner Offiziere aus der unteren Perspektive an, umreißt ebenso das Lager als einen Zustand des Krieges wie die Soldatenexistenz als einen momentanen Zustand, der nur so lange währen kann wie der Krieg. Zu den unerläßlichen Bedingungen des militärischen Berufsstandes gehört also der Krieg. Deshalb wird die Welt des Bürgers und des Friedens als die eigentliche existenzbedrohende Macht empfunden, obwohl die Soldateska eben auf Kosten dieser Welt lebt und diese, wie der Bauer klagt und der 1. Arkebusier bestätigt, ihrerseits gefährdet. Man kann den Soldatenstaat unter diesem Aspekt durchaus eine »verkehrte Welt«[120] nennen und überdies eine Welt auf Zeit, die auch der hier vorgetragenen Freiheitsideologie ironische Lichter aufsetzt. Da in seiner Eigenschaft als Schöpfer dieses Heeres Wallenstein nicht nur die Summe dieser oft widerstreitenden Teile, gewissermaßen ihre Totalität verkörpert, stellt auch seine Herrschaft und Macht nur einen Zeitmoment dar, der jeden Augenblick aufgehoben werden kann. Wenn Freiheit auf dergestalt zeitgebundener Macht[121] beruht, scheint es auch mit dem so definierten Begriff der Freiheit nicht weit her zu sein. Die Täuschung, in der Wallenstein lebt, veranschaulicht schon sein Lager, mit dessen Hilfe er eine »absolute Möglichkeit jenseits der Geschichte«[122] gewinnen will, wenngleich es das Produkt der Zeit schlechthin ist. Bereits im *Lager* signalisiert Schiller, daß Wallensteins ideologische Voraussetzungen im wahrsten Sinne des Wortes *verkehrt* sind und daß er deshalb aus falschen Voraussetzungen notwendigerweise falsche Schlüsse ziehen muß. Die Überzeugung, als Sonderexistenz in der inneren Welt der Gedanken (Wallenstein), in der »Welt des Herzens« (Max) oder als Repräsentanten eines höheren Menschentums (Soldaten) absolute Freiheit gewinnen zu können, erweist sich in der Trilogie als Trugschluß. Gerhard Kaiser hat näher erläutert, wie »die Positionen Wallensteins, Maxens und der Armee einander wechselseitig« beleuchten, wie sie sich relativieren und wie am Ende Wallenstein »in der Weite seines Bewußtseins [...] alle anderen Positionen, die in der Tragödie eingenommen werden«, mit umfaßt.[123]

Die Einheit der verschiedenen ideologischen Einstellungen, Nationalitäten und Rollenexistenzen[124] im *Lager*, so wird es immer wieder gesagt, liegt in der Person des eigentlichen Kaisers des Lagers: Wallenstein. Dessen Herrschaft beruht aber ebenso auf der Armee wie auf dem Anspruch der Legalität, den ihr der Kaiser verlieh.[125] Diese Problematik wird noch ausführlicher in den *Piccolomini* entfaltet, aber sie unterstreicht schon im *Lager* die dort skizzierte Zeitbedingtheit der Macht. Selbst die im Affekt, im Enthusiasmus beschworene ideologische Einheit findet nur im kurzen ästhetischen Augenblick des Reiterliedes statt, (*WL*, 11,1052ff.), in dem die verschiedenen Positionen nochmals angespielt und dann im Chor bestätigt werden: So spricht der 2. Kürassier von der Freiheit als dem totalen Rückzug auf die eigene Person; der Dragoner sieht Freiheit nur beim Soldaten, der »dem Tod ins Angesicht schauen kann«, ansonsten nur Herren und Knechte, Falschheit und Hinterlist beim »feigen Menschengeschlechte«; der 1. Jäger spricht von der Anschauung des carpe diem, vom Bewußtsein der Kürze des Lebens, aber er betont auch, daß der Soldat ohne Lebensangst ist und dem Schicksal keck entgegenreitet; der Wachtmeister setzt das »lustig Los« der Soldatenexistenz, die nichts mit »Müh [...] erstreben« muß, gegen das des »Fröners«, der sein Leben mit der Suche nach materiellen Gütern verschwendet; der 1. Jäger spielt wieder auf die Gewaltakte der »wilden Horden« *(Prolog)* an; der 2. Kürassier redet von der Heimatlosigkeit, davon, daß der Soldat kein »bleibend Quartier« auf Erden hat, das Schicksal ihn von Ort zu Ort treibt; der 1. Jäger pointiert dieses Lebensgefühl dann zu einem Paradoxon mit biblischen Untertönen: »Und setzet ihr nicht das Leben ein, / Nie wird euch das Leben gewonnen sein«. Dies liest sich wie die Selbstparodie einer Stelle in *Ueber das Erhabene*,[126] in der dafür plädiert wird, die einzige Gewalt, die der Mensch unausweichlich erleiden muß, den Tod, »*dem Begriff nach zu vernichten*«, d. h. sich freiwillig zu unterwerfen. Damit rettet er seine Menschheit und erweist sich »der Natur als Macht überlegen«.[127] Die Formel des Liedes redet aber vom Leben und nicht von der Menschheit. Dieses »Leben ohne Tod« bedeutet nichts anderes als das Leben der Soldatenexistenz, die keine Lebensangst und Todesfurcht kennt, das Leben aufs Spiel setzt, um beim Glücksrad zu gewinnen. »Für die Männer des Lagers ist der Mensch«, wie Kaiser den Sachverhalt formuliert, »nur als Soldat frei«.[128]

Die Soldaten verwechseln ihren Zustand, ihre Rollen- und Berufsexistenz mit ihrem Sein. Weder der Soldat noch der Bürger kann als Soldat oder Bürger frei sein, sondern nur als Mensch. Von daher ist auch Schillers Hinweis aus *Ueber das Pathetische*[129] zu verstehen, daß es ihm nicht um den Staatsbürger in dem Menschen, sondern um den Menschen in dem Staatsbürger gehe. »Man ist ebenso gut Zeitbürger, als man Weltbürger, Staatsbürger, Hausvater ist«, so beschreibt Schiller einmal ein paar der Positionen, die der Mensch in der Gesellschaft einnimmt,[130] aber sein Ziel sollte sein, »mit schönem Enthusiasmus das große Ganze der Menschheit«[131] zu umfassen. Das berufliche Selbstverständnis der Soldaten reduziert den Menschen nicht nur auf eine *einzige* Rolle, sondern erklärt diese *einzige* Rolle zum Menschen schlechthin. Mit anderen Worten: Wer (wie der Bauer und der Bürger) nicht die Rolle des Soldaten spielt, ist eben auch kein Mensch. Diese Verkehrung von Schillers anthropologischem Programm[132] hat in der Tat tragikomische Züge;[133] sie verweist eindringlich auf die existentielle Thematik der *Wallenstein*-Trilogie.[134] Auch das Motiv vom »betrogenen Betrüger«[135] (Bauer, Kroate), die Konflikte von Anarchie und Ordnung (Kapuzinerpredigt), Kaiser und Wallenstein (Kapuziner / 1. Arkebusier und Wallenstein-Anhänger unter den Soldaten), von Soldateninteressen (Gewalt und Freiheit, Krieg) und Bürgerinteressen (Frieden) sind schon mehr als Vorspiel auf das Kommende, es sind symptomatische Motive, Konflikte und Themen dieser politischen Welt des Kriegszustands. Durch die Struktur der Komödie entlarvt das *Lager* die dort herrschende Ideologie als falsches Bewußtsein und trägt die satirischen Züge auch in die Tragödie hinein. Daß *Wallensteins Tod* auf der Komödie des *Lagers* beruht, fällt auch auf den Charakter des Tragischen in der Tragödie zurück,[136] zieht Thalia in »der ernsten Maske Spiel« (*Prol.*, 1). Thalia schult den Blick für die verkehrte Realitätsperspektive des *Lagers* und schafft dadurch eine Distanz des Zuschauers,[137] welche die Identifikation mit dem Hauptgegenstand der Tragödie verhindert, Handlung und dramatische Rede der Kritik aussetzt und das Rollenspiel in Existenz und Wort als Täuschungen, als falschen Schein entlarvt. Indem sich der Zuschauer über die präsentierte Welt erhebt, stellt er sie und ihre Perspektive in Frage, entdeckt er durch Destruktion und Negation ihrer Voraussetzungen eine mögliche richtige Position. Durchschaut er die Meinungen der Soldaten des *Lagers* als Illusionen, so zweifelt er auch schon an der Legende und am Mythos von Wallenstein, die eben durch die Meinungen konstituiert und nur durch den Kapuziner – allerdings zu einseitig-parteiisch – kritisch zersetzt werden. In der »Überwältigung eines Mythos durch die Zeit« hat deshalb Helmut Koopmann »das Thema des *Wallenstein*« gesehen.[138] Eben diese öffentlichen Meinungen und Gesinnungen erzeugen eine Gestalt, der die persona dramatis dann nicht entspricht, wenn sie auftritt. Nicht nur werden dergestalt Erwartungen enttäuscht, sondern es wird auch auf die falsche Voraussetzung solcher Erwartungen verwiesen, mit denen allerdings Wallenstein selbst das Bewußtsein seiner Außergewöhnlichkeit und seiner historischen Größe nährt. Auch diese legendenbildenden Meinungen und Gesinnungen des *Lagers* und der *Piccolomini* sind also Motive von Wallensteins Verbrechen.

Meinungen und Gesinnungen über Wallenstein

Wenn Schiller die Person Wallensteins zunächst in den »Gesinnungen und Meinungen« seiner Umwelt spiegelt, so ist das sicher weniger durch das 19. Kapitel von Aristoteles' Poetik[139] motiviert als vielmehr durch die praktische Notwendigkeit, die öffentliche Wirkung des einflußreichen Feldherrn auf sein Heer und auf seine Gegner, das Ausmaß seiner Macht, aber auch die historisch belegte Rätselhaftigkeit[140] seines Charakters darzustellen. Wallensteins Glaube an seine Auserwähltheit und seine übermenschlichen Fähigkeiten werden durch das Echo verstärkt, das von außen auf ihn zurückkommt; es demonstriert ihm geradezu seine überdimensionale Stellung in der Weltgeschichte. Nicht von ungefähr bemerkt der antiheroische Gordon: (*WT*, IV,2): »Doch unnatürlich war und neuer Art / Die Kriegsgewalt in dieses Mannes Händen; / Dem Kaiser selber stellte sie ihn gleich, / Der stolze Geist verlernte sich zu beugen. / O schad um solchen Mann! denn keiner möchte / Da festestehen, mein ich, wo er fiel« (*WT*, IV,2,2488–93). Dieser Jugendfreund erinnert nicht nur an einzelne positive Eigenschaften Wallensteins wie Würde (*WT*, IV,2,2467), kühner Mut (*WT*, IV,2,2549), seine Größe, Milde und seines »Herzens liebenswerte Züge« (*WT*, IV,2,2864f.), sondern er skizziert ähnlich wie vorher die Herzogin (*WT*, III,3) eine Art psychologische Entwicklung. Erinnert die Herzogin an die ersten Jahre ihrer Ehe, wo Wallensteins Ehrgeiz noch nicht die verzehrende Flamme (*WT*, III,3,1399) war, der Kaiser ihn noch liebte und ihm vertraute, blickt Gordon dreißig Jahre zurück auf den »zwanzigjährigen Jüngling« (*WT*, IV,2,2549ff.), dessen ungewöhnlich ernster Sinn nur auf größte Dinge gerichtet war und der die Gesellschaft mied. Schon beim jungen Wallenstein zeigte sich das Genie, von dem man dann im *Lager* und in den *Piccolomini* spricht, aber auch der Hang zum Mysteriösen, den Buttler auf einen Sturz vom zweiten Stockwerk zurückführt: »Von diesem Tag an, sagt man, ließen sich / Anwandlungen des Wahnsinns bei ihm spüren« (*WT*, IV,2,2563f.). Er wurde tiefsinniger, trat zum katholischen Glauben über und hielt sich nun für ein »begünstigt und befreites Wesen«. Wird Wallenstein in der Perspektive der Herzogin nach dem »Unglückstag zu Regenspurg« (*WT*, III,3,1402ff.) ein »unsteter, ungesellger Geist«, argwöhnisch, finster, dessen Herz sich den dunklen Künsten zuwandte, so scheint für Gordon dieser rastlose Drang nach Größe, der in schnellem Schritt über Graf, Fürst, Herzog zum militärischen Diktator führt und ihn nun die Königskrone anpeilen läßt, durch den Fenstersturz am Hof zu Burgau bedingt. Trotzdem widersprechen sich beide Erklärungen nicht. Wallenstein, der noch am Schluß nicht ohne Selbstüberheblichkeit fragt: »Wer möchte / Mein Leben mir nach Menschenweise deuten?« (*WT*, V,5,3571f.), wird durch den Regensburger Sturz in seinem Glauben an sich und an seine Auserwähltheit, den das Wunder in Burgau in ihm ausgelöst hatte, erschüttert. Deswegen wandte er, der »eignen Kraft nicht fröhlich mehr vertrauend«, so legt die Herzogin gar nicht so unintelligent aus, wie manche Interpreten meinen, »sein Herz den dunkeln Künsten zu« (*WT*, III,3,1407f.). Das Bedürfnis nach Astrologie wäre auf diese Weise als Projektion einer gravierenden Unsicherheit zu interpretieren,[141] die sich auch in dem auffallenden Phänomen des Zögerns, des Temporisierens ausdrückt.

Schiller legt in den Gesinnungen und Meinungen der personae dramatis nicht nur die Vielseitigkeit einer bedeutenden Persönlichkeit frei, sondern auch die Diskrepanz zwischen dem, was ein reicher Charakter in all seinen Widersprüchen ist, und dem, was er nach außen hin scheint. Gerade auch der Schein wirkt auf das Sein und dessen Selbstverständnis zurück, so wie der Schein seinerseits wieder Teilprodukt dieses Seins und Selbstverständnisses ist. Im *Lager* wie in den *Piccolomini* gilt Wallenstein als der Garant der Fortuna, des Erfolgs. »Ihm schlägt das Kriegsglück nimmer um«, so meint beispielsweise der 2. Jäger, er »bannet das Glück, es muß ihm stehen« (*WL*, 6). Zwar trägt Wallenstein dieser Erfolgsglaube auch das Gerücht ein, daß er mit dem Teufel im Bunde stehe, daß er kugelfest sei, ein Koller aus Elchshaut trage, in den Sternen lese, aber das steigert die Bewunderung nur. Wallenstein ist der Soldatenvater, der für alle, die zu ihm gehören, sorgt, ihre sorglose Existenz und ihr flottes Leben gegenüber dem Bürger behauptet, »doppelte Löhnung« (*WL*, 2,55) zahlt, den Korpsgeist (*WL*, 6,309) erzeugt, der die vielen Findlinge zu einem »Reich der Soldaten« (*WL*, 6,332) vereint. Er gilt ihnen als Vorbild dafür, wie man auf der Fortuna Schiff dem Gewinn entgegenfährt (*WL*, 7), wie aus »dem Soldaten alles werden« kann (*WL*, 7,427). Weil Wallenstein »der Kriegsgöttin sich vertraut«, so erklärt der Wachtmeister, hat »er sich diese Größ erbaut« (*WL*, 7,452ff.), und er hängt fast prophetisch die Äußerung an: »Und wer weiß, was er noch erreicht und ermißt, / Denn noch nicht aller Tage Abend ist.« Sie berichten ein loses Stückchen aus seiner Studentenzeit (*WL*, 7,457 bis 471), erklären seine Vollmachten (»Absolute Gewalt hat er [...] / Krieg zu führen und Frieden zu schließen, / Geld und Gut kann er konfiszieren, / Kann henken lassen und pardonieren, / Offiziere kann er und Obersten machen«, (*WL*, 11,848–852), betonen, daß er Reichsfürst sei, seine eigenen Münzen präge, sein eigenes »Volk und Land« besitze, kurzum: dem Kaiser in nichts nachstehe. Die Soldateska liefert nicht nur persönliche Details (daß er über »gar kitzligte Ohren« [*WL*, 9,630] verfüge und absolute Ruhe benötige, weil er »gar zu tiefe Sachen« [*WL*, 9,636] denke), sondern webt vor allem auch an seiner Legende und seinem Mythos, die dann durch die Ereignisse und sein Handeln systematisch abgebaut werden.[142]

Im *Lager* selbst veranschaulichen die wenigen negativen Meinungen, die in den Tiraden des Kapuziners gipfeln, die bevorstehende Auseinandersetzung zwischen Wallenstein und dem Kaiser bzw. deren Anhängern. Erinnert der 1. Arkebusier seine Kameraden daran, daß sie alle in des »Kaisers Pflicht« (*WL*, 11,880) stünden, und wertet er den Nährstand gegenüber dem Wehrstand auf, so führt die Kopie Abraham a Santa Claras die ganzen Übel der Glieder agitatorisch auf das Haupt Wallenstein (*WL*, 8,591ff.) zurück. Er nennt ihn einen »Ahab und Jerobeam«, d. h. einen Kriegskönig, der »die Völker von der wahren Lehren / Zu falschen Götzen tut verkehren« (*WL*, 8,598–600), einen Prahlhans (»Bramarbas«) und »Eisenfresser«, der alle »festen Schlösser« einnehmen will, einen »Teufelsbeschwörer und König Saul«, einen »Jehu und Holofern« (beide berüchtigt für Mordtaten), einen »listigen Fuchs Herodes«, »hochmütigen Nebukadnezer«, einen »Sündenvater und muffigen Ketzer« (*WL*, 8,602–619). Man mag daran zweifeln, inwieweit die Soldateska mit diesen negativ gemeinten historisch-biblischen Namen vertraut ist, die Absichten des Kapuziners sind unmißverständlich, wie die ärgerliche Reaktion der Wallenstein-Anhänger beweist. Auf dem Höhepunkt der Agitation treibt der Kirchenmann noch Wortspiele mit dem Namen des Feldherrn: »Wallenstein« wird zum »Stein / Des Anstoßes und Ärgernisses« und solange »Friedeland« waltet, »so wird nicht Fried im Land« (*WL*, 8,620–624). Dabei fällt auf, daß der Kapuziner ähnlich urteilt wie die Soldateska, während der kaisertreue Octavio und Wallenstein selbst von Friedensintentionen sprechen, die gegen die Interessen des Wiener Hofes verstoßen. Dagegen ergreift Questenberg in den *Piccolomini* zunächst für den Nährstand und den Pflug gegen den Wehrstand und den Degen Partei (*P*, I,2,143f.), dann wirft er Wallenstein vor, daß Friede in seinem Lager herrsche, während »ganz Deutschland [...] unter Kriegeslast« seufze (*P*, II,7,1099f.); Wallenstein selbst äußert schließlich polemisch, daß er »nicht mehr zur Vergrößerung des *Einen*« den Feldherrnstab führe, sondern »zu des *Ganzen* Heil« (*P*, II,7,1182ff.).

Die Meinungen und Gesinnungen sind nicht nur politisch gefärbt, sie wechseln mit dem Kontext, für den sie die Argumente bereitstellen. So wie die Soldateska Fortuna nur auf der Seite Wallensteins sieht und diesen als erfolgreichen Garanten ihrer Existenz verherrlicht, so haben sich auch die Offiziere, von Max abgesehen, im Grunde nur aus egoistischen Motiven Wallenstein mit Haut und Haar verschrieben. Erst als man sicher sein kann, daß sein »Glücksstern« gefallen ist, verlassen ihn die Hauptleute Macdonald und Deveroux (*WT*, V,2) ebenso wie der Glücksritter Isolani. Noch der auf üble Weise getäuschte Buttler demonstriert indirekt mit seinem Handeln und der Grausamkeit seiner Rache, daß eigentlich auch er dem Friedländer nur aus persönlichen Motiven gedient hatte. Doch andererseits beruht das Verhältnis Wallensteins zum Heer und seinen Offizieren ebenfalls auf massiven egoistischen Interessen. Das Bündnis zwischen Feldherr und Lager erweist sich im Grunde als situations- und zweckbedingt. Der Mythos und die Legende Wallenstein hält nur so lange in Bann, wie sie den Wünschen und Interessen des Soldatenstaates dienen. Es wäre in diesem Zusammenhang schon jetzt anzumerken, daß der im *Lager* beschworene Wallenstein-Mythos bereits in den *Piccolomini* sowohl durch die Anhänger (Illo, Terzky, Gräfin) als auch durch Wallensteins Verhalten (sein Zögern, seine verhängnisvolle Blindheit) Schritt für Schritt abgebaut wird. Octavio zumindest sieht schärfer als Questenberg, der wie gelähmt auf den Mythos und die Macht Wallensteins starrt und schon resignieren will; der erstere kennt die Fragilität des Bündnisses und weiß, wie diese »bösen Geister« zu bannen sind.

Daß die Aggressionen gegenüber dem Kaiser und seinen Anhängern sowohl bei der Soldateska als auch bei den Offizieren vor allem auf ökonomischen Enttäuschungen beruhen, illustrieren mehrere Äußerungen. Meint im *Lager* der Wachtmeister sachkundig, daß alle bankrott seien, wenn »das Haupt, wenn der Herzog fällt« (*WL*, 11,825), so bekräftigt Illo gleich im 1. Auftritt der *Piccolomini*: »Der Kaiser gibt uns nichts – vom Herzog / Kommt alles, was wir hoffen, was wir haben« (*P*, I,1,58f.), was der Schuldner Isolani nur bekräftigen kann. Auch Wallenstein spielt in der wichtigen Sitzung mit Questenberg (*P*, III,1) listig auf diesen schwachen Punkt an, daß er bei seiner Absetzung nur um die Finanzen seiner Generäle fürchte; er ließ seinerseits nichts unversucht, seine Untergebenen durch Großzügigkeit sich gewogen und von sich abhängig zu machen. Illo spricht nur eine allgemein herrschende Meinung aus, wenn er sagt: »Könnt er nur immer, wie er gerne wollte! / Er schenkte Land und Leut an die Soldaten« (*P*, I,1,67f.). Daß in diesem Wollen ein gut Teil Berechnung steckt, wird hier bewußt oder unbewußt unterschlagen. Präsentieren die Meinungen des Heeres Wallenstein besser, als er in Wirklichkeit ist, so zeichnen der Wiener Hof und später die kaiserlichen Geschichtsschreiber[143] diesen »außerordentlichen Mann« gewiß schlechter, als er es verdient.

Daß es nicht ausschließlich ökonomische Vorteile sind, die das Heer an seinen Feldherrn binden, sondern zum Teil auch dessen charismatische Eigenschaften, macht weniger Illos spitze Auseinandersetzung mit Questenberg (*P*, I,1) deutlich als Buttlers Lagebericht, der die Meinungen der Soldateska zusammenfaßt und aus der Perspektive der Generäle ergänzt (*P*, I,2,210–240.242–257). Das an vielen Plätzen verstreute Heer gehorcht den »Friedländischen Hauptleuten«, die in »*eine* Schul gegangen, *eine* Milch / [...] ernährt, *ein* Herz belebt«. Sie beseelt kein Nationalismus, kein Patriotismus, sondern nur »der Respekt, die Neigung, das Vertraun« Wallenstein gegenüber, der sie alle, die aus verschiedenen fremden Ländern stammen, »durch gleiche Lieb und Furcht / Zu *einem* Volke« zusammenbindet und für sie »Haus und Heimat« bedeutet. Buttler bestätigt die Auffassung der Soldateska, daß Wallenstein und nicht der Kaiser der wirkliche Herr des Heeres ist. »Von dem Kaiser nicht / Erhielten wir den Wallenstein zum Feldherrn / [...] Vom Wallenstein / Erhielten wir den Kaiser erst zum Herrn«, erklärt er mit einem gezielten Chiasmus. Hier deutet sich schon der Gegensatz zwischen zwei Legitimitätsgründen von Herrschaft an.[144] Mit Wallenstein und dem Kaiser konfrontiert Schiller zwei Autoritäten: die des »ewig Gestrigen« und die »der außeralltäglichen persönlichen *Gnadengabe*«, »traditionale« und »charismatische« Herrschaft, um hier gleich die entsprechenden Formeln Max Webers einzusetzen.[145] Das Charismatische an der Person Wallensteins stellt gerade auch Max Piccolomini unter dem Stichwort »Herrscherseele« (*P*, I,4,412–425) heraus. Kraft dieser Naturbegabung zur Herrschaft steht ihm auch ein »Herrscherplatz« zu; denn er ist ein »Mittelpunkt für viele tausend«, »eine feste Säul«, er »weckt und stärkt und neu belebt« alles um sich herum, versteht die spezifischen Vermögen eines jeden auszubilden und für sich zu nutzen. Andererseits unterzieht Questenberg gerade dieses Herrschertalent, über dem Wallenstein so ganz das Dienen vergißt, der Kritik. Max seinerseits setzt Wallensteins geniales und lebendiges Innere gegen die »toten Bücher, alte Ordnungen« (*P*, I,4,461f.), worauf Octavio mit den vielzitierten Worten für die »alten, engen Ordnungen«, d. h. die ›traditionale‹ Herrschaft Partei ergreift (*P*, I,4,463–478). Als der Vater an dieser Stelle den Frieden über den Krieg stellt, greift Max das Argument sofort auf und benützt es gegen die Kaiserpartei. Er entwirft sehnsüchtig die bekannte Idylle des Friedens, in der der »Soldat ins Leben heimkehrt, in die Menschlichkeit« (*P*, I,4,534f.), und gibt Wien die Schuld, daß der Frieden nicht realisiert wird. Nur Wallenstein liege »an Europas großem Besten / [. . .] mehr [. . .] als an ein paar Hufen Landes«, deshalb würden sie ihn auch »zum Empörer« machen (*P*, I,4,569–572).

Zwar erscheint Wallenstein in Maxens Perspektive idealisiert (er verklärt ihn zum überirdischen Heros, zum Friedensbringer, zum großen Menschen, der sich nach getaner Arbeit in die Idylle zurückziehen wird, projiziert sein ästhetisches Ideal in dessen Sternenglauben und stilisiert ihn zum hohen »Reinen«), gehen in das Bild, das sich Max von Wallenstein macht, viele eigene Vorstellungen ein, wie Thekla treffend erkennt (*P*, III,6), nichtsdestoweniger enthält sie Züge, die ebenso durch den nüchternen Octavio wie durch Wallenstein selbst bestätigt werden. Der Vater warnt nicht nur den Sohn vor dem »schwärzesten Komplott« (*P*, V,1,2298), vor dem Spiel, das man »aufs schändlichste« mit ihm und ihnen allen treibe, sondern bestätigt auch Maxens These vom Friedensfürsten mit diesem Satz: »Nichts will er [Wallenstein], als dem Reich den Frieden schenken; / Und weil der Kaiser *diesen* Frieden haßt, / So will er ihn – er will ihn dazu *zwingen*!« (*P*, V,1,2333–35). Das politische Spiel der Parteien verbirgt die wahren Absichten, die hinter den vielen Masken stecken, welche die Akteure anlegen. Wenn Octavio dem Herzog vorwirft, daß er nur so tue, als wolle er die Armee verlassen, während er in Wirklichkeit die Armee dem Kaiser stehlen und dem Feinde zuführen wolle, so gebraucht er selbst alle Maschinen der »schändlichsten« Täuschung, um eben diese Armee für den Kaiser zu retten.

Als abgefeimter politischer Rechenkünstler und Kalkulator wird Wallenstein aber nicht nur von dem Homo politicus Octavio und später von Buttler (*WT*, IV,8) porträtiert, sondern auch von den Getreuen Illo und Terzky. Diese verstehen Wallensteins Taktik nicht (*P*, III,1,1340ff.) und gewinnen schließlich den Eindruck, daß er mit ihnen, wie es Terzky am Schluß des 5. Auftritts im 2. Aufzug der *Piccolomini* dann auch sagt, stets sein Spiel getrieben. Daß Wallensteins Charakterbild schwankt, liegt also nicht nur an »der Parteien Gunst und Haß« (*Prol.*, 102), sondern auch an der schillernden Persönlichkeit selbst. Die Meinungen und Gesinnungen erschöpfen sich keineswegs in der Erdichtung der Wallenstein-Legende (daß er des »Lagers Abgott und der Länder Geißel, / Die Stütze und der Schrecken seines Kaisers, / Des Glückes abenteuerlicher Sohn, / Der von der Zeiten Gunst emporgetragen« [*Prol.*, 95–98]); sie zeigen auch den Grübler, den politischen Kalkulator, den Intriganten und den vom Kaiser Enttäuschten. In diesen z. T. einander widersprechenden Meinungen über Wallenstein stellt Schiller eine ebenso vielseitige wie rätselhafte Persönlichkeit dar, die sich einer eindeutigen Interpretation zunächst zu entziehen scheint. Wenn im *Lager* der Kapuzinerpater ein ganzes Arsenal von biblischen Namen aufbietet, um den Unhold zu charakterisieren, so löst das beim Zuschauer nur eine komische Wirkung aus. Die Interessen des Paters sind allzu offensichtlich, als daß seine Angriffe für die Charakterisierung Wallensteins von Bedeutung sein könnten. Auch die von Wrangel benutzten Kriegsfürsten Attila und Pyrrhus (*WT*, I,5,287) treffen nicht ins Schwarze; sie sind eher als ein etwas zweideutiges Kompliment zu lesen. Trotzdem fällt auf, daß Schiller immer wieder auf historische Könige und Feldherrn (Ahab, Jerobeam, Jehu, Holofernes, Herodes, Nebukadnezer, Attila, Pyrrhus) zurückgreift, um die Rolle Wallensteins im Dreißigjährigen Krieg zu illustrieren. Auch Wallenstein selbst bezieht sich auf solche Namen (Cäsar, Karl von Bourbon und Heinrich IV.), so daß es notwendig erscheint, einmal nach dem Stellenwert zu fragen, den sie für das Selbstverständnis der Hauptperson haben.

Wallensteins Selbstverständnis

Was in der Rede des Kapuzinerpaters z. T. Exempla aus der rhetorischen Praxis sind, wie sie der Karlsschüler Schiller einüben mußte, scheint in Wallensteins Äußerungen Verweischarakter zu haben. Er benutzt etwa gegenüber Max den Namen Cäsars als ein Modell (*WT*, II,2,842f.), mit dem er die Legitimität seines Handelns zu beweisen sucht. Gegenüber Illo jedoch gebraucht er als Argument gegen das Bündnis mit Schweden den Hinweis auf das Schicksal Karls von Bourbon, der unter Karl V. gegen sein eigenes Vaterland gekämpft hatte: »Fluch war sein Lohn, der Menschen Abscheu rächte / Die unnatürlich frevelhafte Tat« (*WT*, I,6,422f.). Die historischen Beispiele scheinen auch hier nur als Argumente innerhalb der Rede benutzt zu werden und so ausgewählt zu sein, daß sie den jeweiligen Standpunkt stützen. Persönlich berührt zeigt sich Wallenstein nur von dem Schicksal Heinrichs IV., den man im 18. Jahrhundert »zu den wenigen überragenden Herrschergestalten der europäischen Geschichte«[146] zählte und der außerdem zu Schillers Lieblingshelden gehörte. »Heinrich IV. hatte ein halbes Menschenalter lang das ununterbrochene Schauspiel von *österreichischer Herrscherbegierde* und *österreichischem Länderdurst* vor Augen«, so skizzierte Schiller dessen Situation im ersten Buch seiner *Geschichte des Dreißigjährigen Krieges*.[147] Aber obwohl es einige auffallende Parallelen im Leben der beiden zu geben schien, der Friedländer teilte nach der Meinung Schillers nicht die »lichtvolle Politik«, »den uneigennützigen Mut« des bon roi. Im Gegenteil: Heinrich IV. war als Vorbild genau das, was Wallenstein angesichts der verwandten zeitgeschichtlichen Konstellation hätte sein können.[148] Aber das ist aus der Perspektive von Schillers Geschichtsdarstellung gesehen und transzendiert Wallensteins »eigene Gedanken« über den »Tod des vierten Heinrichs« (*WT*, V,3,3490f.). Während der französische König »das Gespenst des Messers / Lang vorher in der Brust« fühlte, »eh sich der Mörder / Ravaillac damit waffnete«, sagt Wallenstein, zu dessen Charakter, wie sich zeigen wird, eben die Verblendung gehört,[149] die »innre Ahnungsstimme nichts« (*WT*, V,3,3492–3501). Das Exempel Heinrichs IV. trägt deshalb kaum zu Wallensteins Selbstverständnis bei, sondern veranschaulicht nur die stumpfe Ahnungslosigkeit, mit der er dem Tod entgegengeht. Wallenstein hat in der Tat Ahnungen, so könnte man ein wenig überspitzt folgern, wenn er keine haben sollte, und ist ahnungslos, wenn Ahnungen angebracht wären; auch sieht er dort auf Sternen- und Traumsignale, wo er besser nur seinem natürlichen Instinkt vertraute, und negiert sie total, wo alle bis hinunter zum Kammerdiener fühlen, daß er von Gefahren umstellt ist.

Wallensteins Charakter scheint aus Widersprüchen zusammengesetzt, und Freunde wie Feinde haben es gleichermaßen schwer, seine wahren Absichten zu erraten. »Die Tugenden des *Herrschers* und *Helden*, Klugheit, Gerechtigkeit, Festigkeit und Mut«, so berichtet der Historiker Schiller über seinen Gegenstand, »ragen in seinem Charakter kolossalisch hervor; aber ihm fehlen die sanften Tugenden des *Menschen*, die den Helden zieren und dem Herrscher Liebe erwerben«.[150] Auch für den dramatisierten Wallenstein waren Furcht und Gehorsam der Talisman, durch den er wirkte, die »meisten Offiziere [...] seine Geschöpfe, seine Winke Aussprüche des Schicksals für den gemeinen Soldaten«.[151] Der Wallenstein der Trilogie spielt so viele Rollen, daß ihm selbst die echte Neigung zu Max Piccolomini zu einem politischen Spiel mißlingt. »Gegen jeden hat er einen anderen Ton«, wie Max Kommerell treffend beobachtet.[152] Er zeigt sich vertraulich, wenn es die Menschenbehandlung und der Zweck der Stunde verlangt.[153] Das Überraschende an der Person Wallensteins ist, daß er die vielen Rollenerwartungen, die an ihn herangetragen werden, nicht annehmen will. Er scheint die Möglichkeiten in göttlicher Selbstzufriedenheit zu genießen und gewissermaßen Jupiter zu spielen, den er auch für seinen Stern hält. Die bildende Kunst der Antike, so führt Karl Philipp Moritz in seiner *Götterlehre* aus, stellt den »Jupiter am häufigsten« so dar, »wie er gleichsam in seiner ganzen Macht sich fühlt, und dieser Macht sich freut«.[154] Eine ähnliche Intention ließe sich Wallenstein unterstellen, und man könnte seine angemaßte Jupiter-Rolle leicht als superbia interpretieren.

Es kann keine Frage sein, daß er gleich Fiesco »unbedingte« Subordination (*P*, II,6,901f.) fordert, daß sein Herrschaftsanspruch total ist, daß er sich dem Durchschnitt weit überlegen dünkt und nach Gefallen seine Subalternen »zum besten« hat (*P*, II,5,861f.), daß er wähnt, »das entsiegelte« Auge der »hellgebornen [...] Joviskinder« (*P*, II,6,984f.) zu besitzen, daß er öffentlich den Menschen herabsetzt, der ihm am teuersten zu sein scheint (*WT*, III,4,1527ff.), daß er sich von Anfang bis zum Ende für einen Auserwählten (*WT*, IV,2,5) hält und glaubt, daß nichts »gemein in [seines] Schicksals Wegen« (*WT*, V,4,3566ff.) sei. Solche Züge gehören sicher in den Bedeutungshorizont der mittelalterlichen superbia, aber sie demonstrieren andererseits eine Selbstüberschätzung und Blindheit, die den raffinierten Rechenmeister nicht selten auf die Stufe eines naiven Toren herunterholen. Goethe hat die Paradoxien in diesem Erscheinungsbild folgendermaßen ausgedrückt: »Wir sehen [Wallensteins] Stärke nur in der Wirkung auf andere; tritt er aber selbst [...] auf, so sehen wir den in sich gekehrten, fühlenden, reflektierenden, planvollen und, wenn man will, planlosen Mann.«[155] Noch der Glaube an die Astrologie scheint nur Wallensteins eigene Unsicherheit, wie ihm zu Recht einmal von Terzky vorgeworfen wird, zu enthüllen. »Wer die Sterne fragt, was er tun soll«, so merkt auch Goethe an, »ist gewiß nicht klar über das, was zu tun ist«.[156] Was hat es dann mit Wallensteins angeblichem »unersättlichen Durst nach Größe und Macht«[157] auf sich, mit seinen nationalen Plänen und Königsträumen? Vielleicht läßt sich darauf von der »Achse des Stücks«,[158] dem berühmten Monolog (*WT*, I,4), eine Antwort finden.

Der Monolog baut sich aus vier Teilen auf, die jeweils durch eine Regieanweisung getrennt sind. Sie handeln a) von der verhängnisvollen Dialektik von Gedanke und Tat, Spiel und Ernst, Vorstellung und Ausführung; b) von dem »Doppelsinn des

Lebens« oder der Macht des Scheins; c) von Freiheit und Notwendigkeit und schließlich d) von der Überlegenheit der »traditionalen« Herrschaft. Die Ereignisse zwingen Wallenstein zu der Einsicht, daß auch Ideen Handlungen sind und daß selbst das Nichthandeln nach außen als Handeln erscheinen kann, daß es so etwas gibt wie die »zweite Existenz des Handelnden in den Gedanken der Menschen«.[159] Eine solche zweite Existenz des Handelnden zwingt ihn nun gegen seinen Willen zur Ausführung dessen, was er nur »gedacht«. Wenn er sich, noch im Geschirr der Pflicht und der Legalität, bloß in der imaginierten Neigung zur Jupiter-Rolle oder zu der des Friedensfürsten gefiel, so wird ihm nun der Spielraum der »Freiheit« und des »Vermögens«, der in Schillers Terminologie sehr viel mit dem »ästhetischen Zustand«[160] gemeinsam hat, zu einer Zwangshandlung verengt. Mit anderen Worten: Er wird zur Rebellion gegen die Pflicht gezwungen, obwohl diese Revolte nur als Möglichkeit in seinen Gedanken war. »Von der Tat«, so interpretiert Kommerell in seiner Schrift *Schiller als Gestalter des handelnden Menschen*, »ist der Mensch noch unbestimmt, eine mehrfache Möglichkeit, die Tat bestimmt ihn. Von der Tat empfängt er seinen Charakter, wie der Siegellack den Stempel.«[161] Gerade dieser Sachverhalt erklärt auch das vorhergehende Zögern Wallensteins: Er hat Angst, die Idee könnte Notwendigkeit werden, d. h. sich eine Mauer aus seinen eignen Werken aufbauen, die jede »Umkehr türmend hemmt« (*WT*, I,4,157ff.). Der Handelnde ist im eigentlichen Sinne nicht frei: er muß, wie Wallenstein an anderer Stelle sagt, »Gewalt ausüben oder leiden« (*WT*, II,2,766) und Ideen als Entwürfe zu Taten ausführen. Metaphysisch oder ästhetisch denken kann nur der Betrachter, »frei von Macht und vom Trieb der Macht«, aber wer »handelt, übt Macht«, und wer »Macht übt, verkauft sich an Mächte«, und er zahlt schließlich »mit dem Opfer der Idee«.[162]

Die Diskrepanz von Wort und Tat, von »Überfluß des Herzens« und Berechnung wird durch den »Doppelsinn des Lebens« zur Anklage. Es geht in dem Monolog aber nicht bloß um die Mehrdeutigkeit der Worte und um das Phänomen, daß Worte einen Schein erregen, wie Paul Böckmann[163] ausführt, oder um die Einsicht, daß auch die Tat »in das Zwielicht des täuschenden Wortes, des sprachlichen Scheins«,[164] gerät, sondern um ein symptomatisches Merkmal Wallensteins: um seine prinzipielle Indifferenz sowohl Ideen als auch Handlungen gegenüber. Denn genaugenommen sind die nationalen Ziele und die Friedensintentionen Träume, in denen er sich mehr gefällt, als daß er sie ernsthaft realisieren will. Er ist in den *Piccolomini* und in *Wallensteins Tod* eigentlich mehr Möglichkeitsmensch als Wirklichkeitsmensch und kann nicht verstehen, daß man in des »Lebens Fremde« ihm als Tat anrechnet, was nur Traum war, daß man als Sein auslegt, was er nur als Schein gemeint hat. Obwohl er die Grenzen zwischen Sein und Schein verwischt, »nie ganz wahr, aber auch selten entschieden unwahr« ist, will er nur schwer begreifen, warum der »einmal zum Zwecke angenommene Schein« über ihn verfügt und sich seines »nicht mehr selbstbedingten Seins« zu bemächtigen beginnt.[165] Er hat sich in der Tat mit »eignem Netz verderblich [...] umstrickt« (*WT*, I,4,178). War der Gedanke noch seine Tat, außerhalb seines Bewußtseins gehört »sie jenen tückschen Mächten an, / Die keines Menschen Kunst vertraulich macht« (*WT*, I,4,190f.). An dieser Stelle hält Wallenstein ein und fragt sich, was er eigentlich wolle, womit indirekt die zitierte Beobachtung Goethes bestätigt wird.[166] Man sollte der berühmten Rede gegen die herrschende »traditionale Macht« nicht ironische Absichten[167] unterstellen, denn hier spricht »die Autorität der außeralltäglichen persönlichen *Gnadengabe*«, der Vertreter charismatischer Herrschaft gegen die »Autorität des ›ewig Gestrigen‹«.[168] Wallenstein fürchtet wirklich den »unsichtbaren Feind«, der »in der Menschen Brust ihm widersteht«, die Ideologie des »ewig Gestrigen«, die Macht der Tradition, die er selbst in sich fühlt und die man nicht wie Kraft mit Kraft bekämpfen kann – und der Abfall vieler Teile des Heeres und ihrer Generäle geben ihm hierin nur recht.

Auch der Monolog enthüllt Wallensteins prinzipielle Unentschlossenheit als eine Charaktereigenschaft: er ist sich seiner Herrscherrolle bewußt, weiß um seine Verdienste, sein Charisma, seine Führungsqualitäten, scheut aber trotz allem die letzte politische Konsequenz, nämlich den totalen Bruch mit der traditionellen Macht, dem Kaiser. Er durchschaut die »Tradition als Prozeß, als Mechanismus der Übertragung«,[169] beklagt andererseits die Macht solcher vorgeprägten sozialen Gewohnheiten mit dem berühmten Wort: »Sei im Besitze und du wohnst im Recht, / Und heilig wirds die Menge dir bewahren« (*WT*, I,4,217f.). Dieser Macht, die auch die ethischen Normen sanktioniert, nach denen politisches Handeln beurteilt wird, kann sich eben auch Wallenstein nicht entziehen: er scheut mehrmals vor dem Verbrechen, dem Verrat am Kaiser (*WT*, I,4; I,6; I,7) zurück, eine Haltung, die u. a. auch Max und die Pappenheimer unterstützen (*WT*, II,2; III,15), und führt den Zwist zwischen ihm und Ferdinand (*WT*, III,18) im Grunde auf den Mangel an Glauben und Vertrauen zurück. Die Absetzung zu Regensburg erschütterte die menschliche Beziehung, setzte »List und Argwohn« an die Stelle von Freundschaft und Liebe. Wallenstein parallelisiert den Vertrauensbruch Octavios mit seinem Verhältnis zum Kaiser und wirft dem ehemaligen Freund vor, was dessen Sohn Max ihm vorhält: ein Unmensch zu sein, »über alle Pflanzungen der Menschen« gnadenlos Zerstörung verhängt zu haben (*WT*, III,18,2100f.). Wie Max fühlt sich auch Wallenstein betrogen, obwohl er eben im Gegensatz zu Max gleich Octavio und dem Kaiser in betrügerische Aktionen verwickelt ist. Den Betrug an einem Freund wertet Wallenstein allerdings als Frevel, während er den Verrat an seinem Herrn mit Notwehr und Notwendigkeit entschuldigt. Aber noch die Rechtfertigungsversuche beweisen Wallensteins Schuldgefühle, die er gegenüber Terzky und Illo auch deutlich genug ausspricht: Treulosigkeit bezeichnet er hier als »den *gemeinen* Feind / Der Menschlichkeit«, als »wildes Tier«, das »mordend einbricht in die sichre Hürde, / Worin der Mensch geborgen wohnt« (*WT*, I,6,430–433).

Auch bei Wallenstein ist die Tradition teilweise die Reaktionsbasis seines Verhaltens. Er wünscht sich nicht von ungefähr einen »milderen Ausweg« (*WT*, I,7,82f.) aus der prekären Situation; erst die Gräfin Terzky überzeugt ihn davon, daß ihn der Kaiser zu Verbrechen mißbraucht habe, daß zwischen ihm und jenem nicht »von Pflicht und Recht« die Rede sein könne, sondern nur »von der Macht und der *Gelegenheit*« (*WT*, I,7,625). Das Problem der Legalität von Herrschaft gehört aber nicht nur zum Selbstverständnis Wallensteins, wie der Monolog zeigt, sondern ebenso zum Kontext von Schillers eigener historischer Reflexion.[170] »Nichts Geringes war es«, so heißt es im 4. Buch der *Geschichte des Dreißigjährigen Krieges*, »eine rechtmäßige, durch lange Verjährung befestigte, durch Religion und Gesetze geheiligte Gewalt in ihren Wurzeln zu erschüttern [...]; alle jene unvertilgbaren

Gefühle der Pflicht, die in der Brust des Untertans für den geborenen Beherrscher so laut und so mächtig sprechen, mit gewaltsamer Hand zu vertilgen«.[171] Sowohl im *Warbeck* als auch im *Demetrius* wird die Frage nach der Legalität von Herrschaft thematisiert. Hier im *Wallenstein* zeigt Schiller, wie die Soldateska schließlich den vergötterten Heerführer aus »Pflichtgefühl«[172] verläßt; doch, genaugenommen, trifft das weniger für das Drama als die Geschichtsschreibung zu; denn Max, die Pappenheimer und auch Gordon wären geneigt, auf der Seite Wallensteins zu kämpfen, wenn er nur nicht mit dem Feind, den Schweden, paktieren würde. Trotzdem bedeutet es auch im Drama eine entscheidende Schwächung der Macht Wallensteins, als er seine Verbindung mit dem Thron, der historisch gegebenen Legalität löst. In der *Geschichte des Dreißigjährigen Krieges* stellt Schiller fest: »Größe für sich allein kann sowohl Bewunderung und Schrecken, aber nur die *legale* Größe Ehrfurcht und Unterwerfung erzwingen. Und dieses entscheidenden Vorteils beraubte er sich selbst in dem Augenblick, da er sich als einen Verbrecher entlarvte.«[173] Das steht hier allerdings vor dem Unterschriftsmanöver Illos, während das Drama den Sachverhalt aus der Perspektive Wallensteins im Monolog präsentiert. Auch das Drama führt vor, wie Wallensteins Autorität als Heerführer in dem Augenblick entscheidend geschwächt wird, als er die Grenzen der Legalität überschreitet. Er, dessen »Antlitz« und »Stimme« man noch im *Lager* und den *Piccolomini* große einschüchternde Wirkung zugeschrieben hat, zeigt sich (*WT*, III,20) dem Rebellenheer in der Überzeugung, daß seine charismatische Erscheinung es sofort bezähmen werde; aber das Gegenteil geschieht: sie rufen dem Kaiser ein Vivat zu und lassen ihn nicht einmal zu Wort kommen (*WT*, III,22). Dies bezeichnet nun offenbar den Tiefpunkt der Trilogie: es sind nicht mehr bloß äußere ungünstige Konstellationen (von Wallenstein verschuldet oder nicht verschuldet), die ihn in die Enge zwingen, es wird ihm nun der einzige verbleibende Legitimationsgrund seiner Herrschaft, die charismatische Wirkung seiner Person, entzogen. Das Ausmaß der Niederlage wird noch dadurch gesteigert, daß er sich eben aufgerafft hatte, aus der äußeren ungünstigen Situation das beste zu machen: »Es ist entschieden, nun ists gut – [...] / Die Brust ist wieder frei, der Geist ist hell«, verkündet er, »Jetzt fecht ich für mein Haupt und für mein Leben« (*WT*, III,10,1740–48).

Dieses Selbstverständnis als entschlossener Kämpfer wird im zweiten Monolog (*WT*, III,13) in Szene gesetzt. Wallenstein tritt im Harnisch auf,[174] wie es in der Regieanweisung heißt, und fühlt sich wie damals nach dem Regensburger Fürstentage ganz auf sich verwiesen. Zwar vergleicht er sich mit einem »entlaubten Stamm«, aber er weiß im Inneren die »schaffende Gewalt« seines Genies, des bewunderten und gefürchteten »Kriegsgottes«, vor dem sich selbst der »Stolz des Kaisers« einst gebeugt hat. Er traut sich zu, wieder aufs neue aus dem Nichts ein Lager aufzubauen, aber es kann keine Frage sein, daß sich hier auch jemand, dessen schwankendes Selbstvertrauen seit Regensburg angeknackst ist und der sich deswegen aller möglichen psychologischen Hilfen bis hin zur Astrologie bediente, Mut zuspricht. Das Erstaunliche daran scheint nun aber zu sein, daß Wallenstein die Erfahrung des Autoritätsschwunds (*WT*, III,22) trotz allem nicht niederdrückt, wie man eigentlich erwarten würde. Er gibt nur den Befehl zum Aufbruch nach Eger (*WT*, III,23), und von »seiner Stirne leuchtet wie sonst«, so berichtet es später

Gordon (*WT*, IV,2,2460f.), des »Herrschers Majestät, Gehorsam fodernd«. Ist das Selbstvertrauen also doch stärker als die Herzogin vermutet, die es eigentlich wissen müßte (*WT*, III,3)? Oder soll diese Reaktion als ein neues Rollenmanöver oder als Resultat von Wallensteins zunehmender Realitätsblindheit gelesen werden?

In seiner Geschichtsdarstellung spricht Schiller davon, daß Wallenstein von den Ereignissen gezwungen wurde, einen Plan zur Selbstverteidigung auszuführen, der ursprünglich »nur zu seiner Vergrößerung bestimmt war«.[175] Seine Blindheit wurde hier schon damit interpretiert, daß er dergestalt vom »Glanz einer Krone« geblendet war, daß er »den Abgrund nicht« bemerkte, »der zu seinen Füßen sich öffnete«. Die Meinung der Herzogin, welche die Gräfin als subjektiv abwertet (*WT*, III,3,1410), bestätigt dies zwar wie manche Einzelzüge (z. B. *WT*, III,4; I,4), aber der Hang zur Krone ist trotz allem beim fiktionalisierten Wallenstein geringer als beim historischen. Am entscheidenden Schritt scheint den Wallenstein der Trilogie selbst das »ganz Gemeine, das ewig Gestrige«, das er im Monolog denunziert, zu hindern. Die ehrgeizigen Entwürfe stellten sich nach Bericht der Herzogin auch erst dann ein, als er sich in seinem Vertrauen in die Person des Kaisers bitter enttäuscht sah. Vergleicht man die verschiedenen Reaktionen Wallensteins auf die vielen Hiobsbotschaften (die Nachricht von Sesins Gefangennahme [*WT*, I,2]; der Meuterei im Lager [III,5.6]; die Erfahrung seines Autoritätsverlustes [III,22]), so trifft ihn am stärksten zweifelsohne der Verrat des vermeintlichen Freundes Octavio (III,8.9), was auch eine entsprechende Regieanweisung signalisiert: *»(Wallenstein sinkt auf einen Stuhl und verhüllt sich das Gesicht)«*. Trotzdem hält es ihn, der so stark auf Freundschaft und Treue pocht, nicht davon ab, Max mit schnöden Worten als Schwiegersohn abzuweisen (*WT*, III,4). Auch den, den er nun in seiner Verblendung an Stelle Octavios ans Herz drückt: Buttler, hatte er ja betrogen, er, der selbst so bitter von dem Betrug Octavios an ihm spricht (*WT*, III,10,1711).

Wallenstein sieht zweifelsohne die Geschehnissse vor allem in Beziehung auf sich selbst: was für ihn billig ist, scheint den anderen noch lange nicht erlaubt. Er täuscht seine Freunde, hält ihnen die eigene Meinung vor, verlangt aber selbst unbedingte Subordination, treibt sein Spiel mit allen und beklagt sich, wenn man ihn täuscht, die Meinung vorenthält, nicht gehorcht und mit ihm sein Spiel treibt. Das gegen Max gesprochene überhebliche Wort: »Ließ ich mirs soviel kosten, in die Höh / Zu kommen, über die gemeinen Häupter / Der Menschen weg zu ragen, um zuletzt / Die große Lebensrolle mit gemeiner / Verwandtschaft zu beschließen?« (*WT*, III,4,1516–20) korrespondiert mit der stolzen rhetorischen Frage gegenüber Gordon: »Wer möchte / Mein Leben mir nach Menschenweise deuten?« (*WT*, V,4,3571f.). Er hält sich bis zum Schluß trotz aller Unglücksbotschaften für einen Auserwählten, »der aus der Menschen Reihen« herausgehoben, der »mit kraftvoll leichten Götterarmen« getragen wurde, in dessen Lebenslauf nichts gemein ist, und merkt nicht, daß er sich bereits in den Netzen des Mörders befindet. Er deutet die Sterne falsch, mißinterpretiert kritische Situationen und Konstellationen, verkalkuliert sich in seinen Berechnungen, erweist sich als dilettantischer Menschenkenner und zieht aus einem fehlgedeuteten Planetenstand den Schluß: »Von falschen Freunden stammt mein ganzes Unglück« (*WT*, V,5,3611). Gewiß, Wallensteins Verhältnis zu den Sternen ist hier schon abgekühlt, aber trotzdem hört er nicht auf, aus richtigen Warnungszeichen die falschen Schlüsse zu ziehen (Gräfin Terzky in V,3; Seni, Gordon in V,5). Er, der Freund und Feind über seine wahren Absichten täuschen wollte, bleibt im Gegensatz zu Heinrich IV. der ahnungslose Getäuschte.

Doch wie ist das zu verstehen? Zeigt das einen großen Charakter, daß er so blind auf die Vorgänge außer ihm reagiert? In seiner Geschichtsdarstellung formuliert es Schiller lakonisch so: »In allen seinen Erwartungen hintergangen, entsagt er keinem einzigen seiner Entwürfe; nichts gibt er verloren, weil er sich selbst noch übrig bleibt.«[176] Ist es der totale Rückzug auf sein Selbst, der ihn mit dieser Realitätsblindheit schlägt? Oder ist Wallenstein gleich Warbeck »bloß wie ein Geräte: heilig, solang' es bei Aufzügen dient, und ganz nichts, wenn die Parade vorbei ist«?[177] Er scheint nicht bloß einen »*phantastischen* Geist, der von der einen Seite an das Große und Idealische, von der anderen an den Wahnsinn und das Verbrechen grenzt«[178], zu besitzen, sondern auch Merkmale des Betrügers aufzuweisen, der nach »den Momenten der Repräsentation in eine völlige Nullität übergeht«[179]; denn Wallenstein ist ja wirklich nicht das, was er scheinen will: die höchste Instanz der Herrschaft. Ihm fehlt die legale Größe, er ist nicht der legitime Herrscher, mag er sich auch als solcher fühlen, sondern nur Herr in seinem Staat, dem Lager, aber auch das nur von Kaisers Gnaden. Wie die Herzogin ausführt, geriet ihm auch alles, was er anfing, als ihm der Kaiser noch vertraute (*WT*, III,3,1400f.); erst als das Vertrauen zerstört war, floh ihn die Ruhe und das Glück. Das Hauptmotiv seines Unglücks liegt also weniger an den »falschen Freunden« als vielmehr an dem vermeintlichen Vertrauensbruch des Kaisers; deshalb kommen seine Gedanken auch immer wieder auf Regensburg zurück.[180]

Wie Karl Moor über dem vermeintlichen Vertrauensbruch des Vaters zum Räuber wird, so treibt Wallenstein der Vertrauensbruch Ferdinands zum rebellischen Streben nach Autonomie. Auch Wallenstein wird Widersacher z. T. aus enttäuschter Liebe, aus enttäuschtem Glauben und Vertrauen (vgl. *WT*, III,18), so wie Max seinerseits in den Tod geht, weil Wallenstein die Grundlagen seines Glaubens erschüttert und er nicht gelernt hat, »allein zu leben«. Daneben macht Wallenstein aber auch die Diskrepanz zwischen Außen und Innen, Rolle und wirklicher Person zu schaffen; er ist in seinem »öffentlichen Verhältnis« ein anderer als in seinem »inneren«;[181] er agiert je nach den Verhältnissen, in denen er steht, verschieden und spielt jeder Person etwas vor, ohne seine wahren Absichten zu zeigen. Selbst seine Monologe sind nicht frei vom falschen Schein des politischen Maskenspiels. Sein Selbstverständnis beschränkt sich im Grunde auf das Bewußtsein der Größe, des Auserwähltseins, und bringt es nirgends zur Selbsterkenntnis. Wallenstein weiß nur, daß ihm die Rolle, »ein großer König [zu] sein – im Kleinen«, wie sie die Gräfin Terzky ironisiert (*WT*, I,7,511) und Max anpreist (*P*, III,4), »so ein Wortheld, so ein Tugendschwätzer« (*WT*, I,7,524) zu werden, nicht liegt. »Wenn ich nicht wirke mehr, bin ich vernichtet«, lautet die schlagende Einsicht Wallensteins (*WT*, I,7,528). Aber was ist das Ziel dieses Wirkens? Es gilt wiederum dem Gefühl der Größe. Nicht ohne Selbstüberhebung meint Wallenstein hier sicher im Ernst:

»Nicht Opfer, nicht Gefahren will ich scheun,
Den letzten Schritt, den äußersten, zu meiden;
Doch eh ich sinke in die Nichtigkeit,

So klein aufhöre, der so groß begonnen,
Eh mich die Welt mit jenen Elenden
Verwechselt, die der Tag erschafft und stürzt,
Eh spreche Welt und Nachwelt meinen Namen
Mit Abscheu aus, und Friedland sei die Losung
Für jede fluchenswerte Tat« (*WT*, I,7,529–537).

Er behauptet zwar, kein Wortheld zu sein, macht aber viele Worte, um seine Handlungen, sein Zögern und sein Scheitern zu rechtfertigen. Wenn etwas schief geht, so sind andere Menschen, das Schicksal oder die Umstände schuld; er selbst scheint über alle Fehler erhaben zu sein. Zwar ist sein ganzer Lebensweg von dem unbezähmbaren Hang nach Größe bestimmt, aber als »phantastische Existenz« will er »König seiner inneren Welt«[182] bleiben und gleichzeitig als politisch-reale Existenz »König der äußeren Welt« werden. Auf verhängnisvolle Weise verwechselt er die Bereiche zwischen Innen und Außen, zwischen der idealen, imaginierten und der realen Welt. Gleich dem Julius der *Philosophischen Briefe* hat er das Gefühl, seinen »Kaisertron in [seinem] Gehirne«[183] zu tragen, »die einzige Monarchie in der Geisterwelt«, und teilt er, wie sein Monolog beweist, folgende Ansicht: »Die ganze Schöpfung ist mein, denn ich besitze eine unwidersprechliche Vollmacht sie ganz zu genießen.«[184] Wallenstein versucht sich in seiner Welt gleichsam wie der Leibnizsche Gott »im Bereich der Möglichkeiten« zu bewegen, »das umfassender ist als das Wirkliche«.[185] Wie den Idealisten reizt Wallenstein, wie er selbst bekennt, nur die »Freiheit [...] und das Vermögen« (*WT*, I,4,149) zur Tat, nicht die Tat als solche. Im Gegenteil: In dem Augenblick, in dem er nicht mehr aus »des Mutes freien Trieb« (*WT* I,4,180) handeln kann, sondern wie der Realist[186] aus Notwendigkeit handeln muß, fühlt er sich nicht mehr als Subjekt (Herr), sondern als Objekt (Knecht) der Geschichte. Goethe ergänzt diese Beobachtung aus einem anderen Blickwinkel: »[...] in dem Augenblick, da er die Freiheit übertritt, fühlt er, daß er einen Schritt zur Knechtschaft tue«.[187]
Seine »phantastische Existenz« verbindet Wallenstein mit Max, wie ihn seine politisch-realistische auf die Seite Octavios stellt. Die günstigste astrologische Konstellation ist für ihn, wenn in der Nachbarschaft Jupiters die Venus[188] steht, neben dem Erhabenen das Schöne. Max, der Repräsentant seiner Jugend, macht ihm auch »das Wirkliche zum Traum«, webt um »die gemeine Deutlichkeit der Dinge / Den goldnen Duft der Morgenröte« (*WT*, V,3,3444–48), und es zeigt sich am Ende, daß Wallenstein trotz seiner Kronen- und Friedensträume »über alles Glück [...] doch der Freund« (*WT*, V,3,3454), d. h. das Schöne geht. Für einen Feldherrn zumindest ist das ein erstaunliches Bekenntnis, und man kann schon von daher nur schwer verstehen, wie man Wallenstein als Realisten interpretieren konnte.[189] Außerdem scheint ihn auch seit dem Regensburger Debakel sein politischer Instinkt verlassen zu haben; denn er begeht einen strategischen Fehler nach dem anderen. Er setzt eigensinnig (und beruft sich dabei auch noch auf die Zeichen der höheren Mächte) auf Octavio, der ihn dann auch verrät, wie die weniger feinsinnigen Kriegsgefährten Illo und Terzky von Anfang an prophezeien, und stößt Max, den aufrichtigen Freund, vor den Kopf. Die trefflichen Ratschläge von Terzky und Illo schlägt er arrogant in den Wind und versucht sie statt dessen über die

höheren Dinge zu belehren, über Winke des Schicksals, über Menschenkunde, den Zusammenhang von Taten und Gedanken im menschlichen Mikrokosmos (*P*, II,6; *WT*, II,3), womit er nur demonstriert, daß er weniger ein begnadetes »heiteres Joviskind« als vielmehr ein Phantast ist, der bloß mit Entwürfen spielt. Er gibt vor, sich auf die Astrologie zu verlassen, aber er handelt auch dann nicht, als die vermeintliche günstige Konstellation eintritt. Alles, auch die Sterne, deutet er, wie er es gerade für richtig findet. Ähnlich verhält es sich mit seinen ideologischen Zielen. Einmal spricht er vom neuen Reich des Friedens, der Glaubensfreiheit, einmal von seinen Kronenträumen (zu denen Thekla als Mittel gehört), einmal will er Böhmen befreien, dann wieder Deutschland; manches erweist sich dann nur als späte Rache für Regensburg. Seiner historischen Machtstellung verdankt er ein Überangebot an Rollen, über die er gern verbal verfügt, um sie in »göttlicher Selbstzufriedenheit« à la Jupiter zu genießen. Aber diesen scheinbar freien, gewissermaßen ästhetischen Zustand vermag er sich nur dadurch zu erhalten, daß er fremde Freiheit verletzt,[190] d. h. gegen die »Menschheit« verstößt. Noch seine Königsträume in der inneren Welt kommen nicht ohne Despotismus in der äußeren Welt aus. Sein Herrschaftsegoismus stellt sein Menschentum ebenso in Frage wie das des Fiesco, obwohl er selbst sich als Opfer von schändlichen Vertrauensbrüchen sieht.

Jede Interpretation von Wallensteins Charakter und Selbstverständnis wird davon abhängen, ob man seine Äußerungen als Geständnisse wertet oder bloß als politische Strategien abtut. Von den Befunden her läßt sich da nur zur Vorsicht raten; denn Wallensteins Taten und Worte stehen fortwährend vor dem kritischen Tribunal des Zuschauers, der als Illusion entlarvt, was so kunstvoll vom Helden als Wirklichkeit aufgebaut wird. Trotzdem hat der Autor den letzten Teil der Trilogie so eingerichtet, daß wir der Hauptperson bei aller notwendigen Kritik nicht unsere Sympathie versagen. Wallenstein scheint am Schluß, zumindest in seiner poetischen Klage um Max, einer Selbsterkenntnis, einer Einsicht teilhaftig geworden zu sein, die auch die oben schon zitierte Schlußstrophe des Gedichts *Der Antritt des neuen Jahrhunderts* (1801) verkündet. Das bedeutet freilich nicht, daß Wallenstein hier einer vita contemplativa das Wort reden würde; er selbst bleibt bis zum Ende der vita activa verhaftet, aber er sucht nicht mehr wie früher die Freiheit in der Herrschaft, ein Motiv, das mit der Furcht vor einem untergeordneten Dasein gekoppelt ist, mit der Alternative: »Ich muß Gewalt ausüben oder leiden – / So steht der Fall« (*WT*, II,2,766).

Der Problemzusammenhang im Überblick

Folgende Ausführungen Schillers in dem 5. Brief *Ueber die ästhetische Erziehung* scheinen Aspekte des *Lagers* zu kommentieren: »In den niedern und zahlreichern Klassen stellen sich uns rohe gesetzlose Triebe dar, die sich nach aufgelöstem Band der bürgerlichen Ordnung entfesseln, und mit unlenksamer Wuth zu ihrer thierischen Befriedigung eilen. [...] Aus dem Natur-Sohne wird, wenn er ausschweift, ein Rasender; aus dem Zögling der Kunst ein Nichtswürdiger.«[191] Im *Lager* taucht mit dem falschspielenden Bauern bereits das Thema des betrogenen Betrügers (Wallenstein, Kaiser) auf und zeigt sich schon die Gefahr der Anarchie und politischen Willkür (*WL*, 6,212–231). Nichtsdestoweniger wirft es auch ein Licht auf die Führungsqualitäten Wallensteins, daß er eben Ordnung und Form, durch »die er, weltzerstörend, selbst besteht« (*P*, I,2,90), in dieses offensichtliche Chaos zu bringen vermag, wie selbst Questenberg bewundernd anerkennt. Der Gegensatz zwischen Kaiser und Wallenstein drückt sich nicht einfach in der Antithese Ordnung und Anarchie aus, wie das mit dem Kapuzinerpater die kaiserliche Partei glauben machen möchte, sondern in dem Versuch einer neuen Ordnung von Gesellschaft. So, wie freilich beim Kaiser hinter dem Religionskrieg und der Ideologie der Tradition ausgeprägte Machtinteressen stecken, sind auch Wallensteins pazifistische und nationale Intentionen überschattet von egoistischen Herrschaftswünschen, die sich in erster Linie auf die Gewinnung der böhmischen Krone zu richten scheinen. Hätte »Wallensteins Königstreue« bloß »eine Restauration des alten böhmischen Staatsrechts bedeutet«,[192] wie es der Kellermeister in den *Piccolomini* (IV,5) erläutert, oder waren seine Träume vom Friedensstifter doch ernst zu nehmen? Auch Schiller formuliert in seinem Drama diese Fragen nur als Fragen, ohne eine eindeutige Antwort zu geben. In der Unterhandlung mit Wrangel ist zwar von der böhmischen Krone die Rede, aber Wallenstein betreibt seine Königshoffnungen ebenso auch durch entsprechende Heiratspläne für Thekla. Allerdings träumt er von einer neuen Ordnung, die auf Frieden und Humanität basiert, aber er selbst ist bewußtseinsmäßig noch allzusehr im Wertsystem der Tradition befangen.[193] Auch für den fiktionalisierten Wallenstein gilt, was Schiller über den historischen schrieb: Er fiel »nicht weil er Rebell war, sondern er rebellierte, weil er fiel«.[194] Die politische Praxis des dramatisierten Wallenstein ist nicht geeignet, wie Karl-Heinz Hahn[195] näher ausführt, einen wirklichen politischen Fortschritt herbeizuführen: zuerst schwächt er für den Kaiser die Macht der Fürsten, dann versucht er (nach der Absetzung durch den Kaiser auf Betreiben eben dieser Fürsten) seine persönliche Machtstellung gegenüber dem Kaiser auszubauen. Neben seinen eigenen politischen Interessen erklärt zu einem großen Teil das Trauma der Absetzung zu Regensburg und die Enttäuschung über den Vertrauensbruch des Kaisers, also ein psychologisches Problem, den Wallenstein der Trilogie und seine Handlungen. Das Temporisieren, der Sternenglaube, der bloße Genuß der Machtstellung, die er durch die bedingungslose Loyalität der Truppen und die »gespielten« Verhandlungen mit dem Feind schuf, das politische Gedankenspiel (das eben nicht Realität werden soll) verweisen auf jene Unsicherheit, welche die Herzogin als Verlust des Selbstvertrauens (*WT*, III,3) interpretiert.

Gemessen an den historischen Erfordernissen der Zeit, läßt sich an Schillers Wallenstein-Darstellung ablesen, daß der Fürst zwar die Fähigkeiten besaß, aber nicht die Person, um das, was die historische Situation forderte, auszuführen. Überdies verdankt Wallenstein, wie Schiller in seiner *Geschichte des Dreißigjährigen Krieges* näher begründet,[196] seine auctoritas recht eigentlich nicht der »persönlichen Größe«, vielmehr dem Amt und der Würde, die ihm der Kaiser verlieh; es ist also eigentlich »die *legale* Größe«, die ihm »Ehrfurcht und Unterwerfung« erzwingt.[197] Mit Max und der Gräfin stellt aber auch Wallenstein (*WT*, I,4) charismatische über traditionale Herrschaft[198]; allerdings zeigt sich dann, daß die letztere sich als stärker erweist: »[...] an dem Pflichtgefühl seiner Truppen scheiterten alle seine

Berechnungen«,[199] kommentiert der Historiker Schiller. Man mag hier einwenden, daß die Peripetie im Drama weniger durch die Macht des »ewig Gestrigen« (*WT*, I,4,208) als durch die Verschlagenheit Octavios und durch entscheidende strategische Fehler Wallensteins herbeigeführt wird; aber man kann andererseits nicht hinwegdiskutieren, daß die Frage nach der Legitimität der Macht auch im Drama ein nicht zu überschätzender Faktor bleibt. Selbst Wallenstein würde lieber auf der Seite des Kaisers als auf der des Feindes kämpfen; denn es ist letzten Endes erst die Erfahrung von Regensburg, die ihn zu dem gefährlichen politischen Spiel treibt und in seinem Bewußtsein den Gedanken an charismatische Herrschaft auszubilden beginnt. Gewiß kultiviert er von Jugend an und bis zu seiner Ermordung ein Gefühl des Auserwähltseins, verführt ihn der politische Ehrgeiz zu seinen Handlungen, kämpft er nur am Schluß für seine nackte Existenz, fürs bloße Überleben. Trotzdem bleibt in seinem Leben eine Diskrepanz zwischen Geschichte und Person bestehen, kommt es auch, nachdem er sich von dem Zusammenhang der legitimen Herrschaft gelöst hat, nur zu einer scheinbaren Synthese im Zustand des Abwartens; danach bestimmt nicht mehr seine (allerdings nicht freie) Person die Geschichte (wie noch zur Zeit, als er im Dienst des Kaisers stand), sondern er wird ein Produkt der Geschichte. Bei aller Blindheit durchschaut Wallenstein diese Wendung der Dinge, und er kommentiert seine Situation: »Notwendigkeit ist da, der Zweifel flieht, / Jetzt fecht ich für mein Haupt und für mein Leben« (*WT*, III,10,1747f.). Er weiß sich, das ehemalige Werkzeug der Herrschsucht des Kaisers, dem Schicksal und der Rache ausgesetzt (*WT*, I,7), er versteht sich aber andererseits auch als strafende Gewalt gegenüber den kaiserlichen Verfehlungen. Das politische Spiel und Gegenspiel zwischen Wallenstein und dem Kaiser, das seine Wellen bis in die untersten Ränge des Heeres schlägt, erhält hier eine moralische Interpretation, wie andererseits Wallenstein auch moralische Vorwürfe (wie etwa die von Max Piccolomini) durchaus mit pragmatischen Hinweisen auf politische Notwendigkeiten zu entkräften sucht. Wallenstein ist eben nicht nur politischer Phantast und Träumer, sondern er ist gleichzeitig ein raffinierter und listenreicher Ränkeschmied, dem es nicht schwerfällt, Freund und Feind gleichermaßen zu täuschen, Schein als Sein auszugeben, die Unterschiede zwischen Rolle und wahrer Existenz zu verwischen oder gar aufzuheben. Nichtsdestoweniger sind in ihm höhere Tendenzen als politische angelegt: man kann sie geistig, idealisch oder moralisch nennen. Es ist nicht nur List, wenn er zu den Pappenheimern sagt, daß ihn »der Jammer dieses deutschen Volks« erbarme (*WT*, III,15,1977), oder dem Bürgermeister gegenüber von der »Erfüllung der Zeiten« und einer »neuen Ordnung der Dinge« (*WT*, IV,3,2604–10) schwärmt, sondern er meint es teilweise wirklich. Sein Charakter steckt in der Tat voller Widersprüche wie die Realität selbst.

Auch in Wallensteins historischer Umwelt löst Schiller solche Widersprüche nicht auf, sondern stellt sie dar: so scheitert der Herzog beispielsweise einerseits an der Kaisertreue der Truppen, andererseits zeigen das *Lager* wie die *Piccolomini* seine charismatische Ausstrahlung – Soldaten wie Offiziere und Generäle stehen gleichermaßen in seinem Bann (wobei freilich noch das Motiv der ökonomischen Abhängigkeit dazukommt). Zu den dramatischen Mitteln, die Schiller zur Darstellung solcher Vieldimensionalität benützt, gehören neben der Konfrontation von Gesinnungen und Meinungen der Nebenpersonen über die Hauptfigur mit den Gesinnungen, Meinungen und Handlungen der Hauptperson selbst: Elemente des Epischen,[200] des Satirischen[201] und des realistischen Dramas. In der *Wallenstein*-Trilogie fällt nicht mehr wie im klassizistischen (idealistischen) Dramentyp »Sein und Bewußtsein, Erscheinung und Bedeutung«[202] zusammen, sondern wird bereits das »Ideelle aufs Psychologische, Soziologische, Historische«[203] hin relativiert, geht es nicht mehr um Realisierung einer Idee oder um Idealisierung einer Realität, sondern um den Versuch, eine historische Realität in ihrer Rätselhaftigkeit vorzuführen. Im Hinblick auf Wallenstein durchläuft nicht nur Max, sondern auch der Rezipient der Trilogie einen Lernprozeß: die Illusionen, die sich über die Hauptperson auf Grund der Mythenbildung und deren Wirkung auf andere entwickelt hatten, werden ständig desillusioniert und die Erwartungen, die von Anfang an durch die Gesinnungen und Meinungen ausgelöst wurden, enttäuscht.

Die kritische Funktion von Desillusionierung und Enttäuschung von Erwartungen inszeniert Schiller durch eine Reihe von Ironiesignalen,[204] mit denen er auch dem Rezipienten die Verblendung des Helden enthüllt. Wallenstein wartet auf Zeichen der Sterne, vertraut seinen Ahnungen, wenn er handeln und realistische Sachverhalte bewerten sollte, und erklärt alle Zeichen und Ahnungen für wertlos, wenn er alle Ursache hätte, auf sie zu hören. Doch genaugenommen zögert er selbst noch, als endlich die glückliche Sternenkonstellation eintrifft (und ironischerweise bereits das Gegenspiel gegen ihn eingesetzt hat, ohne daß er es freilich weiß: die Gefangennahme Sesins und die Gegenmaßnahmen des Kaisers), so daß sich der Rezipient mit Recht fragt, wie ernst Wallenstein die Sterne eigentlich nimmt, ob der Glaube an sie nicht eher die erwähnte reservatio mentalis[205] oder eine tiefergehende Unsicherheit (auch gegenüber einer politischen Entscheidung) veranschaulicht. Als Wallenstein von den Gegebenheiten her dank seiner Persönlichkeit im wahrsten Sinne des Wortes hätte Geschichte machen können, lauschte er auf Signale von oben,[206] entzog er bewußt seine Persönlichkeit der Möglichkeit realer Wirkung; als seine Person nicht mehr Herr der Geschichte, sondern schon ihr (oder der Gegenseite) Opfer war, nährte er um so ausdauernder seinen Glauben an die geschichtsverändernde Kraft seines Genies, obwohl seine Niederlage jedem außer ihm selbst offenkundig sein mußte. Man kann auch zusammenfassend sagen: Die satirisch-ironische Struktur der *Wallenstein*-Trilogie liegt einerseits in der Diskrepanz zwischen dem, was die Hauptfigur zu sein scheint (fiktional präsentierter Wallenstein-Mythos), und dem, als was sie beim Auftritt erscheint (fiktional präsentierte Realität), andererseits in dem Gegensatz zwischen dem, was Wallenstein für wirklich und möglich hält, was er für seine Ziele und Interessen angibt, und dem, was wirklich und möglich (d. h. der Fall) ist, was seine eigentlichen Ziele und Interessen sind. Die Skala der Täuschungen reicht auf der Seite Wallensteins von harmlosen politischen Strategien bis zu schweren Fällen des Betrugs (etwa an Buttler). Wenn er Thekla mit der Herzogin angeblich auf die Reise schickt, um die Tochter dem potentiellen Bräutigam zuzuführen, so will Wallenstein damit den Wiener Hof täuschen, während er ironischerweise nur die Gräfin Terzky und Octavio täuscht, die beide die Begleiterrolle von Max Piccolomini – wie sich herausstellt, falsch – als politisches Manöver verstehen (*P*, I,5; *WT*, III,4). Dieses harmlose Täuschungsmanöver führt schließlich zu der ebenso überheblichen wie folgenschweren Herabsetzung von Max. Was im Falle Buttlers (*WT*, II,6) eindeutig kriminelle Züge zeigt, erweist sich in der Questenberg-Szene (*P*, II,7), die er als politisches Schauspiel inszeniert, und in dem Auftritt mit Wrangel (*WT*, I,5) als überlegene Manipulation einer hochkarätigen politischen Begabung. Im Gegensatz zur Gräfin Terzky, die nicht selten ihre Fähigkeiten zur Ironie demonstriert, gebraucht Wallenstein Ironie nie als Mittel; sie wird vielmehr in seinem Fall vom Autor nur als Mittel gebraucht, um ihn als betrogenen Betrüger, getäuschten Täuscher und verratenen Verräter zu entlarven.

Im Gegensatz zur klassizistischen Tragödie und dem Illusionstheater ist der Rezipient der *Wallenstein*-Trilogie ähnlich wie in der Komödie dem Helden im Wissen voraus, oder er wird durch dessen kontradiktorische Äußerungen zu eigenen Deutungen angehalten. Wenn beispielsweise Wallenstein zu Wrangel sagt, er sei im Herzen stets auch gut schwedisch gewesen (*WT*, I,5,248), so widerspricht diese Aussage einer negativen Äußerung, die er gegenüber Terzky (*WT*, I,6) und vor allem gegenüber den Pappenheimern (*WT*, III,15,1933ff.) macht; andererseits lassen gewisse Winke von Octavio, Questenberg und ihm selbst (*WT*, IV,3; V,5) durchaus den Schluß zu, daß er die Schweden nicht gerade haßt »wie den Pfuhl der Hölle«. Seine Äußerungen sind auf den Gesprächspartner hin formuliert: was er meint, sagt er nicht, und was er sagt, meint er nicht. Durch den Widerspruch der Aussagen in verschiedenen Redesituationen enthüllt Schiller Wallensteins linguistische Strategie der Täuschung, die oft einfach darin besteht, mit und durch Sprache Gedanken zu verbergen.[207] Aber indem »hinter dem (gesagten) Lügensatz ein (ungesagter) Wahrheitssatz steht, der von jenem kontradiktorisch, d. h. um das Assertionsmorphem ja/nein abweicht«,[208] läßt sich auch von der Linguistik her der Tatbestand der Lüge nachweisen, den freilich Wallenstein so durch Worte zu verschleiern versteht, daß der Gefreite ihn ermahnt: »Brauch nicht viel Worte. Sprich / Ja oder nein, so sind wir schon zufrieden« (*WT*, III,15,1889f.).

Diese Strategie der Täuschung gehört allerdings zum politischen Spiel überhaupt, zur Staatskunst; und von Masken, Rollen, Schauspiel, dem traditionellen Bündel der Theatermetaphern[209] ist sowohl bei der Partei Wallensteins als auch bei der des Kaisers oft genug die Rede. Die Handlung der Trilogie wird von den gegenseitigen Täuschungsmanövern dieser beiden Parteien bestimmt,[210] wobei zweifelsohne die Kaiserpartei über den geschickteren Intriganten[211] (Octavio) verfügt. Wie sehr die Intrige selbst bereits eine »geschichtliche Kraft« darstellt, indem sie als »Notwehr gegen arge List« (*P*, V,1,2450ff.) beginnt und in den »Fluch der bösen Tat« einmündet, erkennt Wallenstein erst, als es schon zu spät ist. Selbst die als Spiel und zum Schein inszenierte Intrige fordert die Kaiserpartei dergestalt zu Gegenmaßnahmen heraus, daß diese schließlich Wallenstein zu einem Handeln nötigen, das er eben zu vermeiden suchte. Das macht ihn jedoch nur insofern zu einem »Mann der Nemesis«,[212] als das Schicksal, das Wallenstein erleidet, selbstverschuldet ist.[213]

Aber wie steht es eigentlich mit seiner Schuld? Heißt es nicht eindeutig im *Prolog*, daß »die größre Hälfte seiner Schuld / Den unglückseligen Gestirnen« (*Prol.*, 109f.) zugewälzt wird, wovon wir auch ein Echo von Buttler in *Wallensteins Tod* hören (*WT*, IV,8), der vorgibt, daß ihn des Helden »böses Schicksal« zum Mörder mache und nicht Haß. Dieser Ansicht zufolge wäre also Wallenstein nur zu einem kleineren Teil für seinen Untergang verantwortlich, das andere wäre der historischen

Konstellation, den Umständen und dem Schicksal zuzuschreiben. Doch bringt Wallenstein nicht eben durch sein Zögern (Temporisieren) jene verhängnisvolle Konstellation zustande? Wilhelm Dilthey legt beispielsweise dieses »Zaudern und Passen auf den Moment«[214] als durchaus zeitgemäße Kriegsstrategie aus, was ja auch Questenberg (*P*, II,7,1044ff.) anzuerkennen scheint. Gehört dieses »Manövrieren, Zaudern« samt dem Versuch, die Astrologie für die eigenen Zwecke zu nützen, nicht doch zu Wallensteins »politisch-militärischer Genialität«[215], zu seinem schöpferischen Vermögen (»schaffende Gewalt«; *WT*, III,13,1793), das ihn nicht nur aus dem Nichts ein Heer erschaffen, sondern ihn auch jeden Teil für seine Zwecke einsetzen läßt (»Und eine Lust ists, wie er alles weckt«; *P*, I,4,424)? Das Temporisieren ist in diesem Fall, so läßt sich schnell der Unterschied bezeichnen, keine militärische Strategie, sondern Manifestation eines Zustands der politischen Unentschiedenheit. Gewiß, »er will in seinem Heer eine Macht etablieren, welche selbständig zwischen den kämpfenden Monarchen steht, und den Frieden herbeiführen«,[216] er will zwischen Schweden und Österreich, zwischen Protestantismus und Katholizismus eine neutrale Position bewahren und dadurch dem Kaiser den Frieden aufzwingen, was durchaus nicht seinen persönlichen Intentionen, nämlich Reichsfürst und König von Böhmen zu werden, widerspricht. Aber gerade dieser für die kaiserliche Seite nur scheinbar neutrale Zustand, in dem Wallenstein an Böhmen festhält, mit Schweden und Sachsen verhandelt, dem Bayern Hilfe versagt, sich auf sein Lager zurückzieht, gleichsam wähnt, alle politischen Fäden in der Hand zu haben, löst nicht nur das Mißtrauen Wiens (und auch das der Schweden) aus, sondern motiviert die Gegenaktion (die Entlassung Wallensteins). Es kann keine Frage sein, daß dieses Temporisieren und Warten auf die glückliche Konstellation der Sterne nicht der Taktik zuzuschlagen ist, sondern der Unentschlossenheit, das Äußerste zu wagen (*WT*, I,4,140ff.; I,7,483ff.; II,2,764ff.). Auf der anderen Seite ist die Stimmung im Lager gegenüber dem Wiener Hof keineswegs neutral; auch die Unterhandlungen Terzkys mit den Schweden sind es nicht. Es sollte den Politiker Wallenstein eigentlich nicht überraschen, daß ihn der Kaiser nach Sesins Gefangennahme »zum Äußersten« zwingt. Dem Heer fehlt die menschliche Basis[217] wie seinem Führer die eindeutige Entschlossenheit, sich für die »Idee der Menschheit« (Frieden, Einheit der Nation) einzusetzen. Selbst Max hätte noch verstehen können, wenn Wallenstein dem Kaiser in »offener Empörung« (*WT*, II,2,769f.) als Antwort auf die Absetzung entgegengetreten wäre; er lehnt nur den Verrat ab. Wallenstein denkt zwar an die höheren Ziele, die Max in ihm anspricht, aber er scheut davor zurück, sie zu verwirklichen. Ein Motiv dafür ist sicher, daß es ihm schwerfällt, vom Kaiser, der traditionalen Macht, abzufallen. Man kann das mit konservativer Befangenheit erklären oder aber mit der im Monolog (*WT*, I,4) eingestandenen Furcht vor dem »unsichtbaren Feind«, den solch »verjährt geheiligter Besitz« darstellt; der Angelpunkt aller Probleme Wallensteins liegt nichtsdestoweniger im Regensburger Kurfürstentag, bei dem Wallensteins Vertrauen in den Kaiser, in sich und die Welt traumatisch erschüttert worden war.

Sowohl im *Lager* als auch in den *Piccolomini* führt Schiller differenziert die historischen Möglichkeiten vor, die Wallenstein hätte verwirklichen können. Daß er sie nicht verwirklicht, verweist eben auf Bedingungen und Besonderheiten von Wallensteins Charakter: Situation und Charakter sind also schon dergestalt exponiert.

Das Heerlager außerhalb der Stadt und der Kommandostab in Pilsen demonstrieren ebenso den Mythos des erfolgreichen Heerführers wie dessen Machtstellung, erzeugen eine Erwartung von Größe, die dann durch einen zwar viel redenden, aber nicht handelnden Wallenstein enttäuscht wird. Nun hat Schiller selbst dem historischen Wallenstein Größe abgesprochen[218] und sein Planen als »phantastisch und excentrisch« abgewertet, so daß Alfons Glück[219] mit Recht auch im Hinblick auf den dramatisierten Wallenstein von einer »optischen Täuschung der *Größe*« redet. Man könnte den Sachverhalt auch mit folgender Bemerkung Jakob Burckhardts über das Phänomen *historischer Größe* erläutern: »Schwierig ist es oft, Größe zu unterscheiden von bloßer Macht, welche gewaltig blendet, wenn sie neu erworben oder stark vermehrt wird.«[220] Nicht von ungefähr stellt Wallenstein erst dann seine Größe unter Beweis, als er nicht mehr im Besitz dieser »blendenden« Macht, sondern ganz auf sich selbst angewiesen ist (»ein entlaubter Stamm«; *WT*, III,13, 1792). Doch auch diese Art von Entschlossenheit aus der Zwangslage der Situation heraus nötigt höchstens Respekt ab: was Schiller seinen Helden in den letzten Szenen von *Wallensteins Tod* erreichen läßt, ist eben nicht *historische*, sondern *menschliche* Größe; daran knüpft wohl auch Goethes berühmte Feststellung an, daß im letzten Teil der Trilogie »alles [aufhöre] politisch zu sein und bloß menschlich [werde]«.[221]

Daß sich das Historische nur noch als ein »leichter Schleier« erweist, »wodurch das rein menschliche durchblickt«, daran sind die Nebenpersonen (der Tod von Max und die elegische Klage um ihn, die Favoritisierung einfacher menschlicher Qualitäten gegenüber der historischen Größe durch Gordon, die unmenschliche Entschlossenheit des Mörders Buttler, die ahnungsvollen Träume der Gräfin) ebenso beteiligt wie die Hauptfigur (die als blindes, aber innerlich gefaßtes Opfer erscheint) und die Affektregie.[222] Schon unter diesem Aspekt läßt sich wohl kaum die Behauptung von Gerhard Storz[223] stützen, daß aus der Trilogie »die wertsetzende Parteinahme« verschwunden sei. Wie in den Jugenddramen wird das Politische (vgl. *WT*, II,2,784–809; *P*, V,1,2447ff.) auch in der *Wallenstein*-Trilogie prononciert gegenüber der »Idee der Menschheit« (Max–Thekla-Episode), die berechnende Staatskunst gegenüber der Sprache des Herzens (z. B. *P*, III,5,1727f.; *WT*, III,18,2093f.; V,5,3659f.) abgewertet. Noch der geniale Schlußsatz »Dem *Fürsten* Piccolomini« konfrontiert den Sieg der Staatskunst mit dem menschlichen Verlust, mit dem er erkauft wurde, in einer schrillen Dissonanz,[224] die rückwirkend den Problemzusammenhang der ganzen Trilogie erhellt.

Die »Sinnstruktur«[225] der Trilogie ließe sich durchaus mit der verhaltenen Parteinahme Schillers für das klassische Humanitätsideal identifizieren; denn, wie schon der *Prolog* (Vers 61ff.) signalisiert, kommt bereits dem historischen Stoff ein Erkenntniswert im Hinblick auf die Gegenwart, auf eine notwendige politische Neuordnung nach einhundertfünfzig Jahren (*Prol.*, 70ff.) zu. Aber triumphieren hier politisch nicht bloß die »mäßigen bis minderwertigen Leute«, wird der »Blick in die Zukunft der Geschichte« nicht verfinstert, wie Kurt May[226] mit guten Gründen fragt? Zweifelsohne läßt sich das Ideal (das Schöne) auf Erden (*WT*, IV,12,3180) nicht realisieren, siegt die Reaktion, die alte Herrschaft, nicht die Freiheit, und rückt keine neue, menschlichere Ordnung in den Gesichtskreis. Von einer optimistischen Geschichtsauffassung läßt sich so wenig wie vom Gegenteil sprechen:[227]

nach der Enttäuschung über die Französische Revolution hatte Schiller nur den Akzent vom Politisch-Historischen aufs Anthropologisch-Ästhetische verlegt; statt einer politischen Veränderung steuerte er nun gemäß den philosophischen Tendenzen seiner Zeit eine Veränderung des Bewußtseins an. Diese Einsicht und die Lösung enthalten folgende Strophen des bereits erwähnten Gedichts *Der Antritt des neuen Jahrhunderts*:

»Ach umsonst auf allen Länderkarten
Spähst du nach dem seligen Gebiet,
Wo der Freiheit ewig grüner Garten,
Wo der Menschheit schöne Jugend blüht.

[...]

In des Herzens heilig stille Räume
Mußt du fliehen aus des Lebens Drang,
Freiheit ist nur in dem Reich der Träume,
Und das Schöne blüht nur im Gesang.«

Doch gerade die Geschichte Wallensteins, wie sie das *Lager* und die *Piccolomini* entwerfen, deutet die Möglichkeiten zu einem Epochenwandel im Hinblick auf einen gewaltigen Fortschritt innerhalb der Entwicklung der Menschheit an. Im Umkreis des Dreißigjährigen Krieges zeigte nach Schiller eigentlich nur König Gustav Adolf von Schweden historische Größe; nichtsdestoweniger war Wallenstein eine historische Gestalt, an die sich viele Hoffnungen knüpften und die auch selbst Hoffnungszeichen setzte, ohne sie jedoch erfüllen zu können. Er verkörperte eine Welt (wie Max früh erkennt: *P*, V,3,2640), einen Staat außerhalb der legalen Ordnung, der ein Anfang zu etwas Neuem hätte werden können: zu einer neuen Ordnung zugunsten der menschlichen Freiheit. Daß es nicht dazu kam, lag sowohl an den Umständen (den »unglückseligen Gestirnen«) als auch an Mängeln der Person Wallensteins. Der Fürst, von der Gunst der historischen Stunde an die Spitze der Macht gestellt, verabsolutiert seine eigene Person in der Manier Fiescos.[228] Er steht zwischen der fragwürdigen traditionalen Herrschaft (Kaiser), die u. a. Octavio Piccolomini repräsentiert und die von der Mehrzahl der Soldaten und Offiziere (u. a. von Max Piccolomini) negiert wird, und der Möglichkeit einer neuen Herrschaft (auf Grund seines Charismas), die den Soldaten (gegen die Bauern und Bürger) als den Menschen schlechthin ausruft, wie es das Lager wünscht, oder den Frieden (wo der Soldat wieder Bürger und Mensch wird) in Deutschland herbeiführt, wie es Max und Wallenstein andeuten. Im Augenblick regiert der Krieg, d. h. Mars, die Stunde, aber Wallenstein spekuliert auf Frieden (den Max utopisch-idyllisch gegenüber Questenberg beschwört), den der Kaiser offensichtlich im Moment so wenig will wie die Herrschaft des Soldatenkönigs Wallenstein und dessen Soldatenstaat.

Das utopische Modell des Friedens, das in der Trilogie aufscheint, kommt dem, was Schiller über das Phänomen der Idylle[229] ausführt, sehr nahe; es enthält auch Züge des ästhetischen Staates, der recht eigentlich eine Herrschaft der Freiheit ist. Nun läßt Schiller in der Tat nicht nur in *Wallensteins Tod*, wie Hellmut Diwald[230] anmerkt, »viel Raum für die Vermutung, daß Wallenstein der einzige gewesen war, dem es hätte gelingen können«, unter einem oder ohne einen deutschen Kaiser »schon damals ›Deutsches Reich‹ und ›Deutsche Nation‹ zur Deckung zu bringen«, sondern er arbeitet auch heraus, inwiefern dem Friedländer für die Gründung eines Staates der Freiheit die »moralischen«[231] Voraussetzungen fehlten. Er bringt es nicht von ungefähr nur bis zum Soldatenstaat, bei dem das oberste Prinzip unbedingter Gehorsam ist, obwohl sich die Mitglieder irrtümlicherweise frei dünken (sie verwechseln Freiheit von bürgerlichen Zwängen, Pflichten und Sorgen mit menschlicher Unabhängigkeit). Das, was dem Soldaten Freiheit heißt, beruht im Grunde auf Mißachtung und Ausbeutung der bürgerlichen und bäuerlichen Existenzform (Nährstand), und die persönliche Freiheit Wallensteins stützt sich auf nichts anderes als auf Macht und despotische Unterdrückung. Nur Max und Thekla signalisieren eine ideale Existenzform; hier herrschen Werte wie Vertrauen, Glaube, Hoffnung, die Voraussetzungen für einen Staat der Freiheit. Aber diese Existenzform läßt sich nicht realisieren, denn in der bestehenden Welt sind es andere Werte, die herrschen (vgl. *WL*, 11,1062f.). So, wie Max und Thekla auf ihre Liebe zurückgeworfen werden, sieht sich schließlich Wallenstein mit seinem Selbst allein.

Schiller kritisiert die vorgestellten Herrschaftsformen, die historische Zeitkonstellation und die persönlichen Mängel der Herrschenden nicht nur direkt von den Nebenfiguren her, sondern auch indirekt durch die Handlung und die Technik der Darstellung. Das *Lager* demonstriert eben nicht nur die enormen historischen Möglichkeiten, über die Wallenstein gebieten konnte, sondern ebenso das Ausmaß seines Versäumnisses. Dieses Versäumnis ist nicht zuletzt die Unentschiedenheit, die in der Trilogie die beiden ersten Teile auch in der Zeitstruktur zum Ausdruck bringen.[232] Sie stellen einen Zustand dar; erst in *Wallensteins Tod* kommt es zur Handlung. Die Teile der Trilogie führen in der Form einer Pyramide die Totalität des Heeres von der Basis (Soldaten) und der Führung (Offiziere) bis zur Spitze vor, wobei das *Lager* und die *Piccolomini* sicher als Expositionen[233] zu *Wallensteins Tod* und nicht als selbständige Stücke zu verstehen sind. Das beweist die dichte Verfugung des von Schiller nicht ursprünglich als Trilogie geplanten Werkes. So wenig wie sich die Tragödie von *Wallensteins Tod* ohne das Schauspiel *Piccolomini* und die Komödie *Das Lager* verstehen läßt,[234] so wenig kann man die beiden ersten Teile ohne den Schlußteil interpretieren. Symbole, Metaphern, Motive und Themen erhalten erst ihren Bedeutungszusammenhang durch die jeweiligen Verweise und Verbindungsstellen in den Teilen.[235] Es ist auch bezeichnend, daß das Ende der *Piccolomini* und der Anfang von *Wallensteins Tod* zeitlich zusammenfallen. Auf die von Schiller verwandten und z. T. im Briefwechsel mit Goethe, Humboldt und Körner diskutierten formalen Elemente wurde bereits hingewiesen; ebenso auf die vielen Entsprechungen, Spiegelungen, Wiederholungen und Verknüpfungen.[236]

Von der Komposition her stellt die *Wallenstein*-Trilogie eine beachtliche Leistung innerhalb der Geschichte des historischen Dramas in Deutschland[237] dar; hier wird das historische Material nicht durch eine vorgegebene Idee stilisiert, sondern wie im realistischen Drama in seinen Widersprüchen dargestellt. Weder idealisiert Schiller, wie er Goethe am 5. Januar 1798 ankündigte, das Realistische,[238] noch macht er »seinen Helden zum Vertreter einer historischen Idee«;[239] er vermittelt vielmehr eine vieldimensionale Perspektive einer historischen Wirklichkeit, die gleichzeitig die »Fundamentalsituation des Menschen«[240] durchscheinen läßt oder – in Goethes Worten – einen vollkommenen »Kreis der Menschheit«[241] ausdrückt. Dieser vollkommene Kreis impliziert nach Goethe die Behandlung zweier Gegenstände, nämlich des *phantastischen Geistes* und des *gemeinen wirklichen Lebens*, wozu noch die Liebe als dritte, in der Mitte liegende Erscheinung tritt. Die Trilogie stellt in und durch die Personen die »Menschheit« in ihrer Totalität vor den Hintergrund ihrer zeitgeschichtlichen Bedingungen dar, also sowohl nach Charakter als nach Situation. Aber die personae dramatis lassen sich auch nach dem in *Ueber naive und sentimentalische Dichtung* beschriebenen »psychologischen Antagonism unter den Menschen« einordnen, in »einen Gegensatz, welcher Schuld ist, daß kein Werk des Geistes und keine Handlung des Herzens bey Einer Klasse ein entscheidendes Glück machen kann, ohne eben dadurch bey der andern sich einen Verdammungsspruch zuzuziehen«.[242] Dieser Gegensatz von Realist und Idealist[243] bzw. deren »beyderseitige Karrikaturen«[244] oder deren gegenseitige Verschränkung wird nicht zuletzt gerade an den personae dramatis Wallenstein und Max vorgeführt; denn weder ist Wallenstein der reine Realist noch Max der reine Idealist. So, wie Wallenstein phantastische und exzentrische Züge zeigt, so läßt sich Max auch auf realistische Weise zuweilen »durch die Notwendigkeit der Natur«[245] bestimmen.

Wie den Idealisten befriedigt Wallenstein zuzeiten »nur die philosophische Einsicht, welche alles bedingte Wissen auf ein unbedingtes zurückführt«,[246] ja, indem er »überall auf die *obersten* Gründe dringt [...], kann er die *nächsten* Gründe [...] leicht versäumen«.[247] Kennzeichnet den Charakter des Idealisten »moralische Selbständigkeit und Freyheit«,[248] so trifft das mit dem Merkmal des »idealistischen Schwungs« zwar auf Max zu, aber er entwickelt sich dazu erst in einem Prozeß der Mündigkeit. Wie Schiller bereits in seiner Schrift ausführt, leiden beide Systeme an Einseitigkeit und bedürfen dringend der gegenseitigen Ergänzung. Das »Ideal der menschlichen Natur« ist eben »unter beyde vertheilt«, ohne daß es einer der Typen erreicht.[249] Folgender Abschnitt ließe sich deshalb ohne weiteres als Kritik auf Wallenstein und Max anwenden: »Maßen wir uns nun an, mit unserer bloßen Vernunft über das äußere Daseyn der Dinge etwas ausmachen zu wollen, so treiben wir bloß ein leeres Spiel und das Resultat wird auf Nichts hinauslaufen; denn alles Daseyn steht unter Bedingungen und die Vernunft bestimmt unbedingt. Lassen wir aber ein zufälliges Ereigniß über dasjenige entscheiden, was schon der bloße Begriff unsers eigenen Seyns mit sich bringt, so machen wir uns selber zu einem leeren Spiele des Zufalls[250] und unsere Persönlichkeit wird auf Nichts hinauslaufen. In dem ersten Fall ist es also um den *Werth* (den zeitlichen Gehalt) unsers Lebens, in dem zweyten um die *Würde* (den moralischen Gehalt) unsers Lebens gethan.«[251] Statt ein »Schöpfer des Menschenglücks«[252] zu werden, erzeugt Wallensteins politischer und häuslicher Despotismus bloß »Elend« (Max und Thekla); er verletzt dauernd »fremde Freiheit«[253] aus Egoismus und Herrschsucht, zeigt aber andererseits durchaus auch menschenfreundlichere Züge (Großzügigkeit gegenüber seinen Untergebenen, Sorge um Max, Vertrauen zu Octavio). Im Gegenzug läßt Schiller gerade den schwachen Subalternen Gordon den »Lieblingsgegenstand« seines Jahrzehnts, »reinere, sanftere Humanität«,[254] verbreiten, von der sich auch Wallenstein am Ende etwas mitzuteilen scheint. Wenn bei Wallenstein vom *Lager* über die *Piccolomini* bis zu *Wallensteins Tod* Schritt für Schritt ein Rangverlust[255] zu beobachten ist, mit der elegischen Trauer um den Freund Max tritt eine Wendung ein: er ist nicht mehr der Phantast, der »allen Charakter« verleugnet, »völlig ohne Gesetz, [...] also gar nichts« ist und »zu gar nichts« dient,[256] sondern er scheint den »moralischen Gehalt« von Maxens Leben, d. h. das ihm verwandte Gegenteil in sich aufgenommen zu haben. Wallensteins letzte Handlung ist deshalb nicht von ungefähr ein Akt der Menschlichkeit: er entläßt seinen ängstlichen Kammerdiener, weil dieser um sein »kleines Gut« besorgt ist, und fügt den für ihn beachtenswerten Satz an: »Ich will niemand zwingen« (*WT*, V,5,3672).

Es ist ein weiter Weg, den Wallenstein zurücklegt: von der Forderung »Unbedingt / Muß ich sie haben. Nichts von Vorbehalt!« (*P*, II,6,901f.) bis zu den Regungen des Herzens am Schluß (*WT*, V,5,3659), der Achtung und Schonung fremder Freiheit und Person.[257] Wallenstein selbst gewinnt auch im letzten Teil jene Freiheit zurück, die ihn den Umständen (»Naturnotwendigkeiten«) gegenüber überlegen erscheinen läßt. Die Analyse der Geschichte wird hier zu einer Darstellung der Person: In *Wallensteins Tod* übernimmt Wallenstein »die Führung der Handlung, seine Pläne und Entscheidungen bestimmen die Atmosphäre und Gedankenwelt des Dramas«,[258] während vorher die Bedingungen seiner Macht im Vordergrund gestanden waren. So, wie das Personal im gleichen Verhältnis zur vorgeführten soziologischen Stellung reduziert, d. h. konzentriert wird,[259] beschleunigt sich das Tempo und nimmt die eigentliche dramatische Handlung ihren Lauf. Doch obwohl der Held von der Handlung, die er zu vermeiden versucht hatte, übereilt und in sie wie in einen Strudel hineingezogen wird, eben nicht mehr als Herr, sondern als Knecht oder besser: Opfer der Geschichte erscheint, obwohl ihn die überstürzenden Ereignisse jagen, findet Wallenstein zu seinem Selbst (*WT*, III,13) und seiner Person (*WT*, V,3) als dem eigentlichen Ruhepunkt zurück. Doch vorher muß er noch erfahren, wie er seine charismatische Wirkung auf seine Soldaten einbüßt (*WT*, III,20.22) und ihn sein treuester Anhänger, Max, der »Bringer irgendeiner schönen Freude« (*P*, II,4,756) verläßt; dann erst findet dieser Umschlag von der Extraversion in die Introversion statt.[260] Wallenstein kehrt, bereits »blind mit [...] sehenden Augen« (*WT*, II,3,890), hierin durchaus Max ähnlich (*P*, V,1), der politischen Wirklichkeit, des »Lebens Drang« (*Prol.*, 108) den Rükken und wendet sich »des Herzens heilig stillen Räumen«, seiner »Selbständigkeit«[261] zu. Diese Transzendierung der Geschichte ist von Schiller in der *Wallenstein*-Trilogie ebenso idealistisch wie realistisch gemeint: das Ziel der neuen politischen Ordnung, nämlich *»Freiheit zu geben durch Freiheit«*,[262] ließ sich angesichts der realen historischen Verhältnisse nur im Vorschein des Ästhetischen andeuten, im Bereich der Liebe und des Schönen. Was Schiller am 13. Juli 1793 an den Herzog Friedrich Christian von Augustenburg schrieb, erklärt auch ganz gut den Problemzusammenhang, was den Charakter und die Situation des fiktionalisierten Wallenstein betrifft: »Der Moment war der günstigste, aber er fand eine verderbte Generation, die ihn nicht werth war, und weder zu würdigen noch zu benutzen wußte. Der Gebrauch, den sie von diesem großen Geschenk des Zufalls macht und gemacht hat, beweist unwidersprechlich, daß das Menschengeschlecht der vormundschaftlichen Gewalt noch nicht entwachsen ist, daß das liberale Regiment der Vernunft da noch zu frühe kommt, wo man kaum damit fertig wird, sich der brutalen Gewalt der Thierheit zu erwehren, und daß derjenige noch nicht reif ist zur *bürgerlichen* Freiheit, dem noch so vieles zur *menschlichen* fehlt.«[263] Es besteht auch in dieser Hinsicht kein Grund zur Annahme, daß Schillers Lehrstück aus dem 16. Jahrhundert für ein Publikum des 18. Jahrhunderts heute veraltet sei.

Anmerkungen

Der Text der Trilogie wird zitiert nach: Schillers Werke. Nationalausgabe. Bd. 8: Wallenstein. Hrsg. von Hermann Schneider und Lieselotte Blumenthal. Weimar 1949. Nachweise in Klammern unmittelbar hinter dem Text, und zwar:
Prol. (Prolog) mit Versangabe,
WL (Wallensteins Lager) mit Angabe von Auftritt und Vers,
P (Die Piccolomini) mit Angabe von Aufzug, Auftritt und Vers,
WT (Wallensteins Tod) mit Angabe von Aufzug, Auftritt und Vers.

1 An Goethe, 31. 8. 1794. In: Schillers Briefe. Hrsg. von Fritz Jonas. 7 Bde. Stuttgart [1892–96]. [Im folgenden zitiert als: Jonas.] Bd. 3. S. 481.
2 Abgedruckt bei Fritz Heuer / Werner Keller (Hrsg.): Schillers *Wallenstein*. Darmstadt 1977. S. 139.
3 Ebd. S. 139.
4 Vgl. die anregenden Beobachtungen bei Wolfgang Paulsen: Goethes Kritik am *Wallenstein*. Zum Problem des Geschichtsdramas in der deutschen Klassik. In: Deutsche Vierteljahrsschrift für Literaturwissenschaft und Geistesgeschichte 28 (1954) S. 80 ff.
5 Johann Peter Eckermann: Gespräche mit Goethe. Zürich/München 1948. S. 73.
6 An Goethe (Jonas 5,270).
7 Abgedruckt bei Heuer / Keller (Anm. 2). S. 8 f.
8 Schillers Werke. Nationalausgabe. [Im folgenden zitiert als: NA.] Bd. 20. S. 491.
9 Wie u. a. Hermann August Korff (In: Heuer / Keller [Anm. 2]. S. 104–112) und Emil Staiger (Anm. 115); vgl. auch Jeffrey Barnouw (In: Heuer / Keller [Anm. 2]. S. 396–421).
10 Wie u. a. Oskar Seidlin (in: Heuer / Keller [Anm. 2]. S. 237–253) und Gert Sautermeister (Anm. 229); Karl S. Guthke (Struktur und Charakter in Schillers *Wallenstein*. In: K. S. G.: Wege zur Literatur. Studien zur deutschen Dichtungs- und Geistesgeschichte. Bern/München 1967. S. 72 bis 91) sieht zwar die idealistischen Züge von Wallenstein, versteht ihn aber im Grunde als »Fall des Realisten«.
11 Vgl. dazu auch Schillers Brief an Wilhelm von Humboldt, 21. 3. 1796 (Jonas 4,435–437).
12 Vgl. z. B. Brief an Goethe, 7. 4. 1797 (Jonas 5,173f.).
13 Vgl. Brief an Körner, 3. 6. 1797 (Jonas 5,198); an Goethe, 24. 11. 1797 (Jonas 5,290), 24. 8. 1798 (Jonas 5,418); außerdem die materialreiche Studie von Hartmut Reinhardt: Schillers *Wallenstein* und Aristoteles. In: Jahrbuch der Deutschen Schillergesellschaft 20 (1976) S. 278–337.
14 Jonas 5,171.
15 Vgl. Briefe an Goethe vom 4., 7. und 11. 12. 1798 (Jonas 5,466–469).
16 An Goethe, 5. 10. 1798 (Jonas 5,442).
17 An Goethe, 9. 11. 1798 (Jonas 5,459).
18 Eintrag in Schillers Kalender am 4. 11. 1797 (in: Dichter über ihre Dichtungen: Friedrich Schiller. Hrsg. von Bodo Lecke. Bd. 2. München 1970. S. 27).
19 An Körner, 30. 9. 1798 (Jonas 5,437).
20 Jonas 5,289.
21 An Körner, 8. 1. 1798 (Jonas 5,320).
22 Karl-Heinz Hahn: Schiller als Historiker. In: Weimarer Beiträge 5 (1959) S. 190 f.
23 Friedrich Schiller. Sämtliche Werke. Hrsg. von Gerhard Fricke und Herbert G. Göpfert. München 1962. [Im folgenden zitiert als: SW.] Bd. 4. S. 33.

24 SW 4,366.
25 Vgl. dazu auch Theodor Schieder: Schiller als Historiker. In: T. S.: Begegnungen mit der Geschichte. Göttingen 1962. S. 68 ff.
26 SW 4,745.
27 Vgl. Karl-Heinz Hahn: Schiller und die Geschichte. In: Klaus L. Berghahn (Hrsg.): Friedrich Schiller. Zur Geschichtlichkeit seines Werkes. Kronberg (Taunus) 1975. S. 33.
28 Schieder (Anm. 25). S. 70; ebenso Hellmut Diwald: Wallenstein – Geschichte und Legende. In: H. D. (Hrsg.): Friedrich Schiller. *Wallenstein.* Dokumentation. Frankfurt a. M./Berlin/Wien 1972. S. 49 ff.; Benno von Wiese: Friedrich Schiller. Stuttgart [3]1963. S. 384 ff.
29 Vgl. Schieder (Anm. 25). S. 71 ff.; von Wiese (Anm. 28). S. 386 f.; Diwald (Anm. 28). S. 52 ff.
30 Vgl. von Wiese (Anm. 28). S. 387.
31 SW 4,637f.
32 Ebd.
33 SW 4,490.
34 SW 4,589.
35 Von Wiese (Anm. 28). S. 389.
36 SW 4,492.
37 An Wilhelm von Humboldt, 21. 3. 1796 (Jonas 4,436).
38 An Goethe, 28. 11. 1796 (Jonas 5,119).
39 An Körner, 28. 11. 1796 (Jonas 5,121f.).
40 SW 4,680.
41 NA 21,49.
42 NA 21,51.
43 NA 21,48; NA 20,195f.
44 SW 4,686.
45 Golo Mann: Schiller als Historiker. In: Schiller. Reden im Gedenkjahr 1959. Stuttgart 1961. S. 102–123; Schieder (Anm. 25). S. 56–79; Diwald (Anm. 28). S. 5–98; Hahn (Anm. 22). S. 180 bis 195.
46 SW 4,688.
47 Schieder (Anm. 25). S. 75.
48 Zitiert ebd. S. 77.
49 Vgl. dazu Volker Meid: Im Zeitalter des Barock. In: Walter Hinderer (Hrsg.): Geschichte der politischen Lyrik in Deutschland. Stuttgart 1978. S. 90–113.
50 SW 4,688.
51 Kurt May: Schillers *Wallenstein.* In: K. M.: Form und Bedeutung. Interpretationen deutscher Dichtung des 18. und 19. Jahrhunderts. Stuttgart 1957. S. 180.
52 An Iffland, 24. 12. 1798 (Jonas 5,479).
53 Vgl. dazu Walter Hinderer: »Ein Augenblick Fürst hat das Mark des ganzen Daseins verschlungen«: Zum Problem der Person und Existenz in Schillers *Fiesco.* In: W. H.: Elemente der Literaturkritik. Kronberg (Taunus) 1976. S. 73 f.
54 Vgl. SW 4,366.745.
55 NA 21,49.
56 Kurt May (Anm. 51). S. 178 f.; er begründet allerdings diese Aussage nicht näher.
57 Journal des Luxus und der Moden. Weimar, November 1798. Bd. 13. S. 645; zitiert bei Nandakishore Banerjee: Der Prolog im Drama der deutschen Klassik. Diss. München 1970. S. 54.
58 Wie die Säkular-, National- und Hanser-Ausgabe (SW) der Werke Schillers. Man zitiert für diese Ansicht Goethes Brief vom 6. 7. 1797 an Meyer. Vgl. dazu Banerjee (Anm. 57). S. 66 ff.; ebenso Hans-Günther Thalheim: Volk und Held im Drama Schillers. In: H.-G. T.: Zur Literatur der Goethezeit. Berlin 1969. S. 99 f.
59 Hermann August Korff: Geist der Goethezeit. Versuch einer ideellen Entwicklung der klassisch-romantischen Literaturgeschichte. Leipzig [2]1955. Bd. 2. S. 230; ebenso May (Anm. 51). S. 178 f.
60 An den Herzog von Augustenburg, 13. 7. 1793 (Jonas 3,332); vgl. dazu SW 4,804–836.
61 Ebd. S. 330.
62 Ebd. S. 332.
63 Die Ereignisse, so führt er aus, nehmen ihm »alle Hoffnungen dazu auf Jahrhunderte«, und

es erfolgt die bekannte Kritik an der Französischen Revolution (Jonas 3,333). Vgl. zu diesem Zusammenhang auch Walter Müller-Seidel: Deutsche Klassik und Französische Revolution. In: Deutsche Literatur und Französische Revolution. Sieben Studien. Göttingen 1974. S. 52 ff.

64 An den Herzog von Augustenburg, 13. 7. 1793 (Jonas 3,333).

65 Ebd. S. 335.

66 An Göschen, 26. 2. 1801 (Jonas 6,245): »Auch fürchte ich werden wir Deutsche eine so schändliche Rolle in diesem Frieden spielen, daß sich die Ode unter den Händen des Poeten in eine Satyre auf das deutsche Reich verwandeln müßte.«

67 SW 1,459.

68 Schiller setzt diese Gedanken in dem Fragment »Deutsche Größe« fort (SW 1, S. 473 ff.).

69 Vgl. Brief an den Herzog von Augustenburg, 13. 7. 1793 (Jonas 3,336).

70 NA 20,219.

71 An den Herzog von Augustenburg, 13. 7. 1793 (Jonas 3,333).

72 Vgl. Brief an Goethe, 31. 8. 1798 (Jonas 5,423f.).

73 NA 20,87ff.

74 An den Herzog von Augustenburg, 13. 7. 1793 (Jonas 3,332).

75 Vgl. auch Banerjee (Anm. 57). S. 82.

76 Dazu Müller-Seidel (Anm. 63). S. 54 f.

77 Ebd. S. 55.

78 Herbert Singer (Dem F ü r s t e n Piccolomini. In: Heuer / Keller [Anm. 2]. S. 180–212) interpretiert diesen Schlußsatz nur formalistisch. Banerjee (Anm. 57, S. 82 ff.) trifft hier den Sachverhalt besser.

79 NA 20,330.

80 Vgl. dazu die anregenden Ausführungen von Walter Müller-Seidel: Episches im Theater der deutschen Klassik. Eine Betrachtung über Schillers *Wallenstein*. In: Jahrbuch der Deutschen Schillergesellschaft 20 (1976) bes. S. 348 ff.

81 Vgl. Goethes Bemerkungen, abgedruckt bei Heuer / Keller (Anm. 2). S. 3.

82 Vgl. auch Henry B. Garland (Schiller. London 1949): »As ›Wallensteins Lager‹ serves as prelude to the vast ten-act tragedy, so is ›Piccolomini‹, within that tragedy, a prelude to the sudden decision, swift climax, and headlong collapse of ›Wallensteins Tod‹«.

83 Vgl. Banerjee (Anm. 57). S. 91; außer Banerjee behandeln den »Prolog«: May (Anm. 51). S. 178–181; Müller-Seidel (Anm. 80). S. 348 ff.; ebenso Vertreter der marxistischen Literaturkritik, die sich allerdings auf die Verse 61–78 beschränken (z. B. Siegfried Seidel: Neue Positionen in der Theorie Schillers während der Arbeit am *Wallenstein*. In: Weimarer Beiträge 5 [1959] S. 76; Edith Braemer / Ursula Wertheim: Einige Hauptprobleme in Schillers *Wallenstein*. In: E. B. / U. W.: Studien zur deutschen Klassik. Berlin 1960. S. 192, 213; Horst Hartmann: Schillers *Wallenstein*-Trilogie. Eine Analyse. In: Weimarer Beiträge 11 [1965] S. 54).

84 Karl Berger: Schiller. Sein Leben und seine Werke. München 1916. Bd. 2. S. 403; vgl. auch Hans August Vowinckel: Schiller, der Dichter der Geschichte. Eine Auslegung des *Wallenstein*. Berlin 1938. S. 63.

85 Herbert Cysarz: Schiller. Reprogr. Nachdr. Tübingen 1967. S. 314.

86 Für den thematischen Zusammenhang vgl. Gerhard Kaiser: *Wallensteins Lager*. Schiller als Dichter und Theoretiker der Komödie. In: Heuer / Keller (Anm. 2). Bes. S. 353; ebenso Müller-Seidel (Anm. 80). S. 351 f.

87 Nach Thalheim (Anm. 58, S. 106) sind dies vor allem die Pappenheimer; s. auch Braemer / Wertheim (Anm. 83). S. 198.

88 NA 20,319.

89 Über die Korrelation vgl. auch Vowinckel (Anm. 84). S. 64.

90 NA 20,320.

91 Vgl. die Ausführungen von Banerjee (Anm. 57). S. 96 ff.

92 Auch Benno von Wiese (Anm. 28, S. 638) betont den »prägnanten Zeitmoment« des »Lagers«.

93 Vgl. Kaiser (Anm. 86). S. 352.

94 Banerjee (Anm. 57, S. 93) spricht fälschlicherweise den Soldaten die Funktion von Zuschauern zu.

95 Kurt Partl: Friedrich Schillers *Wallenstein* und Franz Grillparzers *König Ottokars Glück und Ende*. Bonn [2]1969. S. 161 ff.

96 Kurt Mays (Anm. 51, S. 182) Behauptung, daß Wallensteins Bild wegen Parteiengunst und Parteienhaß schwanke, wäre also zu modifizieren.
97 An den Herzog von Augustenburg, 13. 7. 1793 (Jonas 3,335).
98 Banerjee (Anm. 57). S. 108 f.
99 Vgl. z. B. Braemer / Wertheim (Anm. 83). S. 201.
100 SW 4,366.
101 Für den Zusammenhang s. auch Wolfgang Clemen: Kommentar zu Shakespeares *Richard III.* Interpretation eines Dramas. Göttingen 1957. S. 31 ff.
102 Vgl. Banerjee (Anm. 57). S. 98.
103 Siehe auch Paul Böckmann: Gedanke, Wort und Tat in Schillers Dramen. In: Klaus L. Berghahn / Reinhold Grimm (Hrsg.): Schiller. Zur Theorie und Praxis der Dramen. Darmstadt 1972. S. 322 f.; ebenso Hans Schwerte: Simultaneität und Differenz des Wortes in Schillers *Wallenstein.* In: Heuer / Keller (Anm. 2). S. 283 f., 268 f.
104 Für den Zusammenhang vgl. Müller-Seidel (Anm. 80). S. 352.
105 Alfons Glück: Schillers *Wallenstein.* München 1976. (Zum Thema »Ironie« und »tragische Satire« bes. S. 159–164.)
106 NA 21,49.
107 Vgl. Kaiser (Anm. 86). S. 338.
108 Vgl. May (Anm. 51). S. 183.
109 Vgl. dazu die differenzierenden Ausführungen bei Kaiser (Anm. 86). S. 340–357.
110 Glück (Anm. 105). S. 163.
111 Kaiser (Anm. 86, S. 340) führt dazu u. a. aus: »Der Soldat, ›der Reiter und sein geschwindes Roß‹ (1084), erscheint hier in der Gegenüberstellung zum Bürger und Bauern als Repräsentant der Menschheit und des Menschenloses, und im ersten Kürassier erreicht diese Repräsentation ihre höchste Erscheinung [. . .].«
112 Braemer / Wertheim (Anm. 83). S. 202 (zum Konflikt Bauern – Bürger / Soldaten: S. 201 ff.).
113 Vgl. Hinderer (Anm. 53). S. 97 ff.
114 Zitiert in NA 8,423: »Auf des Degens Spitze die Welt jetzt liegt. / Drum froh, wer den Degen jetzt führet! / [. . .] / Es sitzt keine Krone so fest, so hoch, / Der mutige Springer erreicht sie doch.« Nach Braemer / Wertheim (Anm. 83, S. 202) hat Schiller diese Ergänzung im Hinblick auf den Aufstieg Napoleons eingefügt; sie bleiben allerdings den Beweis dafür schuldig.
115 Im Sinne der alten Bedeutung von ›Elend‹. Zum Begriff vgl. Emil Staiger: Friedrich Schiller. Zürich 1967. S. 13–43; ebenso Kaiser (Anm. 86). S. 339 ff.
116 Im 11. Brief »Ueber die ästhetische Erziehung des Menschen« stellt Schiller den Zustand als Prinzip der Veränderung der Person dem unveränderlichen Sein gegenüber. Zustand ist die Bedingung der Zeit und nicht der Freiheit, wie die Soldaten glauben.
117 Kaiser (Anm. 86, S. 342) deutet diesen Sachverhalt positiv.
118 NA 8,423.
119 Es handelt sich hier um einen Anachronismus: »Regensburg fällt im November 1633, die Handlung spielt etwa am 20. Februar 1734 [recte: 1634]« (NA 8,475).
120 Vgl. Müller-Seidel (Anm. 80). S. 354.
121 Vgl. dazu auch Kaiser (Anm. 86). S. 335.
122 Ebd. S. 361 f.
123 Ebd.
124 Ebd. S. 351 f.
125 Ebd. S. 335.
126 NA 21,38ff.
127 NA 21,39.
128 Kaiser (Anm. 86). S. 350.
129 NA 20,219.
130 An den Herzog von Augustenburg, 13. 7. 1793 (Jonas 3,329). – Zum Thema vgl. Ralf Dahrendorf: Homo Sociologicus. Ein Versuch zur Geschichte, Bedeutung und Kritik der Kategorie der sozialen Rolle. Köln-Opladen [5]1965. S. 24 ff.
131 An den Herzog von Augustenburg, 13. 7. 1793 (Jonas 3,331).
132 Schiller geht hier von der Bestimmung des Menschen zur Gottähnlichkeit aus. Von der Totalitätsforderung zieht die Soldatenideologie ab.
133 Vgl. Müller-Seidel (Anm. 80). S. 353.

134 Es ist das unbestreitbare Verdienst von Oskar Seidlin (Anm. 10), in einer subtilen Studie darauf aufmerksam gemacht zu haben.

135 Vgl. Hartmann (Anm. 83). S. 38; Banerjee (Anm. 57). S. 99 ff.

136 Kaiser (Anm. 86, S. 363) formuliert es so: »In diesem Sinne mündet nicht nur die Komödie des ›Lagers‹ in die Tragödie des ›Todes‹, sondern auch umgekehrt die Tragödie des ›Todes‹ in die Komödie des ›Lagers‹ ein [...].«

137 Vgl. dazu die zutreffenden Beobachtungen von Müller-Seidel (Anm. 80). S. 355 ff.

138 Helmut Koopmann: Schillers *Wallenstein.* Antiker Mythos und moderne Geschichte. Zur Begründung der klassischen Tragödie um 1800. In: Teilnahme und Spiegelung. Festschrift für Horst Rüdiger. Berlin/New York 1975. S. 271 ff.

139 Vgl. Brief an Goethe, 24. 8. 1798 (Jonas 3,418); für den Zusammenhang s. Reinhardt (Anm. 13). S. 282 ff.

140 Vgl. Diwald (Anm. 28). S. 6.

141 Siehe dazu Schillers »Geschichte des Dreißigjährigen Krieges« (SW 4,589ff.)

142 Vgl. Koopmann (Anm. 138). S. 270 ff.

143 SW 4,688.

144 Den dann Max Weber begrifflich analysieren wird; vgl. Max Weber: Politik als Beruf. In: Über Politik. Deutsche Texte aus zwei Jahrhunderten. Hrsg. von Martin Greiffenhagen [u. a.]. Stuttgart 1968. S. 14–30.

145 Ebd. S. 16.

146 Vgl. dazu Herbert Meyer: Heinrich IV. von Frankreich im Werk Schillers. Ein Beitrag zum Verständnis der Wallenstein-Figur. In: Jahrbuch der Deutschen Schillergesellschaft 3 (1959) S. 94–101.

147 SW 4,407.

148 In »Ueber naive und sentimentalische Dichtung« nennt Schiller Heinrich IV. in einer Reihe mit Cäsar, Epaminondas, Gustav Adolf und Peter dem Großen (NA 20,425).

149 Vgl. auch Meyer (Anm. 146). S. 100, Anm. 25. Meyer hebt ebenfalls das naive Genie Heinrichs IV. von dem »naturfernen, zwiespältigen Verstandesmenschen Wallenstein« ab.

150 SW 4,686f.

151 SW 4,490.

152 Max Kommerell: Schiller als Psychologe. In: M. K.: Geist und Buchstabe der Dichtung. Goethe, Kleist, Hölderlin. Frankfurt a. M. 1940. S. 152.

153 Ein überzeugendes Beispiel liefert dafür die Szene mit den Pappenheimern, in der sich Wallenstein mit nahezu »herablassender Herzlichkeit« der Namen einzelner Kürassiere erinnert (s. auch Kommerell, ebd. S. 152).

154 Karl Philipp Moritz: Götterlehre oder mythologische Dichtungen der Alten. Wien 1809. S. 79.

155 Goethe (in: Heuer / Keller [Anm. 2]. S. 7).

156 Ebd. S. 8.

157 SW 4,589.

158 Goethe (in: Heuer / Keller [Anm. 2]. S. 8).

159 Kommerell (Anm. 152). S. 152.

160 Vgl. etwa Wolfgang Binder: Ästhetik und Dichtung in Schillers Werk. In: Schiller. Reden im Gedenkjahr 1959. Stuttgart 1961. S. 32.

161 Max Kommerell: Schiller als Gestalter des handelnden Menschen. Frankfurt a. M. 1934. S. 14.

162 Ebd. S. 15.

163 Böckmann (Anm. 103). S. 296 ff.

164 Schwerte (Anm. 103). S. 283 f.

165 Kommerell (Anm. 152). S. 152.

166 Goethe (in: Heuer / Keller [Anm. 2]. S. 8).

167 Wie Glück (Anm. 105). S. 74 ff.

168 Die Formulierung Max Webers (Anm. 144, S. 16) wurde vermutlich von dieser Stelle in »Wallensteins Tod« angeregt.

169 Zum Sachverhalt vgl. Hans Albert: Plädoyer für kritischen Rationalismus. München [2]1971. S. 32 ff.

170 Vgl. dazu auch Clemens Heselhaus: Wallensteinisches Welttheater. In: Heuer / Keller (Anm. 2). S. 227 ff.

171 SW 4,673.

172 Ebd.
173 SW 4,674.
174 Vgl. dazu Heselhaus. In: Heuer / Keller (Anm. 2). S. 230.
175 SW 4,670.
176 SW 4,680.
177 SW 3,135.
178 Goethe (in: Heuer / Keller [Anm. 2]. S. 9).
179 SW 3,135.
180 Vgl. Cysarz (Anm. 85). S. 318 f.; ebenso Vowinckel (Anm. 84). S. 91; Staiger (Anm. 115). S. 34; Ilse Graham: Schiller, ein Meister der tragischen Form. Darmstadt 1974. S. 78 f., Anm. 7.
181 SW 3,138.
182 Eduard Spranger: Schillers Geistesart, gespiegelt in seinen philosophischen Schriften und Gedichten. In: Abhandlungen der Preußischen Akademie der Wissenschaften. Phil.-hist. Kl. Nr. 13 (1941) S. 44 f.
183 NA 20,111f.
184 NA 20,112.
185 Spranger (Anm. 182). S. 67.
186 NA 20,492.
187 Goethe (in: Heuer / Keller [Anm. 2]. S. 8).
188 Dazu Seidlin (Anm. 10). S. 241 ff.
189 Ebd. S. 241.
190 NA 20,412.
191 NA 20,319f.
192 So meint Golo Mann (Wallenstein. Sein Leben erzählt. Frankfurt a. M. 1971. S. 1050) im Hinblick auf den historischen Wallenstein.
193 Joachim Müller (Schillers *Wallenstein.* In: J. M.: Das Edle in der Freiheit. Leipzig 1959. S. 136) nennt ihn deshalb einen »Politiker mit der reservatio mentalis, ein[en] Revolutionär mit schlechtem Gewissen«.
194 SW 4,688.
195 Karl-Heinz Hahn: Schillers Wallenstein-Auffassung. In: Weimarer Beiträge 5 (1959) S. 205 bis 208.
196 SW 4,673f.
197 SW 4,674.
198 Wrangel überliefert die Ansicht des Schwedenkönigs, nach der »stets der Herrschverständigste [. . .] sollte Herrscher sein und König« (*WT*, I,5,244f.).
199 SW 4,673.
200 Vgl. dazu Müller-Seidel (Anm. 80). S. 344 ff.; ebenso Gerhard Storz: Der Dichter Friedrich Schiller. Stuttgart [3]1963. S. 308–314.
201 Glück (Anm. 105). Bes. S. 159–173.
202 Klaus Ziegler: Stiltypen des deutschen Dramas im 19. Jahrhundert. In: Formkräfte der deutschen Dichtung vom Barock bis zur Gegenwart. Hrsg. von Hans Steffen. Göttingen [2]1967. S. 147 f.
203 Ebd. S. 155 ff.
204 Vgl. dazu auch die Beobachtungen von Clemen (Anm. 101) an Shakespeares Richard III.
205 Siehe Anm. 193.
206 Was man ebenso als Hybris wie als Verblendung deuten kann. Vgl. etwa Peter André Bloch: Schiller und die französische klassische Tragödie. Düsseldorf 1968. S. 268 ff.
207 Vgl. Harald Weinrich: Linguistik der Lüge. Kann Sprache die Gedanken verbergen. Heidelberg [4]1970. S. 10.
208 Ebd. S. 40.
209 Vgl. dazu Hinderer (Anm. 53). S. 97 ff.
210 Dazu auch Benno von Wiese: Die deutsche Tragödie von Lessing bis Hebbel. Hamburg [7]1967. S. 224; ebenso Diwald (Anm. 28). S. 75 f., 78 f.
211 Zum Thema s. Manfred Schunicht: Intrigen und Intriganten in Schillers Dramen. In: Zeitschrift für deutsche Philosophie 82 (1963) S. 271–292.
212 Vgl. Clemens Heselhaus: Die Nemesis-Tragödie. *Fiesco – Wallenstein – Demetrius.* In: Der

Deutschunterricht 4 (1952) H. 5. S. 50–55; ebenso von Wiese (Anm. 28). S. 652; Glück (Anm. 105). S. 128–141.

213 Dazu Glück (Anm. 105). S. 131 ff.; vgl. auch Ronald Duncan Miller: The drama of Schiller. Harrogate 1963. S. 98; Partl (Anm. 95). S. 76 f.

214 Wilhelm Dilthey: Schiller. Mit einem Vorwort von Hermann Nohl. Göttingen [2]1957. S. 62 f.

215 Ebd. S. 66 f.

216 Ebd. S. 66 f.

217 »Der Österreicher *hat* ein Vaterland, / Und liebts [. . .] / Doch *dieses* Heer, das kaiserlich sich nennt, / [. . .] das hat keins« (*WT*, I,5,306–309) und passim im »Lager«.

218 Im Brief an Böttiger vom 1. März 1799 (Jonas 6,14) meint er etwa: »Der historische Wallenstein *war* nicht groß, der poetische *sollte* es nie seyn.«

219 Glück (Anm. 105). S. 148 ff.

220 Jakob Burckhardt: Die historische Größe. Über Glück und Unglück in der Weltgeschichte. Calw 1947. S. 38.

221 Brief an Schiller, 18. 3. 1799 (Goethes Briefe. Hamburger Ausgabe. Bd. 2. Hamburg 1968. S. 371).

222 Vgl. dazu auch Müller-Seidel (Anm. 80). S. 376 ff.; von Wiese (Anm. 28). S. 663, 674 ff; May (Anm. 51). S. 235 f.

223 Storz (Anm. 200). S. 294.

224 Vgl. Singer (Anm. 78). S. 209 f.; vor allem May (Anm. 51). S. 240.

225 Karl S. Guthke (Anm. 10, S. 85) sieht sie in der Entgegensetzung von Max und Wallenstein.

226 May (Anm. 51). S. 240.

227 Vgl. Klaus L. Berghahn: Schiller und die Tradition. In: K. L. B.: Friedrich Schiller. Zur Geschichtlichkeit seines Werkes. Kronberg (Taunus) 1975. S. 16 ff.

228 Peter André Bloch (Anm. 206, S. 283) bemerkt zu diesem Zug Wallensteins: »Er steigert seine eigene Person ins Absolute; sie wird für ihn zum Symbol, an das er glaubt und das er feierlich verkündet.« Vgl. auch Hinderer (Anm. 53). S. 95 ff.

229 Dazu Gert Sautermeister: Idyllik und Dramatik im Werk Friedrich Schillers. Stuttgart/Berlin [u. a.] 1971. Bes. S. 67–84.

230 Diwald (Anm. 28). S. 89.

231 Im Sinne der höheren menschlichen Vermögen.

232 Vgl. dazu Storz (Anm. 200). S. 276–285; Horst Steinmetz: Die Trilogie. Entstehung und Struktur einer Großform des deutschen Dramas nach 1800. Heidelberg 1968. S. 56–71; Glück (Anm. 105). S. 174–188.

233 Auch dem Umfang nach entsprechen »Prolog«, »Lager« und »Piccolomini« zusammengenommen in etwa »Wallensteins Tod«.

234 Vgl. auch Schillers Brief an Körner, 30. 9. 1798 (Jonas 5,437).

235 Beispiele dafür sind: a) Motivreihe »Geist«: *WL*, 6,309ff.; *P*, I,2,220ff., I,2,233f., I,2,255ff., I,4,426ff., I,4,451ff.; *WT*, III,13,1813f.; b) Motiv »Tod unter dem Hufschlag der Pferde«: *WL*, 11,979ff.; *P*, I,4,360ff.; *WT*, II,3,927ff., IV,10,3050ff., IV,12,3178ff., V,4,3583ff.

236 Diesem Zusammenhang widmet sich vor allem Storz (Anm. 200, S. 255–314) unter Auswertung von Schillers Briefwechsel. Vgl. auch das Kapitel »Dramatische Struktur« bei Glück (Anm. 105, S. 189–210) und Barbara Lange: Die Sprache von Schillers *Wallenstein*. Berlin/New York 1973. Bes. S. 83–209.

237 Friedrich Sengle: Das historische Drama in Deutschland. Geschichte eines literarischen Mythos. Stuttgart 1974. S. 56 f.

238 Jonas 5,316.

239 Sengle (Anm. 237). S. 55.

240 Diwald (Anm. 28). S. 74.

241 Goethe (in: Heuer / Keller [Anm. 2]. S. 9).

242 NA 20,491f.

243 Vgl. Guthke (Anm. 10). S. 85.

244 NA 20,502.

245 NA 20,493.

246 NA 20,495.

247 Ebd.

248 NA 20,496.

249 NA 20,500.
250 Vgl. Wallensteins betonte Ablehnung des Zufalls (*WT*, II,3,943).
251 NA 20,501.
252 Briefe über *Don Karlos* (NA 22,166).
253 Ebd. (NA 22,172).
254 Ebd. (NA 22,162).
255 Vgl. Werner Spanner: Schillers *Wallenstein.* Ein Beitrag zur Gestaltinterpretation. In: Wirkendes Wort 13 (1963) S. 94 (Wallenstein »verliert Schritt für Schritt an Überlegenheit, Sicherheit und Selbstachtung«).
256 NA 20,503.
257 Darüber gibt der 4. Brief »Ueber die ästhetische Erziehung des Menschen« Auskunft (NA 20,315 bis 318).
258 Steinmetz (Anm. 232). S. 64.
259. Ebd. S. 68 f.
260 Steinmetz (ebd. S. 69) dagegen reklamiert dies für den ganzen Teil von »Wallensteins Tod«.
261 Vgl. NA 20,395.
262 NA 20,410.
263 Jonas 3,333.

GERT SAUTERMEISTER

Maria Stuart

*Ästhetik, Seelenkunde, historisch-gesellschaftlicher Ort**

Ansprüche des Werks. Tradition und Innovation

Der Statistik zufolge gehörte *Maria Stuart* von Anfang an zu den bühnenwirksamsten Dramen Schillers.[1] Bis heute hat es von seiner Anziehungskraft nichts eingebüßt – zumindest erwecken moderne Inszenierungen diesen Eindruck. Einer Freilichtaufführung in Bad Hersfeld (1962) wurde eine »von gängigen Mustern ganz unbeschwerte Deutung« nachgerühmt: »›Maria Stuart‹ dünkt ja – einerseits – ›Kammerspiel‹, intimes, psychologisches Geflecht und Antithese zweier weiblicher Seelen, und führt doch auch – andererseits – zwei verschiedene staatspolitische Prinzipien gegeneinander: in der aufeinanderstoßenden Leidenschaft zweier Königinnen spiegelt sich der Widerstreit einer historischen Stunde. Dies beides und ein drittes zugleich: das kühle, fast antikische Maß des Stückes, die kontrapunktische Führung zweier autonomer ›Stimmen‹, umschloß Buckwitzens Inszenierung.«[2] – Psychologie, Politik, kontrapunktische Symmetrie: es ist kein Zufall, daß diese Dreiheit auf dem Theater zur Geltung gebracht wird. Anläßlich einer Kölner Aufführung von Werner Kraut vier Jahre später war zu hören, die »Beziehung der Hauptfiguren zueinander« baue auf Privatem auf – »auf Privatem von äußerster Intensität: dem Erotischen«.[3] Hierbei führe gewiegte Seelenkunde Regie, erscheine die englische Königin Elisabeth als »eine alternde Frau, begehrlich, eitel«, die den »persönlichen, nicht nur den politischen Triumph über Maria haben muß, um sich zu behaupten«:[4] eine psychisch beschädigte Konkurrentin, die gerade deshalb als Sinnbild bedenklicher Politik, als »eine schauerliche Vision der Macht« geeignet sei. Die Bühne mit ihrer »hallenhaften Weite« deute den politischen Hintergrund des Privaten allzeit an, mache überdies die polare Symmetrie der Struktur, die psychische und gesellschaftliche Gegnerschaft der beiden Frauen, bewußt: »Die Szenen in Schillers Stück sind streng symmetrisch gegeneinander gesetzt. Und so bezeichnet das Bühnenbild jeweils gegeneinander kontrastierende Räume. Daß Weiß der Grundton der Maria-Szenen ist, Dunkel die Räume der Elisabeth bestimmt, ist sicher sinnfällig, bezeichnet auch das Gegeneinander der Szenen und Hauptgestalten richtig«, ist, mit einem Wort, »der Deutung des Stückes förderlich«.

Die Theaterkritiken lassen vermuten, daß auf der Bühne zur Synthese gerät, was der literaturwissenschaftlichen Deutung gemeinhin in Einzelteile zerfällt: in Seelendynamik, politisches Handeln und wirkungsvolle Handlungsstruktur.[5] Mag sein, daß die »Schaubühne« als eine öffentliche »Anstalt«, die das Publikum sowohl als gesellschaftliches Wesen wie als Zusammenführung von Individuen kunst- und wirkungsvoll an sich binden muß, für politisch Allgemeines, Individualpsycholo-

* Für vielfältige Hinweise danke ich Wolfgang Griep, Wolfgang Schömel, Johannes Weber und besonders Hans-Wolf Jäger.

gisches und Dramentechnik aufgeschlossener ist als der lesende Philologe. Unverkennbar das jeweilige Gefälle der literaturwissenschaftlichen Analysen: Man übersieht Politisches und verewigt Seelisches[6], macht beides der Form[7] oder einer transzendentalen Idee dienstbar[8]. Die Einheit der in den Interpretationen auseinandertretenden oder unzulänglich verknüpften Momente nachzuvollziehen ist eine Aufgabe, die der Literaturwissenschaft bereits zu Anfang dieses Jahrhunderts gestellt wurde.[9] Sie erneut stellen heißt, sich die von der *Maria Stuart* bis heute ausgeübte Anziehungskraft vergegenwärtigen.[10]
Wenn Schillers Trauerspiel seelische und geschichtliche, private und öffentliche Vorgänge an zwei Hauptgestalten darstellt und in symmetrisch ausgeführter Gegensätzlichkeit zuspitzt, so markiert es einen tiefen Einschnitt in der Geschichte der Maria-Stuart-Dramen: es faßt sie wie in einem Brennpunkt zusammen, vereinigt die Einseitigkeiten, verschränkt den politisierenden mit dem individualisierenden, den spannungserzeugenden mit dem argumentierenden, den konfliktreichen mit dem psychologisierenden Tragödientypus.[11] Daß der Maria-Stuart-Stoff im Verlauf von zwei Jahrhunderten noch keinen überzeugenden Bearbeiter gefunden hatte, verwunderte und faszinierte Schiller: es war ein Grund mehr, sich des Stoffs im Jahre 1799 erneut zu bemächtigen.[12] Die Vorgänger hatten ihn freilich kräftig bearbeitet, die Historie immer wieder umgedichtet und mit neuen Einfällen umsponnen. Die Mühe, die Schiller hatte, um seiner »Phantasie« die notwendige »Freiheit über die Geschichte zu verschaffen«,[13] nährte sich von den Ideen anderer. Leicht wird vergessen, daß drei wesentliche Freiheiten, die sich Schiller gegenüber der Geschichte herausnahm, nicht seine Erfindung waren: die Begegnung der beiden Königinnen, die Figur eines Retters (Mortimer) und die Figur des der Stuart zugeneigten Höflings (Leicester).[14] Schiller hat diese Erfindungen jedoch dem Geschichtsstoff – er befaßte sich gründlich mit ihm[15] – neu anverwandelt. Er hat vor allem der krassen Parteilichkeit mancher Historiker und Stückeschreiber Paroli geboten, um die polare Verschlingung des Politischen und Privaten so differenziert wie nur möglich zu gestalten: seine Darstellung der weiblichen Antipoden hütet sich vor der gängigen Schwarzweißmalerei. Elisabeth und Maria sind »gemischte Charaktere«, beide von den Auseinandersetzungen mit der Geschichte und einem verfehlten Leben gezeichnet, weder die Identifikation noch den Abscheu, vielmehr das anhaltende Interesse des Zuschauers herausfordernd. Allerdings ist die politisch ohnmächtige Stuart bei Schiller der mächtigen Elisabeth an Menschlichkeit überlegen – entgegen der historischen Überlieferung,[16] die hier deutlich Schillers zeitpolitischem Interesse untergeordnet wird. Bringt er in Elisabeths bedenklichem Verhältnis zur Macht und zum Recht seine eigene Zeit kritisch zur Darstellung, so umgekehrt in Marias Idealität am Dramenende seine der Zeit sich entgegensetzende ästhetisch-politische Theorie. Auf solche Spiegelungen der Schillerschen Gegenwart im Medium der Historie wird im folgenden mehr Wert gelegt als bisher in der Forschung üblich; Schiller präsentiert gleichsam in poetischer Reinkultur das subjektive, zeit- und gesellschaftsbedingte Erkenntnisinteresse jeder Geschichtsschreibung.[17] Grundzüge der bürgerlichen Gesellschaft, die in seine Tragödie hineinregiert, haben sich bis heute erhalten – eine Möglichkeit für den Leser, bei der Lektüre die eigene Gegenwart mit ins Spiel zu bringen. Die folgende Interpretation dürfte dieser Möglichkeit eher Vorschub leisten als sie verhindern.[18]

Selbst eine unabweisbare Aktualität Schillers wäre uns allerdings gleichgültig, hätte er den Maria-Stuart-Stoff nicht dramatischer geballt, rhythmischer durchdrungen, wirkungsvoller zusammengezogen als seine Vorgänger (und als die Mehrheit seiner Nachfolger[19]). Vielleicht das schlagendste Beispiel hierfür ist die Begegnung der beiden Königinnen. Schiller hat die Rivalinnen gegenüber der Geschichte verjüngt[20] und damit ihre politische Gegnerschaft menschlich verschärft: beide sollen jung genug sein, um ihre Liebesansprüche gegeneinander geltend machen zu können.[21] Mag Schiller daher den Rivalinnenkampf zunächst selber als schlechthin unköniglich, »an sich selbst moralisch unmöglich«[22], empfunden haben, so machte er gerade aus dieser moralisch-vergänglichen Not eine zeitüberdauernde künstlerische Tugend. Die Königinnenbegegnung, in die Mitte des Trauerspiels gelegt, wird zum Dreh- und Angelpunkt der symmetrischen Antithetik. Gehört Aufzug 1 der Maria Stuart, Aufzug 2 der Elisabeth, so führt Aufzug 3 die beiden Kontrahentinnen zusammen, um sie für immer, unwiderruflich, auseinanderzuführen: Aufzug 4 gehört der Elisabeth, die das Todesurteil unterzeichnet, Aufzug 5 vor allem der Stuart, die seine Vollstreckung zu erleiden hat. Nicht nur hier bildet Schiller die ästhetische Tradition auf wahrhaft innovatorische Weise um. Unvergleichlich in der literarischen Überlieferung des Stoffes auch sein dramaturgischer Grundeinfall: die sogenannte »Euripidische Methode« oder »tragische Analysis«.[23] Das Drama setzt zu einem Zeitpunkt ein, da Marias Schicksal entschieden, ihr Tod besiegelt scheint: die Vorgeschichte des Todesurteils einschließlich Marias schuldbefleckter Regierungszeit in Schottland wird im dialogischen Rückblick entwickelt. Schiller verknappt den Stoff, indem er einen Teil des Geschehens in die resümierende Berichtsform drängt, vergeistigt ihn, indem er widerstreitende Berichtsperspektiven zur Geltung bringt, pointiert und dramatisiert ihn, indem er mit einer gravierenden Entscheidung einsetzt. Die weitere Handlungsführung und einzelne mit ihr verknüpfte Wirkungsabsichten Schillers beanspruchen zunächst unsere Aufmerksamkeit.

Handlung. Technik

Daß die Tragödie »rasch zum Ende eilen« und den Zuschauer »zwischen Furcht und Hoffnung« halten werde, war zunächst Schillers Hauptinteresse.[24] Spannung sollte aus dem Widerstreit der Affekte (Furcht und Hoffnung) erzeugt werden. Wie Schiller diesen Widerstreit im Zuschauer hervorzurufen gedachte, verrät er ein wenig später: »Ich fange schon jetzt an, bei der Ausführung, mich von der eigentlich *tragischen* Qualität meines Stoffs immer mehr zu überzeugen, und darunter gehört besonders, daß man die *Catastrophe* gleich in den ersten Scenen sieht, und indem die Handlung des Stücks sich davon wegzubewegen scheint, ihr immer näher und näher geführt wird.«[25] Nun soll die Handlung nicht mehr »rasch zum Ende eilen«, sondern auf Umwegen, damit das Publikum mitten in seiner Furcht vor der Katastrophe Illusionen nähren kann.

Man sieht, wie ungeschminkt Schiller die Tauglichkeit des Stoffes für die ästhetische Handlung und der Handlung für die Wirkung prüft. Die Rede vom Idealisten Schiller, über dessen Kopfe der Himmel der Ideen und in dessen Brust das moralische Gesetz walte, ist zumindest einseitig. Schiller ist als Theaterdichter immer auch Praktiker, der das Drama bewußt für Bühne und Publikum einrichtet.[26] Daher bildet er das Handwerk der Spannungserzeugung und die Strategie des Überraschens, Überrumpelns und der dramatischen Täuschung zur Meisterschaft aus. Einige Beispiele, die gleichzeitig markante Stationen der Handlung bezeichnen, seien vorweg in Erinnerung gerufen. Ehe die im Gefängnis schmachtende Maria Stuart auftritt, streiten sich ihre Amme Kennedy und der Gefängniswärter Paulet erbittert über sie. In scharfen Stichomythien[27] werden zärtliche Fürsorge und puritanische Abneigung laut:

Kennedy. Mit grobem Zinn, die schlechtste Edelfrau
Würd es verschmähn, bedient man ihre Tafel.
Paulet. So speiste sie zu Sterlyn ihren Gatten,
Da sie aus Gold mit ihrem Buhlen trank.
Kennedy. Sogar des Spiegels kleine Notdurft mangelt.
Paulet. So lang sie noch ihr eitles Bild beschaut,
Hört sie nicht auf, zu hoffen und zu wagen.
Kennedy. An Büchern fehlts, den Geist zu unterhalten.
Paulet. Die Bibel ließ man ihr, das Herz zu bessern.
Kennedy. Selbst ihre Laute ward ihr weggenommen.
Paulet. Weil sie verbuhlte Lieder drauf gespielt. (I,1,35–45)

Das Interesse des Zuschauers und Lesers an der Identität der schottischen Königin ist geweckt. Es wird gesteigert durch den effektvollen Ausgang des Auftritts (auf wirkungsträchtige Akt- und Szenenschlüsse legt Schiller höchsten Wert):

Kennedy. Da kommt sie selbst!
Paulet. Den Christus in der Hand,
Die Hoffart und die Weltlust in dem Herzen. (I,1,142f.)

Anders als Paulet mutmaßte, betritt Maria Stuart die Bühne mit disziplinierter Schwermut. Todesahnungen überschatten ihre Hoffnung auf eine Unterredung mit Englands Königin Elisabeth und auf ein gerechtes Urteil des englischen Parlaments. Eines jener Überraschungsmanöver, die Schiller so häufig inszeniert, dramatisiert postwendend ihre Situation. Mortimer, der anscheinend rohe Neffe des Gefängniswärters, enthüllt sich als Ästhet, diensteifriger Bote und Parteigänger Marias: das Urteil des Parlaments laute auf Tod durch Hinrichtung, wovor er sie zu retten gedenke. Die Furcht des Theaterpublikums vor der Katastrophe und die Hoffnung auf das Gelingen des Rettungsplans halten einander die Waage. Dieses unschlichtbare Spannungsverhältnis lebenszerstörender und lebenserhaltender Kräfte beutet Schiller sorgfältig aus. Burleigh, Parteigänger Elisabeths, möchte Paulet als Mörder Marias dingen, aber Paulet weigert sich standhaft aus moralischen Gründen, bürgt für die Unverletzlichkeit des königlichen Hauptes, solange das Todesurteil nicht durch Elisabeths Unterschrift bestätigt ist. Wenig später drängt Burleigh im Staatsrat Elisabeth zur Vollziehung des Urteils, plädiert Graf Shrewsbury für Begnadigung, Graf Leicester für Aufschub. Schiller intellektualisiert die Spannung: die Handlung kommt nicht von der Stelle, kreist in der federnden Balance kontroverser Argumentationskräfte. An einem Überraschungseffekt entzündet sie sich wieder. Die anscheinend so gewissenhaft abwägende Elisabeth verrät Mortimer gegenüber den dringenden Wunsch nach einer Ermordung der Stuart, worauf jener zum Schein eingeht: »So werden wir zur Rettung Frist gewinnen!« (II,6,1641). Auch Leicester sieht in Mortimers Täuschungsmanöver eine Rettungschance: da Elisabeth auf Mortimer zähle, werde man Zeit gewinnen. Indem Leicester außerdem Elisabeth zu einem Zusammentreffen mit Maria überreden kann, scheint das prekäre Gleichgewicht der Kräfte sich endlich zugunsten letzterer zu verschieben: das Gespräch von Frau zu Frau muß zum königlichen Gnadenakt, zumindest aber zu einer Aufschiebung des Todesurteils führen. Die Stuart selbst nährt diese Illusion bei sich und dem Zuschauer durch lyrische Emphase, Evokation eines neuen Lebens. Von solch utopischer Höhe läßt Schiller die Handlung in die dramatische Tiefe eines weiblichen Machtkampfes fallen. Hoffnung schlägt in Furcht um. Diese Kunst der Erzeugung von Extremen und Polaritäten ist bar jeder effekthaschenden Willkür. Der Machtkampf der Königinnen erwächst aus innerer Notwendigkeit: Marias Unterwerfungsstrategie und Versöhnungsbereitschaft werden von Elisabeth zu einer heimlich herbeigesehnten, moralischen Attacke umgemünzt, worauf die Gedemütigte zu einem vernichtenden Gegenschlag ausholt. Damit ist die dramatische Zeit aufs äußerste verknappt, sind die Handlungsalternativen gebieterisch geworden.[28] Elisabeth muß auf sofortige Rache, Mortimer auf sofortige Rettung sinnen. Die Art, wie er das tut, stellt einen neuen coup de théâtre dar: retten will er, um an Maria seinen ästhetischen Sinn und noch mehr seine Fleischeslust tyrannisch zu befriedigen. Aus dem Vollgefühl des Triumphs stürzt die Stuart in die doppelte Bedrängnis durch Freund und Feind: »Hier ist Gewalt und drinnen ist der Mord« (III,6,2597). Der Extreme, der dramatischen Umschläge und gehäuften Effekte sind noch nicht genug. Elisabeth entgeht knapp einem Mordanschlag, Leicester kann den Verdacht einer Kollaboration mit Maria nur parieren, indem er Mortimer opfert und auf die Vollziehung des Todesurteils drängt, das Volk selber fordert heftig das Haupt der Stuart: Elisabeths Unterschrift wird von der Situation geradezu provoziert. Schiller jedoch, kunstvoll die dramatische Zeit gliedernd, staut die Spannung, hält den Katarakt der sich überstürzenden Ereignisse auf. Graf Shrewsbury beschwört Elisabeth, nicht zu unterschreiben, sie schiebt die Entscheidung auf, ringt sich in einem Monolog zur Unterschrift endlich durch, Shrewsbury bringt das tobende Volk zur Ruhe, Elisabeth übergibt ihrem Sekretär das unterzeichnete Urteil mit doppelsinniger Rede, die eine faktische Vollstreckung weder affirmiert noch negiert. Das stauende Hin und Her der Argumente, lähmende Zweifel, monologische Selbsterforschung und Kampf mit dem Doppelsinn der Worte verleihen der Handlung eine glühende Intellektualität. Seiner Kunst des Ritardando gesellt Schiller die der Dämpfung hinzu. Den »fürchterlichen Wechsel« (V,1,3401), als Maria statt den erwarteten Befreiern ihrem Todesboten gegenübersteht, gestaltet Schiller nicht unmittelbar szenisch. Er schlägt aus der Katastrophe kein dramatisches Kapital, sondern verhüllt sie im Medium des Berichts der Amme. So kann das reißende Tempo und das hämmernde Stakkato der äußeren Vorgänge einmünden in die episch-sakrale Darstellung eines Seelengeschehens, das Maria Stuart der Geschichte entrückt, zum schönen Ideal und zur idealen Schönheit verklärt. Ihr Sterben vollzieht sich polar zur Geschichte, die als Katastrophe fortrollt. Dieser ungelösten Polarität reflektierend auf den Grund zu gehen ist der Anspruch, den die Schlußszenen an Zuschauer und Leser stellen. Schillers Theater visiert nicht nur die Affekte des Zuschauers (und Lesers), sondern auch sein Reflexionsvermögen an.[29] Als epischer Kontrapunkt zum dramatischen Geschehen ermöglicht der Prozeß des Sterbens die distanzierte Betrachtung des geschichtlichen Lebens.

Freilich – dem Zuschauer bietet sich diese Möglichkeit nicht erst am Ende. Schillers kunstvolle Führung und Fügung der Handlung bannt das überstürzte und gestaute Geschehen von Anfang an in eine genau berechnete ästhetische Struktur, spiegelt die Unüberschaubarkeit der seelischen und politischen Prozesse in einem überschaubaren Gebilde wider. Der Zuschauer wird einer gegliederten Dynamik ansichtig, wie sie sich unmittelbar in der eingangs erwähnten symmetrisch-kontrapunktischen Anordnung der Aufzüge versinnlicht. Ein architektonischer Bauwille macht sich geltend, dem gleichwohl jegliche Starre fehlt. Die antithetisch voneinander abgesetzten, das Gegeneinander der Königinnen hervorhebenden Aufzüge sind gleichzeitig einander intensiv zugewandt, leben im Spannungsverhältnis vielfältiger Vor- und Rückverweise miteinander: Maria Stuart empört sich am Ende des 1. Aufzugs, in dessen Mittelpunkt sie steht, über Elisabeth; letztere ist während des 2. Aufzugs fast ausschließlich auf die Gegnerin fixiert; der mittlere Aufzug verleiblicht die wechselseitige Aggressivität durch die Konfrontation beider; Aufzug 4 präsentiert Elisabeth in der qualvollen Entscheidung über Leben und Tod der Stuart; in Aufzug 5 erleidet Maria das über sie verhängte Todesurteil, vergibt aber ihrer Gegnerin, während Elisabeth von den Folgen der Hinrichtung überrascht wird. Der Zuschauer erfährt Geschichte anders als die Figuren: sind diese bewußtlos in sie verstrickt, so vermag er sie dank der dynamisch gliedernden Formgebung des Autors bewußt wahrzunehmen. Im Medium planvoller Ästhetik, einer spiegelbildlich angeordneten, spannungsreichen Polarität, kann er sich das Verhältnis zwischen Geschichte und Individuum in Freiheit vergegenwärtigen.

Geschichte contra Individuum

Zelebriert Maria Stuart in ihrer Todesstunde vollkommene Humanität, so krönt Elisabeth ihre Herrschaft durch perfekte Inhumanität. Dieser Polarität hat Schiller jedoch eine Gemeinsamkeit zugrunde gelegt: keine der beiden Frauen hat ihr ursprüngliches Ziel erreicht. Die Stuart beim Anblick des Grafen Leicester kurz vor ihrer Hinrichtung: »An Eurer Hand, beglückt durch Eure Liebe, / Wollt ich des neuen Lebens mich erfreun« (V,9,2825f.). Die den Anblick ihres Günstlings begehrende Elisabeth kurz nach der Hinrichtung (zum Grafen Kent):

> Graf Leicester komme her!
> K e n t. Der Lord läßt sich
> Entschuldigen, er ist zu Schiff nach Frankreich. (V,15,4032f.)

Nach Lord Burleigh, dem Repräsentanten der Staatsraison, nach dem Grafen Shrewsbury, dem Anwalt der Humanität, verläßt auch der Herzenskavalier der Königin die Stätte seines Wirkens. Elisabeth büßt für die Stärkung ihrer persönlichen Herrschaft durch eine dreifache – politische, moralische und menschliche – Schwächung. In trostloser Entsprechung dazu bezahlen die drei Ratgeber ihr öffentliches Engagement durch Niederlagen: Burleigh, indem er aus der Politik verbannt wird, Shrewsbury, indem er sich freiwillig-resigniert aus ihr zurückzieht, Leicester, indem er die desillusionierende Gewalt des Gewissens an sich erleidet. Sämtliche Ziele, die verfolgt werden, bleiben in unerreichbarer Ferne; sämtliche Absichten werden durchkreuzt. Die von den einzelnen Individuen in Gang gesetzten Aktionen summieren sich zu einem Gesamtprozeß, der von keinem gewollt wurde. Die Geschichte, in Bewegung gebracht durch planende Einzelwesen, setzt sich unkontrollierbar über diese hinweg.

Dem Formgesetz der Tragödie gemäß kann sich Geschichte kaum anders präsentieren denn als Stätte des Mißlingens, Schauplatz des Leidens und des Untergangs. Selbst Maria Stuart, die am Ende im Einklang mit ihrem Schicksal ist, ist dies nur um den Preis des Lebens. Zur schönen Seele wird sie erst, als sie von der Geschichte endgültig Abschied nimmt. Anders verhält es sich bei der Gattung des untragischen Schauspiels: das Formgesetz des guten Endes erzwingt das Gelingen geschichtlichen Handelns. So wirken etwa im *Wilhelm Tell* die Aktionen des Individuums und die der Eidgenossen harmonisch ineinander. Aber dieses Ineinanderwirken ist nicht einem gemeinschaftlichen Plan zu verdanken, sondern allein günstigen Umständen.[30] Schiller hat noch keine Vorstellung von einer rational planbaren Geschichte: die Möglichkeiten ihrer bewußten, zielstrebigen Formung mittels Politik und massenhafter Aktion schätzt er nach den Erfahrungen der Französischen Revolution gering ein.[31] Geschichte bleibt für ihn wesentlich das Tätigkeitsfeld des heroischen Individuums, das entweder, wie im Schauspiel, sein Einzelinteresse in zufälliger Harmonie mit einem gemeinschaftlichen zur Deckung bringt, oder, wie in der Tragödie, es aufgrund konkurrierender Interessen preisgeben muß. So gesehen setzt sich in divergierenden ästhetischen Formgesetzen eine identische Zeiterfahrung durch: die des Geschichtsprozesses als eines politisch unbeherrschbaren Schicksals. Im durchgängigen Scheitern sämtlicher individueller Absichten und Zwecke in der *Maria Stuart* wird diese Erfahrung beredt.[32]

Das Verhältnis zwischen der Verfügungsgewalt des planenden Individuums und der Unverfügbarkeit der Geschichte tritt an keinem Einzelschicksal deutlicher hervor als an demjenigen Leicesters. In strenger Selbstverleugnung hat er sich ein Jahrzehnt lang Elisabeth unterworfen, um ihre Hand zu erringen. Seinem monumentalen Ehrgeiz erschien die mächtige Königin von England verlockender als die schöne Maria Stuart, die ihm ursprünglich zugedacht war: Marias »tiefes Elend« ist nicht ohne sein »Verschulden«, nicht ohne seine Weigerung, sie zu heiraten, zustande gekommen. Inzwischen hat sich die geschichtliche und damit Leicesters persönliche Lage radikal verändert. Sein Ehrgeiz ist an der Staatsraison zerschellt, die auf eine Verbindung Elisabeths mit dem König von Frankreich dringt. Leicester kann das Scheitern seiner Pläne nur verwinden, indem er sein Eigeninteresse an die Gegnerin Elisabeths bindet: Maria Stuart. Ihre Schönheit soll ihn entschädigen für den Machtverlust, den die weniger schöne Elisabeth ihm zumutet; durch die Rettung Marias kann er Rache üben für die Zerstörung seiner Lebensperspektive. Mag in Leicesters Hinwendung zur schottischen Königin auch ein ästhetischer und ein ethischer Impuls mitwirken: enttäuschtes Eigeninteresse erst hat diesen Impuls freigesetzt und lebt in ihm fort, und zwar jetzt als Aggression gegen die der Staatsraison sich unterwerfende Elisabeth. Das Individuum verarbeitet politische Sachzwänge nicht unvoreingenommen sachlich, sondern voreingenommen persönlich, derart, daß die gekränkte Psyche den kalkulierenden Verstand stört. Es scheint zwar, daß sich Leicester vollkommen in der Hand hat, wenn er Elisabeth den Hof macht und ihr mit schwungvoller Rhetorik vorgaukelt, sie übertreffe Maria Stuart an Schönheit bei weitem: insgeheim verhöhnt der Schmeichler die keineswegs so schöne Königin, manipuliert er sie als Frau, provoziert er bei ihr die Illusion weiblicher Überlegenheit, bis Elisabeth endlich seinem Willen sich fügt und in eine persönliche Begegnung mit der Stuart einwilligt. Aufgrund dieser Begegnung, so darf Leicester mit Recht vermuten, wird Elisabeth das Todesurteil nicht mehr unterschreiben können, zumal sie des Glaubens ist, Mortimer werde der eingesperrten Schottin ohnehin den Todesstoß versetzen. Soweit scheint Leicesters Strategie klug ersonnen. Und dennoch verrechnet er sich. Im Eifer des Gefechts ist seine Schmeichelrede über das Ziel hinausgeschossen; in der höhnischen Genugtuung, Elisabeth manipulieren zu können, hat er ihr zu sehr den Kopf verrückt: die Mittel, mit denen er Elisabeth als Frau überredet hat, sabotieren den politischen Zweck. Verführt von Leicesters maßlosen Komplimenten, überläßt sich Elisabeth ungezügelten Rivalitätsaffekten, so daß Maria Stuart zu einer niederschmetternden Gegenattacke genötigt ist. Der Skandal ist perfekt. Leicester muß sich von dem Verdacht reinigen, ihn zugunsten Marias inszeniert zu haben. So will es die Staatsraison. Leicester reinigt sich von jeglichem Verdacht, indem er Maria das Todesurteil persönlich überbringt. Er kann die Staatsraison nicht unterlaufen, sondern hat sich ihr zu beugen. Er, der ursprünglich Marias Retter sein wollte, tritt ihr als Todesbote gegenüber. Seine Absicht ist ins Gegenteil verkehrt worden, und zwar so kraß, daß er vor sich selbst als lumpiger Verräter dasteht. Fluchtartig räumt er das Feld der Geschichte, auf dem er eine Heldenrolle zu spielen gedachte. Leicester hat alles versucht – und alles ist ihm mißlungen. Die Geschichte in Gestalt der Staatsraison hat sein Privatinteresse beschädigt, Psyche und Handeln deformiert, die ursprünglichen Aktionspläne in ihr Gegenteil verkehrt. Die Begegnung der beiden Königinnen ist das eklatanteste Beispiel dafür: sie stellt Leicesters Handlungsabsichten auf den Kopf. Schillers Wendepunkte und dramatische Umschläge sind daher nicht bloß kalkulierte Effekte, sondern sind die dramatische Form, die der Logik geschichtlicher und psychischer Zwänge entspringt.

Patriarchalische Gesellschaft. Königinnen als Frauen

Die Strategie, die Leicester verfolgt, um eine Begegnung der beiden Königinnen herbeizuführen, ist eine typisch männliche. Dem Bild, das Schiller vom Verhältnis zwischen Geschichte und Individuum entwirft, sind die Normen einer patriarchalischen Gesellschaft eingezeichnet.[33] Schillers Königinnen spiegeln diese Normen wider. Die landläufige Rede, er sei ein typischer Gestalter männlicher Figuren und habe nie lebenskräftige Frauengestalten auf die Bühne zu stellen gewußt, wird von dieser Tragödie widerlegt. Daß sie u. a. auch eine Tragödie des Patriarchalismus ist, wurde bislang großzügig übersehen. Solange Literaturgeschichte von Männern geschrieben wurde, denen das eigene Selbstverständnis nie ein Problem war, konnte das wohl kaum anders sein: die in der *Maria Stuart* ausgebreiteten Vorstellungen über den Mann und die Frau mußten ihnen als typisch, zeitlos, allgemein-menschlich erscheinen.[34] Diesen Schein der Selbstverständlichkeit gilt es aufzulösen. Wenn aus dem Selbstverständlichen eine Tragödie erwächst, so ist es einer kritischen Prüfung zu unterziehen, damit es nicht als Nährboden tragischer Verhältnisse naturwüchsig weitergedeiht.

Die Gegensätzlichkeit der von Schiller entworfenen Frauengestalten war recht dazu angetan, die Parteilichkeit patriarchalischen Empfindens herauszufordern: Sympathie für Maria Stuart, Abneigung gegen Elisabeth. Was Elisabeth unsympathisch machte, ist ihre ›Männlichkeit‹. Angesichts der notwendig erscheinenden Heirat mit dem König von Frankreich klagt sie:

»Auch meine jungfräuliche Freiheit soll ich,
Mein höchstes Gut, hingeben für mein Volk,
Und der Gebieter wird mir aufgedrungen.
Es zeigt mir dadurch an, daß ich ihm nur
Ein Weib bin, und ich meinte doch, regiert
Zu haben, wie ein Mann und wie ein König.« (II,2,1166–71)

Für die männliche Regierungstätigkeit scheint Elisabeth durch Erziehung prädestiniert: »Zu Woodstock wars und in des Towers Nacht, / Wo dich der gnädge Vater dieses Landes / Zur ersten Pflicht durch Trübsal auferzog« (II,3,1381–83). In asketischer Leistungsethik erschöpft sich Elisabeths Existenz freilich nicht. Auf die Beziehung zum Mann bleibt auch sie angewiesen – doch macht sie dabei als Frau gleichzeitig jene Herrschaft geltend, die sie in ihrer Stellung als quasi-männlicher Souverän auszuüben gelernt hat. Leicester, der sich jahrelang mit »Sklavendemut« »jedem Wechsel ihrer Sultanslaunen« (II,8,1783f.) unterwerfen mußte, weiß davon ein bitteres Lied zu singen. Als Souverän konnte Elisabeth in der Manier des befehlsgewohnten Mannes von Leicester fordern, daß er einem ›weiblichen‹ Bedürfnis, dem »Götzen ihrer Eitelkeit«, bedingungslos zu Willen sei. Dieses Widerspiel ›weiblicher‹ und ›männlicher‹ Züge in der Person der Elisabeth schützt sie vor den gesellschaftlich sanktionierten Herrschaftsansprüchen des Mannes. Ihnen wird Elisabeth unterliegen, sobald sie sich dem »Naturzweck« der Ehe opfert, der »*eine* Hälfte des Geschlechts der Menschen / Der andern unterwürfig macht –« (II,2, 1182–84). Solange Elisabeth sich diesem »Naturzweck« verweigert, solange sie ihre Regierungspflichten männlich-diszipliniert erledigt, kann sie in ihrem Privatleben gebieterisch auftreten. Aber damit ist ihr auch jene rückhaltlose Hingabe an den Mann verwehrt, die seiner ›Herrschernatur‹ so sehr schmeichelt. Offenbar verleihen Disziplin, Askese und politischer Beruf der Erscheinung Elisabeths einen Einschlag maskuliner Härte, der die Männer erotisch indifferent läßt. Der Heißsporn Mortimer läßt sich wie folgt vernehmen:

»Wer bist du Ärmste, und was kannst du geben?
[...]
Das *eine* Höchste, was das Leben schmückt,

Wenn sich ein Herz, entzückend und entzückt,
Dem Herzen schenkt in süßem Selbstvergessen,
Die Frauenkrone hast du nie besessen,
Nie hast du liebend einen Mann beglückt!« (II,6,1645–56)

Elisabeth ist sich dieses Mangels, aber auch seiner Unvermeidlichkeit bewußt. Ihre Lebensform mit derjenigen Maria Stuarts vergleichend, stellt sie illusionslos fest:

»[...] Der Stuart wards vergönnt,
Die Hand nach ihrer Neigung zu verschenken,
Die hat sich jegliches erlaubt, *sie* hat
Den vollen Kelch der Freuden ausgetrunken.
[...]
Sie hat der Menschen Urteil nichts geachtet.
Leicht wurd es ihr zu leben, nimmer lud sie
Das Joch sich auf, dem *ich* mich unterwarf.
Hätt ich doch auch Ansprüche machen können,
Des Lebens mich, der Erde Lust zu freun,
Doch zog ich strenge Königspflichten vor.
Und doch gewann sie aller Männer Gunst,
Weil sie sich nur befliß, ein Weib zu sein,
Und um sie buhlt die Jugend und das Alter.
So sind die Männer. Lüstlinge sind alle!
Dem Leichtsinn eilen sie, der Freude zu,
Und schätzen nichts, was sie verehren müssen.« (II,9,1974–90)

Unüberhörbar ist die Bitterkeit der Klage. Elisabeth kann der Stuart nicht verzeihen, daß sie kraft Schönheit und weiblicher Hingabebereitschaft genießen durfte, worauf sie, Elisabeth, verzichten mußte: die Macht des Eros und die Fülle des Lebens. Elisabeths kaum verhüllter Haß auf die Stuart ist Ausdruck eines Selbstvorwurfs: Haß auf das eigene, streng reglementierte und triebunterdrückende Dasein. Darin ist eine verhängnisvolle Dialektik verborgen. Ein puritanisches, an ›männlichen‹ Verhaltensformen ausgerichtetes Leben befähigt Elisabeth zwar zur Ausübung der Macht und zur Herrschaft über Menschen, verschärft jedoch ihre Abhängigkeit als Frau: die Abhängigkeit von Wertvorstellungen, die sich der Mann über das andere Geschlecht gebildet hat. Politisch über Leicester gebietend, ist Elisabeth ihm untertan, sobald er ihre Weiblichkeit ins Spiel bringt. Nur allzu gern läßt sie sich ihr schwaches Selbstbewußtsein als Frau durch den Mann kräftigen. Leicesters Schmeichelreden hörig, möchte Elisabeth vor ihrer eingekerkerten Konkurrentin zur Schau stellen, was sie nicht besitzt: Schönheit und Lebensfülle. Deshalb willigt sie auch in die Begegnung mit der Stuart ein. Realpolitische Klugheit würde erfordern, daß sie sich gegenüber der Gefangenen den Anschein der Großmut verleiht, damit sie alsdann deren Zerstörung um so nachhaltiger, in aller ›Unschuld‹ betreiben kann. Doch diese Chance verspielt sie. Von Leicesters lockenden Worten verführt, rächt sie sich für ihr unterprivilegiertes Dasein als Frau, indem sie sich vor der Stuart als vielbewunderte Lady aufspielt und die schönere,

von Männerliebe umwitterte Konkurrentin zur welken Hure stempelt. Von der tiefgekränkten Schottin daraufhin schimpflich in die Schranken gewiesen, sieht sich Elisabeth fortan außerstande, den Schein der Großmut und der Gnade gegenüber der Stuart zur Geltung zu bringen. Sie hat sich vielmehr selber das Gesetz unmenschlichen Handelns aufgenötigt. Abermals demonstriert das Drama, wie private Leidenschaften, seelische Verstörungen und angestaute Affekte unkontrollierbar in die geschichtliche Szene eindringen und sich dort des Handelnden bemächtigen. Geschichtliches Tun vollzieht sich durch das Triebschicksal der Individuen hindurch und wird auf diesem Weg zu einer für sie unberechenbaren Größe.
Es dürfte deutlich geworden sein, wie sehr Privates hier gesellschaftlich vermittelt ist. Elisabeths individuelles Triebschicksal wird durch die Gewalt patriarchalischer Normen beeinflußt. In dem Maße, wie sie als politischer Mensch ›männliche‹ Tugenden zum Vorschein bringt, treten ›weibliche‹ in den Hintergrund: Elisabeth muß die Frau in der Regentin vernachlässigen. Das macht ihr persönliches Leid aus, läßt sie in den Augen der Männer wenig begehrenswert erscheinen, treibt in ihre politische Gegnerschaft zu Maria Stuart den Stachel weiblich-privater Konkurrenz, verstellt ihr eine humane Handlungsperspektive. Als Verkörperin von Leistungsbereitschaft, Askese, Disziplin, Strenge paßt sich Elisabeth jenem männlichen Sozialcharakter an, der zwar nicht für den Patriarchalismus insgesamt, wohl aber für bestimmte Gesellschaftsschichten und bestimmte Epochen der vaterrechtlichen Kultur charakteristisch ist.[35] Die Zeit der deutschen Klassik fällt zweifellos in eine dieser Epochen. Schiller setzte dem ›Wesen‹ des Mannes folgendes poetische Denkmal:

»Immer widerstrebend, immer
Schaffend, kennt des Mannes Herz
Des Empfangens Wonne nimmer,
Nicht den süßgetheilten Schmerz,
Kennet nicht den Tausch der Seelen,
Nicht der Thränen sanfte Lust,
Selbst des Lebens Kämpfe stählen
Fester seine feste Brust.«[36]

Es ist hier nicht der Ort, dieses Charakterbild bis zu seinem Ursprung zurückzuverfolgen und seine geschichtliche Geltung politisch, wirtschaftlich und religiös dingfest zu machen – genügen mag der Hinweis auf jenes Manufakturbürgertum, das seit dem 16. Jahrhundert sich aus feudaler Bevormundung löst, das Erwerbsleben dynamisiert und durch den Calvinismus heiligt.[37] Die tonangebende Rolle, die der bürgerliche Mann beim ökonomisch-politischen Aufstieg seiner Klasse spielt, fordert ihren Tribut in der Privatsphäre: »seiner Menschlichkeit vergessen«[38] – so zeichnet ihn Schiller. Die Frau muß dem Mann ersetzen, woran es ihm menschlich gebricht. Der Lyriker Schiller besingt ihre Komplementärtugenden in bald empfindsam-blumigen, bald rhetorisch-pathetischen Versen: Erotische Anziehungskraft: »Errötend folgt er ihren Spuren / Und ist von ihrem Gruß beglückt / [. . .].«[39] – Verklärung des Alltags: »Ehret die Frauen! Sie flechten und weben / Himmlische Rosen ins irrdische Leben, / Flechten der Liebe beglückendes Band.«[40]

– Hingabebereitschaft und Gefühlstiefe: »Aber wie, leise vom Zephyr erschüttert, / Schnell die Äolische Harfe erzittert, / Also die fühlende Seele der Frau.«[41] – Anmut: »Aber durch Anmuth allein herrschet und herrsche das Weib.«[42] – Schönheit: »Wahre Königinn ist nur des Weibes weibliche Schönheit. [...]«[43] Solche Komplementärtugenden bilden die weibliche Hälfte des bürgerlichen Sozialcharakters. Mortimer, der sie bei Elisabeth vermißt, wähnt sie in Maria vereinigt: »Bei ihr nur ist des Lebens Reiz – / Um sie, in ewgem Freudenchore, schweben / Der Anmut Götter und der Jugendlust, / Das Glück der Himmel ist an ihrer Brust / [...]« (II,6,1647–50). Im Brennspiegel der idealisierenden Sentimentalität Mortimers erscheint Marias Lebensreiz an dieser Stelle als »bürgerlich« – weder der Adel zu Schillers Zeit noch der absolutistische Hof im 16. Jahrhundert hüllt die Frau in das Gewand des Ideals und in schwärmerische Lyrik: sie ist nur Garantin freizügigen Genusses.[44] Das war auch Maria Stuart einst, vor Beginn des Dramas, als sie ihre ›Weiblichkeit‹ weder bürgerlich-tugendhaft noch politisch-beruflich zu meistern wußte. So wenig Elisabeth ›männliche‹ Eigenschaften in ihre Existenz als Frau harmonisch einzubinden vermag, so wenig vermochte Maria Stuart ihre ›weiblichen‹ Eigenschaften mit ihrem ›männlichen‹ Regierungsberuf zu versöhnen. In einer Gesellschaft, wo die Herren der Schöpfung auf das Rollenspiel der Geschlechter eingeschworen sind, hat es die Frau schwer, die ihr zudiktierten Normen mit einer ›männlichen‹, beruflich-politischen Sphäre in Einklang zu bringen. Keiner der beiden Frauen ist eine Synthese gelungen. Vernachlässigt Elisabeth die Frau in der Regentin, so hat Maria Stuart die Regentin in der Frau vernachlässigt. Wird Elisabeth durch eine männliche Berufsethik in der patriarchalischen Öffentlichkeit hoffähig, aber auch ihrer weiblichen Anziehungskraft beraubt, so besitzt Maria Stuart diese Anziehungskraft im Übermaß, freilich zu ihrem moralisch-politischen, gewissermaßen beruflichen Nachteil. Eine zu Elisabeths puritanischer Kindheit und Jugend polar verlaufende Erziehung hat typisch ›weibliche‹ Merkmale zu üppig-ungezähmter Blüte getrieben:[45]

»[...] Ein zartes Kind
Ward sie verpflanzt nach Frankreich, an den Hof
Des Leichtsinns, der gedankenlosen Freude.
Dort in der Feste ewger Trunkenheit,
Vernahm sie nie der Wahrheit ernste Stimme.
Geblendet war sie von der Laster Glanz,
Und fortgeführt vom Strome des Verderbens.
Ihr ward der Schönheit eitles Gut zuteil,
Sie überstrahlte blühend alle Weiber,
Und durch Gestalt nicht minder als Geburt – –«. (II,3,1388–97)

Schön, sinnenfreudig und Lust versprechend, vermochte Maria Stuart die Männer in ihren Bann zu schlagen. Aber solange sie, selber lustbedürftig, ihrerseits auf den Mann angewiesen war, konnte dieser, seiner gesellschaftlichen Rolle gemäß, ihr gegenüber Stärke und Gewalt demonstrieren. Aus dem Blickwinkel der abhängigen Frau erscheint diese Demonstration leicht als Magie, als übernatürliche Gewalt. Die Amme Kennedy zur ehemaligen Königin von Schottland:

»[...] Ergriffen
Hatt Euch der Wahnsinn blinder Liebesglut,
Euch unterjocht dem furchtbaren Verführer,
Dem unglückselgen Bothwell – Über Euch
Mit übermütgem Männerwillen herrschte
Der Schreckliche, der Euch durch Zaubertränke,
Durch Höllenkünste das Gemüt verwirrend
Erhitzte –«. (I,4,324–331)

Auch Männer lassen sich von dieser mystifizierenden Wahrnehmung des gesellschaftlichen Rollenspiels leiten – abgesehen davon, daß sie es für ein Naturverhältnis halten. Jenes »Angstgedränge bürgerlichen Kriegs« in Erinnerung rufend, als sich die schottische Königin dem »Mutvollstärksten« besinnungslos »in die Arme warf«, rätselt Shrewsbury: »Wer weiß, durch welcher Künste Macht besiegt? / Denn ein gebrechlich Wesen ist das Weib« (II,3,1372f.). Marias sachlichere Auskunft über ihren Verführer – »Seine Künste waren keine andre, / Als seine Männerkraft und meine Schwachheit« (I,4,331f.) – löst zwar jeglichen mystischen Schein auf, deutet aber die patriarchalische Rollenverteilung gleichfalls als Naturgesetz. Im Drama wird dieses ›Gesetz‹ als verhängnisvoll bloßgestellt. Das Mißverhältnis zwischen weiblich-schöner Gebrechlichkeit und männlicher Durchsetzungskraft spricht sich selber ein vernichtendes Urteil durch die politischen Folgen, die ihm entsprangen. Marias »furchtbarer Verführer« hatte die Frau zum Vollzugsorgan seiner Willkürherrschaft gemacht:

»[...] des Mannes keckes Laster hatte
Auch Eure Blödigkeit besiegt, Ihr stelltet
Mit dreister Stirne Eure Schmach zur Schau.
Ihr ließt das königliche Schwert von Schottland
Durch ihn, den Mörder, dem des Volkes Flüche
Nachschallten, durch die Gassen Edinburgs,
Vor Euch hertragen im Triumph, umringtet
Mit Waffen Euer Parlament, und hier,
Im eignen Tempel der Gerechtigkeit,
Zwangt Ihr mit frechem Possenspiel die Richter,
Den Schuldigen des Mordes loszusprechen –«. (I,4,343–353)

Die barbarische Unterdrückung, die sich Maria als Privatperson vom Mann gefallen ließ und die sie als öffentliche Person dem schottischen Volk zumutete, tritt in Widerspruch zu ihrer idealen Schönheit. Die schöne Erscheinung der Frau spiegelt nicht ein menschlich schönes Sein wider, sondern ist ihrer persönlichen und ihrer geschichtlichen Existenz zum Verhängnis geworden. Weil Maria Stuart den Typus der anziehenden, begehrenswerten Frau repräsentiert, kann sie als Objekt männlichen Herrschaftsverlangens besonders tauglich erscheinen.
So gesehen bezieht das Drama im Medium seiner Frauengestalten Stellung zu einem aktuellen Thema seiner Zeit: zum Verhältnis der Geschlechter im allgemeinen und zur Rolle der Frau im besonderen. Daß die Literaturwissenschaft das Problem noch

kaum zur Kenntnis genommen hat, ist ein Grund mehr, es zur Sprache zu bringen. Zwar hat Schiller es außerhalb seines Dramas, als philosophierender Zeitgenosse, nie kritisch reflektiert. Sein Traditionalismus wird durch die bereits zitierten Verse aus seiner Gedankenlyrik belegt. Man vergegenwärtige sich einige von ihnen in ihrem Zusammenhang:

Macht des Weibes

Mächtig seyd ihr, ihr seyds durch der Gegenwart ruhigen Zauber,
Was die Stille nicht wirkt, wirket die rauschende nie.
Kraft erwart' ich vom Mann, des Gesetzes Würde behaupt' er,
Aber durch Anmuth allein herrschet und herrsche das Weib.
Manche zwar haben geherrscht durch des Geistes Macht und der Thaten,
Aber dann haben sie dich, höchste der Kronen, entbehrt.
Wahre Königinn ist nur des Weibes weibliche Schönheit,
Wo sie sich zeige, sie herrscht, herrschet bloß weil sie sich zeigt.[46]

Was hier wie ein ablehnender Kommentar zu der durch Geist und Tat herrschenden, aber der Anmut und Schönheit ermangelnden Elisabeth klingt, ist nichts anderes als eine damals verbreitete Auffassung über die ›Natur‹ und Bestimmung der Geschlechter, wie sie etwa von Rousseau umfassend (und kritischer) entwikkelt[47], von Campe[48] und anderen Aufklärern[49] pragmatisch gewendet, von Humboldt philosophisch überhöht[50], von Heinse zur Diskussion gestellt[51], von Hippel verworfen wurde[52]. Dieses brisante Zeitproblem erscheint in Schillers Drama in einem ungewöhnlichen Licht. Der vorgegebene Stoff – zwei Frauen als Königinnen – erzwingt eine zeitkritische Fragestellung, zu welcher der Gedankenlyriker Schiller nie vorgedrungen ist. Elisabeths jungfräuliche Freiheit ist die Bedingung für ihre männlich-tüchtige Regierungstätigkeit, aber auch der Grund für ihre weiblich-sinnliche Benachteiligung; eine Ehe würde ihrer Rolle als Frau Geltung verschaffen, aber ihrer Freiheit und ihrem politischen Amt Abbruch tun. Selbstbestimmung in der Doppelgestalt sinnlicher Erfüllung und gesellschaftlicher Praxis scheint der Frau unter bürgerlich-patriarchalischen Verhältnissen verwehrt: »Hat die Königin doch nichts / Voraus vor dem gemeinen Bürgerweibe! / Das gleiche Zeichen weist auf gleiche Pflicht, / Auf gleiche Dienstbarkeit – Der Ring macht Ehen, / Und Ringe sinds, die eine Kette machen« (II,2,1207–11). Indem Schillers Drama eine höfisch-absolutistische Vergangenheit in den Horizont seiner Zeit rückt und eine mächtige Regentin den Zwängen bürgerlicher Ehesitten auszusetzen droht, macht es die der zeitgenössischen Frau angelegten Fesseln doppelt fühlbar. Die in einem höfisch-absolutistischen Umkreis zur Darstellung gelangenden bürgerlichen Normen kritisieren sich durch ihre Repressivität selbst. Die Idee weiblicher Tugend ist dafür ein weiteres Zeugnis. Die Tugend, die im 18. Jahrhundert zum Adelsbrief der bürgerlichen Frau, zum inneren Gehalt ihrer äußeren Erscheinung, zur Seele ihrer Schönheit erhoben wird,[53] bürgt für die Reinheit der Frau vor der Ehe und für ihre Treue in der Ehe: so wird sie zum unbefleckten Eigentum des Mannes, für den das Gebot der Reinheit und Treue weniger verbindlich ist. Weibliche Tugend ist der Maßstab, dem auch die dramatis personae des absolutistischen Hofes einander unterwerfen: Paulet die eingekerkerte schottische

Königin, Kennedy deren vergangene Abenteuer, Elisabeth die ›Buhlerin‹ Maria, Maria die ›verstohlen lüsterne‹ Elisabeth. Nicht historische Treue regiert hier. Eine zeitgemäße Bürgermoral wird vielmehr als verbindliche Etikette einem höfischen Leben aufgesetzt, dem diese Moral durchaus fremd war.[54] Mit Hilfe des bürgerlichen Idealbilds überredet Leicester die zögernde Elisabeth zur Begegnung mit der Stuart:

»[...] Wenn sie deine Schönheit
Erblickt, durch Ehrbarkeit bewacht, in Glorie
Gestellt durch einen unbefleckten Tugendruf,
Den *sie*, leichtsinnig buhlend, von sich warf,
Erhoben durch der Krone Glanz, und jetzt
Durch zarte Bräutlichkeit geschmückt – dann hat
Die Stunde der Vernichtung ihr geschlagen.« (II,9,2029–35)

In Wahrheit ermangelt die (scheinhafte) Tugend Elisabeths der reizvollen Schönheit, so wie umgekehrt die reizvolle Schönheit Marias bis an die Schwelle des Todes der Tugend ermangelt. Anhand dieser Antithetik bringt das Drama eine männliche Doppelmoral zum Vorschein. Elisabeths Klage, daß der Mann »Leichtsinn«, »Freude« und Lust an der Frau insgeheim mehr schätze als Tugend (II,9,1989), deutet die Spaltung seiner Moral in eine private und öffentliche an. Wenn der dramatische Prozeß am Beispiel der Beziehung Mortimers zu Maria Stuart das Verhältnis von männlicher Privatmoral und weiblich-sinnlicher Schönheit ins Blickfeld rückt, dann zieht er die Kehrseite männlicher Tugendverehrung ans Licht: die dämonische Bezauberung durch die Sinnlichkeit. Das romantisch anmutende Schicksal Mortimers ist in der reizlosen Prosa öffentlicher Tugendmoral angelegt.[55]

Mortimer. Triebdynamik und Ästhetisierung der Politik

Maria Stuart ist nicht nur Opfer ihrer eigenen Schönheit, durch die sich die Männer zur Verführung und Besitzergreifung herausgefordert sehen. Die Männer sind ihrerseits zu Opfern bereit, um die Schönheit zu besitzen. Das Idealbild der Frau, das sie miterzeugt haben, fesselt sie zugleich. Sie werden Gefangene ihrer eigenen Normen, denen zufolge die Frau Gegenstand der Anbetung und der Lustbefriedigung zu sein hat: schön und sinnlich in einem. Die Schönheit, die das Bedürfnis nach Lust und Besitz in Gang setzt, wirkt magisch, solange das Bedürfnis nicht an sein Ziel gelangt ist. Burleigh angesichts der waghalsigen Befreiungsversuche der Parteigänger Marias:

» – Und in dem Schloß zu Fotheringhay sitzt
Die *Ate* dieses ewgen Kriegs, die mit
Der Liebesfackel dieses Reich entzündet.
Für sie, die schmeichelnd jedem Hoffnung gibt,
Weiht sich die Jugend dem gewissen Tod –
Sie zu befreien, ist die Losung, sie
Auf deinen Thron zu setzen, ist der Zweck.« (II,3,1280–86)

Die Frau als Zauberin, Hexe, Verführerin: in diesem dämonischen Bild wird sie zur Rechenschaft für das Tun und Treiben der Männer gezogen. Das Bild spiegelt die Wahrheit verkehrt wider. Denn die Männer unterwerfen sich der Frau einzig, um ihrer Herr zu werden, wobei freilich ihre Unterwerfungsbereitschaft sich verselbständigen oder selbstmörderische Züge annehmen kann. Der empörte Puritaner Paulet über seine schöne Gefangene:

»Hielt dieses Eisengitter sie zurück,
Das edle Herz des Norfolk zu umstricken?
Für sie geopfert fiel das beste Haupt
Auf dieser Insel unterm Henkerbeil –
Und schreckte dieses jammervolle Beispiel
Die Rasenden zurück, die sich wetteifernd
Um ihrentwillen in den Abgrund stürzen?« (I,1,72–78)

Der zwiespältige Fluch der Schönheit, lustvolle Unterwerfungsbereitschaft und gebieterisches Besitzverlangen zu entzünden, läßt sich nirgends sinnfälliger als an Mortimers Schicksal hervorkehren.[56] Es entspringt jenem bürgerlich-puritanischen Werdegang, dessen verhängnisvolle Begleiterscheinungen sich am Tun und Lassen Elisabeths bereits abzuzeichnen begannen. Mortimer nun entschleiert die Kehrseite sinnenfeindlicher Erziehung und patriarchalischen Weltverständnisses in äußerster Schärfe. Der junge Engländer war in »strengen Pflichten« (I,6,410) aufgewachsen, bis ihm eine »unbezwingliche Begierde« (I,6,412) gebot, der »Puritaner dumpfe Predigtstuben« zu verlassen (I,6,414). Auf der Reise durch Frankreich und Italien fesselt ihn die künstlerische Pracht der katholischen Kirche. Die unterdrückte Sinnenlust blüht im Bereich sakraler Schönheit auf:

»Ich hatte nie der Künste Macht gefühlt,
Es haßt die Kirche, die mich auferzog,
Der Sinne Reiz, kein Abbild duldet sie,
Allein das körperlose Wort verehrend.
Wie wurde mir, als ich ins Innre nun
Der Kirchen trat, und die Musik der Himmel
Herunterstieg, und der Gestalten Fülle
Verschwenderisch aus Wand und Decke quoll,
Das Herrlichste und Höchste, gegenwärtig,
Vor den entzückten Sinnen sich bewegte,
[...]«. (I,6,430–439)

Weil er sie bisher unterdrückt hatte, bricht Mortimers Sinnlichkeit bei der ersten Gelegenheit ungestüm über ihn herein. Nur scheinbar sublimiert er sie. Zwar öffnet sich Mortimer, entzückt von den katholischen Sinnbildern des Überirdischen, sogleich der katholischen Lehre vom Überirdischen. Aber in Schwung versetzt durch die katholisch-metaphysische Ästhetik, öffnet er sich auch weltlicher Ästhetik, gewinnt seine schein-heilige Sinnlichkeit rasch irdischen Grund:

»[...] – Eines Tags,
Als ich mich umsah in des Bischofs Wohnung,
Fiel mir ein weiblich Bildnis in die Augen,
Von rührend wundersamem Reiz, gewaltig
Ergriff es mich in meiner tiefsten Seele,
Und des Gefühls nicht mächtig stand ich da.«
(I,6,501–506)

Mortimers Empfänglichkeit für die religiöse Kunst enthüllt sich alsbald als erotisches Interesse. Der Gegenstand dieses Interesses verklärt sich ihm, dem Religionseiferer, zum religiösen. Wie das Schöne der Religion dienstbar ist, so macht er die Religion dem Schönen dienstbar: »Raubt Euch / Des Kerkers Schmach von Eurem Schönheitsglanze? / Euch mangelt alles, was das Leben schmückt, / Und doch umfließt Euch ewig Licht und Leben« (I,6,566–569). Nachdem Mortimers ungesättigte Sinnlichkeit zunächst von der künstlerischen Schönheit des Sakralen bezaubert wurde, sakralisiert er nun die menschliche Schönheit. Die schöne Religion und die religiöse Schönheit werden ihm zu Phantasmagorien seiner ungestillten sinnlichen Sehnsucht und zum politischen Blendwerk zugleich. So macht er sich kritiklos das unchristlich-unbarmherzige Feindbild zu eigen, das die Redekunst des Bischofs ihm vormalt: »Drauf fing er an, mit herzerschütternder / Beredsamkeit mir Euer Märtyrtum / Und Eurer Feinde Blutgier abzuschildern« (I,6,515–517). Und nicht minder bedenkenlos stellt er sich in den Dienst einer Kirchenpolitik, der jedes Mittel zur Erreichung ihrer Zwecke heilig ist. »Des Himmels wundervolle Rettungshand« wähnt er zu erkennen, als Maria Stuart seinem Oheim zur Bewachung anvertraut wird – für Mortimer ein deutlicher Wink, daß er seinen Status als Neffe hinterlistig für die Befreiung Marias ausnutzen müsse: »[...] es gibt / Der Kardinal mir seinen Rat und Segen, / Und lehrt mich der Verstellung schwere Kunst« (I,6,543–545).
Mortimer läßt sich auf die politische Strategie der Blendung ein, weil die Schönheit ihn verblendet hat. Marias leibliche Gegenwart steigert diese Verblendung. Scheint Mortimers politisches Wagnis für die Stuart zunächst noch der Einsicht geschuldet, »Daß Euch dies Reich als Eigentum gehört, / Worin Ihr schuldlos als Gefangne schmachtet« (I,6,532f.): so läßt sich dieser Rechtsstandpunkt gleichwohl nicht mit Sicherheit als das sachliche Motiv seines wagemutigen Handelns ausmachen. Es ist nicht auszuschließen, daß Mortimer einen objektiven Rechtsanspruch Marias gefunden hat, weil er ihn finden wollte, daß es ihm weniger um die politisch-rechtliche Sache der Stuart, als vielmehr um ihre schöne Person – und um sich selber geht: »Bei ihr nur ist des Lebens Reiz – / Um sie, in ewgem Freudenchore, schweben / Der Anmut Götter und der Jugendlust, / Das Glück der Himmel ist an ihrer Brust / [...]« (II,6,1647–50). Offenbar steht hier nicht ästhetisch-erotisches Eigeninteresse im Dienst des politischen Engagements, sondern politisches Engagement im Dienst des ästhetisch-erotischen Eigeninteresses, des Bedürfnisses nach Lebensfülle. Mortimers Todesbereitschaft: »Und Glück schon ists, für Eure Rettung sterben« (I,6,660) widerstreitet nicht seiner Egozentrik, sondern zeugt von ihrer Blindheit. Nachdem seine ungestillte Sehnsucht Marias Schönheit verzaubert hat, wird Mortimer zum bedingungslosen Gefangenen des selbsterzeugten Zaubers. Auch die

erbarmungslose Attacke, die Maria gegen Elisabeth führt, entwertet sie in seinen Augen nicht, sondern macht ihre Magie perfekt:

»Du hast gesiegt! Du tratst sie in den Staub,
Du warst die Königin, *sie* der Verbrecher.
Ich bin entzückt von deinem Mut, ich bete
Dich an, wie eine Göttin groß und herrlich
Erscheinst du mir in diesem Augenblick.
[...]
Wie dich der edle königliche Zorn
Umglänzte, deine Reize mir verklärte!
Du bist das schönste Weib auf dieser Erde!« (III,6,2469–78)

In der verabsolutierten Schönheit Marias spiegelt Mortimer narzißtisch sich selber. Jede mögliche Hilfe Leicesters wird für ihn zur Konkurrenz, die er nicht länger duldet: »Er Euch retten und besitzen! / Er Euch! Er soll es wagen! Er! Mit mir / Muß er auf Tod und Leben darum kämpfen!« (III,6,2483–85). In der Weltuntergangsvision, die Mortimers Besitzansprüche begleitet, ufert seine selbstmörderische Destruktivität in eine menschenverächterische aus:

»Was ist mir alles Leben gegen *dich*
Und meine Liebe! Mag der Welten Band
Sich lösen, eine zweite Wasserflut
Herwogend alles Atmende verschlingen!
– Ich achte nichts mehr! Eh ich dir entsage,
Eh nahe sich das Ende aller Tage.« (III,6,2528–33)

Kehrseite einer Selbstunterwerfung, die den Untergang der Welt in Kauf nehmen würde, käme sie dadurch in den Besitz des magisch verzauberten Objekts, ist ein unbezähmbares Herrschaftsverlangen. Am Extremfall Mortimers spitzt das Drama eine typisch ›männliche‹ Dialektik zu: der sklavisch-heroische Dienst an der Frau, in den sich das Begehren des Mannes kleidet, enthält im Keim die unumschränkte Verfügungsgewalt, die sich mit der Eroberung der Frau entfalten würde:

M o r t i m e r. Dich kann die heiße Liebesbitte rühren,
Du hast den Sänger Rizzio beglückt,
Und jener Bothwell durfte dich entführen.
M a r i a. Vermessener!
M o r t i m e r. Er war nur dein Tyrann!
Du zittertest vor ihm, da du ihn liebtest!
Wenn nur der Schrecken dich gewinnen kann,
Beim Gott der Hölle! –
M a r i a. Laßt mich! Raset Ihr?
M o r t i m e r. Erzittern sollst du auch vor mir! (III,6,2884–91)

Dramatische Seelenkunde: Marias Ambivalenz

Wenn Mortimer die Stuart zum Objekt seines Begehrens macht, wenn er ihr eine magische Wirkung verleiht, wenn ihre Schönheit ihm Lebensfülle verheißt: so leistet ihm Marias eigener, ungesättigter Lebensdrang Vorschub. Keineswegs befreit der Text, wie angenommen wurde, die Heldin von jeder Verantwortung für die verhängnisvolle Wirkung ihrer Schönheit, ergibt sich eine »paradoxe Verfugung« zwischen »schuldloser [...] Frauenschönheit« und »dämonischer Wirkung«, zwischen der »so königlich-gemessenen Gegenwart einer in sich ruhenden Frau« und Mortimers »hitziger Heftigkeit«.[57] Gerade »Schuldlosigkeit« wird man Maria angesichts ihrer schuldbefleckten Vergangenheit nicht konzedieren dürfen, und die vermeintliche »königlich-gemessene Gegenwart einer in sich ruhenden Frau« ist eingeschränkt durch einen zweideutigen Lebensdrang und durch unzweideutige Rachegefühle. Der Jahrestag des Todes ihres Mannes, den Maria mitverschuldet hat, kehrt wieder, ohne daß Beichte und Reue ihrem Gewissen inzwischen Ruhe verschafft haben: »Frischblutend steigt die längst vergebne Schuld / Aus ihrem leichtbedeckten Grab empor! / Des Gatten rachefoderndes Gespenst / Schickt keines Messedieners Glocke, kein / Hochwürdiges in Priesterhand zur Gruft« (I,4,286 bis 290). Wenn weder Beichte noch Reue das Schuldbewußtsein haben verstummen lassen, so deshalb, weil Maria noch immer Wünsche und Empfindungen nährt, unter deren Einfluß sie einst Schuld auf sich geladen hat. Ihr moralisch-religiöses Bemühen ist gleichsam die Oberfläche, unter der ein ihr unbewußter bedenklicher Lebensdrang waltet. Die Bewältigung der Vergangenheit mißlingt, solange Maria die Triebfedern vergangenen Handelns bloß von ihrer Gesinnung her verurteilt, ohne sie existentiell durchlebt und psychisch überwunden zu haben. So gewinnt der dramatische Vorgang auch im Umkreis Marias jene Doppelgesichtigkeit und jene Tiefendimension, die man bisher übersehen hat.[58] Läßt die Gefangene gegenüber ihrem Kerkermeister die Klage laut werden: »Meine Tage sind / Gezählt, befürcht ich, und ich achte mich / Gleich einer Sterbenden« (I,2,193–195), so bekundet sie wenig später eine nur mühsam gebändigte Sehnsucht nach dem Leben, als Mortimer vom Erwachen seiner Sinnenlust in Italien erzählt: »O schonet mein! Nicht weiter. Höret auf, / Den frischen Lebensteppich vor mir aus / Zu breiten [...]« (I,6,451–453). Kaum tun sich die Gefängnistore für Augenblicke vor ihr auf, treibt ihre Sehnsucht nach neuem Leben und neuer Liebe poetische Blüten. Die Überschwenglichkeit ihrer Illusionen ist ein Gradmesser für die Intensität ihres Lebenshungers und für die Durchlässigkeit ihrer stoischen Todesethik. Diese Ambivalenz der Stuart wird im dramatischen Prozeß mehr und mehr offengelegt. Schuldbewußte Ergebenheit in das Schicksal und standhafte Vergegenwärtigung des Todes verhelfen ihr zu einer »edlen Fassung«, die sie in »allen Leidensproben« wie eine vorbildliche »Königin« aussehen läßt (vgl. I,6,563–566): ihrer äußeren Schönheit scheint eine schöne Menschlichkeit zu entsprechen. Der Schein trügt nicht ganz – denn der moralische Wille Marias ist außerordentlich. Aber ihm widersetzen sich eine unbewältigte Vergangenheit, die Erfahrung ungerechten Leidens und der Daseinsdurst Marias. Kurz vor dem Zusammentreffen mit Elisabeth, das sie so sorgfältig geplant hat, proben unterdrückte Aggressionen einen unerwarteten Aufstand:

»Ich habe drauf geharret – Jahre lang
Mich drauf bereitet, alles hab ich mir
Gesagt und ins Gedächtnis eingeschrieben,
Wie ich sie rühren wollte und bewegen!
Vergessen plötzlich, ausgelöscht ist alles,
Nichts lebt in mir in diesem Augenblick,
Als meiner Leiden brennendes Gefühl.
In blutgen Haß gewendet wider sie
Ist mir das Herz, es fliehen alle guten
Gedanken, und die Schlangenhaare schüttelnd
Umstehen mich die finstern Höllengeister.« (III,3,2177–87)

Die politische Absicht, die Maria an das Zusammentreffen geknüpft hat, ist bedroht durch die Gewalt, womit erlittenes Unrecht hervorbricht, als die Urheberin des Unrechts, die Königin von England, sich nähert. Graf Shrewsbury appelliert daher an die politische Vernunft Marias:

»Gebietet Eurem wildempörten Blut,
Bezwingt des Herzens Bitterkeit! Es bringt
Nicht gute Frucht, wenn Haß dem Haß begegnet.
Wie sehr auch Euer Innres widerstrebe,
Gehorcht der Zeit und dem Gesetz der Stunde!
Sie ist die Mächtige – demütigt Euch!« (III,3,2188–93)

Den Widerstreit zwischen politischer Vernunft und persönlichen Wünschen, kategorischem Imperativ und Triebnatur, edler Moral und psychischer Verfassung treibt das Drama im Königinnen-Dialog auf die Spitze. Die dramatische Handlung bezeugt ihren Realitätscharakter gerade dadurch, daß sie jenen Widerstreit nicht harmonisch auflöst, sondern Marias heroisch-öffentlichen Idealismus an ihrer privaten Seelendynamik zuschanden werden läßt. Es ist allerdings Elisabeth, die dieser Seelendynamik erst zum Durchbruch verhilft. Selber Gefangene unbewältigter Wünsche und Aggressionen, die ihr aus einem Leben voller Versagungen und Selbstdisziplinierungen erwachsen sind, reizt sie die Rivalin, die der Fülle des Daseins und der Männerliebe teilhaftig geworden ist, aufs äußerste. Je imponierender Marias moralische Anstrengung wird, je dringlicher sie ihre Versöhnungs- und Unterwerfungsbereitschaft zum Ausdruck bringt, desto schneidender werden die Anklagen Elisabeths, desto ausfälliger ihre Drohungen, desto vulgärer ihre weiblichen Rachebedürfnisse. Umgekehrt proportional zu Marias heroischem Bemühen um menschliche Verkehrsformen wächst Elisabeths Unmenschlichkeit. Es ist ein Dialog, der dem Prinzip der Steigerung der Kontraste gehorcht, aber auch dem der spiegelbildlichen Umkehrung. Der dramatische Umschlag erfolgt auf dem Gipfelpunkt ›weiblichen‹ Rachedurstes, als Elisabeth sich für ihr liebesarmes und entbehrungsreiches Leben entschädigt, indem sie Maria zur unersättlichen, aber glücklosen Buhlerin deklariert. Daß die englische Königin dabei ausgerechnet den Grafen Leicester zum Kronzeugen ihres heißersehnten Triumphes als Frau machen will, wird ein Grund mehr für Maria, mit gleicher, ja schärfer geschliffener Waffe zurückzuschlagen.[59] Durch die Gegenwart des Mannes stimuliert, enthüllt Maria schonungslos die Blößen der Rivalin – ihre anfechtbare königliche Geburt und ihre heuchlerisch-unfreiwillige Ehrbarkeit: »Vor Leicesters Augen hab ich sie erniedrigt! / Er sah es, er bezeugte meinen Sieg! / Wie ich sie niederschlug von ihrer Höhe, / Er stand dabei, mich stärkte seine Nähe!« (III,5,2464–67). Was Maria an Zuneigung für Leicester empfindet, ist keineswegs idealistisch mißzuverstehen als reine Seelenliebe, sondern ist durchsetzt von Rache- und Triumphbedürfnissen, von Lebensdurst, vom Drang nach einer Rehabilitierung ihrer selbst. An Marias durchaus ungeläuterter Leidenschaft kann sich diejenige Mortimers nähren, wie sein hingerissenes Pathos unmittelbar nach dem Abbruch der Begegnung bekundet. Mehr noch als Marias edle Fassung bezaubert ihn, den Lebenshungrigen, der dynamische Ausbruch »unedler« Regungen, die Energie unsublimierter Gefühlsäußerungen. Maria gibt die Ethik stilvoller Selbstdisziplinierung preis, die all die Kerkerjahre hindurch stets auch eine rigide Ethik der Verdrängung war:

»[...] Ich habe
Ertragen, was ein Mensch ertragen kann.
Fahr hin, lammherzige Gelassenheit,
Zum Himmel fliehe, leidende Geduld,
Spreng endlich deine Bande, tritt hervor
Aus deiner Höhle, langverhaltner Groll –
Und *du*, der dem gereizten Basilisk
Den Mordblick gab, leg auf die Zunge mir
Den giftgen Pfeil –«. (III,4,2435–43)

Die Befreiung von edler Moral ist hier die Befreiung von selbstauferlegter Knechtschaft. Schillers Seelenkunde sprengt in diesem Drama klassisches Maß, entzaubert die Ethik der Selbstbeherrschung, der Hinnahme von Leid und der alles verzeihenden Menschlichkeit, deckt darin ein gut Stück Selbstversklavung und Selbsttäuschung auf, enthüllt den Bodensatz von Wut und Rachsucht, der sich unter übermäßiger Toleranz und heroischer Menschenliebe anzusammeln vermag.[60] Niemand ist so selbstlos-edel, daß er Unrecht und Zwang, Entbehrungen und Versagungen ersatzlos durchleiden, frei von Aggressionen verinnerlichen kann: indem Maria sich zu ihren eigenen endlich bekennt, macht sie den Urheber von Unrecht und Zwang dingfest, verwandelt sie leidende Selbstunterdrückung in tätige Selbstdarstellung. Die befreiende Kraft dieses Umschlags tröstet sie über das Scheitern der politischen Absichten hinweg, die eine edle Selbstdisziplin zur Voraussetzung hatten:

Kennedy. O was habt Ihr getan! Sie geht in Wut!
Jetzt ist es aus und alle Hoffnung schwindet.
Maria *(noch ganz außer sich).*
Sie geht in Wut! Sie trägt den Tod im Herzen!
(Der Kennedy um den Hals fallend)
O wie mir wohl ist, Hanna! Endlich, endlich
Nach Jahren der Erniedrigung, der Leiden,
Ein Augenblick der Rache, des Triumphs!
Wie Bergeslasten fällts von meinem Herzen,
Das Messer stieß ich in der Feindin Brust. (III,5,2452–59)

Mag die Politik des Gnadenwegs auch mißlungen sein – der Bittsteller hat dafür die Instanz, die Gnade gewähren oder verweigern kann, unheilbar verwundet. Elisabeth wenig später vor der Unterzeichnung des Todesurteils: »Mit welchem Hohn sie auf mich nieder sah, / Als sollte mich der Blick zu Boden blitzen! / Ohnmächtige! Ich führe beßre Waffen, / Sie treffen tödlich und du bist nicht mehr!« (IV,10,3239–42). Daß Elisabeth zu tödlicher Vergeltung Zuflucht nehmen muß, erscheint Maria gerade als der Gradmesser für die Gewalt ihrer Worte, als Beurkundung ihres psychischen Triumphes.

Der Machtrausch, den die Stuart nach jahrelanger Ohnmacht als so befreiend empfindet, ist allerdings nur von kurzer Dauer: der nächste Auftritt präsentiert Mortimer, der, entfesselt durch Marias Triebenergien, leidenschaftliche Aggressionsabfuhr und gebieterische Wortgewalt, dem eigenen Triebleben und den eigenen Herrschaftsansprüchen Raum verschafft. Maria muß für ihre psychische Befreiung doppelt zahlen: nicht nur mit dem Todesurteil ihrer Feinde, sondern auch mit der Tyrannei ihrer Freunde. Vor Mortimer fliehend: »O Hanna! Rette mich aus seinen Händen! / Wo find ich Ärmste einen Zufluchtsort? / Zu welchem Heiligen soll ich mich wenden? / Hier ist Gewalt und drinnen ist der Mord« (III,6,2594–97). – So erweist die Geschichte auch an der Person Maria Stuarts ihre unbeherrschbare Gewalt: indem sie sich durch die Psyche der Menschen hindurch vollzieht, entwächst sie deren politischer Kontrolle. Marias private seelische Verfassung bringt ihren Überlebensplan zu Fall; das subjektiv befreiende Lebensgefühl, das sie als Privatperson aus ihrer niederschmetternden Attacke schöpft, hat für die Geschichtsperson Maria Stuart tödliche Konsequenzen.

Schöne Seele

Maria hebt die Differenz zwischen äußerer Vollkommenheit und menschlicher Unvollkommenheit in ihrer Todesstunde auf. Sie wird zur schönen Seele: jetzt wetteifern die königliche Schönheit ihrer Gestalt und der Adel ihrer Menschlichkeit harmonisch miteinander. Der tiefgreifende Wandel zwischen der Königinnen-Szene und der Todesstunde läßt sich im Horizont der ästhetischen Theorie Schillers adäquat erfassen – freilich nicht der üblicherweise zitierten Theorie des Dualismus, sondern der versöhnenden Synthesis-Konzeption.[61] Eine ihrer zentralen Kategorien ist die »schöne Seele« – Symbol der harmonischen Verfassung des Individuums, das seine sinnlich-natürlichen und sittlich-geistigen Kräfte zwanglos versöhnt. Daß Marias Schönheit der Gestalt bis an die Schwelle des Todes eine Schönheit der Seele zum Teil nur vorspiegelt, bezeugen vor, während und nach der Königinnen-Szene Affekte wie »blutger Haß«, »langverhaltner Groll« und »Rache« (III,3, 2184; III,4,2440; III,5,2457). Vom Chor ihrer »finstern Höllengeister« (III,3, 2187) umstanden, verstößt die Stuart gegen die Pflicht der Selbstbemeisterung und das Sittengesetz verzeihender Großmut: unterdrückte Bedürfnisse drängen in aggressiver Anklage hervor. Beweist die schöne Seele laut Schiller die Versöhnung von »Pflicht und Neigung« durch einen entsprechenden harmonischen »Ausdruck in der Erscheinung« – »Keine Spannung wird in den Minen, kein Zwang in den willkürlichen Bewegungen zu bemerken seyn«[62] –, so verrät Schillers Maria Stuart ihren Mangel an innerer Schönheit durch Äußerungen des Zwangs und ungelöster Spannung: »Maria rafft sich zusammen und will auf die Elisabeth zugehen, steht aber auf halbem Weg schaudernd still, ihre Gebärden drücken den heftigsten Kampf aus« (III,4). Verhielte sich die Stuart gegenüber der Elisabeth tatsächlich »wie eine Göttin groß und herrlich«, wie Mortimer sich einbildet (III,6,2472), dann könnte sie, anstatt seinem ungezügelten Begehren Vorschub zu leisten, veredelnd auf ihn wirken. An der Idealgestalt der Juno Ludovisi erläutert Schiller einmal den Einfluß, den die wahre Schönheit ausübt: »Indem der weibliche Gott unsre Anbetung heischt, entzündet das gottgleiche Weib unsre Liebe [...]. Durch jenes unwiderstehlich ergriffen und angezogen, durch dieses in der Ferne gehalten, befinden wir uns zugleich in dem Zustand der höchsten Ruhe und der höchsten Bewegung«.[63] Zum weiblichen Gott und gottgleichen Weib wird Maria erst auf der Grenze zwischen Leben und Tod, Diesseits und Jenseits, Geschichte und Elysium. Der »süße Trieb des Lebens« kommt in dem Augenblick zur Ruhe, da statt der erwarteten Befreier die Verkünder ihrer Hinrichtung vor Maria erscheinen. Wenn bei ihr das Bewußtsein des Todes souverän Herr über den Trieb des Lebens wird, so deshalb, weil sie kurz zuvor durch dieses Leben hindurchgegangen ist, sich ihm ausgesetzt hat. Nachdem sie ihre ungeläuterten Leidenschaften zur Sprache gebracht hat, vermag sie jetzt eine geläuterte Sprache zu sprechen; nachdem sie sich vom Stau verdrängter Aggressionen entlastet hat, ist sie frei für eine aggressionslose Verständigung. Die schöne Seele ist weder Resultat einer kontinuierlichen Verinnerlichung des »Sittengesetzes« noch einer heroischen Abweisung der »Naturkräfte« (der »Empfindungen, Triebe, Affekte, Leidenschaften«).[64] Sie fällt vielmehr einem Menschen zu, der sich zu seinem unterdrückten, ›unedlen‹ Selbst bekannt und es dadurch überwunden hat.[65] Kraft dieser dialektischen Bewegung kann Maria Stuart freiwillig, aus innerem Antrieb, ihre Rachegefühle in einer Versöhnungsbotschaft aufheben:

»[...] Der Königin von England
Bringt meinen schwesterlichen Gruß – Sagt ihr,
Daß ich ihr meinen Tod von ganzem Herzen
Vergebe, meine Heftigkeit von gestern
Ihr reuevoll abbitte – Gott erhalte sie,
Und schenk ihr eine glückliche Regierung!« (V,8,3781–86)

Sittlichkeit ist zum Naturtrieb geworden. Von der »sündgen Liebe« (V,7,3684) zu Leicester, die Maria für ihren Triumph über Elisabeth ausgenutzt hatte, löst sie sich selbstkritisch und spontan, ohne daß sie sich an dem Mann rächen müßte, der »treulos mich verlassen und betrogen« (V,7,3687). Wenn nach Schiller die Schönheit des Menschlichen darin besteht, daß man den Gesetzen der »Vernunft mit Freuden gehorcht«[66], so wird Maria angesichts des nahen Todes dieser Schönheit teilhaftig.[67] Daher gewahrt ihre Umgebung an ihr kein »Merkmal bleicher Furcht, kein Wort der Klage« (V,1,3409), sondern die »Hoheit« einer »frohen Seele«, die sich »auf Engelsflügeln schwingt zur ewgen Freiheit« (V,6,3483f.). Das Paradies, wo Maria, »ein schön verklärter Engel«, sich »auf ewig mit dem Göttlichen vereinen« wird (V,7,3756f.), setzt den Tod in der Geschichte voraus. Aber schon auf der Theaterbühne wird dieses Paradies für Augenblicke sichtbar: die Versöhnung von übersinnlichem Gesetz und natürlichem Affekt in Marias Sterbestunde legt Zeugnis davon ab.

Religion und Theater. Geschichtsphilosophie / Zeitgeschichte

Man wird sich bei dem merkwürdigen Umstand aufhalten dürfen, daß Schiller eine katholisch zelebrierte Todesstunde in den Horizont seiner ästhetischen Theorie rückt: die auf der Bühne mit Hilfe des Priesters Melvil inszenierte Vergöttlichung eines Menschen weicht von der katholischen Idee des Menschen als sündhafter, dem göttlichen Gericht anheimgegebener Kreatur auffallend ab. Was der Katholizismus göttlicher Entscheidung vorbehält – die Aufnahme des Menschen ins Paradies –, läßt das Drama hic et nunc stattfinden. Die utopische Vision, »der Uebertritt des Menschen in den Gott«[68], blitzt kraft poetischer Entscheidung als Realität auf der Bühne auf. Darin bekundet das Drama seine souveräne Stellung gegenüber der Religion. Dieser Souveränität hat der dramatische Prozeß durch seine Kritik der Religion als politischer Instanz vorgearbeitet. Die heilige katholische Kirche treibt Machtpolitik mit durchaus unheiligen Mitteln. Daher ist auch »der Künste Macht« (I,6,430), über welche die Kirche verfügt, ambivalent. Gewiß ist die in den religiösen »Künsten« widergespiegelte Sinnlichkeit das notwendige Gegenstück zur Lebensferne und Körperlosigkeit puritanischer Erziehung. Aber was Mortimer im Medium der »entzückten Sinne« gleichzeitig zu ergreifen meint – die »hohen Glaubenslehren« und den »Geist der Wahrheit« –, ist so ideal nicht, wie er sich einbildet, sondern durchsetzt von profanen Zwecken und verwendbar als Mittel der Politik. Der »Künste Macht« kann – in den Dienst der Kirche gezwungen – auch täuschend wirken und den der Sinnlichkeit Bedürftigen für eine ›Wahrheit‹ anfällig machen, die religiöse Glaubenslehren mit politischen vermischt. Der Sinnenglanz, den die Künste und die Kunstberauschten der ›Wahrheit‹ verleihen, kann zum Blendwerk werden, das dem Handelnden seine eigentlichen Motive verschleiert und ihm die Gegenstände seines Interesses verzaubert, ja religiös verklärt. Die kunstvolle Verklärung einer verweltlichten Religion (katholische Kirche) und die religiöse Verklärung einer weltlichen Schönheit (Maria Stuart) treten im Drama auf bedenkliche Weise zusammen. Am Beispiel der Mortimer-Figur kritisiert der dramatische Prozeß zweierlei: daß einerseits das Überirdisch-Göttliche, mit künstlerischer Schönheit ausgestattet, zur gefälligen Dienstmagd der Politik und des Allzu-Menschlichen wird und daß andererseits eine irdisch-menschliche Gestaltschönheit, von blinder Religiosität und lebenshungriger Sinnlichkeit umworben, in den Rang eines zaubrischen Götzen gerät.

Erst Maria Stuarts Todesstunde hebt diesen verhängnisvollen Zusammenhang auf. Die irdische Schönheit ihrer Gestalt ist des täuschenden Scheins beraubt, weil sie sich jetzt auf die Schönheit des Menschlichen gründet: umgekehrt ist das Überirdische, die Religion, aus der ästhetisch verbrämten Dienstleistungsfunktion für die Politik und das Allzu-Menschliche erlöst. Das Religiöse hat damit freilich seine Autonomie nicht zurückgewonnen. Vielmehr ist es eingebunden in den Läuterungsprozeß, den der dramatische Vorgang an der Hauptfigur demonstriert – ein sowohl geistiger wie sinnlicher Prozeß, in dem Maria Stuart mit der Erkenntnis ihrer Irrtümer und Verfehlungen zugleich ihre Affekte und Leidenschaften reinigt. Der katholische Ritus – Beichte, Kommunion, das »Zeichen des Kreuzes«, Geben und Empfangen des Kelches, der »Segen« – ist lediglich die Form, die dieser geistig-sinnlichen Wandlung eines Menschen das feierliche Gepräge gibt: seiner Wandlung zur »schönen Seele«. Auch wenn Maria Stuart den Anspruch der katholischen Kirche, die alleinseligmachende Religion darzustellen, selber zitiert, so zitiert sie damit nicht eine dem Drama innewohnende ›frohe Botschaft‹. Als schöne Seele, die Sittengesetz und Naturtrieb, Pflicht und Neigung, intellektuelle Einsicht und spontanen Affekt auf ideale Weise versöhnt, hebt sie vielmehr das Katholische in einer utopischen Vision auf, die der ästhetischen Theorie Schillers entspringt. Damit die Versöhnung von übersinnlichem Gesetz und natürlichem Affekt, der »Uebertritt des Menschen in den Gott«, zum eindringlichen Bild werde, bedient sich Schiller des katholischen Ritus, der dem Bühnengeschehen ein Höchstmaß an Feierlichkeit und Festlichkeit verleiht.[69] Die von Melvil zelebrierte Lossprechung Marias von aller Schuld bezeichnet symbolisch die Herstellung des Idealschönen im säkularisierten Sinne Schillers. Auch Marias äußere Erscheinung wird zum Symbol der idealen Schönheit: »Sie ist weiß und festlich gekleidet, am Halse trägt sie an einer Kette von kleinen Kugeln ein Agnus Dei, ein Rosenkranz hängt am Gürtel herab, sie hat ein Kruzifix in der Hand, und ein Diadem in den Haaren, ihr großer schwarzer Schleier ist zurück geschlagen« (V,6). Die Bühne wird zum heiligen Palast und zum schönen Heiligtum, worin Maria mit sakraler Gebärde ihre Dienerschaft testamentarisch bedenkt, sich ihrer Zukunft vergewissert und ihr Dank sagt. Zum letztenmal entfaltet sich der »Erde Glanz« (V,6, 3549): Bediente treten auf, »welche goldne und silberne Gefäße, Spiegel, Gemälde und andere Kostbarkeiten tragen, und den Hintergrund des Zimmers damit anfüllen« (V,1). Zum erstenmal jedoch entbehrt dieser Glanz des täuschenden Scheins: er repräsentiert die innere Vollkommenheit der Stuart. Äußerer Schmuck, sakraler Gestus, religiöse Gegenstände und Riten verwandeln die Bühne in das feierlich-festliche Symbol des göttlichen Zustands einer schönen Seele.

So gesehen wird das Theater, um eine Wendung aus dem Prolog zum *Wallenstein* zu zitieren, zum »heitern Tempel«[70]. Das Kunstschöne bedient sich des Religiösen, um eine gleichsam religiöse Wirkung zu erlangen. Schillers rein ästhetische Auffassung des Christentums[71] deutet darauf hin, daß er das Heilsversprechen und den Erlösungsanspruch der Religion auf die Kunst zu übertragen gedenkt – ein für die Intelligenz des ausgehenden 18. Jahrhunderts bezeichnendes Unterfangen.[72] Die Aufklärer hatten, theologische Vorstellungen über das Paradies säkularisierend, Geschichte als einen Prozeß verstanden, der zwischen einer vorgeschichtlichen beschränkten und einer geschichtlich vollendeten, höheren Harmonie vermittle. Ein Leitmotiv aus seiner Antrittsvorlesung über das Studium der Universalgeschichte (1788) aufgreifend, hatte der aufgeklärte Schiller in seinem Aufsatz *Etwas über die erste Menschengesellschaft nach dem Leitfaden der mosaischen Urkunde* aus dem Jahre 1790 gefordert: »Er [der Mensch] sollte den Stand der Unschuld, den er jetzt verlohr, wieder aufsuchen lernen durch *seine Vernunft* und als ein freier vernünftiger Geist dahin zurück kommen, wovon er als *Pflanze* und als eine Kreatur des Instinkts ausgegangen war; aus einem Paradies der Unwissenheit und

Knechtschaft sollte er sich, wär es auch nach späten Jahrtausenden, zu einem Paradies der Erkenntniß und der Freiheit hinaufarbeiten«.[73] Daß an die Schwelle dieses Paradieses der Freiheit und der Erkenntnis die Französische Revolution heranführen werde, war eine verbreitete Hoffnung der Zeit. Schiller gehörte zu jenem Teil der bürgerlichen Intelligenz, die sich in dieser Hoffnung enttäuscht sahen. Seine *Briefe über die ästhetische Erziehung des Menschen* suchen diese Enttäuschung als eine geschichtlich unvermeidliche zu interpretieren. Der aufklärerische Geschichtsoptimismus, der einem naturgesetzlichen Fortschritt das Wort redete, weicht bei ihm einer dialektischen Auffassung der Geschichte. Die »schärfere Scheidung der Wissenschaften« und das immer »verwickeltere Uhrwerk der Staaten«[74] fördern eine Arbeitsteilung, die zwar objektiv einen Kulturfortschritt darstellt, das Individuum jedoch an der allseitigen Ausbildung seiner Anlagen und Kräfte hindert. Wenn der Staat, die Spezialisierung der Berufe fördernd, »an dem Einen seiner Bürger nur die Memorie, an einem Andern den tabellarischen Verstand, an einem Dritten nur die mechanische Fertigkeit ehrt«[75]: so darf es niemand wundern, »daß die übrigen Anlagen des Gemüths vernachlässigt werden«.[76] Nicht nur spaltet sich auf diese Weise die sinnlich-geistige Doppelnatur des Menschen: als bloßer »Abdruck seines Geschäfts, seiner Wissenschaft[77] wird er auch gegenüber dem Allgemeinen blind, sieht er »das freye Ganze sich aus den Augen gerückt«[78]; durch die wachsende Gewalt des allerorts herrschenden »Egoismus« mehr und mehr auf »sein elendes Eigenthum« fixiert, erstickt jeder »feurige Trieb nach Verbesserung«[79], treten Privatinteresse und politische Ethik, individuelle und gesellschaftliche Bedürfnisse auseinander. Die nur fragmentarisch entwickelten, zerrissenen und bornierten Menschen taugen Schiller zufolge nicht dazu, das Ideal der Revolution in die Praxis umzusetzen: die harmonische Gesellschaft freier, vernünftiger, allseitig ausgebildeter Individuen. Für dieses Ideal können die durch Staat und Wirtschaftsleben beschädigten Bürger einzig und allein in einer nicht-staatlichen und nicht-ökonomischen Sphäre reif werden: in der Begegnung mit der Kunst. Sind die Menschen im Gefolge der Arbeitsteilung, des privaten Erwerbsstrebens und der wachsenden Undurchsichtigkeit des Staats einer fortschreitenden Selbstentfremdung anheimgefallen, so vermögen sie laut Schiller nur mittels der Kunst aus ihrem regressiven Dasein herauszutreten und harmonische Totalität zu gewinnen. Die Erfahrung von Totalität im Reich der Kunst hätte so lange zu erfolgen, »bis die Trennung in dem innern Menschen wieder aufgehoben, und seine Natur vollständig genug entwickelt ist, um selbst die Künstlerinn zu seyn, und der politischen Schöpfung der Vernunft ihre Realität zu verbürgen«[80]. Die von Schiller anvisierte Utopie stellt – in Übereinstimmung mit dem geschichtsphilosophischen Dreischritt anderer zeitgenössischer Theorien – eine Synthese dar zwischen vorgeschichtlicher Idylle und moderner Geschichte: von ersterer würde die individuelle und gesellschaftliche Harmonie übernommen, jedoch ohne die vormalige Naivität und Beschränktheit, von letzterer der gesamtgesellschaftliche (naturwissenschaftlich-technische, wirtschaftliche, philosophische) Fortschritt, jedoch ohne seine fatalen Folgen für die Individuen und ihr Zusammenleben.

So bleibt denn das politische Ideal einer höheren Gesellschaft vollkommener Individuen die Fluchtlinie der Geschichtsphilosophie Schillers auch nach den Enttäuschungen der Französischen Revolution: einer Geschichtsphilosophie allerdings, die so einseitig auf dem Fundament der Ästhetik ruht, daß diese sich zu verselbständigen droht.[81] Ob Kunst als Wegbereiterin der Politik oder eher als selbstgenügsamer Religionsersatz aufzufassen ist, ob sie den seiner selbst entfremdeten Menschen für die Geschichte formen oder von der Geschichte erlösen will, läßt sich in Schillers klassischer Theorie der ästhetischen Wirkung nur schwer ausmachen. Mit relativer Gewißheit jedoch läßt sich sagen, daß der Mensch, auf den diese Theorie sich bezieht, nicht die »Menschheit«, nicht das gesellschaftliche Wesen repräsentiert. Ist die »ästhetische Erziehung des Menschen« auch als Antwort auf den modernen sozialgeschichtlichen Prozeß entworfen, so kann sie auf diesen doch nur punktuell zurückwirken. Schiller hat einmal scharfsichtig die subjektive Voraussetzung bestimmt, derer die ästhetische Erziehung bedarf – die Voraussetzung auf der Seite der Rezipienten: »Die Schönheit ist das Produkt der Zusammenstimmung zwischen dem Geist und den Sinnen, es spricht zu allen Vermögen des Menschen zugleich, und kann daher nur unter der Voraussetzung eines vollständigen und freyen Gebrauchs aller seiner Kräfte empfunden und gewürdiget werden.«[82] Eben dieser Voraussetzung eines vollständigen und freien Gebrauchs aller subjektiven Kräfte wird, europäisch gesehen, der Boden zu der Zeit entzogen, da Schiller sie benennt. Die permanente Notwendigkeit, sich unter zunehmend kapitalistischen Arbeitsbedingungen am Leben zu erhalten, überwältigt breite Volksschichten und verdrängt zusehends die momentane Möglichkeit, im Medium der Kunst eines besseren Lebens innezuwerden. Nicht nur unterliegt die Arbeit einer fortschreitenden Spezialisierung, durch die der Gegensatz zur ästhetischen Totalität immer weiter aufgerissen wird; auch die von der Arbeit abgetrennte freie Zeit wird im Umkreis der industriellen Revolution, d. h. eines sich verschärfenden Leistungs-, Profit- und Exploitationsprinzips, nicht etwa zur Stätte idealer Kunsterfahrung, sondern lebensnotwendiger Reproduktion der Arbeitskraft, zumindest für die Masse der Arbeitenden. Schillers Theorie der ästhetischen Wirkung kann daher nur für eine soziale und Bildungselite bzw. für privilegierte Schichten im weitesten Sinne Geltung haben. Diese mögliche Geltung sei zumal im Hinblick auf den letzten Aufzug der *Maria Stuart* stichwortartig erläutert.

Wirkungsästhetik

Wenn Schiller das Heilsversprechen der Religion auf die Kunst überträgt, wenn er, aufgrund seiner Enttäuschung über die politische Revolution, die Menschen durch die ästhetische Wirkung zu revolutionieren gedenkt, so ist *Maria Stuart* in seinem Dramenschaffen der konsequenteste Ausdruck dieser zeit- und geistesgeschichtlichen Wende. Die Religion wird in der Tragödie zu einer Funktion der Kunst. Diese beerbt, was jene an Feierlichkeit und Festlichkeit nur immer zu bieten hat. Daraus entspringt ein für die Weimarer Klassik charakteristischer Theaterstil: prachtentfaltende Symbolik.[83] Im sinnlichen Ritual vollzieht sich ein analytisch erfaßbarer Läuterungsvorgang – womit die Kunst einzulösen versucht, was die Theorie versprach: einem politisch schwerwiegenden Defizit der Zeitgenossen abzuhelfen, ihre gespaltene Doppelnatur zu versöhnen, »das Ganze unserer sinnlichen und geistigen Kräfte in möglichster Harmonie auszubilden«[84]. Schiller, aber auch

Goethe zufolge aktiviert das ideale Kunstwerk die »Einbildungskraft«, die sonst vor allem durch das »schöne Gedicht« rege wird; die »Empfindung«, die sonst bei »schöner Musik« erwacht; den »Verstand«, der sonst durch ein »schönes Bildwerk und Gebäude« tätig wird.[85] Dieser klassischen Idealvorstellung entspräche eine *Einbildungskraft*, die anläßlich der Sterbe-Szene Maria Stuarts zwischen der Sinnlichkeit religiöser Dingwelt und ihrem *abstrakten Sinn* vermittelt.[86] Die ästhetische Harmonie der im Zuschauer regen Kräfte hat Schiller mehrfach durch die Kategorie »Spieltrieb« charakterisiert: sie verrät sein Interesse an einer *zwangfreien* Wirkung der Kunst. Die Versklavung des Publikums durch Affekte hat Schiller emphatisch abgelehnt: »Denn das Gemüt des Zuschauers soll auch in der heftigsten Passion seine Freiheit behalten; es soll kein Raub der Eindrücke sein, sondern sich immer klar und heiter von den Rührungen scheiden, die es erleidet.«[87]

Wie aber kann der Zuschauer mitten im Affekt die »Freiheit des Gemüts« bewahren? Indem der Dramatiker den Kunstcharakter seines Werks zur Geltung bringt! Seit dem *Wallenstein* akzentuiert Schiller zusehends die Differenz zwischen Werk und Wirklichkeit: »Ernst ist das Leben, heiter ist die Kunst.«[88] Die dramatische Bühne bildet die Realität nicht ab, sondern überführt sie in den schönen »Schein« – das ästhetische Gebilde. Dieses raubt allerdings dem Leben nicht seine wahre Bedeutung, sondern erhellt sie, verflüchtigt nicht die Schwerkraft der Wirklichkeit, sondern verleiht ihr Maß, verschönt nicht das empirische Material der Geschichte, sondern macht es auf Grundzüge und Triebkräfte hin durchsichtig. Die in Kunst verwandelte Prosa der Realität verliert für den Zuschauer an bedrückender Unmittelbarkeit und verhilft ihm zu betrachtendem Abstand, verschont ihn mit den Zufälligkeiten der Empirie und ermöglicht ihm Einblick in ihr Wesen, bedrängt ihn nicht mit dem Alltag, sondern gewährt, was dieser dem Menschen schuldig bleibt. Bei dieser ästhetischen Operation bedient sich Schiller, um den Status der künstlerischen Fiktion, der produktiven »Täuschung«[89] bewußt zu machen und zugleich die sinnlich-geistige Doppelnatur des Menschen ins Spiel zu bringen, ausgesucht-auffälliger Formkräfte: nicht nur des Bühnenbilds und der szenischen Anweisungen, die der Einbildungskraft die Vermittlung zwischen plastischer Anschauung und analytischem Symbolverständnis nahelegen, nicht nur der Organisation der Handlung, die den Geschichtsprozeß in sinnliche Form zwingt und zugleich der Reflexion zugänglich macht, sondern auch genuin sprachlicher Formkräfte: des Verses und der Rhetorik. Für Schiller wie für Goethe ist die Verwandlung der »prosaischen Sprache in eine poetisch-rhythmische«[90] eine revolutionäre Erfahrung – sie begründet stilistisch die Weimarer Klassik, und zwar gegen den Widerstand von Schauspielern und Publikum.[91] Unter der Einwirkung des Versrhythmus erfolgt die Umbildung der »gemeinen Empirie« in etwas »Allgemeines, rein menschliches«[92]: der die Sprache der Personen gleichmäßig durchdringende Rhythmus dringt zugleich auf eine überpersönliche Gemeinsamkeit. Sie kommt zustande, indem die Personen, aller zufälligen Individualität entkleidet, zu Trägern überindividueller Ideen und Sachgehalte werden. Überdies erzeugen die von Schiller als Versmaß bevorzugten Jamben eine »poetische Gemüthlichkeit, die einen ins Breite treibt«[93]: die Figuren tun sich durch »epische« Ausführlichkeit hervor, die ihnen repräsentative Gedanken zu äußern gestattet; sie werden zu »symbolischen Wesen«, die »das allgemeine der Menschheit darzustellen und auszusprechen haben«[94]. Hierfür eignet sich die rhetorische Sprache ausgezeichnet – sie bringt den rhythmisch-epischen, sinnlich-geistigen Doppelcharakter des Verses zur Entfaltung, in der *Maria Stuart* reicher als in irgendeinem anderen Drama Schillers.[95] Die Personen reden nicht, sondern halten Reden, argumentieren nicht, sondern schmücken Argumente aus, bekämpfen einander nicht, sondern führen die Waffen der Rhetorik ins Feld: die Wiederholung, die Variation, den Parallelismus, die Steigerung, die Sentenz[96]. Die eingangs erwähnte Intellektualität des Dramas ist von rhetorischer Pracht, die im Bunde mit der üppigen Bildersprache den Streitgesprächen Sinnlichkeit verleiht. Die Streitenden ziselieren ihre Reden für ein Forum – das Theaterpublikum wird zur richtenden Öffentlichkeit, die der »Redekunst« von Kläger und Angeklagtem (z. B. Burleigh versus Maria Stuart), Kläger und Verteidiger (z. B. Burleigh versus Shrewsbury) beiwohnt.[97] Der prozessuale Charakter zahlreicher Auftritte gestattet es den Personen, die Logik ihrer Argumentation mit plastischer Anschaulichkeit zu Gehör zu bringen. Wieviel Aufmerksamkeit Schiller nicht nur der Versinnlichung einer forensischen Verstandeskraft, sondern auch seelischer Kräfte widmet, zeigt der Wechsel zwischen Blankvers und Stanze, Jamben und Daktylen zu Anfang des 3. Aufzugs, als Maria sich in Illusionen wiegt, zeigt der Reichtum an Reimen, mit denen das Drama aufwartet.[98] Die Suggestivkraft der Reim-Musik soll die Ausführungen der Personen nicht etwa als wahr erscheinen lassen. Gerade weil sie sich oft genug täuschen oder auch der Humanität ermangeln, kann die musikalische Schönheit ihrer Rede den Kunstcharakter des Dramas, den schönen »Schein«, fühlbar machen und den ästhetischen Spieltrieb des Zuschauers anregen:[99] die Formkräfte, die seine sinnlich-geistige Doppelnatur, seine Totalität anvisieren, verbürgen ihm auch die »Freiheit des Gemüts«.

Welche Verbindung diese (Wirkungs-)Ästhetik mit der Sprache der Affekte eingeht, läßt sich vom letzten Aufzug her erläutern. Der Geschichtsprozeß ist, soweit er die Existenz der Stuart betrifft, zum Stillstand gekommen: die Affekte der Furcht und der Hoffnung, die er in Form dramatischer Umschläge, heftiger coups de théâtre und retardierender Illusionen erzeugt hat, verwandeln sich in die »allgemeine tiefe Rührung«[100], die Trauer über den Tod der Stuart. Aber der Kunstcharakter der Todesszene – ihr sinnliches Gepränge, ihre musikalische Erweichung des Verses durch Reime, ihre sakrale Gebärdensprache und feierlichen Sprachgebärden – hält die Trauer in Grenzen, fängt sie im Medium des ästhetischen Spiels auf, bewahrt den Zuschauer vor emotionaler Identifikation mit der Hauptfigur.[101] So würde denn das Drama Schillers paradoxem Ideal gerecht, wonach gerade »Künste des Affekts, dergleichen die Tragödie ist [...] um so vollkommener sind, je mehr sie auch im höchsten Sturme des Affekts die Gemüthsfreyheit schonen«[102]. Gemütsfreiheit ist hier nicht mit unverbindlicher Distanz zu verwechseln, Ästhetik nicht mit Ästhetisierung. Die kunstbewußte Sinnlichkeit der Todesszene ist der Widerschein eines geschichtsphilosophischen Ziels: der »schönen Seele«, der »zur höchsten sittlichen Würde hinaufgeläuterten Natur«[103], jener Synthese von Trieb und Vernunft, Natur und Ethik, die laut Schiller vom modernen Menschen verfehlt wurde, zum Schaden der politischen Revolution. Die Tragödie verbildlicht das geschichtsphilosophische Ziel im Zeichen des Todes – und erhält gerade dadurch Appellcharakter. Zur Reflexion anheimgestellt wird, warum die »schöne Seele«, Ziel des seiner selbst entfremdeten modernen Individuums, für die

Selbstvervollkommnung den Preis des Lebens zu entrichten hat. Dieser Appellcharakter ist im szenischen Aufbau enthalten. Statt auf die geschichtliche Katastrophe das tröstliche Bild idealer Menschlichkeit folgen zu lassen, schließt das Drama an die ideale Menschlichkeit die bestürzenden Bilder geschichtlicher Katastrophe an: Leicesters selbstzerstörerische Bewußtwerdung der eigenen verfehlten Existenz, Elisabeths Unmenschlichkeit und Verlassenheit. Der Kontrast ist zu grell, als daß ihn die Analyse übergehen dürfte: Analyse einer Gesellschaftsordnung, die in der Antithetik ohnmächtiger Humanität und geschichtsmächtiger Inhumanität erstarrt. So will das Drama dem Zeitgenossen nicht nur die Erfahrung der Totalität, des »lebendigen Spiels aller seiner Kräfte« ermöglichen,[104] damit er selber ein Bewußtsein vom wahren Ziel der Geschichte gewinne: es will ihm auch die Einsicht in politische Herrschaftsformen vermitteln, die seine Selbstverwirklichung verhindern und jenes Ziel in eine utopische Ferne rücken. Nicht zufällig hat Schiller die ästhetische Totalität der »schönen Seele« auch ausdrücklich politisch gefaßt: als ein den absolutistischen Staat und den anarchischen Umsturz überwindendes Drittes.[105]

Staat und Recht

Kritik an unzulässiger politischer Herrschaft übt das Drama insbesondere im Medium des Rechts. Für Maria Stuart ist es die Ursache ihrer tragischen Lebensgeschichte: »O dieses unglücksvolle Recht! Es ist / Die einzge Quelle aller meiner Leiden« (I,6,534f.). Zur Diskussion steht, wer die rechtmäßige Königin von England ist: die regierende Elisabeth oder die von ihr gefangengehaltene schottische Blutsverwandte. Spricht gegen Elisabeth ihrem eigenen Geständnis zufolge der »Flecken meiner fürstlichen Geburt« (IV,10,3223), so spricht für sie der »Schluß der Parlamente« (II,3,1420f.) Englands, aber auch ihr Status als »angebetete Monarchin« (II,3,1426): »So schöne Tage hat dies Eiland nie / Gesehn, seit eigne Fürsten es regieren« (II,3,1309f.). Und umgekehrt: Scheint Elisabeths ›Volkstümlichkeit‹ ein Einwand gegen Maria Stuarts Thronansprüche, so ihr ›Geburtsfehler‹ ein Argument für die makellos geborene Konkurrentin. Das Pro und Contra ließe sich nach beiden Seiten hin differenzieren, ohne daß die Intention des Dramas getroffen würde, die den Rechtsstreit als einen unschlichtbaren, im Parteienzwist verankerten entfaltet. Die Perspektive, aus der von den dramatis personae geurteilt wird, ist an die Partei gebunden, der sie angehören: der englisch-anglikanischen oder französisch-katholischen. Im Bannkreis religiös, politisch und privat motivierter Interessen wird das Recht ›zurecht‹gelegt, gedeutet und umgedeutet: es ist der objektive Schein, in den die einander widerstreitenden Ansprüche auf Thron, Besitz und Macht gehüllt werden. Das Drama markiert den historischen Ort, an dem die Berufung auf das Gottesgnadentum des Monarchen nicht mehr ausreicht. Mehr und mehr tritt die Berufung auf das rational begründbare, aufgeklärte Recht hervor, das seinem Handeln absolute Legitimität verleihen soll.[106] Auf diesen Vorgang macht der dramatische Prozeß die Zeitgenossen aufmerksam, indem er das Geschehen ständig an einem aufgeklärten Rechts- und Staatsverständnis mißt. Den Schein aufgeklärter Regierungspraxis hat Elisabeth bis zur Unterzeichnung des Todesurteils zu wahren vermocht. Die anfechtbare Legitimität ihres Throns wollte durch einen unanfechtbaren politischen Stil, durch »hohe Tugenden« (IV,10,3221), vor allem die »Gerechtigkeit« (IV,10,3200), und durch »Volksgunst« (IV,10,3213) wettgemacht sein. Darüber führt Elisabeth bewegte und zynische Klage: »O Sklaverei des Volksdiensts! Schmähliche / Knechtschaft – Wie bin ichs müde, diesem Götzen / Zu schmeicheln, den mein Innerstes verachtet!« (IV,10,3190–92). Der absolute Monarch sieht sich im Spiegel aufgeklärter Monarchie: die Idee des Allgemeinwohls ist verpflichtend geworden.[107] Daher bedarf gerade das Unrecht nun der täuschenden Verkleidung durch Rechtsverordnungen, Richter und Rechtsinstanzen. Der Dialog zwischen Maria Stuart und Burleigh im 1. Aufzug zieht seine dramatische Schärfe aus dieser negativen Dialektik. Die Stuart widerlegt den von Burleigh gegen sie inszenierten Prozeß Punkt für Punkt mit der Unerbittlichkeit der zu Unrecht Verurteilten. Burleigh, der Kläger, bemüht das Recht, dreht und wendet es, um den Staat von einer ihm unbequemen Person zu entlasten. Die der Staatsraison aufzuopfernde Angeklagte legt diesen Rechtsmißbrauch scharfsinnig bloß: »[...] Nicht der eigne Nutzen / Regiert Euch, Euch regiert allein der Vorteil / Des Souveräns, des Landes. Eben darum / Mißtraut Euch, edler Lord, daß nicht der Nutzen / Des Staats Euch als Gerechtigkeit erscheine« (I,7,794–798). Die von Burleigh konsultierten Rechtsinstanzen sind mit Personen besetzt, die offenbar die Staatsraison in Einklang mit ihren eigenen Interessen zu bringen wissen. Im Bannkreis absolutistischer Macht beugen sie das Recht, verhelfen sie dem obersten Repräsentanten der Macht dazu, den Schein der Gerechtigkeit vor dem Volk zu wahren. Dieser Rechtsbeugung gilt Maria Stuarts schneidender Tadel. Die von Elisabeth gutgeheißene Verurteilung zum Tode wird ihrer Rechtsmaske beraubt:

»Nicht vom Gesetze borge sie das Schwert,
Sich der verhaßten Feindin zu entladen,
Und kleide nicht in heiliges Gewand
Der rohen Stärke blutiges Erkühnen.
Solch Gaukelspiel betrüge nicht die Welt!
Ermorden lassen kann sie mich, nicht richten!
Sie geb es auf, mit des Verbrechens Früchten
Den heilgen Schein der Tugend zu vereinen,
Und was sie *ist*, das wage sie zu scheinen.« (I,7,966–974)

Marias Rede versetzt die Kläger auf die Anklagebank. Elisabeth und ihre Rechtsorgane sprechen jener aufgeklärten »Tugend« Hohn, welcher Sir Paulet Ausdruck verliehen hatte: »Englands Beherrscher brauchen nichts zu scheuen, / Als ihr Gewissen und ihr Parlament. / Was die Gerechtigkeit gesprochen, furchtlos, / Vor aller Welt wird es die Macht vollziehn« (I,2,247–250). Das Gegenteil ist der Fall: Die Macht tritt nicht in den Dienst des Rechts, sondern entwürdigt es zu ihrer Komplizin. Indem Elisabeth das Todesurteil gegen die Stuart unterzeichnet, verdeckt sie ihr eigenes ›Unrecht‹, den Makel ihrer Geburt, durch die legalisierte Gewalt:

»Ein Bastard bin ich dir? – Unglückliche!
Ich bin es nur, so lang *du* lebst und atmest.
Der Zweifel meiner fürstlichen Geburt

Er ist getilgt, sobald ich *dich* vertilge.
Sobald dem Briten keine andre Wahl mehr bleibt,
Bin ich im echten Ehebett geboren.« (IV,10,3243–48)

Das Gesetz, an das aufklärerische Rechtsprechung den Monarchen ausdrücklich bindet,[108] erscheint im dramatischen Prozeß als das Gesetz des Stärkeren. Die geforderte Rechtsbindung des Herrschers bedarf offenbar einer von ihm abhängigen öffentlichen Kontrolle – das dramatische Geschehen formuliert diesen Schluß nicht ausdrücklich, legt ihn jedoch dem Zuschauer nahe. Ihm kann nicht verborgen bleiben, daß im Schutze der Staatsraison auch die Privatleidenschaften und Privatinteressen der Monarchin unkontrolliert in die Urteilsfindung hineinregieren. Wenn Elisabeth in einem aufgeklärten Sinn als erste Dienerin ihres Staates handelt, so kann sie damit auch ihrer verstörten ›Weiblichkeit‹ gute Dienste leisten: der Fall der politischen Gegnerin ist zugleich der Fall einer begehrten Konkurrentin. So verbünden sich im Namen der Staatsraison und des Dienstes am Staat private Herrscherwillkür und Eigeninteresse der Richter wider das Schutz suchende und Recht heischende Individuum. Eine allem Anschein nach aufgeklärte Monarchie bietet das Gegenbild jener Synthese, die aufklärerischer Theorie zufolge zwischen staatlichen und individuellen Interessen herzustellen ist: »[...] die Erhaltung und Befestigung der gemeinen Ruhe und Sicherheit, die Erleichterung und Begünstigung der Mittel, wodurch einem jeden einzelnen die Gelegenheit verschafft werden kann, seine Privatglückseligkeit ohne Beeinträchtigung und Beleidigung anderer zu befördern«.[109] Nicht nur das Schicksal der Stuart, mehr noch dasjenige Davisons, des Staatssekretärs, rückt Gründe für das Mißlingen einer Synthese zwischen Individuum und Staat ins Licht. Wenn Elisabeths eindeutige Unterschrift unter das Todesurteil durch ihren mündlichen Kommentar zweideutig wird, wenn durch diese Zweideutigkeit ein rechtskräftiger Beschluß ihrem Sekretär zum Verhängnis ausschlägt, so beschreibt das Drama ein Schicksal, das bürgerlich-aufklärerischen Errungenschaften im Kraftfeld absolutistischer Herrschaft stets droht: was aller Willkür entrückt und vernünftig zu sein scheint, Recht und Gesetz, verwandelt sich bei ungleicher Machtverteilung in ein Instrument der Unterdrückung – der Staat zehrt das Individuum, die Staatsraison die »Privatglückseligkeit« auf. Erscheint damit die aufgeklärte Gesellschaftstheorie, die eine Synthese beider Pole fordert, als idealistisch? Ist ihr Programm ebenso ohnmächtig wie der Humanismus eines Shrewsbury: sein persönlicher Appell an den Monarchen, Gnade, freie Gewissensentscheidung und eine höhere Gerechtigkeit walten zu lassen? Shrewsburys Appell prallt an der These der Notwendigkeit ab, auf welcher Burleighs Staatsraison fußt: Da die Parteigänger der Stuart nach dem Leben Elisabeths trachteten, sei eine äußerste, tödliche Vorsichtsmaßregel erforderlich: »Kein Friede ist mit ihr und ihrem Stamm! / Du mußt den Streich erleiden oder führen. / Ihr Leben ist dein Tod! Ihr Tod dein Leben!« (II,3,1292–94). Burleighs Staatsraison nimmt für sich in Anspruch, daß sie »des Volkes Wohlfahrt« fördert (IV,9,3182). Freilich – welcher Art ist diese Wohlfahrt, wenn einzelne unter der Rechtsprechung leiden und die Richtenden selber unfrei sind? Die Rechtsbeugungen, die ein ›aufgeklärtes‹, mit bürgerlichen Rechtsinstanzen und dem Schein bürgerlicher Moral aufwartendes System vornimmt, haben in der *Maria Stuart* den Charakter herausfordernder

Fragen: sie sind in eine den Zeitgenossen nur allzu vertraute Sprache gekleidet – z. B. in das so trügerische Pathos eines Burleigh, die Richter des Landes seien weder »schamlose Zungendrescher« noch »Organ der Unterdrückung«, vielmehr »über Fürstenfurcht und niedrige Bestechung weit erhaben« (I,7,739–745). Die Fürstenfurcht, eine verbreitete zeitgenössische Erfahrung, demonstriert ihre demütigende, versklavende Kraft eindringlich an der Person Davisons: aus dem Schicksal, das ihm widerfährt, läßt sich folgern, daß das Volk seine »Wohlfahrt« besser selbst bestimmen sollte. Das wäre durchaus im Geiste der Geschichtsphilosophie Schillers. In seiner Schrift über *Die Gesetzgebung des Lykurgus und Solon*[110] hat Schiller an zwei historischen Beispielen Furcht und Knechtschaft als Produkte rückschrittlicher Gesetzgebung mit den Wirkungen demokratischer Gesetzgebung kontrastiert. Sind im ersten Fall die Individuen nur Mittel für staatliche Zwecke, Opfer der Staatsraison, so ist im zweiten Fall der Staat nur Mittel für einen idealen Zweck: die Selbstbestimmung und Vervollkommnung der Menschen. Wenn die tragische Handlung der *Maria Stuart* den ersten Fall anhand absolutistischer Rechtsbeugung versinnlicht, so kann der Vorstellungskraft des Lesers gerade dadurch der zweite Fall als Alternative dämmern: Volkssouveränität; die vom Volk selber bestimmte, nicht die ihm verordnete »Wohlfahrt«.

Konkret wird diese Alternative zur monarchistischen Tragödie im Horizont des Dramas nicht. Sie könnte es erst werden, wenn die dem souveränen Volk zur Beherrschung anheimgegebene Geschichte durchsichtig geworden wäre. Das wurde sie in der *Maria Stuart* nicht. Den Ursprung der Machtkämpfe, in die geschichtliches Leben aufgespalten ist, verschweigt das Drama. Die Stuart verdunkelt und mystifiziert ihn: »Seht! Ich will alles eine Schickung nennen / [. . .] / Ein böser Geist stieg aus dem Abgrund auf, / Den Haß in unsern Herzen zu entzünden, / Der unsre zarte Jugend schon entzweit« (III,4,2307–11). Solche Undurchschaubarkeit des Ursprungs der geschichtlichen Tragödie führt auf den anfangs skizzierten Geschichtsbegriff Schillers zurück. Seine Kenntnis historischer Triebkräfte reicht für den Entwurf einer vernünftigen, rational gestaltbaren Geschichte noch nicht aus, läßt eine humane Alternative zu volksverachtender Herrschaft zwar denkbar, aber nicht anschaulich werden. Die Veranschaulichung ist dem Leser anheimgestellt.

Probleme der Gattung

Die in der Analyse gewonnenen Resultate seien abschließend weder verfestigt noch zusammengefaßt, sondern teilweise in vorläufige, diskussionsbedürftige Thesen überführt. Die von Schiller gewählte Gattung des »Trauerspiels« scheint für eine derartige Thesenbildung geeignet. Als »Trauerspiel« hatte Schiller bereits eines seiner Jugendwerke, *Kabale und Liebe*, bezeichnet, freilich als ein »bürgerliches«. Das Attribut markiert Schauplatz und Ideenwelt der tragischen Handlung: die (klein-)bürgerliche Familie und ihre Wertvorstellungen. Gewiß spielt die Handlung im Rahmen feudaler Ständeordnung, speist sie sich aus Standesgegensätzen, kommt sie in Gang durch höfische Intrigen – aber ihr eigentlicher Ort ist die Intimsphäre des Bürgermädchens Luise Millerin, die keine Brücke zu schlagen vermag zwischen der Sprache ihres Herzens (der Liebe für den Adligen Ferdinand) und der Sprache ihres Gewissens (der religiös überhöhten patriarchalischen Vaterbindung als der Keimzelle bürgerlicher Ordnung). Im Gegensatz dazu ist der maßgebliche Schauplatz im *Wallenstein* die Geschichte: an die Stelle bürgerlicher Privatsphäre tritt die »Staatsaction«.[111] Nicht die Instanzen des Herzens und des Gewissens sind Motor der Handlung, sondern das ihnen übergeordnete Widerspiel historisch-politischer Kräfte. Bevorzugt Schiller bei seiner Konzeption des *Wallenstein* zunächst den Terminus »Trauerspiel«[112], so neigt er im Hinblick auf die Eingestaltung der empirischen Geschichte mehr und mehr dazu, von einer »Tragödie« zu reden:[113] wenn auch der Gebrauch beider Begriffe schwankend bleibt, sowohl bei Schiller wie bei seinen Zeitgenossen, so kann doch der Terminuswechsel hier an das Bewußtsein geknüpft sein, es handle sich weniger um ein in der Privatsphäre als vielmehr in der politischen Öffentlichkeit angesiedeltes Drama. Wie ungesichert eine derartige Vermutung auch immer sein mag: daß in der *Maria Stuart* eine Vermittlung beider Sphären statthat, spricht für die einfache Gattungsbezeichnung »Trauerspiel«. Ein Etikett wie »Geschichtstragödie« wäre angesichts des beträchtlichen Maßes an Privatheit in diesem Drama nicht angemessen, wie umgekehrt das Kompositum »*bürgerliches* Trauerspiel« seine historisch-öffentliche und höfische Dimension verfehlen würde. Was im *Don Karlos* noch nicht gelang wegen des Vorrangs menschlich-privater gegenüber geschichtlich-politischen Motiven (die ursprüngliche Formel »Ein Familiengemälde aus königlichem Hause« deutet darauf hin),[114] scheint unserem Interpretationsgang zufolge in der *Maria Stuart* zu gelingen: die – freilich disharmonische und widerspruchsvolle – Synthese beider Bereiche.[115] Daß Könige nur als Menschen interessant seien – diese für das »bürgerliche Trauerspiel« produktive These Lessings und anderer[116] –, wird in charakteristischer Weise abgewandelt: Schillers Königinnen bringen sich als gesellschaftlich geprägte Menschen in die Geschichte ein, und zwar in eine aus zeitgemäßer Perspektive dargestellte Geschichte. Darüber sieht leicht hinweg, wer Schillers Drama mit epochenübergreifendem Elan dem barocken Trauerspiel annähert.[117] Dessen Bild der Geschichte als eines unveränderlich trostlosen Weltlaufs, eines auf das überirdische Heil verweisenden Naturzustandes,[118] hat mit Schillers eigenem wenig zu tun, trotz gelegentlicher Anklänge: in die *Maria Stuart* ist Schillers eigene Geschichtszeit als veränderungsbedürftige eingezeichnet. Daß dies im Medium einer vergangenen Epoche Englands geschieht, verweist gewiß auf den vielbeklagten Mangel an zeitgenössischen nationalen Themen, ein Symptom der Zersplitterung Deutschlands in meist unbedeutende Kleinstaaten.[119] Ob der Rückgriff auf die Vergangenheit darüber hinaus den anachronistischen Versuch darstellt, an die Stelle des anonymen Spannungsgeflechtes eines modernen Staats die durchsichtige »Staatsaction« geschichtsbestimmender Persönlichkeiten (z. B. Königinnen) zu setzen,[120] ist weniger gewiß. Denn die vorgebliche »Geschichtsmächtigkeit individueller Antriebe und Leidenschaften«[121] wird in der *Maria Stuart* als trügerisch enthüllt: die von den Individuen geplante Politik wird gerade im Medium ihrer Privatinteressen und Privatleidenschaften gebrochen, so daß sich die Geschichte als anonyme Macht gegen die Machthaber durchsetzt. In dieses Bild der Geschichte als eines widersprüchlich verknoteten Zusammenhangs von Individuum und politischer Öffentlichkeit geht eine durchaus moderne Erfahrung ein. Schiller hat sie, wie bereits erwähnt, angesichts seiner Analyse der Französischen Revolution als die Verarmung des Individuums definiert, das im Bannkreis staatlich-öffentlicher Anonymität und fortschreitender Arbeitsteilung lebt. Der einzelne ist seiner selbst entfremdet, weil er sowohl als Staatsbürger wie als erwerbender Wirtschaftsbürger auf seine Privatinteressen zurückgeworfen und mit Privatinteressen konfrontiert ist. Gerade mit der Französischen Revolution wird eine Eigenart der bürgerlichen Gesellschaft besonders sinnfällig: die dreifache Spaltung des Individuums in homme, citoyen, bourgeois.[122] Züge des Mißverhältnisses zwischen dem citoyen (Staatsbürger) und dem auf sich selbst bzw. seine Familie verwiesenen homme (Privatmensch) lassen sich in der *Maria Stuart* fassen: ihr eigentümlicher ›gemischter‹ Gattungscharakter, bestimmbar als das Ineinanderwirken von bürgerlichem Trauerspiel und Geschichtstragödie, legt davon Zeugnis ab. Als dialektisch wird man dieses Ineinanderwirken deshalb bezeichnen dürfen, weil nicht nur geschichtlich-gesellschaftliches Handeln durch Privatinteressen und Privatleidenschaften, sondern diese ihrerseits durch gesellschaftliche, bürgerlich-patriarchalische Normen geprägt sind.

Vielleicht wird diese ›erhabene‹ Deutung nicht nur der geschichtsphilosophischen Zeitgenossenschaft Schillers, sondern ebensosehr seiner Publikumsstrategie gerecht. Der hohe Tragödienstil der Weimarer Klassik war ja bei Schauspielern wie Zuschauern weniger populär als etwa das bürgerliche Rührstück, eine melodramatische Versimpelung des bürgerlichen Trauerspiels. Goethe und Schiller haben sich darüber in parodierender Absicht beklagt: »[...] / Uns kann nur das christlichmoralische rühren, / Und was recht populär, häuslich und bürgerlich ist. / [...] / Was? Es dürfte kein Cesar auf euren Bühnen sich zeigen, / Kein Anton, kein Orest, keine Andromacha mehr? / [...] / Nichts! Man siehet bey uns nur Pfarrer, Kommerzienräthe, / Fähndriche, Sekretairs oder Husarenmajors.«[123] Es konnte Schiller kaum gleichgültig sein, daß seine *Kabale und Liebe* beim unpolitischen, auf die Privatsphäre fixierten Bürgertum weniger Anklang fand als das vom Stoff her so ähnliche Rührstück *Der teutsche Hausvater* eines Otto Heinrich von Gemmingen: seit der Übersiedlung nach Weimar (1800) von Karl August finanziell unterstützt, blieb Schiller doch stets auch auf seine Einkünfte als freier Schriftsteller angewiesen.[124] Nicht abwegig ist daher die Vermutung, daß er das Publikum strategisch, durch die Anknüpfung an dessen Vorlieben, für den hohen Stil der Weimarer Klassik zu erziehen suchte. Dafür sprächen auch die bereits genannten sinnlichen, sowohl musikalischen wie malerischen Darstellungsmittel. Ihrer bediente sich die in der unverminderten Gunst des Publikums stehende Oper – und Äußerungen Schillers lassen darauf schließen, daß ihm der Anspruch der Oper, eine Art Gesamtkunstwerk vorzustellen, für seine Idee ästhetischer Totalität dienlich sein konnte.[125] Warum sollte das durch die Oper geprägte Theaterpublikum[126] nicht mit den Mitteln der Oper für diese anspruchsvolle Idee empfänglich gemacht werden![127] Und was so unverkennbar romantisch an der *Maria Stuart* anmutet – Mortimers erotische Begegnung mit der katholischen Kunst und seine schicksalhaften Ekstasen: war es nicht eine vorzügliche Gelegenheit, den gewaltig auftrumpfenden Romantikern um die Schlegels, Tieck und Wackenroder Paroli zu bieten, ja, sie mit ihren eigenen Mitteln zu schlagen?[128] Denn im Schicksal Mortimers, das ein romantisch gesonnenes Publikum faszinieren mochte, konnte Schiller zugleich einen Nerv des neuen, klassisches Maß sprengenden Zeitgeists treffen.[129]

Die Gesellschaftlichkeit der Schillerschen Klassik dürfte nicht zuletzt auch in einer virtuosen Synthese heteronomer Stile und Moden, zeittypischer Erziehungsideale und Marktstrategien zu suchen sein.[130]

Anmerkungen

Der Dramentext wird zitiert nach: Schillers Werke. Nationalausgabe. Bd. 9: Maria Stuart. Die Jungfrau von Orleans. Hrsg. von Benno von Wiese und Lieselotte Blumenthal. Weimar 1948. Nachweise (Aufzug, Auftritt, Vers) in Klammern unmittelbar hinter dem Zitat.

1 Vgl. dazu Norbert Oellers: Schiller. Geschichte seiner Wirkung bis zu Goethes Tod. 1805–1832. Bonn 1967. S. 340. Beweiskräftiges Material auch auf den Seiten 255 und 409. Vgl. außerdem Schillers Werke. Nationalausgabe. (Im folgenden zitiert als: NA.) Bd. 9. S. 378 f.

2 Ernst Wendt: Vor Felsen, Hecken und Ruinen. In: Theater heute 3 (1962) H. 9. S. 25.

3 Volker Canaris: Der Totenkopf der Elisabeth. In: Theater heute 7 (1966) H. 10. S. 31.

4 Ebd. Die folgenden Zitate dort auf S. 32.

5 Ein Beispiel dafür ist Rudolf Ibel: *Maria Stuart.* Grundlagen und Gedanken zum Verständnis des Dramas. Frankfurt a. M. [7]1975. Es wäre nicht notwendig, auf dieses Büchlein aufmerksam zu machen, hätte es nicht zwei Eigenarten: Es versammelt einmal die Kernworte einer traditionellen Schiller-Forschung (vgl. das Kapitel »Gedanken und Probleme« und seine disparate Zusammenstellung der verschiedenen Themenbereiche), und es ist zweitens für den Schulgebrauch gedacht. So wird dafür gesorgt, daß die Schüler anhand des Klassikers auf den »seelisch-sinnlichen, dämonischen Grund des Menschen« sehen (S. 62) und den Riß erkennen zwischen »heidnisch-naturhaftem und christlich-geistigem Dämon« (S. 64), erwartungsgemäß mit Bevorzugung des ersteren.

6 Emil Staiger: Friedrich Schiller. Zürich 1967. Die These, daß Schiller »sich dem Ewig-Menschlichen, nicht dem Historisch-Bedingten zu widmen gedenkt« (S. 286), wendet Staiger S. 318 f. auf »Maria Stuart« an.

7 Gerhard Storz: Der Dichter Friedrich Schiller. Stuttgart [3]1963. Vgl. etwa des Verfassers Skepsis gegen »Erfahrungswahrheit« (S. 332), seine Bestimmung der »dramatischen Struktur« (S. 335) und der »autonomen Geltung« (S. 342 f.).

8 Benno von Wiese: Friedrich Schiller. Stuttgart 1959. Vgl. besonders S. 716 (Idee der Nemesis), S. 722 f. (Idee der Religion) und S. 727.

9 In dem fast vergessenen, noch immer lesenswerten Buch vom Karl Kipka: Maria Stuart im Drama der Weltliteratur, vornehmlich des 17. und 18. Jahrhunderts. Leipzig 1907. Vgl. etwa S. 350.

10 Das gilt nicht nur für den deutschsprachigen Raum. Vgl. einen Bericht über die begeisterte Aufnahme einer »Maria-Stuart«-Inszenierung seitens des »kritischen italienischen Publikum« im Jahre 1965 (Sinah Kessler: Selbstanalyse und Klassik. In: Theater heute 6 [1965) H. 8. S. 42 f.).

11 Über solche Tragödientypen unterrichtet Kipka (Anm. 9).

12 Vgl. Schillers Brief vom 9. 8. 1799 an Christian Gottfried Körner (Schillers Briefe. Hrsg. von Fritz Jonas. Stuttgart [1892–96]. [Im folgenden zitiert als: Jonas.] Bd. 6. S. 65).

13 An Goethe, 19. 7. 1799 (Jonas 6,59).

14 Kipka (Anm. 9) rechnet diese Motive zur sogenannten »zweiten Entwicklungsreihe« (S. 357 f.). Daß vor allem die Königinnen-Begegnung noch immer als eine Erfindung Schillers angesehen wird, beruht auf einem Mangel an Information. Sie liefert Kipka – vgl. etwa seine Hinweise zu dem Maria-Stuart-Drama von Christian Heinrich Spieß aus dem Jahre 1784, das Schiller wohl gekannt hat (zur Königinnen-Begegnung S. 295), und vor allem die Inhaltsangabe zu dem populären Drama von John Banks (zur Königinnen-Begegnung S. 265). – Selbst die Nationalausgabe suggeriert eine von Schiller »frei erfundene, den Mittelpunkt des Dramas bildende Zusammenkunft der beiden Königinnen [. . .]. Auch Leicesters Verhältnis zu Maria ist eine Schöpfung der Schillerschen Phantasie [. . .]« (S. 367).

15 Vgl. dazu William Witte: Schillers *Maria Stuart* and Mary, Queen of Scots. In: Albert Fuchs / Helmut Motekat (Hrsg.): Stoffe, Formen, Strukturen. Studien zur deutschen Literatur. [Festschr. für Hans Heinrich Borcherdt.] München 1962. S. 238–250.

16 Ebd. S. 243 ff.

17 Voneinander abweichende Begründungen dieses Erkenntnisinteresses: Hans-Georg Gadamer: Wahrheit und Methode. Grundzüge einer philosophischen Hermeneutik. Tübingen 1965. – Jürgen Habermas: Erkenntnis und Interesse. Frankfurt a. M. 1968. – Leo Kofler: Geschichte und Dialektik. Darmstadt/Neuwied 1973.

18 Gemeint ist also nicht eine Aktualisierung, die von einer zeitlosen Idee des Menschen ausgeht. Ihr hat lange Zeit das Interesse der Schiller-Forschung gegolten. Daß es nicht erloschen ist, offenbart Victor Hell: Schiller. Théories esthétiques et structures dramatiques. Paris 1974. Z. B. S. 311 f.

19 Dazu Kipka (Anm. 9), der Swinburne zu den Ausnahmen rechnet.

20 Witte (Anm. 15). S. 239: »[Schiller represents] Mary and Elizabeth as women of 25 and 30 respectively, whereas at the time of Mary's death in 1587 their historical prototypes were 44 and 53.«

21 Vgl. Brief an Iffland, 22. 6. 1800 (Jonas 6,163f.).

22 An Goethe, 3. 9. 1799 (Jonas 6,84).

23 Vgl. Jonas 6,26 sowie die Briefe Schillers, die er während seiner Arbeit am »Wallenstein« über Technik und Struktur des Dramas schrieb (Jonas 5).

24 An Goethe, 11. 6. 1799 (Jonas 6,42).

25 An Goethe, 18. 6. 1799 (Jonas 6,45f.).

26 Das ist lange Zeit vergessen worden, obwohl früh darauf der Blick gelenkt wurde von Julius Petersen: Schiller und die Bühne. Ein Beitrag zur Litteratur- und Theatergeschichte der klassischen Zeit. Berlin 1904. – Das Verdienst, den Problemkreis erneut und intensiv in Erinnerung gerufen zu haben, wenngleich unter idealistischen Vorzeichen, gebührt Emil Staiger (Anm. 6). Darüber und über neuere Literatur mehr in den Kapiteln »Schöne Seele« und »Wirkungsästhetik«.

27 Über Stichomythien und andere Dialogarten unterrichtet Klaus L. Berghahn: Formen der Dialogführung in Schillers klassischen Dramen. Ein Beitrag zur Poetik des Dramas. Münster 1970. (Münstersche Beiträge zur Literaturwissenschaft. Bd. 5)

28 Hell (Anm. 18, S. 322 ff.) hat der Funktion der Zeit einige eindringliche Passagen gewidmet.

29 Vgl. Gert Ueding: Schillers Rhetorik. Idealistische Wirkungsästhetik und rhetorische Tradition. Tübingen 1971. S. 174 f.

30 Vgl. Gert Sautermeister: Idyllik und Dramatik im Werk Friedrich Schillers. Zum geschichtlichen Ort seiner klassischen Dramen. Stuttgart 1971. (Studien zur Poetik und Geschichte der Literatur.) S. 170–173.

31 Sautermeister (S. 194–201) in kritischem Anschluß an die Thesen von Herbert Marcuse und Georg Lukács. Vgl. dazu auch das Kapitel »Religion und Theater. Geschichtsphilosophie/Zeitgeschichte« in diesem Aufsatz.

32 Überzeugt von der Unwichtigkeit der »Erfahrungswahrheit« hält Storz (Anm. 7, S. 332) die »paradoxe Verspannung von Absichten und Ergebnissen« für eine historisch irrelevante »Strukturformel« (S. 331) des Dramas. Dieser Enthistorisierung und Formalisierung sei hier entgegengewirkt – unbeschadet der prägnanten Strukturanalyse von Storz.

33 Ich verwende den Begriff im Anschluß an Ernest Borneman: Das Patriarchat. Ursprung und Zukunft unseres Gesellschaftssystems. Frankfurt a. M. 1975. Borneman spricht auch vom »bürgerlichen Patriarchat unserer Tage« (S. 540): ein bis heute bestehender Zusammenhang zwischen Privateigentum (bzw. Privatbesitz an Produktionsmitteln) und bestimmten Wertmaßstäben rechtfertigt ihm zufolge diese Bezeichnung. Über solche Wertmaßstäbe vgl. sein Kapitel VIII »Die Zukunft«. – Für den Geschichtsunterricht ist erst kürzlich gezeigt worden, wie wichtig es ist, »*Herkunft und Rechtfertigung der patriarchalischen Gesellschaft in Europa aufzuarbeiten*« (Bodo von Borries: Frauenunterdrückung und Frauenbefreiung bei den Römern [I]. In: Westermanns Pädagogische Beiträge 29 [1977] H. 10. S. 419. Vgl. ders.: Frauen in Schulgeschichtsbüchern [. . .]. In: Westermanns Pädagogische Beiträge 27 [1975] H. 11. S. 601 ff.) – Den Begriff der »patriarchalischen Kleinfamilie« bzw. »patriarchalischen Familie« verwendet auch Szondi zur Kennzeichnung einer Binnenstruktur der bürgerlichen Gesellschaft: Peter Szondi: Die Theorie des bürgerlichen Trauerspiels im 18. Jahrhundert. Frankfurt a. M. [3]1977. S. 125 und 128.

34 So zuletzt noch bei Claude David: Le personnage de la reine Elisabeth dans la *Maria Stuart*. In: Deutsche Beiträge zur geistigen Überlieferung 4 (1961) S. 9–22. Der eindringlichen Charak-

terstudie Davids sind Grenzen gesetzt durch die Idee männlich-weiblicher ›Natur‹: »[...] Schiller a décrit en Elisabeth la ›virago‹, la femme qui cherche à nier sa nature de femme, mais qui ne parvient qu'à faire éclater sa faiblesse« (S. 17). – Zur Tradition des Vorurteils über das Wesen und die Natur der Frau vgl. das 1907 erschienene Buch von Kipka (Anm. 9, z. B. S. 5 ff., 260, 329) und die mehr als ein halbes Jahrhundert später erschienene Darstellung Staigers (die »Helena«-Natur Marias als eine »allgemeine, immer wiederkehrende Möglichkeit des Menschen«; [Anm. 6]. S. 318).

35 Z. B. für den Frühkapitalismus in dem von Max Weber analysierten Sinn: als Ausdruck puritanischer, von calvinistischem Geist geprägter Lebensführung. Nach meiner Auffassung stellt Schillers Elisabeth-Gestalt diese Lebensführung in Frage, indem sie den Zusammenhang von Triebunterdrückung und Triebanfälligkeit hervorkehrt und so das erklärte Ziel des puritanisch eingefärbten Protestantismus problematisiert, »den status naturae zu überwinden, den Menschen der Macht der irrationalen Triebe und der Abhängigkeit von Welt und Natur zu entziehen, der Suprematie des planvollen Wollens zu unterwerfen [...]« (Max Weber: Die protestantische Ethik. Eine Aufsatzsammlung. Hrsg. von Johannes Winckelmann. München/Hamburg 1965. S. 66). – Zur epochenübergreifenden Tradition dieser Lebensführung und ihrer Normen vgl. Jos van Ussel: Sexualunterdrückung. Geschichte der Sexualfeindschaft. Reinbek bei Hamburg 1970.

36 Würde der Frauen (NA 1,241).

37 Siehe Leo Kofler: Zur Geschichte der bürgerlichen Gesellschaft. Neuwied/Berlin 1966. Darin zwei Aufsätze, die für den hier angedeuteten Zusammenhang und aufgrund ihrer abwägenden Kritik an Max Weber aufschlußreich sind: Zur Frage der Genesis der Manufaktur. Die Frühmanufaktur.

38 Würde der Frauen (NA 1,242).

39 Das Lied von der Glocke (Friedrich Schiller: Sämtliche Werke. Hrsg. von Gerhard Fricke und Herbert G. Göpfert in Verb. mit Herbert Stubenrauch. München [4]1965. Bd. 1. S. 431).

40 Würde der Frauen (NA 1,240).

41 Würde der Frauen (NA 1,241).

42 Macht des Weibes (NA 1,286).

43 Ebd.

44 Norbert Elias: Über den Prozeß der Zivilisation. Soziogenetische und psychogenetische Untersuchungen. Bd. 1: Wandlungen des Verhaltens in den westlichen Oberschichten des Abendlandes. Frankfurt a. M. 1976. S. 26 ff. und S. 230 ff. – Außerdem Kofler (Anm. 37). S. 406 ff.

45 Es kann hier nicht dargelegt werden, wie sich in der Gestalt Marias Vorstellungen über die Renaissance mit solchen über die adlige ›Dame‹ und über französisches Leben mischen. Diese – historisch differenzierbaren – Vorstellungen schließen sich zu einem patriarchalischen Bild von der Frau zusammen. Daß Staiger (und andere) es als ein »mythologisches Urbild« (Anm. 6, S. 318) empfinden, deutet an, daß die vaterrechtliche Kultur als überzeitlich und in der Natur des Menschen angelegt gilt.

46 Macht des Weibes (NA 1,286).

47 Jean-Jacques Rousseau: Emile ou de l'éducation. 1762. Darin vor allem das fünfte Buch. Zum Problembereich vgl. den instruktiven Aufsatz von Ulrich Herrmann: Erziehung und Schulunterricht für Mädchen im 18. Jahrhundert. In: Wolfenbütteler Studien zur Aufklärung. Bd. 3. 1977. S. 101–127.

48 Joachim Heinrich Campe: Väterlicher Rath für meine Tochter. Ein Gegenstück zum Theophron. Braunschweig 1789 u. ö.

49 Adolph Freiherr von Knigge: Über den Umgang mit Menschen. Hannover 1788. 3. und stark veränderte Aufl. 1790. Vgl. u. a. das dritte und fünfte Kapitel des populären Buchs, das hinsichtlich der geschlechtsspezifischen Rollenverteilung einen fortschrittlicheren Geist bekundet als etwa Campes Schrift.

50 Wilhelm von Humboldt: Über den Geschlechtsunterschied und dessen Einfluß auf die organische Natur (1794). – Über die männliche und weibliche Form (1795). In: W. v. H.: Werke. Bd. 1: Schriften zur Anthropologie und Geschichte. Stuttgart 1960.

51 Wilhelm Heinse: Ardinghello und die glückseeligen Inseln. Eine italiänische Geschichte aus dem sechzehnten Jahrhundert. 1787. Vgl. darin die Gestalt der Lucinde.

52 Theodor Gottlieb von Hippel: Über die bürgerliche Verbesserung der Weiber. 1793.

53 Vgl. Wolfgang Martens: Die Botschaft der Tugend. Die Aufklärung im Spiegel der deutschen Moralischen Wochenschriften. Stuttgart 1968. S. 366 ff.

54 Ebd. – Vgl. auch Elias (Anm. 44). S. 26 ff. – Schillers »Kabale und Liebe« macht aus dem Verhältnis von tugendhafter Bürgerlichkeit und höfisch-feudaler Tugendlosigkeit ein dramatisches Motiv. – Siehe außerdem Herrmann (Anm. 47). S. 109.

55 Gemeint ist die puritanisch eingefärbte und die kleinbürgerliche Tugendmoral. Über die Widersprüchlichkeit zwischen Triebkontrolle und sinnlich-heftigen Lebensäußerungen s. Helmut Möller: Die kleinbürgerliche Familie im 18. Jahrhundert. Verhalten und Gruppenkultur. Berlin 1969. S. 286 ff. und S. 297 f. – Die »Dämonie des Eros« ist freilich nicht einfach schichtenspezifisch einzugrenzen: sie ist auch das »Signum einer ganz neuen Ära«, die, vorbereitet im »Sturm und Drang«, in der »Romantik« zum Ausdruck gelangte (Martens [Anm. 53]. S. 245 f.). Schiller hat diese neue Ära im Schicksal des Mortimer aufklingen lassen. Vgl. auch das letzte Kapitel dieses Aufsatzes (»Probleme der Gattung«).

56 Die Deutungen der Mortimer-Gestalt sind weder im Hinblick auf ihr dramatisches Schicksal noch in sozialpsychologischer Hinsicht befriedigend. Flach ist die entsprechende Darstellung von Rolf N. Linn: Schillers junge Idealisten. Berkely / Los Angeles 1973. S. 67–74. – Nützlich in geistesgeschichtlicher Hinsicht ist Roger Ayrault: La figure de Mortimer dans *Marie Stuart* et la conception du drame historique chez Schiller. In: Etudes Germaniques 14 (1959). S. 313–324.

57 Storz (Anm. 7). S. 333 f.

58 Die Ambivalenz der Maria Stuart nimmt, soweit ich sehe, nur Adolf Beck eindringlicher zur Kenntnis (A. B.: Schillers *Maria Stuart.* In: A. B.: Forschung und Deutung. Ausgewählte Aufsätze zur Literatur. Hrsg. von Ulrich Fülleborn. Frankfurt a. M. 1966). Daß man seine Hinweise unberücksichtigt ließ (vgl. etwa Claude Davids [Anm. 34] oberflächliche Deutung der Stuart-Gestalt), stellt ein beträchtliches Versäumnis dar. Es scheint mir allerdings, daß Beck, der den »Aufstand« »elementarer Triebkräfte« bei Maria Stuart zutreffend benennt (S. 183), ihre »Freiheit und Würde« (S. 176 f.) unvermittelt und voreilig ins Spiel bringt – von seiner idealistischen Schlußdeutung zu schweigen (vgl. Anm. 61 und 65).

59 Dieser Konkurrenzkampf im Angesichte des Mannes dürfte ein Beweis mehr sein für unsere Patriarchalismus-These. Das Phänomen hat auch Immanuel Kant (Werkausgabe. Bd. 12. Frankfurt a. M. 1977) beschrieben (S. 652 ff.).

60 Damit dürfte Schiller nicht nur die klassisch-dramaturgische Regel der Schicklichkeit, der bienséance, sondern zugleich das ihr entsprechende gesellschaftliche Gebot der Affekt- und Triebkontrolle verletzt haben: wohl auch aus diesem Grund hat er die Begegnung der beiden Königinnen als »an sich selbst moralisch unmöglich« bezeichnet. Norbert Elias (Anm. 44. Bd. 2: Wandlungen der Gesellschaft. Entwurf zu einer Theorie der Zivilisation. S. 312–454) hat jene Affekt- und Triebkontrolle in ihrer historisch wachsenden Verbindlichkeit für europäische Oberschichten beschrieben, aber nicht darauf beschränkt – das wirtschaftlich aufsteigende, puritanisch geprägte Bürgertum ist rigider Selbstdisziplinierung nicht weniger unterworfen (vgl. Anm. 35) als das Kleinbürgertum; auf die entpolitisierende Kraft der »Verhaltensformierung« beim letzteren macht Möller (Anm. 55, S. 318 ff.) aufmerksam. Daß kontrollierter Selbstzwang durchbrochen und seine Kehrseite ins Licht gerückt wird, gehört zur realistischen Pointe der Königinnen-Begegnung. Statt dessen eine »absolute Größe des Erhabenen« am Werk zu sehen (von Wiese [Anm. 8]. S. 715) verrät Befangenheit in traditionellen Deutungsschemata. Die eine Regieanweisung Schillers, wonach Maria »vor Zorn glühend, doch mit einer edeln Würde« (III,4) spricht, darf nicht vergessen machen, daß sie diese Würde kurz darauf verliert. Beck, dessen Deutung präziser und realistischer ist als alle vorhergehenden und nachfolgenden, bezieht diese Würde – schlicht ein Akt der Notwehr – unvermittelt auf die intelligible, erhabene »Selbständigkeit des Geistes« (S. 185 ff.), die »ewge Freiheit« des Menschen (S. 187), so daß auch er Maria Stuart in der Königinnen-Szene einer gewissen Idealisierung aussetzt.

61 Meine Analyse bezieht jene klassische Theorie ein, die in Schriften wie »Ueber Anmuth und Würde«, »Ueber die ästhetische Erziehung des Menschen [. . .]«, »Ueber naive und sentimentalische Dichtung« (alle NA 20) zum Ausdruck kommt: Schriften, die eine Überwindung des von Kant überlieferten Dualismus zwischen Trieb und Vernunft, Natur und Gesetz, empirischem und intelligiblem Selbst anvisieren. Schiller hat diesen Dualismus in Abhandlungen wie »Über das Pathetische« und »Über das Erhabene« dargestellt und eine entsprechende Wirkungstheorie damit verknüpft: der dramatische Held, der angesichts eines unkontrollierbaren Schicksals, in das er durch seine Trieb- und Sinnenwelt *pathetisch* leidend verstrickt ist, mit *erhabenem* Schwung in die Welt der Vernunft flieht, gibt dem Zuschauer ein Beispiel für die Bewältigung seiner geschichtlichen, undurchschauten Existenz durch den Rückzug in die Burg ethischer

Innerlichkeit. Daß die Forschung bei der Interpretation der Dramen Schillers sich vor allem auf diesen Dualismus berufen hat, entspricht der Tradition einer gesellschaftsflüchtigen Geisteswissenschaft. (Vgl. dazu meine Ausführungen zu Walter Rehm, Gerhard Fricke, Emil Staiger und Karl Viëtor in: Idyllik und Dramatik [Anm. 30], S. 188 f.) Ich betone hingegen jene wirklichkeitszugewandte Theorie Schillers, die, hervorgehend aus einer rationalen Analyse der Realität, den bezeichneten Dualismus als einen historisch-gesellschaftlich bedingten charakterisiert und ihn mitverantwortlich macht nicht nur für die Selbstentfremdung des modernen Menschen, sondern auch für das Scheitern der politischen Revolution (vgl. dazu das Kapitel »Religion und Theater. Geschichtsphilosophie/Zeitgeschichte« in diesem Aufsatz). Die Theorie einer Überwindung des Dualismus, faßbar in Begriffen wie »schöne Seele«, »ästhetischer Staat«, »Totalität«, zweite »Idylle«, ist daher auch der Entwurf einer besseren Gesellschaft.

62 NA 20,288.

63 NA 20,360.

64 Vgl. NA 20,139.

65 Diese Deutung modifiziert die seit Jahrzehnten verbreitete, wonach Marias Wandlung ausschließlich unter Schillers Kategorie des »Pathetischerhabenen« (vgl. NA 20,192) zu fassen sei; die in Anm. 61 angedeutete geisteswissenschaftliche Tradition erwies sich hier als besonders wirksam. Was Kipka (Anm. 9) schon 1907 bei Maria Stuart als Triumph des »intelligiblen über ihr empirisches Selbst« (S. 324) festzuhalten suchte, kehrt 1959 bei von Wiese (Anm. 8) als »die ›freie‹ Aufhebung der sinnlichen Welt durch den zum Unbedingten sich erhebenden menschlichen Geist« wieder (S. 719), welcher Geist »keinerlei ›Bestimmungsgründe‹ aus dem Sinnlichen empfange« (S. 727) – eine Annahme, der auch Beck (Anm. 58, S. 186 f.) und Staiger (S. 320 ff.) folgen. Abgesehen davon, daß dieser Aufschwung Marias nicht an ihr selbst dargestellt wird, sondern nur aus dem Bericht der Amme erschlossen werden kann: ist der auf diesen Bericht folgende Auftritt Marias noch adäquat mit der Kategorie des »Erhabenen« charakterisierbar? Schiller begreift ja das Erhabene als den »geistigen Zwang der Sittengesetze« (NA 20,359), welche das sinnliche Wesen des Menschen »nöthigen« (NA 20,354) und seinen pathetischen Kampf mit den Triebkräften abrupt unterdrücken. In ihrer Todesstunde aber tut Maria ihrem empirisch-sinnlichen Selbst keinen Zwang an, sondern versöhnt es vielmehr mit ihrem intelligiblen-moralischen in harmonischer Weise, freilich erst, nachdem sie es aktiv durchlebt hat: dies ist der Bestimmungsgrund für die »schöne Seele«.

66 NA 20,283.

67 Siehe dazu William F. Mainland: Schiller and the changing past. London 1957. Hier wird vor allem der Kontrast zwischen Beichte und Vergangenheit insgesamt hervorgehoben und die »Schuld« Marias differenzierter als üblich bestimmt (S. 79 ff.).

68 An Wilhelm von Humboldt, 29. 11. 1795 (Jonas 4,338).

69 Schillers Säkularisierung und Ästhetisierung des Religiösen wurde zu seiner Zeit als anstößig, ja als Entweihung empfunden – nicht nur vom breiten Publikum, sondern auch von aufgeklärteren Köpfen wie Karl August. Vgl. dazu Heinrich Hubert Houben: Verbotene Literatur. Von der klassischen Zeit bis zur Gegenwart. Bremen [2]1925. S. 554 ff. – Die sogenannte Abendmahl-Szene wurde vielfach gekürzt, wenn nicht gestrichen. Siehe auch NA 8,375.379.

70 NA 8,3.

71 Vgl. Brief an Goethe, 17. 8. 1795 (Jonas 4,235).

72 Dazu Heinz Otto Burger: »Eine Idee, die noch in keines Menschen Sinn gekommen ist.« Ästhetische Religion in deutscher Klassik und Romantik. In: Fuchs / Motekat (Anm. 15). S. 1–20.

73 NA 17,399.

74 NA 20,322f.

75 NA 20,324.

76 Ebd.

77 NA 20,323.

78 NA 20,325.

79 NA 20,320.

80 NA 20,329.

81 Vgl. dazu die überaus anregende Darstellung von Dieter Borchmeyer: Tragödie und Öffentlichkeit. Schillers Dramaturgie im Zusammenhang seiner ästhetisch-politischen Theorie und die rhetorische Tradition. München 1973. S. 138 ff.

82 NA 20,487.

83 Zu Goethe vgl. Heinz Kindermann: Theatergeschichte Europas. Bd. 5: Von der Aufklärung zur Romantik (T. 2). Salzburg 1962. S. 178 ff.

84 NA 20,376 Anm.

85 NA 20,381. – Goethe intendiert eine vergleichbare ästhetische Totalität. Siehe Kindermann (Anm. 83). S. 180 und 213. – Mit Goethes eigenen Worten: »der Mensch ist nicht bloß ein denkendes, er ist ein empfindendes Wesen. Er ist ein Ganzes, eine Einheit vielfacher, innig verbundener Kräfte, und zu diesem Ganzen des Menschen muß das Kunstwerk reden, es muß dieser reichen Einheit, dieser einigen Mannigfaltigkeit in ihm entsprechen« (Der Sammler und die Seinigen. Sechster Brief. In: Werke. Hamburger Ausgabe. Bd. 12. Hamburg 1953. S. 81).

86 Diese ideale Intention wurde durch die Rezeptionsweise vielfach desillusioniert (vgl. Anm. 69) – ein im ästhetischen Erziehungsprogramm der Klassiker einkalkulierter Vorgang (s. dazu Goethes Schrift »Weimarisches Hoftheater« von 1802).

87 NA 16,126f.

88 Prolog zum »Wallenstein« (NA 8,6).

89 So die positiv gemeinte Wendung im »Wallenstein«-Prolog (NA 8,6).

90 An Goethe, 24. 11. 1797 (Jonas 5,289).

91 Vgl. Kindermann (Anm. 83). S. 167.

92 An Goethe, 24. 11. 1797 (Jonas 5,290).

93 An Goethe, 1. 12. 1797 (Jonas 5,292).

94 An Goethe, 24. 8. 1798 (Jonas 5,418).

95 Über Schillers rhetorische Verfahrensweise äußert sich sachkundig: Henry B. Garland: Schiller. The dramatic writer. A study of style in the plays. Oxford 1969. S. 190–209.

96 Zur Sentenz vgl. Uedings (Anm. 29) entsprechendes Kapitel S. 182 ff.

97 Vgl. Borchmeyer (Anm. 81). S. 200 ff.

98 Dazu Storz (Anm. 7). S. 339 f. und 341 f.

99 Das war keineswegs ein nur idealistisches Programm, sondern entsprach durchaus der Bereitschaft mancher Rezipienten. Vgl. dazu einen von Herbert Koch mitgeteilten Bericht über die Erstaufführung der »Maria Stuart« am 14. 6. 1800. In: Jahrbuch der Deutschen Schillergesellschaft 6 (1962) S. 182 f.

100 An Goethe, 18. 6. 1799 (Jonas 6,46).

101 Vgl. die entsprechende Intention Schillers ebd.

102 NA 20,382.

103 NA 20,472.

104 NA 16,119.

105 So in der Abhandlung »Über Anmuth und Würde« (NA 20,281f.).

106 Ich stütze mich an dieser Stelle (und in diesem Kapitel insgesamt) vor allem auf zwei Arbeiten: 1. Otto Brunner: Vom Gottesgnadentum zum monarchischen Prinzip. In: O. B.: Neue Wege der Verfassungs- und Sozialgeschichte. Göttingen [2]1968. S. 160–187. – 2. Hermann Conrad: Staatsgedanke und Staatspraxis des aufgeklärten Absolutismus. Opladen 1971. – Über den Wandel des absolutistischen zum aufgeklärten Herrscher im Sinne einer naturrechtlichen und folglich auch staatsrechtlichen Bindung vgl. Brunner S. 176 f. und Conrad S. 12.

107 Conrad (Anm. 106) zitiert (wie übrigens Brunner) Friedrich den Großen als Beispiel: »Die naturrechtliche Grundlegung des Staates grenzt die Stellung des Monarchen ein. [. . .] Friedrich d. Gr. hatte die Pflichtbindung des Herrschers daraus hergeleitet, daß die Bürger einem ihresgleichen nur darum den Vorrang vor allen zugestanden hätten, weil sie Gegendienste von ihm erwarteten. Diese Dienste bestehen in der Meinung des Königs ›im Aufrechterhalten der Gesetze, in unbestechlicher Pflege der Gerechtigkeit, in kraftvollstem Widerstand gegen die Sittenverderbnis, im Verteidigen des Staates gegen seine Feinde‹« (S. 24).

108 Vgl. etwa Carl Gottlieb Svarez, einen der maßgebenden Theoretiker aufgeklärter Gesetzgebung. (Von Conrad [Anm. 106] zitiert auf S. 51 f.)

109 So Svarez, zitiert nach Conrad (Anm. 106). S. 34 f.

110 NA 17,414–444.

111 Vgl. Brief an Körner, 28. 11. 1796 (Jonas 5,121).

112 Vgl. Brief an Körner, 22. 2. 1791 (Jonas 3,135).

113 Vgl. Briefe an Goethe, 18. und 28. 11. 1796 (Jonas 5,113.119); an Körner, 28. 11. 1796 und 8. 1. 1798 (Jonas 5,122.320).

114 Vgl. dazu Borchmeyer (Anm. 81). S. 78–90.

115 Dies als Einwand gegen das Resumée Friedrich Sengles hinsichtlich der »Maria Stuart«: »Das Historisch-Politische *muß*, nach deutsch-klassischer Auffassung, dem Menschlichen untergeordnet werden [...].« (F. S.: Das historische Drama in Deutschland. Geschichte eines literarischen Mythos. Stuttgart ²1969. S. 60.)
116 Zu Lessing s. Szondi (Anm. 33). S. 166 f. Zu Diderot ebenfalls Szondi, S. 100 f.
117 So Walther Rehm in seinem Aufsatz »Schiller und das Barockdrama« (1941/51). In: Schiller. Zur Theorie und Praxis der Dramen. Hrsg. von Klaus L. Berghahn und Reinhold Grimm. Darmstadt 1972.
118 Vgl. dazu Walther Benjamin: Ursprung des deutschen Trauerspiels. Frankfurt a. M. 1963. S. 62, 75, 88 ff., 263 ff.
119 Walter H. Bruford: Die gesellschaftlichen Grundlagen der Goethezeit. Weimar 1936. Darin vor allem S. 294–332.
120 Dies die These Borchmeyers (Anm. 81). S. 207 ff.
121 Ebd. S. 198.
122 Vgl. dazu Gert Mattenklott / Klaus R. Scherpe (Hrsg.): Westberliner Projekt: Grundkurs 18. Jahrhundert (Analysen). Kronberg (Taunus) 1974. (Literatur im historischen Prozeß 4/1.) S. 49 ff.
123 NA 1,358.
124 Zu diesen Fragen vgl. Peter André Bloch: Schiller und die französische klassische Tragödie. Düsseldorf 1968. S. 205 ff. und 214–229.
125 Vgl. Briefe an Goethe, 29. 12. 1797 und 2. 2. 1798 (Jonas 5,313.336). Zum Problemkreis Schiller/Oper/Gesamtkunstwerk vgl. Hermann Fähnrich: Schillers Musikalität und Musikanschauung. Hildesheim 1977. S. 98, 100, 103.
126 Dazu Oellers (Anm. 1). S. 328.
127 Über opernhafte Mittel s. Storz (Anm. 7), S. 340, und – mit Beziehung auf die »Jungfrau von Orleans« – S. 357 ff.
128 Storz (Anm. 7). S. 343 f. – Vgl. außerdem den Aufsatz von Ayrault (Anm. 56).
129 Vgl. dazu die Anm. 55 in diesem Aufsatz.
130 Zu hoffen bleibt, daß die Hauptgesichtspunkte dieses Aufsatzes – Ästhetik, Seelenkunde, historisch-gesellschaftlicher Ort – erhellt haben, was die bisher einzige gesellschaftsbezogene und ideologiekritische Deutung im Dunkel beließ (Hannelore Schlaffer: Widerstände gegen Klassikerlektüre – Ein Unterrichtsmodell zu Schillers *Maria Stuart*. In: Projekt Deutschunterricht 7. Literatur der Klassik I – Dramenanalysen. Hrsg. von Heinz Ide und Bodo Lecke in Verb. mit dem Bremer Kollektiv. Stuttgart 1974. S. 125–161). Hannelore Schlaffers Ideologiekritik hat die folgenden Nachteile: 1. Der vielzitierte idealistische Dualismus Schillers (vgl. mein Kapitel »Schöne Seele« und die Anm. 50 und 51) wird an Beispielsätzen von Clemens Heselhaus und Benno von Wiese noch einmal bestätigt und umgewertet: das Lob der traditionellen Schiller-Forschung erscheint jetzt »kritisch« als Tadel. Ansonsten bleibt das Drama auf die dualistische Folter von »Notwendigkeit und Freiheit« gespannt, von »geschichtlicher Wirklichkeit« (Elisabeth) einerseits und »Göttlichem« (Maria) andererseits. Rechtfertigt die bloße Umpolung der wertenden Vorzeichen – aus dem positiven wird ein negativer Dualismus – eine erneute Beschäftigung mit dem Klassiker? – 2. Der ideologiekritisch festgehaltene Dualismus wird mit einem Minimum an Interpretationsaufwand präsentiert. Zur Debatte stehen hauptsächlich a) Marias Abschied von ihren Getreuen im 5. Akt, also ihre Abkehr von geschichtlicher Wirklichkeit (als deren Repräsentantin Elisabeth skizziert wird); b) Marias Klage über ihre schuldbeladene Vergangenheit im 1. Akt vor ihrer Amme Hanna Kennedy. Beide Szenen werden umstandslos miteinander parallelisiert: »Nach der Beichte vor Hanna Kennedy ist Maria bereits die Heilige, als die sie am Ende der Tragödie dasteht« (S. 142). Anderslautende Selbstaussagen und andersartige Verhaltensweisen Marias im Verlauf der Handlung werden als ungewollt und ihr äußerlich heruntergespielt – gezwungenermaßen: Soll nämlich der anfänglich behauptete Dualismus in Schillers Drama überall nachweisbar sein, so muß auch die dualistische »Eindeutigkeit der Position seiner Figuren« (S. 142) von Anfang an feststehen. Aus der methodischen Mechanik wird eine Mechanik des Dramas hergeleitet. – 3. Die Mechanik der Methode führt zu vielerlei Irrungen und Wirrungen. So werden die Worte einer Nebenfigur (Hanna Kennedy) einfach als Meinung des Autors Schiller ausgegeben (S. 142), wird aus Schillers Begriff der »rührenden Handlung« kurzerhand auf seinen »Formalismus« als den Hauptzweck seiner Tragödie geschlossen (S. 146). – 4. Im Verfolg dieser Formalismus-These gerät die Ideologiekritik in Widerspruch zu ihrem Aus-

gangspunkt. Wurde zunächst anhand des Dualismus-Arguments behauptet: Schillers Personen (Elisabeth und Maria) sind »Personifikationen dualistischer Ideen« (S. 141), sein »idealistisches Konzept« »liegt dem Kunstwerk zugrunde« (S. 143), so heißt es wenig später: »Die tragische Form dominiert vor dem philosophischen Gehalt« (S. 148). Dieser Widerspruch bleibt für die Analyse konstitutiv. War – ein zweites Beispiel – anfangs davon die Rede, daß Maria ihren Charakter als Heilige von Beginn des Dramas an nicht ändere, daß Schillers Trauerspiel folglich eine ihm eigentümliche Logik als das »Bewährungsdrama« einer »Heiligen« besitze (S. 142), so erzwingt die Formalismus-Handlungs-These alsbald gegenteilige Aussagen wie: »Die Logik der Handlung siegt über die Logik des Charakters, die Strenge der Form zerbricht seine Identität« (S. 150). – 5. Solche Widersprüchlichkeit fällt auch dort auf, wo sich das ideologiekritische Verfahren historisch-gesellschaftlich einkleidet, also z. B. Marias »persönliche Läuterung« als »die moralische Leistung des autonomen Individuums« einstuft und dieses Individuum als ein *bürgerliches* Ideal vorstellt (S. 144 f.), dann jedoch dasselbe Individuum, die ›autonome geistige Entität‹, als Modell einer absolutistischen Herrschaft und einer aristokratisch-höfischen Tragödie zitiert (S. 154 f.). Ansonsten wird das Verhältnis von »feudaler und bürgerlicher Gesellschaft« in problematischer historischer Vereinfachung auf das Drama projiziert, beispielsweise als »Verschmelzung von tradierter Form und bürgerlichem Inhalt« (S. 156). Dominierte angeblich zunächst der Inhalt über die Form, dann die Form über den Inhalt, so wird jetzt einer Verschmelzung das Wort geredet, damit das Drama als Chiffre eines historischen Umbruchs lesbar werde: »Die morganatische Ehe zwischen Feudalgesellschaft und Bürgertum in dem Moment, da dem Bürgertum im vierten Stand eine Gefahr von innen droht, findet, da sie die Klassenzugehörigkeit der beiden ›Bündnispartner‹ verleugnen muß, ihre Rechtfertigung im lebensfernen Reich der Kunst« (S. 156). Schiller hat sein Trauerspiel im Jahre 1800 aufführen lassen: drohte damals dem Bürgertum im vierten Stand eine Gefahr von innen? Nahm damals dieser Stand »die bürgerlichen Ideen beim Wort«? (S. 156). Oder hat Schillers Drama unbewußt antizipiert, was erst sehr viel später Wirklichkeit werden sollte? Die Thesen vom vierten Stand als innerer Gefahr und vom Bündnis Bürgertum–Adel als Abwehrstrategie lassen sich auf den zeitgeschichtlichen Ort des Dramas nicht beziehen – selbst dann nicht, wenn man das Jahr 1800 (Erscheinungsdatum) großzügig in das Jahr 1815 (Formierung der Restauration) übergehen läßt: »Schiller steht am Beginn der Epoche der Restauration« (S. 157). – Man wird, trotz solcher Bedenken, dieser Ideologiekritik (und dem Sammelband, in dem sie erschien) zugute halten dürfen, daß sie zu einem gefeierten Klassiker jene Distanz herstellt, die einen längst fälligen Wandel literaturwissenschaftlicher Sehweisen begünstigt hat.

GERHARD SAUDER

Die Jungfrau von Orleans

I

Schillers »romantische Tragödie« wurde von den Zeitgenossen geradezu überschwenglich gefeiert. Als der Autor am 17. September 1801 bei der dritten Aufführung in Leipzig anwesend war, empfing man ihn beim Betreten der Loge mit Pauken und Trompeten. Nach dem ersten Aufzug mußte Schiller für den Zuruf »Es lebe Friedrich Schiller!« danken. »Als er aus der Comödie ging, nahmen alle die Hüte vor ihm ab und riefen: ›Vivat, es lebe Schiller, der große Mann!‹ Das ist freilich eine Ehre, die nur einem Prinzen gemacht wird.« Dies berichtete Schillers Mutter ihrer Tochter Louise in einem Brief vom 28. Oktober 1801 aus Leonberg.[1]

Auch in Weimar wurde das Werk vom Publikum mit außerordentlichem Beifall aufgenommen und am Schluß Schiller »ein Vivat gebracht«. Schiller selbst notierte über diese Aufführung im April 1803: »Alles ist davon elektrisiert worden.«[2] Stolz teilte er Goethes Urteil mit, dies sei sein bestes Stück; in einer zweifelhaften Quelle heißt es sogar, Schiller habe in einer Gesellschaft auf die Frage, welches seiner Werke er bevorzuge, geantwortet: die *Jungfrau von Orleans*.[3]

Selbst in einem bisher nicht beachteten Rückblick, den Caroline de la Motte-Fouqué unter dem Titel *Geschichte der Moden, vom Jahre 1785–1829. Als Beytrag zur Geschichte der Zeit* im *Morgenblatt* 1830 veröffentlichte, klingt die enthusiastische Aufnahme des Stückes um die Jahrhundertwende nach:

»Unbeschreiblich, und mit nichts Anderm in der Folge zu vergleichen, war der Eindruck des phantastisch-romantischen Trauerspiels bei dessen erstem Erscheinen. Wohl kann man sagen, der Vorhang einer neuen Welt ward aufgezogen. Wenn der spätern romantischen Schule ohnstreitig das Verdienst zugeschrieben werden muß, die Richtung nach dem Idealen ausgebildet zu haben, so darf es nicht vergessen werden, daß die Jungfrau von Orleans das erste vollständige Kunstwerk war, welches diese Richtung allgemein gab: *allgemein*, insofern das lebendigste Interesse augenblicklich für ein Uebersinnliches aufflammte, das der bisherigen Gesinnung, den politischen und philosophischen Ansichten, der poetischen Stimmung, wie sich diese in der Mehrzahl kund gab, völlig entgegen war. Unmöglich könnte der bloße Klang der Worte, die Vertrautheit mit denselben, die einmal begründete Vorliebe für den Volksdichter, dieß Wunder bewirkt haben, wäre es nicht gerade *ihm* beschieden gewesen, den Funken anzuschlagen, von dem wir sagen dürfen, er sey der Verkünder eines wahrhaft innern, lebendigen Feuers geworden. Zauberhaft wirkte der Anblick des begeisterten Heldenmädchens. Bis zu der untersten Klasse der Zuschauer wußten Alle ihre Worte auswendig. Man hörte sie in den Logen wie im Parquet neben sich flüstern, noch ehe die Schauspielerin sie sprach, und die bangen Athemzüge ließen sich zählen, als sie endlich durch höhere Macht die Ketten zerriß und wie der Engel des Herrn zu den Ihrigen zurückkehrte. Bald forderte, bald wollte man nichts sehen als dieß fremde, phantastische Trauerspiel, und

war das auch Effekt der Mode, so beweist dieß nur, daß diese niemals unabhängig von dem Zustande geistiger Bildung ist.«[4]
Trotz der romantischen Einfärbung dieses Urteils dokumentiert es im Rückblick die außerordentliche Rezeption des Stückes als ein »fremdes« und tatsächlich in mancher Hinsicht gegen die Erwartungen des Publikums geschriebenes. Erstaunlich ist, daß Caroline de la Motte-Fouqué – wohl aufgrund eigener Erfahrung – von einer Vertrautheit aller Stände der Theaterbesucher mit dem Text der Tragödie sprechen kann. Ob das Verständnis des Stückes in Richtung auf das Ideale oder als eines »lebendigen Feuers« so allgemein war, wie es der Aufsatz nahelegt, darf zumindest bezweifelt werden. Doch klingt die Formulierung, Schillers Stück sei der zeitgenössischen Stimmung »völlig entgegen« gewesen, teilweise fast wörtlich an dessen Ankündigung der *Horen* (1794) an. Dort ist vom Kampf der politischen Meinungen, vom drohenden Krieg, vom »allverfolgenden Dämon der Staatskritik« in allen Gesprächen und Schriften die Rede, so daß es geboten scheine, den Leser »zu einer Unterhaltung von ganz entgegengesetzter Art einzuladen«. Je mehr die Gegenwart die Gemüter einenge und geradezu unterjoche, desto dringender werde das Bedürfnis, »durch ein allgemeines und höheres Interesse an dem, was *rein menschlich* und über allen Einfluß der Zeiten erhaben ist, sie wieder in Freiheit zu setzen und die politisch geteilte Welt unter der Fahne der Wahrheit und Schönheit wieder zu vereinigen«.[5]

II

Die Fahne der Reinheit, die Schiller seine Heldin führen läßt, hat die Interpreten der letzten Jahrzehnte kaum zu Wahrheit und Schönheit vereinigt. Die *Jungfrau von Orleans* erhielt nicht, wie andere Werke Schillers, Interpretationen, die sich als Vermittlung von Gegenwart und klassischer Tradition durch die hermeneutisch begründbaren variablen Standpunkte der Interpreten voneinander abheben. Bei diesem Stück ist zumindest bei »bürgerlichen« Exegeten bisher kaum der Grundkonsens über prinzipelle Richtungen der Deutung hergestellt worden. Die Entzweiung bezieht sich zum einen auf ein Hauptproblem der Schiller-Interpretation, nämlich ob Schillers ästhetische Reflexion für die Auslegung seiner Werke berücksichtigt werden darf oder muß. Zum andern hat sich mit der Abstinenz von aller Theorie Schillers die radikale Abkehr von der Semantik des Stückes begründen lassen. Nicht von ungefähr hat der Theaterpraktiker Gerhard Storz jede Deutung einer »Idee« oder gar eines patriotischen Appells für abwegig erklärt; es gehe in der *Jungfrau von Orleans* um Motive, nicht um Ideen, um Stil, nicht aber um Parteinahme.[6] Emil Staiger hat dieser These zugestimmt. Bei Schiller sei die Frage der Bühnenwirksamkeit primär. Er wähle schon die Stoffe nicht »im Hinblick auf die Transparenz einer Idee«, er interessiere sich vielmehr für ihre potentielle szenische Energie. Daher müßten auch nicht alle Einzelheiten eines Werkes in einer Idee zusammenstimmen. »Auf der Bühne treibt er« – so Emil Staiger – »weder ›Ontologie‹ noch ›Wesensschau‹ – oder was man ihm heute Modernes manchmal gnädigst zuzubilligen pflegt –, da rückt er uns auf ganz andere, ungleich elementarere Weise zuleibe, ohne Hintergedanken, frei, mit aufgeschlagenem Visier. Wer nur zu hören und zu schauen vermag, der weiß, woran er ist.«[7] So schlagend diese elementare Bemerkung auch zu sein scheint, so setzt sie sich doch mit magistraler Gebärde über das Faktum hinweg, daß die ästhetische Perzeption eines differenzierten Kunstwerkes ohne Sinnbildung nicht möglich ist.

Zweifellos ist diese Position als Replik auf Interpretationen zu verstehen, die, wie Benno von Wiese, an der *Jungfrau von Orleans* vor allem die Stilisierung der historischen Gestalt ins Legendäre, die Fremdheit der Transzendenz in einer unreinen Welt hervorgehoben haben.[8] Hans Rudolf Hilty hat Schillers Tragödie als Legitimation der Selbstbestimmung, Heinz Ide als exemplarisches Bild der Bewußtseinserweiterung gedeutet, die über die ästhetische Erziehung zu einem höheren Zustand, dem eigentlich humanen Selbst, führe.[9] Gerhard Kaiser knüpft mit seiner These zur *Jungfrau von Orleans* hier an: Das Göttliche in ihr sei die Vollkommenheit des sich selbst vollendenden Menschen. Über Ide hinaus möchte er zeigen, daß die Berufung Johannas mehrere Phasen durchläuft – vom blinden Werkzeug zum Subjekt der Idee,[10] zu »der Menschheit Götterbild«. Ide und Kaiser ziehen für ihre Interpretation Schillers ästhetische Schriften heran. Für Gert Sautermeister ist es unabdingbar, den geschichtlichen und theoretischen Intentionen ihr Recht bei der Deutung des Werks einzuräumen. »Vermittelt und verwandelt durch die Theorie und Poetik«, sei es in der Symbolsprache insgesamt und speziell im Bereich der Idylle zu erkunden. Schiller gehe es um die symbolische Darstellung einer Idee; seine Dramenfiguren zu interpretieren heiße ihren symbolischen Charakter zu erschließen.[11]

III

Kaum eine moderne Interpretation wagt eine Wertung, die sich mit der enthusiastischen Aufnahme des Stückes nach 1801 in Verbindung bringen ließe. Vielmehr dringen in die Deutungen häufig auch kritische Urteile ein, die z. T. bereits von zeitgenössischen Kritikern und den Romantikern gefällt wurden. Sie lehnten die Vermischung des Ästhetischen mit dem Religiösen ab, entdeckten in der Geschichte der historischen Johanna mehr tragischen Gehalt als in Schillers eigenwilliger Kunstfigur und wiesen auf den Gegensatz von »echter« poetischer Schöpfung und Schillers blendenden theatralischen Effekten hin. An ähnlichen Einwänden fehlte es auch nicht im späteren 19. Jahrhundert. Vor allem Hebbel schwankte in seinem Urteil: Einmal nannte er die *Jungfrau von Orleans* ein großes Werk, dann aber wieder einen ungeheuren Irrtum des großen Mannes; Johanna sei eine richtige Theater-Jungfrau, die ins Wachsfigurenkabinett gehöre.[12]

Keiner der neueren Interpreten geht so weit wie George Bernard Shaw, der im Vorwort zu seiner *Saint Joan* (1923) Schillers Stück »romantic nonsense« nannte! Benno von Wiese spricht von Grenzen in Schillers Menschendarstellung, dem Schweifenden und Unbestimmten der Gestalten. Johanna überschreite als Gestalt alle Gestalthaftigkeit und ›bedeute‹, was sich dramatisch kaum individualisieren lasse. Der intensive Einsatz theatralischer Mittel suche diese Schwierigkeiten zu überwinden.[13] Für Storz läßt sich der Leser oder Zuschauer, der sich nicht mit den theatralischen Effekten begnügt, »in ärgerliche, ja arge Verwirrung hineinführen«.[14] Staiger räumt ein, daß Schiller in der *Jungfrau von Orleans* ungewöhnlich viele Prospekte und Maschinen aufbiete und die meisten Gestalten, wohl dem Legendenstil zuliebe, besonders einfach angelegt habe.[15] Dies gilt natürlich nicht für die Protagonistin, der mit einer psychologischen Interpretation nicht gerecht zu werden ist.[16] Kaiser nennt wegen der unmenschlichen und unnatürlichen Züge an Johanna das ganze Stück »ein befremdendes Drama«. Doch sei dies die Befremdlichkeit der dissonanten Welt, die für Schiller zur Harmonie berufen sei. In einer späteren Studie hält es Kaiser für sinnlos, »die Unterscheidungen zwischen Schiller und uns zu verwischen, und es ist unzulässig anzunehmen, das uns so fremd gewordene Schillersche Pathos sei eine Hülle, unter der ein aktueller Schiller vorfindbar sei«.[17] Auch Sautermeister, der die *Jungfrau von Orleans* in seiner Idyllik-These besonders schlüssig deuten zu können glaubt, konzediert »Paradoxie« in der Gestalt Johannas, »schön zugleich und schrecklich«.[18] Am schärfsten haben Hans Mayer und Peter Demetz das Schillersche Stück kritisiert. Mayer sieht die Schwächen der Dichtung vor allem in den romantisierenden Elementen, den Geistererscheinungen und der Abkehr von historischer Konkretheit. Sie »erschweren den Heutigen den Zugang zu dieser großen Freiheitsdichtung«.[19] Demetz bemängelt das Innerliche des Konflikts, den Widerstreit zwischen Idee und Stoff, woraus die »hartnäckige Ungeschichtlichkeit dieser Tragödie« entspringe, der Schiller durch gesteigerten Einsatz des Theatralischen, der ›Romantik‹ und ungewöhnlich vielseitige Sprachkunst zu begegnen versucht habe. Da aber das Gewicht der Geschichte fehle, zeige sich besonders »die Gefahr des Spitzen, Übersteigerten und Pathetischen, das hier mehr als in allen anderen Stücken Schillers zu Kritik und Parodie provoziert«.[20] Wenn aber weder das theatralische Moment des Stückes, auf das Storz und Staiger vertrösten, noch der paradoxe Weg Johannas zur Vollkommenheit den heutigen Leser und Zuschauer gewinnen, ist dann Schillers einst umjubeltes Stück noch zu retten?

IV

Selbst marxistische Interpreten haben es neuerdings nicht mehr so leicht, Schillers Stück ohne Einschränkung zum nach wie vor anzueignenden ›Erbe‹ zu deklarieren. Das Verfasserkollektiv der *Erläuterungen zur deutschen Literatur. Klassik* spricht – Hermann Hettner zitierend[21] – von der gewaltsamen Vermittlung zwischen Wunder und Wirklichkeit, Prädestinationsglauben und modernem Freiheitsbewußtsein.[22] Hans-Günther Thalheim konstatiert in Schillers Dichtungen nach der Revolution ein Versagen der subjektiv-idealistischen Prinzipien gegenüber der Sphäre der Politik, Macht und revolutionären Gewalt. Die Auffassung von der gesellschaftlichen Funktion der Kunst sei idealistisch überspitzt. Um aber die Grundthese der marxistischen Interpretation der *Jungfrau von Orleans*, das Sujet des Befreiungskrieges sei von zentraler Bedeutung, nicht zu gefährden, werden diese ästhetischen Tendenzen als »zeitlich begrenzt« ausgegeben,[23] obwohl sich Gegenargumente in dem häufig zitierten Gedicht *Der Antritt des neuen Jahrhunderts* finden, das Schiller unter dem Eindruck des Friedens von Lunéville (9. 2. 1801), kurz vor Abschluß der *Jungfrau von Orleans*, schrieb.

Das Verfasserkollektiv, Thalheim und vor ihnen Edith Braemer verstehen Schillers Stoffwahl in der Perspektive der historischen Ereignisse um 1800. Sie vertreten die These, das »dramatische Heldenlied vom Sieg des französischen Volkes, unter der Führung des einfachen Hirtenmädchens Jeanne d'Arc«, habe das Publikum zum Widerstand und zur Erhebung gegen den Eroberer Napoleon angefeuert. Die Geschichte Johannas sei das Vorbild eines nationalen Befreiungskampfes.[24] In ihr habe Schiller den Patriotismus »von unten« verkörpert; in der Schlußszene werde die völlige Einheit zwischen Johanna und der Nation hergestellt.[25]
Aus drei Gründen habe Schillers Stück für die Gegenwart noch immer Bedeutung. Der historische Vergleich, den der Stoff aus der französischen Geschichte mit der damaligen Gegenwart ermöglicht habe, ein Vergleich der »Völker mit Völkern« und der »Jahrhunderte mit Jahrhunderten«, beziehe sich allerdings in »erster Linie nur auf die in vergangenen Jahrhunderten für die Gegenwart präsent zu machenden aktuellen Kämpfe«.[26]
Schiller hat, so meint Thalheim, den Trägerschichten bürgerlicher nationaler Entwicklung mit seinem Stück positive geschichtliche Lösungsmöglichkeiten der Widersprüche des deutschen Ancien régime vorgeführt. Damit habe er die Selbstverständigung und die gesellschaftliche Emanzipation des Bürgertums angesichts der beschämenden Lage des deutschen Volkes gefördert. Da Frankreich damals im Zentrum des europäischen Interesses stand, habe der Stoff der Jeanne d'Arc große Identifikationsmöglichkeiten für das Publikum geboten, das die eigenen patriotischen Gefühle und Wünsche in Schillers Stück ausgedrückt gefunden habe. Braemer wertet das Verbot der Aufführung der *Jungfrau von Orleans* zur Zeit der französischen Besetzung Berlins als Argument für die Richtigkeit der indirekten Identifikationsmöglichkeiten.[27]
Von außergewöhnlicher Bedeutung ist schließlich für die marxistischen Interpreten die bäuerliche Herkunft Johannas. Das Bauernmädchen repräsentiere die unteren Schichten, die »Hütte«, aber am Ende die ganze Nation. Diese Volksheldin sei ohne das Beispiel der revolutionären Frauen von Paris und der jakobinisch gesinnten Frauen von Mainz nicht möglich gewesen. Bei so häufig angenommenen Analogien zwischen der historischen Johanna, Schillers Stück und der politischen Situation um 1800 ist es nicht verwunderlich, daß Johanna zur Kämpferin für die Ideen und Ziele des ›dritten Standes‹ stilisiert wird, dem sie weder in der historischen Faktizität noch bei Schiller angehört. Sie soll die dem ›dritten Stand‹ zustehende führende Rolle im geschichtlichen Prozeß zumindest antizipieren, solange das deutsche Bürgertum dieser Aufgabe noch nicht gewachsen sei. »Sie wirbt und ringt um eine bürgerliche Nation, die unter dem Druck der englischen Interventen den Adel, die bürgerlichen und die bäuerlichen Schichten zusammenschließt und sowohl den Adel wie die Massen auf die Ideale des ›dritten Standes‹ orientiert.«[28]
Wenn Schillers Stück vor allem in der Perspektive eines Patriotismus »von unten« gesehen wird, der spezifische Identifikationsmöglichkeiten mit der plebejischen Heldin biete, lassen sich Progressivität und Aktualität unschwer behaupten. Die »metaphysische Fragestellung« mit ihren Schwächen tritt vor der »Widerspiegelung eines historischen Freiheitskampfes« zurück. Inhaltliche Aussagen darüber, wie die mögliche Analogie und das Gewahrwerden ähnlicher Situationen und Entscheidungen im Horizont der Gegenwart zweier deutscher Staaten beschaffen sein

könnten, fehlen. Das Stück wird einfach zum Glied in der »Kette der ideologischen und poetischen Vorbereitung der bürgerlichen Revolution in Deutschland«.[29] Wenn aber die Hypothesen von Johanna als Vorkämpferin des dritten Standes als zu wenig belegt und aus der Wirkungsgeschichte des Stückes nicht dokumentiert erscheinen, wenn die vergangene Stufe der Emanzipation, die Schillers Stück verkörpern soll, nicht unvermittelt als Stufe zu uns selbst betrachtet werden kann und das »Verhältnis eines historischen Datums« nicht in der beschriebenen Weise in die gegenwärtige Weltverfassung produktiv zu integrieren ist,[30] so muß die Frage nach der »Rettung« der *Jungfrau von Orleans* erneut gestellt werden.

V

Immerhin dürften die marxistischen Interpretationen geeignet sein, die Berechtigung von zahlreichen zeitentrückten Deutungen der *Jungfrau von Orleans* zu überprüfen. Deren Charakter als Kunstwerk *und* fait social ist bei Benno von Wiese und Gerhard Storz nicht zur Sprache gebracht worden – sie begnügen sich mit ihren prinzipiellen Ansätzen (Legende/theatralisches Spiel).[31] Dies erscheint um so erstaunlicher, als sogar ein so unmarxistischer Philologe wie Max Kommerell schon 1939 darauf hinwies, daß Schillers Fragen bei aller Lust am Allgemeinen »durchweg vom Zeitpunkt« ausgehen.[32]

Schiller legt mit seinem Stück innerliterarisch wie außerliterarisch Widerspruch ein. In der Reihe von literarischen Bearbeitungen des Jeanne-d'Arc-Stoffes ist Voltaires komisches Epos *La pucelle d'Orléans* (1756/62) für die zweite Hälfte des 18. Jahrhunderts die berühmteste und nicht wenig berüchtigte. Voltaire wählte die Jungfräulichkeit Jeannes und deren Bedrohungen zum grotesken Hauptthema seines Werkes – nicht allein im Hinblick auf die damit möglichen erotischen Ambiguitäten, sondern wesentlich als Mittel, Kirchenlehren und die Kirche zu attackieren.[33] Gegen die solchermaßen eher als komische und »niedrige« Figur geltende Pucelle wollte Schiller, nachdem er die Geschichte Johannas in François Guyot de Pitavals *Causes célèbres et intéressantes, avec les jugements qui les ont décidées* (1734 ff.), die 1782–92 in einer deutschen Auswahl zugänglich wurden,[34] gefunden hatte, das erhabene und »edle Bild der Menschheit« aufrichten, das von Voltaire verhöhnt worden sei. Schillers Gedicht *Das Mädchen von Orleans* trug im Erstdruck (*Taschenbuch für Damen*, 1802) den Titel *Voltaires Pucelle und die Jungfrau von Orléans*. Im ursprünglichen Titel wird die Absicht der polemischen Gegenüberstellung eigens akzentuiert. Voltaires *Pucelle* wird als Gedicht des Spotts, des Witzes, des Unglaubens, der Beraubung des Herzens, der Verletzung des Glaubens, Schwärzung des Strahlenden, Erniedrigung des Erhabenen, als Momus-Unterhaltung für den lauten Markt gekennzeichnet. Daß es hier nicht etwa nur um einen schriftstellerischen Dissens über die angemessene Stillage für den Jeanne-d'Arc-Stoff oder um unterschiedliche Auffassungen der historischen Figur ging,[35] zeigen die Passagen über Voltaire in *Über naive und sentimentalische Dichtung*. Sie sind für die problematische Dissoziierung der Begriffe ›Schriftsteller‹–›Dichter‹ im Sinne negativer und positiver Bezeichnungen, an der Schiller wesentlich mitgewirkt hat, von besonderem Gewicht: Dieser ›Schriftsteller‹ könne uns zwar »als witziger Kopf belustigen, aber gewiß nicht als Dichter bewegen. Aber seinem Spott liegt überall zu wenig Ernst zum Grunde, und dieses macht seinen Dichterberuf mit Recht verdächtig. Wir begegnen immer nur seinem Verstande, nicht seinem Gefühl. Es zeigt sich kein Ideal unter jener luftigen Hülle und kaum etwas absolut Festes in jener ewigen Bewegung. Seine wunderbare Mannigfaltigkeit in äußern Formen, weit entfernt, für die innere Fülle seines Geistes etwas zu beweisen, legt vielmehr ein bedenkliches Zeugnis dagegen ab, denn ungeachtet aller jener Formen hat er auch nicht *eine* gefunden, worin er ein Herz hätte abdrücken können. Beinahe muß man also fürchten, es war in diesem reichen Genius nur die Armut des Herzens, die seinen Beruf zur Satire bestimmte.«[36]

Die im Gegensatz zu solcher Schriftstellerei elegisch-sentimentalische Dichtkunst seines Stückes stellt Schiller in seinem Gedicht vor; die Betonung des »Herzens« als Voraussetzung poetischer Produktion und Rezeption zeigt besonders deutlich, welche grundsätzlichen Erwägungen in *Das Mädchen von Orleans* Eingang fanden:

»Doch, wie du selbst, aus kindlichem Geschlechte,
Selbst eine fromme Schäferin wie du,
Reicht dir die Dichtkunst ihre Götterrechte,
Schwingt sich mit dir den ewgen Sternen zu,
Mit einer Glorie hat sie dich umgeben,
Dich schuf das Herz, du wirst unsterblich leben.
[...]
Doch fürchte nicht! Es gibt noch schöne Herzen,
Die für das Hohe, Herrliche entglühn,
Den lauten Markt mag Momus unterhalten
Ein edler Sinn liebt edlere Gestalten.«[37]

Ein detaillierter Vergleich der *Pucelle* mit der *Jungfrau von Orleans* würde zeigen können, daß Schiller trotz aller Opposition einen subtilen Dialog mit Voltaires Werk führte – die Bedeutung des Liebesverbots und der Reinheit dürften Reaktionen auf thematische Grundlinien des komischen Epos sein.[38] Mme. de Staël hat sich denn auch in ihrer Charakteristik des Schillerschen Stückes nicht dazu hinreißen lassen, von den französischen Schriftstellern zu fordern, in Zukunft in Johanna nur noch »la gloire d'une héroïne française« wahrzunehmen:

»[...] c'est un grand tort de notre nation que de ne pas résister à la moquerie, quand elle lui est présentée sous des formes piquantes. Cependant il y a tant de place dans ce monde, et pour le sérieux et pour la gaieté, qu'on pourrait se faire une loi de ne pas se jouer de ce qui est digne de respect, sans se priver, pour cela, de la liberté de la plaisanterie.«[39]

Damit negiert sie auch Schillers Fixierung der Dichtkunst auf das Erhabene – was diese im Hinblick auf unser Stück der Auseinandersetzung mit Voltaire zu verdanken hatte, scheint ihr entgangen zu sein. Daß aber diese innerliterarische Opposition nur dem Scheine nach ein literaturimmanenter Vorgang war, läßt sich aus mehreren Zeugnissen Schillers belegen.

Er konfrontiert nicht nur den Spott der *Pucelle* mit seiner erhabenen Johanna, sondern hält für die von ihm schmerzlich erfahrene nachrevolutionäre Zeit um die Jahrhundertwende nur eine »pathetischerhabene« Kunst für geeignet. Die Bühne muß sich des »erhabenen Moments / Der Zeit, in dem wir strebend uns bewegen«, wert erweisen. Am ernsten Ende des Jahrhunderts werde »selbst die Wirklichkeit zur Dichtung«. Jetzt müsse die Kunst auch »höhern Flug versuchen«, soll »nicht des Lebens Bühne sie beschämen«. So heißt es im Prolog zum *Wallenstein* vom Oktober 1798.[40] Selbst die Flucht in »des Herzens stille Räume«, ins »Reich der Träume« und in den »Gesang«[41] ist keine Flucht aus der Zeit. Die Deutschen hätten sich, so heißt es in dem Fragment *Deutsche Größe* vom Frühjahr oder Sommer 1797, unabhängig von der politischen Lage, einen eigenen Wert geschaffen, »eine sittliche Größe«, die in der Kultur und im Charakter der Nation lebe, »und indem das politische Reich wankt, hat sich das geistige immer fester und vollkommener gebildet«. Es sei die Aufgabe der Deutschen, »an dem ewgen Bau der Menschenbildung« zu arbeiten, nicht »im Augenblick zu glänzen und seine Rolle zu spielen, sondern den großen Prozeß der Zeit zu gewinnen«. Der Deutsche könne sich in seinem altersgrauen alten Reich keine »freie Bürgerkrone« wie der Franke aufs Haupt setzen, es bleibe ihm aber die Hoffnung auf »seinen Tag in der Geschichte«: »Doch lebendge Blumen grünen / Unter gotischen Ruinen«.[42]

Wenn Schillers Vorstellung vom »ästhetischen Staat« und der Funktion Deutschlands bei seiner »Errichtung« aus der *»Bekanntschaft«* mit den »uns umlauernden Gefahren« hervorgeht, wenn uns zu dieser *»Bekanntschaft«* das »furchtbar herrliche Schauspiel der alles zerstörenden und wieder erschaffenden und wieder zerstörenden Veränderung«, die »pathetischen Gemälde der mit dem Schicksal [ringenden] Menschheit«[43] verhelfen, so sind dies nicht zuletzt Reflexionen über die Krise der Revolution.[44] Von den geschichtsphilosophischen Aspekten ist später zu sprechen. Schillers »pathetischerhabene« Kunst möchte ästhetisch erziehen zu »Independenz« vom gesetzlosen Chaos der Erscheinungen; erst die »Freiheit« macht den Menschen »zum Bürger und Mitherrscher eines höhern Systems, wo es unendlich ehrenvoller ist, den untersten Platz einzunehmen, als in der physischen Ordnung den Reihen anzuführen«.[45] Durch Fortschritte in diesem »höhern System« glaubt Schiller den Vorzug der Deutschen im Zeitalter der politischen Veränderung begründet. Aber auch dieser Prozeß muß tatkräftig gefördert werden:

»Unsere Tragödie, wenn wir eine solche hätten, hat mit der Ohnmacht, der Schlaffheit, der Charakterlosigkeit des Zeitgeistes und mit einer gemeinen Denkart zu ringen, sie muß also Kraft und Charakter zeigen, sie muß das Gemüth zu erschüttern, zu erheben, aber nicht aufzulösen suchen. Die Schönheit ist für ein glückliches Geschlecht, aber ein unglückliches muß man erhaben zu rühren suchen.«[46]

VI

Der Titel *Die Jungfrau von Orleans* gibt dem Leser eine mehrdeutige Vorinformation: Schillers Zeitgenossen konnten, wenn sie seine damals vorliegenden Werke kannten, auf einen besonders prägnanten Kontrast zur Voltaireschen *Pucelle* schließen. Selbstverständlich wird auch das Wissen über die historische Gestalt aufgerufen. Tatsächlich orientiert sich das Stück an der überlieferten Herkunft Johannas – auch die Siege, zu welchen sie wesentlich beigetragen hat, und ihre Gefangenschaft sind historische Fakten. Schiller hat allerdings die Sendung Johannas insofern erweitert, als sie nicht nur die Engländer vertreiben, sondern auch die innere Einigung Frankreichs zustande bringen soll. In seiner Konzeption ist die Verstoßung der Jungfrau durch die Franzosen selbst nicht endgültig – ihr Tod, der statt der Marter auf dem Scheiterhaufen die Apotheose auf dem Schlachtfeld ermöglicht, und zahlreiche Einzelzüge wie die Montgomery-Auftritte (II,6/7), die Liebe zum englischen Feldherrn Lionel, die Anklage durch ihren eigenen Vater, vor allem aber der Tötungsbefehl und das absolute Liebesverbot sind Erfindungen. Die historische Johanna hat im Gerichtsverfahren nachdrücklich versichert, keinen Menschen getötet und nur ihre Fahne getragen zu haben.[47] Schiller hat mehrfach vom Recht des Dramatikers gesprochen, von der Geschichte einen Stoff zu borgen, in der poetischen Organisation, Selektion und Konzentration der historischen Fakten im Hinblick auf eine Darstellung allgemeinmenschlicher Idealität aber völlig frei zu sein.

Zu den Vorinformationen der Leser gehört auch der Untertitel: *Eine romantische Tragödie*. Die von Voltaires komischer und witzelnder Konzeption abweichende Darstellung der Jeanne d'Arc, die sich in der *Pucelle* mit Dunois liiert und vor einem tragischen Ende bewahrt bleibt, war damit signalisiert. In seinem Aufsatz *Über die tragische Kunst* hat Schiller eine Bestimmung der Tragödie versucht, die in folgende Definition mündet: »Die Tragödie wäre demnach dichterische Nachahmung einer zusammenhängenden Reihe von Begebenheiten (einer vollständigen Handlung), welche uns Menschen in einem Zustand des Leidens zeigt und zur Absicht hat, unser Mitleid zu erregen.«[48] Die einzelnen Positionen dieses »Tragödiensatzes« interpretiert Schiller ausführlich. Auf die Details und die Verbindung von darstellungsästhetischen und wirkungsästhetischen Aspekten ist hier nicht einzugehen.[49]

Erstaunlicherweise läßt sich aus den theoretischen Schriften Schillers sein Verständnis von »romantisch« nicht belegen. Die Interpreten haben daher eine Fülle von Aspekten genannt, die, zusammengenommen, durchaus den Horizont des von Schiller mit diesem Epitheton Gemeinten ermessen dürften.[50] Sicher ist damit die Verwendung von Elementen der katholischen Glaubenswelt aus dem Herbst des Mittelalters gemeint, die gelegentlich an die Legende erinnernde Perspektive des Stückes. Eine Anregung durch Tiecks *Leben und Tod der heiligen Genoveva* (1799) scheint nicht vorzuliegen – sie hat wohl kaum zur Wahl des Untertitels geführt. Er sollte auf das Mirakulöse, »Romanhafte« (im Sprachgebrauch des 18. Jahrhunderts), auf die romantisierenden Stilmittel in Verbindung mit anti-griechischen vorbereiten. Ide hat darunter die Suche nach poetischen Ausdrucksformen für die Darstellung des abstrakt Gedanklichen, für die Verwirklichung der poetischen Tragödie verstanden.

Mit seiner *romantischen Tragödie* verband Schiller nicht zuletzt die Hoffnung, durch die poetische Organisation der Geschichte Johannas einen besonders hohen Grad von Pathos zu erwecken. Im Gegensatz zu Voltaires Dichtung des Witzes sollte mit seiner Tragödie der »edle Sinn« und das »schöne Herz« bewegt werden. »Dich schuf das Herz«, heißt es in dem Gedicht *Das Mädchen von Orleans*, und in mehreren Briefen ist davon die Rede, das Stück sei »in hohem Grade rührend«, erwecke »edle Rührung«. Während der Arbeit noch schreibt Schiller: »Schon der Stoff erhält mich warm; ich bin mit dem ganzen Herzen dabei, und es fließt auch mehr aus dem Herzen, als die vorigen Stücke, wo der Verstand mit dem Stoffe kämpfen mußte.« In einem Brief an Göschen bedankt er sich am 10. Februar 1802 für das freundliche Urteil: »Dieses Stück floss *aus dem Herzen* und *zu dem Herzen* sollte es auch sprechen. Aber dazu gehört, daß man auch ein Herz habe und das ist leider nicht überall der Fall.«[51]

Die Identität des produktiven Affekts mit der erhofften Wirkung ist zweifellos im Kontext von Schillers rhetorischem Sprechen, »um den mitleidigen Affekt zu erregen«[52], zu verstehen. Er erwartete diese Wirkung weniger vom Stoff als von der benutzten tragischen Form. Deshalb darf das »Herz« nicht in dem Maße semantisch befrachtet werden, wie es Benno von Wiese vorgeschlagen hat. Es sei, gemäß lutherisch-pietistischer Tradition, das religiöse Organ, das allein den Zugang zur Gottheit gestatte, dem diese Gottheit aber auch seine Forderungen mitteilen könne. Das »Herz« sei die Instanz, die sich »allein zum Transzendenten zu erheben« vermöge – von jeher habe Schiller damit den göttlichen Bereich und die Beziehung zum Göttlichen gemeint.[53] In den theoretischen Schriften wird ›Herz‹ zu Beginn der neunziger Jahre in einem Sinne verwendet, der terminologisch der Empfindsamkeit verpflichtet ist. Schiller spricht von »Empfindungen des Herzens« und vom Herzen »in seinen moralischen Rührungen«. In den späteren Schriften verwendet Schiller die Metapher seltener in dieser Bedeutung – häufiger taucht sie nun im Kontext von Freiheit, Reinheit, Unschuld und Wahrheit, von Natur und Ideal auf, doch fehlen Belege für den vorher dominierenden Sprachgebrauch nicht völlig.[54] Sowohl Schillers Selbstzeugnisse als auch die »rührenden« Passagen der Tragödie selbst dürfen nicht einzig und allein so verstanden werden, wie es von Wieses Interpretation nahelegt. Die spezifische Semantik ergibt sich, nach guter philologischer Tradition, aus dem Kontext.

Zwar wurde Schillers Berufung auf das »Herz« mit den mittelalterlichen und legendenhaften Zügen des Stückes in Verbindung gebracht, doch ist nicht bemerkt worden, daß eine der Pathos-Linien, die das Stück durchziehen, der Funktion des »Herzens« auf dem Weg Johannas gilt. In den Charakterisierungen der Jungfrau ist das verschlossene Herz ein Topos des Prologs: »Das Herz gefällt mir nicht, das streng und kalt / Sich zuschließt in den Jahren des Gefühls« (Prolog 2,63f.); »Denn ihre Brust verschließt ein männlich Herz« (Prolog 3,196); »Nicht Männerliebe darf dein Herz berühren« (Prolog 4,411).

Im Montgomery-Auftritt erreicht diese gefrorene Empfindsamkeit ihren Höhepunkt. Zugleich bahnt sich der Umschlag an. Johanna versichert noch einmal: »[...] und dieser Panzer deckt kein Herz« (II,7,1611). Fast klagend heißt es in ihrem Gebet an die »erhabne Jungfrau«: »Dies Herz mit Unerbittlichkeit bewaffnest du« (II,8,1679). Daß sie bereits in diesem Auftritt nicht mehr völlig dem »Geisterreich, dem strengen«, gehorcht, verrät ihr Monolog (II,8), der mit den Worten des todgeweihten Montgomery korrespondiert: »Furchtbar ist deine Rede, doch dein Blick ist sanft, / Nicht schrecklich bist du in der Nähe anzuschaun, / Es zieht das Herz mich zu der lieblichen Gestalt« (II,7,1603ff.).

In den Szenen mit Burgund und Agnes Sorel entfaltet Schiller die »rührenden«

Aspekte seiner Protagonistin extensiv. Ihrer Rede gelingt die Versöhnung des Herzogs mit dem König. Jener betrachtet sie »mit Erstaunen und Rührung«. Das »Herz« sagt ihm, daß diese »rührende Gestalt« nicht trügerisch sein kann. Als sei die Rührung des Herzens im 10. Auftritt des 2. Aufzugs von Anfang an das Ziel ihrer Unterredung gewesen, konstatiert sie das Ergebnis mit Wendungen, in welchen Topoi der Empfindsamkeit dithyrambisch gesteigert werden:

»Er ist gerührt, er ists! Ich habe nicht
Umsonst gefleht, des Zornes Donnerwolke schmilzt
Von seiner Stirne tränentauend hin,
Und aus den Augen, Friede strahlend, bricht
Die goldne Sonne des Gefühls hervor.
– Weg mit den Waffen – drücket Herz an Herz –
Er weint, er ist bezwungen, er ist unser!« (II,10,1804ff.)

Den durch Rührung Bezwungenen darf die sonst so kühle Jungfrau »mit leidenschaftlichem Ungestüm« umschlingen – ein Skandalon für psychologisch orientierte Interpreten. Auch die Versöhnung mit Karl gipfelt in einer Pantomime, bei der sich beide Fürsten »eine Zeitlang einander sprachlos in den Armen« liegen; sie wirkt reihenbildend: auch drei französische und drei burgundische Ritter bekunden damit das Ende der Feindschaft. Wieder läßt Schiller den Herzog von Burgund als einen der Affektsprache besonders zugänglichen Fürsten erscheinen. Wäre Agnes als Botin zu ihm geschickt worden, so hätte er »ihren Tränen« nicht widerstanden. Am »Herzen« des Königs endet seine »Irrfahrt« (III,3,1987ff.). Die Aussöhnung des Herzogs mit Du Chatel gelingt Johanna aufs neue durch den Appell an sein Herz: »O sie kann mit mir schalten wie sie will, / Mein Herz ist weiches Wachs in ihrer Hand« (III,4,2065f.); »Der Mensch ist, der lebendig fühlende / Der leichte Raub des mächtgen Augenblicks.« (III,4,2077f.). Agnes Sorel erhält von ihrem Schöpfer die Gabe, alle Regungen der Empfindsamkeit und Liebe ohne Einschränkung auszudrücken. Bei der Versöhnungsszene mit Burgund bricht sie in Tränen aus. Ihr »sagts das Herz«, daß Karl den Frieden »pflanzen« werde (I,5,794). Im 4. Aufzug, der Johanna wieder als die scheinbar Fühllose zeigt, dient ihr Agnes, die das »heilig Herz« (IV,2,2709) aufschließen möchte, als Kontrastfigur.

Karls vermeintlicher Blick in die Zukunft Johannas, die sich im Frieden der »sanfteren Gefühle« nicht erwehren werde –

»Sie werden auch in deiner Brust erwachen,
Und Tränen süßer Sehnsucht wirst du weinen,
Wie sie dein Auge nie vergoß – dies Herz,
Das jetzt der Himmel ganz erfüllt, wird sich
Zu einem irdschen Freunde liebend wenden –« (III,4,2238ff.) –,

ist die dramaturgisch überzeugende Vorausdeutung auf den Lionel-Auftritt. In ihrer (schon angefochtenen?) Sicherheit widerspricht Johanna solchen menschlichen Unterstellungen: »Ihr blinden Herzen! Ihr Kleingläubigen!« (III,4,2251).

Ihre Gefährdung wird bei der Erscheinung des »schwarzen Ritters« offenbar. Sie glaubt, er sei nur darauf aus, ihr »edles Herz im Busen zu erschüttern« (III,9,2449). Aber der Anblick Lionels im folgenden Auftritt genügt, um den Widerstand ihres »Herzens« zu brechen. Schiller erlaubt seiner Protagonistin in dieser zentralen Konfliktsituation, dem »Punctum saliens« des Stückes, fast nur noch Ausrufe und Gebärden. Zweimal sinkt der Arm mit dem gezückten Schwert, klagend verbirgt sie das Gesicht, in »heftigster Beängstigung« ringt sie »verzweifelt die Hände«. Eine leichte Verwundung soll ihr Umsinken motivieren. Am Ende des Auftritts liegt sie ohnmächtig in La Hires Armen. Das Bewußtsein hat nicht die kämpferische Johanna, wohl aber dieses »Herz« verloren, das sich dem Liebesverbot nicht länger unterwerfen kann. Max Kommerell hat richtig gesehen: »Das Gefühl ist der Feind: die dramatische Anschaulichkeit dieser allgemeinsten Feindschaft ist es, daß die Jungfrau gerade ihren Feind lieben muß, den lieben muß, den sie töten soll. [...] Die Versuchung soll nichts in sich sein, sondern über sich hinausdeuten auf das Mißverhältnis von Idee und Menschheit überhaupt.«[55] Die menschliche Schwäche ihres »Herzens« reflektiert Johanna im großen Monolog zu Beginn des 4. Aufzugs. Das allgemeine Glück »rührt« sie nicht: »Mir ist das Herz verwandelt und gewendet, / Es flieht von dieser Festlichkeit zurück, / Ins britsche Lager ist es hingewendet« (IV,1,2535–37). In einem inneren Dialog erörtert sie, ob ihr »von Himmels Glanz« erfülltes Herz einer »irdschen Liebe schlagen« darf, wie sie »dieses Herz verhärten« konnte, das »der Himmel fühlend schuf!« (IV,1,2544f.2596f.). Ihr kommentierender und nichtaktionaler Monolog, der durch Wechsel der Pronomina häufig dialogischen Charakter erhält, wird in der diskursiven Richtung der Argumentation, die schließlich zur fast anklagenden Gebetsrede an Maria gesteigert wird, mehrfach gestört. Schon zu Beginn der Szene ertönen »hinter der Szene Flöten und Hoboen«. Der Wechsel von Stanzen und freien Strophenformen korrespondiert mit der Musik hinter der Szene, die einmal »in eine weiche schmelzende Melodie« übergeht, dann »wiederholen« die Flöten, während Johanna »in eine stille Wehmut« versinkt. In artistischer Form schafft Schiller einen erstaunlichen Gegensatz zwischen der von der Jungfrau reflektierten Problematik und der auf Rührung gestimmten Instrumentalmusik. Der Zwiespalt zwischen »Herz« und Sendung wird überdies mit dem reaktiven Wechsel der Perspektiven von Schuldgeständnis und Rechtfertigung versinnlicht. Nur »Die Unsterblichen, die Reinen, / Die nicht fühlen, die nicht weinen!« (IV,1,2602f.) wären dieses Konfliktes enthoben. Die Hirtin mit der »weichen Seele« stellt in einer von Zeitgenossen der späten Empfindsamkeit wohl mit Befremden vernommenen Frage »Ist Mitleid Sünde?« (IV,1,2568) die Paradoxie ihrer Lage ins Licht. Die von der Instrumentalmusik noch intensivierte Rührung des »Herzens«, die sich in »kantabilen Strophen«[56] äußern darf, wird durch die Gewissenserforschung unterbrochen und gewinnt dann wieder die Oberhand. Diese Bewegung ist die Umkehrung der Phasen, die Johannas »Herz« durchläuft: Das scheinbar blinde, fühllose und kalte »Herz« der ihrer Sendung radikal Ergebenen erliegt der Macht der fühlenden Sinnlichkeit; die »sehend« Gewordene wird schließlich im »Sturm der Natur« gereinigt: »Der schwere Panzer wird zum Flügelkleide« (V,14,3542).

VII

Die dramatische Wirkung des »Herzens« verbindet sich mit den weniger unmittelbaren, aber nicht weniger effektvollen Formen rhetorischer Argumentation. Durch das ›movere‹ vor allem soll Überzeugung hergestellt und glaubwürdig gemacht werden. In der Person der Jungfrau operiert der Dramatiker mit einem durch die »Sendung« außerordentlich stark motivierten Willen, der Wahrheit durch Pathos zur Verwirklichung zu verhelfen.[57] Aber Schiller möchte Leser und Zuschauer nicht zu sehr in das Leiden und die mitleidigen Affekte verstricken, so daß sie ihrer moralischen Freiheit verlustig gehen. Das Pathetische als ein *künstliches* Leiden soll vielmehr diese Freiheit im Gegensatz zum tatsächlich und am eigenen Leib erfahrenen Leiden ermöglichen. Die Kluft zwischen leidvoller Erfahrung und Illusion, zwischen Naturtrieb und Moral, Wirklichkeit und Ideal versucht Schiller mit dem Begriff des »Erhabenen« zu überbrücken. Wo Vernunft und Sinnlichkeit *nicht* zusammenstimmen, wo der physische und moralische Mensch aufs schärfste voneinander geschieden sind, trägt uns das »Erhabene« über die »schwindlichte Tiefe« und »verschafft uns also einen Ausgang aus der sinnlichen Welt«.[58] Die Idee kann sich von der stofflich beschränkten Sinnlichkeit lösen, die vernünftige Natur des Menschen kann ihre Überlegenheit und »Freiheit von Schranken« fühlen. »Erhaben« nennt Schiller einen Gegenstand, bei dem »wir also *physisch* den kürzeren ziehen«, über den wir »uns aber *moralisch*, d. i. durch Ideen erheben«.[59] Ist die Vorstellung eines fremden Leidens sowohl mit dem Affekt als auch mit dem Bewußtsein unserer inneren moralischen Freiheit verbunden, so ist sie *»pathetisch-erhaben«*[60].

Der Mensch soll von der Wahrheit, seiner übersinnlichen Natur überzeugt werden. Aber die Leser und Zuschauer dürfen weder moralisch noch sinnlich genötigt werden.[61] Schiller scheint sich des Paradoxons dieser Forderung bewußt gewesen zu sein. Einmal spricht er vom Zwang des Affekts, in den uns fremde Leiden versetzen, der allzu gerne abgeschüttelt werde. Deshalb müsse das Gemüt »an diese Vorstellungen gewaltsam gefesselt und der Freiheit beraubt werden, sich der Täuschung zu frühzeitig zu entreißen«. Im selben Aufsatz aber empfiehlt er den »Beistand übersinnlicher, sittlicher Ideen, an denen sich die unterdrückte Vernunft, wie an geistigen Stützen, aufrichtet, um sich über den trüben Dunstkreis der Gefühle in einen heitern Horizont zu erheben«.[62] Wenn er aber bei der Wahl der geeigneten Helden den »gemischten Charakteren« den Vorzug vor Engeln, Heiligen und Märtyrern gibt, bei welchen die sittliche Natur die sinnliche schon hinter sich gelassen habe, so daß ihr Kampf zwischen Ideal und Wirklichkeit keinen hohen »Grad von Pathos« erwecken könne,[63] wird das Hauptinteresse des Dramatikers offenbar. Fritz Usinger hat diesen Aspekt des Pathetischerhabenen bei Schiller zutreffend beschrieben: Es sei »das mächtige Hineinreden der Idee in das menschliche Herz, um mit dem Mittel der Wortgewalt die Wandlung zum Guten zu bewerkstelligen. [...] Das Pathos verrät die Kluft zwischen der Wirklichkeit und dem Ideal, über die es selbst als – wenn auch luftige – Brücke hinüberzugleiten sucht. So ist das Pathos in seinem heimlichsten Grunde das, was es seiner Wortwurzel nach bedeutet: Leiden.«[64]

VIII

Johannas sprachliches Handeln ist Ausdruck ihrer Sendung und eines hohen Leidensdruckes. Die in der Theorie vom Erhabenen so anmutig überbrückte Kluft zwischen dem physischen und moralischen Menschen muß die Heldin schmerzlich erfahren. Die vielbeschworene »Vergötterung« im Tod scheint ein schwer erkämpfter Lohn zu sein.
Der Prolog zeigt lange Zeit eine sprachlose Johanna. Über sie *wird* geredet. Sie ist dem Vater unheimlich. Sie richtet kein Wort an ihn. Nach dem Abschiedsgruß an die Schwestern ist ihre erste sprachliche Äußerung ein Befehl. Sie verlangt den Helm. Der Befehl ist die charakteristische Sprechhandlung Johannas.[65] Damit ergreift sie das Zeichen für den Beginn ihrer Sendung. Den Bericht Bertrands über die politische Lage unterbricht sie mit kurzen Fragen, um dann ihre prophetische Rede zu halten, die nicht dem Vater, Raimond oder Bertrand, sondern einem großen Publikum zu gelten scheint. Sie spricht über die Anwesenden hinweg. In den Stanzen des Monologs, der den Abschied aus der arkadischen Welt und die Verkündigung ihrer Berufung umgreift, kündigt sich bereits das Pathetischerhabene des Stückes an, das aus »Wehsein« und »Frohsein« gemischte Gefühl.[66]
In den Dialogen von Aufzug 1, Auftritt 1 dominiert die Evokation der Lage Karls. Versuche, ihn aus seiner resignativen Troubadourwelt zu reißen und zur Handlung zu überreden, Meldungen über neue Mißerfolge, Audienz für Bürger, denen er nicht helfen kann, breite Erörterung der Gründe, die ihn zum Aufgeben nötigen, leidvolle Gespräche mit Agnes nehmen sieben Auftritte in Anspruch. Im 8. Auftritt meldet La Hire den Sieg vor Orleans, dessen Umstände im 9. in einem breiten Bericht des Ritters Raoul mitgeteilt werden. Der Ruhm der Jungfrau erfüllt die Szene, bevor sie sie betritt. Voll »Klarheit und Hoheit« durchbricht sie das schnell inszenierte Quiproquo von Dunois und Karl. Sie fällt dem fragenden Bastard ins Wort und befiehlt: »Steh auf von diesem Platz, der dir nicht ziemt, / An diesen Größeren bin ich gesendet« (I,10,1008f.). Im Gespräch mit Karl bezeugt sie ihre seherische Gabe, nennt die drei Gebete des Königs, gibt einen langen Bericht über ihre Herkunft und Berufung und prophezeit Karl glückliche Zukunft. Der Auftritt schließt mit ihrem Befehl, das Schwert von Fierboys und eine Fahne beschaffen zu lassen. Vom Bischof fordert sie Handauflegung und Segen. Sie beherrscht die Situation derart, daß *sie* bei der Ankündigung eines Herolds vom englischen Feldherrn befiehlt, ihn eintreten zu lassen. Sie reißt im 11. Auftritt denn auch schnell die Rede mit dem Herold an sich, forscht ihn aus, überrumpelt ihn mit der Nachricht vom Tode seines Feldherrn und entläßt ihn mit Aufträgen und Befehlen!
Da Johanna ohne Zweifel die absolut dominierende Figur des Stückes ist, dürfte die Beschränkung der Aufmerksamkeit auf ihre Sprechhandlungen legitim sein. Eingebettet sind sie in Dialogformen der übrigen Personen, die erörtern, überreden, streiten, melden und berichten.[67] Von Johannas Überredungsdialogen war bereits die Rede. Gebet, Prophezeiung, Erörterung, Schmähung und Drohung in den Kampfszenen, Rechtfertigung und knappe Antworten während ihrer Gefangenschaft zeigen sie als situationsmächtige Handelnde – der König folgt ihr aufs Wort, und selbst Gott erhört ihr Gebet um Befreiung nach Simsons Vorbild. Sie

selbst ist durch keine Erörterung und Überredung umzustimmen – die Fahne läßt sie sich beim Krönungszug widerwillig aufzwingen und flieht bald vor ihr. Der berühmte Montgomery-Auftritt (II,7) dokumentiert, in welchem Maße Schiller seine Protagonistin aller menschlichen Beeinflussung enthoben zeigen kann, um sie dann in um so schmerzlichere Verwirrung des Gefühls zu stürzen. Durch die Wahl des Trimeters nach dem Vorbild von Goethes gleichzeitig entstehender »Helena« sollte eine Idealität der Form entstehen, die über die Unmenschlichkeit der Szene wie die Idee über die schwache Natur zu triumphieren scheint. »Schillers Jungfrau hat nicht nur erbarmungslos zu sein, sie hat trimetrisch auszusagen, *wie* erbarmungslos sie ist.«[68]
Vergeblich versuchen der König und der Bischof, sie zur Annahme ihrer weiblichen Natur und Pflichten zu bewegen. Für ihre schließlich hinzunehmende Unwandelbarkeit und ihren spezifischen Sprachgestus ist der Szenenschluß bezeichnend:

> Karl. Brecht ab. Es ist umsonst sie zu bewegen.
> Johanna. Befiehl, daß man die Kriegstrompete blase!
> Mich preßt und ängstigt diese Waffenstille,
> Es jagt mich auf aus dieser müßgen Ruh,
> Und treibt mich fort, daß ich mein Werk erfülle,
> Gebietrisch mahnend meinem Schicksal zu. (III,4,2265–70)

Der Imperativ, der von diesem »Es« ihrer Sendung ausgeht und sie antreibt, prägt die ganze Figur. Sie stößt die empfindsame und nur ihrer Liebe lebende Agnes zurück, die in ihr die Vertraute entdecken möchte. Sie folgt, vom Vater vor aller Welt angeklagt, keiner Aufforderung, sich zu verteidigen. Wieder wechselt die Tochter wie im Prolog kein Wort mit dem Vater – die Unmöglichkeit des Dialogs ist Indiz einer außerordentlichen Entfremdung. Auch die Überredungsversuche Lionels, die Johanna zum Überlaufen drängen, sind erfolglos. Sie entgegnet ihnen mit Befehlen, auf die Isabeau gereizt antwortet: »Willst du in Banden uns Gesetze geben?« (V,9,3360). Ihre scheinbar unerschütterliche Sicherheit und rhetorische Überlegenheit wird in zwei Auftritten erschüttert. In III,9 verfolgt sie einen Ritter »in ganz schwarzer Rüstung«, über dessen Bedeutung viel gerätselt wurde. Ob Höllengeist oder Todesbote,[69] das »doppelzüngig falsche Wesen«, das Johanna »erschrecken und verwirren will« (III,9,2440f.), vermag durch seine Warnungen doch, ihr »edles Herz im Busen zu erschüttern« (III,9,2449). Die Kampfszene verläuft nicht, wie Johanna sie bestimmen möchte. Drohungen und Haßrede beeindrucken den schwarzen Ritter nicht – er ist es, der nun »Orakel« verkündigt. Seiner Weigerung, sich zu erkennen zu geben, und seinem Versuch, sich zu entfernen, begegnet Johanna befehlend: »Nein, du stehst / Mir Rede, oder stirbst von meinen Händen!« (III,9,2444f.). Die Lähmung ihrer Hand durch seine Berührung und das Versinken des Ritters bei Nacht, Blitz und Donnerschlag rauben der Heldin nur kurz die Fassung. »Und käm die Hölle selber in die Schranken, / Mir soll der Mut nicht weichen und nicht wanken!« (III,9,2452f.). Im darauffolgenden Auftritt wird Johanna von Lionel zum Kampf aufgefordert. Nach der obligaten Schmährede auf die Feindin und der Nennung seines Namens wird ihm nach kurzem

Gefecht das Schwert aus der Hand geschlagen. Johanna reißt ihm den Helm vom Haupt, so daß sein Gesicht »entblößt« wird.[70] Während sie das Schwert zum tödlichen Stoß zückt, »sieht sie ihm ins Gesicht, sein Anblick ergreift sie, sie bleibt unbeweglich stehen und läßt dann langsam den Arm sinken«. Nicht durch magische Berührung oder außergewöhnliche Überredung sieht sich Johanna überwältigt, sondern durch das Auge. Über die außersprachliche Rhetorik des feindlichen Antlitzes reflektiert sie in dem Monolog zu Beginn des 4. Aufzugs:

»Warum mußt ich ihm in die Augen sehn!
Die Züge schaun des edeln Angesichts!
Mit deinem Blick fing dein Verbrechen an,
Unglückliche! Ein blindes Werkzeug fordert Gott,
Mit blinden Augen mußtest dus vollbringen!
Sobald du *sahst*, verließ dich Gottes Schild,
Ergriffen dich der Hölle Schlingen!« (IV,1,2575–81)

Die Szene mit Lionel ist überdies dadurch außergewöhnlich, daß Johanna Lionel Befehle erteilt, die dieser nicht ausführt (Rette dich! Töte mich – Und fliehe! Fort! Entfliehe!), während Johanna, verzweifelnd über das gebrochene Gelübde, zwischen ihren Klagerufen die teilnehmenden Fragen und zur Flucht mit ihm drängenden Befehle Lionels nur noch kraftlos zurückweist. Aber die von Dunois und La Hire aufgefundene und der Ohnmacht nahe Verwundete klammert sich noch an die Gebärde, die ihre Selbstachtung verbürgt:

L a H i r e. Ihr Blut fließt.
J o h a n n a. Laßt es mit meinem Leben
Hinströmen! *(Sie liegt ohnmächtig in La Hires Armen.)* (III,11,2516f.)

IX

Der Dialog stiftet die Beziehungen der Personen zueinander. Das Verhältnis zu den übrigen konturiert die einzelne Figur. Die dialogische Äußerung besteht in einem Sich-Durchdringen und Sich-Lösen von mehreren, zumindest zwei Kontexten.[71] Die Zweier-Konfigurationen, in welchen Johanna agiert, sind zur Hälfte Kampfszenen (II,7 und 9; III,9 und 10). Das Gespräch mit Agnes Sorel (IV,2) wurde bereits charakterisiert. Das Angebot von Dunois, sich ihm zu erklären, weist Johanna wortlos, »mit einer zuckenden Bewegung«, ab (IV,12). Allein im Auftritt mit Raimond, dem sie ihr Schweigen vor dem Vater verständlich macht, kommt Kommunikation zustande. In allen übrigen Auftritten erscheint Johanna in der Konfiguration mit mehreren Figuren, häufig in großer Öffentlichkeit (I,9ff.; III,4f.; IV,6ff.; V,14). Durch die Zweikampf-Szenen wird die Hauptfigur intensiv in das Spiel und Gegenspiel der beiden militärisch-politischen Lager integriert. In den von Kämpfen geprägten Aufzügen 2, 3 und 5 wechselt die Szene rasch von der einen zur anderen Seite des Krieges, um dann fast die Hälfte der Aufzüge der kriegerischen Konfrontation zu widmen. Trotz der Schwierigkeiten, das divergierende Material poetisch zu organisieren, es »in wenige große Massen« zu ordnen,[72] gelingt die geschlossene Struktur des Dramas in 5 Aufzügen.[73] Die erprobten Mittel der Steigerung, die etwa den Auftritt Johannas im 2. Aufzug durch ihre immer »erhabenere«, bis zur Prophetie reichende Rede prägen, und der vielseitig genutzte Kontrast zwischen Personen (Johanna–Montgomery, Johanna–Agnes, Johanna–Isabeau, Burgund–Talbot usw.), Auftritten und Aufzügen fesseln das ästhetische Interesse. Der Kontrast zwischen der Resignation Karls – seinem Schwanken zwischen letzter Hoffnung und dem Eingeständnis der totalen Niederlage – und dem durch Johanna erzielten Sieg bei Orleans ist auch wirksames Mittel der Spannung. Der 4. Auftritt des 3. Aufzugs mit den breiten Erörterungen über die Pflichten Johannas als Frau steht im schroffen Gegensatz zur darauf folgenden Botenmeldung, der Feind habe sich zum Kampf gerüstet. Der Verzweiflung der Protagonistin am Ende des 3. Aufzugs über ihr gebrochenes Gelübde stellt Schiller die ganz auf Rührung bedachten Verse des Monologs zu Beginn des 4. Aufzugs gegenüber. Kaum ist ein stärkerer Kontrast denkbar als der zwischen den Johanna preisenden Worten des Königs und dem darauf folgenden Auftritt mit dem Vater, zwischen der Schande der Verbannung am Ende dieses Aufzugs und der Apotheose am Schluß des Stückes.

Die Schauplätze des Stückes, die den Bewegungen der kriegerischen Auseinandersetzung oft häufig folgen müssen, tragen gelegentlich stark zur Szeneninterpretation bei: Der Prolog zeigt eine ländliche Gegend, rechts ein Heiligenbild in einer Kapelle, links eine hohe Eiche. Damit sind die religiösen wie die magisch-dunklen Elemente der Sendung auch dem Auge faßbar. Das englische Lager in Flammen (II,6) oder die Türme von Reims in der Ferne, von der Sonne beleuchtet, im Hintergrund der Zweikämpfe mit dem »schwarzen Ritter« und Lionel in Verbindung mit den Dialog-Kontexten führen eine deutliche Sprache.

Aber nicht allein der in der Schlußszene »von einem rosigten Schein« beleuchtete Himmel, sondern auch die akustischen Mittel tragen zur häufig bemerkten Opernnähe bei. Schiller hat selbst die »übergroße Pracht des Krönungszuges« in der Berliner Inszenierung kritisiert; »man habe den Zug und nicht die *Jungfrau* gegeben«.[74] Aber die Wahl vielfältiger metrischer Formen, die königlichen Hoflager und die Krönungsfeierlichkeit, die Trompeten, kriegerischen Instrumente, Flöten und Oboen, Donnerschläge und Blitze legten und legen die opernhafte Inszenierung nahe. Ob die Versöhnung von Abstraktionsvermögen und Anschauung durch den sinnlichen Aufwand des Theaterapparats tatsächlich in dem Maße gelungen ist, wie es Sautermeister an drei Beispielen zu demonstrieren versucht hat, muß für das Stück im ganzen bezweifelt werden. Die Tendenz Schillers, den »Effekt« durch die nachhaltigsten Mittel zu garantieren, führt gelegentlich zum Pompösen. Schreibt Schiller den folgenden Satz an Goethe ohne jeden Anflug von Selbstironie? »Der Schluß des vorlezten Acts ist sehr theatralisch, und der donnernde Deus ex machina wird seine Wirkung nicht verfehlen«.[75]

X

Während der Leser und der kritische Regisseur die Extreme solcher Theatralik unschwer reduzieren können, lassen sich die thematischen Grundlinien der *Jungfrau von Orleans* dem Verständnis der Gegenwart nur als befremdliche darstellen. Die »zarte Jungfrau unter Waffen« (V,2,3081) berichtet von ihrer Sendung im Monolog des Prologs und im 10. Auftritt des 1. Aufzugs. Zunächst geht vom Gott des Alten Testaments, der »stets den Hirten gnädig sich bewies« (Prolog 4,406), der Ruf an Johanna, für ihn zu zeugen, die Glieder in rauhes Erz zu schnüren und das Herz nicht von »sündgen Flammen eitler Erdenlust« (412) berühren zu lassen. Ihr Lohn werde die Verklärung »mit kriegerischen Ehren« und vor »allen Erdenfrauen« (415f.) sein. Vor dem König und seinem Gefolge erzählt die Hirtin von der Erscheinung Marias, die sie im Namen des Herrn »zu einem anderen Geschäft« (I,10,1079) berufen habe: »Nimm diese Fahne! Dieses Schwert umgürte dir! / Damit vertilge meines Volkes Feinde, / Und führe deines Herren Sohn nach Reims, / Und krön ihn mit der königlichen Krone!« (I,10,1080–83). Der Helm, den sie Bertrand entreißt, ist ihr ein göttliches Zeichen: »Mit Götterkraft berühret mich sein Eisen, / Und mich durchflammt der Mut der Cherubim« (Prolog 4,427f.). Mit Fahne, Helm und Brustharnisch, sonst aber weiblich gekleidet, tritt Johanna im Kampfe auf (II,4). Bei der großen Versöhnung des Königs mit Burgund erscheint sie im Harnisch, aber ohne Helm, und trägt einen Kranz in den Haaren (III,4). Indem die kriegerischen Requisiten mehrfach in den Bedeutungszusammenhang der göttlichen Sendung gerückt werden, ja im Kontext metaphorischer Rede auftauchen (»Mit Stahl bedecken deine zarte Brust / Nicht Männerliebe darf dein Herz berühren« [Prolog 4,410f.]), tragen sie wesentlich zur Sinnbildung bei. Das Weiß der Fahne mit der Muttergottes, Jungfräulichkeit und Reinheit der Sendung bilden *ein* vielschichtiges Symbol. Wenn Johanna aber auf ihre Fahne sinkt und auf einen leisen Wink des Königs alle Fahnen – die Lilienbanner Frankreichs – auf sie niedergelassen werden, so daß sie ganz davon bedeckt wird, soll damit kaum die geschichtliche Nichtrealisierbarkeit der Idee,[76] wohl aber das Ende der »reinen Jungfrau«, der »weißen Taube«, in Unschuld offenbar werden, die mit »Adlerskühnheit« die Geier angefallen hat, die das Vaterland zu zerreißen drohten (Prolog 3,315ff.). Die Jungfrau, die ihren Auftritt mit dem erneuten Sieg über die Engländer erfüllt, wird buchstäblich vom Ruhm bedeckt.
In den Selbstcharakteristiken wie in den Bezeichnungen von seiten der übrigen Personen werden die Widersprüche aufgedeckt, die Johannas Weg durch die geschichtliche Welt bestimmen. Die »reine« und »zarte Jungfrau«, die »zarte Magd« und »Schäferin« wird mit den »körperlosen Geistern« verglichen. Sie sei – paradoxer Ausdruck – »Braut der Engel«, »heilig wie ein Engel«, ja selbst »Engel« in ihrer »Engelsmajestät«. Zu dieser religiösen Dimension der Reinen treten die Bestimmungen ihrer prophetischen Fähigkeit und Wundergaben. Die »Gottgesandte«, »Seherin« und »Prophetin« wird »heilig wunderbares Mädchen«, »Wundermädchen«, »Wunderbare« genannt, »mächtig Wesen«, »Mächtige«, »himmlische Gewalt«, ja sogar »Göttliche«, »Götterkind«, das Haupt »mit einem Götterschein« umgeben. Diese Stilisierungen Johannas entsprechen aber auch dem Schauerlichen und Gespenstischen der Figur. Sie nennt sich »Kriegerin des höchsten Gottes«; die

»Unbezwingliche« ist eine »Schreckensgöttin«. Das mythische Vorbild nennt der Text an zwei Stellen: »Denn aus der Tiefe des Gehölzes plötzlich / Trat eine Jungfrau, mit behelmtem Haupt / Wie eine Kriegesgöttin, schön zugleich / Und schrecklich anzusehen, um ihren Nacken / In dunkeln Ringen fiel das Haar, ein Glanz / Vom Himmel schien die Hohe zu umleuchten« (I,9,954–959); »Mein liebend Herz flieht scheu vor dir zurück, / Solange du der strengen Pallas gleichst« (IV,2,2638f.). Schiller schlug seinem Verleger vor, das Titelkupfer mit der »schönen antiken Minerva« zu schmücken.[77] Athene oder Pallas (= das Mädchen) ist als Parthenos die jungfräuliche Göttin des Krieges und des Friedens. Die beiden Aspekte der Göttin werden auch in Johanna sichtbar – auf die Funktion von Helm und Kranz wurde bereits hingewiesen. Die Jungfrau ist als Versöhnerin auch Friedensbringerin:

> B u r g u n d. Wie schrecklich war die Jungfrau in der Schlacht,
> Und wie umstrahlt mit Anmut sie der Friede! (III,4,2028f.)

Während die »schrecklichen« und »furchtbaren« Züge der Jungfrau von Freund und Feind wahrgenommen werden, erscheint sie den Engländern einzig als »Furchtgespenst«, »Gespenst« des »Pöbels«, des »Schreckens« und der »Nacht«. Ihre »tödliche Gestalt« wirkt einmal als »Hexe«, »Zauberin« und »Gauklerin«, dann aber auch als »jungfräulicher Teufel« oder »Teufel« überhaupt auf die verwirrten Soldaten.

In der Vielseitigkeit der Charakteristiken spiegelt sich die Problematik der Kunstfigur. Wurde ihr in der älteren Forschung oft jede Entscheidungsfreiheit abgesprochen, so daß sie völlig als Instrument des göttlichen Auftrags zu agieren schien, so ist durch die Untersuchungen von Ide und Kaiser eine differenzierte Auffassung vom Prozeß der Sendung Johannas möglich geworden.

Ihre Berufung ist tatsächlich zunächst Fremdbestimmung. Die Gebote erfüllt sie anscheinend ohne Konflikte. Trotz aller Regungen menschlicher Natur gibt sie sich im Augenblick des Handelns, in Befehl und Kampf, völlig der ihr geschenkten »Kraft« hin. Die offenkundige Spaltung in »Selbst« und »Sendung« spricht der Monolog-Schluß nach der Tötung Montgomerys aus: »Schon vor des Eisens blanker Schneide schaudert mir, / Doch wenn es not tut, alsbald ist die Kraft mir da, / Und nimmer irrend in der zitternden Hand regiert / Das Schwert sich selbst, als wär es ein lebendger Geist« (II,8,1683–86). Die Verwandlung in die »Pallas« wird Johanna spätestens in diesem Auftritt bewußt. Sie scheint geradezu hinter dem plakativ vor Montgomery gestellten Sendungsauftrag als menschliche Gestalt Schutz zu suchen. Der Kampf vermag die Übereinstimmung Johannas mit ihrer Sendung nur für die Dauer der Tat wiederherzustellen. Aber in dem zentralen Auftritt des Stückes verstößt Johanna, »indem sie Lionel schont, in *einem* Akt gegen das Tötungsgebot und gegen das Liebesverbot«.[78] Das Aufbrechen des Gegensatzes von natürlich-sinnlicher und sittlicher Natur bedeutet Johannas Wahrnehmen ihrer eigensten Person. Bis zum Wunsch, mit den Schwestern in die heimatliche Idylle zurückzukehren, orientiert sie ihr Denken noch immer an ihrer Sendung – nun will sie den »verhaßten Schmuck« des Ruhmes von sich werfen, der sie vom Herzen der Schwestern trennt. Der Ruhm wie die Sendung, die ihr übermenschliche Verehrung einbrachten, sind nur noch Last: »Ihr liebt mich, doch ihr betet mich nicht an!« (IV,9,2931). Im Sturm der Natur hat Johanna »Reinigung« und Frieden erfahren. Das Bewußtsein der eigenen Verantwortlichkeit umfaßt nun die Sendung. Indem sie sich diese völlig zu eigen macht, sich vom Objekt zum Subjekt des Auftrags wandelt, liegt jede »Schwachheit« hinter ihr: »Nur die *geprüfte* Tugend erhält zuletzt die kanonisierende Palme«.[79]

Der Weg der Jungfrau führt von Arkadien nach Elysium. Prolog und Apotheose legen sich wie eine Klammer um die Handlung, die »erst durch diese Einbettung ins Pastorale ihren Sinn empfängt«.[80] Sautermeister versteht Johannas Apotheose als eine poetische Umsetzung von Schillers Idyllentheorie. Der »vorgeschichtlichen« arkadischen Existenz Johannas, die er, dem Systemzwang seiner Konzeption erliegend, »Paradies« nennt, stehe eine zweite Idylle gegenüber, die aus Johannas visionärem Entwurf eines idealen Königtums im Prolog spreche. Die politische Umsetzung arkadischer Existenz ziele auf den »ästhetischen Staat«, der in den futurischen Idealentwürfen Schillers in den großen ästhetischen Schriften gedacht worden sei. Da sich die »höhere Idylle« im Raum der Tragödie aber nicht darstellen lasse, müsse das ideale Sein der Idee durch den Tod der Protagonistin zum Vorschein kommen.[81]

Unabhängig von der nicht völlig überzeugenden Korrelierung von Schillers Theorem des »ästhetischen Staates« mit der Evokation des guten Königs durch Johanna ist der Sinn der Apotheose von mehreren Interpreten erörtert worden. Sie beziehen sich u. a. auf das nicht ausgeführte Projekt Schillers, eine Idylle über die Vermählung des Herkules mit der Hebe zu schreiben. Sie sollte vom »Uebertritt des Menschen in den Gott« handeln.[82] In der Apotheose Johannas werde das »bei sich Sein im Tode«, die »Freude des Menschen, mit dem Idealentwurf seiner Menschheit identisch geworden zu sein«, zur ewigen Freude.[83] Die aus Arkadien herausgerufene reine Jungfrau wird auf dem Weg durch geschichtliches Handeln und Schuld zur Idealität gesteigert, zu der »Menschheit Götterbild«, wie es in dem Gedicht *Das Ideal und das Leben* heißt.

Was aber ist das »Göttliche« in diesem Stück? Dem kritischen Leser leuchtet bald ein, daß die religiösen Elemente des Stückes nicht in ihrem ursprünglichen Sinne gebraucht, sondern ästhetisch verändert werden. Schiller nennt Maria im Gegensatz zu katholischer Lehre göttlich – er amalgamiert das Bild der Gottesmutter unbedenklich mit dem der Pallas Athene, spricht fast im selben Atemzuge von Gott, dem Paradies, den Göttern und Elysium. Dies hat dazu geführt, das Göttliche in diesem Drama ganz der menschlichen Sphäre und ihrer möglichen Vollendung zuzuweisen.[84] »Gott« wird zu einer Chiffre für der »Menschheit Götterbild«, ohne daß die Paradoxie dieser Metaphorik einer »immanenten Transzendenz« in ihrer Sinnentleerung des Sprachgebrauchs zum Problem würde. Nur die durchweg immanente Interpretation dieser Ästhetisierung religiöser Elemente durch Schiller begnügt sich mit den schönen Worten, die sich für eine Deutung aus existenzphilosophischer Perspektive vorzüglich zu eignen scheinen. Die tragische Paradoxie, die im Handeln Johannas aufscheint, wird in der These von der »Vergötterung« allzu leicht negiert – Kaiser hat die Gefahr gesehen, die sich in Ides Interpretation vor allem abzeichnet: daß das Reich des Ideals jenseits inhaltlicher Bestimmungen liegt. Allerdings verlagert auch die dialektische Lösung des Problems, die er Johannas Menschheitsentwurf gegenüber für angemessen hält, nur die Frage.[85] Ist das Maskenspiel mit religiösen Elementen verschiedenster Provenienz nicht Ausdruck des festgehaltenen Anspruchs auf Erlösung unter Verzicht auf das christliche Angebot?[86] Der imperativische Gestus der Apotheose verdeckt durch einen theatralischen Schluß innere Brüche. Ob die Widersprüche aufgehoben werden, die Johanna erfährt, »indem sie mit ihrem Leben und Leiden das Ideal entziffert«[87], bleibt fraglich. Die »höhere« Idylle wird nicht Wirklichkeit.

XI

Von den Interpretationen, die ihr Telos in der »Vergötterung« der Jungfrau gefunden haben, führt wohl kein Weg zu einer neuen Inszenierung von Schillers Stück. Aufführungen der letzten Jahre dokumentieren Ratlosigkeit diesem Werk gegenüber. 1969 hat man in Essen versucht, das Gewicht von Johannas Sendung zu verringern, ihre Taten eher durch ihre eigene Spontaneität zu begründen. Die Ebene der politischen Wirklichkeit wurde als die wesentliche erachtet. Die Konsequenz wäre, so meinte ein Kritiker, »ein radikales Zeigen heutiger machtpolitischer Vorgänge unter bloß zitierender Verwendung Schillerschen Textmaterials«.[88] Die Vermutung liegt nahe, daß für diesen Zweck besseres »Textmaterial« gefunden werden könnte – was bleibt aber von Schillers Stück, wenn Johannas Sendung in ihrer widersprüchlichen Konsequenz heruntergespielt wird? Die völlige Unsicherheit der ideologischen Interpretation des Stückes führte – wohl im Sinne von Storz und Staiger – in der Hamburger Inszenierung 1973 zu einem »Fest« für die »optische Nostalgie«: Der Regisseur Wilfried Minks zelebrierte Schillers Stück »als Kette wunderschöner und wunderbarer Arrangements, mit weißer Seide, die sich bauschte und wellte, mit langen Schleppen und fließenden Haaren und Gewändern – eine optische Zitaten-Collage, die von Bayreuth und Neuschwanstein bis zu dem Kassel der documenta reichte, die vielleicht alles mögliche beantwortete – nur mir die Frage nicht, warum in drei Teufels Namen man ausgerechnet die ›Jungfrau von Orleans‹ zum Saisonbeginn am Hamburger Schauspielhaus spielte«.[89]
Mit anderen Worten: Die Kluft zwischen der möglichen Interpretation des Stückes mit Hilfe von Schillers ästhetischer Theorie, die gerade im Hinblick auf die *Jungfrau von Orleans* aufschlußreich ist,[90] und seiner Inszenierbarkeit im Bewußtsein solcher Sinndimension scheint kaum noch überbrückbar. Das reine Theaterspektakel, das aus Schillers »Wort-Oper«[91] gemacht werden kann, fügt zu der schönen Pracht der Hamburger Inszenierung bestenfalls noch einige optische und akustische Leckerbissen hinzu. Als vaterländisches Stück, als Theaterstück der Grausamkeit[92] oder der Verwirrung der Gefühle[93] verstanden, wird der Tragödie durch allzu selektive Perspektive Gewalt angetan. Es geschieht mit ihr dann ähnliches wie bei der Verwendung für antifaschistische Propaganda der KP in Deutschland nach 1933: »Nun sandte man böse Texte im Umschlag der Reclamheftchen, in denen man sonst die deutschen Klassiker Schiller, Goethe, Lessing fand. Der dritte Akt der *Jungfrau von Orléans* war ersetzt durch das *Kommunistische Manifest*, das noch immer lesenswert war«.[94]

Lesenswert bleibt die *Jungfrau von Orleans* als befremdendes Dokument einer Gegenposition zur eigenen Zeit. Schiller empfahl Göschen, den Text seines größten Theatererfolgs eher zu *lesen*: »[...] und ich darf hoffen, daß das ruhige Lesen des unverstümmelten Werkes selbst um so reiner auf Sie wirken werde; denn durch die Repräsentation ist freilich vieles, sehr vieles entstellt, und alles herabgestimmt worden«.[95]

Anmerkungen

Der Dramentext wird zitiert nach: Friedrich Schiller. Sämtliche Werke. Bd. 2: Dramen II. Hrsg. von Gerhard Fricke und Herbert G. Göpfert in Verb. mit Herbert Stubenrauch. München, 2., durchges. Aufl. 1960. Nachweise (Aufzug, Auftritt, Vers) in Klammern unmittelbar hinter dem Zitat.

1 Zitiert nach: Dichter über ihre Dichtungen. Friedrich Schiller. Von 1795–1805. Hrsg. von Bodo Lecke. München 1970. S. 436 f.
2 Ebd. S. 447 f.
3 Ebd. S. 430, 454.
4 Caroline de la Motte-Fouqué: Geschichte der Moden, vom Jahre 1785–1829. Als Beytrag zur Geschichte der Zeit. Zweiter Artikel. In: Morgenblatt für gebildete Stände 24 (1830) Nr. 3–8. 4.–9. Januar. Die Zuschreibung gelang Kurt Wölfel. Nach dem von ihm besorgten Neudruck wird zitiert (Jahrbuch der Jean-Paul-Gesellschaft 12 [1977] S. 43 f.).
5 Ankündigung. Die Horen, eine Monatsschrift, von einer Gesellschaft verfaßt und hrsg. von Schiller. In: Friedrich Schiller: Sämtliche Werke. (Im folgenden zitiert als: SW.) Bd. 5. Hrsg. von Gerhard Fricke und Herbert G. Göpfert in Verb. mit Herbert Stubenrauch. München, 2., durchges. Aufl. 1960. S. 870.
6 Gerhard Storz: Schiller. *Jungfrau von Orleans.* In: Das deutsche Drama vom Barock bis zur Gegenwart. Interpretationen. Hrsg. von Benno von Wiese. Bd. 1. Düsseldorf ²1960. S. 328 ff.
7 Emil Staiger: Friedrich Schiller. Zürich 1967. S. 405 f.
8 Benno von Wiese: Friedrich Schiller. Stuttgart 1959. S. 729, 735.
9 Hans Rudolf Hilty: Jeanne d'Arc bei Schiller und Anouilh. Skizzen zu einer Geistesgeschichte des modernen Dramas. St. Gallen 1960. S. 32; Heinz Ide: Zur Problematik der Schiller-Interpretation. Überlegungen zur *Jungfrau von Orleans.* In: Jahrbuch der Wittheit zu Bremen 8 (1964) S. 79.
10 Gerhard Kaiser: Johannas Sendung. Eine These zu Schillers *Jungfrau von Orleans.* In: Jahrbuch der Deutschen Schillergesellschaft 10 (1966) S. 208.
11 Gert Sautermeister: Idyllik und Dramatik im Werk Friedrich Schillers. Zum geschichtlichen Ort seiner klassischen Dramen. Stuttgart/Berlin/Köln/Mainz 1971. S. 36, 216, 83.
12 Vgl. den – ergänzungsbedürftigen – Überblick über die Wirkungsgeschichte in: Schillers Werke. Nationalausgabe. Bd. 9: Maria Stuart. Die Jungfrau von Orleans. Hrsg. von Benno von Wiese und Lieselotte Blumenthal. Weimar 1948. S. 439 ff.
13 Von Wiese (Anm. 8). S. 736.
14 Storz (Anm. 6). S. 330.
15 Staiger (Anm. 7). S. 406 f.
16 Der Versuch von Timothy F. Sellner (The Lionel-scene in Schiller's *Jungfrau von Orleans*: A psychological interpretation. In: The German Quarterly 50 [1977] S. 264–282), das Stück psychoanalytisch zu deuten, unterstellt Schiller keine psychoanalytische Theorie avant la lettre, setzt jedoch seine vorwissenschaftliche Einsicht in Phasen der Sexualentwicklung in Pubertät und Nachpubertät voraus. David B. Richards (Mesmerism in *Die Jungfrau von Orleans.* In: Publications of the Modern Language Association 91 [1976] S. 856–870) möchte zeigen, daß Schiller Johannas übernatürliche Gaben »rational« durch Mesmers »tierischen Magnetismus« habe erklären können. Dies zeige sich vor allem an der ungewöhnlichen Bedeutung von »Blick« und »Vision«.
17 Gerhard Kaiser: Vergötterung und Tod. Die thematische Einheit von Schillers Werk. Stuttgart 1967. S. 43.

18 Sautermeister (Anm. 11). S. 98, 117.
19 Hans Mayer: Schiller und die Nation. In: H. M.: Studien zur deutschen Literaturgeschichte. Berlin 1954. S. 118.
20 Peter Demetz: Vorwort zu: Die heilige Johanna (Schiller, Shaw, Brecht, Claudel, Mell, Anouilh). Vollständige Dramentexte. Hrsg. von Joachim Schondorff. München/Wien 1964. S. 17.
21 Vgl. Hermann Hettner: Geschichte der deutschen Literatur im achtzehnten Jahrhundert. Band 2. Berlin 1961. S. 547 ff.
22 Erläuterungen zur deutschen Literatur. Klassik. Hrsg. vom Kollektiv für Literaturgeschichte im volkseigenen Verlag Volk und Wissen. 7., durchges. Aufl. Berlin 1974. S. 354.
23 Hans-Günther Thalheim: Schillers Dramen von *Maria Stuart* bis *Demetrius* (Teil I). In: Weimarer Beiträge 20 (1974) S. 8 f.
24 Edith Braemer: Schillers romantische Tragödie *Die Jungfrau von Orleans.* In: E. B. / Ursula Wertheim: Studien zur deutschen Klassik. Berlin 1960. S. 223; Erläuterungen (Anm. 22). S. 350.
25 Braemer (Anm. 24). S. 288, 268. Vgl. Erläuterungen (Anm. 22). S. 352.
26 Thalheim (Anm. 23). S. 25; vgl. Braemer (Anm. 24). S. 220; Erläuterungen (Anm. 22). S. 352.
27 Hans-Günther Thalheim: Schillers Dramen (Teil II). In: Weimarer Beiträge 20 (1974) S. 119 f.; Braemer (Anm. 24). S. 220 f., Erläuterungen (Anm. 22). S. 350.
28 Thalheim (Anm. 23). S. 31. Vgl. S. 30 und Braemer (Anm. 24). S. 223, 227, 231, 264.
29 Thalheim (Anm. 27). S. 121; Braemer (Anm. 24). S. 262, 246.
30 Vgl. Robert Weimann: Gegenwart und Vergangenheit in der Literaturgeschichte. In: R. W.: Literaturgeschichte und Mythologie. Methodologische und historische Studien. Berlin/Weimar 1971. S. 37 f.
31 Vgl. von Wiese (Anm. 8). S. 734; Storz (Anm. 6). S. 329 f.
32 Max Kommerell: Schiller als Gestalter des handelnden Menschen. In: M. K.: Geist und Buchstabe der Dichtung. Goethe. Schiller. Kleist. Hölderlin. Frankfurt a. M. [4]1956. S. 172.
33 Vgl. Gerhard Storz: Jeanne d'Arc in der europäischen Literatur. In: Deutschland–Frankreich. Ludwigsburger Beiträge zum Problem der deutsch-französischen Beziehungen. Bd. 3. Stuttgart 1963. S. 192; Demetz (Anm. 20). S. 13 ff.
34 Vgl. Schillers Vorrede zur Neubearbeitung 1792–1795. In: SW 5,864–866. Pitaval berichtet über den Rehabilitations-Prozeß!
35 Vgl. Horst Rüdiger: Schiller und das Pastorale. In: Euphorion 53 (1959) S. 243.
36 SW 5,727.
37 SW 1,460.
38 Vgl. Pierre Grappin: *La Jeanne d'Arc* de Schiller. In: Etudes Germaniques 10 (1955) S. 119–127.
39 Madame la Baronne de Staël-Holstein: Œuvres complètes. T. 2. Paris 1838. S. 99 (De l'Allemagne, Chapitre XIX).
40 SW 2,271f.
41 Der Antritt des neuen Jahrhunderts. An*** (1801) (SW 1,459).
42 SW 1,473ff.
43 Über das Erhabene (SW 5,806).
44 Vgl. von Wiese (Anm. 8). S. 483.
45 Über das Erhabene (SW 5,803).
46 An Johann Wilhelm Süvern, 26. 7. 1800 (Schillers Briefe. Hrsg. von Fritz Jonas. Stuttgart [1892–96]. [Im folgenden zitiert als: Jonas.] Bd. 6. S. 176).
47 Zum Vergleich von Schillers Fiktion mit der historischen Überlieferung vgl. Braemer (Anm. 24). S. 231 ff. Eine knappe und informative historische Darstellung (mit umfangreicher Bibliographie) stammt von Herbert Nette: Jeanne d'Arc in Selbstzeugnissen und Bilddokumenten. Reinbek bei Hamburg 1977.
48 SW 5,388.
49 Vgl. Klaus L. Berghahn: »Das Pathetischerhabene«. Schillers Dramentheorie. In: Deutsche Dramentheorien. Beiträge zu einer historischen Poetik des Dramas in Deutschland. Hrsg. und eingel. von Reinhold Grimm. Frankfurt a. M. 1971. S. 214–244.
50 Vgl. von Wiese im Nachwort zu: Schillers Werke. Nationalausgabe. Bd. 9 (Anm. 12). S. 389; ders. (Anm. 8). S. 730; Gerhard Storz: Der Dichter Friedrich Schiller. Stuttgart 1959. S. 349 f.; ders. (Anm. 6). S. 325, 333; Braemer (Anm. 24). S. 269; Kaiser (Anm. 10). S. 210; Ide (Anm. 9). S. 80.
51 Jonas 6,349. Vgl. Dichter über ihre Dichtungen. Friedrich Schiller (Anm. 1). S. 416, 435, 422, 443.

52 Über die tragische Kunst (SW 5,393).
53 Von Wiese (Anm. 8). S. 734.
54 Vgl. Friedrich Schiller. Sämtliche Werke. Begriffsregister zu den theoretischen Schriften. Bearb. von Wolfgang Düsing. Darmstadt 1969. S. 15 f. (Herz).
55 Kommerell (Anm. 32). S. 163.
56 Storz (Anm. 50). S. 358.
57 Vgl. Gert Ueding: Schillers Rhetorik. Idealistische Wirkungsästhetik und rhetorische Tradition. Tübingen 1971. S. 67 f.
58 Über das Erhabene (SW 5,796.799).
59 Vom Erhabenen (SW 5,489).
60 Ebd. (SW 5,509).
61 Vgl. Berghahn (Anm. 49). S. 240.
62 Über die tragische Kunst (SW 5,382.386f.).
63 Vgl. Berghahn (Anm. 49). S. 236.
64 Fritz Usinger: Friedrich Schiller und die Idee des Schönen. Mainz 1955. (Abhandlungen der Akademie der Wissenschaften und der Literatur. Klasse der Literatur. Jg. 1955. Nr. 1.) S. 4 (zitiert bei Ueding [Anm. 57]. S. 75).
65 Herbert Singer hat festgestellt, daß über die Hälfte aller Aktschlüsse in Schillers Dramen Imperative sind (Dem F ü r s t e n Piccolomini. In: Euphorion 35 [1959] S. 281–302).
66 Über das Erhabene (SW 5,796).
67 Vgl. Klaus L. Berghahn: Formen der Dialogführung in Schillers klassischen Dramen. Ein Beitrag zur Poetik des Dramas. Münster 1970.
68 Karl Reinhardt: Sprachliches zu Schillers *Jungfrau*. In: K. R.: Tradition und Geist. Gesammelte Essays zur Dichtung. Hrsg. von Carl Becker. Göttingen 1960. S. 377.
69 Vgl. John R. Frey: Schillers schwarzer Ritter. In: The German Quarterly 32 (1959) S. 302–315.
70 Vgl. Platens boshaftes Epigramm (1829): »Eins doch find ich zu stark, daß selbst die begeisterte Jungfrau / Noch sich verliebt, furchtbar schnell, in den britischen Lord« (Schillers Werke, Nationalausgabe [Anm. 12]. Bd. 11. S. 448). – Zur Funktion des Visuellen vgl. Frank M. Fowler: Sight and insight in Schiller's *Die Jungfrau von Orleans*. In: The Modern Language Review 68 (1973) S. 367–379.
71 Vgl. Jan Mukařovsky: Kapitel aus der Poetik. Frankfurt a. M. 1967. S. 116 f., 152.
72 An Goethe, 26. 7. 1800 (Jonas 6,176).
73 Vgl. die knappe Analyse bei Storz (Anm. 50). S. 352 f.
74 Dichter über ihre Dichtungen. Friedrich Schiller (Anm. 1). S. 451.
75 3. 4. 1801 (Jonas 6,266). Vgl. Sautermeister (Anm. 11). S. 217 ff.
76 Sautermeister (Anm. 11). S. 218.
77 An Unger, 7. 4. 1801 (Jonas 6,267).
78 Kaiser (Anm. 10). S. 226.
79 Dichter über ihre Dichtungen. Friedrich Schiller (Anm. 1). S. 440.
80 Rüdiger (Anm. 35). S. 245, 243.
81 Sautermeister (Anm. 11). S. 27 f., 85 ff., 160 f., 221.
82 An Wilhelm von Humboldt, 30. 11. 1795 (Jonas 4,338). Vgl. auch Wolfgang Liepe: Friedrich Schiller und die Kulturphilosophie des 18. Jahrhunderts. Zur Deutung der *Jungfrau von Orleans*. In: W. L.: Beiträge zur Literatur- und Geistesgeschichte. Neumünster 1963. S. 95–105.
83 Kaiser (Anm. 17). S. 38.
84 Vgl. Thalheim (Anm. 23). S. 28; Ide (Anm. 9). S. 76 f.; Kaiser (Anm. 10). S. 221, 226; Sautermeister (Anm. 11). S. 87, 171.
85 Vgl. Kaiser (Anm. 10). S. 234 ff.
86 Vgl. Günter Rohrmoser: Zum Problem der ästhetischen Versöhnung. Schiller und Hegel. In: Euphorion 53 (1959) S. 351–366. Zur Kritik am religiösen Synkretismus der Metaphorik in Schillers Stück vgl. Demetz (Anm. 20), S. 17, und die zeitgenössischen Argumente von Jean Pauls Freund Christian Otto in: Schillers Werke. Nationalausgabe (Anm. 12). Bd. 9. S. 445.
87 Kaiser (Anm. 10). S. 236.
88 Ralf Kulschewsky: Wem gehört das Theater: Schiller oder uns? In: Theater heute (Dezember 1969) S. 20.
89 Hellmuth Karasek: Weiheabend. Über die Hamburger Minks-Inszenierung der *Jungfrau von Orleans*. In: Theater heute (Oktober 1973) S. 50.

90 Zur grundsätzlichen Berechtigung dieser Interpretation vgl. Wolfgang Binder: Ästhetik und Dichtung in Schillers Werk. In: W. B.: Aufschlüsse. Studien zur deutschen Literatur. Zürich/München 1976. S. 219–241.

91 Thomas Mann: Versuch über Schiller. In: Th. M.: Schriften und Reden zur Literatur, Kunst und Philosophie. Bd. 3. Frankfurt a. M. 1968. S. 347.

92 Vgl. Heinz Politzer: Szene und Tribunal. Schillers Theater der Grausamkeit. In: H. P.: Das Schweigen der Sirenen. Studien zur deutschen und österreichischen Literatur. Stuttgart 1968. S. 234–253. Vgl. auch Helmut Kreuzer: Die Jungfrau in Waffen. Hebbels *Judith* und ihre Geschwister von Schiller bis Sartre. In: Untersuchungen zur Literatur als Geschichte. Festschr. für Benno von Wiese. Hrsg. von Vincent J. Günther [u. a.] Berlin 1973. S. 363–384.

93 Vgl. Hans Mayer: Johanna oder die Vernunft des Herzens. Über die Jeanne-d'Arc-Stücke von Schiller, Shaw und Brecht. In: Theater heute (Juni 1968) S. 22–27.

94 Gustav Regler: Das Ohr des Malchus. Eine Lebensgeschichte. Frankfurt a. M. 1975. S. 226.

95 15. 10. 1801 (Jonas 6,307).

GERHARD KLUGE

Die Braut von Messina

I

Die Braut von Messina ist Schillers umstrittenstes Werk, und diese Feststellung schließt in der einschlägigen Forschung ein negativ-kritisches Werturteil ein. Das Stück ist ausgiebig und vielseitig analysiert worden,[1] war es doch eine Herausforderung, ein »Festmahl« für Germanisten wie für klassische Philologen; seine formalen wie ideellen Aspekte sind weitgehend ins Licht gerückt, so daß wesentlich neue Gesichtspunkte dem Text kaum noch abzugewinnen und für die Analyse fruchtbar zu machen sind: die Entstehungsgeschichte ist gut dokumentiert und fast lückenlos rekonstruierbar; Schillers seit 1787 wachsendes Studium der griechischen Tragiker, sein Interesse für die Sophokleische Dramaturgie der analytischen Tragödie bilden wichtige Marksteine auf dem Wege, der mit Notwendigkeit zu dem geführt habe, was man für den mehr oder weniger geglückten Versuch einer Erneuerung des griechischen Dramas hält. Der Weg des klassischen Schiller war ja generell »ein fortgesetztes Lernen an den Griechen«.[2] Die Einführung des Chors und die Konzeption des Schicksalsgedankens sowie der mit diesem in einem ursächlichen Zusammenhang stehende Schuldkomplex einer fluchbeladenen Familie gelten als die wesentlichsten antiken Stilelemente[3] neben der aber auch in Schillers ganzem dramatischen Werk wirksamen Idee des Gerichts[4]. Daß das Drama ein Schicksalsdrama sei, wird nur selten bestritten, und es gilt sogar als Ahnherr der romantischen Schicksalsdramen.[5] Figuren, die sprachlichen Formen, Rhetorik wie Metaphorik[6], die Funktionen des Chors sind im einzelnen untersucht, und im Formalen wie Gehaltlichen ist das Prinzip der Antithese, des Dualismus als konstruktives Gerüst, als Formprinzip anerkannt. Es bestimmt die Charakteristik der Brüder, die Folge und Anordnung der Szenen[7], wirkt in den einzelnen Szenen im Gegeneinander der Halbchöre, liegt aber an sich schon der Konzeption des Chors zugrunde[8], bewirkt Spannung und die symmetrische Anlage der Akte, setzt sich aber auch im Thematischen durch, wenn man als Basis des Geschehens ein geschichtsphilosophisches Denkmuster Schillers, den Gegensatz zwischen Idylle und Geschichte annimmt[9] oder – dieses variierend – zwischen Mythos und Zeit[10]. Sind die für das Verständnis des Stückes wichtigen Elemente mithin erkannt und gewürdigt, so werden sie doch kontrovers gedeutet, denn wenn es um *Die Braut von Messina* einen Streit gibt, so geht er darum, ob das Stück eine Neubelebung der antiken Tragödie ist, mit der Schiller ausprobieren wollte, ob er »als Zeitgenosse des Sophokles auch einmal den Preiß davon getragen haben möchte«[11], oder ob es eine Fehlgeburt bzw. ein Stück ist, das außerhalb des klassischen Dichtungskanons anzusiedeln ist, da es auf die romantische Dramatik oder auf die Weltschmerzdichtung des 19. Jahrhunderts vorausweise[12]. Wiederum hat es an erfolgreichen Versuchen nicht gefehlt, das Drama in die Reihe der mit dem *Wallenstein* anhebenden reifen, klassischen Dramen einzuordnen und dadurch dem exzeptionellen Werk seine Sonderstellung und vielleicht den Anschein des Verfehlten zu nehmen, weil es ideengeschichtlich der späten Dramatik Schillers insgesamt zugehöre wie auch seiner Theorie des Tragischen.[13] Immerhin darf konstatiert werden, daß die Forschung erst, seitdem sie nicht mehr wie gebannt auf die antike Tragödie als Vorlage blickt, an der *Die Braut von Messina* zu messen ist, weitergekommen ist und neue Gesichtspunkte der Fragestellung und ein höheres Reflexionsniveau gefunden hat.

Schiller hat wiederholt von seinem »Versuch einer Tragödie in strenger Form«[14] gesprochen; man wird diese Aussage, wie auch die schon zitierte vom Wettstreit mit Sophokles, mit Vorbehalt dem Verständnis des Werkes zugrunde legen, denn beide werden relativiert durch andere, nicht ungewichtige Äußerungen Schillers, aus denen die Überzeugung von der einmaligen und nicht zu wiederholenden Form der antiken Tragödie spricht. Die Aussage »nach der Strenge der alten Tragödie«[15] bedeutet ja nicht schon, daß ein vorliegendes Muster imitiert, sondern daß eine Idealgestalt erreicht und angestrebt werden soll, das Ideal einer Gattung, von der Schiller selbst ziemlich exakte historische wie ästhetisch-philosophische Vorstellungen hat und die nach seiner Auffassung die Bestimmung der Kunst schlechthin erfüllt, nämlich »den Menschen in Freyheit setzen und ihm dazu behülflich seyn, seinen ganzen Begriff zu erfüllen«[16], daß er ein zur Vernunft bestimmtes, autonomes Wesen ist. Die Kunst versetzt den Menschen in einen ästhetischen Zustand, in dem er »die Freiheit des Gemüts in dem lebendigen Spiel aller seiner Kräfte« genießt[17], und verhilft dadurch dazu, daß »eine Kraft in ihm erweckt«, geübt und ausgebildet wird, »die sinnliche Welt, die sonst nur als roher Stoff auf uns lastet, als eine blinde Macht auf uns drückt, in eine objektive Ferne zu rücken, in ein freies Werk unsers Geistes zu verwandeln und das Materielle durch Ideen zu beherrschen«[18]. In dieser Bestimmung der Kunst liegt aber ein ausgesprochen *modernes*, unantikes Element, weil die Kunst den Menschen wieder zu dem *macht*, was er eigentlich von Natur aus *ist* und in der alten Welt gewesen ist. Wenn für Schiller die Kunst die Aufgabe hat, »der Menschheit ihren möglichst vollständigen Ausdruck zu geben«, so ist sie auf der frühen Stufe, wo der Mensch noch nicht »in den Stand der Kultur getreten« ist, die Darstellung dessen, daß »das Ganze seiner Natur sich in der Wirklichkeit vollständig ausdrückt«.[19] Für den »künstlichen, in der Kultur begriffenen Menschen« liegt diese Natur, die »sinnliche Harmonie«[20], die Übereinstimmung zwischen Empfinden und Denken bedeutet, als unwiederbringlicher Verlust hinter ihm; aus freiem Bewußtsein, aus freiem Willen, d. h. aus einem moralischen Interesse strebt er nach einer idealen Harmonie, die erst realisiert werden soll. Die moderne Kunst ruht mithin im Gegensatz zur alten »mehr auf dem Sittlichen«, und so genießt sie den Vorteil, »von einer geläuterten Philosophie einen reinern Stoff zu empfangen« und »die ganze moralische Würde der Kunst zu entfalten«[21].

Schiller strebt in erster Linie nach der reinen Tragödie, nicht nach der antiken, aber die antike ist das Urbild jeder strengen, d. h. reinen Tragödie, in ihr ist eine poetische Vollkommenheit erreicht, will sagen: in ihr ist »die eigentümliche Form dieser Dichtungsart zu Erreichung ihres Zweckes am besten benutzt worden«[22]. Damit ist das Ideal einer Gattung bezeichnet, die zugleich das Ideal der Poesie erfüllt, die dort am vollkommensten ist, wo sie ihren Zweck nicht durch den Stoff erreicht, sondern wo dieser in der Form ganz aufgeht. In den Aischyleischen Tragödien findet er solche Vollkommenheit, »denn noch nichts hat mir eine so ächt poetische und hohe Stimmung gegeben«[23]. Schiller hat keinen Zweifel daran gelassen, »daß das Ziel, zu welchem der Mensch durch Kultur *strebt*, demjenigen, welches er durch Natur *erreicht*, unendlich vorzuziehen ist«, weil der Mensch, indem er fortschreitet, sich kultiviert, sich einer »unendlichen Größe«[24] nähert. Was für den Menschen gilt, gilt nicht minder für die Kunst. So hat die alte Tragödie den Nachteil, daß sie den Menschen in einer blinden Unterwürfigkeit unter das Schicksal zeigt »und für unsre Vernunftfodernde Vernunft immer ein unaufgelöster Knoten zurück bleibt. Aber auf der höchsten und letzten Stufe welche der moralisch-gebildete Mensch erklimmt; und zu welcher die rührende Kunst sich erheben kann, lößt sich auch dieser, und jeder Schatten von Unlust verschwindet mit ihm. Dieß geschieht, wenn selbst diese Unzufriedenheit mit dem Schicksal hinwegfällt, und sich in die Ahndung oder lieber in ein deutliches Bewußtseyn einer teleologischen Verknüpfung der Dinge, einer erhabenen Ordnung, eines gütigen Willens verliert. Dann gesellt sich zu unserm Vergnügen an moralischer Übereinstimmung die erquickende Vorstellung der vollkommensten Zweckmäßigkeit im großen Ganzen der Natur, und die scheinbare Verletzung derselben, welche uns in dem einzelnen Falle Schmerzen erweckte, wird bloß ein Stachel für unsre Vernunft, in allgemeinen Gesetzen eine Rechtfertigung dieses besonderen Falls aufzusuchen und den einzelnen Mißlaut in der großen Harmonie aufzulösen. Zu dieser reinen Höhe tragischer Rührung hat sich die griechische Kunst nie erhoben«.[25]

So glaubt Schiller, daß die griechische Kunst in der Tragödie zu übertreffen sei. »Müßten wir Neuern wirklich darauf Verzicht thun, griechische Kunst je wieder herzustellen, wo nicht gar zu übertreffen, so dürfte die Tragödie allein eine Ausnahme machen. Ihr allein ersetzt vielleicht unsre wissenschaftliche Kultur den Raub, den sie an der Kunst überhaupt verübte«.[26] Den Beweis für diese Ausnahme zu führen, schrieb Schiller *Die Braut von Messina*; sie ist eine moderne Tragödie in seinem Verstande, in der nach dem Vorbild der Griechen die tragische Form auf eine dem Zwecke der Gattung bestmögliche Weise verwendet wird. Sie entspricht nicht nur dem Ideal der Tragödie, wie es sich aus Schillers Philosophie und Ästhetik der Tragödie als zu erreichendes ergab, sondern ist auch Konsequenz bestimmter literarischer und theatergeschichtlicher Vorgänge, und wenn man nach den dieses Werk einer Antikerezeption in der Klassik bedingenden historischen Voraussetzungen sucht,[27] so sind sie in solchen sehr konkreten Ereignissen und Vorgängen zu suchen, nicht aber in einem geschichtsphilosophischen System. Und die Frage, ob Sophokles und Shakespeare als Orientierungspunkte für eine idealtypische Dramatik um 1800 einander ausschließende Gegensätze[28] oder einander ergänzende Komplementäre sind[29], läßt die temporäre Stellung der *Braut von Messina* noch nicht greifbar werden ebensowenig wie das formtypologisch Moderne von Schillers antikisierender Tragödie. Im Hinblick auf derartige Thesen und Spekulationen sind die entstehungsgeschichtlichen Prämissen erneut zu überprüfen.

II

Vergegenwärtigt man sich Schillers Äußerungen über seine dramatisch-theatralischen Arbeiten nach der Entlastung durch den *Wallenstein*, so kehren im wesentlichen drei Gesichtspunkte immer wieder, die, zusammengenommen, die hinter der *Braut von Messina* stehende Intention zu erhellen vermögen: die Suche nach einem ungeschichtlichen Stoff, die Flexibilität der Gattungsfrage und Schillers Auseinandersetzung mit der zeitgenössischen Dramatik im Rahmen seiner dramaturgischen Mitarbeit am Weimarischen Theater.

Noch ehe der *Wallenstein* ausgeliefert ist, hält Schiller Ausschau nach neuen Stoffen, die er mit »Hofnung und Neigung« ergreifen könnte, und er kündigt Goethe an, ihm »einige tragische Stoffe von freier Erfindung« vorzulegen, »denn Soldaten, Helden und Herrscher habe ich vor jetzt herzlich satt«[30], wiewohl er noch kurze Zeit vorher glaubte, fortan keine anderen als historische Stoffe mehr behandeln zu können[31]. Jetzt aber zögen ihn Neigung und Bedürfnis »zu einem freiphantasierten [...] zu einem bloß leidenschaftlichen und menschlichen Stoff«[32]. Schiller besinnt sich damit wohl ausdrücklich auf Prämissen aus seiner Abhandlung *Ueber die tragische Kunst*, in der er die Wirkung der Tragödie von den Bestimmungen »des allgemeinen Menschenkarakters«[33] herzuleiten suchte: »Die tragische Kunst kann sich ihrer mit großer Wirkung bedienen, wenn sie der extensiven entsagen will; doch wird das unbedingt Wahre, das bloß *Menschliche* in menschlichen Verhältnissen stets ihr ergiebigster Stoff seyn, weil sie bey diesem allein, ohne darum auf die *Stärke* des Eindrucks Verzicht thun zu müssen, der *Allgemeinheit* desselben versichert ist.«[34] Daß der Überdruß an historischen Stoffen nicht nur aus Schillers fast ein Jahrzehnt anhaltendem Ringen mit dem *Wallenstein*-Stoff stammt, zeigt auch eine Äußerung vom 19. Juli 1799, als Schiller sich schon wieder für einen historischen Stoff entschieden hat, bei dem er »den poetischen Kampf mit dem historischen Stoff« abermals aufnehmen mußte, um »der Phantasie eine Freiheit über die Geschichte zu verschaffen«[35]. Die fast unausrottbar prosaische Trockenheit des Stoffes, mit der historische Sujets behaftet seien[36], hofft er nun durch eine erneute Schulung an den klassischen Tragikern eher meistern zu können, indem er diesen Stoff einer Behandlung unterwirft, welche »der reinen Tragödie würdig« sei[37]. Denn schon bevor er sich zur *Maria Stuart* entschloß, setzte eine neue Beschäftigung mit der Aristotelischen Poetik und den Euripideischen Tragödien ein[38], denen sich eine »griechisch-tragische Unterhaltung«[39] mit Aischylos anschloß, und die Konzeption seiner neuen Tragödie überzeugte ihn von Anfang an; deren Handlung besitze tragische Qualitäten, weil »man die Catastrophe gleich in den ersten Scenen sieht, und indem die Handlung des Stückes sich davon wegzubewegen scheint, ihr immer näher und näher geführt wird. An der Furcht des Aristoteles fehlt es also nicht und das Mitleiden wird sich auch schon finden«[40]. Was Schiller als Vorteil der tragischen Analysis empfand[41], wird fruchtbar bei der Konzeption des neuen Stückes; die Suche nach rein menschlichen Stoffen geht einher mit neu einsetzender ästhetischer Reflexion über die Anlage und Wirkung der reinen Tragödie, und wenn Schiller auch vorläufig erst noch zwei weitere historische Sujets bearbeitet, so deutet er in den gleichzeitigen Reflexionen über den *Warbeck* einen möglichen Ausweg an, »immer nur die allgemeine Situation, die Zeit und die Personen aus der Geschichte zu nehmen und alles übrige poetisch frey zu erfinden, wodurch eine mittlere Gattung von Stoffen entstünde, welche die Vortheile des historischen Dramas mit dem erdichteten vereinigte«[42]. Die Suche nach Stoffen für eine reine Tragödie der strengen Form, zu der er auch Körner auffordert, wird intensiviert durch eine starke Hinwendung zur griechischen Tragödie, weil sie in dieser ideell auf hochpoetische Weise verwirklicht ist[43]. Zu ihrer »eigenen Form«[44] gehört auch die »Mannichfaltigkeit im Silbenmaaß«[45], die Schiller schon, wo er es für angebracht hielt, in der *Maria Stuart* einzuführen suchte, und um eine stärkere Vertrautheit mit der griechischen Metrik zu erwerben, insbesondere in der Technik des Trimeters, ersuchte er Goethe um Fachliteratur[46]. Daß er das anvisierte Drama der strengen Form als Chordrama plante, steht fest. Schon bevor er sich unter mehreren Dramenplänen für die Ausarbeitung der *Feindlichen Brüder* entschied, spielte er mit dem Gedanken eines Chordramas: in den *Maltesern*, die Schiller schon 1788 einer Bearbeitung im griechischen Stil für fähig hielt, sollte der Chor eingeführt werden; jetzt wird diese Absicht verstärkt worden sein in Gesprächen mit Goethe, der in seiner Bearbeitung des Voltaireschen *Tancred* (1800/01) auch Chöre vorgesehen hatte, dabei an musikalisch begleitete Lieder und Gesänge dachte, die Schiller für *Die Braut von Messina* zeitweise auch vorschwebten, weshalb man Zelter zur musikalischen Mitarbeit an der Weimarer Aufführung einlädt[47]. Goethe begründete die Einführung von Chören mit stofflichen Gründen: »Als öffentliche Begebenheit und Handlung fordert das Stück nothwendig Chöre, für die will ich auch sorgen und hoffe es dadurch so weit zu treiben, als es seine Natur und die erste Gallische Anlage erlaubt. Es wird uns zu guten neuen Erfahrungen helfen«[48]; zu Erfahrungen auf dem Theater mit einem modernen, versifizierten und antikisierenden Drama.

Schillers Reflexion auf ein Drama freier Erfindung in der strengen Form der Alten führt ihn zu einer flexiblen Auffassung der Gattungsbegriffe und -formen. Von einer mittleren Art von Stoffen war die Rede, bei denen der Dichter aus der Geschichte nur das nimmt, was »diese brauchbares hat«[49]. Das gilt im Prinzip auch für Schillers Rezeption des antiken Dramas: das Brauchbare richtet sich nach der menschlichen und ästhetischen Wirkung der Tragödie. Die antike Tragödie ist Vorbild, sofern sie hilft, das wahre Poetische, Kunst zu realisieren, nicht aber absoluter Maßstab einer zu imitierenden Form. Seit etwa 1800 betont Schiller die Freiheit des Dichters gegenüber den Vorstellungen von Drama und Tragödie, denn es gibt zwar »in der Kunst ein Maximum, aber nicht in der modernen«[50]. Immer steht der Dichter vor der Aufgabe, die höchste poetische Wirkung der Kunst zu erzielen, diese aber ist nicht nur abhängig von der Art des Sujets und dessen Behandlung, sondern auch von der geistigen Situation der Zeit. Dies ist der Sinn des vielzitierten Briefes an Johann Wolfgang Süvern, in dem Schiller die unterschiedliche ästhetische Bestimmung und Wirkung der alten und neuen Tragödie formuliert:

»Ich theile mit Ihnen die unbedingte Verehrung der Sophokleischen Tragödie, aber sie war eine Erscheinung ihrer Zeit, die nicht wieder kommen kann, und das lebendige Produkt einer individuellen bestimmten Gegenwart einer ganz heterogenen Zeit zum Maßstab und Muster aufdringen, hieße die Kunst, die immer dynamisch und lebendig entstehen und wirken muß, eher tödten als beleben. Unsere Tragödie, wenn wir eine solche hätten, hat mit der Ohnmacht, der Schlaffheit, der Charakterlosigkeit des Zeitgeistes und mit einer gemeinen Denkart zu ringen, sie muß also Kraft und Charakter zeigen, sie muß das Gemüth zu erschüttern, zu erheben, aber nicht aufzulösen suchen. Die Schönheit ist für ein glückliches Geschlecht, aber ein unglückliches muß man erhaben zu rühren suchen.«[51]

Der hier apostrophierte Gegensatz zwischen alter und neuer Tragödie entspringt nicht primär historischem Denken und ist weniger die Frucht des durch Herder initiierten genetisch-evolutionären Denkens als eine Konsequenz aus Schillers Scheidung des Naiven und Sentimentalischen. Im Schönen erfährt der Mensch sich im Einklang mit »Vernunft und Sinnlichkeit«[52], es erhält ihn im Genuß der Freiheit, weil er sich innerhalb der Natur als Mensch genießt, »das Schöne macht sich bloß verdient um den *Menschen*«[53]; nie aber würde der Mensch erfahren, daß er fähig und dazu bestimmt ist, sich als reine Intelligenz zu beweisen; beim Erhabenen fühlen wir uns frei, »weil die sinnlichen Triebe auf die Gesetzgebung der Vernunft keinen Einfluß haben«[54]. Der moderne, sentimentalische Mensch lebt im Bewußtsein dieser Dissonanz zwischen der sinnlichen und der geistigen Komponente seines Wesens. »Ohne das Erhabene würde uns die Schönheit unsrer Würde vergessen machen. In der Erschlaffung eines ununterbrochenen Genusses würden wir die *Rüstigkeit* des Karakters einbüßen, und an *diese zufällige Form des Daseyns* unauflösbar gefesselt, unsre unveränderliche Bestimmung und unser wahres Vaterland aus den Augen verlieren.«[55] Hier kehren dieselben Begriffe wieder, die die Situation der Moderne und die daraus folgende Aufgabe der Kunst bezeichnen. Das antike Drama ist nicht reproduzierbar. Schiller begründet das aus den Prämissen seiner philosophischen Anthropologie; und das moderne Drama als pathetisch-erhabenes erhält folglich eine andere Zielsetzung, denn nicht im Schönen, sondern im Erhabenen vollendet sich die ästhetische Erziehung des Menschen, »die Empfindungsfähigkeit des menschlichen Herzens nach dem ganzen Umfang unsrer Bestimmung, und also auch über die Sinnenwelt hinaus, zu erweitern«[56]. Schiller weist dem Dichter als Aufgabe zu, das Maximum an Kunst, das in der antiken Tragödie verwirklicht ist, unter den Voraussetzungen modernen Dichtens anzustreben, nicht aber die Imitation der antiken Werke. Auch am 26. Juli 1800 äußert Schiller den gleichen Gedanken nochmals in einem Brief an Goethe, nunmehr bezugnehmend auf die unmittelbare Schaffenssituation angesichts der Widerständigkeit seines Stoffes, der *Jungfrau von Orleans*: »Man muß, wie ich bei diesem Stück sehe, sich durch keinen allgemeinen Begriff fesseln, sondern es wagen, bei einem neuen Stoff die Form neu zu erfinden, und sich den Gattungsbegriff immer beweglich erhalten.«[57] Die Freiheit der Form wird zum Bestandteil der Werkpoetik. Zwei Tage später schreibt Schiller an Körner:

»Das Mädchen von Orleans läßt sich in keinen so engen Schnürleib einzwängen, als die Maria Stuart [...] die dramatische Handlung hat einen größern Umfang, und bewegt sich mit größerer Kühnheit und Freiheit. Jeder Stoff will seine eigene Form, und die Kunst besteht darin, die ihm anpassende zu finden. Die Idee eines Trauerspiels muß immer beweglich und werdend seyn, und nur virtualiter in hundert und tausend möglichen Formen sich darstellen.«[58]

Man könnte vermuten, daß Schiller nicht umsonst gerade während der Arbeit an seinem »romantischen Trauerspiel« für ein dynamisches Verständnis der Gattungsbegriffe eingetreten sei, aber so wenig *Die Jungfrau von Orleans* ein romantisches

Drama im Sinne der Romantik ist, so wenig deutet der Gedanke vom Werdenden der Gattung auf die Idee einer im romantischen Sinne progressiven Poesie und Poetik. 1802 nimmt Schiller den Gedanken noch einmal auf:
»Wenn man die Kunst sowie die Philosophie als etwas, das immer *wird* und nie *ist*, also nur dynamisch, und nicht, wie sie es jetzt nennen, atomistisch betrachtet, so kann man gegen jedes Product gerecht seyn, ohne dadurch eingeschränkt zu werden. Es ist aber im Charakter der Deutschen, daß ihnen alles gleich fest wird, und daß sie die unendliche Kunst, so wie sie es bei der Reformation mit der Theologie gemacht, gleich in ein Symbolum hinein bannen müssen. Deswegen gereichen ihnen selbst treffliche Werke zum Verderben, weil sie gleich für heilig und ewig erklärt werden, und der strebende Künstler immer darauf zurückgewiesen wird. An diese Werke nicht religiös glauben, heißt Ketzerei, da doch die Kunst über allen Werken ist. Es giebt freilich in der Kunst ein Maximum, aber nicht in der modernen, die nur in einem ewigen Fortschreiten ihr Heil finden kann.«[59]
Auch die Romantiker stellen die Poesie über das Werk wie Schiller hier die Kunst höher achtet als das Werk, aber das für ihn erreichbare »Maximum« ist nicht das Resultat eines unbewußt-reflexionslos schaffenden Geistes im dichterischen Gemüt – dagegen polemisiert Schiller aufs heftigste[60] –, sondern einer sich der Bedeutung der Kunst, des Ästhetischen in einem Jahrhundert der Charakterlosigkeit, Schlaffheit und der gemeinen Bedürfnisse bewußt werdenden Kunstphilosophie.[61]
Vom *Wallenstein* bis zum *Wilhelm Tell* hat Schiller die Gattung durchaus flexibel gehalten, für jeden Stoff eine neue Form des Dramas zu finden gewußt und die Kunst, d. h. die philosophischen Prinzipien seiner Ästhetik der Tragödie, doch keineswegs verleugnet. So gesehen ist *Die Braut von Messina* durchaus nicht die große Ausnahme in Schillers Dramatik, denn das Experiment der Form gehört zum Wesen seiner klassischen Tragödien, vergleichsweise extrem sind nur die Mittel, mit denen hier durch das Werk die Kunst, das Poetische hervorgebracht werden soll.
Durchläuft man die entstehungsgeschichtlichen Zeugnisse zur *Braut von Messina*, so fällt auf, daß Schiller den Plan zu diesem Drama, den er offenbar doch schon in seinem Brief an Goethe vom 19. März 1799 im Auge hatte, immer wieder beiseite legte, andere bevorzugte oder ausprobierte. Dies ist um so verwunderlicher, als der Stoff und seine Fabel ihm in jeder Hinsicht entgegenkommen mußten, wenn er ein freierfundenes Stück im Stile der strengen Tragödie schreiben wollte. Die später genannte Begründung, daß der Stoff in ihm »noch nicht den Grad von Neigung« errege, den er brauche, um sich »einer poetischen Arbeit hinzugeben«[62], reicht wohl als Erklärung dafür nicht aus, daß die Ausführung erst im August 1802 beginnt. Zunächst folgt auf den *Wallenstein* ja wieder ein historisches Drama *(Maria Stuart)*. Während der Arbeit an diesem kommt ihm der *Warbeck* als möglicher Stoff für eine tragische oder komische Handlung entgegen, »denn wenn ich in der Mitte eines Stücks bin, so muß ich in gewissen Stunden an ein neues denken können«[63]. Er dachte beileibe nicht mehr nur an den *Warbeck*; im September bittet er Körner um Ideen und Stoffe, »für dramatische Arbeiten«[64], das nächste Stück ist aber *Die Jungfrau von Orleans*, und wieder rückt auf halbem Wege der Gedanke an das darauffolgende nahe, es sind *Die Maltheser*, »ein längst entworfenes Trauerspiel«[65]. Es wird nicht ausgeführt, denn im April 1801 heißt es, er trage sich »jetzt mit zwei neuen dramatischen Sujets, und wenn ich sie beide durchdacht

und durchgeprüft habe, so will ich zu einer neuen Arbeit übergehen«[66]. Welche es sind, läßt sich nur vermuten. Da *Die Maltheser* ja schon »längst entworfen« waren, scheiden sie vermutlich aus; vielleicht sind es wieder *Warbeck* und *Die feindlichen Brüder*? Am 13. Mai 1801 ist der Entschluß zur »einfachen Tragödie, nach der strengsten griechischen Form« gefaßt; als geeignete Stoffe, »die ich vorräthig habe«, nennt er wieder *Die Maltheser*, aber ein Sujet, »welches ganz eigne Erfindung ist, möchte früher an die Reihe kommen; es ist ganz im reinen und ich könnte gleich an die Ausführung gehen. Es besteht, den Chor mit gerechnet, nur aus 20 Scenen und aus fünf Personen«[67]. Dazu kommen als weitere Stoffe wieder *Warbeck* und ein nicht näher spezifizierter für eine Komödie. Mitnichten aber kamen *Die feindlichen Brüder* an die Reihe, denn wenn Goethe am 28. Juni erfährt: »Das Schauspiel fängt an, sich zu organisieren, und in 8 Tagen denke ich an die Ausführung zu gehen. Der Plan ist einfach, die Handlung rasch, und ich darf nicht besorgen, in die Breite getrieben zu werden«[68] – so möchte man wieder an andere Stoffe denken, jedenfalls nicht an *Die Braut von Messina*, zu der sich die Neigung und (die noch zu begründende) Notwendigkeit noch nicht eingestellt haben. Im Juli experimentiert Schiller aufs neue mit drei Stoffen, zu denen der Plan »indessen ausgedacht« sei[69], nach Rückkehr von einer Reise nach Dresden werde er desto rascher »an die Ausführung gehen«. Ausgeführt aber wurde die Bearbeitung der *Turandot* im November 1801, nachdem im Oktober der *Warbeck* erneut vorgenommen war, Schiller aber auch am 19. Oktober an Körner geschrieben hatte: »[...] in diesem Augenblick steht die Waage bei mir noch ein, was ich zuerst schreiben soll.«[70] Danach kehrt er nicht zum *Warbeck* zurück, denn »Ein mächtiger Interesse [...] hat mich schon seit 6 Wochen beschäftigt und mit einer Kraft und Innigkeit angezogen, wie es mir lange nicht begegnet ist«[71]. Das ist, vorläufig nur als »Moment der Hofnung u. der dunkeln Ahndung«, der *Tell*. Im August 1802 aber greift er dann – ganz unerwartet – auf den Stoff der *Braut von Messina* zurück; nach und nach komme er in die Stimmung.[72] Fünf Tage später ist er mitten drin:

»Ich bin in diesen lezten Tagen nicht ohne Succeß mit meinem Stück beschäftigt gewesen, und ich habe noch bei keiner Arbeit so viel gelernt als bei dieser. Es ist ein Ganzes, das ich leichter übersehe und auch leichter regiere; auch ist es eine dankbarere und erfreulichere Aufgabe, einen einfachen Stoff reich und gehaltvoll zu machen, als einen zu reichen und zu breiten Gegenstand einzuschränken.«[73]

Im September ist Schiller guter Dinge, bis zum Jahresschluß mit dem Stück fertig zu sein:

»[...] ich bin nicht unthätig gewesen, und arbeite jetzt mit ziemlichem Ernst an einer Tragödie, deren Sujet Du aus meiner Erzählung kennst. Es sind die feindlichen Brüder, oder, wie ich es taufen werde, *Die Braut von Messina*. Ueber dem langen Hin- und Herschwanken von einem Stoffe zum andern habe ich zuerst nach diesem gegriffen, und zwar aus dreyerlei Gründen. – 1) war ich damit, in Absicht auf d Plan, der sehr einfach ist, am weitesten. 2) bedurfte ich eines gewissen Stachels von Neuheit in der Form und einer solchen Form die ein Schritt nähr zur antiken Tragödie wäre, welches hier wirklich der Fall ist, denn das Stück läßt sich wirklich zu einer äschyleischen Tragödie an. 3) mußte ich etwas wählen, was nicht de longue haleine ist, weil ich nach der langen Pause nothwendig bedarf, wieder etwas fertig vor mir sehn. Ich muß auf jeden Fall am Ende des Jahrs damit zu Stande seyn«.[74]

Im November sind gut 1500 Verse fertig; das ist mehr als die Hälfte des jetzigen Stückes: »Ich habe seit 6 Wochen mit Eifer und mit Succeß, wie ich denke, gearbeitet. [...] Die ganz neue Form hat auch mich verjüngt, oder vielmehr das Antikere hat mich selbst alterthümlicher gemacht; denn die wahre Jugend ist doch in der alten Zeit.«[75] Ende Januar fehlt nur, nachdem in den ersten vier Akten alle Lücken gefüllt wurden, noch das letzte Sechstel, »welches sonst immer das wahre Festmahl der Tragödien Dichter ist«[76], mit dem er aber nun ganz rasch zu Ende kommt, weil er den umfangreicher geplanten Schluß erheblich kürzt, »überwiegender Gründe wegen«, und am 4. Februar 1803 meldet er Goethe: »Mein Stück ist fertig«[77].

Wieso greift Schiller plötzlich zum Stoff der *Braut von Messina*, nachdem er mehr als zwei Jahre gezögert und sich doch immer wieder von ihm wegbewegt hatte? Vor dem Hintergrund der eben skizzierten Daten erscheint die Wahl dieses Sujets mehr oder weniger willkürlich; dennoch liegt in ihr eine gewisse Notwendigkeit, und früher war die Stunde für dieses Stück noch nicht reif; denn zwischen der *Jungfrau von Orleans* und dem Schwanken zwischen mitunter drei verschiedenen Stoffen liegen Schillers Bearbeitungen der Goetheschen *Iphigenie* (1799/1802), die Aufführung des *Jon* von A. W. Schlegel (Januar 1802) und vor allem im Juni die des *Alarkos* von Friedrich Schlegel. Danach »mußte« *Die Braut von Messina* geschrieben werden, denn sie ist das notwendige letzte Glied in der Kette von Schillers Konfrontation mit modernen Bearbeitungen klassischer Stoffe in klassischer Form. Sie ist Schillers eigener Beitrag zu einer Serie von in Weimar aufgeführten modernen Griechenadaptionen und seine Auseinandersetzung mit diesen, mit Goethe und den Romantikern, darüber hinaus mit der Situation des zeitgenössischen deutschen Theaters.

Zu den Sorgen des Dramatikers, einen geeigneten Stoff für eine tragische Handlung zu finden, kommen in diesen Jahren häufig die Klagen des Theaterdichters über Schauspieler und Publikum, denn jene sind nicht fähig, Verse zu sprechen, und dieses negiert alle Anstrengungen »in Absicht auf die Kunst«, weil es ein rein affektioniertes Interesse am Stoff habe.

»Die Theater, die ich in den letzten 3 Wochen gesehen, haben mich nun gerade nicht zur Arbeit begeistert, und ich muß sie eine Weile vergessen haben, um etwas Ordentliches zu machen. Alles zieht zur Prosa hinab, und ich habe mir wirklich im Ernst die Frage aufgeworfen: ob ich bei meinem gegenwärtigen Stücke, sowie bei allen, die auf dem Theater wirken sollen, nicht lieber gleich in Prosa schreiben soll, da die Declamation doch alles thut, um den Bau der Verse zu zerstören, und das Publicum nur an die liebe bequeme Natur gewöhnt ist. Wenn ich anders dieselbe Liebe, welche ich für meine Arbeit nothwendig haben muß, mit einer Ausführung in Prosa vereinigen kann, so werde ich mich wohl noch dazu entschließen.«[78]

Als Schiller 1802 im Sommer in Lauchstädt war, besuchte er die Opernaufführungen und fand kein günstigeres Urteil: »So herrscht das Stoffartige überal, und wer sich dem Theaterteufel einmal verschrieben hat, der muß sich auf dieses Organ verstehen.«[79] Mehrfach taucht in den Briefen die Scheidung zwischen dem Theatralischen und dem Poetischen auf, sie entspricht derjenigen zwischen Werk und

Kunst. Die poetische Forderung sei, ohne alle Rücksicht auf Theater und Publikum, das Dramatisch-Wirkende; »aber auch nur insofern es eine solche ist, kann ich mich darum bemühen. Soll mir jemals ein gutes Theaterstück gelingen, so kann es nur auf poetischem Wege seyn, denn eine Wirkung ad extra, wie sie zuweilen auch einem gemeinen Talent und einer bloßen Geschicklichkeit gelingt, kann ich mir nie zum Ziele machen, noch, wenn ich es auch wollte, erreichen. Es ist also hier nur von der höchsten Aufgabe selbst die Rede, und nur die erfüllte Kunst wird meine individuelle Tendenz ad intra überwinden können, wenn sie zu überwinden ist«[80]. So hat Schiller seine Zweifel, ob *Die Braut von Messina* eine »Speculation« für das Theater sei, weil man »da aufs Poetische gar nicht eingerichtet ist. Die Handlung wird zwar theatralisch genug seyn aber die Ausführung ist durchaus zu lyrisch für den gemeinen Zweck, und, ich darf mit gutem Gewissen hinzusetzen, für das Talent gemeiner Schauspieler zu antik.«[81] Ursprünglich sollte der Schluß des Dramas umfangreicher sein, da das Begräbnis Don Manuels und Cesars Selbstmord in voneinander getrennten Szenen konzipiert waren, um »vorzüglich alle bedenkliche Vermischung der theatralischen Ceremonie mit dem Ernst der Handlung«[82] zu vermeiden. Wie bei seinen früheren Stücken hat Schiller gleichwohl beizeiten aufs Theater spekuliert, denn das fertige Stück durfte erst im Juli 1803 ausgeliefert werden, damit die Honorare für die Theaterfassungen für Berlin und Hamburg nicht verlorengingen, und die Bühnenmanuskripte waren schnell hergestellt; es wurde dafür nur der Chor »in einen Cajetan, Berengar, Manfred, Bohemund, Roger und Hippolyt, sowie die 2 Boten in einen Lanzelot und Olivier verwandelt«[83]. Aber als Schiller das fertige Stück dem in Rom lebenden Wilhelm von Humboldt ankündigt, wird nach dem ausdrücklich empfehlenden Hinweis auf Aischylos in der Stolbergschen Übersetzung, die ihm »die Versetzung in die alte Zeit« leichter gemacht habe, noch einmal deutlich, welche Absicht hinter der *Braut von Messina* stand:

»Es ist jezt ein so kläglicher Zustand in der ganzen Poesie, der Deutschen und Ausländer, daß alle Liebe und aller Glaube dazu gehört, um noch an ein Weiterstreben zu denken und auf eine beßere Zeit zu hoffen. Die *Schlegel-* und *Tieckische* Schule erscheint immer hohler und frazenhafter, währenddaß sich ihre Antipoden immer platter und erbärmlicher zeigen und zwischen diesen beiden Formen schwankt nun das Publicum. An ein Zusammenhalten zu einem guten Zweck ist nicht zu denken, jeder steht für sich und muss sich seiner Haut wie im Naturstande wehren«.[84]

Was Schiller nur als »einen kleinen Wettstreit mit den alten Tragikern« ausgab, war doch uneingestandenermaßen viel mehr, auch der Wettstreit mit Goethe und der verhaßten Schlegelschen Richtung.

Schon im Januar 1800 hatte Schiller die *Iphigenie* behufs einer im Zuge der Weimarer Theaterreform angesetzten Neuaufführung wieder gelesen. Nur wenig sei zu verändern, »besonders in Hinsicht auf den Mythologischen Theil, der für das Publikum in Massa zu kalt ist. Auch ein paar Gemeinsprüche würde ich dem dramatischen Interesse aufzuopfern rathen ob sie gleich ihren Platz sehr wohl verdienen«[85]. Vor der *Iphigenie* aber wird A. W. Schlegels *Jon* aufgeführt, über den sich Schiller später im ganzen wohlwollend äußert, »weil er auf das Stück des Euripides gebaut ist, dem er im Ganzen und oft auch wörtlich im Einzelnen folgt [...] aber die Schlegelsche Natur schimmert dann wieder sehr zum Nachtheil hindurch«[86]. Im Januar 1802 wird die theatralische Realisierung der *Iphigenie* erneut erwogen, und Schiller liest das Stück »mit der gehörigen Hinsicht auf ihre neue Bestimmung«, um »jedes Wort vom Theater herunter, und mit dem Publikum zusammen«[87] zu hören. Das Ergebnis dieser Lektüre liegt in zwei tendenziell übereinstimmenden, aber in der nuancierten Bewertung des Stückes unterschiedlichen Reaktionen vor. Gegenüber Körner ist Schiller distanzierter: Die *Iphigenie* ist ihm »so erstaunlich modern und ungriechisch, daß man nicht begreift, wie es möglich war, sie jemals einem griechischen Stück zu vergleichen. Sie ist ganz nur sittlich; aber die sinnliche Kraft, das Leben, die Bewegung und alles, was ein Werk zu einem ächten dramatischen specificirt, geht ihr sehr ab«; so bleibt das Stück »ein seelenvolles Product«, ungeachtet der »hohen poetischen Eigenschaften die ihm ohne Rücksicht auf seine dramatische Form zukommen«, »bloß ein poetisches Geisteswerk«.[88] Zu Goethe äußert er sich über Striche und Kürzungen detaillierter, aber vorsichtiger in der Gesamteinschätzung. So hebt er gleichfalls das dem Stück fehlende »Dramatischwirksame« hervor, das mangelnde Theatralische und möchte daher »das Historische und Mythische« unangetastet lassen, »es ist ein unentbehrliches Gegengewicht des Moralischen, und was zur Phantasie spricht, darf am wenigsten vermindert werden«. Seine Vorschläge beziehen sich allesamt auf die »Belebung des dramatischen Interesse«, d. h. auf die Versinnlichung des Sittlichen, dessen, »was im Herzen vorgeht«, denn die Gesittung sei in dem Stück »zur Handlung gemacht« und »gleichsam vor die Augen gebracht [...] Dieser Geist des Stücks muß erhalten werden, und das Sinnliche muß immer dem Sittlichen nachstehen; aber ich verlange auch nur soviel von jenem, als nöthig ist, um dieses ganz darzustellen. Iphigenia hat mich übrigens, da ich sie jezt wieder las, tief gerührt, wiewohl ich nicht läugnen will, daß etwas Stoffartiges dabei mit unterlaufen möchte. *Seele* möchte ich es nennen, was den eigentlichen Vorgang davon ausmacht«.[89]

Schillers Vorbehalte laufen darauf hinaus, daß das Drama ein hochpoetisches, aber wenig theatralisch wirksames Stück sei. Die Bearbeitung muß auf das Dramatisch-Wirksame, die Einheit von poetischer Bestimmung und poetischer Organisation des Stoffes zielen, das Interesse des Zuschauers wachhalten, ohne es jedoch auf das sich sinnlich Ereignende zu konzentrieren, da die Kunst erst dann ihre Bestimmung erfüllt, wenn die Freiheit im Gemüt des Zuschauers erhalten bleibt. Die *Iphigenie* ist erstaunlich modern, weil das Stoffliche den Zuschauer um seiner selbst willen stark affiziert; sie ist nicht nach der strengen Form der Tragödie gebaut, wie sie Schiller vorschwebte, in der das stoffliche Interesse durch die Form getilgt ist. Damit wird eine prinzipielle Schwierigkeit sichtbar, die Schiller bewußt war; beide Forderungen schließen einander eigentlich aus: die Verstärkung und Belebung der Handlung, der sinnlichen Kraft, der Bewegung erhöht die Versuchung zu einem »affectionirten Interesse« am Stoff, das durch »ein freies Gefallen« »an einer reinen Handlung, ohne Interesse für einen Helden«[90] überwunden werden muß. Das Ringen mit diesen beiden Interessen, des Stoffes und der Form, war für Schiller seit dem *Wallenstein* allerdings die künstlerische Herausforderung, sie bestätigte sich auch bei seiner Bearbeitung der *Iphigenie* und wurde zu einem Beweggrund dafür, daß er sich für den Stoff der *Braut von Messina* entschied. Dieser wäre vielleicht noch liegengeblieben, hätte Goethe nicht Friedrich Schlegels *Alarkos* für Weimar angenommen, nach Schillers Meinung ein gewaltiger Fehlgriff. Hier fand er ein weiteres Mal den verfehlten Versuch einer Tragödie im antikisierenden Stil, denn Schlegel verstand das Stück selbst als »nach dem Ideale des Äschylus« gearbeitet, aber »in romantischem Stoff und Costum«[91]. Nur mit großen Vorbehalten unterstützt Schiller Goethes Einsatz für das Stück, mit dem Goethe sich »allerdings compromittirt« habe; »es ist seine Krankheit, sich der Schlegels anzunehmen, über die er doch selbst bitterlich schimpft und schmählt«.[92] Nach der Lektüre des Stükkes im Mai 1802 kamen ihm »bedenkliche Sorgen [...] Leider ist es ein so seltsames Amalgam des Antiken und Neuest-Modernen, daß es weder die Gunst noch den Respekt wird erlangen können. Ich will zufrieden seyn, wenn wir nur nicht eine totale Niederlage damit erleiden, die ich fast fürchte. Und es sollte mir leid thun, wenn die elende Parthei, mit der wir zu kämpfen haben, diesen Triumph erhielte«[93]. Schiller sollte recht behalten. Die – einzige – Aufführung wurde zu einem Fiasko. Was Schiller an dem Stück abstieß, hat er nicht gesagt, aber einige bedeutsame Hinweise sind in seinem Brief an Körner vom 5. Juli 1802 enthalten: »Die Intention des Stücks wäre wirklich zu loben, wenn die Manier in der Ausführung nicht so widerwärtig wäre«.[94] Da er den Bruder gleichzeitig in Schutz nimmt, weil dieser mit seinem *Jon* im ganzen und wörtlich dem Euripides gefolgt sei, muß das Neuest-Moderne in der Auffassung und Ausführung des Stoffes Schiller abgestoßen haben. Er hatte Goethe zwei Monate vorher vorgeschlagen, diesen Mangel durch den Aufführungsstil zu kompensieren:

»Meine Meinung ist, die Vorstellung des Stücks so vornehm und ernst als möglich zu halten, und alles, was wir von dem Anstand des französischen Trauerspiels dabei brauchen können, anzuwenden. Können wir es nur so weit bringen, daß dem Publicum imponiert wird, daß etwas höheres und strengeres anklingt, so wird es zwar unzufrieden bleiben, aber doch nicht wissen wie es daran ist. Einen Schritt zum Ziele werden wir durch diese Vorstellung nicht thun, oder ich müßte mich ganz betrügen.«[95]

Eine stilisierende Aufführung sollte das nur Leidenschaftlich-Pathetische des Stoffes in diesem wildbewegten Stück bändigen und so das Poetische, die Kunst ersetzen, die Schiller in diesem Stück offenbar ganz vermißte. Erschien ihm die *Iphigenie* zwar hochpoetisch, aber ohne Handlung und Leben, die sie bühnentauglich machen würden, so war der *Alarkos* ein Drama mit einer krassen, auf Bühneneffekte und eine affektionierte Handlung berechnetes Werk ohne jeglichen poetischen Wert und Kunstgehalt. Da beide Werke noch vorgaben, Dichtungen im Stil der alten Tragödie zu sein, sah Schiller sich in mancher Weise herausgefordert. *Die Braut von Messina* ist *sein Versuch*, das Dramatisch-Wirksame in der strengen Form der Tragödie zu realisieren, die theatralisch genug und zugleich wahrhaft poetisch sein soll – ein Versuch, der »einen großen Schritt zum Vollkommenen« bedeuten werde, wenn ihm weitere folgen würden[96] und das Publikum »seine prosaischen Begriffe von dem *Natürlichen* in einem Dichtwerk« ablegen würde[97]. Daß es beim einmaligen Versuch Schillers in dieser Form bleibt (eine Bearbeitung des *Ödipus* mit einer freieren Behandlung der Chöre schlägt er Iffland am 12. 7. 1803 vor), besagt nichts über ein Mißlingen dieser Anstrengung, weist aber eher auf das aus einem dramatisch-theatralischen Wettstreit hervorgehende Musterhafte dieser Tragödie. Wenn Schiller meinte, das Stück sei »freilich nicht im Geschmack der Zeit«[98], so hatte er damit wohl recht; aber nicht ein Drama im antiken Stil widerstrebte dem Zeitgeschmack, sondern der philosophische und poetische Anspruch der Dichtung. Und daran hat sich vermutlich bis heute nichts geändert; die Diskrepanz zwischen der Forderung der Kunst und den Erwartungen des Publikums ist eher unaufhebbar geworden.[99]

III

Verständnis und Beurteilung der *Braut von Messina* werden in jedem Fall davon abhängen, wie man das Schicksalhafte der Ereignisse auslegt. Der Schicksalsbegriff führt ins Zentrum des Stücks, doch ist gerade er der Ansatzpunkt aller Kritik, denn »da der religiöse Ursprung der griechischen Tragödie verlorengegangen war, mußte die Verwendung ihrer Zeichensprache zum theatralischen Apparat werden, der einem durchaus modernen Fatalismus und Pessimismus bedenklich nahekommt und sich der Idee des Schicksals nur noch als einer Chiffre bedient«[100]. Das Schicksal wirkt als höheres blindes Verhängnis, der Mensch ist sein Spielball. Dagegen ist bei von Wiese von Schuld kaum die Rede, hebt sie sich doch bei einem so umfassenden Verständnis von Schicksal von selbst auf. Eine »Urschuld« hat das Geschlecht auf sich geladen. »Die Schuld des einzelnen verschmilzt mit dem tragischen Geschick des Geschlechtes«[101], und so mache »der schuldige Täter [...] sich selbst zum Werkzeug der Nemesis«[102], d. h. der schicksalhafte Fatalismus wird noch die auslösende Ursache für Cesars freiwilligen Tod. Schillers Idee, »eine griechische Schicksalstragödie mit dem Gehalt einer modernen christlich-idealistischen Läuterungs- und Erlösungsidee zu erfüllen, bleibt ein großartiges Mißlingen. Denn sowohl das tragische Schicksal wie die übertragische Erlösung verlieren dabei ihre ursprüngliche Substanz«[103]. Es war nicht Schillers Absicht, auf ein antikes Schicksalsdrama eine moderne Lösung nur aufzupfropfen. Herbert Seidler ist noch weitergegangen. Die Läuterung Cesars erscheint ihm *künstlich* angehängt, ein inhaltlicher und künstlerischer Bruch, denn ohne den Schluß »stellt das Drama mit Isabella im Mittelpunkt das Scheitern des anmaßenden Menschen gegenüber höheren Ordnungen dar«[104]; die Nemesis als Theodizee erscheint als metaphysisches Prinzip schicksalstiftenden Charakters. Dem stehen Deutungen gegenüber, in denen die Schicksalsidee mit dem Charakter der Figuren verknüpft wird, mit schuldhaftem Tun (van Stockum). Für Schadewaldt erscheint das Handeln »als Manifestation des Dämonischen, eines anonymen göttlichen Wirkens«, »in dem sich Charakter und Schicksal zusammenfinden«[105] und sich neutralisieren. Die Schicksalsidee verflüchtigt sich, sie bleibt jedoch in der Gerichtsidee als letztlich doch metaphysische Gewalt wirksam. Erst die reinigende Kraft des Todes bricht die »schicksalhafte Kette des fortzeugenden Unheils«[106] und macht das Stück zu einem aus der Zeitlage und Schillers Ästhetik erwachsenen »modernen Drama«[107].

In Sengles und Stuart Atkins' Deutung wird das Schicksal völlig zur Anonymität. Schuld und Schicksal seien nicht mehr zu trennen, nicht weil sie etwa identisch, sondern weil sie ungreifbar werden; was für Sengle Ausdruck eines umfassenden Pessimismus und Weltschmerzes ist, der das Stück »nur noch als Schwundstufe der Tragödie« gelten läßt[108], sieht Atkins als »Ausdruck eines unvollkommenen Wissens um die sittliche Freiheit des Menschen«[109], denn »die Grundlage menschlicher Existenz«[110] ist in diesem Drama die Schuld, »zusammengesetzt aus Vererbung (Charakter oder Temperament), Umwelt und Gelegenheit«[111]. Wie der Schicksalsbegriff ambivalent wird, so werden es auch Schuld und Verantwortung, denn Menschen, »die ohne jedes Verantwortungsgefühl sind«[112], sprechen ständig von Schuld. Damit ist ein Spektrum an Deutungen sichtbar gemacht, dessen Pole die Positionen von Wieses und Atkins' bezeichnen: geht bei jenem der Schuldbegriff im nahezu verabsolutierten Schicksalsbegriff unter, so bei diesem der Schicksalsgedanke im verabsolutierten Schuldkomplex, so daß das Verhältnis von Schicksal und Schuld in der *Braut von Messina* aufs neue befragt werden muß.

Der wiederholt geäußerte Vorwurf, das Mißlingen der *Braut von Messina* sei auf die Verwendung nicht mehr geglaubter Mythologie zurückzuführen[113], mutet seltsam an, denn bei keinem anderen zeitgenössischen Dichter – und auf wen träfe es nicht zu? – ist dies ein Argument der Kritik. Schiller hat selbst in der »Vorrede« deutlich gemacht, daß er die griechische Mythologie nicht als Glaubensgut verwenden wolle. Schon die bewußte Vermischung dreier Religionen und ihrer Symbole sollte zur Vorsicht raten, denn die antike Schicksalsmythologie gehört zum »Ideencostüme« des Dramas[114] und besitzt keinerlei weltanschauliche Verbindlichkeit. Solange man sie in einem unmittelbaren Sinne als Zeugnis eines gräzisierenden Schicksalsglaubens nimmt, gerät man in dieselbe Sackgasse, in der die Vergleiche zwischen der antiken Tragödie und der *Braut von Messina* als deren Wiederbelebung enden.

»Der Palast der Könige ist jetzt geschlossen, die Gerichte haben sich von den Toren der Städte in das Innere der Häuser zurückgezogen, die Schrift hat das lebendige Wort verdrängt, das Volk selbst, die sinnlich lebendige Masse ist, wo sie nicht als rohe Gewalt wirkt, zum Staat, folglich zu einem abgezogenen Begriff geworden, die Götter sind in die Brust des Menschen zurückgekehrt. Der Dichter muß die Paläste wieder auftun, er muß die Gerichte unter freien Himmel herausführen, er muß die Götter wieder aufstellen, er muß alles Unmittelbare, das durch die künstliche Einrichtung des wirklichen Lebens aufgehoben ist, wieder herstellen und alles künstliche Machwerk an dem Menschen und um denselben, das die Erscheinung seiner innern Natur und seines ursprünglichen Charakters hindert, wie der Bildhauer die modernen Gewänder, abwerfen und von allen äußeren Umgebungen desselben nichts aufnehmen, als was die höchste der Formen, die menschliche, sichtbar macht«[115], weil die Kunst »das unbedingt Wahre, das bloß Menschliche in menschlichen Verhältnissen«[116] als ihren ergiebigsten Stoff betrachtet. Die Götter sind nicht religiöse Symbole, sondern poetische Chiffren, durch die die Haltung des Menschen zu dem, was ihn bedroht, leiden oder sich erheben läßt, versinnlicht wird; sie symbolisieren das Bedrängende wie das Befreiende, sie vermitteln die pathetischen wie die erhabenen Affekte, durch die der tragische Dichter uns mitleidend rührt. Nicht an die antike Götterwelt glaubte Schiller, sondern an die aus der Natur des Menschen selbst herausbrechende Gefährdung, an Schuld und Strafe, die Sühnung des Verbrechens und an die dem Bösen ebenmächtige Wirkung des Moralischen:

»Stirne gegen Stirn zeige sich uns das böse Verhängniß. Nicht in der Unwissenheit der uns umlagernden Gefahren – denn diese muß doch endlich aufhören – nur in der *Bekanntschaft* mit denselben ist Heil für uns. Zu dieser Bekanntschaft nun verhilft uns das furchtbar herrliche Schauspiel der alles zerstörenden und wieder erschaffenden, und wieder zerstörenden Veränderung – des bald langsam untergrabenden, bald schnell überfallenden Verderbens, verhelfen uns die pathetischen Gemählde der mit dem Schicksal *ringenden* Menschheit, der unaufhaltsamen Flucht des Glücks, der betrogenen Sicherheit, der triumphirenden Ungerechtigkeit und der unterliegenden Unschuld, welche die Geschichte in reichem Maße aufstellt, und die tragische Kunst nachahmend vor unsre Augen bringt.«[117]

Solches Verhängnis – es ist nahezu eine Paraphrase der Vorgänge in der *Braut von Messina* – symbolisiert die Götterwelt und Mythologie, einen Schicksalsglauben überhaupt, nicht einen griechischen; aber auch dieser ist ja nicht Schillers letztes Wort, denn »eine blinde Unterwürfigkeit unter das Schicksal« ist »immer demüthigend und kränkend für freye sich selbst bestimmende Wesen. Dieß ist es, was uns auch in den vortreflichsten Stücken der Griechischen Bühne etwas zu wünschen übrig läßt, weil in allen diesen Stücken zuletzt an die Nothwendigkeit appelliert wird, und für unsre Vernunftfodernde Vernunft immer ein unaufgelöster Knoten zurück bleibt«[118].

Wie antik und wie modern diese Tragödie ist, läßt sich nicht schon aus dem Verhältnis der in antikem Geiste gehaltenen Handlung mit Menschen in fatalistischer Abhängigkeit von einem Schicksal und dem diesen Fatalismus durchbrechenden Schluß klären[119], sondern muß die Frage, worin das Schicksal seinen Grund hat, einbeziehen; damit verlagert sich das Interesse stärker auf die Personen und führt zum Problem der Schuld.

In den vorliegenden Interpretationen wird in der Regel die Hybris der Personen als Grund für die Tisis, die rächende Strafe, genannt, die die Familie einholt.[120] Dabei wird die enge Verbindung übersehen, die zwischen dem Schicksalhaften der Ereignisse und der Täuschung, der Blindheit der Menschen besteht. Ihr Schicksal ist eine Folge permanenten Verkennens, eine fortgesetzte Hamartia. Von der »ganze[n] Blindheit« und »Beschränktheit« der Personen spricht auch Schiller.[121] Das Schicksal der dramatischen Personen ist ursprungs- und wesensmäßig an ihr Verhalten gebunden und in diesem begründet, nicht ein metaphysisches Verhängnis, welches die Menschen unversehens überfällt. Sein Ursprung liegt in einem das Geschlecht bedrückenden Fluch des Ahnherrn, der damit den Brautraub seines Sohnes rächen will.[122] Schiller wendet die Konstellation des *Don Karlos* ins Gegenteil (960–969.973–976). Der Fluch ist nicht ein seit alters wirkendes Fatum, sondern ein durch schuldhaftes Handeln des Fürsten provoziertes Urteil über sich und die Seinen, die Folge einer »Tat der verblendeten Wut« (972), der Leidenschaft. Fluch und Schicksal sind mit menschlichem Handeln, einer leidenschaftsbestimmten Tat, gesetzt, und mithin ist die Schuld von vornherein eng an den Menschen gebunden, sie liegt nicht außerhalb seiner Verantwortlichkeit, ist keine Urschuld. Dies unterscheidet Schillers Tragödie vom romantischen Schicksalsdrama,[123] in dem nicht eigentlich ein Fluch den Menschen einholt, sondern das mit dem Fluch meistens verbundene Requisit; das fatale Objekt ist Vollstrecker des Schicksals, was eine ausweglose Versachlichung des Schicksals bedeutet und eine Systematisierung des Fatalismus, die Schiller völlig fremd sind. Hinzu kommt, daß die Menschen zumeist um den Fluch wissen und in permanenter Angst vor dessen Erfüllung leben; natürlich werden die Versuche, dem Verhängnis (denn hier handelt es sich um ein solches) zu entgehen, gerade zur Voraussetzung seiner Erfüllung. Schiller motiviert das Schicksalhafte der Ereignisse nicht mit dem Automatismus eines sich zwangsläufig erfüllenden Fluches, sondern begründet es aus der Verbindung von Handeln und Täuschung des Menschen. Der Fluch, dessen genauer Inhalt nicht mitgeteilt wird, erfüllt sich, nicht weil er als Schicksal die Familie belastet, sondern weil die Menschen durch ihr Verhalten alles tun, daß eintritt, was vorhergesagt ist bzw. was sie für vorhergesagt halten.

Befinden wir uns damit in der Nähe des Charakterdramas? Zu diesem zählt man *Die Braut von Messina* nicht.[124] In seiner *Egmont-Rezension* waren Schiller die im Charakter beschlossenen dramatischen Möglichkeiten noch kaum zum Bewußtsein gekommen, wenn er das Charakterdrama noch fast ausschließlich als Darstellung des ganzen, in verschiedenen Lebensbereichen und -situationen belichteten Menschen bzw. als Darstellung ganzer Lebensläufe definiert. Der Charakter als Dämon ist ihm, als Ausnahme gilt vielleicht Wallenstein, kaum zum faszinierenden dramatischen Objekt geworden; viel stärker beschäftigte ihn das Zusammenspiel von Leidenschaften und Handlungen. So ist es verwunderlich, wenn er beim Stoff der *Braut von Messina* »das Interesse nicht sowohl in den handelnden Personen, als in der Handlung« findet, »sowie im Oedipus des Sophokles«[125]. Dies deutet auf eine streng analytische Handlung, die das Stück nicht hat,[126] auf ein nicht mehr aktualisiertes menschliches Handeln, sondern auf bereits vollzogenes. Wir wissen nicht, ob Schillers Plan damals von der jetzigen Gestalt des Dramas abwich; daß das Interesse des Stücks hingegen in den handelnden Personen liegt, kann nicht in Abrede gestellt werden. *Die Braut von Messina* ist, wie die anderen Dramen Schillers auch, ein Drama des handelnden Menschen, der Dialektik des Handelns, das sich hier verhängnisvoll auswirkt, weil der Handelnde sich unablässig über sein Handeln täuscht. Was der Chor am Ende des 1. Aktes als Gewißheit ausspricht: »Ja, es hat nicht gut begonnen, / Glaubt mir, und es endet nicht gut« (969f.), weil ein Fluch sich erfüllen muß, erscheint unter der Optik einer Analyse des Handelns differenzierter, ohne daß die Ereignisse das zwanghaft Notwendige verlören.

Diese Dialektik des Handelns ist konzentriert in Isabella. Ihr Verhalten wird im allgemeinen sehr negativ gedeutet,[127] aber sie hat den unbezweifelbaren Willen zum Frieden nach innen und außen. Sie will Messina nicht nur in dienender Abhängigkeit wissen, sondern ihm auch Schutz gegen die Gefahren bieten. Ihr mahnender Appell an die Brüder zur Versöhnung ist ehrlich, und ihre mit großer moralischer Anstrengung vorgebrachten Argumente gipfeln in dem einer Iphigenie würdigen Aufruf zu freier sittlicher Entscheidung für »das neue Leben«, das »Der schönen Liebe [. . .] / Der Eintracht, der Versöhnung« (431f.) geweiht sein möge: »Vollendet! Ihr habt freie Macht!« (442). Isabella handelt nicht kurzsichtig oder egoistisch. »Der Not gehorchend, nicht dem eignen Trieb« (1), heißt ja auch, das *Notwendige* zu tun, und diesem diente auch die Rettung der Tochter, weil dieser ein Iphigenien-Schicksal erspart bleiben sollte. Sie folgt des Traumes seltsamem Orakel, mit dem die Verstrickung in Täuschung und verhängnisvolles Irren einsetzt, das, was Schiller einmal das »Drama des menschlichen Lebens«[128] nennt.

Ihrer bildlichen Aussage nach scheinen beide Träume[129] für sich genommen eindeutig und die angebotenen Auslegungen auf der Hand zu liegen. Nimmt man beide

Träume zusammen, so schließen sie sich aber gegenseitig aus und weisen auf eine Diskrepanz, die prinzipiell Zweifel an den Prophezeiungen hätten aufkommen lassen müssen: entweder die Familie wird ruiniert oder versöhnt durch die Tochter. Auf die dritte Möglichkeit, daß die Versöhnung nur durch Tod möglich sei, kommt niemand, und doch legen die einander widersprechenden Prophezeiungen weiteres Fragen nach der Wahrheit nahe. Die Bilder jedes Traumes sind doppelsinnig, ihre Deutungen bleiben eigentümlich ambivalent, jedoch reduzieren die Deuter die Träume gleichwohl auf *einen* Teil des in ihnen liegenden Sinnes; und die Deuter der Deuter (der Fürst und Isabella) sehen nur das Zerstörerische oder Friedenbringende. In den Deutungen des Arabers und des Mönchs erscheint Beatrice als der aktive, treibende Teil, während sie nur der veranlassende ist. Tod und Vereinigung der Brüder werden später ja in ganz anderer Weise wirklich als hier prophezeit. Im Feuermotiv des väterlichen Traumes ist auch das Reinigende, Befreiende enthalten.[130] Umgekehrt bringen die durch das Kind gezähmten Raubtiere im Traum der Mutter Blut und Tod dem Kind als Opfer. Jede der beiden Deutungen für sich enthält Wahres und Falsches: die Tochter tötet nicht die Söhne, wird aber Anlaß dazu. Die Liebesglut der Brüder, die sie auf sich zieht, ist nicht »des Friedens Werkzeug« (1356). Auch hier weist das Feuermotiv wieder auf Zerstörung und Reinigung. Die Träume sagen wahr, aber nur beide zusammen, nur beider Deutungen zusammen ergeben die *ganze* Wahrheit: die Tochter wird der Anlaß für den Tod der Söhne, *weil* sie »der Söhne streitende Gemüter / In heißer Liebesglut« vereint (1349f.). Der Fürst und Isabella durchschauen das nicht. Isabella hält den Gott des Fürsten, weil ein Araber den Traum deutet, für den Gott der Lüge, den ihren, weil ein Mönch deutet, für den »Gott der Wahrheit« (1353). Aus Lessings religionsphilosophischer und ethischer Frage »wem eignet Gott« entwickelt Schiller gewissermaßen ein Drama menschlicher Blindheit, aus der alles Handeln seinen Ursprung und seinen Verlauf nimmt, denn die Tat ist eine Kette. »Ihr erstes Glied zieht ihr letztes Glied nach sich, unwiderruflich«,[131] aber damit pflanzt sich auch die Täuschung fort, und in diesem Drama gilt nicht, daß der die Tat Entwerfende noch frei ist. Insofern erliegt Isabella einer »Dramatik des Lebens«, die überall als tragische Ironie wirksam wird, weil der Handelnde seine Blindheit nicht erkennt. Isabella vermeidet es – und *darin* liegt das Fragwürdige ihres Charakters – die Söhne über die Ursache ihrer Feindschaft aufzuklären. Sie verleugnet ihr Wissen um den Fluch auch vor den Ältesten: »Aus unbekannt verhängnisvollem Samen« wuchs »ein unsel'ger Bruderhaß« empor (24f.). Auch den Brüdern fällt es leicht, sich mit Gründen für ihre Feindschaft zufriedenzugeben, die jenseits ihrer Verantwortlichkeit liegen und die Schuld anderen zuschieben (487–490). Die Personen erzeugen einerseits einen täuschenden Schein, wie sie diesem andererseits selbst erliegen.[132]

Die Verkennung der familiären Beziehungen zwischen den Geschwistern ist nur der spektakulärste, nicht aber der einzige Trug. Wie Isabella angesichts der Verbrüderung neue Hoffnung schöpft, so preist der Bote beim Anblick der versöhnten Brüder das »Heil der fluchbefreiten Stadt« (534), und die Verheißung, daß außer der Schwester auch zwei Bräute ins fürstliche Haus einziehen werden, steigert Isabellas Glücksjubel bis zu jenem Gipfel, auf dem er in der antiken Tragödie zur Hybris wurde (1436–40). Täuschung ist die Gewißheit Manuels über das nunmehr dauernde Glück seiner Liebe (657–667), doch ihre Entführung entzog Beatrice nicht dem Späher Cesars. Isabellas Annahme, ihre Tochter durch die Aussetzung ins Kloster gerettet zu haben, ist eine Täuschung, weil Beatrice, die sich selbst Unbekannte, so die Beute der Brüder wird, und weil sie, »ausgesetzt [...] ins fremde Leben« (1022), ihre Bindung an die Familie verliert: »Und sollt' ich mich dem Manne nicht ergeben, / Der in der Welt allein sich an mich schloß?« (1020f.). Isabella glaubt, Beatrice würde niemals freiwillig das Kloster verlassen haben. »Nicht pflichtvergessen konnte meine Tochter / Aus freier Neigung dem Entführer folgen« (1617f.). Gerade weil die Mutter das Kind »in die Fremde« (2226) gestoßen hat, regt sich in dieser der Drang ins Leben, zu Menschen, und Diego täuscht Isabella, weil er ihr davon nichts mitteilt. Manuel, durch die Erzählung der Mutter darauf gestoßen, seine Braut könnte seine Schwester sein, beruhigt sich selbst, weil er sich auch über Beatrice täuscht. Die Schiller vorgehaltene schlechte Motivierung, die Erkennung der Geschwister habe aufgrund der Indizien eigentlich erfolgen müssen und werde nur künstlich zurückgehalten, will wenig besagen in einem Stück, dessen Handlung auf einem Kausalnexus von Irrtümern aufgebaut ist. Gerade der Umstand, daß alles vermeidbar gewesen *wäre* bei mehr Hellsicht, steigert die furchtbare Notwendigkeit, mit der sich das Geschehen vollzieht. Ursache dieser Blindheit ist nicht nur die existentielle Beschränktheit des Menschen. Isabellas wütende Anklage verdächtigt die Götter des Trugs, aber der Chor warnt sie: »Du leugnest der Sonne leuchtendes Licht / Mit blinden Augen! Die Götter leben« (2396f.). Blind sind diese Menschen, weil sie die Wahrheit vor sich selbst und anderen verschweigen und damit jene Heimlichkeit erzeugen, die Cesar verflucht, weil sie »all dies Gräßliche verschuldet« (2475). Es beginnt mit Isabellas Heimlichkeit gegenüber ihrem Gatten (2077–82), sie verschweigt der Tochter, wer sie und ihre Familie ist, sie verbirgt vor den Brüdern den Fluch des Ahnherrn. Nur vom Chor erfahren wir in knappen Worten die Vorgeschichte, aber auch er will »es schweigend verhüllen« (977). Verborgen hielten die Brüder ihre Herkunft vor der Schwester; Manuel, obwohl durch die Liebe verwandelt, einem Träumenden gleichend, verbirgt dem Chor sein Erlebnis und befragt auch Diego nicht nach Herkunft und Schicksal der Geliebten. »Nie wagt' ich's, einer Neugier nachzugeben, / Die mein verschwieg'nes Glück gefährden könnte« (757f.). Beatrice bereut, die sie beunruhigende Begegnung mit dem unbekannten Bruder verschwiegen zu haben. »Nimmer, nimmer, kann ich schauen / In die Augen des Geliebten, / Dieser stillen Schuld bewußt!« (1099–1101). Manuel befürchtet, sie möchte mehr kennen »Als nur den Namen bloß von meinem Hause? / Weiß ich dein ganz Geheimnis? Hast du nichts, / Nichts mir verschwiegen oder vorenthalten?« (1835–37). Don Cesar, dessen Gemüt »frei und offen / Wie meine Stirne« ist, weil es nicht seine Art ist, »geheimnisvoll / Mich zu verhüllen« (1458–60), will dem Bruder zwar entdecken, »was mich von hinnen ruft –« (570), doch Manuel unterbricht ihn: »Laß mir dein Herz! Dir bleibe dein Geheimnis« (571). Voller Mißtrauen in »den bittern Pfeil / Des raschen Worts« (583f.), fällt doch auch das gute Wort, »das heilende« (168) nicht oder zu spät.[133] Wie die Bereitschaft zum Wort bzw. deren Verweigerung dramatische Alternativen aufreißt, zeigt der Zusammenstoß des Chors im 1. Akt: »Gönn ich ihm die Ehre des Worts? / Oder gehorch' ich dem zürnenden Mute?« (150f.).

Dieses Zitat erlaubt, die Funktion des Verschweigens zu bestimmen, denn so deutlich es ist, daß der »handelnde Dialog« wie das nicht gesprochene Wort eine Dramatik enthält, die auf die Kernmotive des Geschehens (Schicksal, Blindheit, Beschränktheit) einwirkt, so läßt diese sich doch nicht aus dem Zusammenhang von Gedanke, Wort und Tat erläutern, den Böckmann untersucht hat, *Die Braut von Messina* ausdrücklich ausklammernd. Wenn die Dramatik des Wortes in Schillers Dramen »als Mittler zwischen Gedanke und Tat« Freiheit sichtbar macht, »sofern der Mensch sprachlich handelnd seine Ziele zu erreichen sucht und sich gerade dadurch in sein Schicksal verstrickt«,[134] so scheint in der *Braut von Messina* das Umgekehrte der Fall zu sein. Warum verbergen sich die Menschen voreinander?

Isabellas Anstrengung, die Brüder zu versöhnen, dient auch der Erhaltung der Macht ihrer Dynastie, aber daraus spricht weniger ein imperiales Herrschertum als vielmehr die auch von den Ältesten der Stadt bekundete Sorge um die allgemeine Sicherheit (63–74) und die Angst vor einer ausbrechenden, alles zerstörenden Katastrophe, mit der die sich selbst zerfleischenden Brüder das ganze Land in den Abgrund reißen. Ihre Angst nährt sich aus der Sorge über den Ausbruch unterdrückter, entstellter und pervertierter Natur:[135] die autoritäre Herrschaft der Familie über die Stadt muß nur Haß erzeugen, denn »Es liebt ein jeder, frei sich selbst / Zu leben nach dem eigenen Gesetz« (344f.). Keiner kann es aber, am wenigsten Isabella, denn zerrissen zwischen den Pflichten der Herrscherin über eine von ihr beargwöhnte Umgebung und der Mutter feindlicher Brüder, mußte sie »der Natur / Gewalt'ge Regung« ersticken, »weil noch über mich / Ein fremder Wille herrisch waltete« (110f.). Isabella ist eine pathetische, dem Leiden ausgesetzte Figur, aber mit der Sehnsucht nach dessen Überwindung. Argwohn und Angst liegen wie ein Bann auf ihr, die Erfahrung der feindlichen Welt drückt sie nieder. So erhebt sie ihre mahnende Stimme, um die Brüder an »die heilige Natur« (388), die ursprünglichen menschlichen Bande zu erinnern *und* an den freien sittlichen Entschluß, mit dem sie ihren Hader überwinden mögen (428.443). Isabella, die Natur unterdrückt und deren Natur unterdrückt ist, bleibt an ihre Unfreiheit gefesselt, obwohl sie in der Befreiung zur ursprünglichen Natur *und* in einer sittlichen Erhebung einen Ausweg sieht,[136] der ihr selbst allerdings verschlossen ist. Die Angst verschuldet ihre Heimlichkeit.

Manuel rechtfertigt seine Verschwiegenheit gleichfalls mit der Angst. Ihn belastet die Sorge um die Unbeständigkeit des Glücks, die Erfahrung der Wechselfälle des Lebens. Ungefestigt in seinem Glück, ängstigt ihn jede Veränderung. »Ein jeder Wechsel schreckt den Glücklichen, / Wo kein Gewinn zu hoffen, droht Verlust« (769f.). Seine Angst bannt er, indem er durch Beatrices Entführung dem Wechsel der Lage zuvorkommt (773f.). Unfrei gegenüber sich selbst und der Geliebten – seine Leidenschaft ist nicht sittlicher Natur[137] –, wacht er über sein Glück wie über einen materiellen Besitz. In einem der Elysiumssekunde beim jungen Schiller vergleichbaren Augenblick hat er zwar beim ersten Anblick Beatrices die Macht der Liebe erfahren, »Und umgewandelt schnell ist mir das Herz« (707), noch nicht vollkommen aber der Geist. Was ihm widerfahren ist, begreift er nicht. Er bewegt sich wie ein »Träumender« (598), das Erlebnis im Klostergarten liegt »wie ein Traumbild» (710) hinter ihm, es hebt ihn über alle Wirklichkeit hinaus (612–616), er versinkt in einem irdischen Paradies (735), aber erst durch Cesars Erzählung und Preis der Liebe wird ihm, der alles intensiv fühlt, bewußt, was die Liebe *ist* und in ihm bewirkt hat (1543–51). Erst Cesars Worte bringen ihm die geistige Klarheit über ein eher geahntes Wunder und bahnen die Vollendung seiner Verwandlung an. Manuels Verschwiegenheit weist auf eine durch Angst und Unfreiheit erzeugte Dumpfheit:

»Ein Gemüth, welches sich soweit veredelt hat, um mehr von den Formen als dem Stoff der Dinge gerührt zu werden, und ohne alle Rücksicht auf Besitz, aus der bloßen Reflexion über die Erscheinungsweise ein freyes Wohlgefallen zu schöpfen, ein solches Gemüth trägt in sich selbst eine innre unverlierbare Fülle des Lebens, und weil es nicht nöthig hat, sich die Gegenstände anzueignen, in denen es lebt, so ist es auch nicht in Gefahr, derselben beraubt zu werden.«[138]

Don Cesar erlebt die erste Begegnung mit Beatrice als religiöse Erfahrung. Bei der Trauerfeier für seinen Vater war kein »weltlich Wünschen mir im Herzen« (1519); »wie eine Engelslichterscheinung« (1119) wirkt Beatrice auf ihn, denn nicht das sinnliche Bild ihrer Nähe (1530–42) hat ihn ergriffen. Die Reinheit der Seele ist ihre Schönheit. Cesar wird das sich selbst unbewußte Schöne gewahr, eine an der Materie zum Ausdruck kommende Idee. Ob Beatrice das ist, was er in ihr sieht, bleibe dahingestellt, aber das entwickelte Gefühl für Schönheit hilft, »uns bis auf einen gewissen Grad von der Natur als einer Macht unabhängig zu machen«[139]; denn »Mit dem Schönen lernt man Dinge ohne Eigennutz, blos ihrer Form wegen lieben«[140]. Wenn Cesar Beatrices Namen und Herkunft nicht wissen will – »Ich will / Nur *dich* von *dir*, nichts frag' ich nach dem andern« (1148f.) –, zeigt sich, daß ihn das Schöne an sich, welches die Sinnlichkeit veredelt, fasziniert, aber auch, wie er erst auf dem Wege zur Unabhängigkeit von der Natur ist, denn noch *will*, begehrt er das Schöne, und wie sein Bruder erklärt er Beatrice zu seinem Besitz (1141–46). Er ist ihm verfallen: »Die Freiheit hab' ich und die Wahl verloren« (1154). Cesar empfindet jene Freiheit beim Anblick des Schönen nur für Augenblicke, »welche wir innerhalb der Natur als Menschen genießen. Wir fühlen uns frey bey der Schönheit, weil die sinnlichen Triebe mit dem Gesetz der Vernunft harmonieren«[141]. Das Schöne als »Mittelglied zwischen der Sittlichkeit und der Sinnlichkeit«[142] hebt Cesar über die Grenzen seiner Natur, bloßer Sinnlichkeit und Leidenschaft, hinaus, ohne daß er diese ganz abstreifen bzw. veredeln könnte; aber er entfernt sich von ihr, um allerdings auch mit jähem Entsetzen in sie zurückzufallen, wenn er in einer Aufwallung den Bruder tötet. Auch seine Leidenschaft ist keine ganz und gar sittliche.

Beatrices Heimlichkeit gegenüber Manuel entsteht, ähnlich wie bei ihrer Mutter, aus der Unterdrückung ihrer Natur, dem gefängnisartig Abgeschlossenen ihres Daseins. Die Entführung steigert ihre Fremdheit in der Welt, ergriffen »von des Lebens Welle« (1001) und sich selbst fremd (1055), überkommt sie Angst, »ein schauderndes Gefühl / Es schreckt mich selbst das wesenlose Schweigen« (985f.). Die Unruhe des Herzens macht sie anfällig für Schuldgefühle angesichts eigenmächtigen Handelns. Als der Fürst beerdigt wurde, verstand Diego ihr Verlangen, »jenes Festes Feier« beizuwohnen (1089), richtig als »Die Stimme der Natur, die Macht des Bluts« (1663), und dann »trieb's mit mächt'gem Drang« (1073) sie abermals in die Kirche. Mit Worten, die einen unstillbaren Trieb, den Ausbruch gestauter Emotionen für ihr Verhalten verantwortlich machen, erklärt sie später

ihr Handeln (1890–96). Immer wird sie getrieben zu tun, was sie eigentlich nicht will: »Und fortgeschleudert, wie das Blatt vom Baume, / Verlier' ich mich im grenzenlosen Raume« (995f.).
An all dem wird deutlich, was Schiller »die Beschränktheit, dumpfe Leidenschaftlichkeit«[143] nennt, die für Chor und Personen des Dramas gleichermaßen gelten. Es sind allesamt Menschen, die der Natur als einer auf sie einwirkenden Gewalt ausgesetzt sind. Symbol dafür ist der *Dämon*, von dem jede Person mit Furcht spricht; er macht sie zu »Sklave[n] der physischen Notwendigkeit«[144], d. h. der »Gewalt der Empfindungen«[145]. Diese erzwingt ihre Heimlichkeit und erzeugt jene Dialektik von Sprache und Tat, deren Entfaltung das Stück ist. Der Dämon ist das Schicksal dieser Menschen. Er ist kein außerweltliches Fatum, sondern die inner- und außermenschliche Natur, welche dem Menschen seine Bestimmung zur Freiheit verstellt. Der Dämon ist nicht der individuelle Charakter des einzelnen, insofern ist *Die Braut von Messina* in der Tat kein Charakterdrama, sondern das sinnliche Prinzip im Menschen, dem ein anderes gegenübersteht, das Schiller gelegentlich »die hohe *dämonische* Freyheit in seiner Brust«[146] nennt. Damit wird deutlich, daß *Die Braut von Messina* keine antike oder antikisierende Schicksalstragödie ist, sondern die Tragödie eines modernen philosophischen Zeitalters, beruhend auf einer »geläuterten Philosophie«[147].
In seiner Abhandlung *Ueber das Erhabene* hat Schiller das Verhältnis des Menschen zur Natur bestimmt, die dort formulierte Anthropologie scheint in ganz besonderer Weise für Figuren und Geschehen in der *Braut von Messina* zu gelten, da in ihr sowohl die *realistische* als auch die *idealistische* Haltung des Menschen gegenüber der Gewalt der Natur dargestellt ist.[148]
Davon ausgehend, daß der Geschlechtscharakter des Menschen der Wille und es folglich des Menschen unwürdig sei, »Gewalt zu erleiden, denn Gewalt hebt ihn auf«, postuliert Schiller einen »*Anspruch*« des Menschen »auf absolute Befreyung von allem, was Gewalt ist«; dieser steht aber in Widerstreit mit der *Situation* des Menschen, der umgeben ist »von zahlreichen Kräften, die alle ihm überlegen sind, und den Meister über ihn spielen«. Dieser »Widerspruch zwischen dem Trieb und dem Vermögen«[149], alle Gewalt über ihm aufzuheben, ist realistisch zu lösen, »wenn der Mensch der Gewalt Gewalt entgegensetzt, wenn er als Natur die Natur beherrschet«[150]. Schiller nennt dieses Vermögen die physische Kultur des Menschen:
»Der Mensch bildet seinen Verstand und seine sinnlichen Kräfte aus, um die Naturkräfte nach ihren eigenen Gesetzen, entweder zu Werkzeugen seines Willens zu machen, oder sich von ihren Wirkungen, die er nicht lenken kann, in Sicherheit zu setzen. Aber die Kräfte der Natur lassen sich nur bis auf einen gewissen Punkt beherrschen oder abwehren; über diesen Punkt hinaus entziehen sie sich der Macht des Menschen und unterwerfen ihn der ihrigen.«[151]
In dieser Situation befinden sich die Personen unseres Stückes. Zum einen erleiden sie die Gewalt der Natur, und zwar als Gewalt der Leidenschaft, der sinnlichen Komponente ihres Wesens, also als Ensemble ihrer Affekte, aber auch als Gewalt der außermenschlichen, unfaßbaren »wilden Naturmassen um ihn herum«, die einen »wunderbaren Kampf zwischen Fruchtbarkeit und Zerstörung in Siziliens Fluren« führen[152]. Zum andern üben sie physische Gewalt aus über die Natur in

Form von Herrschaft, Unterdrückung und Verdrängung. Alle geraten bis zu jenem Punkt, an dem innere und äußere Natur für den Menschen mit bloß physischer Gewalt unbeherrschbar wird und es ihm nicht mehr gelingt, »physisch über alles Physische Herr zu werden«[153], also das Erleiden von Gewalt von sich abzuhalten. Denn »die Naturnothwendigkeit« geht »keinen Vertrag mit dem Menschen ein, und weder seine Kraft noch seine Geschicklichkeit kann ihn gegen die Tücke der Verhängnisse sicher stellen«[154]. Dies zeigt die Handlung in der *Braut von Messina*. Die Personen bleiben unfrei, weil sie – mit einer Ausnahme – keiner »andern als physischen Kultur fähig« sind[155] und die Bestimmung des Menschen nicht erreichen. Sie finden keinen Ausgang aus der sinnlichen Welt, weil sie sich ihrer »Independenz von Naturgesetzen« nicht bewußt werden[156]. Im Schillerschen Sinne sind sie daher Realisten, und sie bleiben es. Nur Don Cesar erhebt sich zu dem, was Schiller die moralische Kultur des Menschen nennt, die Vernichtung der Gewalt als Gewalt aufgrund eines sittlichen Vermögens, indem er »aus der Natur heraustritt, und so, in Rücksicht auf sich, den Begriff der Gewalt vernichtet«[157]. Kann der Mensch »den physischen Kräften keine verhältnismäßige physische Kraft mehr entgegensetzen, so bleibt ihm, um keine Gewalt zu erleiden, nichts anders übrig, als: ein *Verhältniß*, welches ihm so nachtheilig ist, *ganz und gar aufzuheben* und eine Gewalt, die er der That nach erleiden muß, *dem Begriff nach zu vernichten*. Eine Gewalt dem Begriff nach vernichten, heißt aber nichts anders, als sich derselben freywillig unterwerfen«.[158]

Auch Cesar ist vom Dämon seiner Natur erfaßt, seine Leidenschaft zwingt ihn in extremer Weise unter die Gewalt der Natur und lädt Schuld auf ihn; er gehört durchaus zu den Realisten, aber zeigt, wie in der »rationalen Natur« des Menschen »eine moralische Anlage, welche durch den Verstand entwickelt werden kann«, liegt, zu der »in seiner sinnlich vernünftigen, d. h. menschlichen Natur eine *ästhetische* Tendenz dazu vorhanden« ist, »welche durch gewisse sinnliche Gegenstände geweckt und durch Läuterung seiner Gefühle zu diesem idealischen Schwung des Gemüts kultiviert werden kann«[159]; durch die Empfindung des Schönen wird er aus der totalen Abhängigkeit von der Natur gelöst, denn das Schöne ist Ausdruck von Freiheit, weil »die sinnlichen Triebe mit dem Gesetz der Vernunft harmonieren«[160]. Über das Schöne gelangt der Mensch zum Erhabenen, »welche[s] uns über die Macht der Natur erhebt und von allem körperlichen Einfluß entbindet«[161]. Don Cesar geht den Weg von der physischen zur moralischen Kultur des Menschen, und dieser Weg geht über die Schönheit; die »ihrem Begriff und Wesen nach [...] idealische Anlage«, »die auch selbst der Realist in seinem Leben genug an den Tag legt«[162], die Empfindung des Schönen, ermöglicht ihm zunächst die Unabhängigkeit von der Natur, droht ihn aber festzuhalten in der sinnlichen Welt, die im erhabenen Entschluß überwunden wird. So verdeutlicht die Wandlung Cesars auch das Verhältnis des Schönen zum Erhabenen, von dem Schiller sagt, »daß wir der Schönheit zuerst entgegeneilen, wenn wir noch vor dem Erhabenen fliehen; denn die Schönheit ist unsre Wärterin im kindischen Alter und soll uns ja aus dem rohen Naturzustand zur Verfeinerung führen«[163]. Unser Drama findet sein Ziel in der sich am Schluß deutlich abzeichnenden Idee, daß der »physische und der moralische Mensch [...] aufs schärfste von einander geschieden« werden, »denn gerade bei solchen Gegenständen, wo der erste nur seine Schranken empfindet, macht der andere die Erfahrung seiner *Kraft* und wird durch eben das unendlich erhoben, was den andern zu Boden drückt«[164].

Isabella verfällt an der Leiche ihres ermordeten Sohnes in einen gräßlichen Fluch, mit dem sie unwissend den auf ihrem Hause lastenden Fluch erneuert. Schrecken und Trauer über den Mord äußern sich in Raserei, Haß und heftigem Hader mit den Göttern, denn »Nicht Sinn ist in dem Buche der Natur, / Die Traumkunst träumt und alle Zeichen trügen« (2393f.). Ihre Verblendung, die Zeichen der Götter zu höhnen, wird Zeichen ihrer ans Physische gebundenen Existenz. Als sie erfährt, daß Cesar der Mörder ist, bricht ein egoistischer Haß auf den Jüngeren aus, und unter der Gewalt der Ereignisse leidend, übt sie selbst wieder Gewalt aus, indem sie den Sohn erniedrigt. Diese Härte im Leiden macht Isabella zu einem pathetischen Charakter, dem alles Rührende fehlt (vgl. 2499f.). Sie geht im Bewußtsein völliger Schuldlosigkeit als reines Opfer und verweigert jede moralische Selbstbesinnung. In der 9. Szene des 4. Akts kommt sie zurück, »mit zögernden Schritten und wirft unschlüssige Blicke auf Don Cesar. Endlich tritt sie ihm näher und spricht mit gefaßtem Ton«. Diese Regieanweisung deutet auf eine innere Wandlung. Diese besteht jedoch nur in der Mäßigung ihrer Leidenschaften, nicht in der Transzendierung der sinnlichen Existenz,[165] denn wohl bereut sie ihre Heftigkeit »im blinden Wahnsinn der Verzweiflung« (2677), aber ihre Angst richtet sich auf Cesars Entschluß zum Sühnetod, für dessen moralische Notwendigkeit ihr jegliches Verständnis fehlt. Sie versucht, ihn einzig aus dem egoistischen Interesse der physischen Existenzerhaltung davon abzuhalten; daß eine Schuld zu sühnen ist, entgeht ihr. Das Verbrechen soll verdeckt, verdrängt werden (2695f.). Ganz passiv, vertraut sie auf die Natur (»In milder Wehmut wird der Schmerz sich lösen« [2694]) und auf einen religiösen Gnadenerweis (2719ff.), die Cesars Schuldgefühle auf natürliche Weise beheben würden. Mit einer »leidenschaftlichen Heftigkeit« umarmt sie Cesar, und man wird die ganze Szene symbolisch deuten müssen, denn sie dialogisiert das Ringen des physischen mit dem moralischen Menschen. In Isabella herrscht pures sinnliches Interesse, ein Realismus, der den Wert des Daseins in der bloßen Existenz erblickt, und wie sie bis zum Ende die Gewalt der Natur erleidet, so übt sie bis zum Ende Gewalt aus, um ihr Dasein abzusichern (2758–61.2769). Da Cesar sich »sanft« von ihr losmacht, holt sie zu einem weiteren Gewaltstreich aus, »Mit schöner Lebenshoffnung Zauberschein / Zurück ihn locken in das Licht der Sonne« (2779f.), indem sie Beatrice hereinführt.

Beatrice findet auch keinen Ausweg aus der sinnlichen Welt. Die Geschehnisse werfen sie in einen defaitistischen Fatalismus; sie klagt die Mutter an, weil diese den Fluch habe vereiteln wollen (2408–13). Jedoch scheint sie in der Schlußszene gefestigter. Ihre Bereitschaft, sich zu opfern, ist kein aus moralischer Freiheit notwendiger Entschluß, mit dem sie die erleidende Gewalt dem Begriffe nach vernichten würde; sie bestätigt diese vielmehr, denn sie versteht das Opfer nicht als sittliches Mittel zur Überwindung des Fluchs, sondern als dessen freiwillige Erfüllung (2799–2805). Sie ergibt sich ihrem Schmerz, endet in resignierender Melancholie.

Aber: sofern Beatrice die Bereitschaft zum Opfer aufbringt, steht sie auf einer höheren Stufe als Isabella. Sie *nähert* sich dem moralisch gebildeten Menschen[166], weil sie wohl *einstimmig* mit der Natur, aber ihr als Macht nicht überlegen ist. Sie erleidet im Augenblick des Entschlusses zum Opfer nicht mehr willenlos Gewalt, er wird ihre »eigne Handlung«, und diese Sinnesart, »welche die Moral unter dem Begriff der Resignation in die Notwendigkeit und die Religion unter den Begriff der Ergebung in den göttlichen Rathschluß lehret, erfodert, wenn sie ein Werk der freyen Wahl und Ueberlegung seyn soll, schon eine größere Klarheit des Denkens und eine höhere Energie des Willens, als den Menschen im handelnden Leben eigen zu seyn pflegt«[167].

Beatrice steht zwischen der physischen und der moralischen Kultur, sie gehört nicht mehr ganz jenem Bereich, aber noch nicht diesem zu. Ihr letzter Auftritt ist getadelt worden;[168] er ist aber nötig, um Cesars Wandlung zum moralischen Menschen, zum pathetisch-erhabenen Charakter möglich zu machen und ins hellste Licht zu rücken. Cesars Wandlung kommt nicht unvorbereitet, aber sie geschieht plötzlich und kann nicht motiviert werden,[169] denn »es gibt von der Abhängigkeit keinen Uebergang zur Freyheit, sondern plötzlich und durch eine Erschütterung reißt es den selbstständigen Geist aus dem Netze los, womit die verfeinerte Sinnlichkeit ihn umstrickte«[170]. An der Leiche seines Bruders, angesichts Beatrices, ist Cesar noch ganz in der Gewalt der Affekte; Neid, Wut und Haß hindern ihn, dem Bruder das letzte Opfer »freudig« zu bringen; Leidenschaft bindet ihn an die schwesterliche Braut (Regieanweisung vor Vers 2544). Am Ende der Szene zerreißt »dieses Gewebe des Betrugs«[171]: die Mutter erweist sich als falsch wie Beatrice, denn diese beweint den toten Bruder, nicht ihn. Diese Erkenntnis hebt das Diktat des Leidens nicht auf, aber in der 8. Szene des 4. Akts erscheint Cesar »gefaßter«, weil »ein erhabener Eindruck« »dem gefesselten Geist seine ganze Schnellkraft auf einmal« zurückgegeben hat[172]. Die moralische Selbstentleibung ist der physischen bereits vorangegangen, denn »Fälle können eintreten, wo das Schicksal alle Aussenwerke ersteigt, auf die er seine Sicherheit gründete, und ihm nichts weiter übrig bleibt, als sich in die heilige Freyheit der Geister zu flüchten – wo es kein andres Mittel gibt, den Lebenstrieb zu beruhigen, als es zu wollen – und kein andres Mittel, der Macht der Natur zu widerstehen, als ihr zuvorzukommen und durch eine freye Aufhebung alles sinnlichen Interesse ehe noch eine physische Macht es thut, sich moralisch zu entleiben.«[173]

Cesars widersprüchliches Verhalten in der Schlußszene beeinträchtigt nicht das Erhabene seiner Haltung, sondern bringt es hervor:[174]

1. »Das Erhabene verschafft uns also einen Ausgang aus der sinnlichen Welt, worin uns das Schöne gern immer gefangen halten möchte.«[175] In der letzten Begegnung mit Beatrice, dem »holden Lebensengel« (2788), muß Cesar sich diesen Ausgang erkämpfen gegen die Versuchung des Lebens, der Schönheit, der sinnlichen Welt und der Macht der Natur, der Cesar für den Moment wieder erliegt, wenn er »mit dem Ausdruck der heftigsten Leidenschaft« die Schwester fragt: »Schwester, weinest du um *mich*?« Diese Frage könnte Zeichen dessen sein, daß er zurückfällt in Neid und Haß auf den Bruder und Beatrice abermals Falschheit unterstellt. So wäre sie ein Beleg dafür, daß es der Sinnlichkeit gelungen ist, sich »in den innersten Sitz der moralischen Gesetzgebung einzudrängen, und dort die Heiligkeit der Maximen an ihrer Quelle zu vergiften«[176]. Cesars Frage könnte aber auch verstanden werden als Ausdruck der in Schillers pathetisch-erhabenen Charakteren im Moment der erhabenen Rührung durchbrechenden Selbstbewunderung

und Selbstbestätigung, die bei Don Cesar nicht geringer ist als bei Marquis Posa (vgl. 2838). Wie man sie auch interpretiert, sie schränkt Cesars idealistischen Aufschwung nicht ein. Der Widerstand, auf den das Erhabene in der Gestalt der sinnlich-physischen Welt trifft, dient der Verstärkung des pathetischen Gemäldes »der mit dem Schicksal *ringenden* Menschheit«[177]. Die Szene intensiviert den Kampf des physischen mit dem moralischen Menschen und den Sieg des letzteren.

2. »Das Gefühl des Erhabenen ist ein gemischtes Gefühl«[178], gemischt aus Wehsein und Frohsein, aus Schmerz und Schauer, Lust und Bewunderung. Das Widersprechende in den Empfindungen des Erhabenen macht das moralisch Selbständige des Menschen überhaupt darstellbar, denn Cesars Schwanken zwischen Beatrice und dem Opfertod dient der Versinnlichung der Tatsache, »daß *wir selbst* in zwey verschiedenen Verhältnissen zu den Gegenständen stehen, daß folglich zwey entgegengesetzte Naturen in uns vereiniget seyn müssen, welche bey Vorstellung desselben, auf ganz entgegengesetzte Art interessiret sind«[179].

Cesar ist im vollgültigen Sinne ein pathetisch-erhabener Charakter, er wandelt sich vom Realisten zum Idealisten,[180] und darin liegt, in Rücksicht auf das Interesse an den Personen in dem Stück, der Sinn des dramatischen Vorgangs, und darin, nicht in der Erfüllung einer Schicksalsidee, zeigt sich auch das Tragische dieses Vorgangs.

Anmerkungen

Der Dramentext wird zitiert nach: Schillers Sämtliche Werke. Säkular-Ausgabe. Bd. 7. Mit Einl. und Anm. von Oskar Walzel. Stuttgart/Berlin 1904/05. Nachweise der Verszahl in Klammern unmittelbar hinter dem Zitat.

1 Ilse Appelbaum: Goethe's *Iphigenie* and Schiller's *Braut von Messina.* In: Publications of the English Goethe Society N. S. 17 (1948) S. 43–73. Stuart Atkins: Gestalt als Gehalt in Schillers *Braut von Messina.* In: Deutsche Vierteljahrsschrift für Literaturwissenschaft und Geistesgeschichte 33 (1959) S. 529–564. Ilse [Appelbaum] Graham: Schiller's drama. Talent and integrity. London [zugleich New York] 1974. Gerhard Kaiser: Die Idee der Idylle in Schillers *Braut von Messina.* In: Wirkendes Wort 21 (1971) S. 289–312. Hermann August Korff: Geist der Goethezeit. T. 2. Leipzig 1953. S. 261–265. Joachim Müller: Die Tragik in Schillers *Braut von Messina.* In: Wissenschaftliche Zeitschrift der Friedrich-Schiller-Universität Jena. Gesellschafts- und sprachwissenschaftliche Reihe 5 (1955/56) S. 61–71. Florian Prader: Schiller und Sophokles. Zürich 1954. Wolfgang Schadewaldt: Antikes und Modernes in Schillers *Braut von Messina.* In: Jahrbuch der Deutschen Schillergesellschaft 13 (1969) S. 286–307. Herbert Seidler: Schillers *Braut von Messina.* In: Literaturwissenschaftliches Jahrbuch N. F. 1 (1960) S. 27–52. Friedrich Sengle: *Die Braut von Messina.* In: Der Deutschunterricht 12 (1960) H. 2. S. 72–89. Theodor C. van Stockum: Deutsche Klassik und antike Tragödie. Zwei Studien. I: Schillers *Braut von Messina*, ein gelungener Versuch der Neubelebung der antiken Tragödie? In: Neophilologus 43 (1959) S. 177–193. Gerhard Storz: Der Dichter Friedrich Schiller. Stuttgart 1959. S. 367–387. Hermann Weigand: *Oedipus Tyrannos* and *Die Braut von Messina.* In: Schiller 1759/1959. Commemorative American studies. Ed. by John R. Frey. Urbana 1959. S. 171–202. Benno von Wiese: Die deutsche Tragödie von Lessing bis Hebbel. Hamburg [4]1958. S. 255–265. Ders.: Friedrich Schiller. Stuttgart 1959. S. 746–762.

2 Schadewaldt (Anm. 1). S. 293.

3 Vgl. von Wiese (Anm. 1).

4 Schadewaldt (Anm. 1). S. 293.

5 So Sengle, Weigand, von Wiese (Anm. 1).

6 Vor allem Graham (Anm. 1); dies. [Appelbaum-Graham]: Die Struktur der Persönlichkeit in

Schillers dramatischer Dichtung. In: Jahrbuch der Deutschen Schillergesellschaft 4 (1960) S. 270–303, bes. S. 275 f., 286 f.

7 Vgl. vor allem Seidler (Anm. 1).

8 Vgl. Schillers Vorrede zur »Braut von Messina«.

9 So Kaiser (Anm. 1).

10 Helmut Koopmann: Schillers *Wallenstein*. Antiker Mythos und moderne Geschichte. Zur Begründung der klassischen Tragödie um 1800. In: Teilnahme und Spiegelung. Festschr. für Horst Rüdiger. Berlin 1975. S. 263–274.

11 An Wilhelm von Humboldt, 17. 2. 1803 (Schillers Briefe. Hrsg. von Fritz Jonas. Stuttgart [1892–96]. [Im folgenden zitiert als: Jonas.] Bd. 7. S. 13 f.)

12 Sengle (Anm. 1). S. 269.

13 Vgl. dazu Korff, auch Atkins, Kaiser (Anm. 1), Koopmann (Anm. 10).

14 An Humboldt, 17. 2. 1803 (Jonas 7,13).

15 An Iffland, 24. 2. 1803 (Jonas 7,17). Ähnliche Wendungen wiederholen sich in Briefen dieser Jahre.

16 Schillers Werke. Nationalausgabe. (Im folgenden zitiert als: NA.) Bd. 21. S. 39.

17 Schillers Vorrede.

18 Ebd.

19 NA 20,437.

20 Ebd.

21 NA 20,157.

22 NA 20,169.

23 An Körner, 7. 1. 1803 (Jonas 7,2).

24 NA 20,438.

25 NA 20,157.

26 Ebd.

27 Rolf-Peter Carl: Sophokles und Shakespeare? Zur deutschen Tragödie um 1800. In: Deutsche Literatur zur Zeit der Klassik. Hrsg. von Karl Otto Conrady. Stuttgart 1977. S. 296–318.

28 Vgl. Carl (Anm. 27).

29 Vgl. Koopmann (Anm. 10).

30 An Goethe, 19. 3. 1799 (Jonas 6,20).

31 An Goethe, 5. 1. 1798 (Jonas 5,316).

32 An Goethe, 19. 3. 1799 (Jonas 6,20).

33 NA 20,161.

34 NA 20,162.

35 An Goethe, 19. 7. 1799 (Jonas 6,59).

36 An Körner, 26. 9. 1799 (Jonas 6,88).

37 An Körner, 13. 7. 1800 (Jonas 6,172).

38 An Cotta, 13. 4. 1799 (Jonas 6,25).

39 An Goethe, 14. 6. 1799 (Jonas 6,45).

40 An Goethe, 18. 6. 1799 (Jonas 6,46).

41 An Goethe, 2. 10. 1797 (Jonas 5,271).

42 An Goethe, 20. 8. 1799 (Jonas 6,74).

43 An Körner, 15. 11. 1802 (Jonas 6,427).

44 An Becker, 2. 5. 1803 (Jonas 7,37).

45 An Goethe, 3. 9. 1799 (Jonas 6,84).

46 An Goethe, 26. 9. 1800 (Jonas 6,205f.).

47 An Zelter, 28. 2. 1803 (Jonas 7,18).

48 NA 38,I,307.

49 An Goethe, 19. 7. 1799 (Jonas 6,59).

50 An Körner, 21. 1. 1802 (Jonas 6,336).

51 An Süvern, 26. 7. 1800 (Jonas 6,175f.).

52 NA 21,43.

53 NA 21,52.

54 NA 21,42.

55 NA 21,53.

56 NA 21,52.

57 An Goethe, 26. 7. 1800 (Jonas 6,177).
58 An Körner, 28. 7. 1800 (Jonas 6,182).
59 An Körner, 21. 1. 1802 (Jonas 6,336).
60 An Goethe, 26. 7. 1800 (Jonas 6,177).
61 Vgl. dazu auch Walter Müller-Seidel: Schillers Kontroverse mit Bürger und ihr geschichtlicher Sinn. In: Formenwandel. Festschr. für Paul Böckmann. Hamburg 1964. S. 294–318.
62 An Körner, 13. 5. 1801 (Jonas 6,277).
63 An Goethe, 20. 8. 1799 (Jonas 6,74).
64 An Körner, 26. 8. 1799 (Jonas 6,88).
65 An Iffland, 19. 11. 1800 (Jonas 6,215).
66 An Goethe, 28. 4. 1801 (Jonas 6,273).
67 An Körner, 13. 5. 1801 (Jonas 6,277).
68 An Goethe, 28. 6. 1801 (Jonas 6,288).
69 An Körner, 9. 7. 1801 (Jonas 6,293).
70 An Körner, 19. 10. 1801 (Jonas 6,309).
71 An Goethe, 10. 3. 1802 (Jonas 6,363).
72 An Charlotte von Schiller, 13. 8. 1802 (Jonas 6,410)
73 An Goethe, 18. 8. 1802 (Jonas 6,411f.).
74 An Körner, 9. 9. 1802 (Jonas 6,414).
75 An Körner, 15. 11. 1802 (Jonas 6,427).
76 An Goethe, 26. 1. 1803 (Jonas 7,6).
77 An Goethe, 4. 2. 1803 (Jonas 7,8).
78 An Körner, 5. 10. 1801 (Jonas 6,303).
79 An Goethe, 6. 7. 1802 (Jonas 6,401).
80 Ebd. (Jonas 6,402).
81 An Körner, 7. 1. 1803 (Jonas 7,1).
82 An Goethe, 26. 1. 1803 (Jonas 7,6).
83 An Goethe, 8. 2. 1803 (Jonas 7,11).
84 An Wilhelm von Humboldt, 17. 2. 1803 (Jonas 7,14).
85 An Goethe, 7. 1. 1800 (Jonas 6,129).
86 An Körner, 5. 7. 1802 (Jonas 6,400f.).
87 An Goethe, 20. 1. 1802 (Jonas 6,332).
88 An Körner, 21. 2. 1802 (Jonas 6,335).
89 An Goethe, 22. 2. 1802 (Jonas 6,337f.).
90 An Körner, 5. 10. 1801 (Jonas 6,304).
91 Kritische Friedrich-Schlegel-Ausgabe. Hrsg. von Ernst Behler. Paderborn 1961 ff. Bd. 3. S. 14; vgl. dazu Gerhard Kluge: »Das romantische Drama« in dem demnächst erscheinenden »Handbuch des Dramas«, hrsg. von Walter Hinck.
92 An Körner, 5. 7. 1802 (Jonas 6,400).
93 An Goethe, 8. 5. 1802 (Jonas 6,380).
94 An Körner, 5. 7. 1802 (Jonas 6,400).
95 An Goethe, 8. 5. 1802 (Jonas 6,380).
96 An Iffland, 22. 4. 1803 (Jonas 7,35).
97 An Körner, 28. 3. 1803 (Jonas 7,29).
98 An Becker, 2. 5. 1803 (Jonas 7,37).
99 Für die Entstehungsgeschichte der »Braut von Messina« wären weiterhin zu berücksichtigen die Euripides-Übersetzungen Schillers sowie Goethes gleichzeitige Bemühungen um die strenge Tragödie in der »Natürlichen Tochter«. Der von mir ursprünglich angestrebte Vergleich der »Braut von Messina« mit »Iphigenie auf Tauris« und »Jon« bzw. »Alarkos« kann im Rahmen dieser Studie nicht erfolgen.
100 Von Wiese, Friedrich Schiller (Anm. 1). S. 750; ähnlich Korff und die meiste ältere Literatur, auch Weigand (Anm. 1).
101 Von Wiese, Die deutsche Tragödie . . . (Anm. 1). S. 259.
102 Ebd. S. 260.
103 Ebd. S. 263.
104 Seidler (Anm. 1). S. 49.
105 Schadewaldt (Anm. 1). S. 299.

106 Ebd. S. 305.
107 Ebd. S. 287.
108 Sengle (Anm. 1). S. 270.
109 Atkins (Anm. 1). S. 545.
110 Ebd. S. 541.
111 Ebd. S. 542.
112 Ebd. S. 555.
113 Vgl. Melitta Gerhard: Schiller. Bern 1950. S. 394; von Wiese (Anm. 1).
114 An Körner, 10. 3. 1803 (Jonas 7,24).
115 Vorrede.
116 NA 20,162.
117 NA 20,52.
118 NA 20,157.
119 Schadewaldt (Anm. 1). S. 306 f.
120 So Schadewaldt, Atkins, Seidler (Anm. 1).
121 An Körner, 10. 3. 1803 (Jonas 7,24).
122 Die Bedeutung des Fluches hebt Weigand (Anm. 1) hervor, aber mit anderen Konsequenzen für die Auffassung des Dramas.
123 Vgl. Herbert Kraft: Das Schicksalsdrama. Interpretation und Kritik einer literarischen Reihe. Tübingen 1974; dort Verweise auf ältere Literatur.
124 Zum Verhältnis von Schicksal und Charakter vgl. Schadewaldt, van Stockum, Atkins (Anm. 1).
125 An Körner, 13. 5. 1801 (Jonas 6,277).
126 Vgl. dazu Prader (Anm. 1).
127 So Atkins, Sengle, Seidler, Weigand (Anm. 1).
128 NA 20,429.
129 Zu den Deutungen der Träume vgl. vor allem Atkins und Weigand (Anm. 1).
130 Ähnlich Kaiser (Anm. 1). S. 304.
131 Max Kommerell: Schiller als Gestalter des handelnden Menschen. In: M. K.: Geist und Buchstabe der Dichtung. Frankfurt a. M. [4]1956. S. 141.
132 Vgl. Paul Böckmann: Gedanke, Wort und Tat in Schillers Dramen. In: Jahrbuch der Deutschen Schillergesellschaft 4 (1960) S. 2–41.
133 Ebd. S. 9.
134 Ebd. S. 41.
135 Zu den stark kontroversen Deutungen des Natur-Begriffs vgl. Atkins, Kaiser, Sengle, von Wiese (Anm. 1).
136 Dahinter wird möglicherweise der Gegensatz des Naiven und Sentimentalischen greifbar: der Weg zurück zur Glückseligkeit des Ursprungs ist verbaut, der Weg zur Vollkommenheit für den moralischen Menschen ist offen (vgl. NA 20,427f.).
137 Vgl. Vers 2052.
138 NA 21,40.
139 Ebd.
140 NA 21,88.
141 NA 21,42.
142 NA 21,81.
143 An Körner, 10. 3. 1803 (Jonas 7,24).
144 NA 21,46.
145 NA 21,43.
146 NA 21,46.
147 NA 20,157.
148 Methodisch gehe ich andere Wege als Atkins, der es ablehnt, Schillers Theorie des Tragischen und der Tragödie für die Beurteilung der »Braut von Messina« heranzuziehen und der Vorrede als einer nachträglichen Apologie nur wenig Bedeutung beimißt.
149 NA 21,38.
150 NA 21,39.
151 Ebd.
152 NA 21,47.
153 NA 21,38.

154 NA 21,50f.
155 NA 21,39.
156 NA 21,49.
157 NA 21,39.
158 Ebd.
159 NA 21,40.
160 NA 21,42.
161 NA 21,41.
162 NA 21,40.
163 NA 21,46.
164 NA 21,43.
165 Zu fragen bleibt, ob Isabella in der letzten Szene nicht rührende, schmelzende Züge erhält und die Härte des Pathos milder wird.
166 NA 21,39.
167 NA 21,39f.
168 Am schärfsten von Seidler (Anm. 1), der die Schlußapotheose Don Cesars radikal in Frage stellt und den Schiller-Forschern vorwirft, sie hätten diese »meist so selbstverständlich erwartet, daß sie sie nicht nur sehen, sondern daß manche sogar diese gar nicht vorhandene als die grandioseste in allen Dramen bezeichnen« (S. 36). Dieser Satz wird zum Bumerang, insofern nämlich, als die von Seidler dem Stück unterschobene »göttliche Weltordnung«, die sich gegen das Böse im Menschen durchsetze, auch nicht »zu sehen« ist.
169 Wenn Seidler (Anm. 1) einen »Läuterungsweg« Cesars erwartet und Cesars Läuterung bestreitet, weil diese sich nicht entwickle, übersieht er, daß der Übergang zum Erhabenen in Schillers Auffassung nicht ein psychologisch motivierbarer Vorgang, sondern ein metaphysischer, nicht erklärbarer ist, der unter der Wirkung eines »erhabenen Eindrucks« zustande kommt.
170 NA 21,45.
171 Ebd.
172 Ebd.
173 NA 21,51.
174 Der dieser Studie zubemessene Rahmen erlaubt keine ausführlichere Analyse der Schlußszene; ich begnüge mich hier mit Andeutungen und verweise auf Graham (Anm. 1), Kap. 6: Ripeness. The art of dying: on the sublime and the noble in Schiller's tragedies.
175 NA 21,45.
176 Ebd.
177 NA 21,52.
178 NA 21,42.
179 Ebd.
180 Anders Wolfgang Düsing: Schillers Idee des Erhabenen. Diss. Köln 1967. S. 250–263.

GERT UEDING

Wilhelm Tell

Hinweise zur Stoff- und Werkgeschichte

Die Sage vom Freiheitshelden Wilhelm Tell ist trotz aller historischen Fragwürdigkeit[1] fest in der Schweizer Volksüberlieferung verankert. Als ihre früheste literarische Fassung wird ein wohl im 14. Jahrhundert entstandenes Volkslied angesehen; die erste Erwähnung in einer Chronik findet sich um 1470 im *Weißen Buch* von Sarnen. Während Wilhelm Tell im Volkslied als Urheber und Hauptgestalt der Befreiung und als Stifter des Bundes gefeiert wird (eine Tradition, die von der Chronik des Melchior Ruß aus dem 15. und dem *Urner Tellenspiel* aus dem 16. Jahrhundert fortgesetzt wird), erscheint die Geschichte vom Meisterschützen im *Weißen Buch* nur als eine das Verschwörungsgeschehen begleitende Episode. Diese Zwiespältigkeit am Anfang der Überlieferung charakterisiert auch ihre weitere Geschichte; die literarischen Adaptionen der Folgezeit, ob fürs Barocktheater oder für die bürgerlich-moralische Anstalt der Schaubühne, bis hin zu Jakob Bührers Drama *Ein neues Tellenspiel* (1923) oder Max Frischs unkonventioneller Nacherzählung *Wilhelm Tell für die Schule* (1971), beinah allen gilt das Verhältnis der Sagenfigur zum historischen Geschehen bei der Entstehung der Schweizer Eidgenossenschaft als problematisch. Denn auch die Verknüpfung beider Traditionen, wie sie seit Ägidius Tschudis *Chronicon helveticum* und Johannes von Müllers *Geschichten Schweizerischer Eidgenossenschaft* üblich geworden ist, beseitigt diese Zweideutigkeit nicht. Schiller, der seinem Drama neben Peterman Etterlins *Kronica von der loblichen Eydtgenosschaft* (1507) in der Sprengerschen Ausgabe von 1752 und verschiedenen geographischen Werken vor allem Tschudis und Müllers Darstellungen zugrunde legte, hat gerade aus dieser Zweideutigkeit die dramatische Struktur seines Tell-Spiels entwickelt.

Auf welche Weise Schiller zuerst mit dem Stoff in Berührung kam, ist umstritten. Ob es wirklich Goethe war, der die Anregung 1797 von seiner Schweizer Reise mitgebracht und in seine Tag- und Jahreshefte am 8. Oktober 1797 notiert hatte, »weil die epische Form bei mir gerade das Übergewicht hatte, ersann ich einen *Tell* unmittelbar in der Gegenwart der classischen Örtlichkeit«,[2] oder ob jenes anonyme zunächst »falsche Gerücht«, daß er an einem Tell-Drama arbeite, Schiller, wie er selber schreibt, »auf diesen Gegenstand aufmerksam« gemacht habe,[3] bleibe dahingestellt. Ganz offensichtlich aber gehörte die Tell-Sage mit ihrer Nähe zum Schweizer Befreiungskampf zu den populärsten Lesestoffen des Zeitalters, wie schon aus einem Brief Schillers aus dem Jahre 1789 an Charlotte von Lengefeld hervorgeht.[4] Charlotte und ihre Schwester kannten auch Joseph Ignaz Zimmermann persönlich, der 1779 ein Drama *Wilhelm Tell* veröffentlicht hatte, und Schillers Bemerkung in einem Brief an Christian Gottfried Körner, daß das Publikum gerade an dieses Thema besondere Erwartungen richte,[5] läßt wenig Raum für die Vermutung, Schiller habe auf den Stoff erst eigens aufmerksam gemacht werden müssen. »Wenn ich von einem Lande der Freyheit rede; so ists mir, als stünd ich auf einem Berge«, beginnt 1774 Schubart einen Artikel über die Schweiz in seiner *Deutschen Chronik* und fährt wenig später fort: »In einem Zeitpunkte, wo sich die Monarchien gleich angeschwollnen Strömen ausbreiten [...], ist *Helvetien* zwischen seinen Bergen gesichert, und genießt alle Vortheile der Freyheit [...] Welche große starkmüthige Seelen hat nicht schon die *Schweiz* hervorgebracht.«[6] Kein Wunder, daß sich auch ein Erfolgsschriftsteller wie Leonhard Wächter (unter seinem Autornamen Veit Weber) der Anziehungskraft der Schweizer Befreiungsgeschichte versichern wollte. 1804, im selben Jahr wie Schiller seinen *Tell*, veröffentlichte er ein gleichnamiges Drama, verzichtete aber darauf, es in Konkurrenz zu Schiller auf die Bühne zu bringen. Goethes und Schillers Tell-Pläne gehören in diesen Zusammenhang einer allgemeinen, von den wenig ermutigenden sozialen und politischen Verhältnissen in Europa und insbesondere Deutschland genährten Idolatrie der Schweizer Gründungsgeschichte und ihrer Folgen.

Nach dem Zeugnis von Friedrich Rochlitz ging Schiller schon gleich nach der Beendigung der *Maria Stuart* (er verwechselt das Drama allerdings mit *Wallenstein*) mit dem Plan eines Tell-Dramas um.[7] Seine Vorarbeiten begann er dann Ende Januar 1802, konnte sie aber nicht kontinuierlich weiterführen. Erst am 25. August des folgenden Jahres vermerkt sein Tagebuch lapidar: »[...] diesen Abend an den Tell gegangen«. Am 18. Februar 1804 steht dann im Kalender: »Den Tell geendigt.«[8] Uraufgeführt wurde das Drama am 17. März unter Goethes persönlicher Leitung am Weimarer Hoftheater und brachte trotz der fünfeinhalb Stunden Spieldauer einen großen Erfolg. »Der Tell hat auf dem Theater einen größern Effect als meine andern Stücke«, berichtet Schiller nach der Vorstellung.[9] Nach der Berliner Aufführung am 4. Juli schrieb ein Rezensent in den *Berlinischen Nachrichten*: »Schiller hat sich nie als ein größerer dramatischer Dichter gezeigt, als in diesem Werke.«[10] Obwohl auch bald herbe Kritik laut wurde und die Geschichte dieses Dramas bis heute begleitet,[11] gehört es zu den erfolgreichsten Stücken der deutschen Dramenliteratur; und Gottfried Kellers Schilderung einer Volksaufführung im *Grünen Heinrich* ist die schönste Hommage geblieben, die der Autor des *Wilhelm Tell* je erhalten hat.

Historische und poetische Dimension des Stoffes

»Wenn es nur mehr Stoffe wie Johanna und Tell in der Geschichte gäbe, so sollte es an Tragödien nicht fehlen«, hat Schiller nach dem Zeugnis Karoline von Wolzogens geäußert und es beklagt, daß unsere »deutsche Geschichte, obgleich reich an großen Charakteren, zu sehr auseinander[liege], und es sei schwer, sie in Hauptmomenten zu konzentrieren.«[12] Die Tell-Sage schien ihm trotz aller Züge, die sie historisch fragwürdig machten, einen solchen Hauptmoment in der Gründungsgeschichte der Eidgenossenschaft darzustellen. Diese selber aber war ihm über alle lokale und zeitliche Gebundenheit hinaus erinnerungswürdig, weil sie den »Blick in eine gewisse Weite des Menschengeschlechts« öffne,[13] also auch dem deutschen Publikum Anstoß und Vorspiel zugleich sein könnte. Die hervorstechenden Ereignisse, die Aufsteckung des Hutes, der Mord am Vogt, der Burgenbruch datieren um die Mitte des Jahres 1291, und wenn auch die genaue zeitliche Fixierung unmittelbar nach dem Tode König Rudolfs am 15. Juli 1291 und vor dem Abschluß des Bundes Anfang August 1291, die lange Zeit gültig war, offenbar umstritten bleibt,[14] kann doch von einer recht genauen historischen Situierung der Handlung ausgegangen werden, die Schiller in der Schweizer Befreiungstradition überliefert vorfand. Wie wenig es ihm allerdings auf eine derart präzise Rekonstruktion des historischen Geschehens ankam, bezeugen seine brieflichen Äußerungen: »Ob nun gleich *der Tell* einer dramatischen Behandlung nichts weniger als günstig scheint, da die Handlung dem Ort und der Zeit nach ganz zerstreut auseinander liegt, da sie großentheils eine Staatsaction ist und (das Mährchen mit dem Hut u. Apfel ausgenommen) der Darstellung widerstrebt, so habe ich doch bis jetzt soviel poetische Operation damit vorgenommen, daß sie aus dem historischen heraus u. ins poetische eingetreten ist.«[15] Iffland schreibt er, »beinahe zur Verzweiflung gebracht«, bittere Worte über das entstehende »Volksstück«, »denn die historischen Elemente desselben sind recht zum Fluche der Poesie zusammen geweht worden [...]«.[16]

Nicht wegen seiner Historizität interessiert Schiller der Tell-Stoff. Wie schon im *Wallenstein* und der *Jungfrau von Orleans* macht sich die Faktizität des Historischen nur störend und ablenkend bemerkbar, und es gilt, aus dessen Elementen eine dramatische Konstruktion zu bilden, die zwar unhistorisch im wissenschaftlichen Verständnis, aber nicht ahistorisch ist. Schiller versucht den ästhetischen Aporien des historischen Dramas dadurch zu entgehen, daß er der »Phantasie eine Freiheit über die Geschichte« verschafft,[17] indem er das Historische für das Drama selbst nur als Grund und Rahmen beläßt, die Handlung aber gerade als Widerstand dagegen entwickelt. Die Wirksamkeit Tells besteht ja darin, durch die Tat die entgegenstehende Gewalt der Geschichte zu besiegen, deren Fürsprecher im Drama Ulrich von Rudenz ist. Eben damit aber setzt er Geschichte, und sein Schicksal wird aus der Sphäre des Wunschmärchens wieder an den Geist der Geschichte zurückgewiesen.

Dabei führt allerdings nicht allein Schillers Insistieren auf der poetischen Operation, die Aufhebung der historischen Elemente ihrer Faktizität nach und deren poetische Neukonstruktion im Drama, zu der Einsicht, daß Geschichte nur durch Vermittlung des Menschen und seiner Handlungen existiert und ihren Gang bestimmt. Wenn Schiller verspricht, »von allen Erwartungen, die das Publikum u: das Zeitalter gerade zu diesem Stoff mitbringt, wie billig [zu] abstrahire[n]«[18] und somit seine aktuelle und allzusehr in Analogien verfangene Bedeutung aufzuheben, so doch nur mit dem Ziel, deren Substanz hervortreten zu lassen. In einer Zeit, so heißt es in einem anderen Brief, in der »von der schweizerischen Freiheit desto mehr die Rede [ist], weil sie aus der Welt verschwunden ist«, gewinnt das schweizerische Freiheitsdrama seine Qualität als projektive Erinnerung nicht an zufällige Ereignisse, aber an den durchgehenden Sinn der Geschichte – »womit ich den Leuten den Kopf wieder warm zu machen gedenke«.[19] Denn indem Schiller die Geschichte der Eidgenossenschaft durch Vermittlung der (märchenhaften) Taten Tells als Heilsgeschichte interpretiert,[20] zeigt dieses Drama gerade mit seinem gelungenen Ausgang die janusköpfige Struktur von Schillers Historienstücken besonders eindringlich. Geschehen und Traum der Geschichte sind auf gleiche Weise Träger der dramatischen Handlung, aus beider Widerstreit entsteht der tragische

Antagonismus; er kann aber auch zu jener festlichen Versöhnung führen, die die Schlußszene von *Wilhelm Tell* präsentiert,[21] dem einzigen seiner Dramen, in welchem der utopische Gedanke seiner Geschichtsphilosophie und Ästhetik zum theatralischen Ereignis wird und nicht bloß als regulative Idee über den tragischen Ausgang triumphiert.

Festspiel

Nicht nur als Volksschauspiel, wie es Benno von Wiese deutet, hat Schillers *Tell* den »Charakter eines in der Rütli-Szene gipfelnden Festspiels«.[22] Es ist Festspiel gerade auch als Geschichtsdrama. Schon am Tell-Stoff hatte Schiller, als Goethe ihm seinen Plan einer epischen Behandlung dieses Themas mitteilte, rühmend hervorgehoben, daß er bei aller lokalen Gebundenheit »eine ganze Welt« repräsentiere.[23] Nachdem er begonnen hatte, Tschudi zu studieren, und der Plan zu einer dramatischen Fassung längst feststand, bekräftigte er nochmals seine Ansicht, daß »ein ganz örtliches ja beinahe individuelles und einziges Phänomen« einer besonderen poetischen Operation bedürfe, sollte es »mit dem Charakter der höchsten Nothwendigkeit und Wahrheit [...] zur Anschauung gebracht werden«.[24] Schiller wollte also nicht »einen historischen Stoff, wie etwa den Tell«,[25] bloß dramatisieren, sondern in der Dramatisierung das Ideal dieses historischen Geschehens sichtbar machen.[26] In dem ganz einzigartigen Fall der schweizerischen Befreiungstradition bedeutet das, eine vergangene und an unwiederholbare Voraussetzungen gebundene Ereignisfolge in ihrer allgemeinen Gültigkeit zu zeigen, also das Ganze des Geschichtsverlaufs in ihr darzustellen, so daß gerade die Perspektive im Geschehen der Geschichte erkennbar wird. Die patriotischen Tell-Spiele in der Schweiz hatten im übrigen die Form des historischen Festspiels schon angenommen, die freilich mit Schillers Absicht noch nicht koinzidierte. In ihnen nämlich erschöpfte sich die Absicht in der heroischen Erinnerung. Sie blieben meist Gedenkfeiern, die die Gründung des Schweizer Bundes, die Bewahrung der Freiheit im Sinne staatlicher Souveränität ins Gedächtnis riefen, und gingen insgesamt in der »Tendenz der mündlichen Überlieferung, das eigene Kollektiv zu rechtfertigen«,[27] auf, sich hierin wenig vom Herrscherlob unterscheidend, das sich des Festspiels zu seinem Zwecke seit der Antike bediente. Dagegen bleibt Schillers *Wilhelm Tell* nicht an das Bild einer urzeitlichen Ordnung der Dinge fixiert, selbst wenn sie zur Rechtfertigung des Freiheitsstrebens dauernd zitiert wird; zu der Berufung auf das vergangene Heil tritt die utopische Deutung aller Begebenheiten. Das einzelne und lokale Geschehen wird als Fall der allgemeinen Menschengeschichte zum Paradigma der zukünftigen Geschichte. Deren Träger im Drama ist vor allen anderen Wilhelm Tell, und sie allein bestimmt auch seine isolierte Stellung in der dramatischen Handlung, wie sie auch die Ursache für die »hochstilisierte Form«[28] und die opernhafte Inszenierung des Tell-Stoffes schon im Textbuch ist.[29]

Die Existenz Wilhelm Tells und seine Wirksamkeit erhalten ihre Rechtfertigung nicht aus den historischen Handlungsabläufen, dem politischen Kampf um die Macht, deren pragmatisch-zynischer Wahrspruch, daß allemal der Sieger recht behalte, in der Auseinandersetzung zwischen Attinghausen und Rudenz zurückgewiesen wird; auch die persönliche Kränkung und die Verletzung der Menschenwürde, die Baumgarten und Melchthal als Beweggründe ihres Handelns haben, spielen für Tells Vorgehen keine entscheidende Rolle. Die von Schiller in den Mittelpunkt des Dramas gestellte Apfelschuß-Szene, deren Märchenhaftigkeit er selber akzentuierte, darf daher auch nicht im Sinne einer solchen Motivierung verstanden werden,[30] sondern dient gerade dazu, seine besondere Stellung sichtbar zu machen. Goethe hat diesen Zweck der Szene verkannt und die Ursache dazu gegeben, daß sie im Sinne der psychologischen Motivierung mißverstanden wurde. »Ich weiß«, bemerkte er zu Eckermann, »was ich mit ihm beim *Tell* für Not hatte, wo er geradezu den Geßler einen Apfel vom Baum brechen und vom Kopf des Knaben schießen lassen wollte. Dies war nun ganz gegen meine Natur, und ich überredete ihn, diese Grausamkeit doch wenigstens dadurch zu motivieren, daß er Tells Knaben mit der Geschicklichkeit seines Vaters gegen den Landvogt großtun lasse [...] Schiller wollte anfänglich nicht daran, aber er gab doch endlich meinen Vorstellungen und Bitten nach und machte es so, wie ich es ihm geraten.«[31] Schiller hat sich ganz zu Recht gegen eine solche psychologisch plausible Motivierung gewandt, die den Sinn dieser Szene, den wichtigsten Bezugspunkt des ganzen Dramas nachhaltig verdeckte. Der *Tell* ist, sehr viel mehr noch als die *Braut von Messina*, der Versuch, einen historischen Stoff mit antikem Geist aufzufassen, wie Schiller an Körner seine Absicht skizzierte,[32] also idealistisches Geschichtsdrama und Kultgesang auf die alten Heroen zu vereinen bzw. die Spannung zwischen beiden so zum bewegenden Prinzip der dramatischen Handlung zu machen, daß sie sich am Schluß als utopischer Entwurf versöhnen. Das bedeutet nun freilich keinen Rückfall ins mythologische Denken; vielmehr wird der Mythos historisch interpretiert, er zeigt eine der Geschichte immanente Möglichkeit auf, die unter bestimmten Bedingungen wie eben in den Schweizer Befreiungskämpfen Wirklichkeit werden kann. Fürs historische Gelingen, das macht Schiller klar, ist die Einhelligkeit zwischen dem politisch handelnden einzelnen und dem Volk die Voraussetzung. Lange trug Schiller sich mit dem Gedanken einer Fortsetzung der *Räuber*; nachdem er den Tell-Stoff aufgegriffen hatte, war sie überflüssig geworden. Dieses Drama ist in allen entscheidenden Zügen ein parallel zu den *Räubern* verlaufender Gegenentwurf.

Der Selbsthelfer und der Retter

»Schillers Held ist der säkularisierte Heilige und Märtyrer, der sich statt des inwendigen oder überirdischen seligen Lebens den von ihm nicht mehr gesehenen Sieg einer Idee in den Einrichtungen oder Gemeinschaften der Menschheit erzielt.«[33] An wenigen Helden tritt das so deutlich hervor wie an Wilhelm Tell und an ihm sogar derart, daß er selbst noch in den Genuß seines Sieges kommt.

Das Drama beginnt mit einem deutlichen Zeichen. Baumgarten auf der Flucht vor seinen Häschern erreicht knapp und mit echter Not das Ufer des Vierwaldstätter Sees, nur die Überfahrt kann ihn retten. Aber ein Gewitter zieht auf, der Fährmann weigert sich überzusetzen. »So muß ich fallen in des Feindes Hand, / Das nahe Rettungsufer im Gesichte!« (I,1,120f.). Da taucht »Tell mit der Armbrust«

(Regieanweisung) auf. Sein erster Satz: »Wer ist der Mann, der hier um Hülfe fleht?« (I,1,127) dient nicht nur seiner Charakterisierung als eines mutigen, hilfsbereiten und tatkräftigen Mannes, sondern eröffnet im Drama das Rettungsgeschehen, das von nun an mit seiner Person verknüpft bleiben wird. Ein Geschehen, das schon in dieser 1. Szene des Dramas deutlich von den übrigen Begebenheiten abgehoben wird. Das Gespräch zwischen Tell und Ruodi, der sich weigert, gibt Tell seine wahre Dimension, es bringt die Berufung zum Retter, die Tell auch ohne weitere Überlegung annimmt. Im Unterschied zu Ruodi ist er selber bereit, sich in den »Höllenrachen« (I,1,137) zu stürzen, sein Vertrauen in die Natur (»Der See kann sich, der Landvogt nicht erbarmen« [I,1,143]), schließlich in Gott (»Wohl aus des Vogts Gewalt errett ich Euch, / Aus Sturmes Nöten muß ein andrer helfen« [I,1,155f.]) lassen ihn das Wagestück annehmen, und unter dem wiederholten »Rett ihn!« (I,1,144) des Hirten- und Jäger-Chors begibt er sich auf die gefährliche Fahrt, deren Vorbereitung und Durchführung auf jenes Beglaubigungswunder Jesu auf dem See Genezareth anspielen, von dem das Neue Testament berichtet. Wie Tell die Berufung zum Retter in dieser noch auf das Schicksal eines Einzelmenschen beschränkten Gefahrensituation angenommen hat, so wird er sich auch dem Ruf nicht verschließen, den ausgerechnet der zum Übersetzen ans Rettungsufer doch bestellte, sich seinem Auftrag entziehende Fährmann Ruodi am Schluß der 1. Szene ausstößt: »Wann wird der Retter kommen diesem Lande?« (I,1,182).

Tells zufälliges Erscheinen im Augenblick der höchsten Not, die Interpretation seiner Fahrt als Sturz in den Höllenrachen, schließlich die geglückte Rettung, die durch Wernis und Kuonis Mauerschau angedeutet und von den Häschern erkannt (»Verwünscht! Er ist entwischt« [I,1,177]) wird, machen charakteristische Umstände der Berufung des Helden deutlich, wie sie die Sage überliefert hat und auch die Geschichte der meisten Religionsstifter aufweist.[34] Überblickt man von hier aus Tells Wirksamkeit im Drama, so erhält sie ihre besondere Bedeutung durch die jeweiligen merkwürdigen Begleitumstände, die von den in der Funktion des Chors agierenden Beobachtern als Zeichen und Wunder interpretiert werden. Vom Meisterschuß auf den Apfel bis zur überraschenden Rettung aus der Gewalt seines Erzfeindes Geßler erscheint jedes Wagnis als »Wunder Gottes« (IV,1,2206), und wie Stauffacher den Meisterschuß durch »Gottes Hand« (III,3,2070) gelingen sah, so kommentiert der Fischer Tells Flucht: »Tell, Tell, ein sichtbar Wunder hat der Herr / An Euch getan, kaum glaub ich meinen Sinnen –« (IV,1,2271f.). Bevor Tell Geßler tötet, berichtet ihm Stüssi, der Flurschütz, von merkwürdigen Zeichen, die er »Wunderdinge« nennt (IV,3,2668) und die Tell, die nahe Tat vor Augen, zweideutig kommentiert. Tells Bestimmung zum Retter des Landes in der 1. Szene des 1. Aufzugs erfährt also eine fortgesetzte Beglaubigung, die eigene Befreiung aus dem Bauch des Kerkerschiffes in der 1. Szene des 4. Aufzugs nimmt die Berufung nochmals auf und bekräftigt sie, so daß Hedwigs Klagen dem um die Befreiung Tells längst wissenden Leser und Zuschauer eine weitere, dringlichere Prophezeiung bedeuten, die in der nächsten Szene eingelöst wird:

»Was könnt *ihr* schaffen ohne ihn? – Solang
Der Tell noch frei war, ja, da war noch Hoffnung,

Da hatte noch die Unschuld einen Freund,
Da hatte einen Helfer der Verfolgte,
Euch alle rettete der Tell – Ihr alle
Zusammen könnt nicht *seine* Fesseln lösen!« (IV,2,2365–70)

Hedwig, die schon im Gespräch mit Tell vor seinem Ausflug nach Altdorf geahnt hatte, daß ihm bei dem Befreiungswerk, ganz nach Heroen Art, das »Schwerste« vorbehalten bleibe »wie immer« (III,1,1522), spricht hier ganz unverhüllt die Messiaserwartung aller aus, die sich an ihren Mann knüpft.
Anders und deutlicher als in der *Jungfrau von Orleans* nimmt Schiller in seinem letzten vollendeten Drama die Problematik seines ersten Dramas wieder auf, um nun die Dialektik des Selbsthelfertums nicht mehr in einen extremen Antagonismus und damit ad absurdum zu führen, sondern in einem historischen Endspiel zur utopischen Aufhebung zu bringen. Auch Karl Moor hatte in der Verletzung seines eigenen Rechts einen Bruch des natürlichen und göttlichen Rechts gesehen und daraus die Legitimation seines Selbsthelfertums bezogen. Diese Identifizierung sollte sich freilich bald schon als Täuschung herausstellen. Seine Rebellion blieb isolierte individuelle Tat, die sich auch nur auf ›privatem‹ Wege, mit den Mitteln räuberischer Gewalt, zur Geltung bringen ließ. Karl Moor hat die Revolution, und dazu gehört auch die revolutionäre Sprache, zu privaten Zwecken usurpiert, seine narzißtische Kränkung dem Zustand der Welt insgesamt angelastet, damit aber seine Individualinteressen gewaltsam mit denen des Volkes und der Öffentlichkeit zu vermitteln gesucht. Er hat also dem privaten Täuschungsmanöver seines Bruders Franz ein ebenso privat bleibendes entgegengesetzt, das nicht dadurch entschuldbar wird, daß es letztlich einer Selbsttäuschung entspringt. Die Totalisierung der individuellen Erfahrung Karls hat als direkte Folge den Terror der Räuberbande. Als er diesen Zusammenhang erkennt, bricht er zusammen, und er erkennt ihn bezeichnenderweise erst in seinem ganzen Ausmaß, als sich die Folgen katastrophal wiederum in der eigenen Individualsphäre, im Verhältnis zum Vater und zur Geliebten, zeigen.
Wilhelm Tell ist Selbsthelfer wie Karl Moor, immer wieder pocht er auf seine Selbständigkeit; er ist der einsame Jäger, dem die einsame, individuelle Tat über alles geht, der dem Ratschluß auf dem Rütli vorsätzlich fernbleibt, dessen Handlungen an keiner Stelle aus der solidarischen Aktion mit seinen Landsleuten hervorgehen und schon gar nicht als deren Repräsentation begriffen werden dürfen.[35] Selbst in der Apfelschuß-Szene, umringt von Getreuen, die jede Zumutung Geßlers mit Empörung quittieren, hat er seine Sache ganz auf sich gestellt und versucht auch gar nicht, die Zwistigkeiten, die durch Rudenz' und Bertas Abfall im Gefolge des Vogts entstehen, zu seinen Gunsten zu benutzen. Symptomatisch und von Schiller in fast aufdringlich deutlicher Weise hervorgehoben, steht er auch hier abseits, zieht seine eigenen Schlüsse, und der Augenblick des Schusses geht, von den übrigen Protagonisten mit Ausnahme Stauffachers unbeachtet, vorüber.
Doch trotz seines schroffen Selbsthelfertums scheitert Tell nicht; ausdrücklich wird er als »unsrer Freiheit Stifter« (V,1,3083), als »Retter von uns allen« (V,1,3086) bezeichnet und im Schlußchor als der »Schütz und der Erretter« gefeiert, der nicht nur die staatliche Freiheit seinem Lande zurückgebracht hat, sondern dessen ganze

Wirksamkeit als Freiheit stiftend verstanden werden muß: Rudenz' Schlußwort »Und frei erklär ich alle meine Knechte« (V,3,3290), als Schlußakkord dieses Festspiels, kann nur bedeuten, daß die Freiheitsidee, deren Träger im Drama Wilhelm Tell ist, als unteilbares und umfassendes Prinzip nicht nur der staatlichen Beziehungen, sondern auch des sozialen Zusammenlebens zu gelten hat.[36] Eine Konsequenz, die schon in der ständischen Zugehörigkeit des Retters selbst liegt und die der sterbende Attinghausen mit prophetischem Auge vorausgesehen hatte:

»Hat sich der Landmann solcher Tat verwogen,
Aus eignem Mittel, ohne Hülf der Edeln,
Hat er der eignen Kraft so viel vertraut –
Ja, dann bedarf es unserer nicht mehr,
Getröstet können wir zu Grabe steigen,
Es lebt *nach* uns – durch andre Kräfte will
Das Herrliche der Menschheit sich erhalten.« (IV,2,2416–22)

Tells Selbstbeherrschung und Verstellung

Wie Tell seinen Landsleuten erscheint, ist von seinem ersten Auftreten an offensichtlich. Er selber sieht sich, jedenfalls bis zur Apfelschuß-Szene, noch nicht als der politische Messias, den die anderen, vorzüglich die einfachen Landleute in ihm erblicken. Denn die chorartigen Partien dieses Dramas haben auch hier die Aufgabe, wie es die Vorrede zur *Braut von Messina* formuliert, »das Volk selbst, die sinnlich lebendige Masse« vorzustellen und deren Meinung zum Ausdruck zu bringen.[37] Wilhelm Tell, obwohl er sich seiner Kraft und Vorzüge durchaus bewußt ist (vgl. I,3,440ff.), hat aber zunächst keine richtige Vorstellung von der Wirkung seines Auftretens, wie insbesondere aus dem Gespräch mit seiner Frau hervorgeht, die ihn von seinem Gang nach Altdorf abzuhalten sucht. Seinen Wagemut erklärt er mit seiner Jägernatur (III,1,1486ff.), seinen Erfolg mit seinen gesunden Sinnen, seinem Gottvertrauen und seiner gelenken Kraft (III,1,1508ff.), nicht etwa mit wunderbaren Mächten oder einer göttlichen Mission wie Johanna, die Jungfrau von Orleans. Er hat ein ganz pragmatisches, fast phantasieloses Verhältnis zum Leben und den Aufgaben, die sich ihm stellen. Als der Knabe Walter auf dem Weg nach Altdorf seinen Vater mit abergläubischen Vorstellungen über die gebannten Bäume auf dem Bannberg konfrontiert, erläutert ihm der ganz nüchtern die Funktion des Waldes dort oben als Schutzwall vor den Schlaglawinen, ohne den Altdorf längst verschüttet wäre. Daß die Axt im Hause den Zimmermann erspare (III,1,1513), kennzeichnet also sehr treffend sein Bewußtsein, so auch hatte er angesichts der entstehenden Zwingfeste reagiert (»Was Hände bauten, können Hände stürzen« [I,3,387]), so vorher bei der Rettung Baumgartens. Dennoch kennt er die Grenzen seiner Möglichkeiten sehr genau, und so bemüht er sich auch immer wieder, nicht in Verhältnisse zu geraten, über die er als einzelner keine Macht hat – nur in diesem Sinne ist auch sein markiger Ausspruch zu verstehen: »Der Starke ist am mächtigsten *allein*« (I,3,437). Nur deshalb auch bedient er sich der seiner Natur sonst gänzlich zuwiderstehenden Verstellung: »Die einzge Tat ist *jetzt*[38] Geduld und Schweigen« (I,3,420) – angesichts der Feste und des Huts von Österreich, dessen Bedeutung ein Ausrufer zuvor kundgetan. Auch noch nach der Herausforderung durch Geßler bemüht er sich, wie schon bei jenem Zusammentreffen im Gebirge, von dem er Hedwig berichtete, einer unmittelbaren Konfrontation auszuweichen, selbst um den Preis, als Feigling zu erscheinen.[39] Freilich gehört die Kunst der Täuschung nicht zu seinen Talenten. Weder die Bitte um Verzeihung (»Aus Unbedacht, / Nicht aus Verachtung Eurer ists geschehn [...]« [III,3,1869f.]) noch der Appell an des Tyrannen Menschlichkeit fruchten. Tell ist ein Mann der Tat, nicht des Wortes, und so wirkt auch sein Versuch, sich später, nach geglückter Probe, auf des Vogts Frage nach dem zweiten Pfeil mit der Schützen Brauch (III,3,2051) herauszureden, nur hilflos; den Hintersinn des Ritterwortes, das ihm das Leben, nicht die Freiheit garantierte, hat er ebenfalls nicht erkennen können. Überhaupt ist in dieser entscheidenden 3. Szene des 3. Aufzugs Tells Schweigsamkeit, vergleicht man seine Worte mit denen der Umstehenden, sei es der Schweizer oder der Gefolgsleute Geßlers, ein weiteres Zeichen dafür, daß sich hier ein sehr doppelbödiges Geschehen abspielt, von dem die Anwesenden nur jene Oberfläche erfassen, auf die sich auch Tell zunächst und versuchsweise eingelassen hatte. Er schweigt sofort wieder, als er erkennt, daß es dem Vogt nicht nur um eine sadistische Genugtuung für jenen Augenblick der Schwäche im Gebirge zu tun ist, wie es vorausschauend Hedwig vermutet hatte, sondern daß er diesen Schuß als Probe auf ein ganz anderes Exempel verlangt: »Ich will dein Leben nicht, ich will den Schuß [...] / Jetzt, Retter, hilf dir selbst – du rettest alle!« (III,3,1985 bis 1989).[40]

Plötzlich erkennt Tell, daß sein Selbstverständnis und seine öffentliche Wirkung in einen tragischen Konflikt zu geraten drohen und daß er nicht wie bislang allein mehr seine Taten und Handlungen hinsichtlich ihrer inneren Motivation und Zweckmäßigkeit, sondern auch ihrer Erscheinung und öffentlichen Wirksamkeit nach zu berechnen und auszuführen hat. Sofort unterläßt er auch jeden Versuch, sich dieser Verantwortung zu entziehen, selbst als sich ihm durch die von Rudenz angezettelte ›Palastrevolte‹ im Gefolge Geßlers die Möglichkeit geboten hätte, die Probe vielleicht noch aufzuschieben oder ihr gar ganz zu entgehen.

Jäger Tell

Denn eine Probe und eine Versuchung ist Geßlers Gebot, dem Knaben den Apfel vom Haupte zu schießen, gewiß. Allerdings sollen weder die Treffsicherheit noch auch die Unerschrockenheit des Schützen unter Beweis gestellt werden; von beidem sind nicht nur die Bewunderer Tells, sondern auch Geßler ist längst davon unterrichtet und überzeugt. Geht es also doch um die Herausforderung des Vaters, die Verletzung aller natürlichen Rechte des Menschen, ein Vergehen gegen das Naturrecht, das die Despotie in ihrem ganzen Ausmaß enthüllen soll[41] und das auch Tell selber in dem langen Monolog vor der entscheidenden Tat mehrmals zur Legitimation seiner Absicht erinnert? Selbst in diesem Reflexionsmonolog kommen dann aber Bedeutungen zur Sprache, die nur schlecht zur, wenn auch tödlich gekränkten Vaterehre passen.

Bereits im Gespräch mit Hedwig hatte Tell auf seiner besonderen Profession beharrt: »Zum Hirten hat Natur mich nicht gebildet, / Rastlos muß ich ein flüchtig Ziel verfolgen, / Dann erst genieß ich meines Lebens recht, / Wenn ich mirs jeden Tag aufs neu erbeute« (III,1,1486–89). In dem Rechtfertigungsmonolog vor der Tat, auf den Schiller gegen alle Einwände Ifflands so großen Wert gelegt hat, knüpft Tell an diese Gedanken nochmals an: »Ich laure auf ein edles Wild« (IV,3,2635) und:

»Mein ganzes Leben lang hab ich den Bogen
Gehandhabt, mich geübt nach Schützenregel,
Ich habe oft geschossen in das Schwarze
Und manchen schönen Preis mir heimgebracht
Vom Freudenschießen – Aber heute will ich
Den *Meisterschuß* tun und das Beste mir
Im ganzen Umkreis des Gebirgs gewinnen.« (IV,3,2644–50)

Daß Tell von Beruf Jäger, nicht Handwerker oder Bauer ist, charakterisiert ihn von Anfang an als den wagemutigen, aus einer anderen Zeit herüberragenden Abenteurer, der zwar nicht zum Rat, dafür um so mehr zur Tat taugt und dessen kriegerischer Sinn durch seine Beschäftigung ausgebildet wurde. Auch sein Verhältnis zu Geßler sieht er hier am Ende seines Monologs wie das des Jägers zu seinem besonders edlen Wild, eine Betrachtungsweise, die nur schlecht mit den moralischen und naturrechtlichen Reflexionen harmoniert, mit denen er zuvor dem Opfer die Schuld an dem bevorstehenden Mord aufladen möchte. Ersichtlich geraten an dieser Stelle zwei Bedeutungsebenen miteinander in Konflikt: die neuzeitliche, durch Aufklärung und bürgerliche Moral bestimmte, in der das Problem des Tyrannenmordes von großer Aktualität und moralischer Fragwürdigkeit war,[42] und jene Ebene der antiken Götter- und Heroengeschichte, in der die Jagd auf feindliche Tiere ebenso wie der Kampf mit Riesen und Helden allein unter dem Aspekt der göttlichen Bewährung erschien.[43] Immer hat der Jäger etwas von diesen mythologischen Beziehungen behalten, sie erhöhen die Aura des gefährlichen Lebens, die ihn umgibt, wie insbesondere die mittelalterlichen Jagdgeschichten zeigen, offen für mancherlei allegorische Auslegung. Wenn Tell sich mit seinem Vorhaben, heute erst den eigentlichen »Meisterschuß« zu tun, und zwar mit jenem einzigen ihm noch verbliebenen Pfeil (IV,3,2606ff.), auf jene Probe des Apfelschusses zurückbezieht, so irritiert ihn in diesem Augenblick kein moralischer Skrupel mehr. Die Stilisierung Geßlers zur Verkörperung des »Bösen schlechthin«,[44] zur ganz unmenschlichen und psychologisch unwahrscheinlichen Typenfigur, schon von Schillers Zeitgenossen mitunter tadelnd bemerkt, entspricht doch vollkommen jenen Gestalten der griechischen Sagenwelt, die nur dazu geschaffen waren, damit »die Helden sich Götterrang erkämpften«.[45] Etwas von dieser Bedeutung Geßlers hat Körner bemerkt: »Geßler durfte nicht als Caricatur erscheinen, aber das Wichtigste an ihm nicht zu sehr gemildert werden. Hassen soll man ihn, aber nicht verachten. Es muß einleuchten, daß sein Tod die Schweizer von ihrem gefährlichsten Feinde befreit.«[46] Tells Tat wird damit aus dem Geist jener Drachentöter gedeutet, die ausgezogen sind, Dörfer, Städte und Länder von den mannigfachen Tyrannen in Menschen- oder Tiergestalt zu befreien, die die menschliche Gemeinschaft bedrohen. Tells Selbstverständnis in diesem höchsten Augenblick der Entscheidung konvergiert endgültig mit dem Bild, das sich die anderen schon längst von ihm gemacht haben. Als Jäger wird Tell der Retter des Landes, nachdem er zuvor schon in der Apfelschuß-Szene sich als der neue Heilsbringer zu erkennen gegeben hatte.

Die Schießprobe

Einigkeit herrscht in der Forschungsliteratur im allgemeinen darüber, daß Mittelpunkt des dramatischen Geschehens und Bedeutungszentrum zugleich in jener märchenhaften Szene zu suchen sind. »Das ganze Stück scheint um dieses Auftritts willen erfunden zu sein. Diese Szene, durch die sich Vergangenheit und Zukunft erklären lassen, ist in Schillers Terminologie das ›Punctum saliens‹.«[47] Selbst wenn die neuere historische Forschung »im Geßlerhut und in der Ermordung des Vogtes gerade besonders echte Züge der Tradition« sieht,[48] so hat Schiller diese in der Überlieferung vorgegebene Episode aber aus ganz anderen Gründen zum Angelpunkt seines Dramas gemacht: In ihr und in den mit ihr zusammenhängenden Handlungszügen erblickte der begeisterte Homer-Leser einen Zug griechischer Heroenzeit, die von jener »férocité« denkbar weit entfernt ist, die Schiller einstmals an den »Schweitzerischen Helden« eher abstoßend als anziehend fand.[49] Wie des Odysseus Pfeil durch alle zwölf Axtringe traf und er sich damit als den rechtmäßigen Herrscher zu erkennen gab, bevor er mit einem zweiten Pfeil den Antinoos tötete, so gilt auch Tells Apfelschuß dem Nachweis, daß er rechtmäßig die Sache seiner Landsleute gegen den Vogt ergriffen hat: Auch er tötet mit dem zweiten Geschoß seinen Feind und Rivalen, so daß sich Geßlers Versuch, seinem Schicksal durch Gefangennahme Tells zu entgehen, als schäbiger und hilfloser Trick erweist, der sein Ende zwar hinauszögert, aber nicht verhindert. Wie bei der »primitiven Probe im Bogenschießen des Anwärters auf das Königtum«, die der Homerischen Erzählung zugrunde liegt und bei der der Pfeil durch einen Ring geschossen wurde, »der auf den Kopf eines Knaben gesetzt war«,[50] so bestreitet auch Tell die Rechtmäßigkeit der Gewalt und Ordnung, die Geßler repräsentiert. Daß dieser selbst in dem Apfelschuß zudem auch eine Meisterprobe sah – ganz analog dem mittelalterlichen Schützenbrauch, einen »auf einen Kopf gelegten Apfel oder einen Pfennig in der Mütze des eigenen Sohnes zu treffen«[51] –, verrät seine Rede: »Hier gilt es, *Schütze*, deine Kunst zu zeigen, / Das Ziel ist würdig und der Preis ist groß! / [...] *der* ist mir der Meister, / Der seiner Kunst gewiß ist überall« (III,3,1936–40). Auch Geßlers übrige Kommentare bleiben zweideutig, spielen einmal auf den oberflächlichen Anlaß des Geschehens an, Tells Gehorsamsverweigerung und Stolz, um dann aber sogleich dunkel auf den tieferen Sinn der ganzen Veranstaltung hinzuweisen: »Gewaffnet sei niemand, als wer gebietet« (III,3,1976) bis hin zu jener nun ganz offenen Rede:

»Ich will dein Leben nicht, ich will den Schuß.
– Du kannst ja alles, Tell, an nichts verzagst du,

Das Steuerruder führst du wie den Bogen,
Dich schreckt kein Sturm, wenn es zu retten gilt,
Jetzt, Retter, hilf dir selbst – du rettest alle!« (III,3,1985–89)

Auch die Zeugen des Geschehens haben die wahre Bedeutung der Probe später wohl erfaßt, wie aus ihren Kommentaren hervorgeht, nachdem Geßler Tell gefangengesetzt hat: »Wie Herr? / So könntet Ihr an einem Manne handeln, / An dem sich Gottes Hand sichtbar verkündigt?« empört sich Stauffacher (III,3,2068 bis 2070) und klagt wenig später: »Mit Euch / Sind wir gefesselt alle und gebunden!« (III,3,2090f.). Als Walter Tell schließlich, »sich mit heftigem Schmerz an ihn schmiegend«, ausruft »O Vater! Vater! Lieber Vater!«, verweist ihn Tell: »Dort droben ist dein Vater! den ruf an!« (III,3,2094f.). Während er noch vor der Rettung Baumgartens den Hirten gebeten hatte, sein Weib zu trösten, »wenn mir was Menschliches begegnet« (I,1,159), so übergeht er am Schluß dieser Szene eine entsprechende Frage Stauffachers mit Worten, die zeigen, daß er nun endgültig die Rolle als Messias dieses Landes akzeptiert hat und aus dieser Überzeugung alles Vertrauen zieht: »Der Knab ist unverletzt, mir wird Gott helfen« (III,3,2097).

Daß sich die Probe ausgerechnet an den Konflikt anschließt, den der Geßlerhut provoziert, ist ein weiterer Hinweis darauf, daß die Überlieferung ihre ursprüngliche Bedeutung, wenn auch verdeckt, doch bewahrt hat und von Schillers überlegenem Kunstverstand erneuert wurde. »Die Bedeutung des Hutes auf der Stange als Freiheitssymbol ist aus der Französischen Revolution allgemein bekannt. Weniger geläufig aber ist, daß in weit früherer Zeit der Hut auf der Stange nicht nur als Freiheitssymbol, sondern als spezifisches Wahrzeichen des Tyrannenmordes galt.«[52] Gerold Walser hat die Zeugnisse für diese Bedeutung des Geßlerhutes überzeugend dargelegt und daraus geschlossen, daß »die Urner nach der Ermordung des habsburgischen Vogtes den Freiheitshut« aufgesteckt haben[53] und nur die späteren Berichterstatter diese Bedeutung des Hutes nicht mehr erkannten und somit umdeuteten[54] im Sinne eines Herrschaftssymbols. Als solches verwendet ihn auch Schiller, doch wohlvertraut mit der Revolutionsgeschichte und im Kontext seiner vielspältigen Deutung des Tell-Stoffes als eines utopischen Festspiels konnte er sich damit nicht zufriedengeben. Ob er die antike Libertas-Tradition, nach der Ermordung des Tyrannen einen Filzhut als Freiheitszeichen auf einer Stange durch die Stadt zu tragen,[55] kannte, sei dahingestellt, jedenfalls gibt er am Schluß seines Dramas diesem Symbol seine alte Bedeutung zurück. »Der Tyrann / ist tot, der Tag der Freiheit ist erschienen« (IV,3,2655f.), jauchzt in der 1. Szene des 5. Aufzugs derselbe Ruodi, der am Anfang des 1. Aufzugs diesem Lande den Retter herbeigerufen hatte, ohne ihn doch schon zu erkennen. In dem nun folgenden Geschehen, das deutlich auf die Erstürmung der Bastille und den Tanz auf ihren Trümmern anspielt, vollzieht sich auch die Verwandlung des Hutes aus einem Herrschaftssymbol in ein Symbol der Freiheit: »Mädchen bringen den Hut auf einer Stange getragen, die ganze Szene füllt sich mit Volk an« (so die Regieanweisung), und Walter Fürst dekretiert seine neue Bedeutung, die tatsächlich seine viel ältere ist: »Der Tyrannei mußt er zum Werkzeug dienen, / Er soll der Freiheit ewig Zeichen sein!« (V,1,2922f.). Daß, kaum ist der Hut seiner neuen Bestimmung übergeben, die Nachricht eintrifft, auch der Kaiser, in dessen Namen ihn Geßler auf-

gesteckt hatte, sei ermordet worden, unterstreicht nochmals, daß Schiller sich der Vieldeutigkeit dieses Symbols durchaus bewußt war.
Als punctum saliens also konnte Schiller die Apfelschuß-Szene gerade deshalb auffassen, weil in ihr sich die verschiedenen Bedeutungsebenen des Dramas bildhaft durchdringen. In ihr kulminiert das historische Geschehen, da sie die Unterdrükkung des Volkes von ihrer schmachvollsten Seite zeigt, sie bringt die Krise im Verhältnis des Tyrannen zu seinem Widersacher, durch sie kommen Tells Selbstverständnis und seine historische Bedeutung, das Bild, das er von sich selber und das seine Landsleute sich von ihm gemacht haben, zur Deckung, sie gibt auch den Rahmen für die Selbstbekundung des neuen Heilsbringers, des politischen Messias, der sein Land von ungerechter Herrschaft befreit, und in ihr vollzieht sich zugleich der Umschlag von höchstem Triumph nach bestandener Königsprobe in tiefstes Unglück. Anstatt als Sieger gekrönt, verläßt Tell als Gefangener die Szene. Die Folgen werden vom Fischer und dem Fischerknaben in der Funktion des Chores ausgemalt:

»Der Tell gefangen und der Freiherr tot!
Erheb die freche Stirne, Tyrannei,
Wirf alle Scham hinweg, der Mund der Wahrheit
Ist stumm, das sehnde Auge ist geblendet,
Der Arm, der retten sollte, ist gefesselt!« (IV,1,2122–26)

Seinem Schmerz und seiner Hoffnungslosigkeit Ausdruck zu verleihen, beschreibt der Fischer den Zustand der Welt in den Topoi ihrer Verkehrung.

Tells Gefangenschaft

Tells Gefangenschaft besiegelt die Gefangenschaft des ganzen Landes und ist zugleich ihr sprechendstes Symbol. Welche Bedeutung ihm in den Augen seiner Landsleute zukommt, macht wiederum des Fischers Klagesang deutlich:

»Raset, ihr Winde, flammt herab ihr Blitze,
Ihr Wolken berstet, gießt herunter, Ströme
Des Himmels und ersäuft das Land! Zerstört
Im Keim die ungeborenen Geschlechter
Ihr wilden Elemente werdet Herr,
Ihr Bären kommt, ihr alten Wölfe wieder
Der großen Wüste, euch gehört das Land,
Wer wird hier leben wollen ohne Freiheit!« (IV,1,2129–36)

Wenn der einzige, der dem Übel und Unrecht abzuhelfen imstande gewesen wäre, scheitert, so bedeutet das einen Rückfall in die alte Barbarei. In diesem Sinn interpretiert auch der Fischer die Schießprobe:

»Zu zielen auf des eigenen Kindes Haupt,
[...]

Und die Natur soll nicht in wildem Grimm
Sich drob empören – O mich solls nicht wundern,
[...]
Wenn die Berge brechen, wenn die alten Klüfte
Einstürzen, eine zweite Sündflut alle
Wohnstätten der Lebendigen verschlingt!« (IV,1,2139–49)

Nicht in einem bürgerlich-sentimentalen Sinne also, als die Verletzung väterlicher Gefühle, als Übergriff tyrannischer Willkür in den geschützten Privatraum der Familie, wird auch im Drama selbst Geßlers Einwirken begriffen, sondern es wird angeschlossen an die mächtigen Verhältnisse in einer tiefbewegten Welt. Wie im gesamten Drama, so bilden auch hier Natur und Geschichte eine Einheit. Natur und Naturereignisse erhalten einen historischen Sinn und sind aktiv in die großen Weltbegebenheiten mit einbezogen, freilich nicht in jenem Verstande, daß der historische Prozeß wie der natürliche gänzlich dem Einfluß des Menschen entzogen bliebe, vielmehr hat es der Mensch mit den natürlichen Dingen als mit den Seinigen zu tun: »Den schreckt der Berg nicht, der darauf geboren« (III,1,1511). So glückt auch Tells Rettung durch das innige Bündnis, in dem er mit der Natur lebt und das ihn aus der Schar seiner Landsleute heraushebt. Erst deren Vereinigung auf dem Rütli ist in das Naturgeschehen so eingebettet wie Tells Wirksamkeit. Hedwigs Verdacht (»und du bist auch im Bunde« [III,1,518]) besteht also ganz zu Recht, obwohl Tell beteuert: »Ich war nicht mit dabei – doch werd ich mich / Dem Lande nicht entziehen, wenn es ruft« (III,1,1519f.). Die Natur ist das Band, das ihn selbst mit dem Rütli-Geschehen verknüpft.[56]

So offenbaren gerade seine Gefangenschaft und ihre Überwindung die rettende Kraft des Helden Tell, indem sie seine unmittelbare Einheit mit der Natur am Punkt der tiefsten Not bewährt und ihn damit endgültig zum Retter des Landes bereitet. Das Verschwinden im Bauch des Schiffes und die wunderbare Wiederkehr, ein altes Erneuerungsmythologem, sind für das Volk die sichtbaren Zeichen seiner Erwähltheit, für Tell selbst das letzte Durchgangsstadium vor der entscheidenden Tat, die durch den Tod Geßlers zur Wiedergeburt der alten Freiheit führt. Auch daran wird wieder die Kunstfertigkeit deutlich, mit der Schiller die sagenhafte Überlieferung, die Schweizer Befreiungstradition und die »materiellen Forderungen der Welt und Zeit«, ohne diesen aber zuviel einzuräumen,[57] zusammengeschlossen und damit den engen und lokalen Stoff in das gehaltreiche Leben der menschlichen Geschichte versetzt hat. Seit dem biblischen Bericht über die Babylonische Gefangenschaft des jüdischen Volkes gehören die damit verbundenen Themen und Motive zu den wichtigsten Vorstellungen, die historische Erkenntnis und individuelle Erfahrung wirkungsmächtig verbinden. Stauffachers Vorsatz: »Wir alle wollen handeln, / Um seinen Kerker aufzutun« (IV,2,2363f.) enthält als unausgesprochene Folgerung die Einsicht, daß die Befreiung des einzelnen aus dem Kerker nur möglich ist durch die Befreiung aller aus ihrer Gefangenschaft. Tells Rettung durch eigene Geschicklichkeit und die tätige Mithilfe der Natur breitet damit den Vorschein künftiger Freiheit über die Szene: »Ist es *getan*, wirds auch zur Rede kommen« (IV,1,2300).

Tells Befreiungstat

Die Ermordung Geßlers rechnete Schiller gewiß zu den schwierigsten Teilen der Überlieferung, schien sie doch zu den Taten der Schweizer Befreiungsgeschichte zu gehören, deren Roheit er verabscheute (»Aber ich danke dem Himmel, daß ich unter Menschen lebe, die einer so großen Handlung, wie die That des Winkelried ist, nicht fähig sind«[58]). Dem »böslich angefochtenen Schatten Tells die rühmlichste Ehrenerklärung, das wohlgefälligste Sühn- und Totenopfer darzubringen« war daher nach Karl August Böttigers Zeugnis[59] sein selbstgesetztes Ziel, und dies erklärt auch die Unnachgiebigkeit, mit der er an Tells Monolog und der Parricida-Szene entgegen allen Einwänden festhielt.[60] Der Zweck beider Szenen besteht ja in nichts anderem, als Tells Tat jeden Verdacht eines feigen Meuchelmordes aus gekränkter Eigenliebe zu nehmen und die »edle Simplicität« und »schlichte Manneswürde« des Helden hervortreten zu lassen,[61] indem er den Motivzusammenhang der Tat in einer für den Charakter Tells bislang ungewohnten Weise bloßlegt. Tell gibt die schroffe Trennung von Wort und Tat auf. Auch wenn weiterhin das Wort »die Tat weder vor[bereitet] noch [... sie] setzt«,[62] so begründet es sie doch in ihrer ganzen verwickelten Genese und zeigt damit, daß sie einer solchen Begründung auch bedarf. Die Rettung Baumgartens war für Tell ein Gebot der Menschlichkeit, weiterer Worte bedurfte es nicht; dem Apfelschuß ging als Beweggrund die Herausforderung durch Geßler voraus; die eigene Befreiungstat war hinreichend durch das vorausgegangene Geschehen und die augenblickliche Gefahrensituation motiviert. Allein die Ermordung Geßlers trug Züge des Mißverständnisses, deren Beseitigung nun ein sehr weitgehendes Zugeständnis Schillers an den »Zeitgeist« darstellt, allerdings wiederum meisterhaft durchgeführt, indem er diese Wandlung Tells nach seinem Verschwinden und seiner Wiederkehr setzt und sie somit aus dem mythologischen Sinn dieser Episode als Wiedergeburt und Erneuerung entwickelt. Hatte Tell seine Handlungen bisher in völliger Übereinstimmung mit seinem Charakter erbracht, so daß Wille, Tat und Vollzug eine unmittelbare Einheit genau wie bei den antiken Helden bildeten, so tritt er nun in dem großen Reflexionsmonolog aus dem unmittelbaren Zusammenhang seines Lebens heraus, um durch die Reflexion seinen Vorsatz, die Ausführung und die Folgen der Tat zu vermitteln. Eine ganz dem neuzeitlichen Denken verhaftete Anschauungsweise, die, um ein Individuum für seine Handlungen verantwortlich machen zu können, verlangt, daß es deren Modus und ihre Umstände erkannt und abgewogen habe. Wiedergeboren wird der Held Wilhelm Tell, so kann man resümieren, als moderner Freiheitskämpfer, der nachweisen muß, daß er bewußt und absichtlich handelt, unter Berücksichtigung aller ihm einsichtigen Bedingungen und Umstände.

Deshalb sollte man Tells Monolog als eine imaginäre Verteidigungs- und Rechtfertigungsrede lesen, die im Kontext von Schillers Ansicht »Die Weltgeschichte ist das Weltgericht« gedeutet werden will. Am Anfang steht die Versicherung Tells, als Arm einer höheren Gerechtigkeit zu wirken: »Mach deine Rechnung mit dem Himmel, Vogt, / Fort mußt du, deine Uhr ist abgelaufen« (IV,3,2566f.). Dann hebt er an mit der Beschreibung seines friedlichen Lebens, das erst durch Geßler vergiftet wurde: die idyllische Ordnung der Dinge wurde durch einen Drachen, ein Ungeheuer in Menschengestalt, zerstört, das die »Milch der frommen Denkart« in

»Drachengift« verwandelte (IV,3,2570ff). Der allgemeinen Anklage folgen die detaillierten Beschuldigungen, die Aufzählung der Taten, in denen der Vogt sich gegen Vaterland, Sittlichkeit und Familie vergangen hat, und nach jedem Abschnitt der Anklagerede stets erneut Tells Versicherung, Stellvertreter der göttlichen Gerechtigkeit zu sein, eine »heilige Schuld« (IV,3,2589) abtragen zu müssen: »Es lebt ein Gott, zu strafen und zu rächen« (IV,3,2596). Geßler, der das Zeitalter der Unschuld und Kindlichkeit ablöste durch ein Zeitalter der Verbrechen gegen Unschuld und Kindlichkeit,[63] hat alles Recht verwirkt, selbst das Recht auf einen fairen Zweikampf, das er in der Apfelschuß-Szene, als er sich weigerte, die Folgen der Probe anzuerkennen, gegen allen Brauch verletzte. Geßler zwang Tell dadurch erst das »Geschäft« des Mordes auf und brachte ihn zur Anerkennung seiner Bestimmung als Retter, der er nun allein durch Mord noch genügen kann. Nachdem Schiller so weit den Erfordernissen einer auf Gesetz und Moralität gegründeten Denkweise entsprochen hatte, enthüllte er auch noch die tiefere, frühere Verflechtung des Verhältnisses zwischen Tell und Geßler, des »Todfeinds« (IV,3,2643), den zu jagen Tell mit Bedacht sein eigentliches Geschäft nannte.

Am Ende dieses großen Monologs, der noch einmal in einer geistigen Anstrengung und dramatischen Gespanntheit ohnegleichen das bisherige und alles künftige Geschehen seiner Substanz nach zusammenfaßt und der zu den schönsten seiner Art in der deutschen Dramenliteratur zählt, legt Schiller die ebenso mythologischen wie archetypischen Beziehungen bloß, die Geßler und Tell gleich Jäger und Wild wie manichäische Zwillinge aneinanderfesseln und der alten chronikalischen Überlieferung ihre weiterdauernde Sprengkraft garantieren. »An heilger Stätte« wird von nun an die Armbrust aufbewahrt (V,2,3138), nachdem sie das Übel aus der Welt gebracht.

Der Dialog zwischen Parricida und Tell nach dessen glücklicher Rückkehr bekräftigt die besondere politische Qualität jener Tat. Der eine: Mörder aus Eigenliebe und Ehrsucht, der andere: Verteidiger des Naturrechts und der Sittlichkeit; beider Tat ist nur oberflächlich vergleichbar, substantiell aber so verschieden wie Drachenopfer und Drachentötung: »Gemordet / Hast *du*, ich hab mein Teuerstes verteidigt« (V,2,3183f.). Allein Parricidas Schmerz und Reue unterscheiden den Kaisermörder vom teuflischen Statthalter Geßler, und so weist Tell, damit seine ›religio‹ abermals bekundend, dem Mörder den Weg zur Buße. In bewußt doppeldeutigen Worten, die den topographischen Straßenverlauf und seine initiatorische Bedeutung allegorisch in eins setzen (»Schreckensstraße«, vom Einbruch gefährdete Brücke, »schwarzes Felsentor«, »Tal der Freude« [V,2,3250ff.]), beschreibt er dem falschen Mönch den Weg der Buße, der diesem auf ganz andere Weise ein Weg der Erneuerung und Wiedergeburt werden soll, als er selber ihn durchgemacht hat. Durch Nacht zum Licht führen beide. Der Tells hatte aus dem Dunkel des unmittelbaren Lebens und seiner substantiellen Einheit mit Gott, Natur und Menschen über die Entzweiung durch Geßler zum Licht der Erkenntnis und des sittlichen Handelns aus Wissen und Verantwortung geführt. Parricidas Straße ist die des Büßers ins Gelobte Land, wo Strafe und Verzeihung seiner warten. Beschreibt jener einen geistigen, so dieser einen geistlichen Prozeß.

Das Verhältnis Tells zum Volk

Schiller hat in seinen eigenen Kommentaren keinen Zweifel daran gelassen, wie er Tells Stellung zum Volk und seinen verschiedenen Standesvertretern gesehen und inszeniert wissen wollte. »So [...] steht der Tell selbst ziemlich für sich in dem Stück, seine Sache ist eine Privatsache, und bleibt es, bis sie am Schluß mit der öffentlichen Sache zusammengreift.«[64] Die Absonderung Tells ist von Beginn des Dramas an denn auch augenfällig und wird von Schiller mit ganz verschiedenen Mitteln hervorgehoben. Auf der Ebene des dramatischen Geschehens stehen seine Handlungen jedesmal in Widerspruch zu den kollektiven Auffassungen und Haltungen, die nach Weise des antiken Chors von den Repräsentanten des Volkes an den Tag gelegt werden. Seiner von ihm selbst immer wieder betonten Einsamkeit entspricht die in der szenischen Darstellung deutliche Abgrenzung seines Privatbereichs. »Das ist meine Hütte! / Ich stehe wieder auf dem Meinigen!« (V,2,3134f.), so beantwortet er Hedwigs Begrüßung, und obwohl sein Monolog vor der Ermordung Geßlers dem Vogt auch noch den Einbruch in seinen Privatbereich zur Last legt, damit Baumgartens Schicksal auch als Drohung des eigenen reklamierend, gibt es im Drama keine Szene, die diese Bedrohung darstellte. Geßlers Angriff auf das väterliche Selbstverständnis, wollte man den Apfelschuß allein einmal auf dieser oberflächlichen Ebene sehen, geschieht ebenfalls jenseits dieser Insel in der Öffentlichkeit.

Auch seine großen Taten, so sehr man sie bewundert, isolieren ihn sogleich wieder von den übrigen Protagonisten und schaffen jene Distanz, die Volk und Held trotz gegenseitiger Liebe und Bewunderung trennt. Das Hineinrücken Tells und seiner Taten in die Sphäre des Wunders, der Sage und Legende ist der deutlichste Ausdruck dieser Distanzierung, die eine Gemeinsamkeit nicht duldet, weil sie vom Helden nicht gewünscht wird. Dessen Einsamkeit und Verschlossenheit, die Unbegreiflichkeit seiner Entschlüsse und Taten bewirkend, entrücken ihn einem menschlich durchschnittlichen Verständnis.

Dennoch ist jene allgemeine Übereinstimmung, die das Schlußtableau des *Wilhelm Tell* trägt, nicht bloß zustande gekommen durch die zufällige Harmonie, in welcher sich Volk und Held einmal gefunden haben; so daß dann auch jener Antagonismus, der im Jugenddrama Räuber Moors Schicksal aus der menschlichen Geschichte ausschloß, ein bloß zufälliges Unglück darstellt. Tells Berufung zum Retter wird von der ersten Szene des Dramas an nicht bloß als seine innere Überzeugung demonstriert, sondern historisch (durch das Geschehen selber) beurkundet, was sich in der Volksüberlieferung (deren Geburtsstunde wir ja jeweils miterleben) sogleich als göttliches Zeichen und Wunder der Natur niederschlägt. Der Selbsthelfer Wilhelm Tell, ob er nun als mythischer Heilsbringer und politischer Messias erscheint, wie dem Volk, seiner Sage und Legende, oder als der gute Naturmensch, wie er sich selber sehen möchte, ein Abkömmling jener Lieblingsgestalt des 18. Jahrhunderts, deren verbreitete Verkörperung der edle Wilde[65] darstellt – alle Einsamkeit, Fremdheit und Zurückhaltung dienen dazu, den Einklang deutlich zu machen, in dem sich hier geschichtsmächtiges Individuum und historischer Prozeß befinden. Allein dadurch werden seine Handlungen zuletzt legitimiert, und sein Erfolg beruht darauf, daß sich in diesem welthistorisch einmaligen Moment die geschichtliche Tendenz auch als kollektive Handlungsbereitschaft durchgesetzt hat. Es spricht aber für die im Laufe seines Lebens wachsende Skepsis Schillers gegenüber den individuellen Möglichkeiten in der Geschichte, daß die Gestalt, an der er deren Verwirklichung zeigt, nicht Stauffacher, sondern Wilhelm Tell, die Wunsch- und Märchenfigur der Volksüberlieferung ist.

Haupthandlung und Nebenhandlungen

An dieser Stelle der Interpretation wird nun auch der innere Zusammenhang der Nebenhandlungen mit der Haupthandlung ersichtlich, denn nur oberflächlich gesehen erscheint die »reichlich lockere Struktur des Werkes«[66] tadelnswert. Berta-Rudenz-Handlung, Rütli-Handlung und Tell-Handlung sowie die ihnen zugeordneten Episoden zerlegen geschichtliches Handeln in einem als Modellfall ergriffenen historischen Moment sowohl seinen individuellen Begründungen wie auch seinen sozialen und zeitgeschichtlichen Bedingungen nach, wobei Schiller am Tell-Stoff insbesondere noch die Verflechtung von Mythos und Geschichte, die Wirkungsmacht der Legende, die politische Sprengkraft des ästhetischen Scheins als Stimulans kollektiver Aktion interessiert. Kommerells Erklärung, Schiller zeige »nicht *ein* Antlitz der Geschichte, sondern so viele als er Dramen schreibt«,[67] wäre um den Zusatz zu ergänzen, daß im *Wilhelm Tell* Geschichte als ein widerspruchsvoller Zusammenhang ganz verschiedener Ansichten gezeigt wird, die in einem fruchtbaren Moment so zusammentreffen, daß in ihm ihr Ziel vorausscheint.
Da ist zunächst die Schweizer Befreiungsgeschichte, das Abschütteln fremder Herrschaft, die im Rütlibunde und dem Siegesfest auf den Trümmern der zerstörten Fronburg gipfelt. Im Konflikt zwischen Attinghausen und seinem Neffen spiegelt sich die politische Krise sowohl als Generationskonflikt wie auch als inneradliger Korrosionsprozeß wider. Die Berta-Rudenz-Handlung offenbart wiederum exemplarisch, wie private Aspirationen (Liebesgeschichte) und öffentliche Forderungen in einer bestimmten politischen Konstellation in Einklang zu bringen sind. Die Tell-Handlung mit ihren vielen legendenhaften Zügen schließlich steht zu der in den übrigen Handlungspartien vorgeführten historischen Tradition im selben Verhältnis wie historische Deutung zu historischer Erfahrung. Insofern Schiller an der Figur und Wirksamkeit Wilhelm Tells die historische Wirksamkeit des heroischen Selbsthelfers und mythischen Heilsbringers demonstriert, schreibt er der Geschichte eine utopische Perspektive ein.[68] Die heilsgeschichtliche Interpretation der wirklichen Geschichte (des Schweizer Befreiungskampfes) legt Freiheit als deren durchgehaltenen Sinn, als ihr Ziel und ihren Zweck bloß. Sie zeigt sie nicht in der isolierten Tat eines einzelnen, sondern nur im Zusammenklang dieser Tat mit dem verborgenen Sinn der Geschichte. So verbot sich auch Tells Anwesenheit auf dem Rütli; sie hätte ihn mit der wirklichen Geschichte zu früh vermengt und damit gerade seine Wirkung zerstört. Die Ausweitung des Rütli-Geschehens zur Kosmologie (»Ein Regenbogen mitten in der Nacht« [II,2,974] beglaubigt die Erneuerung des uralten Bündnisses [II,2,1155ff.]) bedarf des Tell um so weniger, als auch seine Handlungen darin einmünden und von ihr umgriffen werden. Seine

überraschende Wiederkehr, die, wie ersichtlich wurde, seine Wiedergeburt anzeigt, korrespondiert der Erneuerung des Bundes. Beide Szenen sind eng aufeinander bezogen, denn der Rütlischwur in seiner ganzen Bedeutung schafft erst die Voraussetzung für die Rückkehr des Helden und den Erfolg seiner Mission. In diesem Zusammenhang gewinnt auch eine Anspielung an Bedeutung, die Schiller aus Tschudis Text bezog und die von einem Drachentöter in der Ahnenreihe eines der Verschworenen berichtet (II,2,1074). Wie mehrfach im Drama, so wird auch hier die Befreiung des Landes im mythologischen Bilde gefaßt, nicht ihm gleichgesetzt. Zwei Ansichten eines historischen Geschehens werden an dieser Stelle ineinandergeblendet, so daß daraus das Vorhaben der Verschworenen sein besonderes Pathos bezieht. Ebenso werden wir wechselnd mit zwei Ansichten Wilhelm Tells konfrontiert. Da ist einmal der Wilhelm Tell, den das Personenverzeichnis gleichrangig neben die anderen »Landleute« aus Uri stellt, ein bescheidener, wahrhaftiger und mutiger Mann, der weder Händel sucht noch sonst gerne die Aufmerksamkeit auf sich zieht, der aber nicht zögert, zur Hilfe zu eilen, wo diese nottut. Nichts verstößt gegen die Wahrscheinlichkeit dieses Charakters als der Ruf, den er genießt, die Sage, die das Volk aus seinen Handlungen macht, die aber eine solche objektive Macht entfaltet, daß er sich dem darin enthaltenen Anspruch nicht mehr entziehen kann und sich entschließt, Erscheinung und Wesen zur Deckung zu bringen, der Messias zu sein, der er für die anderen längst ist. Sein Entrinnen aus dem Bauch des Schiffes und seine wunderbare Wiederkehr stellen »den Archetyp der rächenderlösenden Apokalypse [dar], den alten Gewittersturm- und Regenbogen-Archetypus«.[69]

Freiheitsmythos und dramatisches Geschehen

Die historische Wirksamkeit Tells, nicht seine Existenz, wird von den Ereignissen beglaubigt, die die Schweizer Befreiungstradition aufbewahrt hat. In Schillers Drama, so bleibt zu folgern, geht es also nicht um eine dramatische Rekonstruktion des historischen Geschehens, auch kann man nicht, wie beim barocken Trauerspiel, von einem bloßen »Funktionscharakter der Geschichte«[70] sprechen, der es nur zusteht, »das Ungeschichtliche theatralisch offenbar werden zu lassen«.[71] Gerade umgekehrt gilt vielmehr, daß Schiller im *Wilhelm Tell* den Licht- und Freiheitsmythos in seiner historischen Wirksamkeit zur Erscheinung bringt, bis hin zu jenem historischen Zielpunkt, den das Schlußtableau anvisiert und in den das Drama mündet wie die vergangene Geschichte in die Zukunft, wie das Reich der Notwendigkeit in das Reich der Freiheit. Die Figur des Wilhelm Tell ist in diesem präzisen Sinne ein »Symbolische[s] Wesen«,[72] als sie eine verborgene Dimension der Geschichte erschließt. Tell und Geßler verkörpern ihre Alternativen, nachdem die alte idyllische Einheit, die urzeitlich-paradiesische Ordnung der Dinge, zerbrochen ist. Schillers historische Hoffnung, die auch seine philosophischen Schriften aussprechen, wird in der heilsgeschichtlichen Perspektive sichtbar, die alle Ereignisse des Dramas auf die Apotheose der Freiheit im Schlußtableau hin ausrichtet. Nicht daß mythische Geschehnisse und historische Begebenheiten eine homogene Ereignisfolge abgeben, wird im *Tell* demonstriert. Eine solche Auffassung entspräche einem vorgeschichtlichen Denken, dessen Friedrich Schiller am wenigsten verdächtigt werden kann. Durch die mythologischen Figuren und Konstellationen tritt die Deutung zu den historischen Begebenheiten hinzu und wird von ihnen sogar in die Ereignisfolge mit einbezogen, indem sie in ihr wirksam werden. So wurde schon Wilhelm Tell von der Schweizer Volksüberlieferung dergestalt in die eigene Geschichte integriert, daß er beinahe historische Realität errang. »Dieses Werk soll«, schrieb Schiller an Iffland, »hoff ich, Ihren Wünschen gemäß ausfallen, und als ein Volksstück Herz und Sinne interessiren.«[73] Gerade darin zeigt sich ja die ungeheure Transformationskraft kollektiver Wunschträume, daß sie geschichtliche Erfahrungen zu historischen Bestimmungen bildhaft, unter Verwendung mythologischer und religiöser Vorstellungen, entwickeln. Ob Wilhelm Tell für die Schule oder fürs Theater – dieser Mythos bedarf keiner Entmythologisierung, sondern allein einer fortwährenden, auch theatralischen Bekräftigung.

Anmerkungen

Der Dramentext wird zitiert nach: Friedrich Schiller: Sämtliche Werke. Hrsg. von Gerhard Fricke und Herbert G. Göpfert in Verb. mit Herbert Stubenrauch. Bd. 2: Dramen II. München 1965. Nachweise (Aufzug, Szene, Vers) in Klammern unmittelbar hinter dem Zitat.

1 Zur historischen Deutung vgl. Karl Meyer: Die Urschweizer Befreiungstradition. Zürich 1927; Bruno Meyer: Die Entstehung der Eidgenossenschaft. Der Stand der heutigen Anschauungen. In: Schweizerische Zeitschrift für Geschichte 2 (1952) S. 153 ff.

2 Zitiert nach Friedrich Schiller. *Wilhelm Tell.* Quellen, Dokumente, Rezensionen. Hrsg. von Herbert Kraft. Reinbek 1967. Die Entstehungsgeschichte des Stücks wird von Kraft in allen wichtigen Stationen und Aspekten dokumentiert.

3 An Cotta, 16. 3. 1802 (Schillers Briefe. Hrsg. von Fritz Jonas. 7 Bde. Stuttgart [1892–96]. [Im folgenden zitiert als: Jonas.] Bd. 6. S. 365).

4 [26.] 3. 1789 (Jonas 2,262).

5 9. 9. 1802 (Jonas 6,414f.).

6 Deutsche Chronik. Hrsg. von Christian Friedrich Daniel Schubart. Neudr. in 4 Bdn. Mit einem Nachw. von Hans Krauss. Heidelberg 1975. Bd. 1. S. 217.

7 Schillers Persönlichkeit. Urtheile der Zeitgenossen und Documente. Hrsg. von Max Hecker und Julius Petersen. 3 Bde. Weimar 1904/08/09. Bd. 3. S. 152.

8 Schillers Calender vom 18. Juli 1795 bis 1805. Hrsg. von Emilie von Gleichen-Rußwurm. Stuttgart 1865. S. 150 und S. 158.

9 An Körner, 12. 4. 1804 (Jonas 7,137).

10 Friedrich Schiller. *Wilhelm Tell* (Anm. 2). S. 205.

11 Vgl. etwa Oscar Fambach: Schiller und sein Kreis in der Kritik ihrer Zeit. Berlin 1957. S. 499 ff.

12 Karoline von Wolzogen: Schillers Leben. Stuttgart/Berlin 1903. S. 250.

13 An Goethe, 30. 10. 1797 (Jonas 5,282).

14 Vgl. Bruno Meyer (Anm. 1).

15 An Körner, 9. 9. 1802 (Jonas 6,415).

16 An Iffland, 5. 8. 1803 (Deutsche Vierteljahrsschrift für Literaturwissenschaft und Geistesgeschichte 32 [1958] S. 410 f.).

17 Der Briefwechsel zwischen Schiller und Goethe. Hrsg. von Paul Stapf. Berlin/Darmstadt/Wien 1960. S. 617.

18 An Körner, 9. 9. 1802 (Jonas 6,415).

19 An Wilhelm von Wolzogen, 27. 10. 1803 (Jonas 7,90).

20 Daher die Rückgriffe auf Motive des Calderonschen Dramas in diesem Stück, die Walter Benjamin schon bemerkte (Benjamin: Ursprung des deutschen Trauerspiels. Frankfurt a. M. 1963. S. 129).

21 Der Gedanke der Nemesis, den Schiller von Herder übernommen hat (vgl. Benno von Wiese: Friedrich Schiller. Stuttgart 1959. S. 361 ff.), spielt in diesem Zusammenhang nur eine untergeordnete Rolle, als Metapher für den tragischen Antagonismus zwischen dem Geschehen und dem Traum der Geschichte, zwischen historischer Wirklichkeit und Möglichkeit, der ja nicht nur subjektiv ist, sondern, vermittelt durch Tat und Handlung, Beweggrund des historischen Prozesses.

22 Von Wiese (Anm. 21). S. 769.

23 Der Briefwechsel zwischen Schiller und Goethe (Anm. 17). S. 379.

24 An Körner, 9. 9. 1802 (Jonas 6,415).

25 An Körner, 15. 11. 1802 (Jonas 6,427f.).

26 »Sobald es aber galt das Ideal selber zur Anschauung zu bringen, bedurfte Schiller als Ausdrucksmittel des hohen Stils und als Träger, als Hyle seines Eidos, eines edleren Materials als die Wirklichkeit war, die er ruhig benutzen konnte, solange er sie nur kritisieren, d. h. vor dem Ideal vernichtigen wollte« (Friedrich Gundolf: Shakespeare und der deutsche Geist. Berlin ^{7}1923. S. 306).

27 Max Frisch: Wilhelm Tell für die Schule. Frankfurt a. M. 1971. S. 32.

28 Peter André Bloch (Schiller und die französische klassische Tragödie. Düsseldorf 1968. S. 277) rügt diese »hochstilisierte Form« ganz zu Unrecht, da er ihre geschichtsphilosophische Begründung ebensowenig berücksichtigt wie ihre theatralische Wirksamkeit.

29 Vgl. Schillers Regieanweisungen zu I,1 und zum Schluß von II,2 oder auch zur letzten Szene des ganzen Dramas.

30 Vgl. etwa Friedrich Schiller: Sämtliche Werke. Hrsg. von Gerhard Fricke und Herbert G. Göpfert in Verb. mit Herbert Stubenrauch. München 1965. Bd. 2. S. 1290.

31 Goethes Gespräche mit Eckermann. Hrsg. von Ernst Zenker. Berlin 1955. S. 164. »Nimmt man einmal an, daß Goethes und Eckermanns Erinnerungen einen wirklichen Vorfall einigermaßen richtig bewahrt haben, muß der Bericht erstaunen. Es war doch sonst nicht Schillers Art, sich gegen Goethes künstlerische Forderungen zu wehren, zumal in diesem Fall die Notwendigkeit der Motivierung selbstverständlich erscheint« (Lieselotte Blumenthal: Die verbrannte und die gestohlene Handschrift von Schillers *Wilhelm Tell*. In: Jahrbuch der Deutschen Schillergesellschaft 17 [1973] S. 49). Blumenthals Lösung dieses Problems kann aber nicht befriedigen: »Der Dichter fand also Geßlers Verhalten durch seine Rachgier, die ihn eiskalt das eine Ziel verfolgen läßt, genügend motiviert [. . .]« (S. 54). Denn sie erklärt den hartnäckigen Widerstand Schillers gegen eine zusätzliche Motivierung, die doch nichts verdorben hätte, keinesfalls.

32 An Körner, 15. 11. 1802 (Jonas 6,427f.).

33 Max Kommerell: Schiller als Psychologe. In: M. K.: Geist und Buchstabe der Dichtung. Frankfurt a. M. 3., durchges. und verm. Aufl. 1944. S. 188.

34 Vgl. Joseph Campbell: Der Heros in tausend Gestalten. Frankfurt a. M. 1953. S. 51 ff. [Amerikan. Originalausg.: The hero with the thousand faces. New York 1949.]

35 Wie z. B. Herbert Cysarz meint (Cysarz: Schiller. Halle 1934. S. 368 ff.). Sehr viel richtiger deutet Werner Kohlschmidt Tells Position als die des einsamen Jägers, der im 4. Aufzug sich seiner historischen Verpflichtung erst bewußt werde (Kohlschmidt: Tells Entscheidung. In: Schiller. Reden im Gedenkjahr 1959. Hrsg. von Bernhard Zeller. Stuttgart 1961. S. 87 ff.).

36 Völlig mißverstanden hat Franz Mehring dieses Drama und auch diese Szene (als Unterwürfigkeit und Selbsterniedrigung). Vgl. Mehring: Schiller. Ein Lebensbild für deutsche Arbeiter. Bearb. und hrsg. von Walter Heist. Berlin [1949]. S. 160.

37 Schiller (Anm. 30). S. 820.

38 Hervorhebung G. Ue.

39 Wie es wiederum Mehring (Anm. 36, S. 159 f.) fehlinterpretiert.

40 Die Anspielung auf die Verspottung des gekreuzigten Jesu durch einige Zuschauer ist deutlich: »Hilf dir nun selber und steig herab vom Kreuz!« (Mark. 15,30). Sie läßt die wahre Bedeutung dieser Probe anklingen.

41 So die Deutung Fritz Martinis in seinem Aufsatz: Wilhelm Tell. Der ästhetische Staat und der ästhetische Mensch. In: Worte und Werte. Bruno Markwardt zum 60. Geburtstag. Berlin 1961. S. 253–275. Auch Benno von Wiese nennt dies Vergehen Geßlers gegen den *Vater* Tell eine »Ursünde« (vgl. von Wiese [Anm. 21]. S. 773).

42 Das im 18. Jahrhundert so beliebte Cäsar/Brutus-Thema reflektiert dieses Problem in seinen verschiedenen Nuancen; auch Schiller hatte es in seinen »Räubern« aufgenommen.

43 »Hier gilt das Töten der Tiere, die als schädliche Feinde erscheinen, die Erwürgung z. B. des Nemeischen Löwen durch Herakles [. . .] als etwas Hohes, wodurch die Helden sich Götterrang erkämpften [. . .]« (G. W. F. Hegel: Vorlesungen über die Ästhetik. Erster und zweiter Teil. Mit einer Einführung hrsg. von Rüdiger Bubner. Stuttgart 1977. S. 474).
Daß Schiller mit Tell eine Figur auf die Bühne gestellt hat, die ganz der Deutung der Heroenzeit durch Hegel entspricht, hat Dieter Borchmeyer bis ins Detail verfolgt. Vgl. D. B.: Tragödie und Öffentlichkeit. Schillers Dramaturgie im Zusammenhang seiner ästhetisch-politischen Theorie und die rhetorische Tradition. München 1973. S. 178 ff.
44 Cysarz (Anm. 35). S. 384.
45 Hegel (Anm. 43). S. 474.
46 Schillers Briefwechsel mit Körner von 1784 bis zum Tode Schillers. Hrsg. von Karl Goedeke. Leipzig [2]1878. Körner an Schiller, 17. 3. 1804.
47 Blumenthal (Anm. 31). S. 54.
48 Gerold Walser: Zur Bedeutung des Geßlerhutes. In: Schweizer Beiträge zur allgemeinen Geschichte 13 (1955) S. 131.
49 An Charlotte von Lengefeld, [26.] 3. 1789 (Jonas 2,262).
50 Robert von Ranke-Graves: Griechische Mythologie. Quellen und Deutung. Hamburg 1960. Bd. 2. S. 364.
51 Ebd. S. 295. Daß der Sohn Träger des Ziels ist, verweist auf den Charakter der Probe als Gottesurteil.
52 Walser (Anm. 48). S. 133.
53 Ebd. S. 134.
54 Vgl. ebd. S. 135.
55 Vgl. ebd. S. 133.
56 In diesem Sinne wäre also Kohlschmidts Deutung (vgl. Anm. 35) zu ergänzen.
57 Briefwechsel zwischen Schiller und Wilhelm von Humboldt. Hrsg. von Albert Leitzmann. Stuttgart 1900. S. 319.
58 An Charlotte von Lengefeld, [26.] 3. 1789 (Jonas 2,262).
59 Karl August Böttiger: Gallerie zu Schillers Gedichten. In: Schillers Werke. Nationalausgabe. Hrsg. von Julius Petersen [u. a.]. Weimar 1943 ff. Bd. 42. Nr. 884.
60 Vgl. Brief an Iffland, 14. 4. 1804 (Jonas 7,138).
61 Geschäftsbriefe Schillers. Hrsg. von Karl Goedeke. Leipzig 1875. S. 317.
62 Werner Welzig: Die Thematisierung der Sprache in Schillers Dramen. In: Sprachkunst 4 (1973) S. 21–28.
63 Schon Melitta Gerhard (Schiller. Bern 1950) hatte den Zusammenhang des »Wilhelm Tell« mit den staats- und geschichtsphilosophischen Vorstellungen Schillers gesehen und in dem Kapitel ihres Buches »Das Bild des neuen Staates als ›sentimentalische Idylle‹« entfaltet. Martini (Anm. 41) hat diesen Ansatz nochmals verfolgt, ohne aber zu neuen Ergebnissen zu kommen. Erst Gert Sautermeister (Idyllik und Dramatik im Werk Friedrich Schillers. Stuttgart 1971) hat darüber hinaus die spannungsvolle Grundfigur dieses Dramas als Wechselspiel von Idyllik und Geschichtlichkeit aufgezeigt.
64 An Iffland, 5. 12. 1803 (Jonas 7,98). Es ist offensichtlich, warum diese Selbstisolierung Tells ein besonders schwieriges Problem für alle Interpreten darstellt, die Schiller am liebsten als Propagandisten des Volksbefreiungskampfes auffassen möchten. »Tell [. . .] isoliert sich selbst, die Nation ist weiter fortgeschritten als er [. . .] Es mußte dem sozialistischen Realismus vorbehalten sein, solche Helden zu schaffen, die in völliger Einheit mit dem Volk als Ganzes stehen« (Edith Braemer: *Wilhelm Tell.* In: E. B. / Ursula Wertheim: Studien zur deutschen Klassik. Berlin 1960. S. 310 f.).
65 Hellmut A. Hartwig möchte die Widersprüche in der Gestalt Tells selber zurückführen auf die Idealgestalt des edlen Wilden, in der sich ebenso naiv-naturhaftes Verhalten und kultivierter Geist mischten. Züge des Naturstandes trägt Tell gewiß, doch die Widersprüche seines Charakters lösen sich auf, wenn man sie in ihrer zeitlichen Abfolge als historische Veränderung faßt. Vgl. Hartwig: Schillers *Wilhelm Tell* und der »Edle Wilde«. In: Carl Hammer (Hrsg.): Studies in German literature. Baton Rouge, Louisiana 1963. S. 72–84.
66 Hartwig (Anm. 65). S. 72.
67 Kommerell (Anm. 33). S. 108.
68 Reinhold Schneider hat den Charakter des »Tell« als einer »Märchendichtung« im Sinne des

wiedererlangten Paradieses gesehen, aber versucht, die heilsgeschichtliche Perspektive, die Schiller der Historie einschreibt, wieder im Glauben zu begründen: »Schiller kann den ›Tell‹ nicht als Lösung empfunden haben [. . .]« (Schneider: Schiller. Sendung und Freiheit in der Geschichte. In: R. S.: Freiheit und Gehorsam. Essays. München 1967. S. 83).

69 Ernst Bloch: Das Prinzip Hoffnung. Frankfurt a. M. 1959. S. 186. Bloch interpretiert hier die Ankunft des Ministers in Beethovens »Fidelio«, doch läßt sich seine Deutung bis in die Einzelheiten des Naturgeschehens auch an Schillers »Tell« nachweisen.

70 Herbert Heckmann: Elemente des barocken Trauerspiels am Beispiel des ›Papinian‹ des Andreas Gryphius. Darmstadt 1959. S. 33.

71 Ebd.

72 An Goethe, 24. 8. 1798 (Jonas 5,418).

73 12. 7. 1803 (Jonas 7,57).

CHRISTA VAERST-PFARR

Semele – Die Huldigung der Künste

Die Entstehungsdaten der beiden Versdramen – 1779/80 und 1804 – markieren den Anfang und den Endpunkt in Schillers dramatischem Wirken. Wenn auch der Stoff ein jeweils anderer ist – ein mythologisches Singspiel über die Liebe zwischen Zeus und der sterblichen Semele und ein allegorisch-schäferliches Festspiel in Versen über die Voraussetzung, das Wesen und die Wirkung der Kunst –, so kann doch die Untersuchung – gerade auch wegen des großen zeitlichen Abstands – Entwicklungslinien in einigen thematischen Komplexen Schillers verfolgen. In beiden dramatischen Stücken geht es um Formen und Wirkung der Repräsentanz des Absoluten in der Welt und um den Dualismus zwischen Materie und Geist, Menschlichem und Göttlichem, dessen Versöhnung allerdings jeweils verschieden konzipiert ist.

Die Fabel von Schillers *Semele* geht auf antike Quellen zurück.[1] Eine barocke Version, die Johann Philipp Förtsch 1681 als Textbuch zur Oper *Semele* des zu seiner Zeit über Hamburgs Grenzen hinaus bekannten Komponisten Johann Wolfgang Franck verfaßt hat,[2] hat kaum Einfluß auf Schillers Singspiel ausgeübt, wie der Verzicht auf die dem Barockdrama eigentümlichen Elemente im Personal[3], Aufbau[4] und Thema[5] zeigt.[6] Unter den antiken Quellen besitzt das dritte Buch der *Metamorphosen* des Ovid besondere Bedeutung für Schillers Singspiel, weil Schiller sich im Handlungsaufbau, in der Gestaltung der Figuren und in der Motivation ihres Handelns so eng an Ovid angeschlossen hat, daß man sein Singspiel geradezu als eine Dramatisierung der von Ovid überlieferten Fabel charakterisieren könnte. Wie bei Ovid der Bericht von Junos Eifersucht auf Semele durch den Hinweis auf zahlreiche frühere Liebesabenteuer Jupiters an Glaubwürdigkeit gewinnt[7] und Junos Racheplan zweifach begründet wird, nämlich mit der Notwendigkeit, zum einen ihre Größe zu beweisen[8] und zum anderen die ihr angetane Schmach zu rächen[9], so ist auch in Schillers Bearbeitung der Hinweis auf andere Liebesabenteuer Zeus' (1,23–28), auf den zu verteidigenden Rang Junos in der Hierarchie der Götter (1,31–37) und auf den drohenden Ehrverlust (1,13–22) ein dramatisches Movens, das die Unerbittlichkeit Junos bei der Verwirklichung ihrer Rache glaubwürdiger macht. Wie Ovid berichtet, Juno habe sich in einer Wolke in Semeles Amme Beroe aus Epidaurus verwandelt, die Semele in ein Gespräch verwickelt habe, in dessen Verlauf Jupiters Name erwähnt wurde,[10] so läßt auch Schiller Juno in einer Wolke erscheinen und in der Gestalt Beroes das Gespräch mit Semele so lenken, daß der Name Jupiters fällt (1,74–116). Doch begnügt sich Schiller nicht wie Ovid mit dem knappen Hinweis darauf, daß Juno die Erwähnung Jupiters zum Anlaß genommen habe, Zweifel an der Identität des Geliebten Semeles zu äußern[11] und sie zu der Bitte zu bewegen, Jupiter möge ihr so erscheinen, wie er auch Juno begegne[12]. Schiller schiebt den Bericht Junos von der Pest zu Epidaurus ein, mit dem Juno Semele zu einem Geständnis ihrer Liebe zu Zeus bewegen will (1,116–135), den verhörähnlichen Dialog, in dessen Verlauf Juno aus

Semele herauszulocken sucht, daß Jupiter seiner Geliebten nicht in Blitz und Donner erscheine (1,138–197), und – nachdem Juno ihren Verdacht geäußert hat – den Monolog sowie den Überredungsdialog Junos (1,207–291), der Semele von der Notwendigkeit überzeugen soll, Jupiter auf die Probe zu stellen. Diese Einschübe dienen dazu, dem Gesprächsverlauf – dem Geständnis Semeles, dem Verdacht Junos und der Einwilligung Semeles in Junos Plan – größere Wahrscheinlichkeit zu verleihen. Abweichend von der Vorlage bei Ovid folgen der Zustimmung Semeles zu Junos Plan einige Verse, in denen Semele Juno als häßlich, liebestoll und eifersüchtig schmäht (1,292–329) und in denen sie ihre von Juno geweckte Hoffnung auf Apotheose ausdrückt (1,350–353 und 1,361–366). Während bei Ovid der Entscheidung Semeles für den Plan Junos sofort die Ausführung folgt, steigern in Schillers Semele-Version einige zwischen Plan und Verwirklichung eingefügte Handlungselemente die Spannung auf den Ausgang und zeigen zudem das der Bearbeitung Schillers innewohnende, unverwechselbar eigene Konzept. Dem Einfall Schillers entstammt die Nebenhandlung um den Auftrag Jupiters an Merkur, als Ausdruck seines Liebesglücks den Bewohnern von Argos gute Ernten zu geben und eine verstorbene Schäferin zu ihrem trauernden Schäfer zurückzuführen (2,383–406) – eine Entscheidung, die Jupiter in den letzten Versen des Singspiels wieder rückgängig macht, als Semeles Tod nicht mehr zu verhindern ist (2,571 bis 575). Auch Jupiters Verdacht gegen Juno und seine Sehnsucht nach Semele (2,407–450) sind nicht bei Ovid vorgebildet. Diese Erweiterungen der Vorlage dienen dazu, der Gestalt Jupiters ein menschliches Profil zu geben, indem er in seinen Hoffnungen, Befürchtungen und Schwächen vorgeführt wird. Zwischen dem Plan Junos und seiner Verwirklichung steht – anders als bei Ovid – zudem das lange Streitgespräch zwischen den Liebenden, in dem Jupiter Semele durch Argumente und Wunder von seiner wahren Identität überzeugt (2,451–532). Diese Veränderung der Vorlage zieht eine für den Sinn der Handlung wichtige Verschiebung der Motivation nach sich, indem Semele nun nicht mehr durch den Zweifel an der Identität des Geliebten dazu getrieben wird, Jupiter in der Majestät seines Blitzens und Donnerns vor sich sehen zu wollen, sondern durch die Hoffnung auf ihre Apotheose. Die Ereignisse nach der Äußerung Semeles, Jupiter möge ihr eine Bitte erfüllen, sind dagegen wieder eng dem Text der *Metamorphosen* verbunden: Jupiter gestattet die Bitte, er schwört beim Styx, sie zu erfüllen, und versucht vergeblich, Semele den Mund zu verschließen, nachdem er den Inhalt ihres Wunsches erkannt hat (2,536–546). Im Unterschied zu Ovid, der nur lapidar den unausweichlichen Tod Semeles mit den Worten feststellt, weder Semeles Wunsch noch Jupiters Schwur könnten zurückgenommen werden,[13] schiebt Schiller noch einige Verse vor die Ankündigung des sicheren Untergangs Semeles, in denen Jupiter seine Geliebte bittet, von ihrem Wunsch Abstand zu nehmen (2,547–565). Semele hat also – entgegen der Vorlage – auch nach der Formulierung ihres Wunsches noch die Freiheit, ihn zurückzunehmen. Das für Schiller später so wichtige Prinzip der Selbstverschuldung seiner Helden[14] kündigt sich in dieser freien Umwandlung der Vorlage an; denn Semele geht bei Schiller nicht an der vorschnell geäußerten Bitte zugrunde, sondern an ihrer Blindheit gegenüber den Warnungen ihres Geliebten. Das Singspiel endet mit dem Schwur Jupiters, Juno zur Strafe an einen Felsen zu schmieden (2,566–571), und mit dem Auftrag an Merkur, den gerade von Zeus'

Gnade beglückten Menschen Verderben zu bringen (2,571–575). Der Tod Semeles bleibt von der Darstellung ausgespart.

Die Gattungsbezeichnung »Operette«, die Schiller allerdings bei seiner zweiten Bearbeitung später fortließ, weil er an eine Vertonung nicht dachte, wirft die Frage nach dem Grund für die Wahl gerade dieser Gattung auf. Die Dichtung des Barock und Rokoko bevorzugte die antike Mythologie, um sie allegorisch zu gebrauchen und um der deutschen Dichtung den Anschein der Klassizität zu verleihen. An der Spitze der mythologischen Produktionen stehen die musikalischen Gattungen der Oper und des Singspiels, die, wie das Stichwort »Singspiel, oder Opern, auch Operetta«[15] aus Johann Heinrich Zedlers Universallexikon zeigt, im 18. Jahrhundert begrifflich nicht scharf voneinander getrennt wurden. Diese Bevorzugung mythologischer Gegenstände für die musikalischen Gattungen ist entstehungsgeschichtlich darin begründet, daß die Oper als Wiedergeburt des griechischen Dramas auf die klassische Mythologie angewiesen war.[16] Aber auch unter dem Aspekt der Wirkung empfahl sich die Wahl musikalischer Gattungen für die Gestaltung des Semele-Stoffes. Zum einen ermöglichte gerade der mythologische Apparat der Oper die aufwendigsten Dekorationen – und darauf mochte auch Schiller nicht verzichten, wenn er Juno zu Anfang auf einem Pfauenwagen »aus einer hellen niederfließenden Wolke« herabsteigen und Jupiter in der zweiten Szene durch Wunder seine Göttlichkeit beweisen läßt. Zum anderen eignete sich die musikalische Form auch als ausdrucksvolle Gestaltung des für die zeitgenössischen Singspiele charakteristischen Themas der Verliebtheit, zu dessen Darstellung nach Aussagen von Autoren des 18. Jahrhunderts die rührende Wirkung der Musik besonders gut geeignet sei.[17] Da die Musik nach Wieland zudem einen würdigen und sinnlichen Begriff von der Göttersprache gebe, weshalb die Götter auf dem lyrischen[18] Theater schicklicher seien als auf dem tragischen[19], ist nach zeitgenössischer Auffassung keine andere Gattung der Gestaltung des Semele-Stoffes angemessener als die musikalische. Ein weiterer Grund für die Bevorzugung des Singspiels mag die Tatsache gewesen sein, daß Herzog Karl Eugen ein großer Musikfreund war, der es liebte, an die Zöglinge der Karlsakademie Aufträge zur Gestaltung von Hoffesten zu geben, bei denen die Musik nie fehlen durfte. Vielleicht ist aus diesem Anlaß Schillers *Semele* als Singspiel entstanden.[20]

Allerdings vermied Schiller die von Gottsched angeprangerten Auswüchse der Singspielproduktion seiner Zeit. Der aus Gottscheds Geist verfaßte Artikel in Zedlers Universallexikon über das Singspiel wirft dieser Gattung u. a. vor, die Arien gäben nur Anlaß zu einem wirkungsvollen Vortrag, der auf Kosten einer strengen Handlungsführung im Rahmen des Natürlichen, Verständigen und Wahrscheinlichen überbewertet werde. Christian Felix Weißes Singspiele tragen den Reformforderungen Gottscheds insofern Rechnung, als die Gesänge die Handlung nicht unterbrechen, sondern nur retardieren.[21] Schillers erstes überliefertes dramatisches Werk ist ganz dieser Reformtradition verpflichtet. Es gibt nur eine zweistrophige Arie (1,17–28), die den Gang der Handlung aufhält, um der Darstellung des Leids der um die Liebe Jupiters betrogenen Juno Raum zu geben, bevor Juno sich zur Rache entschließt. Die Arie hat die Funktion, die Unerbittlichkeit Junos bei der Verwirklichung ihrer Rache durch die Darstellung ihrer Empfindungen verständlich zu machen.

Der Aufbau des Dramoletts soll kurz skizziert werden, um einen Einblick in die Konsequenz und Klarheit zu geben, mit der Schiller – wohl auch der Forderung Gottscheds nach strenger Handlungsführung verpflichtet[22] – sein allerdings einfaches Handlungskonzept verwirklicht. Die Exposition ist als geschlossener Monolog Junos an den Anfang gestellt (1,1–66).[23] In vier Schritten, die Junos innere Bewegung von Zorn, Trauer und Rachegefühlen zum Racheplan nachvollziehen, wird die vergangene Vorgeschichte mit der gegenwärtigen und zukünftigen Dramenhandlung verbunden. In den ersten zwölf Versen drückt die abwandelnde Wiederholung eines Gedankens – des Zorns über den Anblick der Stätte des Ehebruchs – die Steigerung der Gefühle aus, die in den folgenden Versen und in der Arie Junos in die Klage um die verlorene Liebe des Gatten und um die wiederholte Verletzung ihres Stolzes münden. Der mit Vers 29 beginnende dritte Teil der Exposition läßt durch die Zeitadverbien »nicht mehr« (1,29) und »länger nicht« (1,30) Junos Entschluß zur Rache als Ergebnis einer lang währenden Erniedrigung erscheinen, die im Gegensatz zu ihrem Rang steht, dessen sich Juno in einer Folge von Prädikatsnomina, Fragesätzen und Ausrufen vergewissert. Der zweifach wiederholte, emphatisch aus dem syntaktischen Kontext herausgewölbte Ausruf »Rache!« (1,37), die Häufung rhetorischer Fragen, die unter verschiedenen Aspekten den Frevel Semeles – ihre Hybris – beschwören (1,38ff.) und in der Negation des anaphorisch akzentuierten Adverbs »ungestraft« die Notwendigkeit der Strafe um so deutlicher hervorheben, und endlich die Folge von drei Ausrufesätzen, deren Verben Semeles geplanten Tod amplifizierend umschreiben (1,48ff.), lassen vom Stil und Inhalt der Aussage her keinen Zweifel an Junos Entschlossenheit zur Rache. Mit Vers 51 beginnt der vierte Teil des Expositionsmonologs, der mit zwei Verknüpfungspunkten zur eigentlichen Handlung überleitet. Zum einen werden mit den Hinweisen auf »Süße, vergiftende / Schmeichelnde Reden« (1,53f.) und auf die »in sterblich Gewand« (1,61) vor Semele erscheinende Juno konkrete Details des Racheplans genannt, die die Spannung auf die Durchführung steigern, und zum anderen wird der Auftritt Semeles angekündigt (1,57ff.).

Die beiden einzigen Szenen dieses Dramoletts dienen der sukzessiven Enthüllung und Verwirklichung des Racheplans Junos. Dabei richtet sich die straffgeführte Handlung wie in einem Zieldrama ganz auf das zukünftige Gelingen. Schiller verzichtet bei dieser Kleinform[24] auf sonst so wichtige Elemente eines dramatischen Handlungsaufbaus wie das erregende Moment, die Steigerung und die Peripetie; denn alle diese Phasen in der Entfaltung einer dramatischen Handlung setzen das Bestehen eines Konflikts zwischen den dramatis personae voraus, der sich entwickelt, steigert und zu Ungunsten einer oder mehrerer Figuren entscheidet. Da jedoch weder Semele noch Zeus ein Gegenspiel gegen Junos Intrige einleiten, kann sich Schiller darauf beschränken, in einer linear auf das Ziel hin sich bewegenden Handlung die sukzessive Verwirklichung des Racheplans Junos darzustellen.

Die Stationen auf dem Wege zwischen Plan und Realisierung sollen nun markiert werden. Die in den ersten Versen nach Semeles Auftritt antizipierte Ankunft des Geliebten (1,67–73) wird lange verzögert durch den eingeschobenen Dialog zwischen Semele und Juno (1,74–366). Dieser Überredungsdialog mit verhörähnlichen Zügen[25] ist ganz von Juno gelenkt. Die im Eingangsmonolog von Juno selbst gegebene Vorinformation über ihre »schmeichelnden Reden«, in denen »Tod und

Verderben« für Semele lauern sollen (1,54ff.), gibt zwar das Ziel des Dialogs an, nicht aber die einzelnen Schritte, so daß der Leser in einem sehr spannungsreichen »Zustand zwischen vollkommener Unkenntnis und vollkommener Kenntnis« bleibt[26] und sich sein Interesse auf den Verlauf des Gesprächs, nicht auf das Ziel, richtet. Spannungsfördernd wirkt besonders die Technik, zwar nach und nach etwas von der Intrige preiszugeben, aber immer noch etwas zurückzubehalten, was für das Verständnis des Ganzen nötig ist; so werden im Detail Spannungen geweckt und wieder gelöst, die Finalspannung aber bleibt erhalten. Andeutungen Junos, Semele werde vom Lethe nicht trinken (1,86), werden von Semele als rätselhaft in Frage gestellt und dem »Geist der grauen Haare« (1,91) zugeschrieben. Dieses Stichwort ist für Juno der Anlaß, das Gespräch auf einen Gott zu lenken, der von blonden Haaren bestrickt werde (1,95). Das von Semele fragend aufgegriffene Stichwort »Gott« (1,100) gibt nun wiederum Juno den Vorwand, das mehrfach variierte Motiv der gern um Semele wohnenden Götter in das Gespräch einzubringen (1,100–113). Recht unvermittelt erwähnt Juno dann den Namen Jupiters und bewirkt damit, daß Semele errötet (1,113ff.). Spätestens an dieser Stelle wird Junos Absicht erkennbar, Semele ein Geständnis ihrer Liebe zu Jupiter zu entlocken. Dieser Absicht dient auch der von Schiller erfundene Bericht Junos von der Pest zu Epidaurus (1,116–127). Er endet mit den andeutungsreichen Worten, die den Namen Zeus' durch die zweifache Erwähnung Semeles einrahmen und so ein formales Symbol der Verführungskünste Semeles darstellen: »[...] Beroe die Amme / Gilt viel, gedachten sie, bei Semelen – bei Zeus / Gilt Semele so viel [...]« (1,131–133).

Das mit dem Versprechen der Hilfe für das bedrängte Epidaurus verknüpfte Geständnis Semeles, daß Zeus sie liebe (1,136f.), ist ein erster Teilerfolg auf dem Weg zur Realisierung des Racheplans. Spannung weckt nun die Frage, wie Juno das Geständnis zu Semeles Verderben wenden wird. Die auffällige Wiederholung des Wortes »Pracht« (1,140 und 1,145) im Zusammenhang mit den Vermutungen, die Juno über Jupiters Erscheinung vor Semele äußert, zeigt die Dringlichkeit, mit der Juno das Gespräch auf diesen Punkt bringen will. Die mit »helikonschem Schwung« (1,171) von Semele beschriebene Epiphanie des Gottes (1,148–169) erweist sich als ein weiterer Fortschritt für Junos Plan, denn diese Beschreibung gibt ihr Anlaß, den Dialog auf die in ihrer Nachdrücklichkeit einem Verhör ähnelnde Frage nach den »Donnerkeulen« (1,176–184) zuzuspitzen, die allein Zeus werfe. Die vierfache Wiederholung des Wortes »Donner«, das dreimal an syntaktisch exponierter Stelle zu Anfang des Satzes begegnet, läßt vermuten, daß das Fehlen dieses Attributs der göttlichen Epiphanie eine wichtige Funktion in Junos Plan haben wird. Diese Vermutung bestätigt sich in dem folgenden Dialogabschnitt (1,185–203), dessen vorwärtshetzende Bewegung zum einen in der Antilabe zum Ausdruck kommt, zum anderen in der schnellen Wiederholung eines Stichworts durch den Gesprächspartner. Diese Stilmerkmale der dramatischen Rede spiegeln die innere Bewegung Semeles von der Sicherheit zum Zweifel an der Identität des Geliebten und den diesen Zweifel provozierenden Anteil Junos. Mit der Folgerung, dies sei nicht Zeus, sondern eher »Ein lockerer Geselle / Aus Attika, der unter Gottes Larve / Die Ehre, Scham und Unschuld wegbetrog –« (1,204–206), ist Juno ihrem Ziel wieder ein Stück näher gekommen, weil Semele nunmehr Junos Zweifeln Glauben schenkt, wie ihre Ohnmacht zeigt. Die durch eine Kaskade von Ausrufen, durch Amplifikationen, Parallelismen, Antithesen, Wiederholungen, Anaphora und Klimakes emphatisch aufgeladene Klage Junos über Semeles Schande und über die verlorene Möglichkeit, Epidaurus vor der Pest zu retten (1,207–224), verlangsamt zwar das Tempo, ist aber ein wirksames Mittel, Semele dem Willen Junos gefügig zu machen. Retardierend wirken auch die ermunternden Worte Junos (1,225–230 und 238–247), die notwendig sind, um Semeles Niedergeschlagenheit in die Bereitschaft zu verwandeln, Junos Plan zu befolgen und Zeus auf die Probe zu stellen. Schiller setzt hier das verlangsamte Tempo dazu ein, die Entwicklung im Verhältnis zwischen Juno und Semele psychologisch glaubwürdig zu machen. Mit der Zustimmung Semeles (1,247) ist Juno an das Ziel ihres Gesprächs gelangt. Die im Leser von Anfang des Singspiels an geweckte Spannung, auf welchem Wege Junos Rache Semele »Tod und Verderben« (1,56) bringen werde, wird nun durch die detaillierte Schilderung des geplanten Verlaufs der Begegnung zwischen den beiden Liebenden gelöst (1,254–291): Wenn Zeus beim Styx schwören wird, seiner Geliebten eine Bitte zu erfüllen, und Semele trotz Zeus' Warnungen auf der Erfüllung ihrer Bitte beharrt, wird Semele vom Blitzstrahl des Göttervaters vernichtet werden. Die Schmähung Junos durch Semele (1,292–326) macht Ansätze zum Mitleid bei Juno zunichte (1,354ff.), und die von Juno in Semele geweckte Hoffnung auf Apotheose (1,327–366) festigt noch stärker Semeles Bereitschaft, dem Plan bedingungslos zu folgen. Daher wird Semele im weiteren Verlauf des Singspiels blind einem mit unerbittlicher Notwendigkeit sich vollziehenden Verhängnis entgegengehen, dessen tragische Ironie darin besteht, daß Semele um so sicherer dem Tod zum Opfer fällt, je zuversichtlicher sie an ihre nahe bevorstehende Apotheose glaubt und daher Zeus zur Erfüllung seines Schwurs drängt.

Da nur noch Jupiter Semele retten kann, richtet sich die Aufmerksamkeit ganz auf Jupiters Verhalten in der zweiten Szene. Die Komposition des Singspiels als konsequente Verwirklichung eines Intrigenplans legt es nahe, das von Juno antizipierte Verhalten (1,255–291) mit dem tatsächlich gezeigten Verhalten Zeus' zu vergleichen. Junos Voraussagen über Jupiters heißes Liebesverlangen treffen ein, wenn Zeus seinen gegen Juno gehegten Verdacht (2,414–420) leichtfertig mit dem Argument beschwichtigt, keine Ränke könnten ihn gefährden (2,425), um dann leidenschaftlich seiner Sehnsucht nach Semele Ausdruck zu geben (2,426–450). Auch die Begegnung zwischen Jupiter und Semele (2,451–460) entspricht genau dem prognostizierten Verlauf, wenn Zeus Semele entgegenfliegt, sie fliehen will, er stutzt, sie ihn wegstößt und er sie nachdrücklicher mit dem Hinweis auf seine unvergleichlich starke Leidenschaft bestürmt. Nicht vorgesehen war in Junos Plan, daß Semele die Zweifel an der Identität des Geliebten äußert und Jupiter diesen Verdacht durch Argumente und Naturwunder zu entkräften sucht (2,460–525). Daher wächst die Spannung, ob Semele nicht doch von der Göttlichkeit ihres Geliebten überzeugt werden und dem Tod entgehen kann. Semeles Ausruf »Allmächtiger!« (2,525) zeigt, daß nunmehr ihre Zweifel kein Motiv für ihr beharrliches Festhalten an Junos Plan sein können. Der erfolgreiche Überzeugungsversuch Jupiters staut jedoch nur als retardierendes Moment die rasch dem Tod Semeles entgegeneilende Bewegung, hält sie aber nicht endgültig auf. Junos Geschick, mit dem sie Semele durch die

Hoffnung auf Vergöttlichung zusätzlich dazu motiviert, wie geplant vorzugehen, wird von Erfolg gekrönt.

Der Aufbau des Dramoletts als sukzessive Enthüllung und Verwirklichung des Racheplans Junos, der wegen der bis zuletzt anhaltenden Blindheit der Opfer ohne Gegenspiel bleibt, hat Konsequenzen für die Gestaltung der Figuren und des Verhältnisses zwischen Göttern und Menschen.

Eine der Hauptquellen für die Frage nach der antiken Auffassung vom Verhältnis zwischen Göttern und Menschen sind Ovids *Metamorphosen*. In diesem Großepos ist der Mythos säkularisiert, indem er als Repertoire für Stoffe dient, die symbolisch-poetischen Gehalten Ausdruck verleihen können. Als Folge dieser Säkularisation erzählt Ovid nicht mehr von den Göttern, sondern eigentlich von den Menschen, die sich im göttlichen Gewand verbergen. Von dieser lang andauernden Tradition zehrt vor allem das Rokoko, etwa wenn Wieland trotz seiner Bemühungen, die griechischen Mythen mit modernem Gehalt zu füllen und sie zu versittlichen, in seinen *Komischen Erzählungen* bei der bis dahin und auch später beliebten Darstellung der Götterliebschaften blieb.[27] Erst bei Winckelmann sind die Götter ethische und ästhetische Lebensmächte, die den klassischen Gedanken von der Würde und Geschlossenheit des Menschen haben formen helfen, indem sie, »von der menschlichen Notdurft gereinigt«, die »Menschheit in einer höheren Würdigkeit« vorstellten.[28]

In der vor allem von Ovid dem christlichen Abendland vermittelten Tradition einer vermenschlichten Darstellung der Götter erscheint Juno als eitel und eifersüchtig. In dem barocken Trauerspiel Johann Christian Hallmanns *Die sterbende Unschuld oder Die Durchlauchtigste Catharina Königin von Engeland* von 1673 (?) wird in einer mythologischen Parallelhandlung das Liebesabenteuer Jupiters mit Callisto dargestellt, die zum Schutz vor Junos Rache von Jupiter als Sternbild des Großen Bären an den Himmel versetzt wird. Auch in Förtschs Textbuch zu der Barockoper *Semele* ist Junos unerbittliche Eifersucht das Hauptmotiv, besonders deutlich an der Stelle, an der Alcmaeon die rachelüsterne Juno vergeblich um Nachsicht mit der betörten Semele anfleht (2,499–519). Noch im Wiener Volkstheater ist der Pfau das Symboltier Junos als Zeichen ihrer Eifersucht und Eitelkeit.[29] Der Auftritt Junos in einem Pfauenwagen deutet in allegorischer Form auf die auch für Schillers Singspiel bestimmende Tradition. Der Grad der Eifersucht wird da besonders deutlich, wo Juno – entgegen der kalten Rationalität, mit der sie ihren Plan verfolgt – aus ihrer Rolle als Beroe fällt und nach der Mitteilung Semeles, Zeus werde bald erscheinen, »vergessen, heftig« stammelt: »Wirklich? Ha? / Versprach er? heut schon wieder?« (1,254f.) Noch einmal fällt sie aus ihrer Rolle, nachdem Semele sie als »die Häßliche mit ihren Ochsenaugen« (1,292) charakterisiert hat, und zeigt auch damit den Grad ihrer Verletzlichkeit. Ein weiteres Anzeichen für die Stärke ihres Affektes, aber wohl auch für die wenig ausgebildete Fähigkeit des jungen Schiller zur Gestaltung differenzierter Charaktere, ist die Einfachheit ihres ausschließlich von Rache regierten und sich im Verlauf der Handlung nicht verändernden Charakters. Nur an einer Stelle empfindet sie Mitleid mit der Rivalin (1,354ff.), als diese – in Begeisterung über die erhoffte Apotheose versetzt – von ihrem segensvollen Einfluß auf Zeus schwärmt (1,350–356). Doch sonst mindern keine Bedenken die Sicherheit ihres Entschlusses zur Rache.

Die Einrahmung ihres in freien Rhythmen gestalteten Monologs vor dem Auftritt Semeles durch »Rachegepanzert« (1,51) und »Rache« (1,66) versinnlicht in der Sprachform, was auch der Aufbau der Handlung als sukzessive Enthüllung und Verwirklichung von Junos Plan zeigt: Die Konsequenz, mit der das Dramolett das Intrigenschema durchführt, ist eine Funktion der Ausschließlichkeit, mit der Juno von ihrem Rachegedanken beherrscht ist.

Auch bei der Gestaltung des Göttervaters als liebeshungriger,[30] von der Weltregierung ermüdeter Herrscher (2,425–439), dessen Liebessehnsucht den aufkeimenden Verdacht gegen Juno (2,414–420) hinwegfegt und ihn bis zuletzt blind für das nahende Verhängnis macht, ist die Tendenz zur Vermenschlichung weit fortgeschritten. Zeus ist in Schillers Singspiel nicht der in ›ataraxia‹ und Götterstille[31] als Zeichen seiner Entfernung von den Menschen verharrende Gott griechischer Dichtungen. Der Zeus in Schillers *Semele* ist vor allem ein so sehr der Liebe bedürftiger Gott, daß er die Liebe über die Weltregierung stellt (2,432–439) und sogar seine Gottheit um Semeles willen ablegen will (2,527ff.). Die Liebe ist die Kraft, die Menschen und Götter verbindet und vor deren Gewalt die »Allmacht, Ewigkeit, Unsterblichkeit« (1,435) der Götter verblassen, so daß die Menschen keinen Grund zum Neid auf die Götter haben (2,437ff.). Zum einen klingt hier der Gedanke des Sturm und Drang an, dem neuen Selbstgefühl des Menschen dadurch Ausdruck zu verleihen, daß man ihn wegen seines schöpferischen, im Gefühl gegründeten Vermögens den Göttern als ebenbürtig an die Seite stellte. Zum anderen gehen in die Gestaltung des Göttervaters aber auch Elemente der religiösen Aufklärung und Empfindsamkeit ein, nach deren Auffassung Gott als großer Weltenbaumeister in seiner Einsamkeit thront und die Geschöpfe als Spiegel seiner Seligkeit schafft, um sich in ihnen selbst anzuschauen.[32] So beschreibt Zeus die nahende Semele (2,440–450) nicht als Individuum, sondern als Repräsentantin des weiblichen Geschlechts, das er mit dem Ausruf »O Perle meiner Werke« (2,440) an die Spitze seiner Schöpfung stellt; auch die menschliche Seele betrachtet er als Höhepunkt seiner Werke, wie die Klimax in der Reihung anderer Schöpfungen zeigt, die im Vergleich mit einer Seele als »tot« (2,449) verworfen werden. Der Syllogismus »[...] – Anzubeten ist der Künstler, der / Dich schuf – – Ich schuf dich – bet mich an, / Zeus betet an vor Zeus, der dich erschuf!« (2,441–443) zeigt mit gedanklicher Präzision, daß Zeus' Liebe zu Semele Ausdruck des in seinem Werk sich selbst verehrenden Schöpfers ist. Die Begeisterung des Weltenschöpfers formt selbst die nüchterne Figur des Syllogismus um, indem die Kürze der Sätze, die Gedankenstriche und die die Sätze verbindende Kette von Verben die Überwältigung durch das überfließende, sich dem vollständigen Ausdruck entziehende Gefühl anzeigen. Auch der mimische und rhetorische Ausdruck des Entsetzens bei dem Versuch, Semele an der Äußerung ihres todbringenden Wunsches zu hindern und sie, als dies nicht gelingt, zum Verzicht auf die Erfüllung ihrer Bitte zu bewegen (2,545–565), zeigt die Stärke der Liebe, die Zeus für sein Geschöpf hegt. Die auch durch Zeus nicht zu beeinflussende Unerbittlichkeit des Verhängnisses, das Semele vernichtet, ist ein antikes Motiv, das Schiller später noch einmal in seiner Elegie *Nänie* aufgegriffen hat.

Den preisenden Worten Jupiters zufolge versinnlicht Semeles Schönheit den Rang der menschlichen Seele als »Perle« der Schöpfung, in der der Schöpfer sich selbst

verehren und erkennen kann. Auch Juno sieht in Semele nicht das Individuum mit seinen ihm eigenen, unverwechselbaren Schwächen, sondern die Repräsentantin des menschlichen Geschlechts, weshalb alle Aussagen Junos über Semele zugleich Äußerungen über das Wesen des Menschen sind. In ihrem durch rhetorische Figuren und Gestik expressiv gesteigerten Eingangsmonolog unterstreicht Juno in grellen Bildern die Antinomie zwischen Menschlichem und Göttlichem. Die Metaphern »der Stolzen Siegeswagen« (1,30), »Riesenrüstung« (1,49) und »Rachegepanzert« (1,51) deuten das Verhältnis zwischen Menschen und Göttern als Krieg, der mit der Vernichtung des Menschen enden muß, der in »Göttersucht« (1,50) seine menschlichen Grenzen vergißt. Aus dieser Perspektive heraus erweisen sich die drastischen Metaphern, die, wie »Würmerfraß« (1,41), »das Ding von gestern und heute« (1,42), »Staub« (1,44), »Verwesung« (1,46) und »Larve der welkenden Pracht« (1,47), die Vergänglichkeit des Menschen herausstellen, als notwendiges Korrektiv, das dem Bild Jupiters von der menschlichen Seele als Höhepunkt der Schöpfung entgegengesetzt werden muß, um die Totalität des Menschen als Sinnen- und Geisteswesen zu erfassen. In der unterschiedlichen Auffassung Jupiters und Junos vom Wesen des Menschen zeigt sich der Riß im Menschen, der als Sinnenwesen »Würmerfraß« und als Seele »Perle« der Schöpfung ist. Daß diese ontologisch begründete Spannung im Menschen den Drang zur Überwindung dieses Risses zwischen Materie und Geist erzeugt, ist ein Grundgedanke der ethischen und ästhetischen Theorie Schillers. So repräsentiert die Gestalt des aus der Vereinigung eines Unsterblichen mit einer Sterblichen hervorgegangenen Herkules in *Das Ideal und das Leben* die Menschheit, die – ganz im platonischen Dualismus von Körper und Geist gedacht – in sich das Unsterbliche besitzt, das die irdische Hülle abwerfen will.[33] Auch die Erfindung und Ausgestaltung der Götter als Sinnbilder menschlicher Vollkommenheit gilt Schiller als Zeichen des menschlichen Transzendierungsdranges: »Wenn der Mensch *nur* Mensch bleiben *sollte* – bleiben *könnte*, wie hätte es jemals Götter und Schöpfer dieser Götter gegeben?«[34]
Eben diese Tendenz zur Angleichung an das Göttliche bestimmt auch das Handeln Semeles. In diesem Zusammenhang sei noch einmal erwähnt, daß Schiller die Motivation Semeles, auf der Erfüllung ihres Wunsches zu beharren, gegenüber Ovid verschiebt: Nicht mehr der – durch Jupiters Wunder ausgeräumte – Zweifel an der Identität des Geliebten treibt sie dazu, sondern die von Juno in ihr geweckte Hoffnung, als Folge der unverhüllten Offenbarung des Gottes selbst vergöttlicht zu werden. Jedoch wird der Drang Semeles nach Apotheose noch nicht im Sinne der klassischen Ethik Schillers als Annäherung an den idealischen Selbstentwurf einer Versöhnung zwischen Materiellem und Geistigem gestaltet, sondern als Versuch des Menschen, ein außer ihm existierendes, ihm vorgeordnetes Göttliches zu erreichen,[35] wie die Reaktion Semeles auf die Begegnung mit dem Göttlichen zeigt. Semele bewegt noch nicht die *mystische* Form des Enthusiasmus, der sich ins stille Herz versenkt, um das Göttliche zu erfahren, sondern der Enthusiasmus in seiner *ekstatischen* Form als Weg aus sich heraus und über sich hinaus bis zur Ähnlichkeit mit dem Gott.[36] Die Charakterisierung des Sprechausdrucks Semeles bei der Beschreibung der Epiphanie des Gottes als »helikonscher Schwung«, zu dem sich das Herz erhebe (1,171), und als »delphisches Entzücken« (1,174) zeigt mit dem Verweis auf die von Apolls Gegenwart verzückten delphischen Priesterin-

nen und mit der aufwärtsgerichteten Bewegung des Herzens den ekstatischen Zug in der Begeisterung, in die Semele durch die Erinnerung an die erste Begegnung mit dem Gott versetzt wird. Darauf deuten auch die in den Regieanweisungen vorgeschriebenen Ausdrucksbewegungen, wie etwa »auffahrend« (1,247), »rasch aufhüpfend, ihr um den Hals fallend« (1,337) und »außer sich« (1,346) als Reaktionen Semeles auf die Worte, mit denen Juno Jupiters Glanz und die Vergöttlichung und Verehrung Semeles durch die Menschen in visionären Ausblicken gestaltet. Das Erröten Semeles als Zeichen innerer Erregung bei der Erwähnung Jupiters (1,114f.) steht in der Tradition, den ekstatischen Enthusiasmus als Feuer in der Seele darzustellen, das sich als »Feuer« (1,114) auf den Wangen Semeles ausdrückt, wie auch die vollzogene Vergöttlichung als Ziel des ekstatisch bewegten Menschen in *Das Ideal und das Leben* durch das Bild der Flammen versinnlicht wird.[37] Die verzückte Beschreibung Jupiters in Metaphern – wie »Schwanenhals« (1,153), »mit Rosenrot purpurisch durchgewoben« (1,156) und »Lichtgewand« (1,162) –, die den Glanz und die Helligkeit als Begleiterscheinungen der Epiphanie des Gottes herausheben, lassen die platonische Tradition der Versinnlichung des Absoluten durch die Überfülle des Lichts erkennen. Semeles Streben nach Angleichung an das Göttliche und Schau des Absoluten ist im Rückblick auf die Tradition dem platonischen *Eros* vergleichbar, der ein jedes Seiendes in den Stand seines *Eidos*, seines eigentlichen Wesens, versetzt, indem er den Menschen zur Ideenschau drängt. Im Vorblick auf die klassische Idyllentheorie Schillers könnte die Gestalt Semeles als Vorentwurf eines sentimentalischen Charakters verstanden werden, der immer schon außerhalb seiner selbst dem Absoluten zugewandt ist,[38] das in der eschatologischen Zukunft Elysiums verwirklicht wird, in jenem Reich des Schönen, in dem Natur- und Vernunftbestimmtheit miteinander versöhnt sind[39] und dessen Abglanz Semele in Jupiters Blick zu sehen meint (1,155).

Die poetische Vorwegnahme des Endzustandes der versöhnten Antinomien in der Idylle erhebt diese Dichtungsgattung des sentimentalischen Zeitalters zu der literarischen Form, die, indem sie das Ideal der Harmonie der im Menschen vereinigten Gegensätze und der Schönheit darstellt, den »Uebertritt des Menschen in den Gott«[40] gestaltet. Wie Platos Philosophie der Bedingtheit des Menschen dadurch Rechnung trägt, daß sie das Absolute dem Menschen nur als verhüllte Wahrheit zugänglich denkt, so berücksichtigt auch Schillers Idyllentheorie die Bedingtheit alles Seienden, indem die Idylle zwar im dargestellten Ideal der versöhnten Antinomien die Richtung für einen unendlichen Fortschritt weist, weil das Ideal auf das wirkliche Leben angewandt wird, aber zugleich auch deutlich macht, daß die »wirkliche Erfahrung« die von der Vernunft geforderte Versöhnung »beständig widerlegt«[41]. Einige der Merkmale des Unwirklichen, die die idyllischen Partien in Schillers Werk kennzeichnen,[42] finden sich auch schon in Schillers Singspiel. So wird die eschatologische Zukunft, in der die vergöttlichte Semele den Menschen Heil bringt und auf diese Weise Menschen und Götter miteinander versöhnt, nur in Ausblicken Junos und Semeles visionär gestaltet (1,327–353), aber nicht szenisch vergegenwärtigt, weil es unmöglich ist, mit den Mitteln der Sprache das Absolute darzustellen. Dies erkennt Schiller selbst, wenn er darauf hinweist, daß in der »Darstellung alles Sterbliche ausgelöscht« werden müsse und »lauter Licht, lauter Freyheit, lauter Vermögen« herrschen sollen.[43] Auch der in »helikonschem Schwung« (1,171)

vorgetragene Lobpreis auf Jupiters Epiphanie gerät trotz der zahlreichen Vergleiche und Steigerungen am Schluß mit dem Unsagbarkeitstopos an die Grenze des sprachlich Ausdrückbaren, die auch durch die Hyperbel nicht überschritten werden kann: »Dies, tausendfach erhöht, und tausendfach verfeinert, / Erreicht den Schatten nicht von meinem Bräutigam« (1,168f.).
Ein weiteres Zeichen für die Transzendenz des von Semele erstrebten Ziels ist ihr Tod als Folge ihres hybriden Gleichsetzungsdranges mit den Göttern. Die Regieanweisung »heftig und vergessen« (1,135f.) als Kommentar zu dem Ausdruck, mit dem Semele ihre Liebe zu Zeus gesteht, die von Semele im Taumel der Begeisterung wiederholten Worte Junos, die in Semele die Hoffnung auf Apotheose geweckt haben (1,333–336 und 363–366) und sie blind für alle Warnungen machen werden, und endlich die Beschreibung des sonst zu Ehren Jupiters »so wild und so bacchantisch [!]« (2,413) lärmenden Palastes machen deutlich, daß der Weg des Menschen aus sich heraus kein ruhig in Besonnenheit sich vollziehender Vorgang ist. Semeles Schuld besteht in der Verkennung der Grenzen des Menschlichen, wenn sie in den Spottreden auf Juno (1,292–295 und 1,301–308) und mit der Aussage, sie könne nur Götter lieben (2,499), die im Leben unüberbrückbare Distanz zwischen Göttern und Menschen ignoriert und außer acht läßt, daß der Mensch aufgrund seiner Sinnlichkeit, deren Fesseln er erst im Tode abwirft, den unverhüllten Anblick der Gottheit, des Absoluten, nicht ertragen kann.[44] Indem Schiller die verderblichen Folgen des menschlichen Transzendierungsdranges aufzeigt, wirft er ein altes Problem Platos auf, das auch in Schillers medizinischen Arbeiten aus der Karlsschule begegnet, daß die Schwungkraft des Geistes, die die Seele aus den Banden der tierischen Natur erlöst, dem Menschen auch gefährlich sein kann, wenn nicht die als Sophrosyne personifizierte Mäßigung als das Vermögen der klugen Überlegung hinzutritt.[45] Der alles Mißtrauen beseitigende Überschwang der Hoffnung macht Semele blind für direkt geäußerte wie indirekt angedeutete Zeichen, die Vorsicht empfehlen. Die Darstellung Semeles als Repräsentantin des transzendierungssüchtigen Menschen, der, weil ihm Mäßigung fehlt, weil Hybris ihn verleitet, schuldig wird und im Tod diese Schuld sühnt, mag zum einen in der Ablehnung von Märtyrerdramen durch Lessing begründet sein, dessen poetische Lehren zum Unterrichtsstoff Jakob Friedrich Abels, des wohl für Schillers Entwicklung bedeutendsten Lehrers auf der Karlsschule, gehörten.[46] Den Untergang Semeles würden wir, wäre Semele völlig unschuldig, als gänzlich unverdient verabscheuen. Ein anderer möglicher Grund zeigt sich im Vorgriff auf das für Schillers späteres dramatisches Schaffen so wichtige Prinzip der Selbstverantwortung des Menschen für seinen Untergang,[47] das nicht gewahrt wäre, wäre Semeles Tod nur ein Akt göttlicher Rachsucht. Dem widerspricht auch die in der Gestaltung beider Götterfiguren erkennbare Göttervorstellung des jungen Schiller. Zeus und Juno repräsentieren zwei Aspekte, unter denen das Göttliche in der Welt gegenwärtig ist: als der in der Schöpfung sich selbst liebend verehrende Schöpfer und als Nemesis, die gerechte Vergeltung für Selbstüberhebung und Hybris übt. Das mythische Geschehen um Semeles Tod entbindet somit die Lehre, im Streben nach Überwindung der Grenzen des Menschen Mäßigung walten zu lassen, und weist voraus auf das Herkules-Symbol in *Das Ideal und das Leben*, das Mühen und Tod als Vorbedingungen für den Gewinn der Unsterblichkeit einbezieht.[48]

Das Versspiel *Die Huldigung der Künste* wurde am 12. November 1804 zusammen mit dem von Goethe übersetzten *Mithridat* des Racine zu Ehren der jungverheirateten Erbprinzessin von Weimar, Maria Paulowna, auf dem Weimarer Theater aufgeführt. Es ist eine in vier Tagen entstandene Gelegenheitsarbeit, die Schiller allerdings für geeignet hielt, die unter dem Titel *Theater* bei Cotta 1805 erscheinende Gesamtausgabe seiner dramatischen Werke einzuleiten.[49]

Das lyrische Dramolett kann in vier Abschnitte gegliedert werden. Der erste Teil zeigt Landleute beim Pflanzen eines Orangenbaumes und endet mit einem Tanz um den mit Früchten und Bändern geschmückten Baum (1–40). Der Beginn des zweiten Teils (41–80) wird markiert durch den Übergang zu einer »edleren« Musik und durch den Auftritt des Genius mit den sieben Göttinnen, die sich als Chor der eine Heimat suchenden Künste vorstellen. Bei der Beschreibung ihrer schon lang andauernden Suche und der Bedingungen ihres Verweilens wechselt das Versmaß von den fallenden, trochäischen Vierhebern, die der Festesfreude der Landleute Ausdruck geben, zu jambisch und anapästisch gebauten Versen, deren weiterdrängende, nur kurz an den Versgrenzen durch den Reim gestaute Bewegung das ständige Suchen versinnlicht. Die Vorstellung der Künste wird unterbrochen durch die Schilderung der Wirkung des Auftritts der Künste bei den Landleuten. Kunstvoll wird der bei den Hirten sich vollziehende Wandel von der Fremdheit (»Bilder, wie wir nie sie sahen« [53]) zur größeren Vertrautheit mit den Künsten (»Es sind mir bekannte, geliebte Gestalten, / Und weiß doch, ich habe sie niemals gesehn« [71f.]) in der Übernahme des anapästischen Versmaßes versinnlicht (68 bis 72), während die Bereitschaft des Genius zu einem Gespräch mit den Landleuten sich in der Angleichung an ihr vierhebiges trochäisches Versmaß ausdrückt (75–80). Dieses Versmaß beherrscht auch den dritten Teil des »lyrischen Spiels«, wie der Untertitel zur *Huldigung der Künste* lautet. Das Gespräch zwischen dem Genius und den Landleuten (81–146) handelt von dem symbolischen Sinn des Festes zu Ehren der fremden Herrscherin. Die Anpflanzung des fremdländischen Orangenbaums ist ein Symbol für den Wunsch der Landleute, »daß die Hohe heimisch werde / In dem neuen Vaterland« (98f.). Die besorgte Klage der Hirten, daß Maria Paulowna die »Jugendlande« (101) mit ihren familiären Bindungen an Mutter und Geschwister und die »Marmorhallen« (119) verloren habe, die die Herrscherin da, »wo über freien Auen / Nur die goldne Sonne lacht« (122f.), vermissen werde, weist der Genius mit Worten zurück, die in Kantischer Tradition die aktive Rolle des Menschen gegenüber den Dingen betonen: »Wisset, ein erhabner Sinn / *Legt* das Große in das Leben, / Und er *sucht* es nicht darin« (126–128). Mit diesen Versen, die in dem »lyrischen Spiel« fast genau in der Mitte stehen, ist eine gedankliche Wende markiert, die auch in der Ablösung des fallenden, trochäischen Vierhebers durch den steigenden, jambischen Vierheber und – ab Vers 133 bis zum Ende – durch den fünfhebigen Jambus ihren metrischen Ausdruck findet. Am Ende des dritten Teils formuliert der Genius den leitenden Gedanken, unter dem die im vierten und letzten Teil sich ereignende Vorstellung und Adresse des Genius und der Künste an Maria Paulowna sich vereinheitlichen läßt: Indem die Künste »eine Welt des Schönen« entfalten (233) und so den schöpferischen Anteil des Subjekts an der Gestaltung der Gegebenheiten betonen, verhelfen sie dem Menschen dazu, »sich selbst, still wirkend, seine Welt« (134) zu schaffen und überall da ein »Vaterland« (140) zu finden, wo »das Edle sich, das Treffliche, / Mit seinen Taten an das Leben« (138) anknüpfen kann. Wie genau der kompositorische Höhepunkt mit dem Augenblick größter Wirkung zusammenfällt, bezeugt ein Bericht von der festlichen Aufführung, der erwähnt, daß an dieser Stelle »sich die edelste Rührung aller Anwesenden«[50] bemächtigt habe.

Es mag schon deutlich geworden sein, daß das Versspiel im allegorisch-symbolischen Gewande Voraussetzung, Wesen und Wirkung der Kunst szenisch vergegenwärtigt. Die Aufmerksamkeit, die der Genius auf den »reich mit Bändern und mit Kränzen« (77) geschmückten Baum als Ausdruck menschlicher Festesfreude richtet und die Anlaß für das Gespräch mit den Landleuten wird, gibt einen Hinweis auf die Bedeutung, die das Verhältnis zwischen Mensch und Natur als Voraussetzung für die Entwicklung der Künste besitzt. Das Verhältnis der Hirten zur Natur entspricht den Voraussetzungen, die im Mythos der Entwicklung des Menschengeschlechts aus den Briefen *Über die ästhetische Erziehung* für die Entstehung einer »ästhetischen Stimmung des Gemüts«[51] genannt werden. Indem die Landleute die Erde als »heilig« (15) und die Natur als eine von vielen Göttern bewohnte Stätte ansehen (19–23), bilden sie das Göttliche in die Natur ein und verbinden Irdisches und Himmlisches, für deren Einheit auch der als »strebend in den Himmelsraum« (8) bezeichnete Orangenbaum steht. Damit schaffen sie sich eine Stätte, »wo das Reich der blinden Masse« durch die »siegende Form« gestürzt worden ist, so daß sich dort »Sinne und Geist, empfangende und bildende Kraft in dem glücklichen Gleichmaß entwickeln, welches die Seele der Schönheit und die Bedingung der Menschheit ist«.[52] Indem der Orangenbaum als von der Natur mit Früchten gesegneter und von Menschen mit Bändern geschmückter Naturgegenstand und als Mittelpunkt, um den sich der Tanz bewegt, dem Ausdruck menschlicher Festesfreude dient, ist er auch Zeichen des gelungenen Ausgleichs zwischen »empfangender und bildender Kraft«. Durch diese Zutaten des menschlichen Subjekts wird die Natur reicher und menschlicher, so daß der Mensch sie »an der Liebe Busen [...] drücken« kann.[53] Durch diese Anverwandlung des Naturgegenstands als Ausdruck der Festesfreude ist aber nicht nur der Anfang des ästhetischen Zustands angezeigt. Da durch das Ausschmücken des Baumes der Naturgegenstand dem Menschen auch als Objekt gegenübertritt, wird der Mensch zwar einerseits »aus einem Sklaven der Natur« zu ihrem »Gesetzgeber«, was ihm das Bewußtsein seiner Freiheit gibt,[54] wird ihm andererseits aber auch die Entzweiung zwischen sich und der Sinnenwelt als Problem auferlegt.[55] Die Regieanweisung, die den Landleuten am Ende des ersten Teils (40) vorschreibt, sich nach beiden Seiten der Bühne zurückzuziehen, um Platz für den Auftritt des Genius mit den Sieben Künsten zu machen, vergegenwärtigt szenisch die Ablösung dieses Naturverhältnisses durch den Zustand der Kunst. Zwar repräsentieren die Landleute die am Anfang des ästhetischen Zeitalters stehende Menschheit, aber sie können die neue, kunstbestimmte Epoche nicht zur Vollendung führen. Dies deutet der Genius an, wenn er den Hirten die Fähigkeit abspricht, »in ein schönes Herz zu schauen« (125), und mit der Belehrung, daß ein erhabner Sinn das Große in das Leben lege und es nicht darin suche (vgl. 126ff.), den Anteil des Subjekts am Zustandekommen jener Einheit zwischen Mensch und Natur, Geist und Materie betont, die dem *naiven* Empfinden der Landleute im Leben vorgegeben schien.

Was das Schöne ist, zu dem die Landleute keinen Zugang haben, welche Rolle die Künste bei seiner Verwirklichung spielen und endlich in welchem Verhältnis es zur Wirklichkeit steht – dies sind Fragen, die nun zu beantworten sind; denn die Vorstellung des Genius als »schaffender Genius des Schönen« (147), der im Verein mit den Künsten »eine Welt des Schönen« (233) zu entfalten bereit ist, bindet die Kunst ganz an die Darstellung des Schönen. Die Bestimmung, daß wir mit der Schönheit »in die Welt der Ideen [treten] – aber, was wohl zu bemerken ist, ohne darum die sinnliche Welt zu verlassen«[56], zeigt, daß im Schönen die Versöhnung von menschlichem Geist und Sinnlichkeit erreicht ist, die mit dem Eintritt des Menschen in den ästhetischen Zustand verloren zu sein schien. Das programmatische klassische Kunstgesetz, daß der »Stoff durch die Form vertilgt«[57] werden müsse, weist der Kunst den Weg, auf dem sie die in den Dualismus von Materie und Geist auseinandergebrochene Einheit des Menschen mit den ihr eigenen Mitteln wiederherstellen kann. Indem die Kunst den Stoff durchformt und ihn zum sinnenhaften Ausdruck eines unendlichen Gedankens gestaltet, dient sie »zu einem siegenden Beweis, daß [...] die Materie die Form, daß die Beschränkung die Unendlichkeit keineswegs ausschließe – daß mithin durch die notwendige physische Abhängigkeit des Menschen seine moralische Freiheit keineswegs aufgehoben werde«[58]. Die Aufgabe des Künstlers, dem bloß Stofflichen den Ausdruck des Geistigen abzuringen, charakterisiert seine Tätigkeit und sein Werk als Äquivalente der menschlichen Freiheit, die »sich im Leiden behauptet«[59]. Von diesem Gedanken einer Kunst, die durch die Synthese von Sinnlichem und Geistigem das Ideal einer vollkommeneren Welt der Freiheit und Ganzheit der menschlichen Seele entwirft, ist die Vorstellung der Sieben Künste gegen die Fürstin Maria Paulowna bestimmt. Der Genius stellt die Künste mit der Aussage vor, daß sie »alle Menschenwerke krönen« (149) und daß »alles Glück [...] vollendet« (156) werde nur durch ihr vereintes Wirken. Die Vorstellung der Künste – und auch das Versspiel – endet mit der Verkündung, aus »schön vereintem Streben« aller Künste werde sich »erst das wahre Leben« (247f.) erheben.

Im Verlauf der Selbstdarstellung der einzelnen Künste werden alle Bereiche menschlichen Handelns, Erkennens und Empfindens in ihren wichtigsten Aspekten erfaßt und gezeigt, wie sie in eine »Welt des Schönen« (233) verwandelt werden.

Die umformende Kraft der Architektur, die durch die Metapher der »Zauberrute« (162) einen magischen Akzent erhält, richtet sich auf zwei Bereiche, wie auch die allegorischen Attribute der Mauerkrone und des goldnen Schiffs zeigen: Zum einen gestaltete sie den Herrschersitz Peters des Großen so um, daß er zum Ausdruck imperialen Geistes wurde, zu einem »zweiten Rom« (159), zu einem »Kaisersitz« (160) und zu einem »Paradies der Herrlichkeit und Größe« (161), zum anderen verwandelte sie die Stätte, »wo vormals nur ein düstrer Nebel lag«, in einen Schauplatz menschlichen Handelseifers, wo nun »des Lebens lustiges Getöse« (163) rauscht.

Die Skulptur steht im Dienste der Erinnerung an die antike Götterwelt und an Siegestaten, wie das Attribut der Victoria zu erkennen gibt. Der menschliche Geist kann durch die bildhauerische Bearbeitung das Stoffliche entmaterialisieren, wie die Aussage zeigt, der Marmor solle »schmelzen unter Hammers Schlägen« (235). Dadurch wird das Sinnlich-Reale zum Ausdruck des Göttlichen und der Größe des

Menschen. Die Selbstbescheidung der plastischen Kunst, die »aus Ton nur Lebenloses bilden« (175) kann, gegenüber der herrscherlichen Tat, durch die »ein gesittet Volk aus Wilden« (176) geschaffen wird, betont die Analogie zwischen Kunstschaffen und politischem Wirken; beide sind darin vergleichbar, daß sie das real Gegebene mit menschlichem Geist und Sitte durchformen.

Im Dienste der illusionären Vergegenwärtigung steht die Malerei. Zwar lassen die Aussage, daß die Malerei »die Sinne [...] lieblich zu betrügen« (181) wisse, und die mit der Metapher des Feuers – »die Farben brennen / [...] mit glühender Gewalt« (179f.) – besonders stark betonte Wirkungsmacht der Farben vermuten, die Malerei versetze den Betrachter in einen Zustand bloßen Sinnenrausches und könne daher keinen Beitrag zur Wiederherstellung der Einheit von Sinnlichkeit und Geist leisten. Aber indem die Malerei an die Schaffung von »Gestalten« (178) gebunden ist, herrschen in ihr neben den Naturgesetzen der Sinnestäuschung zugleich die Gesetze des menschlichen Geistes, dessen Freiheit sich um so deutlicher erweist, je stärker der ihm entgegengesetzte Widerstand des Materials ist.

Gleiches gilt auch für Musik und Tanz. Die besondere Wirkungsmacht der Musik wird durch die Formulierung des um die Sinne spielenden »Zaubers« (201) als magisch gekennzeichnet und durch die Aussage, daß »in süßer Wehmut [...] das Herz zerrinnen, / Und von den Lippen [...] die Seele fliehn« (203f.) wolle, als entgrenzend akzentuiert. Schillers theoretische Überlegungen zur Musik kreisen daher um den Gedanken, wie die Musik, die »*durch ihre Materie* noch immer in einer größeren Affinität zu den Sinnen steht, als die wahre ästhetische Freiheit duldet«[60], mit der Forderung in Übereinstimmung gebracht werden kann, daß »im Ästhetischen aber [...] *zugleich* mit Naturgesetzen auch Freiheitsgesetze herrschen«[61] sollen. Das Attribut der Musik – die in der Antike Apoll als *Musagetes* zugeordnete Leier – und die Betonung des Maßes in dem Fluß der Töne durch die Metapher »Strom von Harmonien« (202) verweisen auf den Anspruch, daß »die Musik in ihrer höchsten Vollendung [...] Gestalt werden und mit der ruhigen Macht der Antike auf uns wirken« müsse[62]. Gestalt gewinnt das Material der Töne durch einen »symbolischen Akt«, durch den die »äußern Bewegungen« der Töne dem Ausdruck der gesetzmäßig verlaufenden »innern Bewegungen des Gemüts« dienen.[63] In diesem Sinne einer dem Verlauf der inneren Gemütsbewegungen analogen Ausdrucksbildung sind die Worte der personifizierten Musik zu verstehen, daß sich nur in ihren Tönen ausspreche, »was ahnungsvoll den tiefen Busen füllet« (199); denn nur dadurch, daß die Musik das Geistige in einem besonders die menschlichen Leidenschaften ergreifenden Medium behauptet, ist sie dazu geeignet, »zum höchsten Schönen« (206) zu leiten.

Der Tanz trägt mit der Grazie die ihm eigene »schöne Gabe« (216) zum Aufbau einer vollendeten »Welt des Schönen« bei. Der dem Ausdruck von Lebensfülle, Jugend und Freude dienende Tanz (vgl. V. 209ff.) durchformt sein Ausdrucksmedium, die durch die Schwerkraft des Körpers geprägte menschliche Bewegung, so, daß sie nach den Gesetzen der Schönheit, des Gleichmaßes und der Leichtigkeit geregelte Bewegung ist, wie die Bilder der »an der Schönheit Zügel« (211) geführten Freude, des mit »Zephyrs Flügeln« (213) beschwingten Körpers und der nach dem »Stabe« (215) des personifizierten Tanzes sich richtenden Bewegung zeigen.

Auch die Schauspielkunst entwirft das Ideal einer vollkommeneren Welt der Freiheit und Ganzheit der menschlichen Seele.[64] Die allegorische Deutung der Doppelmaske (217–222) zeigt, daß das Drama die Totalität des Lebens in der Darstellung des Wechsels von Freude und Schmerz, von Lust und Weinen, von Ernst und Scherz, von Höhen und Tiefen erfassen soll. In der Tragödie, die hier stellvertretend für die dramatische Gattung stehen mag, führt die Peripetie der Handlung einen Wechsel vom Glück zum Unglück herbei. Dabei wird der Forderung nach Gestaltung der Totalität des menschlichen Lebens insofern Rechnung getragen, als die szenische Vergegenwärtigung des sinnlichen Leidens ergänzt wird durch die Darstellung der Vernunftbestimmtheit und moralischen Freiheit des Helden. Um die innere Freiheit des Menschen und seine Unabhängigkeit von Naturzwängen erkennbar zu machen, eignet sich aber nicht das Schöne, weil es wegen des Ausgleichs von Naturbestimmung und Vernunftforderung die Unabhängigkeit der Vernunft nicht zeigen könnte, sondern das Erhabene. Die gegen das sinnliche Interesse gerichtete Entscheidung läßt um so deutlicher die Willensfreiheit des Menschen zutage treten, je größer das durch diese Entscheidung hervorgerufene Leiden für den Helden ist.[65] Die dramatische Vergegenwärtigung dieser pathetischen Extremsituationen ist repräsentativ für die Menschheit, weil zugleich mit dem individuellen Schicksal das »große Spiel der Welt« (223) und das »Leben« (222) vor dem Blick des Zuschauers ablaufen. Die exemplarische Anlage des dramatischen Konflikts ist Voraussetzung für die beabsichtigte Wirkung auf den Zuschauer. Wenn er »den Sinn aufs Ganze hält gerichtet« (225), also nicht einseitig als Sinnenwesen vor dem Leiden erschrickt, sondern zugleich als Vernunftwesen erkennt, daß wir noch unter einem anderen Gesetz als dem der Natur stehen, ist ihm »der Streit in seiner Brust geschlichtet« (226), indem sich in ihm die Erfahrung seiner übersinnlichen Bestimmung und seiner geistigen Widerstandskraft gegen das Leiden um so stärker regt, je mehr er durch die Darstellung pathetisch-erhabener Gegenstände der sinnlichen Empfindung des Mitleids ausgesetzt wird.[66] Dramatische Figur und Zuschauer erfahren also gleichermaßen die Vernunftbestimmtheit des Menschen – der eine durch die Entscheidung gegen das sinnliche Interesse, der andere durch die Überwindung des Mitleids – und damit die Ganzheit der menschlichen Seele.

Die Angaben, daß die Poesie alles, »was sich bewegt im Himmel und auf Erden« (191), darstellen müsse, die »freie Dichterkraft« (194) unbeschränkt und nur dem durch »kein Band« (187) und »keine Schranke« (187) gefesselten Gedanken verpflichtet sei, zeigen den Primat des Gedankens und der ihm dienenden dichterischen Einbildungskraft über die Abbildung der Wirklichkeit, die im transzendierenden Aufschwung der den Menschen »auf ihren mächtigen Flügeln / [. . .] in das himmlische Gefild« (240f.) zaubernden Phantasie ihren Wert als dichterischer Gegenstand verliert. Und dennoch sind Gedanke und Phantasie gebunden; denn sie sind neben dem Aufschwung über die Wirklichkeit auch dem schrankenlosen Eindringen verpflichtet in das, »was die Natur tief im Verborgnen schafft« (192). Die Beantwortung der Frage, wie die Auffassung von der Unbegrenztheit und der Vorherrschaft des Gedankens und der dichterischen Phantasie über das real Gegebene sich mit der Forderung des Eindringens der Poesie in die Schaffensprinzipien der Natur vereinbaren lasse, gibt Auskunft über den Beitrag, den die Poesie zum Entwurf einer vollkommeneren »Welt des Schönen« leistet. Die der personifizierten Poesie sich »entschleiert und entsiegelt« (193) darbietenden Schaffensprinzipien der Natur sind Analogien des dem Schönen verpflichteten Kunstschaffens. Dem eingeweihten Blick wird im Medium der Natur das Urbild des Göttlichen sichtbar, das der Mensch als Idee in sich trägt.[67] Wie die Natur in dieser sentimentalischen Auffassungsweise als »Gottes Spur«[68] und als »schöne Seele«[69] erscheint, insofern das Subjekt in die Natur die Idee der Vereinigung von Materie und Geist heranträgt, so verfährt auch die Dichtung: Die Unendlichkeit des Gedankens und der Phantasie bildet sich so in das Endliche und Sinnlich-Reale ein, daß dieses zum Ausdruck des Geistigen wird.[70] Die Metapher des »geflügelten Werkzeugs« (190) für das poetische Wort vereinigt in der Verknüpfung von aufschwingender Bewegung und Dinglichem den in der Poesie zu versöhnenden Dualismus von Geist und Materie, Form und Stoff, und gibt zugleich mit der Richtung einen Hinweis auf die im poetischen Schaffen sich ausdrückende Tendenz des Menschen zur Angleichung an das Göttliche.

Durch die im Schönen erscheinende metaphysische Einheit von Sinnlichkeit und Geist haben alle Künste teil an der Abbildung des göttlichen Urbilds. Die Künste wollen in der »Stille« (48) schaffen, in der auch »das hohe Göttliche« (207) ruht, und lehnen »Götterverächter« (61) ab. Auch die Verwandlung der sieben Göttinnen in den Chor der Künste und die Charakterisierung der Nahenden als »göttergleiche Schar« (52) zeigen, daß die Kunst eine Epiphanie des Göttlichen im Gewande des Schönen ist. In der Schlußansprache an Maria Paulowna versprechen die Künste: »Und wie der Iris schönes Farbenbild / Sich glänzend aufbaut aus der Sonne Strahlen, / So wollen wir mit schön vereintem Streben, / Der hohen Schönheit sieben heilge Zahlen, / Dir, Herrliche, den Lebensteppich weben!« (242–246). Der Antikes und Biblisches mischende Vergleich symbolisiert – in platonischer Tradition – das Absolute, Göttliche in der Sonne, deren Strahlen sich in das Farbspektrum des Regenbogens zerlegen. Wie der Regenbogen das Absolute im sinnlichen Medium zur Erscheinung bringt und Iris nach antikem Mythos die Botschaft der Götter zu den Menschen brachte, so bringen auch die Künste in der ihnen jeweils eigenen Form des Schönen zur Erscheinung, was sonst als das »hohe Schöne« – gleich der Urania aus dem Gedicht *Die Künstler* – transzendent bliebe.

Wie schon Winckelmann das klassische Kunstgesetz, daß Kunst in der Schönheit die Götterstille versinnliche, zum seelischen Ideal erhob und nur Menschen, die dieses Ideal verwirklichten, für fähig hielt, den Eindruck stiller Schönheit aufzunehmen[71], so richtet auch Schiller – in der *Huldigung der Künste* wie in seiner Kunsttheorie – die Kunst auf das Ideal der Humanität aus. Die Forderung, »mit stillem Geist« (208) wolle das Göttliche empfunden sein, und das Verweilen der Künste in den »stillen Gründen« (142) der Landleute lassen die Säkularisierung des mystischen Gedankens erkennen, Gleiches könne nur durch Gleiches erkannt werden. Die Reinheit des wahrnehmenden Organs, die es ermöglicht, den Chor der Künste als »göttergleiche Schar« (52) zu identifizieren, wird getrübt durch die Verwirrung der Herzen an Orten, »wo die Waffen erklirren« (55) und »wo der Haß und der Wahn« (57) herrschen; denn das Herz ist der stille Raum, in dem der Mensch das Urbild des Göttlichen als »bekannte, geliebte Gestalten« in sich trägt, ohne es jemals gesehen zu haben (71f.). An diesem Urbild kann der Mensch das Abbild des Göttlichen im Kunstschönen erkennen. Das Kunstschöne hinwiederum hat eine versittlichende Wirkung dadurch, daß es durch die Synthese von Sinnlichem und Geistigem ein Vorbild für die schöne Seele darstellt,[72] deren Gesetz die freie Vereinigung von »Sittlichkeit und Vernunft, Pflicht und Neigung« ist und die in der Anmut sich zeigt.[73] Die Bedeutung der Erziehung durch die Kunst kommt in den Worten zum Ausdruck, in denen die Poesie ihre Schönheit hinter die der schönen Seele stellt: »Doch Schönres find ich nichts, wie lang ich wähle, / Als in der schönen Form – die schöne Seele« (195f.).

Die Funktion, die das Kunstschöne als Bekräftigung für die Möglichkeit besitzt, daß durch die Abhängigkeit des Menschen seine moralische Freiheit nicht aufgehoben ist, führt auch zur Erkenntnis der Botschaft, die dieses Festspiel zum konkreten Anlaß des Empfangs der jungen Erbprinzessin bringen konnte. Die Schilderung des Lebenslaufs Maria Paulownas läßt als Schema die Vorstellung einer Entwicklung von der naiven zur sentimentalischen Empfindungsweise sichtbar werden. Die Schilderung der Kindheit und Jugend der Erbprinzessin als »Paradies« (103) und als Zeit familiärer Geborgenheit im »heilgen Schoß der Mutter« (104), am großen »Herz der Brüder« (105) und an »der Schwestern zarte[r] Brust« (106) entspricht dem Weltbezug des Naiven, der sich »in einem Zustand der Harmonie und des Friedens mit sich selbst und von außen« befindet,[74] weil die ihn umgebenden Verhältnisse ihm entsprechen. Die Übersiedlung Maria Paulownas aus Petersburg nach Weimar wird von den Landleuten als Verlust dieser naturgegebenen Totalität und inneren Harmonie geschildert, den es zu ersetzen gelte (vgl. 107ff.). Der Widerspruch des Genius trifft in das Zentrum der sentimentalischen Existenz. Indem er die Beteiligung des Subjektes herausstellt, das »das Große in das Leben« (127) legen, »sich selbst, still wirkend, seine Welt« schaffen (134) und sich »mit seinen Taten an das Leben« (138) ranken müsse, betont er, daß der Mensch bei Verlust der Einheit zwischen Naturbestimmung und Vernunftforderung über die »Naturwidrigkeit«[75] seiner Wirklichkeit hinausgehen und durch die Tat nach einer neuen Einheit streben solle.[76] Die vom Genius geforderte Anverwandlung der fremden Umgebung, die zum Ausdruck des menschlichen Geistes und des schönen Herzens werden soll (vgl. 133f.), ist – wie das Kunstschöne – eine Bestätigung der moralischen Freiheit des Menschen, die es gegen die physische Abhängigkeit zu behaupten gilt. Durch die Förderung der ihr huldigenden Künste kann die zukünftige Herrscherin die fremde Umgebung zum Ausdruck des eigenen Geistes umgestalten[77] und so das metaphysische Einheitsprinzip von Sinnlichkeit und Geist, von Naturbestimmtheit und Vernunftforderung unter Beweis stellen. Die polare Spannung zwischen den Begriffen, die – wie »Ferne« (93) und »aus fernem Land« (92) – die Fremdheit der Prinzessin anzeigen, und Formulierungen, die – wie »Vaterland« (95,99 und 140), »heimisch werden« (98) und »heimgefunden« (133) – das Ziel des Strebens angeben, zeigt, daß durch die Anstrengungen des Subjekts und durch eine höhere Kultur die Einheit – hier als Heimat und Vaterland konzipiert – wiedergewonnen werden kann, die als naturgegebene verloren ist.[78]

Die beiden dramatischen Stücke zeigen verschiedene Formen der Erscheinung des Absoluten in der Welt auf. In *Semele* repräsentiert das in menschlichem Gewande unter Menschen auftretende Götterpaar zwei Aspekte, unter denen das Göttliche in der Welt gegenwärtig ist: Zeus erscheint als der in seinem Geschöpf sich selbst liebend verehrende Schöpfer, während Juno Züge der Nemesis trägt, die gerechte Vergeltung für die Selbstüberhebung Semeles übt. *Die Huldigung der Künste* dagegen stellt im Auftritt der Künste die Epiphanie des Göttlichen im Schönen dar, das durch die Synthese von Stoff und Form die metaphysische Einheit von Sinnlichkeit und Geist abbildet. In *Semele* veranschaulicht die unterschiedliche Auffassung Jupiters und Junos vom Wesen des Menschen den Dualismus im Menschen, der als Sinnen- und Geisteswesen zugleich den Drang zur Überwindung dieses Risses verspürt, indem er auf Apotheose hofft. Dagegen stellt *Die Huldigung der Künste* eine ästhetische Theorie der Versöhnung dar. Indem die Kunst den Stoff so entmaterialisiert, daß er zum sinnenhaften Ausdruck eines Gedankens wird, tritt die Kunst den Beweis an, daß durch die Naturbestimmtheit des Menschen seine Freiheit nicht beeinträchtigt ist. Die vom frühen zum späten Versdrama zu beobachtende Entwicklung kann als Wandel von der mythologisch zur ästhetisch-ethisch gedachten Versöhnung beschrieben werden: Das in *Semele* dem Menschen vorgeordnete Göttliche wird in der *Huldigung der Künste* zum künstlerischen und seelischen Ideal verinnerlicht. Das Festspiel faßt in nuce Schillers ästhetische Theorien zusammen, so daß verständlich wird, warum Schiller gerade diese Gelegenheitsarbeit für geeignet hielt, die Sammlung seiner dramatischen Werke einzuleiten.

Anmerkungen

Die Dramentexte werden zitiert nach: Friedrich Schiller: Sämtliche Werke. Hrsg. von Gerhard Fricke und Herbert G. Göpfert in Verb. mit Herbert Stubenrauch. 5., durchges. Aufl. München 1974. Bd. 2: Dramen II. S. 1033–52 (Semele) und S. 1083–90 (Die Huldigung der Künste). Nachweise (Semele: Szene, Vers; Die Huldigung der Künste: Vers) in Klammern unmittelbar hinter dem Zitat.

1 Folgende Quellen behandeln den Semele-Mythos ausführlicher: Homer: Ilias, 14,325; Hesiod: Theogonie V. 940ff.; Pindar: Olympische Oden 2,27; Euripides: Bakchen, V. 1ff.88ff.; Ovid: Metamorphosen 3,259–315.

2 Johann PhilippFörtsch (Text) und Johann Wolfgang Franck (Musik): Semele. In einem Sing-Spiel vorgestellet (Hamburg 1681). 27 ungez. Bll. 8°. – Siehe Eberhard Thiel: Libretti. Verzeichnis der bis 1800 erschienenen Textbücher. (Kataloge der Herzog August Bibliothek Wolfenbüttel. Die Neue Reihe = Der ganzen Reihe 14. Band.) Frankfurt a. M. 1970. Nr. 1470. – Hinweise auf weitere dichterische Bearbeitungen sind unter dem Stichwort ›Semele‹ zu finden in: Herbert Hunger: Lexikon der griechischen und römischen Mythologie. Um den Bildteil gekürzte Ausg. nach der 6. erw. und erg. Aufl. Hamburg 1974.

3 Die auftretenden allegorischen Figuren zeigen, daß das sinnliche Geschehen nicht um seiner selbst willen dargestellt wird, sondern um eines Sinnes willen, den die zu Zeichen entleerten Ereignisse nur repräsentieren. Auch die Konzeption der Figuren zeigt die Tendenz zur Heraushebung des Typischen, wenn etwa Empfindungen nur als Exempla allgemeiner Gesetzmäßigkeiten im Verlauf von Gefühlskonflikten zur Geltung kommen. So entschuldigt Semele ihr Vergehen gegen die Pflichten als Tochter und Braut mit der sogar die Vernunft besiegenden Macht der Liebe (V. 69–72).

4 Der Aufbau der Oper hat eine emblematische Struktur. Die Arien, deren gesetzhafte Formulierungen und metrische und musikalische Gestaltung sie besonders herausheben, überlagern die Ereignisse mit einer Bedeutung, die sich nicht anschaulich aus ihnen ableiten läßt, sondern ihnen als zu versinnlichende Idee vorausgeht. Über die Bedeutungsebene der Arien lagert sich aber noch eine weitere Bedeutungsebene durch die unvermittelt am Schluß angehängte Moral:

»So meinen wir offtmahls beym Unglücks-Getümmel /
Es zürnen die gütige Götter im Himmel /

Und dencken nicht daß wir durch tödliche Plagen
Den Nahm der Unsterbligkeit müssen erjagen.« (V. 1478–81)

5 Das mythische Geschehen gibt zum einen Anlaß, das Spektrum menschlicher Leidenschaften – wie Liebe, Eifersucht, Treue, Wankelmut, Ehrsucht und Zwietracht – auszubreiten und ihr Mit- und Gegeneinander darzustellen. Zum anderen sind die dargestellte fehlende Einsicht der Menschen in die Pläne der Götter und der Wankelmut, die Rachsucht und die Schonungslosigkeit der Götter im Umgang mit den Menschen Ausdruck des tragischen barocken Lebensgefühls, dem wankenden Geschick ausgeliefert zu sein. Doch auf der Bedeutungsebene der dem Schluß angehängten Moral wird das mythologische Ereignis der Vereinigung Jupiters und Semeles mit den daraus für den Menschen entstehenden Leiden zum Paradigma einer Welt, die eine höhere Lenkung und einen Sinn des Leidens aufweist, allerdings erst als transzendente Wahrheit.

6 Daher kann Reinhard Buchwalds Auffassung (Schiller. Leben und Werk. Der junge Schiller. Neue, bearb. Ausg. Bd. 1. Wiesbaden 1953. S. 121), daß sich in Schillers »Semele« die Wirkung des höfischen Ludwigsburg und seiner barocken Theateraufführungen zeige, die Schiller als Knabe manchmal besuchte, nur für einige Äußerlichkeiten gelten, wie für den Auftritt Junos in einem Pfauenwagen und die Wunder Zeus' in der 2. Szene.

7 Ovid, Metamorphosen 3,258ff.

8 Ebd. 3,264–266.

9 Ebd. 3,263.

10 Ebd. 3,273–280.

11 Ebd. 3,280–284.

12 Ebd. 3,284ff.

13 Ebd. 3,297f.

14 Vgl. Klaus L. Berghahn: Formen der Dialogführung in Schillers klassischen Dramen. Ein Beitrag zur Poetik des Dramas. Münster 1970. S. 87.

15 Zedlers Großes vollständiges Universallexikon aller Wissenschaften und Künste. Bd. 37. Leipzig/Halle 1773.

16 Fritz Strich: Die Mythologie in der deutschen Literatur von Klopstock bis Wagner. Bd. 1. Halle 1910. S. 213 und 215.

17 Hans-Albrecht Koch: Das deutsche Singspiel. Stuttgart 1974. S. 48 ff.

18 Hier ist ›lyrisch‹ im Sinne von ›musikalisch‹ gebraucht. Dem entspricht auch Schillers Wortgebrauch von ›lyrisch‹ im Untertitel »lyrische Operette« zu »Semele«.

19 Strich (Anm. 16). S. 215.

20 Buchwald (Anm. 6). S. 121 f. – Buchwald erwähnt auch den Bericht Andreas Streichers, nach dem Schiller »Semele« 1779/80 verfaßt habe, also in dem Jahr, in dem er wie alle seine Mitschüler zwangsweise die letzte Klasse der Karlsakademie wiederholen mußte. Veröffentlicht wurde »Semele« allerdings erst in der »Anthologie auf das Jahr 1782«.

21 Koch (Anm. 17). S. 12 f.

22 Ebd. S. 12.

23 Nach Berghahn (Anm. 14, S. 21 und 29) ist es ein Kennzeichen der Jugenddramen Schillers, daß monologische Episoden noch nicht in einen echten Dialog mit einem emanzipierten Zuhörer aufgelöst werden.

24 Solche Schrumpfformen großer Gattungen waren besonders im Rokoko beliebt. Vgl. Alfred Anger: Literarisches Rokoko. Stuttgart 1962. S. 50 ff.

25 Vgl. Berghahn (Anm. 14). S. 39 ff. und 78 ff.

26 Vgl. Peter Pütz: Die Zeit im Drama. Zur Technik dramatischer Spannung. Göttingen ²1977. S. 11. Die Interpretation der sukzessiven Enthüllung und Verwirklichung des Racheplans Junos greift auf Pütz' Kategorien zurück.

27 Strich (Anm. 16). S. 214 und 216.

28 Walter Rehm: Götterstille und Göttertrauer. In: W. R.: Götterstille und Göttertrauer. Bern 1951. S. 114 f.

29 Reinhild-Ursula Traitler: Antike Mythologie und antiker Mimus im Wiener Volkstheater von Stranitzky bis Raimund. Wien 1973. S. 367 ff.

30 Vgl. Kurt Berger: Schiller und die Mythologie. Zur Frage der Begegnung und Auseinandersetzung zwischen christlicher und antiker Tradition in der klassischen Dichtung. In: Deutsche Vierteljahrsschrift für Literaturwissenschaft und Geistesgeschichte 26 (1952) S. 184.

31 Rehm (Anm. 28). S. 114 f. und 151.
32 Berger (Anm. 30). S. 190.
33 Ebd. S. 208.
34 Friedrich Schiller: Sämtliche Werke. Hrsg. von Gerhard Fricke und Herbert G. Göpfert. 5., durchges. Aufl. (Im folgenden zitiert als: SW.) München 1974. Bd. 5. S. 883.
35 Gerhard Kaiser: Wandrer und Idylle. Goethe und die Phänomenologie der Natur in der deutschen Dichtung von Geßner bis Gottfried Keller. Göttingen 1977. S. 90.
36 Berger (Anm. 30). S. 182 f.
37 Ebd. S. 208 und 215.
38 Wolfgang Binder: Die Begriffe *naiv* und *sentimentalisch* und Schillers Drama. In: Jahrbuch der Deutschen Schillergesellschaft 4 (1960) S. 144.
39 »Der Begriff dieser Idylle ist der Begriff eines völlig aufgelösten Kampfes sowohl in dem einzelnen Menschen, als in der Gesellschaft, einer freien Vereinigung der Neigungen mit dem Gesetze, einer zur höchsten sittlichen Würde hinaufgeläuterten Natur, kurz, er ist kein andrer als das Ideal der Schönheit auf das wirkliche Leben angewendet« (SW 5,751).
40 An Wilhelm von Humboldt, 30. 11. 1795 (Schillers Briefe. Hrsg. von Fritz Jonas. Stuttgart [1892–96]. Bd. 4. S. 338).
41 SW 5,746.
42 Vgl. Binder (Anm. 38). S. 142–155; Horst Rüdiger: Schiller und das Pastorale. In: Euphorion 53 (1959) S. 241–247.
43 An Wilhelm von Humboldt, 30. 11. 1795 (Schillers Briefe [Anm. 40]. S. 338).
44 Strich (Anm. 16, S. 268) weist darauf hin, daß »Semele« ein Vorklang dieses Gedankens sei, der auch in »Das verschleierte Bild zu Sais« und in »Kassandra« begegne. Auch Christian Friedrich Daniel Schubarts erzählende Dichtung »Jupiter und Semele« entwickele mit einer bis in die Einzelheiten gehenden Übereinstimmung mit Schiller aus der Darstellung der Mythe die Schlußmoral, daß der Mensch die Gottheit in ihrer Nacktheit nicht ertragen könne.
45 Berger (Anm. 30.). S. 215 f.
46 Buchwald (Anm. 6). S. 236.
47 Siehe S. 295, Anm. 14.
48 Da die Voraussetzungen für den pathetischen Stil, die antithetisch strukturierte Anschauungsweise (Werner Keller: Das Pathos in Schillers Jugendlyrik. Berlin 1964. S. 30), der Wille zur Verringerung der Antithesen (ebd. S. 58) und der pathetische Drang nach Größe, Vollkommenheit und Gottgleichheit (ebd. S. 28), auch für die Gestaltung des Semele-Stoffes gelten, sind auch einige der von Keller aufgezeigten pathetischen Stilzüge in »Semele« zu finden: die Worthäufungen, in denen die pathetische Bewegung sich ausbreitet (31–35, 38–40, 148–169, 367, 411, 431f.), die Wahl dynamisch bewegter Verben (11, 25, 49, 50, 115–135, 220f., 284f., 487, 489, 490), die Hyperbeln (49, 123), die Superlative (148, 154, 166, 456–460), die Sentenzen (21ff., 370ff.) und die Antithesen (44, 61, 215ff.).
49 SW 2,1299f.
50 Vgl. Leonhard Schrickel: Geschichte des Weimarer Theaters von seinen Anfängen bis heute. Weimar 1928. S. 132.
51 SW 5,655.
52 SW 5,656.
53 Die Götter Griechenlands. V. 13 (SW 1,163.169).
54 SW 5,652.
55 Erst wenn der Mensch »in seinem ästhetischen Stande sie [die Sinnenwelt] außer sich stellt oder *betrachtet*, sondert sich seine Persönlichkeit von ihr ab, und es erscheint ihm eine Welt, weil er aufgehört hat, mit derselben eins auszumachen« (SW 5,651).
56 SW 5,653.
57 SW 5,639.
58 SW 5,654.
59 SW 5,1046.
60 SW 5,639.
61 SW 5,1046.
62 SW 5,639.
63 SW 5,999.
64 Klaus L. Berghahn: Das Pathetischerhabene. Schillers Dramentheorie. In: Reinhold Grimm

(Hrsg.): Deutsche Dramentheorien. Beiträge zu einer historischen Poetik des Dramas in Deutschland. Bd. 1. Frankfurt a. M. 1971. S. 216.

65 Ebd. S. 217.

66 Ebd. S. 219 ff.

67 Vgl. Berger (Anm. 30). S. 188 und 206 f.

68 Die Götter Griechenlands. V. 16 (SW 1,162.169).

69 Die Künstler. V. 115 (SW 1,176).

70 Vgl. SW 5,639.

71 Rehm (Anm. 28). S. 101–107.

72 Siehe S. 307.

73 SW 5,468f.

74 SW 5,746.

75 SW 5,710.

76 »Ist der Mensch in den Stand der Kultur getreten [. . .], so ist jene *sinnliche* Harmonie in ihm aufgehoben, und er kann sich nur noch als *moralische* Einheit, d. h. als nach Einheit strebend sich äußern« (SW 5,716f.).

77 Maria Paulowna hat den an sie gerichteten Appell ernst genommen. Sie förderte das künstlerische und musikalische Leben der Stadt, veranstaltete populärwissenschaftliche Vortragsabende, unterstützte Bibliotheken und Museen und widmete sich sozialen Aufgaben (Ilse Marie Barth: Literarisches Weimar. Stuttgart 1971. S. 120 f.).

78 »Wir waren Natur wie sie, und unsere Kultur soll uns, auf dem Wege der Vernunft und der Freiheit, zur Natur zurückführen« (SW 5,695).

FRITZ MARTINI

Demetrius

Aus langjähriger freundschaftlicher Arbeitsgemeinsamkeit
Walter Müller-Seidel
zum 60. Geburtstag zugedacht.

I

So faszinierend ein Versuch auch ist, Schillers letzte, nicht vollendete Tragödie der Analyse und Interpretation erneut zu unterziehen, so beklemmend häufen sich die Schwierigkeiten. Sie haben sich in der Geschichte der kontroversen *Demetrius*-Deutungen niedergeschlagen, die wie ein Konzentrat der Geschichte des Schiller-Verständnisses und der Geschichte der literaturwissenschaftlichen Methoden erscheinen.[1] Weder dies noch jenes soll hier rekapituliert werden; die Zielsetzung besteht vielmehr darin, alle Aspekte dieses vielschichtigen, zudem durch seine Entstehungsgeschichte zusätzlich komplizierten Fragments aufzunehmen. Genug ist erreicht, wenn es gelingt, der *Demetrius*-Diskussion eine zusätzliche Einsicht hinzuzufügen. Daß dabei an wesentlichen Erkenntnissen – und auch Irrwegen der Forschung nicht vorübergegangen wird, versteht sich von selbst.

Unumstritten ist der außerordentliche dichterische Rang der Konzeption und der fast gänzlich ausgearbeiteten Szenen des 1. und 2. Aufzugs, die Höhenlage und Reichweite der in ihnen und den Entwürfen abgezeichneten Konfliktkonstellationen, die Komplexität der dramatischen Vorgänge und Figuren und die Meisterschaft der Komposition einer überbordenden Stoff- und Themenfülle.[2] Unumstritten ist die Gewalt der Sprache dort, wo die Versgestalt vorliegt. Schiller hatte sich mit der Dramatisierung der *Bluthochzeit zu Moskau*, diesem »tollen Sujet«,[3] zu seiner bisher größten Anstrengung und Leistung entschieden. Er wollte alles, was ihm bisher gelungen war, übertreffen: unter theatralischer, dramatischer wie tragischer Perspektive, in der innerpsychologischen wie politisch-geschichtlichen Ausformung der Rollenfiguren, in der Hochspannung ihrer Konfigurationen und in der szenischen und dialogischen Ausgestaltung. Jeder Aufzug, ob schon dialogisiert oder nur im Entwurfsmaterial skizziert, bezeugt die Größe der Intention. Die Nachlaßaufzeichnungen verweisen aber zugleich auf die Aufgabe, die es noch zu bewältigen galt und auf deren Nachzeichnung (so unsicher sie angesichts des fragmentarischen, in seiner Textqualität wechselnden Bestandes auch ist) eine Interpretation nicht verzichten kann, selbst wenn sie in Fragen einmündet, die keine definitive Antwort erlauben.

Die entstehungsgeschichtlichen Fakten lassen sich leicht berichten.[4] 1802 (oder 1803?) taucht in Schillers Plan künftiger Dramen der Titel *Bluthochzeit zu Moskau* auf.[5] Es ist sehr wahrscheinlich, daß ihm die Geschichte vom falschen Demetrius schon seit langem bekannt war. Das negative Resultat ausführlicher Überlegungen zu dem motivverwandten *Warbeck*-Plan seit 1799, der sich endlich als für eine Tragödie ungeeignet herausstellte,[6] und die Weimarer Eheverhandlungen mit dem Hof der Romanow-Dynastie, bei denen Schillers Schwager Wilhelm von Wolzogen 1803 tätig war, haben 1804 am Entschluß zur Ausführung des *Demetrius* mitgewirkt. Entscheidend ist für Schiller wohl gewesen, daß er in der Art, wie er den Stoff behandeln wollte, »volle tragische Größe«[7] erkannt hat. Er notierte am 10. März 1804: »Mich zum Demetrius entschlossen«[8]. Die Arbeit, die Erkrankungen aufhielten, wurde von offenbar ausgedehnten Diskussionen mit Goethe begleitet.[9] Schillers Briefwechsel enthält nur spärliche Hinweise über das entstehende Werk. Die vielzitierten Sätze gegenüber Gottfried Körner vom 25. April 1805 kommen über etwas rätselhafte Andeutungen nicht hinaus: »Wenn ich Dir auch gleich meinen Gegenstand nennte, so würdest Du Dir doch keine Idee von meinem Stücke machen können, weil alles auf die Art ankommt, wie ich den Stoff nehme und nicht wie er wirklich ist. Der Stoff ist historisch und so wie ich ihn nehme, hat er volle tragische Größe und könnte in gewissem Sinn das Gegenstück zu der Jungfrau v. Orleans heißen, ob er gleich in allen Theilen davon verschieden ist.«[10] Mehrere Arbeitsphasen wurden erschlossen: im Jahr 1804 zwischen dem 10. März und 25. April, dem 22. Mai und 12. Juli, dann nach Unterbrechung durch Krankheit und Zuwendung zum Plan der *Prinzessin von Celle*[11] zwischen Mitte November und Jahresende. Erneut nahm Schiller die Ausarbeitung vom 20. Januar bis 1. Mai 1805 auf. Sie bricht ab mit der 3. Szene des 2. Aufzugs. Am 9. Mai starb Schiller, noch in den letzten Lebenstagen mit dem *Demetrius* beschäftigt.

Nicht wenige Interpreten lassen sich dazu verführen, von einem im wesentlichen gesicherten Werkaufbau auszugehen;[12] sie berücksichtigen zu wenig, daß ohne Abwägung der Textqualität und der Niederschriftszeit der Entwürfe, ohne Beachtung der Entwicklungsphasen und Planveränderungen während des Arbeitsprozesses deren Auswertung fragwürdig ist. Rekonstruktionen der Autorintentionen dürfen nicht vortäuschen, es sei in ihnen ein definitives Ausführungsprogramm vorgegeben. Zwar bietet die Vielzahl der *Demetrius*-Papiere in Schillers Nachlaß eine »Selbstinterpretation«[13] an – ein in seinem dramatischen Werk singulärer Fall. Doch auch diese bezieht sich auf Erwägungen, Entwürfe, nicht auf ein endgültig durchgestaltetes Werk. Es bleibt offen, wieweit diese Selbstinterpretation in es eingegangen wäre. Eine systematische und hypothesenfreie Nachkonstruktion des Entstehungsprozesses hat sich nur in Grenzen als möglich herausgestellt.[14] Schillers Selbstinterpretation gibt allerdings zahlreiche Hinweise auf sein theatralisches und dramatisches Verfahren, seine Kalkulation der szenischen Kontraste und Tonwirkungen. Er hat nicht zuletzt das Publikum als Partner im Blick, er überprüft mit dessen Augen die Klarheit des Handlungsganges, die Ausarbeitung der Figuren, die Gradation der Affekte[15] und das Arrangement der Szenen. Während des polnischen Reichstags, beim Einzug in Moskau wird der Zuschauer als gleichsam auf der Bühne befindlich einbezogen. Schiller reflektiert die seinem dramatischen Werk eigenen Spannungs- und Stimmungseffekte, es begegnen Stich- und Leitworte seiner Ästhetik.[16] So lassen die Nachlaßaufzeichnungen dem Dichter und dem Dramaturgen in Denk- und Arbeitsvorgänge hineinsehen. Sie beschäftigen sich intensiv mit der Plausibilität der historischen Handlungsführung und der psychologischen Ausgestaltung der Figuren und Verknüpfungen.

Trotz dieser Informationsfülle findet sich die Interpretation wiederholt vor offenen Fragen,[17] zumal im Hinblick auf den Schluß der Tragödie. Wie sich während des Arbeitsprozesses erhebliche Konzeptions- und damit Textveränderungen ergeben konnten, verdeutlicht die erst in der letzten Arbeitsphase, vermutlich Februar/März 1805, entschiedene Streichung der weitgehend ausgeführten Sambor-

Szenen (227–250),[18] denen Schiller viele Überlegungen zugewandt hatte. Mit ihrer Streichung wurde die ursprüngliche Konzeption nach dem Grundmuster der klassischen Tragödie[19] beseitigt, die Figur des Demetrius gewandelt, die Exposition verändert und der politische Zusammenhang akzentuiert. Daraus mußten sich auch Abweichungen im scheinbar gesicherten »Szenar« ergeben, verlor doch mit Fortfall der Figur von Lodoiska auch das Szenenpaar mit ihrem Bruder Casimir die Begründung: also mit jenem Vertrauten, dem der verzweifelte Demetrius den Verlust seines alten Ich, seiner Einheit mit sich selbst klagt, was nur im Horizont der Sambor-Szenen dramatisch wirksam ist. Und es ist zu fragen, ob durch den Fortfall der Sambor-Szenen nicht die Bezüge zwischen dem ersten Glückswechsel des Demetrius im Kerker von Sambor – Unglück entläßt aus sich das Glück – und seinem Glückswechsel in Tula – das Glück entläßt aus sich Unglück – zerschnitten werden.[20] Die Eliminierung der Sambor-Szenen bedeutete eine Umschaltung des Gesamtplans: von der mehr psychologisch einzelmenschlichen Tragödie, in der ein edler, guter Mensch durch die Verlockung der Macht, fremde Leidenschaften und fremden Trug ins Verhängnis gerissen wird, zur politisch-historischen Staatstragödie, vom »Privatstand« (253) zur tragischen Rolle im historischen Konfliktfeld, das auf eine grundsätzliche menschliche und politisch-staatliche Problemsituation hindeutet, von der später zu sprechen ist. Daß Schiller weiterhin eingreifende Änderungen vorgenommen hätte, kann nicht ausgeschlossen werden. Die Entwürfe lassen gerade am Tragödienschluß dafür Möglichkeiten offen.

Selbst der ausgeführte Text (7–58) ist noch kein ›autorisierter‹ Text. Er ist noch im Werden begriffen. Das Szenar (175–226) läßt erkennen, daß Schiller (abgesehen von der Szene der Betrugsaufdeckung und der ersten Begegnung zwischen Demetrius und Marfa, ferner von den Szenen seit der zweiten Unterredung zwischen ihnen bis zu Demetrius' Tötung und der verräterischen Selbstrettung Marinas) vieler szenischer Organisationen und Proportionierungen noch nicht sicher war. Es lag erst vor ihm, in den Boris-Szenen (209–213), den Romanow-Szenen (213f.) und jenen nach dem Moskauer Einzug die Stoff-, Ereignis- und Figurenfülle zu raffen und, was sich nur unscharf skizziert darstellt, in eine den beiden ausgearbeiteten Aufzügen adäquate Gestaltung umzubilden. Nicht zuletzt ist die Interpretation eingeschränkt durch die Begrenzung der Dialogtextur auf den 1. Aufzug und bis Szene 3 des 2. Aufzugs, denn damit wird die Möglichkeit ausgeschlossen, deren Bildlichkeit und Metaphorik für die Analyse nutzbar zu machen.[21] Dieser Textzustand gibt Warnsignale, die von spekulations- und hypothesenfreudigen Interpreten zu wenig beachtet wurden. Dies hat zur Verwirrungsgeschichte der *Demetrius*-Interpretation viel beigetragen. Sie demonstriert weiterhin, wie vielschichtig dieses Drama angelegt ist.

II

Demetrius ist die Tragödie eines durch die »Umstände« und sich selbst betrogenen Betrügers und die Tragödie einer historischen Krisenzeit, in der es um staatliche Probleme und Konflikte ging, die für Schiller eine weltgeschichtliche und für ihn und seine Zeitgenossen aktuelle Signifikanz hatten. Es bedarf kaum des Hinweises, daß Schillers Wahl eines historischen Stoffes keine Negation von aktuellem politischem Gehalt bedeutete. *Demetrius* ist die Tragödie von der Zerstörung eines Menschen durch die auf ihn einwirkenden Umweltkräfte und durch ihn selbst, von der Zerstörung eines Herrschers, der die Menschlichkeit – als Achtung vor Würde und Freiheit – zum Staatsziel machen wollte, und die Tragödie einer sich selbst in die Anarchie treibenden Geschichtszeit. Schiller hat die Tragödie der Person Demetrius und dieser Geschichtszeit so dicht verknüpft, daß sie zueinander transparent werden: im Geschick der Herrscher Demetrius und Boris zeichnet sich die Situation der Zeit ab, sie erhält aus ihnen ihre Kennzeichen. Das Geschick dieser Usurpatoren konnte sich nur in dieser Zeit vollziehen und nur sie konnte beide hervorbringen. Es ist keine neue und dennoch eine notwendige Bemerkung, daß sich die Interpretation auf das Gesamtgefüge des Dramas als historische Tragödie beziehen muß und sich nicht nur, wie es in seiner Interpretationsgeschichte mehrfach geschah, auf die Demetrius-Figur beschränken darf.[22] Dies verbietet schon das Bezugssystem der Parallel- und Gegenbildlichkeit, das die Figuren eng verbindet.

Das dramatische Gesamtgefüge charakterisiert ein Neben- und Miteinander von Szenen, die sich auf Demetrius konzentrieren, und Szenen, die Entwicklungs- und Aktionsszenen der geschichtlichen Kräftewelt vorführen, in die er sich verstrickt.[23] In den beiden ersten Aufzügen erscheint Demetrius nur je in äußeren und inneren Entscheidungspunkten seiner Laufbahn auf der Bühne. Erst im zweiten Teil des geplanten 3. Aufzugs, nach Vorausgang der Boris- und Romanow-Szenen, besetzt er, in akzentuierten Kontrastsituationen, eine kontinuierliche Szenenfolge: Tula, die Betrugsaufdeckung mit radikalen Veränderungen seines Bewußtseins, deren Folgen in der ersten Unterredung mit Marfa und der Einzug in Moskau. Diese Ballung wiederholt sich in den Etappen seines Sturzes in die Katastrophe. Ihr sind die Ereignisse auf dem politischen Schauplatz, die Konflikte zwischen den Russen und Polen, die Nebenhandlungen um Marina, Axinia, Zusky, Solticow vorgelagert.

Zutreffend wurde von der gedrängten Intensität der Vorgangsführung in diesem »dramatischen« Drama gesprochen.[24] Der Umguß zur Versform zeigt eine entgegensteuernde Verbreiterung der Dialogsprache durch Bildlichkeit, Wiederholungen, rhetorische Ausgriffe,[25] die fraglich macht, ob die Lakonisierung im Entwurf – bis zu hochdramatisch gefüllten Augenblicken des Verstummens und Schweigens – schon berechtigt, von einem neuen Stil des Dramatikers Schiller zu sprechen. Wie besorgt er um die Kompression war, verrät sein Einfall, erst mit der Szene Marfas im Kloster einzusetzen, doch hätte die Einlagerung der Vorgeschichte von Demetrius in einen Bericht zu überlanger Erzählung oder unangemessener Abbreviatur verleitet und die Position des Protagonisten geschädigt.

Wiederholt spricht Schillers Selbstinterpretation, die man auch als Selbstermahnung lesen kann, von der Notwendigkeit der »Klarheit des Ganges der Handlung« (166). Er mußte vermeiden, daß die Stoffülle verwirrte und Aufmerksamkeit wie Verständnis zersplitterte. Eine »natürliche Entstehungsweise und Möglichkeit« (128) sollte die Vorgänge legitimieren. Dazu gehörten die Raumbilder, die Zeitbezüge. Das Milieu mußte in illusionistischen und symbolhaltigen Bildern versinnlicht, die mehrjährige Erstreckung des historischen Zeitverlaufs durch Zusammenziehungen und Zeitsprünge ausgeglichen werden. Die historische Zeit mußte dramatische Zeit werden. Die Bühnenbilder hatten jeweils die äußere und innere Situation optisch zu vergegenwärtigen, die Zeit hatte die Dramatik des Ablaufs zu suggerieren: als zunächst mitreißend vorwärtsdrängende, dann, seit dem Moskauer Einzug, den Demetrius umdrängende Zeit. Raum, Zeit, Handlung wurden dergestalt integriert. »Weil die Handlung groß und reich ist und eine Welt von Begebenheiten umfaßt, so muss mit einem kühnen Machtschritt auf den höchsten und bedeutungsreichsten Momenten hingeschritten werden. Jede Bewegung muss die Handlung um ein merkliches weiter bringen« (171,177). »Vorzüglich ist das zu beobachten, daß alles in Handlung erscheint, und [...] von bloßen Reden so wenig als möglich vorkommt« (117). Der Handlungsfaden müsse recht entschieden durchlaufen, sich auf den Protagonisten beziehen, und Szenen und Dialoge müßten rasch wechseln. Die Durchsichtigkeit der Handlung war wichtig, weil sich der Zuschauer einem ungeläufigen historisch-exotischen Lebenskreis gegenüber befand, unbekannten Geschichtsverhältnissen und einem ebenso ungeheuerlichen wie abenteuerlichen, ja märchenhaften Geschehen. Die politisch-sozialen Motivationen aus Geschichtsraum und Geschichtszeit mußten es abstützen. Die *Demetrius*-Tragödie war auch das Drama des russischen Weltreiches in einer Krise der Fundamente des Staates und des Herrschaftssystems, in der es sich im Nationenkampf aufzulösen drohte. Hier war alles aus den Fugen – der Staat wie das einzelne Geschick, das in dies Konfliktfeld mehr getrieben als handelnd verstrickt wird. Demetrius ist ungeachtet seines Aufstiegs vom anonymen, dunklen Nichts zum Zarenthron mehr passiv als aktiv, mehr getragen von Zufall, Glück, Wahn als ein Handelnder. Schiller suchte das Interesse des Zuschauers am ›objectiven‹ Stoff mit dessen ›subjectiver‹ Sympathie in Balance zu bringen. Ersteres konnte durch »Bestimmtheit, Klarheit und Consequenz und vollständige Angabe aller Daten« (128), durch »anschauliche Darstellung des Lokals, der Umstände, der Zustände« erreicht werden, die die Handlung vor dem Verstand rechtfertigen sollten, so daß das Abenteuerliche als natürlich erschien. Letzteres mußte die Rollenzeichnung des Demetrius, seine »hohe Natur«, die faszinierende Größe seiner Person, die Kette seiner Glückswechsel und die Verschränkung des Guten in ihm mit dem Verderblichen leisten. »Die Hauptfigur muß mit entschiedenem Übergewicht interessieren, wo sie selbst nicht erscheint muss sich die Handlung auf sie beziehen, oder ein mächtiges anderes Intereße muss sie augenblicklich ersetzen. So bei der Marfa, bei Boris, bei der Axinia und Romanow« (117).

Der Bautypus dieser Tragödie ist einleuchtend als ›Entwicklungsdrama‹ bestimmt worden.[26] In der Reihung von Einsatz, Wegstationen und Katastrophe des Protagonisten berührt er sich mit dem Stationendrama. Es ist die geeignete Form, die Epochengeschichte in der Vielzahl ihrer Figuren, Kräfte und Konflikte vorzuführen. Schiller hat mit sicherem Formgefühl Auseinanderstrebendes zusammengebunden: innerhalb vorwärtsführender Handlung bewahrt jeder Auftritt ein in sich geschlossenes Gefüge. »Jeder Moment aber, wo die Handlung verweilt, ist ein bestimmtes, ausgeführtes Gemälde, hat seine eigene vollständige Exposition und ist ein für sich vollendetes Ganze« (178). Gegenüber der klassischen Tragödie bedeutet dies die Lockerung zu einem episierenden Verfahren, in dem die Einzelszene die Tendenz hat, zum selbständigen Vorgang zu werden.[27] Schiller zählt selbst Beispiele auf: die Reichstag-Szene, das Nonnenkloster, die Abschiedsauftritte von

Boris, die Dorf- und Lager-Szenen (178). Dies Bauprinzip entspricht der an ›Gemälde‹ erinnernden Panoramatechnik, die das geschichtliche Umfeld vergegenwärtigt. Mit gleicher Souveränität gelang es Schiller, den nicht auf der Bühne anwesenden Demetrius im gewaltigen Fortschreiten auf sein Ziel hin dem Zuschauer gegenwärtig zu halten – und damit auch die Weite des russischen Raumes und die Geschwindigkeit seines unaufhaltsamen Aufstiegs. Raum und Zeit werden Spannungselemente in der dramatischen Aktion. Zwar tritt seit dem Einzug in Moskau ein räumlicher Stillstand ein: der Kreml ist nun konstanter Spielort, er schließt sich nach der Peripetie dicht um Demetrius als Ort seiner zunehmenden Gefangenschaft im Ausweglosen. Es fehlt ein Hinweis, ob die Auftritte im Kreml-Binnenraum mit der gleichen optisch-atmosphärischen Symbolik wie der Reichstag, das winterliche Kloster oder der Einzug in Moskau, der geradezu choreographisch inszeniert ist, ausgestattet werden sollten. Choreographisches Arrangement legen hier wie in der Dorf-Szene und Tötungsszene des Demetrius die bewegten Massenszenen nahe. Es fehlen nicht die in Schillers Drama häufigen opernhaften Züge, z. B. als suggestive Bühnenmusik (vgl. 52, 201, 205, 217).

Die Raumstatik in Moskau – Zeichen zunehmender Verengung der Situation von Demetrius – trifft auf um so größere Beschleunigung der Zeit. In später Nachtstunde treffen sich Marfa und Demetrius, beiden bleibt kaum Zeit zur Auseinandersetzung (223); »auf einige Augenblicke« (224) kann Demetrius die Rebellen beschwichtigen, »die Szene müßte sehr kurz dauern«, schon dringt Zusky herein, ein knapper Moment ist dem allseitig umringten, gleichsam erdrückten Demetrius für den Tod gegönnt. Zur Strukturierung des Dramas gehören die abrupten Umschläge zwischen Weite und Enge, Höhe und Tiefe, Freiheit und Gefangenschaft. Demetrius erfährt im Kerker von Sambor seine hohe Geburt, im Klosterkerker empfängt Marfa die Nachricht von ihrer Rückkehr zur Größe. Boris flüchtet aus der Gefangenschaft zwischen Demetrius und Romanow in die Freiheit des Todes. Der polnische König wuchs im Kerker auf, Axinia und ihr Bruder werden ins Gefängnis gesperrt, Romanow erlebt in ihm seine heilversprechende Vision.

Dieser Verdichtung im Raum- und Zeitgefüge mit gegenseitiger kontrastiver Bezugsetzung entspricht das komplexe Bezugsgeflecht zwischen den Spielfiguren. Ihre Wechselbeziehung erhellt sie gegenseitig nach dem Gestaltungsmodus der Externalisation,[28] der besagt, daß Schiller Eigenschaften des einen im abgelösten Gegenbild des Partners verkörpert und so ein dichtes Konfigurationsnetz herstellt. Die Interpretation muß sich, da die psychologische Konstruktion und Motivierung der Figuren in den Entwurfschriften dominiert, vorwiegend an dem in ihnen enthaltenen dramatischen Potential orientieren, ohne erschließen zu können, wie sie, ausgenommen die Partien bis II,3, im Detail des Dialogs ausgestaltet worden wären. Schiller trägt viele Motivierungen zusammen; welche er ausgewählt und akzentuiert haben würde, bleibt unbekannt.

Die Hauptfiguren und die Vorgangslinien waren Schiller in der russisch-polnischen Geschichte um die Jahrhundertwende 1600 vorgegeben. Er mußte beides zum dramatischen Zusammenhang transformieren, so daß Figuren und Vorgang sich gegenseitig begründeten. Den Vorgang gliederte er zu dominierenden Umschlags- und Entscheidungspunkten, profiliert durch wiederkehrende Glückswechsel. Die Figuren mußten so typisiert werden, daß sich das Typenhafte zu individuellen Konturen differenzierte und sie an den fundamentalen Problemstellungen der Tragödie teilhatten.

Gegenüber der sonst in Schillers Drama geläufigen Paarheit der Helden verfuhr er im *Demetrius* anders. Demetrius hat, vom Glück, vom Wahn, vom festen Glauben an sich und seine Berufung getragen, bis zu der ersten Tula-Szene keinen Gegenspieler. Auch in Marina nicht, die ihn verrät, aber dadurch seinen Aufstieg fördert. Der wehrlose Zar Boris – sein Gegenbild in entgegengesetzter Wegrichtung – ist es so wenig wie der tatgehemmte Romanow, auch er ein Gegenbild für Demetrius. Seit der Betrugsaufdeckung sind alle zu seinen Gegenspielern geworden, da er sich selbst zum Gegenspieler wurde: in der Spaltung zwischen seinem Ich und dem Anspruch auf die ihm auferlegte, von ihm ergriffene Rolle. Der Gegenspieler von Demetrius ist von jetzt an Demetrius selbst – Demetrius und Nicht-Demetrius. Es ist mehr als partielle Ironie, es liegt schon in der Grundstruktur des Tragischen in dieser Tragödie, daß auch das Gute und Gerechte, das er den Russen bringen will, sie zu seinen Feinden macht. »Demetrius verschmäht das knechtische Betragen der Russen und spricht davon, daß er es abschaffen werde. In diesem *schönen* Zug liegt der Keim eines unglücklichen Betragens« (214).

Gewiß mangelt es in den Szenen nach Tula nicht an Konfliktkonfrontationen: zwischen ihm und Marfa, zwischen ihm, den Polen und den Russen, zwischen ihm und Axinia, Zusky und Marina. Sie treiben ihn der Katastrophe zu. Doch sein dominierender und verderblichster Feind ist er selbst, er entläßt aus sich sein Unglück. Dies mindert nicht seine Überlegenheit dem inneren Rang nach über seine Partner. Solange sein Glaube an sich selbst unbeschädigt war, war er in sicherem Bündnis mit sich selbst und Freund aller Welt. Die Skizzen sehen eine Szene vor, in der Demetrius nach der Betrugsaufdeckung verzweifelt nach dem Jüngling fragt, der er in Sambor gewesen ist, »d. i. nach sich selbst als ob er eine fremde Person wäre, so unähnlich fühlt er sich sich selber« (172f.). Man kann daran zweifeln, ob Schiller dieses Gespräch mit Casimir, dem Bruder der gestrichenen Lodoiska, nach dem Fortfall der Sambor-Szenen noch ausführen konnte. Doch gilt die innere Situation, die in dieser Szene zum Ausdruck gelangt, auch für den Demetrius der Reichstagsfassung. Kein Schillerscher Protagonist ist so einsam wie Demetrius – er hat keine Mutter, keinen Freund, ihm ist kein Durchbruch zur Liebe gegönnt, er verliert schließlich sich selbst. Lodoiska hat er in Sambor zurückgestoßen, Marina ist er durch Ehrgeiz, nicht durch Liebe verbunden, und dies wirkt sich verhängnisvoll genug aus. Seine Liebe zu Axinia, die ihn abweist – damit zugleich eine Parallel- und Kontrastfigur zu Lodoiska –, wird durch seine Hoffnung, durch sie scheinhaft zur Zarenwürde legitimiert zu werden, in einen politischen Motivationszusammenhang gerückt. Gegenbild zu solcher Kalkulation ist Axinias Liebe zu Romanow, eine »sanftrührende« (213) Episode, Insel humaner Idealität im politischen Kampffeld, das sie vernichtet (185). Ist denn überhaupt in dieser polnischen und russischen Gesellschaft, in ihrer Makrostruktur wie in ihren einzelnen Repräsentanten, ein humanes Miteinander denkbar? Nur ein Nebeneinander gibt es in ihr, in dem jeder jedem zum Gegner, zum Verräter oder zum Werkzeug wird. Demetrius ist für Marina solches Werkzeug, Axinias Tochterliebe enthebt Boris nicht seiner Einsamkeit, durch »Ein unbekanntes« getrennt, stehen Marfa und Demetrius einander gegenüber. Er überläßt sie, nachdem er in ihr die Mutter und auch den Vater, Iwans

Blut, zu usurpieren versucht hatte und dies mit Überredung und Drohung gegenüber der Hilflosen geglückt war, so gleichgültig sich selbst wie sie ihn, als sie ihre Rachsucht befriedigt sah (223). Wenn die Menge in Polen und im Zarenreich seinen Glücksweg umströmte, geschah es um eigener Interessen willen, aus Wahn und Trug.

Demetrius, Boris, Marfa verbindet ungeachtet ihres Antagonismus eine partielle Identität; sie haben Elementares in sich, Größe, eine Mehrschichtigkeit, die zum Tragischen offen ist.[29] Schillers Tragödie bedarf der Größe der Handelnden und der Leidenden. Romanow gehört nicht zu ihnen, denn Größe fehlt ihm trotz der moralischen Qualität seiner »schönen Seele« (100) und als ein »beschütztes Haupt«. Er ist paradoxerweise als der legitime Erbe der Krone in die Kämpfe einbezogen und ihnen gleichwohl entzogen. Was ihn jedoch – und vielleicht auch Solticow – annähert, ist, daß beide zu einem niedrigen Wollen und Handeln nicht fähig sind. Solticow hält nach der Entlarvung des Betrügers Demetrius diesem trotzdem aus Abscheu vor Verrat die Treue und büßt seinen Irrtum mit dem Tod.

Niedriges Wollen und Handeln steuert die Schicht der Verschwörer, Abenteurer, Glücksspieler und Intriganten, die, ob nun Polen oder Russen, das historische Mittelfeld besetzen; sie sind zwar fern der Größe von Demetrius, aber gehören dennoch der gleichen Epoche an. Denn auch Demetrius ist ein Abenteurer, ein Glücksspieler, zunächst unwissentlich, dann willentlich ein Betrüger. Parallele und Kontrast begegnen auch hier, unter dem Signum einer anarchischen Geschichtszeit. In dieser Mittelschicht folgt jeder den Interessen oder der Willkür eigener Zwecke, gehe es nun um Thronraub wie bei Marina oder Zusky oder um erbärmlichen Kleinraub wie bei dem polnischen Betteladel. Der Verrat ist das Zeichen der Makrostruktur dieser Gesellschaft und jener einzelnen, aus denen sie sich zusammensetzt. Dies gilt für die republikanischen Polen unter einem von ihnen abhängigen Wahlkönig wie für die Russen unter dem zaristischen Absolutismus. Dies steigert sich noch, als die Herrschaft des Demetrius, seit er sich als einen Betrüger weiß, in die Despotie umschlägt. Nicht die Staatsform qualifiziert den Zustand des Staates, sondern das Staatsziel, wie es als eine Einheit von Recht und Macht und Menschlichkeit Demetrius vor seiner Entlarvung als sein Herrschaftsziel vorschwebte. Mit seiner Trennung von der »Wahrheit« zerbricht dies Ziel der neuen, besseren Ordnung im Kräftefeld der Anarchie.

Im Hintergrund und Untergrund verharrt das russische Volk, verwirrbar und verführbar »durch die gröbsten Mittel« (132), gebunden an das Althergebrachte. Es lehnt sich im Nationalhaß gegen die Fremden auf und ist doch wehrloses Opfer der jeweiligen Usurpatoren, es besteht aus »Sklaven« noch im »Soulevement«. Dies Volk kann sich verweigern, aber es ist von einem eigenen Willen weit entfernt.

Beide Staaten – die polnische Republik und der russische Absolutismus – ermangeln einer für alle verbindlichen, sie zusammenhaltenden Herrschaftsordnung. Ihr anarchischer Zustand ist die Konsequenz des Zerfalls moralisch-staatlicher Ordnungsnormen.[30] Wo sie zum Spielball der Interessen und Willkür egoistischer Einzelzwecke werden, zersetzt sich das ganze Herrschaftssystem. Eine zentrierende Norm in dieser Geschichtszeit der Konsolidierung des Absolutismus war das Prinzip der dynastischen Legalität, der Legitimität der Herrschaft. Es bildete das Fundament ihrer Absicherung. Es ist irrig, dies Problem der Legitimität im *Demetrius* nur als einen von Schiller »vertieften Oberflächenkonflikt« abzuwerten[31]: irrig angesichts der Tatsachen in der russischen Geschichte zur Zeit von Boris und Demetrius[32], irrig angesichts von Schillers Historizität. Für ihn wie seine Zeitgenossen war das Problem der Legitimität angesichts von aktuellen Legitimitätsauflösungen in Europa ein noch aktuelles Problem der politischen Bewußtseins- und Staatslage. Indem er es dem *Demetrius* einlegte, machte er die historische Tragödie zur politischen Tragödie.

Ihr Aspekt liegt darin, daß, wenn die Legalität der Usurpation, das Recht der Gewalt im System des Staates ausgeliefert wird, jegliche Ordnung aufgehoben und zur Willkür verzerrt ist: zur Negativität einer Freiheit, in der jeder nur sich selbst will. Die Reichstag-Szene demonstriert, wie aus Normen leere Formeln werden: die staatliche Gemeinsamkeit in der Verfassung, die Verantwortung gegenüber gemeinsamen nationalen Interessen, die Gerechtigkeit und die Freiheit, der Friedenseid; wie sie Spielbälle für die ständische und private Selbstsucht werden. Wie sich dieser Zerfall als Verrat bis in die individuell-menschlichen Beziehungen einfrißt, bezeugt das Verhalten von Marina und ihrer Anhänger. Der Verrat wiederholt sich unter den Truppen und im Reich des Zaren Boris, er wiederholt sich in Moskau im Verhalten der Polen gegenüber Demetrius und in der Verschwörung der russischen Adligen unter Führung von Zusky. Was auf dieser Figurenebene gleichsam wuchert, zeichnet sich aber auch in den Figuren von höherem Rang ab. Der Despot Boris Godunow, bemüht, ein gerechter Herrscher für sein Volk zu sein, ist »argwöhnisch, rachsüchtig und grausam« (211), wo es um »Angelegenheiten seiner Person«, um die Erhaltung seiner usurpierten Macht geht. Marfa will, in aufflammender Leidenschaftlichkeit, nichts als ihre Rache, um zur geschichtlichen Größe zurückzukehren. Im Monolog des Demetrius nach der Betrugsaufdeckung heißt es in den Skizzen: »Fest stehen muss ich, und doch kann ichs nicht mehr durch eigene innere Überzeugung. Mord und Blut muss mich auf meinem Platz erhalten« (170). Schiller setzt zwar am Rand das Argument hinzu: »Soll ich sie [diese großen Völker] ins Unglück, in die Anarchie stürzen, u. ihnen den Glauben nehmen?« – doch im Dialog mit Marfa im Szenar fehlt dies Argument, es geht ihm allein um sich selbst. »Ich bin nicht soweit her bis nach Moskau gedrungen um hier die Früchte meiner Siege zu verlieren und du wirst mich nicht zwingen wollen, verzweifelnd um meine Existenz zu kämpfen« (218). Usurpation hat die Despotie zur Folge, sie sät und erntet nur Anarchie. Boris und Demetrius sind nicht nur ihre Opfer, sondern sie haben diese Gesellschaft, ob nun willentlich oder zunächst unwissentlich Usurpatoren, mitgeschaffen und mitverschuldet. Denn wo das Herrschaftssystem seine Verpflichtung an eine Rechtsordnung preisgibt und zur Gewalt greift, durchdringt diese Krise des Rechts den ganzen Staat. Im Zustand des russischen Staates externalisiert sich, was in seinen Usurpatoren angelegt ist. In ihnen repräsentiert sich eine ins Anarchische verirrte Gesellschaft, und das Rechtsdefizit der Herrscher wird nicht durch deren subjektiven Willen zu gerecht-humaner Herrschaftsausübung aufgehoben. Diese Wechselbeziehung zwischen Herrscher und Staat verwischt sich, wenn man allein von ihrem Protagonisten aus die Tragödie interpretiert. Mit ihr hängt auch das komplexe mehrperspektivische Verfahren in Aufbau und

Dialog des *Demetrius* zusammen, das Schillers Entwürfe differenziert anlegen. Daß Schiller dieser Legitimitätsauffassung auch eine Grenze setzt, wird später erörtert, ebenso, in welchem Umfang er zeitgenössische sozialpsychologische und sozialkritische Erfahrungen eingebracht hat.
Letztere haben gewiß bei seinem Entschluß zur Dramatisierung des Demetrius-Stoffes mitgewirkt. Es sei aber betont: mitgewirkt. Denn ihn fesselten die sich anbietenden theatralischen und dramatischen Möglichkeiten. Außerdem kam der Stoff Grundmustern seiner dramatischen und tragischen Einbildungskraft und, wie zahlreiche Analogien zeigen, auf die in der Interpretationsgeschichte oft hingewiesen wurde, seines vorausgegangenen dramatischen Werkes entgegen.
Zwei Konfliktzentren drängen sich der Interpretation auf, die letztlich zu einem Grundkonflikt zusammenlaufen. In ihm verbinden sich der Konflikt zwischen Usurpation und Legalität im staatlich-gesellschaftlichen Bereich und der Konflikt zwischen einem sich absolut setzenden Willen und der Gesetzgeberschaft der Natur im humanen Bereich. In den ersteren sind Demetrius und Boris, in den letzteren Demetrius und Marfa verstrickt. Daß Demetrius mit beiden zu tun hat, gibt ihm die größere tragische Dimension. Die Grundthese der Interpretation wird hier vorausgenommen, sie muß sich im folgenden Gang durch das Drama beweisen.
Als Demetrius den Glücksweg bis Tula durchschreitet, tragen ihn ehrgeiziger Herrschaftswille, seine auf Größe angelegte Natur, seine Überzeugung vom angeborenen Recht und sein Ziel, das Glück befreiter Menschen nach Rußland zu bringen, zusammen in einem Gleichgewicht voran. Er ist in ihm mit sich eins.[33] Und es täuscht einen Zustand vor, der eine starke, vom Recht gesicherte und es an alle weitergebende Ordnung im Staat verspricht. Dies Recht ist gleichsam von Natur her, aus »hoher« Natur und Geburtsrecht des Prätendenten garantiert. Als Demetrius die Lüge seines Zarentums erfährt, ist die Einheit in ihm selbst, damit die Einheit seiner Herrschaft mit Natur, Recht und Staat zerbrochen. Wille und Gewalt müssen den Abgang der Legalität ersetzen. Im Dialog mit Marfa setzt Demetrius noch seine »Macht« und sein »Glück« als Trümpfe ein (219). Doch mit seiner Überzeugung von seinem natürlichen und dynastischen Recht verläßt ihn das Glück; es bleibt ihm nur, zunehmend zerbröckelnd, die Macht. Sie verzerrt sich in der Gewalt, sie pervertiert sich zu »launischem Despotismus« (220). Selbst sein Gutes kehrt sich gegen ihn. Die historischen Gegenkräfte werden stärker – die Polen und Kosaken, Marina, die Russen, Zusky, die Verschwörer. »Das furchtbare Element trägt ihn nun selbst, er beherrscht es nicht, er wird von der Gewalt fremder Leidenschaften geführt, und ist jetzt gleichsam nur ein Mittel und eine Nebensache« (220). Demetrius scheitert am Unvereinbaren, das zu vereinigen er sich berufen glaubte: die von ihm unverstandenen Lehren des polnischen Königs (27f.) waren Signale dieser Paradoxie gewesen.
Auch Boris hat sich, willentlich jedoch und mit geplantem Mord, usurpatorisch der Zarengewalt bemächtigt. Der Despot hat sich bemüht, sie als »schätzbarer Fürst«, als »wahrer Vater des Volks« auszuüben (211), wie es noch weit besser, gerechter Demetrius will. Doch Gerechtigkeit und Milde können die Legalität nicht ersetzen, und wenn sie mangelt, kein Gleichgewicht in der Herrschaftsordnung herstellen. Legalität läßt sich nicht durch Gewalt bewirken. Dies wird Boris bewußt. Die zerstörte Ordnung nötigt ihn in den Tod. Denn Gerechtigkeit kann nicht gehälftet

werden, sie ist sie selbst nur als ganze Gerechtigkeit. Schiller hat anläßlich der Boris-Figur vom Furchtbaren der »Nemesis« gesprochen (110); sie ist keine metaphysische Macht, durch die eine höchste moralische Weltordnung spricht, sondern sie signalisiert das irrational Paradoxe, daß Boris durch seine persönliche Größe zur Herrschaft berufen zu sein scheint und sie dennoch durch ihr Defizit an Legalität zum Scheitern verurteilt ist. Die Macht scheitert, wo ihr das Recht fehlt.

Unter diesem Aspekt gewinnen die Verse des Demetrius in der Reichstag-Szene leitmotivische Bedeutung: »Wer aber soll gerecht seyn auf der Erde, / Wenn es ein großes tapfres Volk nicht ist / Das frei in höchster Machtvollkommenheit / Nur sich allein braucht Rechenschaft zu geben, / Und unbeschränkt von – – – / Der schönen Menschlichkeit gehorchen kann« (10). Daß Demetrius so die Polen anspricht, heißt, sie zu verkennen. Aber daß er zugleich eine Idealität der Staatsordnung meint, die er zu verwirklichen hofft, wird damit nicht aufgehoben. In ihr sollen sich Recht und Größe, Macht und Menschlichkeit in Freiheit vereinigen, und es soll damit eine Totalität erreicht werden, die dem ästhetischen Staat entspricht. Es ist irrig, diese Verse so zu verstehen, daß »Macht vor Menschlichkeit und Recht« geht, und in ihnen das Gesetz zu finden, nach dem ein moralisch schuldiger Demetrius antritt.[34]

In Demetrius ist eine weitere tragische Dimension eingelegt: Es geht nicht nur um den Zaren und dessen Position in Staat und Gesellschaft, es geht auch um den Menschen in der Grundordnung seiner Existenz. Als Demetrius durch den Namenlosen erfährt, daß er durch niedrigen Betrug zum Werkzeug entwürdigt wurde, ist er entschlossen, das mit Willen zu sein, was er von Natur – in legitimer Geburt – nicht ist und doch von innerster Überzeugung her zu sein vermeinte. Indem er sich die Legitimität erzwingen will, vergeht er sich gegen die heilig-freie Gesetzlichkeit und Wahrheit der Natur – nicht allein gegen das Rechtsprinzip des Staates, sondern auch der Natur. Sie setzt der »Czargewalt«, die frei von menschlich erstellten Gesetzen, von jeglichem Reichsvertrag ist, die unübersteigbare Grenze. »Dort ist nichts furchtbares als die Natur«, sagt ihm der polnische König (28). Von der Natur hatte sich Demetrius, mitgerissen von seinem Glück, seiner Bestimmung zu Macht und Krone und seiner messianischen Bestimmung, die Russen von der Knechtschaft zu befreien, schon in der letzten Sambor-Szene losgesagt. »Macht, braucht kein Herz; der Wille nur allein / Spricht in den Handlungen das Leben aus« (246). Aber das Leben läßt sich nicht um seine Ganzheit betrügen. Mit der Aufdeckung der Intrige des Fabricator doli nimmt gleichsam die preisgegebene Natur Rache. Sie hat ihm das Geburtsrecht versagt, sie macht den durch andere und sich selbst Betrogenen zum Betrüger. Zerstört im Glauben an sich und sein Recht, in der Einheit mit sich selbst und seinem Glück sieht Demetrius nur eins vor sich: mit rücksichtslosem Willen als Nicht-Demetrius doch Demetrius zu bleiben. Er setzt seinen Willen gegen die Natur ein und will ihn Marfa aufzwingen. Er versucht noch im innersten Bereich, in der Naturbeziehung zwischen Mutter und Kind, sie zur Lüge zu verzerren.[35] Demetrius vergewaltigt Marfa und sich selbst zu dem, was er sein will – und büßt mit der Natur sich selbst ein. Demetrius und Nicht-Demetrius, Zar und Betrüger, Fremder und Sohn – er geht innerlich und im Versagen des Herrschers am Unvereinbaren zugrunde.

Beide Konflikte münden letztlich ineinander. Die Natur führt – wir müssen hinzusetzen: unter den Voraussetzungen dieses historischen Dramas und Schillers eigener Historizität – über die legitime Geburt zur Legalität. Der Wille führt zur Gewaltsamkeit an ihr, zur Verzerrung der Herrschaft und Selbstverzerrung des Menschen. Der Wille kann die Natur nicht zwingen; die illegale Macht kann nicht zu Recht und Gerechtigkeit im Staat leiten. Die Natur hat zwar in Boris und Demetrius die Größe der Herrscherfähigkeit gelegt, aber sie hat ihnen zugleich das Fundament der Herrschaft versagt. Sie haben ihren Staat durch Größe erobert, sie verlieren die Macht über ihn, weil sie sie nur durch Gewalt behaupten können. Unvereinbares klafft auseinander. Am Schluß der Tragödie hat die Natur, hat Demetrius selbst sich widerlegt und der Staat widerlegt ihn. Neue Usurpatoren setzen die Staatsanarchie fort – die politische Tragödie überdauert die Tragödie des Demetrius.

III

Die »Kollektaneen« bezeugen, wie gründlich Schiller bis zu Sitten-, Kostüm- und Sprachdetails sich mit der Geschichtswelt vertraut machte, um sie ins theatralisch Sinnfällige umzusetzen. Ihn fesselte an dem Stoff die Eignung zu »volle[r] tragische[r] Größe«. Dahinter trat die dramatische Analyse der russischen Geschichte zwischen 1603 bis 1606 und deren Aufladung mit aktuellen Zeitbezügen zurück. Er rückte den *Demetrius* in den Ideen-, Vorstellungs- und Gestaltungsrahmen seines bisherigen dramatischen Werkes ein und führte ihn zugleich darüber hinaus. Diese Zusammenhänge sind in der Forschung oft erörtert worden.[36] Sie sollen hier so wenig wiederholt werden wie die Phasen des Streites über die formale und darin weltanschauliche Bestimmung dieser Tragödie, womit sie zum Beleg der Weltsicht des ›späten‹ oder ›letzten‹ Schiller herangezogen werden sollte. Die Auseinandersetzung darüber, ob Schiller in Weltinterpretation und Grundmuster die klassisch-idealistische Tragödie bewahrte, ob der *Demetrius* in versöhnungsloser Schicksalstragik, der gegenüber es keine »erkennbare Vernünftigkeit der Welt«, keine »rettende Kraft der Idee« und »Allmacht des reinen Willens« gebe, die Bahn zu Kleist und Hebbel freilege[37] oder ob er sich in einer Übergangsposition zwischen ethisch-idealistischem und realistischem Drama befinde, die in Schiller selbst unentschieden war und die zu veränderter Konzeption des Tragischen und der Tragödie vorausdeute,[38] ist bis zu jüngster Zeit offengeblieben. Schon früh meldete sich berechtigt die Frage, inwieweit das Fragment zu so weitreichenden Konsequenzen eine verläßliche Grundlage liefere.

Nicht die Geschichte der nationalen Kämpfe zwischen Russen und Polen, »eine Parteinahme [...] für die nationale Unabhängigkeit der Völker«[39], ist der Initialkern, sondern das unerhörte Geschick des Demetrius. Schiller konzentriert es auf eine Grundformel: »Demetrius wird eine tragische Person, wenn er durch fremde Leidenschaften, wie durch ein Verhängniß, dem Glück und dem Unglück zugeschleudert wird, und bei dieser Gelegenheit die mächtigsten Kräfte der Menschheit entwickelt, auch die menschliche Verderbniß zulezt erleidet« (92). In seiner Figur sind fundamentale Typenrollen, die in Schillers dramatischem Werk ein Grundpersonal bilden, mit gesteigerter Komplexität zusammengefallen.[40] Die für Schiller typische Exposition des tragischen Helden kehrt im *Demetrius* in den allerdings gestrichenen Sambor-Szenen wieder. Demetrius löst sich dort aus dem idyllisch-ästhetischen Zustand noch unentschiedener Möglichkeiten; bisher ein namenloser Außenseiter, ein Niedriger und Fremder, unbekannt mit sich selbst,[41] wird er zum höchsten gesellschaftlichen Ort erhoben. Dieser Ort verlockt und reißt ihn in die Welt des politischen Handelns – ein Aufbruch, den er als unermeßliche Befreiung zu sich selbst und ins Weite erfährt. Subjektive und objektive Situation klaffen hier bereits auseinander: die vermeintliche Entdeckung als Kronerbe fixiert ihn in eine politische Rolle, die im Bedingungsgefüge dieser Gesellschaft ihn zunehmend zu ihrem Gefangenen macht. Dies zeichnet sich bereits in der Zweiteilung des ersten ausgearbeiteten Aufzugs ab. In die Sambor-Szenen hatte Schiller die »aufbrechende Knospe« gelegt: im Aufschwung seines Glücks zeichnet sich zugleich Demetrius' ›Gefährdung‹ ab: wenn er im Willen zu Größe und Macht der Stimme des Herzens absagt, wenn in ihm eine eigene Verunsicherung, ein Bangen vor sich selbst laut wird: »Bewahre Menschlichkeit in mir und Liebe / Zum Menschen hohe Macht die mich gelenkt« (245).[42] Im gleichen Augenblick stößt er die Liebe Lodoiskas um künftiger Größe willen zurück.

Schiller hat, in Kalkulation des Zuschauerinteresses, seinem Helden in den Sambor-Szenen wie im polnischen Reichstag Qualitäten verliehen, die Faszination auslösen mußten;[43] er hat zugleich in ihn und seine Situation Züge eingelegt, die auf die Tragik des Unvereinbaren vorbereiten. Demetrius ist von Beginn an nicht der reine, freie Jüngling, den man in ihm sehen wollte,[44] doch ebenso einseitig wäre es, ihn auf das Motiv des Dranges nach Herrschaft zu reduzieren. Mit moralischen Kategorien wie Reinheit oder Schuld läßt er sich nicht erfassen. Schiller schrieb im *Demetrius* keine moralisch begründete Tragödie. Ihr dialektisches Strukturprinzip liegt vielmehr darin, daß seinen Protagonisten ebenso die auszeichnenden Eigenschaften wie sein Trieb zu Macht und Krone in den Weg der Selbsttäuschung jagen, der für ihn und andere wie Boris, Axinia zum Todesweg wird. Dieser Drang zu Macht und Krone muß dem Zuschauer noch über die Reichstag-Szene hinaus im Gleichgewicht mit seinen positiven Eigenschaften erscheinen, die seine Berufung zum höchsten Rang, sein Geburtsrecht, seine Sendung als Glücksbringer für die Russen, seine Überzeugung von sich selbst zu bestätigen scheinen. Es geht hier nicht um schuldig oder unschuldig, sondern in der Tat um eine Tragödie der Selbsttäuschung eines Idealismus[45] – man muß hinzusetzen, in einer politisch-gesellschaftlichen Wirklichkeit, die für solchen Idealismus keinen Ort hat und ihn auch in dem Helden selbst verweigert.

Die Exposition in der Reichstag-Szene versetzt Demetrius sogleich auf den politischen Schauplatz. Das Bühnenbild suggeriert eine gestufte, gesicherte Ordnung des polnischen Staates. Am Ende der Szene herrscht Chaos. Demetrius erscheint schon hier als der Sprenger staatlicher Ordnung, ohne darum zu wissen. Auffällig gehäuft ruft er Recht, Gerechtigkeit an – sein Recht, die Gerechtigkeit der Polen, der Weltordnung. Beides wird ihm identisch. Doch das Recht, um verwirklicht zu werden, bedarf der Macht, die ihm fehlt. »Die Gerechtigkeit hab *ich*, *ihr* habt die Macht« (17). Beider Vereinigung ist die ideale Voraussetzung seiner Herrschaft. Um sie geht es Demetrius, nicht darum, daß die Macht der alleinige Zweck, das

Recht nur ein Hilfsmittel ist.[46] Er universalisiert die Gerechtigkeit in einer Sentenz, in deren Pathos er unbewußt sein Schicksal und den Zustand vorausnimmt, in dem er Rußland hinterlassen wird: »Gerechtigkeit / Heißt der kunstreiche Bau des Weltgewölbes. / Wo Alles Eines, Eines Alles hält / Wo mit dem Einen alles stürzt und fällt« (18). Wo alles eines und eines alles hält – dies wäre der ideale Zustand des Gleichgewichts der Kräfte im staatlichen wie sittlichen Leben. Man kann auch sagen: der ästhetischen Ordnung der menschlichen und politischen Gesellschaft.
Der Zustand des Reichstags widerspricht dem durchaus. Der Mißbrauch der Freiheit, das Übergewicht von Trieben und Interessen über die politische Vernunft, partielle Selbstsüchte wuchern. »Ehrgeiz, Ämtergier, Rivalitäten, Privatzwecke und Privatneid« – so charakterisiert Schiller diesen Zustand (199). Er präsentiert sich in Marina individuell. Es externalisiert sich in ihr zugleich, worauf partiell auch Demetrius angelegt ist: auf Ehrgeiz, Machtwillen. Doch nur partiell: Marina will nur sich selbst, egoistische Zwecke. Demetrius will ein für alle verheißungsvolles Herrschaftsziel, das sanktioniert ist durch vermeintliche Legalität, innere Natur, seinen Willen zum Guten. Es gibt ihm die sittliche Legitimierung gegenüber ihrer Besitz- und Machtgier. Doch eben in diesem Idealismus liegt seine Blindheit gegenüber Marina, die bereits verräterisch am Netz seines Verderbens strickt. Die Helferin präpariert sein Unglück; ihr Beistand wird sein Verderben. Wäre der Wille zur Macht die »Mitte seines Wesens«, wie könnte Schiller diese Verblendung motivieren?
Dennoch rückt er Demetrius ins Zwielichtige. Ist sein Appell an die Gerechtigkeit der Polen eigene Überzeugung oder kalkulierte Provokation ihrer nationalen Eitelkeit? Wo sind in der virtuosen Rhetorik von Demetrius die Grenzen zwischen Aufrichtigkeit und politischer Berechnung zu ziehen?[47] Wie läßt sich sein Idealismus der Befreiung der Russen damit vereinigen, daß er im vorschnellen Überschwang über noch nicht betretene Fürstentümer verfügt und den Reichtum des noch nicht eroberten Landes an Fremde ausstreut? Zwielichtig wird hier alles: sein Anspruch, seine Zukunft dank schlechter Helfer, von denen er sich abhängig macht. Zwielichtig sind sein Aufruf zum Krieg und sein Ziel, für sich selbst, für die Russen Glück und Frieden gewinnen zu können. Zwielicht wirft der Kontrast zwischen seinen großen Worten und der Anarchie, die er im Reichstag auslöst. In noch mehr Zwielicht stößt Marina den »Träumer« und »Schwärmer«, wenn sie mit eisiger Ironie von seinem »Wunder«, seiner »Götterstimme« spricht und in der Ungewißheit, ob er Wahrheit oder Lüge sei, das Versprechen seines Erfolges sieht. »Laß *ihn* die glückliche Dunkelheit bewahren / Die eine Mutter großer Thaten ist« (29).[48] Marina spricht damit das Geheimnis seines Glücksaufstiegs aus.
Zwielicht umgibt die Figur des Demetrius auch im 2. Aufzug. Ein illusionistisch-symbolisches Schaubild leitet ihn ein: die öde Winterwüste der russischen Ebene, Ort der Verstoßung, der Einkerkerung. Zugleich meldet sich frühlingshafte Wiedergeburt an. Das Bühnenbild präsentiert optisch, was in Marfa, im russischen Volk vorgeht. Zu der in Bitterkeit versteinerten Zarin und Mutter kommt die Nachricht von ihrem im »Wahn der Menge« wiedergeborenen Sohn. Sie wehrt ab.[49] Dennoch bricht zurückgestaute Leidenschaftlichkeit in ihr auf, als ihr bewußt wird, was der Wahn für Boris und sie bedeutet: ihre Rache, ihre Befreiung aus lebendem Tod zu geschichtlicher Größe.[50] Sie nimmt Demetrius an als den Sohn

ihrer Rache, nicht als Mutter, nur »an Kindes Statt«. Sie will ihn, denn sie will die Rache. Sie spricht nur insoweit für Demetrius, als sie das von Boris verlangte Wort nicht sagt. Doppelte Gegenbildlichkeit ist eingestaltet: Marfa und Demetrius werden aus dem Zustand der Niedrigkeit bzw. Erniedrigung zur Höhe befreit, in beiden leben unterdrückte Kräfte, »Hoffnung«, »Wunsch« großer Zukunft entgegen. Und wie für Marina wird Demetrius für Marfa zum Werkzeug ichzentrierter Zwecke, wenn sie sich mit ihm verbündet. Diese erste Marfa-Szene – ein dichterisches Meisterstück in raschen Umschlägen der Stimmenführung und in szenischer Kompositionskunst – erhält ihre Ausdrucksintensität durch den extremen Glückswechsel Marfas, durch die Wendung aus innerer Erstarrung zu Leidenschaft, durch die Konfrontation mit Boris im Dialog mit dessen Abgesandten und dadurch, daß hinter der Bühne das Dynamische des rasanten Aufstiegs des Demetrius sich dem Zuschauer in Zeichen vergegenwärtigt. Das Gerücht bis in entlegenste Ferne, die Unruhe des Volkes, die Furcht des Zaren sind Zeichen, wie Rußland sich ihm öffnet, bevor er es betreten hat.

Schiller hat als Steigerungsmomente Retardationen eingeschaltet. Innere Unsicherheit überfällt Demetrius; sein Glück scheint ihn abrupt zu verlassen. Dies bezieht die Szenen des Grenzübertritts und, nicht mehr ausgeführt, der Niederlage durch die Borisowische Armee aufeinander. Letztere wird Demonstration eines neuen extremen Glückswechsels, in dem der Verlust den Gewinn wie ein »Wunder« aus sich entläßt. Der geschlagene Demetrius verfällt, des »Vertrauen[s] auf seine Sache« beraubt, dem Selbstmord nahe, der Hoffnungslosigkeit (208).[51] In gleichem Zustand wird kurz danach der alte Zar vorgeführt. Der Umschlag signalisiert die Unzuverlässigkeit des Glücks und in Demetrius eine innere Unsicherheit, der gegenüber der Wahn der Getäuschten sich als stärker beweist. Solticow verfällt ihm, wenn er »rein aus Gewißenspflicht« Boris verrät.[52] Er stellt das Glück für Demetrius wieder her, nicht aber dessen Kraft und Sendung, auf die er in der Szene an der Grenze, sein Gewissen verdrängend, vertraut. Die Szene ist knapper als im Entwurf gefaßt.[53] Demetrius zögert in kontemplativer Wendung nach innen, im Gebet um ein Gotteszeichen (205). Er steht wie in der letzten Sambor-Szene vor einer inneren Entscheidung. Dem emotionalen Nachdruck der Szenentönung entspricht das zu Marfas Klosterwüste kontrastive Bühnenbild: die weite lachende Ebene im jungen Grün der Saaten. Der Fluß der Zeit malt sich darin: der Frühling hat das Land überzogen. Beschwörend tönt in dichter Szenenverklammerung Marfas Ruf nach: »Er ists, er zieht mit Heereskraft heran [...]« (52).

Diese Raumweite zeichnet die innere Dimension von Demetrius' Aufstieg. Der Ungeduld Marinas am Schluß des ersten Aufzugs entspricht Marfas Ungeduld. Der Schritt über die Grenze entscheidet, nicht mehr umkehrbar, über alles: Gewalt oder Frieden, Verwüstung oder Verzicht vor dem Kampfbeginn, »mißliche« Größe oder die »alte(n) Dunkelheit« (130). Dies ist noch von den Sambor-Szenen her gesehen. Wie im Abschiedsdialog mit der liebenden Lodoiska regt sich »das Herz«. Schiller spricht von einem Scheideweg zwischen dem Guten und dem Bösen (131). Böse ist die Verführung zur Macht; eine moralische Kategorisierung scheint sich abzuzeichnen. Doch dies gehört noch zur Sambor-Stufe des Entwurfs des Dramas. In der ausgearbeiteten Szene ist die moralische Alternative verdrängt; sie hätte dem Usurpator zu früh eine Schuld aufgedrückt. Das eigentliche Paradox, daß er mit Hilfe der beutegierigen Erbfeinde seinem Vaterland die Freiheit bringen will, wird Demetrius offenbar nicht bewußt. Solche Freiheit hieße doch Selbstbestimmung, die weder sein zaristischer Machtwille noch die Polen den Russen einräumen. Sein und ihr Mittel, so verschieden auch die Ziele sind, ist die Gewalt.

Es ist möglich, daß Schiller zusätzlich unter dem Druck der dramatischen Zeit abgekürzt, das poetisch-idyllische Moment um der Aktion willen beiseite gedrängt hat. »Es muß so viel geschehen, es ist so viel zu zeigen« (205). Der Demetrius der ausgearbeiteten Szene ist nicht nach Sambor zurückgestaltet, er drängt vorwärts, nach Tula und Moskau. Der Eroberer-Zar zwingt Gewissenszweifel fort. Überzeugung von seinem Recht, Nötigung durch die Polen lassen sich nicht sondern. Er handelt und er wird getrieben. »Gerade diese Sicherheit, womit er an sich selbst glaubt, ist das Furchtbare und, indem es ihn interessant macht, erweckt es Rührung« (205). Der Zuschauer sollte also schon jetzt das Trügerische dieser Sicherheit durchschauen.

Die Dorf-Szene leitet die szenische Dynamik weiter. Das russische Volk ist zu ratlosem Durcheinander aufgestört. Unter dem Klang der Sturmglocke – ein für Schillers Dramen typischer akustisch-musikalischer Steigerungseffekt – jagen die Bauern angstgehetzt hin und her, die einen vor Demetrius und den Polen zu den Truppen von Boris, die anderen vor ihnen zu Demetrius, dem »Freund des Volkes«. In dieser Ungewißheit zwischen Furcht und Hoffnung malt sich das Chaos ab, in das Demetrius Volk und Staat hineintreibt. Er löst anarchische Unordnung aus – wie auf dem polnischen Reichstag. Nach dem Szenar geht es auch in dem russischen Dorf um Parteienkampf, Zwang, Gewalt (204). Derart wird die Dorf-Szene zur Exposition der zukünftigen Herrschaft des Demetrius in seinem Reich.

Die Ausarbeitung bricht hier ab. Der weitere Verlauf ist grundrißhaft im Szenar aufgezeichnet, im Detail aber nur skizzenhaft angedeutet. Wir wissen nicht, was Schiller verändert, gekürzt, gestrichen hätte. Zumal zum Ende der Tragödie hin wird das Vorläufige in der organisierenden Planung und in den Szenengruppierungen, ausgenommen die zentralen Demetrius-Szenen, deutlich. Dies macht eine Analyse Szene für Szene unmöglich. Wie Blöcke fügen sich zu der Demetrius-Handlung die Auftritte um Boris, um Romanow, um Axinia und Marina, um die widerspenstigen Polen und die wachsenden Widerstände der Russen.

Zwei Szenen zeigen Bruchstücke der Dialogisierung: der Auftritt des Fabricator doli, in dem Demetrius die Wahrheit über seine Abkunft erfährt, und die erste Begegnung zwischen Demetrius und Marfa. Diese Szene zeigt zusätzlich Angaben zum Bühnenbild, zur Choreographie, zur Hintergrundmusik. Es sind die dicht zusammengerückten Auftritte eines doppelten Umschlags, Auftritte innerer Entscheidung: Sturz von strahlender Höhe ins maßlose innere Unglück, Überwindung dieses Unglücks durch Gewaltsamkeit des Willens zu einem Scheintriumph, der die Katastrophe nicht aufhalten kann. Beide Szenen waren offenbar in Schillers Einbildungskraft schon bis ins Detail gegenwärtig. Vor sie legen sich die Boris- und Romanow-Auftritte.

Angesichts von Boris drängen sich Wallenstein-Reminiszenzen auf; an Talbot in der *Jungfrau von Orleans* hat Schiller selbst erinnert (210). Die vorwaltend monologische Präsentation von Boris wird eingeleitet durch die Lager-Szene, die zu Demetrius hin vermittelt und die Situation des Abfalls und Verrats illustriert, in der sich der Zar gefangen findet. Verrat ist die dominierende Art des politischen Verhaltens in der polnischen Republik und im Reich des absolutistischen Herrschers über Unmündige – hier wie dort Signum des Zusammenbruchs der zusammenhaltenden Ordnungswelt und einer von Normen definierten Wirklichkeit. Macht und Glück, so sahen wir, mußten die Verbindlichkeit des Rechts ersetzen. Boris hat alles eingebüßt. »Boris Situation und Untergang ist höchst dramatisch – eine furchtbare Nemesis waltet hier« (110). Der Dramaturg Schiller stand vor Schwierigkeiten: Die Boris-Auftritte drohten sich durch das Gewicht von Figur und Vorgang und die Zahl der Nebenfiguren zu verselbständigen, es ergab sich kaum Handlung, denn sein Geschick ist bereits entschieden und das Ganze eine große Abschiedsszene[54] – von der Macht, der Krone, dem Leben. Die dramatische Funktion der Boris-Partien war zudem im Gesamtverlauf der Tragödie zu wenig bedeutend; denn Boris gibt kampflos dem Rivalen den Weg frei und bestätigt nur die Unaufhaltsamkeit seines Glücks. Die Funktion dieser Auftritte ist von anderer Art. Schiller mahnt sich selbst: Obgleich mit Boris beschäftigt, solle der Zuschauer »den Hauptheiden nie aus den Augen verlieren« (210). Das bezieht sich wohl auch auf die dichte Parallel- und Kontrastverschränkung zwischen beiden.[55] Sie deutet auf den einen, oben erörterten Grundkonflikt.

Boris hat Größe, er vermag sich so wenig wie Demetrius zu erniedrigen. »Sein Tod ist königlich« (210). Schiller akzentuiert mit Nachdruck diese Größe (212). Er ist Usurpator, aber willentlich, er hat versucht, den Abgang von Legalität durch Mord und gute Herrschaft zu ersetzen. Er hat versucht, im Rahmen der Despotie zarische[r] »Vatergewalt« über »knechtischer Unterwürfigkeit« für das Volk ein gerechter Herrscher zu sein – Widersprüche, deren er nicht Herr wird. Er wurde um der Krone willen schuldig, und nichts spricht ihn davon frei. Boris lehnt sich vergeblich dagegen auf, daß keine Rechtschaffenheit der Herrschaft das Unrecht, das sie durchsetzte, ausgleicht. »Kann der gute Gebrauch nicht die verwerflichen Mittel entschuldigen?« (210). Sein freiwilliger Tod verneint die Frage; er nimmt seine politisch-staatliche Schuld als reuig resignierender, dennoch Größe und Stolz bewahrender Mensch auf sich. Sein Tod ist die letzte Manifestation seiner Größe.[56] Er erfährt sich unter einem für ihn unfaßbaren Verhängnis. Wenn Schiller hier von Nemesis spricht, kann dies nur auf die Boris-Figur, nicht auf die Tragödie des Demetrius bezogen werden.[57] Wenn er ihn etwas »Incalculables, Göttliches« ahnen läßt, woran »sein Muth und seine Klugheitsmittel« versagen, wenn er ihn an »Vorherverkündigungen«, an prophetische Zeichen glauben läßt (212), dient dies poetisch zur Erweiterung der inneren Dimension der Figur. Ihre Größe beglaubigt sein Gefühl einer höheren Schicksalsgebundenheit: als sein Auserwählter und als sein Gefangener. Wir wissen nicht, wie Schiller diese differenzierte Figur ausgestaltet, ihre im Entwurf komplex auseinandergelegte Psychologie zusammengezogen hätte. Ihre Funktion ist hingegen deutlich: der Besiegte, nur noch »Schein und Schatten«, spiegelt die Zukunft des Siegers voraus, die Dialektik von Größe und Schuld, von Usurpation und Legalität, von Macht und Recht, der auch er erliegen wird. Sein Geschick wird des Demetrius Geschick sein. »Er sieht die Meinung des Volks umgewendet, die Armee treulos, die Großen verräterisch, die Glücksgöttin falsch, das Schicksal feindselig, sein Geist ist gesunken« (209). Zugleich rückt Schiller Boris über Demetrius hinaus: der Akt der Freiheit im Tod wird Demetrius nicht gegönnt, die Erniedrigung, sich als niedriges Werkzeug eines fragwürdigen Fremden zu erfahren, wird ihm nicht erspart. Boris bewährt, in der Selbstreflexion seiner Schuld, ja seiner Entsagung, seiner Gelassenheit im »Erhabenen der Fassung«,[58] seine Größe. Demetrius wird stumm sterben; die Boris-Auftritte sind eine einzige kathartische Explikation eines tragischen Sterbens in Art und Stil von Schillers klassischem Drama. Auch dies gehört zur Gegenbildlichkeit des alten Zaren gegenüber Demetrius. Und zugleich verschärft seine Figur das Fürchterliche von Demetrius' Fall, denn der im Vergleich zu ihm Schuldlose wird wie ein Schlachttier erschlagen.

Offen bleibt, wie Schiller diese Auftritte zu jenen knappen Szenen- und Dialogfolgen konzentrieren konnte, die die ausgearbeiteten Aufzüge kennzeichnen. Zumal auf Boris' Tod neue Anforderungen die Staatsaktion vorantreiben: die Herrschaftsübernahme der Bojaren, der Auftritt von Romanow als Treuhänder von Boris' Hinterlassenschaft. Schiller erkannte auch Schwierigkeiten der Szenengestaltung. »Die Ereigniße, welche den Boris nach und nach zur Verzweiflung treiben, dürfen nicht *bloß* aus schlimmen Botschaften bestehen, es müssen *Thatsachen* darunter seyn, welche ins Auge fallen« (210). In diesen Auftritten mußten sich Monolog, Bericht, Zwiegespräch mit einem Vertrauten zu sehr vordrängen: der Theatraliker wollte sinnlich packen, Aktion versinnlichen. Sie scheint sich mit der Figur Romanows und den durch sie bewirkten politischen Umschlag anzukündigen, aber Romanow wird in eine eigentümliche, edle Passivität zurückgeschoben. Von seiner problematischen Figur ist später zu sprechen.

Die Auftritte des Demetrius zwischen den Einzügen in Tula und in Moskau sind eine souveräne Kompositions- und Konzentrationsleistung. Das Wort von »kühnen Machtschritten« trifft hier voll zu. Demetrius ist mit Erhalt der Zareninsignien in Tula am Ziel und er ist am Beginn seiner humanen Herrschaftsreform: »ein Gott der Gnade für alle« (214), »wie das Kind des Hauses« (169),[59] ein edler Garant des allgemeinen Glücks. Man darf das relativierende »wie« allerdings nicht überlesen. Ein gütiger Herrscher verspricht die schöne Vereinigung von Macht, Recht und freier Menschlichkeit. Der triumphalen Höhe folgt der Absturz: Demetrius erfährt, daß er ein Betrüger ist. Mit gewaltsamer Willensanstrengung zwingt er Marfa zur stummen Geste der Anerkennung. Der prunkvoll inszenierte Einzug in Moskau wird durch »Einmischung des Düstern und Schrecklichen« (219) unterhöhlt. Die Katastrophe wirft Schatten voraus. Schlag auf Schlag ändern sich die inneren und äußeren Situationen.

Demetrius war durch fremde Absichten, Zufall, Wahn, trügerische Zeichen in seine Würde gestoßen worden, er wird jetzt aus ihr durch die Wahrheit verstoßen. Er wurde in Sambor, im Reichstag zum Objekt der Geschichte, wenn er sich auch irrigerweise ihr Subjekt wähnte. Der Anonyme, der diesen Betrug verursachte, kommt aus dem Dunkel, er fällt namenlos in es zurück, gesichtslos, wie ein blinder Zufall. Es ist mehr als fragwürdig, in ihm ein Walten der Nemesis zu sehen, denn noch ist Demetrius' Schuld eine unwissentliche, unwillentliche Schuld. Demetrius erfährt sich als Nicht-Demetrius – als Betrüger gegenüber sich selbst und der Welt.[60] Er hatte in dem gesellschaftlichen Standort, der ihm in Sambor zugesprochen wurde, seine Identität gefunden: in subjektiver Übereinstimmung von Recht, Aufgabe, Willen und angeborener »hoher« Natur. Mit dem Verlust dieses Standorts ist diese Identität zerbrochen: Recht ist Betrug, Bestimmung ist Täuschung,

Natur ist Lüge geworden. Es bleibt ihm nur der Wille, als Nicht-Demetrius dennoch Demetrius zu sein. Er glaubte sich in der »Wahrheit« von Recht, Natur und Selbstbewußtsein; in der empört strafenden Ermordung des Anonymen, einem Verderber im Trug der Rettung, wird er selbst schuldig. Er erstickt in ihm und in sich selbst die einzige Stimme, die die trügerische Maske seiner Rolle entlarven kann. »Er ist nichts, eh er das höchste wird« (151) – in sein Nichts zurückgeschleudert, will er der Höchste bleiben. Dazu bedarf er der Gewalt; sie saugt auf, was er mit dem Mittel der Macht an Menschlichkeit in Rußland einführen wollte. »Ich und die Wahrheit sind geschieden auf ewig« (170).[61] Wahrheit war sein Recht als Thronprätendent, sein Glauben an seine Harmonie mit sich selbst, mit der Natur und dem Recht. Seit dessen Zusammenbruch muß die Gewalt vor Wahrheit, Recht, Natur und Menschlichkeit gehen. Sie muß dies alles ersetzen. Er ist sich selbst gegenüber der andere geworden und er wird ein Fremder für alle. Er kann und will sich nicht aufgeben; seine Größe, mit Überspannung in seinem Willen konzentriert, verbietet ihm die Rückkehr in eine Niedrigkeit. Dieser Wille steigert sich zu gewaltsamer und zugleich unterhöhlter Selbsttäuschung und Täuschung aller anderen. Demetrius hatte von seiner Macht Freiheit erwartet, er wird jetzt zum Gefangenen ihrer Lüge. Er muß die Ordnung gerechter Herrschaft, die er Rußland zugedacht hatte, mit »Mord und Blut« behaupten, auf denen eine Ordnung sich nicht gründen läßt. Seine Unsicherheit schlägt um in Gewaltsamkeit, seine Angst in Tyrannei. Er betrügt sich selbst, wenn er mit der Lüge seiner Legalität seinen Völkern den Glauben an sich bewahren will. »Diese großen Völker glauben an mich – Soll ich sie ins Unglück, in die Anarchie stürzen u. ihnen den Glauben nehmen?« (170). Es ist sein tragischer Irrtum, daß er die Anarchie im Staat abwehren will, indem er an der anarchischen Rechtlosigkeit seiner Herrschaft festhält.

In dem Dialog mit Marfa bewahrt Demetrius Größe; er erniedrigt sich nicht zum »Gaukler« von Gefühlen, aber er muß von ihr die öffentliche Maske des legitimen Sohns als Fürst, als Staatsmann erpressen. Was die heilig-freie Natur aus ihrer unbezwingbaren Wahrhaftigkeit verweigert, die selbst dem despotischen Absolutismus die »furchtbare Grenze« setzt, müssen Wille, Klugheit, Wahl aus politisch-staatlicher Notwendigkeit erzwingen. Er treibt Marfa in die Lüge hinein – gegen die Wahrheit von Natur, Blut, Herz. Die Dialogskizze, die, um voll ausgelotet zu werden, selbst in diesem vorläufigen Zustand einer Analyse von Wort zu Wort wert ist, zieht in verwirrend raschen Umschlägen von Stimme und Ton alle Register dramatischer Rede. Wie lassen sich in ihr Aufrichtigkeit und Raffinement der Überredung sondern? Demetrius bittet mit Sprache und Gestik des Sohns – »und dieß Gefühl das meine Knie vor dir beugt, es ist mein Ernst, es ist mein wahr Gefühl« (218). Er trumpft drohend auf – »ich habe die Macht, *ich habe das Glück*« (219) – nicht ahnend, daß das Glück ihn verließ und die Macht untergraben ist. Er triumphiert brutal über den Toten, dessen Recht er usurpierte – »er giebt dir nichts, ich aber gab dir alles« (219). Er bäumt sich erpresserisch in Angst und Trotz auf. Es gelingt ihm, in rascher Überlistung die hilflose Marfa zum Instrument seiner Selbstbehauptung umzulügen. Sein Wille hat sich zum letztenmal durchgesetzt.

Schiller erkannte die Schwierigkeit des zweiten Dialogs zwischen Demetrius und Marfa, der im äußersten Gefahrenaugenblick »noch dringender, mächtiger, passionierter« ausfallen sollte. »Durch was für Gründe kann er sie zu bewegen suchen, ihn anzuerkennen? Es müßen andere seyn, als die im vorhergehenden Akt« (223). Der Kernkonflikt war im ersten Dialog erörtert worden. Im zweiten mußte der dramatische Gehalt aus der extremen Aktionssituation erwachsen. Marfas Anerkennung ist die letzte verzweifelte Hoffnung von Demetrius. Zwischen beide war Entfremdung getreten, nachdem jeder als Werkzeug seinen Dienst geleistet hatte. Die Skizze deutet auf Unsicherheit der Ausgestaltung. Schiller schwankt zwischen gehetzter Dynamik des Entscheidungsaugenblicks und einer Retardation, die vorsieht, daß Demetrius erzählend »die Hauptmomente der Handlung« rekapitulieren und sein Geschick explizieren soll (223), gleichsam in innerer Biographie, und vielleicht Rechtfertigung. Schiller hätte Demetrius auf diese Weise vor seinem stummen Tod eine Selbstdarstellung gewähren können, in der sich vielleicht eine jetzt vermißte Katharsis angedeutet, haben würde. Doch sind dies unbeweisbare Vermutungen.

Der erste Dialog rollte den fundamentalen Konflikt zwischen Naturgesetz und Willkür des Willens, zwischen Recht und Rechtsbetrug auf; der zweite ist nach dem Szenar mehr in der Aktionsspannung des politischen Vorgangs situiert. Dies steigert sich bis zur Tötungsszene. Schiller läßt ihr einen Augenblick der Hoffnung auf Ausgleich zwischen dem Zaren und den »wüthenden Rebellen« vorausgehen, der vor seinem elenden Ende nochmals wie Boris die Attitude der Größe zeigt. »Die Macht des Herrscheransehens, das imposante das in der Ausübung der höchsten Gewalt ligt, kommt hier zum Vorschein« (224).[62] Doch bleibt ihm nur ein unglaubwürdiger Täuschungsversuch; Demetrius verspricht den Russen, was er längst zu schwach ist gegenüber den Polen durchzusetzen. Marfas stummes Sich-Abwenden – es bedarf im Moment der Entscheidung immer wieder in Schillers Dramen nicht mehr der Sprache[63] – ist sein Todesurteil. Die Wahrheit der Natur siegt über seinen verzweifelten Willen, sie ist, wie König Sigismund voraussagte, seine furchtbare Grenze.

Die Phasen des Zusammenbruchs der Zarenherrschaft von Demetrius, die Schiller in breiter Staatsaktion, doch fragmentarisch im Szenar skizziert, sollen hier nicht nacherzählt werden.[64] Demetrius gerät in lähmende Zwischensituationen: zwischen Marina und Axinia, der ungeliebten Gattin und der Geliebten, die sich ihm verweigert und zum Opfer Marinas wird, zwischen den Polen und Russen. Er hatte Freiheit erwartet und versprochen und ist jetzt zum tyrannischen und hilflosen Gefangenen seines Betrugs geworden. Sein Mißtrauen im Bewußtsein seiner Lüge schlägt als Mißtrauen der anderen gegen ihn zurück. Der Glücksbringer hat sich zum launischen Despoten verändert. Schiller notierte in früher Arbeitsphase: »Das aufgezogene Uhrwerk geht ohne sein Zutun« (111). Die polnischen Helfer werden ihm verderblich, er kann sich der Ehe mit Marina nicht entziehen, Axinia vor ihr nicht retten. Die Russen, in verschiedene ständische Gruppen aufgeteilt, rebellieren gegen ihn – auch um des Guten willen, das er ihnen bringt. Demetrius wird von seinem Volk verworfen, es spricht ihm die Legitimität ab. Zusky, süchtig nach der Krone, stellt sich an die Spitze der Russen, und Demetrius wird zum Spielball der von ihm berufenen Kräfte.[65] Der anarchische Herrschaftszerfall, in dem sich alle staatlich-gesellschaftliche Ordnung zersetzt, geht schließlich über den Wehrlosen hinweg. Auch sein Tod ist, im Gegensatz zu dem von Boris, der Selbstbestimmung, damit einer Freiheit sich selbst gegenüber, entzogen. Demetrius erleidet, von den

Verschwörern eingekesselt und fast erdrückt, einen einsamen, stummen Tod. Zwar gibt es eine knappste Notiz Schillers im frühen Szenarentwurf: »Er wird erstochen und fällt edel« (186).[66] Das später ausgeführte Szenar läßt ihn stumm sterben. Stumm auch im Sinne einer Aussage dieses Todes über sich selbst hinaus. Es gibt hier nicht Sühne, Läuterung und Entsagung, keinen Aufschwung in die intelligible Freiheit der Idee, keine Katharsis. Marinas schmähliche Selbstrettung, ihr letzter Verrat an Demetrius, akzentuiert seine Verlassenheit. Ein neuer Usurpator, Zusky, greift nach der Zarenkrone, ein zweiter Demetrius, der »Cosak von verwegenem Muth« (226), rechnet seine Chancen vor.

Keine Interpretation entgeht dem vieldiskutierten Problem des Schlusses. Der Blick fällt auf die bisher ausgesparte Figur des Romanow. Ist sie nur »episodisch« eingesetzt,[67] bereitet sich in ihr das Ende der Tragödie vor? Soll in ihr innerhalb der Geschichte die Geschichte überwunden werden? Im politischen Spielfeld bleibt Romanow in eigentümlicher Passivität stecken. Er kommt zu spät zu den Borisowischen Truppen, er kann den Kindern von Boris nicht helfen, Axinia nicht beschützen, seine Liebe zu ihr nicht verwirklichen – und seine Vision verbietet ihm eine blutige Unternehmung gegen Demetrius. Der einzige legale Thronerbe verzichtet auf Rache an Boris und richtet gegen Demetrius nichts aus. Offensichtlich ist er als dessen anderes Gegenbild eingeführt. Er wird die Symbolfigur des gerecht-humanen Verhaltens, ein Mann des Friedens, der Treue in anarchischer Umwelt. »Eine reine, loyale, edle Gestalt, eine schöne Seele« (100), ein »beschütztes Haupt« (170), dem Demetrius, diese »gequälte Seele« (173), nichts anhaben kann. Denn die Gewalt des Usurpators zerbricht an der Legalität. Sie verbindet sich in Romanow mit Humanität. Beide sind Grundpfeiler einer gesellschaftlich-humanen Ordnung. Die sittliche Positivität von Romanow unterstreicht die Negativität der Usurpatoren, bei denen auch das Humane sein Ziel verfehlt. Aber diese Grundpfeiler reichen nicht aus: es fehlt Romanow an Kraft zur Größe. Rechtlichkeit ohne Größe, Sittlichkeit ohne Wagnis zur Verwirklichung haben geringe Geltung in Schillers Geschichtsauffassung.[68] Die Vision, wie ein opernhaftes Mysterienspiel mitten in dieser harten geschichtlichen Wirklichkeit inszeniert, soll Romanow im Kerker, mit ihm die Zuschauer »durch ein erhabenes Ahnden höherer Dinge« (214) beruhigen und auf einen Trost der Zukunft lenken. Sie ist in der Tragödie uneingelöst und deutet in eine unbestimmte, abstrakte Ferne. Läßt sie sich, zusammen mit der Figur des Romanow, als eine gleichsam durch höhere Mächte bewirkte Lösung des Problems der Legitimität, und zwar dergestalt, daß sich mit Romanow »die rechte Relation von Gott, Vater und Volk«[69] wiederherstellt, im Kontext dieser Tragödie akzeptieren? Wie läßt sich die Geschichte, die das Handeln fordert, durch eine Figur, eine Vision verändern, die außerhalb und oberhalb der Geschichte gestellt ist? Eine Notiz Schillers verweist auf eine von ihm reflektierte Ausfüllung der Vision: »Er hat eine Vision. Peter der Große – Catharina II – Alexander«.[70] In den drei Namen zeichnet sich ein damals in Europa verbreitetes Urteil über die Romanow-Dynastie ab; sie galt als auf dem Weg zur Monarchie nach den Wertmaßstäben der bürgerlichen Aufklärung befindliche Dynastie. Es braucht hier nicht belegt zu werden, wie irrig dies Urteil war. Der Vision liegt dann die geschichtsphilosophische Idee zugrunde, der Zustand der legalen Ordnung werde der Anarchie der Usurpatoren nach einer dem Geschichtlichen immanenten

Progressivität folgen, deren Konzeption in der bürgerlichen Aufklärung angelegt ist. Romanow werde verwirklichen, zusammen mit seinen Nachfolgern, was sich vergeblich Demetrius selbst zum Ziel gesetzt hatte. Die dynastischen Namen werden im Szenar nicht wiederholt. Schiller wäre mit ihnen zu nahe jener höfischen Huldigungsattitude gerückt, die er 1804 um der Reinheit seines Stückes willen verwarf. Vielleicht handelt es sich in der Vision nur um einen Planrest,[71] vielleicht wäre bei definitiver Ausarbeitung die Romanow-Figur überhaupt gestrichen worden. Ein unsicheres Fundament liegt jenen Interpretationen zugrunde, die in ihr die Projektion des Tragödienschlusses, in ihm das Aufleuchten einer höheren und progressiven Gerechtigkeit des Sittlichen in der Geschichte erkennen wollen und derart die *Demetrius*-Tragödie in die Kontinuität des ethisch-idealistischen, klassischen Dramas einrücken.

Schiller hat im Szenar einen durchaus gegensätzlichen Schluß skizziert, der als gleichsam autorisiert gelten könnte, wenn er nicht kaum weniger Zweifel an seiner Endgültigkeit hinterließe. Neue Usurpatoren, der Bojar Zusky und der anonyme Kosak, werden sich um die Demetrius-Nachfolge streiten. Die Anarchie wird sich aus sich selbst heraus fortsetzen; es gibt kein Zeichen des Endes ihres Unheils. Dem Kosaken wird das letzte Wort überlassen – in Form eines monologischen Epilogs, der die Permanenz der Anarchie bestätigt. »Dieser Monolog des zweiten Demetrius kann die Tragödie schließen, indem er in eine neue Reihe von Stürmen hinein blicken läßt und gleichsam das Alte von neuem beginnt« (226). Man wird aus der Trostlosigkeit dieses Kreislaufs in der Geschichte, solcher Wiederholung sinnleerer Abläufe nicht eilig auf einen neuen Geschichtspessimismus Schillers schließen dürfen, aus dem sich eine »radikale« Tragik, eine radikale Wendung in Schillers Tragödie und Weltsicht überhaupt ablesen läßt, wie mehrfach behauptet wurde. Zunächst: Schiller folgt mit dieser Schlußskizze genau dem Verlauf der faktischen russischen Geschichte bis zur Thronbesteigung von Romanow.[72] Auch dies ist auffällig genug; wollte er wirklich den geschichtlichen Rohstoff übernehmen, ohne ihn zu seiner Tragödienkonzeption umzubilden, die vom Schluß her ihre Gesamtinterpretation erhielt? Wollte er den Schluß dem geschichtlichen Rohstoff, damit dem in ihm dominierenden Chaos des Zufälligen, Willkürlichen und Anarchischen überlassen? Dies widerspricht Schillers Auffassung von der tragischen Notwendigkeit, seiner bisherigen Gesamtkonzeption der Tragödie, es sei denn, die *Demetrius*-Tragödie habe ihn, was nur als Hypothese behauptet werden kann, zu einer veränderten Bestimmung des Verhältnisses zwischen Drama und Wirklichkeit geführt. Dramaturgisch erscheint dieser Schluß ähnlich unwahrscheinlich: ist angesichts von Schillers gewohnter Meisterschaft der Schlußgestaltung[73] die relativ primitive Form denkbar, daß eine kaum erst eingeführte Figur mit einem Monolog diese weltgeschichtliche Tragödie im kleinen Gaunerformat abschließt? Vielleicht sollte dieser Dieb als zurückspiegelndes Parallel- und Gegenbild die Größe des tragischen Geschicks von Demetrius durch seine Negativität akzentuieren? Bestünde aber dann nicht die Gefahr, daß er gegenüber Boris und Demetrius zur Parodie, die Geschichte zum bös-ironischen Satyrspiel würde, was den Rang beider Hauptfiguren beschädigen, letztlich das Tragische der Tragödie aufheben müßte? Zur Tragödie als Komödie des Absurden wäre dieser Kosaken-Gauner ein Abstieg, und ein solcher ist für Schiller nicht zu erwarten.

Die Ungewißheit angesichts des von Schiller definitiv intendierten Tragödienschlusses ist der Notpunkt jeder *Demetrius*-Interpretation. Problematisch ist es, aus der Anlage der Romanow-Figur auf eine der Geschichte – metaphysisch, gesetzlich-immanent oder wie auch immer – eingelegte Progression zu einer sittlich-humanen Staats-, Friedens- und Menschenordnung zu schließen, in Romanows Vision eine konkrete Utopie der Zukunft Rußlands unter der Romanow-Dynastie anzunehmen und diese Versöhnung in der Geschichte ideell so zu verallgemeinern, daß die Kontinuität der ethisch-idealistischen Tragödie Schillers, ungeachtet des von Schiller selbst skizzierten Schlusses, erhalten bleibt. Problematisch erscheint es jedoch auch, aus diesem Schlußauftritt eine Geschichtsauffassung herauslesen und verallgemeinern zu wollen, die in der Geschichte nur noch radikale, ziellose Vernichtungen und einen unabsehbaren Kreislauf des Gleichen erkennt – ohne eine Hoffnung auf bessere Zukunft, und auf diese Weise eine Wendung des ›letzten‹ Schiller zu radikaler, unauflösbarer Tragik und einen Bruch mit seinem ganzen vorangegangenen Tragödienwerk zu folgern. Versuche, über diese Alternative hinaus den Schluß der Tragödie zu rekonstruieren, stoßen an die Grenze der Textüberlieferung, hinter der nur spekulativ-hypothetische Vermutungen möglich sind, an denen es in der Geschichte der *Demetrius*-Interpretationen, oft mit weitreichenden biographischen und weltanschaulichen Konsequenzen, nicht fehlt.
Vielleicht hatte Schiller sich selbst noch nicht entschieden und war seine dramatische Einbildungskraft in der Zeit der vorliegenden Planungen noch für andere Alternativen offen;[74] vielleicht wollte er dieses Bild des Welttheaters im Mehrdeutigen um größerer Wahrhaftigkeit willen gegenüber der Geschichte belassen.[75] Vielleicht sollte im Geschick von Demetrius, des Märtyrers der Dialektik zwischen Gewaltherrschaft und Anarchie, auch das Urteil über die ihm folgenden Usurpatoren fallen. Oder vielleicht sollte im jetzt einsetzenden Kampf zwischen dem zweiten Demetrius und Romanow – dem jedoch ein Kampf zwischen Zusky und seinem Rivalen hätte vorausgehen müssen – das Gute und Glückverheißende, das Demetrius den Russen bringen wollte, nun ganz und rein von Romanow verwirklicht werden.[76] Es hätte sich dann in Romanow die edle Seite des Demetrius externalisiert – wie sein Betrügertum, ins Niedrige fast parodistisch verzerrt, in dem diebischen Kosaken. Mit der Tragödie wäre, falls diese Hypothese zuträfe, der Widerspruch zwischen »Wahrheit und Betrug, Adel und Niedertracht«[77] aufgelöst und in der staatlich-dynastischen Ordnung eine sittlich-humane Ordnung wiederhergestellt. Eine andere Hypothese geht von der zeitlichen Vorausnahme der »Versöhnung« vor der »Katastrophe« aus.[78] Versöhnung wird in der Romanow-Vision mit ihrer Prophetie der Geschichte der Romanow-Dynastie gesehen, welche so zur Korrektur der dramatischen Handlung würde. In der Geschichte selbst vollzieht sich die Versöhnung, und der dramatische Autor kann sich damit begnügen, seine Zuschauer an sie zu erinnern. Der von Schiller skizzierte Abschluß aber würde die Unzulänglichkeit des auf der Bühne als gegenwärtig dargestellten Geschichtsverlaufes demonstrieren. Chaos in der Gegenwart – Ordnung in der Zukunft würden sich ineinander spiegeln und gegenseitig verstärken. Denkbar wäre auch eine Intention Schillers, die in der Negativität des Schlusses, im Auftritt von zwei weiteren Usurpatoren, dem Zuschauer ex negativo den Fingerzeig zur Möglichkeit des Positiven geben wollte. Sie ist zwar durch die zu blasse

Figur Romanows nicht abgedeckt, sie sollte nicht direkt, quasi lehrstückhaft demonstriert werden, sie sollte sich vielmehr durch die Tragödie des Demetrius hindurch indirekt abzeichnen und vom Zuschauer in eigener Reflexion erkannt werden. Der Zuschauer sollte in dem historisch-personalen Fall den generellen Fall erkennen, in dem das Geistige der Geschichte, erfaßt in der epochalen Problemsituation von Herrschafts- und Staatskrise, von Rechts- und Gesellschaftskrise, selbst anschaubar wird.

Es wurde schon gesagt: in der Tragödie des *Demetrius* sind der tragische Protagonist, die tragischen Figuren überhaupt und die geschichtliche Lebenszuständlichkeit zueinander transparent. Der Horizont der Täuschung, dann des selbstzweckhaften Betrugs, in dem sich Demetrius' Tragödie vollzieht, muß im Zustand der beiden Staaten, in denen sich Glück und Unglück seines Geschicks vollziehen, wiederkehren. In der Republik der Polen unter dem schwachen Wahlkönig brechen nationale Ideologie und die reale Verfassung des Staates auseinander. Die Reichstagsrede von Demetrius spielt aus, wie die Polen gern gesehen werden möchten, und die Anarchie, welche seine Rede auslöst, beweist, wie es um diesen Staat wirklich beschaffen ist. Demetrius heizt die Polen an, als Klein-Usurpatoren in Rußland einzubrechen, Marina will Land und Krone rauben. Ähnlich ist die Situation im Rußland der Usurpatoren. Boris, Demetrius, Zusky, der Kosak reißen nacheinander die oberste Gewalt im Staat unter dem Schein der Täuschung und mit Korruption des Rechtes an sich. Die Herrschaftssysteme sind pervertiert, in denen Despotie und Anarchie sich gegenseitig bewirken. Die Anarchie, die Demetrius mittels Trug, Wahn, wankelmütigem Glück nach oben trägt und die ihn dann stürzt, deutet indirekt auf eine entgegengesetzte Ordnung, von der er weiß, wie seine Reichstagsrede zeigt, gegen die er aber zunächst unwillentlich, nach der Betrugsaufdeckung um so gewaltsamer verstößt.

Es ist die Ordnung, die auf der Einheit von Herrschaftskraft und Legalität, von Wille und Natur, von Größe und Recht beruht und damit die Einheit von Herrscher, Staat und Menschlichkeit begründet.[79] In ihr stellt sich ein ideales Gleichgewicht her – es entspricht der Utopie im Entwurf des ästhetischen Staates. Demetrius zielte auf ihn, aber ihm fehlte, schuldlos im subjektiven Sinne, die Legalität, er wurde zum Betrogenen wie alle, die an ihn glauben. Er wurde schuldig auch im objektiven Sinne, als er Staat und Natur seinen Willen aufzwingt, um lediglich sich selbst zu behaupten. *Demetrius* ist die Tragödie dessen, der schuldig werden mußte, weil die geschichtliche Wirklichkeit, aus den Fugen des Gleichgewichts geraten, ihn schuldig werden läßt. So spielt sich auf diesem geschichtlichen Welttheater die Tragödie des großgearteten Menschen innerhalb der Zwänge der Geschichte ab, deren Subjekt er zu sein glaubte und deren Objekt er wird, das sie hinaufhebt und verwirft. Solcher Anarchie in geschichtlicher Krisenzeit, in der Zufall, Wahn, Willkür, trügerisches Glück und Gewalt im Kleinen wie Großen dominieren, stellt sich in der Tragödie von Demetrius ex negativo eine Ordnungsgesetzlichkeit gegenüber, die für das Sittliche und das Politische, für den Menschen und den Staat gilt und deren Voraussetzung das gekennzeichnete Gleichgewicht der Kräfte ist.

Die *Demetrius*-Tragödie spielt in einer geschichtlichen Krisenzeit: ihr ist die Notwendigkeit der Wendezeit immanent. Sie sollte sich idealiter in der Vision des

Romanow als Ausblick auf eine Vereinigung von legaler Herrschaft als Ordnungsgarantie und von rechtlich-sittlicher und politischer Humanität in Staat und Volk abzeichnen. Schiller verzichtete auf die historisch-dramatische Konkretisierung dieses Ausblicks, um eine fragwürdige Huldigung an die Romanow-Dynastie zu vermeiden. Doch war dies wohl nicht der einzige Grund.

Daß die Legalität in Form der dynastischen Legitimität in dieser Staatsvorstellung ein gewichtiges Glied ist, entspricht der Historizität des *Demetrius*. Die Legitimität hatte konstitutive politisch-staatliche Bedeutung in der Zeit des sich gründenden russischen Absolutismus; sie hatte eine noch aktuelle, aber problematisierte Bedeutung in der Zeit um 1800, als in Europa die Auflösungen dieses Herrschaftssystems markant wurden. Der *Demetrius* wurde den Verhältnissen und Ursachen der von Schiller gewählten russischen Geschichtsepoche gerecht, und er rückte in sein und seiner Zeitgenossen gesellschaftlich-politisches Erfahrungsfeld ein.

Man darf das Prinzip der Legalität in dieser Tragödie nicht nur staatsrechtlich auffassen: es bedeutet den Besitz einer Mutter, eine nicht ersetzbare Bindung an Kontinuität und Tradition, es bedeutet, die Natur an der Seite zu haben, damit den Inbegriff der Legitimität. Es heißt mit anderen Worten, in der »Wahrheit« zu sein. Keine noch so gerechte Herrschaft wie bei Boris, kein noch so edler Wille wie bei Demetrius kann sie ersetzen. Boris' »Einsicht und Eifer in Beförderung des Volkswohls« (211) gleichen sein Defizit an Legitimität nicht aus, und selbst die guten Absichten werden für Demetrius verderblich. Die Überzeugung vom progressiven, Staat und Gesellschaft verändernden Sinn aufgeklärter Humanität, die einer neuen Menschenordnung versichert, scheint hier dem Prinzip der Legitimität untergeordnet zu sein. Das aktuelle Erfahrungs- bzw. Spannungsfeld, in das der *Demetrius* durch Schiller eingefügt wurde, ist wesentlich durch drei für Europa um 1800 und für Schiller entscheidende Mächte bestimmt: durch die ethisch-politischen, auf Freiheit und Humanität bezogenen Staats- und Gesellschaftsvorstellungen der Aufklärung, durch die Ereignisse und Erfahrungen der Französischen Revolution und das Phänomen der Person und Wirkung Napoleons. Es bedarf hier keiner Erinnerung daran, wie die gesellschaftlich-politischen Gedanken der Aufklärung Schillers gesamtes dramatisches Werk von *Die Räuber* bis *Wilhelm Tell* durchziehen und sich im *Demetrius* in Boris' und Demetrius' Herrschaftsziel – nicht aber Herrschaftsformen – fortsetzen. Boris wie Demetrius rücken intentional dem Idealentwurf des aufgeklärten Monarchen nahe. Wir müssen hier weiterhin Schillers mehrschichtiges Urteil über die Französische Revolution und sein Urteil über Napoleon als hinlänglich bekannt voraussetzen, soll diese Interpretation nicht ihre Grenzen überschreiten. Das Spannungsfeld erhält die für den *Demetrius* wesentliche Struktur daraus, daß eines das andere – Aufklärung, Revolution, Napoleon – aus sich entließ, zugleich aber jedes zum anderen in einen intensiven, von Schiller erkannten Widerspruch geriet – analog der Struktur des Tragischen in dieser Tragödie.[80]

In den Figuren von Boris und Demetrius nahm Schiller ein Widerspruchsproblem auf, das in der Konzeption der aufgeklärten Monarchie selbst lag. Beide sind als Zaren absolutistische Herrscher, beide wollen zugleich bürgerlich-aufklärerische Tendenzen im Sinne des 18. Jahrhunderts verwirklichen. Dieser Widerspruch war nicht nur aus historischen Gründen unauflösbar, mußten doch diese Aufklärungstendenzen zur Aushöhlung des absolutistischen Herrschaftssystems führen und es in ihren Konsequenzen negieren. Der Widerspruch läßt sich im 18. Jahrhundert in der Realität der europäischen absolutistischen Monarchien zwischen Rußland und Spanien beobachten; gerade dort, wo ihnen der Schein der aufklärerischen Fortschrittlichkeit angepaßt wurde. Dieser Widerspruch mußte, mit tragischer Expressivität, um so radikalere Formen annehmen, als Boris wie Demetrius Usurpatoren sind, die ihre Herrschaft nur außerhalb von Legitimität und Legalität, also mit Mitteln der Täuschung und Despotie, durchsetzen und behaupten können.

Zu dieser Aporie im System der aufgeklärten Monarchie gesellt sich offenbar – man ist hier auf Vermutungen angewiesen – ein von Schiller an der Entwicklung der Französischen Revolution wahrgenommener, den Gedanken und Zielen der Aufklärung selbst inhärenter Widerspruch: bestimmt, zu einer harmonischen Ordnung des politisch-gesellschaftlichen und humanen Zusammenlebens zu führen, löst die Revolution in radikalisierter Konsequenz ihrer emanzipatorischen Tendenz diese Ordnung auf und läßt sie in eine Anarchie umschlagen, in der Recht und Sittlichkeit zerfallen und Freiheit sich zur selbstischen Willkür verzerrt. *Demetrius* scheint von einer Skepsis zu zeugen, die sich angesichts des von Schiller abgelehnten Terrors von Anarchie und Diktatur im jakobinischen Stadium der Französischen Revolution gegen die Absolutsetzung total-emanzipatorischer Gedanken der Aufklärung richtete und ihnen gegenüber im Prinzip der Legalität einen Gegenhalt ordnungsbewahrender Art suchte. Die vielzitierten Sätze von Sapieha »Was ist die Mehrheit? Mehrheit ist der Unsinn« (23) dürfen nicht, wie es oft geschah, als Äußerungen Schillers, sondern dieses polnischen Hocharistokraten, der in ihnen egoistische Interessen versteckt, gewertet werden. Dennoch steckt in Sapiehas Verweigerung der Anarchie in Treue- und Eidbruch etwas von dem Impuls zur Einbindung des Staatlich-Gesellschaftlichen in einem dem Rechtlichen und dem Sittlichen verpflichteten Ordnungsbegriff. Zu ihm gehört als eine (wenn auch nicht alleinige) Voraussetzung das Prinzip der Legalität, und zwar in der historischen und damals zeitgemäßen Form des durch Legitimität gefestigten dynastischen Herrschaftssystems. Offenbar wurde seine Bedeutung durch Schillers Urteil über Napoleon bestätigt, dessen Kaiserkrönung 1804 noch in seine Lebenszeit fiel. Obwohl sichere Zeugnisse fehlen, ließe sich behaupten, daß ihm bei der Gestaltung der Demetrius-Figur eine Analogie zu Napoleon vorschwebte.[81] Der »subjektive Prinz«,[82] der sich selbst aus anonymer Niedrigkeit zum höchsten Gewalthaber erhob, der Usurpator, der die Befreiungsideen der Aufklärung und Revolution mit sich zu bringen schien und zum erobernden Diktator über Europa wurde, der dessen ganze traditionelle Ordnung aus den Fugen riß und seine fremde, absolutistische Gewaltherrschaft inaugurierte, erscheint der Demetrius-Figur verwandt. Schiller bezog wohl Gegnerschaft gegen Napoleon, aber er muß gleichzeitig in ihm mit Faszination die Größe des politisch handelnden Menschen bewundert haben, die zum Grundthema seines dramatischen Werkes gehörte. Durch Napoleon erhielt das Problem der Legitimität eine neue Aktualität. War es durch seine Größe, seinen steilen Glücks- und Machtanstieg, durch seine Präponderanz über die vor ihm zusammenbrechenden Monarchien beseitigt, oder bestätigten Napoleons Existenz, sein Wirken und dessen Folgen, die Schiller nur als die Eigenrechte der Staatsnationen vernichtende Zerstörungen sehen konnte, um so mehr seine Notwendigkeit? War Napoleon nicht die

Inkarnation der Hybris, der Despotie der Macht, wenn ihr die Voraussetzung und Begrenzung durch das Recht abgeht? Unter diesem Aspekt möchte die Romanow-Figur gleichsam als geheimes utopisches Gegenbild, als das ideale Versprechen eines gerechten, humanen Staates nicht nur zu Demetrius, sondern auch zu Napoleon erscheinen, als Gegenbild eines legitimen Zaren Romanow gegen den »subjektiven« westlichen Kaiser. Das sind freilich nur Vermutungen, doch sie weisen vielleicht darauf hin, wie unter der Einwirkung aktueller politischer Erfahrung das Verhältnis zwischen Macht und Legalität, wiederum ein Grundthema von Schillers dramatischem Werk,[83] im *Demetrius* eine andere Wendung erhält, die gewiß nicht mehr die Legalität »auf der Anklagebank« sitzen läßt, aber ihr auch nicht den obersten geschichtlichen Rang einräumt. Die geschichtsbestimmende Herrschaft bedarf nicht allein der Legalität, in ihr der Kontinuität und Tradition, sie bedarf auch der Größe des handelnden Menschen, wie sie im *Demetrius* dem Protagonisten und Boris eignet und Schiller sie doch wohl in Napoleon erfahren mußte. In der historischen und dramatischen Figur des Romanow liegt, soweit die Entwürfe erkennen lassen, eine Widerlegung der Präpotenz des Legitimitätsprinzips; diese utopische, gleichsam aus dem geschichtlichen Kampffeld herausgenommene Figur verdeutlicht, daß Schillers dramatisch-tragisches Interesse bei Demetrius und Boris lag, die über Größe als Bedingung des bedeutenden geschichtlichen Handelns verfügen. Die konkrete dramatische, tragische und dichterische Gestaltung scheint zu negieren, was staatlich-moralisch dem einzigen legitimen Zarenerben und damit dem Prinzip der Legalität zukommen soll. Das Prinzip der Legalität scheint die ihm sittlich, rechtlich und politisch zuerkannten hochwertigen Qualitäten für den gerechten, humanen und starken Ordnungsstaat nur zu bewähren, wenn es abstrakt-utopisch, als moralischer Ausblick auf eine ideale Staatsverfassung aus dem konkreten Kampffeld der Geschichte herausgelöst wird. Seine Idealität ist zugleich seine geschichtskonkrete Widerlegung. So vergegenwärtigt sich in Schillers Konzeption der Romanow-Figur historisch ein Widerspruch, von dem wir nicht wissen, wieweit er ihm bewußt geworden ist: der Widerspruch zwischen dem Prinzip staatlich-dynastischer Legitimität als Garantie künftiger humaner Ordnung jenseits von Despotie und Anarchie und dessen utopisch-idealistischer Abstraktheit, die in der konkreten geschichtlichen Wirklichkeit nicht wirksam werden kann.

Die Interpretation eines Fragments wie des *Demetrius* muß letztlich in Hypothesen münden, welche, so behutsam sie sich auch aus den vorliegenden Bruchstücken und Entwürfen entwickeln, an den Intentionen des Autors vorbeigehen können. In Schillers Einbildungskraft war gewiß die ganze Tragödie präsent. Sie ist der Interpretation unzugänglich. Diese Einbildungskraft war dynamisch, sie konnte viel verändern und verwerfen, was in den Entwürfen schon oder noch festgelegt zu sein scheint. Die Interpretation muß sich in solchem Fall noch mehr als angesichts eines abgeschlossenen und autorisierten Textes als offen erklären – als offen in sich selbst und zu vermutlich noch vielen Versuchen.

Anmerkungen

Der Text des Fragments, der Exzerpte, Studien, Vorstufen, Redaktionen wird zitiert nach: Schillers Werke. Nationalausgabe. Bd. 11: Demetrius. Hrsg. von Herbert Kraft. Weimar 1971. Seitenangaben in Klammern unmittelbar hinter dem Zitat.

1 Zur Geschichte der »Demetrius«-Interpretation: Eduard Lachmann: Die Natur des *Demetrius.* Frankfurt a. M. 1940; Kurt May: Die »realistische Wendung« und »neue Tragik« in Schillers *Demetrius.* In: Germanisch-Romanische Monatsschrift N. F. 1 (1950/51) S. 258–275; Hans-Günther Thalheim: Schillers *Demetrius* als klassische Tragödie. In: Weimarer Beiträge 1 (1955) S. 22–86; Wolfgang Binder: Schillers *Demetrius.* In: Euphorion 53 (1959) S. 252–280; Helmut Koopmann: Friedrich Schiller. Bd. 2. 1794–1805. Stuttgart 1964. S. 83–89; Frank M. Fowler: The riddle of Schiller's *Demetrius.* In: Modern Language Review 61 (1966) S. 448–454.

2 Dazu, allerdings nur oberflächlich summierend, Julius Petersen: Schillers *Demetrius.* In: Zeitschrift für deutsche Bildung 7 (1931) S. 1–10. Im folgenden zitiert nach dem Wiederabdr. in: J. P.: Aus der Goethezeit. Leipzig 1932. S. 165–180.

3 Schillers Werke. Nationalausgabe. (Im folgenden zitiert als: NA.) Bd. 11. Weimar 1971. S. 420.

4 NA 11,420–436.

5 NA 11,420.

6 Dazu Benno von Wiese: Friedrich Schiller. Stuttgart 1959. S. 781 f.; Max Kommerell: Schiller als Psychologe. In: Jahrbuch des Freien Deutschen Hochstifts 1934/35. S. 177–219; Binder (Anm. 1). S. 260 f.

7 NA 11,428.

8 NA 11,421.

9 Vgl. NA 11,428.

10 Ebd.

11 Lieselotte Blumenthal: Schillers Dramenplan *Die Prinzessin von Zelle.* Berlin 1963.

12 So z. B. Thalheim (Anm. 1) S. 34 f. unter Berufung auf Ludwig Fleiter (Das Tragische in Schillers *Demetrius.* Diss. Münster 1952): »Fragment und Erzählung der Fabel bieten also eine durchaus *gesicherte* Grundlage für die Untersuchung der *Ideen,* die in der vollendeten Tragödie zum Ausdruck gekommen wären.« Ähnlich auch Binder (Anm. 1). S. 252. Dagegen betont F. M. Fowler (Anm. 1) S. 448 f. die Schwierigkeiten. Ergänzend zum 11. Bd. der Nationalausgabe vgl. die ältere und erste Ausgabe: Schillers *Demetrius.* Nach den Handschriften des Goethe- und Schiller-Archivs hrsg. von Gustav Kettner. Weimar 1894. Zweitausg.: Schillers dramatischer Nachlaß. Nach den Handschriften hrsg. von Gustav Kettner. Bd. 1: Demetrius. Weimar 1895. Außerdem: Demetrius. Hrsg. von Wolfgang Wittkowski. Stuttgart 1963 u. ö.

13 Binder (Anm. 1). S. 252.

14 Dazu vor allem Karl-Heinz Hahn: Dramatische Dichtung. Schillers *Demetrius.* In: K.-H. H.: Aus der Werkstatt deutscher Dichter. Goethe, Schiller, Heine. Halle a. d. Saale 1963. S. 195–371. Ferner NA 11,413f. Zur älteren Forschung besonders Arthur Hordorff: Die Entstehungsgeschichte des Schillerschen *Demetrius.* Diss. Leipzig 1909.

15 Binder (Anm. 1). S. 262.

16 Dazu die grundsätzlichen Erörterungen über das Verhältnis von Ästhetik und Kunstwerk bei Binder (Anm. 1) S. 256. Doch bestimmt Binder trotz dezidierter Vorsicht die Tendenz, den »Demetrius« zu dicht an Schillers Ästhetik anzuknüpfen, ungeachtet der schmalen Textbasis und der Differenzen der entstehungsgeschichtlichen Schichten. Da er von der Einheit von Schillers Ästhetik ausgeht, muß er diese Einheit in den »Demetrius«-Papieren auffinden. Vgl. S. 265.

17 Vgl. Hahn (Anm. 14). S. 199: Man müsse immer der Tatsache bewußt sein, »daß diese Fragmente, auch ein so weit gediehenes wie ›Demetrius‹, lediglich Vorformen darstellen, deren endgültige Gestalt in keinem Falle wirklich bestimmt werden kann.«

18 Zur Datierung der Streichung Hahn (Anm. 14) S. 275 u. ö. Zur Darstellung des Demetrius in diesen Szenen und zur Umbildung seiner Figur durch diesen Fortfall auch Wolfgang Wittkowski: Demetrius – Schiller und Hebbel. In: Jahrbuch der Deutschen Schillergesellschaft 3 (1959) S. 142–179. Das methodische Problem, inwieweit die Sambor-Szenen in die Interpretation der Tragödie einbezogen werden dürfen, beantwortet sich dadurch, daß angesichts des knappen ausgearbeiteten Fragments die Interpretation auf das Gesamtkonvolut der Demetrius-Papiere zurückgreifen muß.

19 Hahn (Anm. 14). S. 224 u. ö.

20 Dazu von Wiese (Anm. 6) S. 791 und vor allem Peter Szondi: Der tragische Weg von Schillers Demetrius. In: Die neue Rundschau 72 (1961) S. 165 f.

21 Ilse Graham (Schiller, ein Meister der tragischen Form. Darmstadt 1974. S. 113 f.) macht auf die metaphorische Verknüpfung von Sehen und Hören im »Demetrius« aufmerksam. In diesen Zusammenhang wäre auch die Vision Romanows einzurücken.

22 Von Wiese (Anm. 6). S. 791.

23 Szondi (Anm. 20) S. 164 unterscheidet zwischen äußerem Schicksalsweg und innerem Bewußtseinsweg des Demetrius.

24 Gerhard Storz: Der Dichter Friedrich Schiller. Stuttgart 1959. S. 500. – Schiller notiert: »Das Stück fängt ganz leidenschaftlich an, oder geht doch schnell in diesen Ton über« (NA 11,113).

25 Dazu Emil Staiger: Friedrich Schiller. Zürich 1967. S. 381.

26 Binder (Anm. 1). S. 260 f. Er weist in diesem Zusammenhang das gleiche Strukturmoment in »Die Räuber« und »Die Jungfrau von Orleans« nach.

27 Vgl. zu dieser Tendenz der Episierung des Dramas: Walter Müller-Seidel: Episches im Theater der deutschen Klassik. Eine Betrachtung über Schillers *Wallenstein.* In: Jahrbuch der Deutschen Schillergesellschaft 20 (1976) S. 338–386. Ferner: Dieter Borchmeyer: Über eine ästhetische Aporie in Schillers Theorie der modernen Dichtung. Ebd. 22 (1978) S. 303–354.

28 Vgl. dazu Ilse Appelbaum-Graham: Die Struktur der Persönlichkeit in Schillers dramatischer Dichtung. In: Jahrbuch der Deutschen Schillergesellschaft 4 (1960) S. 270–303.

29 Fraglich ist, ob man, wie Binder (Anm. 1) S. 275, Marina in die »realistische« Gruppe Demetrius, Boris, Marfa einreihen und ihr damit »tragische Größe«, überhaupt Größe zusprechen kann.

30 Dazu Max Kommerell: Schiller als Gestalter des handelnden Menschen. In: M. K.: Geist und Buchstabe der Dichtung. Frankfurt a. M. 3., verm. Aufl. 1944. Dort, S. 146: »Die von Schiller ausgewählten Geschichtsmomente deuten alle auf einen Urmoment, in dem die Geschichte geistig wird: das Wanken der Ordnungen.«

31 So Georg Lukács: Der russische Realismus in der Weltliteratur. In: G. L.: Werke. Bd. 5. Probleme des Realismus II. Neuwied/Berlin 1964. S. 61.

32 Eine ausführliche Darstellung der Geschichte von Boris Godunow und des falschen Demetrius bei Hedwig Fleischhacker: Rußland zwischen zwei Dynastien (1598–1613). Eine Untersuchung über die Krise in der obersten Gewalt. Baden bei Wien 1933.

33 Auf diese subjektive Einheit mit sich selbst stützt Binder (Anm. 1) S. 267 f. seine Interpretation des Demetrius als »naiver Charakter«, in dem er den »Schlüssel zum Verständnis seines Wesens« und die Zusammengehörigkeit der Tragödie mit Schillers Ästhetik findet. Er interpretiert Demetrius' Natur mit Schillers Definition als »Bestehen durch sich selbst, Dasein nach eigenen Gesetzen, ruhiges Wirken aus sich selbst, ewige Einheit mit sich selbst« (S. 269). Er bezieht dabei nicht ein, daß Demetrius schon in den Sambor-Szenen sich als unsicher in sich selbst erweist und diese »hohe«, »königliche« Natur auf Selbsttäuschung beruht. Man kann nicht von seiner »gottähnlichen« Existenz aus sich selbst sprechen, ohne den Schein dieser Existenz zu beachten. »Dunkelheit« liegt über Demetrius aus Gründen der Betrugsmanipulation, nicht weil er ein »Genie« ist. Die Interpretation mittels ästhetischer Begriffe Schillers führt hier vom Text weg.

34 So Wittkowski (Anm. 14), der betont wiederholt: »Die Macht geht ihm über alles« (S. 152).

35 Zum Konflikt zwischen Natur und Willen vgl. Arthur Pfeiffer: Der fragwürdige Schiller. In· Die Neue Rundschau 49 (1938) 1. S. 106–138.

36 So z. B. Julius Petersen (Anm. 2) S. 166 f. und Binder (Anm. 1) S. 260 f.

37 Gerhard Fricke: Die Problematik des Tragischen im Drama Schillers. In: Jahrbuch des Freien Deutschen Hochstifts 1930. S. 3–69.

38 May (Anm. 1). S. 270 f.

39 Thalheim (Anm. 1). S. 39.

40 Es wurde in der »Demetrius«-Interpretation immer wieder auf die Typenrollen des Prätendenten und Usurpators der Macht, des durch sich selbst und durch die Umwelt betrogenen Betrügers, des Glücks- und Falschspielers mit höchstem Einsatz und Ziel, des erhabenen Verbrechers, des Freiheitsverkünders, der zum Tyrannen wird, des an seinen Illusionen scheiternden Idealisten und deren Variationen innerhalb des dramatischen Gesamtwerks verwiesen.

41 Dazu Ilse Graham: »Die Kinder des Hauses.« A Model of Schiller's Poetic Imagination. In: Modern Language Review 66 (1971) S. 628–648; insbes. S. 638 f.

42 Diese Bitte zeigt nicht, wie Binder (Anm. 1) S. 264 meint, daß Demetrius Humanität besitzt,

sondern daß er nach ihr strebt und zweifelt, ob er sie verwirklichen kann. Die Bitte bezeugt ihre Gefährdung in ihm selbst: schon bei Beginn seines Weges zur Macht.

43 »Körperliche Stärke, Schönheit, kühner Muth, Geist und Einsicht, Hochsinn finden sich in ihm, weit über seinen Stand und sein Schicksal« (116).

44 So Fricke (Anm. 37) S. 438; von Wiese (Anm. 6) S. 793; dagegen kritisch bereits May (Anm. 1) S. 262 f.; dezidiert Wittkowski (Anm. 18) S. 145 f. und Szondi (Anm. 16) S. 166: »So ist Demetrius von Anfang ein Opfer nicht nur der Umstände, sondern auch seiner selbst.« Binder (Anm. 1) S. 264 f. hält hingegen an der Auffassungslinie von Fricke fest: »[. . .] aber sein personales Verhalten ist, namentlich im Aufstieg, von eindeutig idealen Zügen geprägt.« Er muß für Binder so schuldlos und großherzig sein, damit seine Interpretation Freiheit und Idee im naturhaft-personalen Sinne und die Einheit der Person in ihm festhalten kann.

45 Szondi (Anm. 20). S. 169. Er warnt einleuchtend vor zu weitgreifenden Konsequenzen für Schillers Weltsicht: »Diese Tragödie des Idealismus entworfen zu haben, bedeutet noch keine Abwendung von ihm. Was man annehmen darf, ist vielleicht soviel, daß dem Idealisten Schiller die mögliche Tragik seiner Position bewußt wurde; daß der Dramatiker Schiller das Tragische, das sein Werk gestalten sollte, in seiner eigenen Gedankenwelt hat verwurzeln wollen.«

46 So hingegen Wittkowski (Anm. 18) S. 151 f.

47 Von Wiese (Anm. 6) S. 793 spricht von »Eindeutigkeit der inneren Gewißheit«, während Wittkowski (Anm. 18) S. 153 berechtigt auf das Zwielicht zwischen den großen Worten von Demetrius und dem, was er bewußt-unbewußt mit ihnen in Bewegung bringt, hinweist.

48 Schiller notierte: »Demetrius hält sich für den Czar und dadurch wird ers. – Die Russen glauben an ihn und so wird er zum Throne emporgetragen« (109).

49 »Ich weiß, daß es ein Wahn ist« . . . »leeres Wort« . . . »Trugbild« . . . »Ich kann dieß Wort nicht glauben« . . . »Endlosem Zweifel bin ich hin gegeben« (42f.).

50 Dazu Kommerell (Anm. 6). S. 228.

51 Staiger (Anm. 25) S. 306 sieht in dieser Täuschung von Demetrius' naiv-realistischem Glauben, die Erde sei für ihn geschaffen, des Glaubens, dessen naive Kraft das Geglaubte erzeugt und die Welt umwirft, eine Parallele zu Wallensteins Regensburger Entlassung. Er folgt damit Binder (Anm. 1), der eine innere Unsicherheit von Demetrius zwischen Sendungsbewußtsein und verdrängter Ungewißheit, die in dieser Szene und der Szene an der Grenze deutlich ist, nicht erkennt.

52 Zu dieser Figur von Wiese (Anm. 6) S. 799.

53 Zur Problematik dieser Abweichungen vgl. F. M. Fowler (Anm. 1) S. 452 f.

54 Vgl. dazu Fritz Martini: Schillers Abschiedsszenen. In: Über Literatur und Geschichte. Festschrift für Gerhard Storz. Frankfurt a. M. 1973. S. 151–184.

55 Dies verkennt Hermann Schneider (Vom *Wallenstein* zum *Demetrius*. Untersuchungen zur stilgeschichtlichen Stellung und Entwickelung von Schillers Drama. Stuttgart 1933. S. 101), wenn er vermutet, daß selbst die Figur des Boris schließlich fallen sollte.

56 Szondi (Anm. 20) spricht S. 173 zutreffend von einer »idealistischen Erhöhung« der Figur des Boris. »Ist es die Tragik des Demetrius, daß ihn das Gute auf den Weg des Bösen bringt, so will es das tragische Schicksal Boris Godunows, daß er noch am Ziel seines Weges, der ihn ins Gute geführt hat, für das Böse bezahlen muß, von dem er ausgegangen.«

57 Es ist zu beachten, daß Schiller den Satz von der furchtbaren Nemesis, die Boris trifft, im frühen Planungsstadium des Studienheftes (110) durch die Notiz »auch die seltsame Wirkung des Glücks und der Volksgunst sind ergreifend und rührend« fortsetzt, so daß der Nemesis schwerlich die Bedeutung einer höchsten sittlichen Weltordnung, mehr eine Funktion für die Auslösung tragischer Effekte durch Ansicht der Ohnmacht auch des größten Menschen vor der Unzuverlässigkeit (Glück, Volksgunst) des Welttheaters zukommt. Vgl. dazu Clemens Heselhaus: Wallensteinisches Welttheater. In: Der Deutschunterricht 12 (1960) H. 2. S. 42–71. Von Wiese (Anm. 6) S. 802 spricht hingegen von der Nemesis als »einer sich in der Geschichte und allen ihren Widersinnigkeiten und Zufällen durchsetzenden geheimen Vergeltung für jedes schuldhafte menschliche Tun«.

58 Binder (Anm. 1). S. 258.

59 Dazu Ilse Graham: »Die Kinder des Hauses« (Anm. 41). S. 640 f. Übereinstimmend mit dieser Analyse wird hier dies »wie« als Schein, Täuschung, also als Negation aufgefaßt.

60 Vgl. die ausführliche Analyse dieses Auftritts bei Szondi (Anm. 20). S. 175 f. Ferner: Pfeiffer (Anm. 35).

61 Der Bedeutungsbezug von »Wahrheit« schwankt in den »Demetrius«-Interpretationen. Von Wiese (Anm. 6) S. 802 bezieht ihn nur auf Demetrius' eigene innere Überzeugung, Binder (Anm. 1) S. 273 bezieht ihn nur auf »Legitimität«; Wittkowski (Anm. 18) S. 159 reduziert die innere Katastrophe von Demetrius auf den Verlust seines Rechts, der sein bereits feststehendes Wollen der Macht nicht beeinträchtigt und ihn eine moralische Umkehr »empört«, »hohnlachend«, »brutal« zurückweisen läßt. Davon allerdings findet sich bei Schiller kein Wort.

62 Vermutlich dachte Schiller hier an einen Analogiebezug zu der Abschiedsszene von Boris.

63 Walter Müller-Seidel: Das stumme Drama der Luise Millerin. In: N. F. des Jahrbuchs der Goethe-Gesellschaft 17 (1955) S. 91–103. Herbert Singer: Dem F ü r s t e n Piccolomini. In: Euphorion 53 (1959) S. 281–302.

64 Vgl. die Analyse der tragischen Struktur dieser Vorgänge bei Szondi (Anm. 20) S. 170 f., in der gezeigt wird, wie die Helfer des Demetrius seine Verderber sind (Marina, die Polen, Marfa).

65 »Das furchtbare Element trägt ihn nun selbst, er beherrscht es nicht; er wird von der Gewalt fremder Leidenschaften geführt und ist jetzt gleichsam nur ein Mittel und eine Nebensache« (220).

66 Binder (Anm. 1) S. 275 legt auf »edel« ungewöhnliches Gewicht, wenn er sagt, »womit nicht nur auf eine Mitte zwischen dem Schönen und Großen, sondern auf den seinem göttlichen Hervortreten entsprechenden Ausgang gedeutet ist«.

67 Lachmann (Anm. 1). S. 28.

68 Vgl. Max Kommerell: Schiller als Gestalter des handelnden Menschen (Anm. 30). S. 146: »Nie hat Schiller, wie etwa Grillparzer, einen großen Vertreter der gesetzlichen Macht gestaltet. Die Legalität sitzt immer auf der Anklagebank.« Dies trifft für Romanow offensichtlich nicht zu.

69 Von Wiese (Anm. 6) zeigt angesichts des Tragödienschlusses eine auffällige Unsicherheit. Schiller habe, so führt er aus, einerseits die »große Tragödie dem Unerbittlichen in allem wirklichen Geschehen gestellt« (S. 808), andererseits »Axinia, die als reines Opfer den ›schönen Tod‹ sterben sollte, und Romanow, de[n] vom Schicksal wahrhaft zu legitimer Herrschaft Berufene[n]« als »die Lichtbringer in der Finsternis«, als Zeugen für eine Hoffnung auf jene »Gerechtigkeit«, die Demetrius vergeblich erstrebte, ja schon in ihr Gegenteil verkehrte, vorgesehen. Vgl. auch ebd. S. 804.

70 Hahn (Anm. 14) S. 245 ff. vermutet, Romanow sei so passiv gestaltet, um den Verdacht einer Anspielung Schillers auf ein Gerücht zu vermeiden, Zar Alexander I. (seit 1801) sei über die Ermordung seines Vaters Paul I. zumindest orientiert gewesen, was einschließt, daß Romanow als eine Hinweisfigur zu Alexander I. konzipiert worden ist. Dafür fehlt der Beweis; Schiller wollte aktuelle Bezüge vermeiden. Über Alexanders Geltung als aufgeklärt-liberaler Monarch in seinen ersten Regierungsjahren vgl. Friedrich Maximilian Klinger: Betrachtungen und Gedanken über verschiedene Gegenstände der Welt und der Literatur. [Bd. 1–2:] Köln. [Bd. 3:] St. Petersburg 1803–05. Dazu Fritz Martini: F. M. Klinger. In: Benno von Wiese (Hrsg.): Deutsche Dichter des 18. Jahrhunderts. Berlin 1977. S. 837.

71 Vgl. Schneider (Anm. 55). S. 101: »Ich halte es für ausgeschlossen, daß die Romanowfigur so geblieben wäre, wie die früheren Notizen sie auffassen.« Hingegen behandelt Herbert Kraft (Um Schiller betrogen. Pfullingen 1978) die nur vage skizzierte Figur, als sei sie ausgeführt, und er macht sie zum ideologisch-politischen und künstlerischen Kriterium des ganzen Dramas. Er sieht in ihr (S. 277 f.) die falsche Verbindung von regulativer Geschichtsidee – Romanow als Figuration des ästhetischen Staates – und historischer Realität des noch aktuellen Romanow-Zarenabsolutismus. Damit glaubt er dem Drama bzw. Schiller einen »entscheidenden Fehler« nachweisen zu können, »indem es eine historisch-gesellschaftliche Realität zum Maßstab der Utopie erhob«. Schiller habe im »Demetrius« die Aneignung von Wirklichkeit durch deren Verklärung zu erreichen versucht (S. 278). Es ergibt sich hier der merkwürdige Fall, daß der Kritiker verwirft, bevor das Kritisierte, in einer uns unbekannten Weise, ausgeführt wurde!

72 Vgl. dazu Fleischhacker (Anm. 32).

73 Vgl. dazu Singer (Anm. 63).

74 May (Anm. 1). S. 272 f.

75 Kommerell (Anm. 30). S. 155.

76 Szondi (Anm. 20). S. 177.

77 Ebd.

78 Herbert Kraft: Schillers *Demetrius* als Schicksalsdrama. Mit einer Bibliographie: Demetrius in deutscher Dichtung. In: Festschrift für Friedrich Beißner, hrsg. von Ulrich Gaier und Werner

Volke. Bebenhausen 1974. S. 226–236. Ebenso in: Kraft: Um Schiller betrogen (Anm. 71). S. 276.

79 Erinnert sei an die Verse 323 ff. (NA 11,17f.), in denen Demetrius die alles zusammenbindende Gerechtigkeit in Form eines einigenden Vertrages beschwört und sie mit der harmonischen Ordnung des Weltgewölbes gleichsetzt.

80 Ausführlich dazu Szondi (Anm. 20).

81 Dazu insbesondere Thalheim (Anm. 1). S. 40 f. und 57; weiterhin Hahn (Anm. 14). S. 355 f.

82 Thalheim (Anm. 1). S. 41. Er zitiert Goethes Tagebuch vom 8. 8. 1806 und schließt aus diesen Worten auf den »Demetrius« zurück: »Unterwegs politisirt und neue Titel Napoleons ersonnen. Spaß vom *subjektiven Prinzen.* Ferner Fichtes Lehre in Napoleons Thaten und Verfahren wiedergefunden.«

83 Dazu Dietrich Jöns: Das Problem der Macht in Schillers Dramen von den *Räubern* bis zum *Wallenstein.* In: Karl Otto Conrady (Hrsg.): Deutsche Literatur zur Zeit der Klassik. Stuttgart 1977. S. 76–92. Jöns streift den »Demetrius« mit Bezug auf die Sapieha-Figur nur am Schluß und deutet die Konfrontation des Prinzips staatlicher Legitimität mit dem aus eigener Machtvollkommenheit handelnden großen Individuum, »indem sich [Schiller] dieses doch nur als ein anarchisches, die politische Freiheit des Bürgers der Willkür auslieferndes Element« (S. 91) darstellt, antithetisch, was unsere Interpretation nicht bestätigt.

HELMUT G. HERMANN

Der Dramatiker Schiller. Auswahlbibliographie

Stand: Januar 1983

Diese Literaturhinweise verstehen sich nicht als eine Nachschlagebibliographie, welche das Verifizieren eines bestimmten Titels ermöglichen soll. Ihre ausschließliche Aufgabe ist es, die Wirkung des Dramatikers Schiller auch forschungsgeschichtlich sichtbar zu machen und so zu einer weiterführenden Beschäftigung mit seinen Werken anzuregen. Aus dieser Zielsetzung ergeben sich die chronologische Gliederung und der gelegentliche Rückgriff auf ältere Werke.
Für die chronologische Einordnung ist das Datum der Erstveröffentlichung bestimmend. Dies gilt sinngemäß für zeitgenössische Dokumente und Schriften, die hier in einer neueren Ausgabe verzeichnet werden.
Die Jahresangabe in einem Verweis bezeichnet lediglich das Eintragsjahr, unter dem der Bezugstext im betreffenden Abschn. als Haupt- oder Zusatzeintrag zu finden ist, stimmt also nicht immer mit dem Publikationsdatum überein.

Abkürzungen

Arkadien	Gerhard Kaiser: Von Arkadien nach Elysium. Schillerstudien. Göttingen: Vandenhoeck & Ruprecht, 1978.
Berghahn	Friedrich Schiller. Zur Geschichtlichkeit seines Werkes. Hrsg. von Klaus L. Berghahn. Kronberg: Scriptor, 1975.
Berghahn/Grimm	Schiller. Zur Theorie und Praxis der Dramen. Hrsg. von Klaus L. Berghahn und Reinhold Grimm. Darmstadt: Wissenschaftliche Buchgesellschaft, 1972.
DVjs	Deutsche Vierteljahrsschrift für Literaturwissenschaft und Geistesgeschichte.
EG	Études Germaniques.
Festschr. v. Wiese	Untersuchungen zur Literatur als Geschichte. Festschr. [...]. Hrsg. von Vincent J. Günther [u. a.]. Berlin: Schmidt, 1973.
Frey	Schiller 1759/1959. Commemorative American Studies. Ed. by John R. Frey. Urbana: University of Illinois Press, 1959.
Germanistentag 1964	Germanistik in Forschung und Lehre. Die Vorträge und Diskussionen des [...]. Hrsg. von Rudolf Henss und Hugo Moser. Berlin: Schmidt, 1965.
GLL	German Life & Letters.
Goethe	Goethe. Neue Folge des Jahrbuchs der Goethe-Gesellschaft.
GRM	Germanisch-Romanische Monatsschrift.
Heuer/Keller	Schillers *Wallenstein*. Hrsg. von Fritz Heuer und Werner Keller. Darmstadt: Wissenschaftliche Buchgesellschaft, 1977.
Hochstift	Jahrbuch des Freien Deutschen Hochstifts.
JbDSG	Jahrbuch der Deutschen Schillergesellschaft.
JEGPh	The Journal of English and Germanic Philology.
Konferenz	Weimarer Beiträge 5 (1959) Sonderheft: Wissenschaftliche Konferenz über das Schaffen Friedrich Schillers [...].

Neubuhr	Geschichtsdrama. Hrsg. von Elfriede Neubuhr. Darmstadt: Wissenschaftliche Buchgesellschaft, 1980.
PEGS	Publications of the English Goethe Society.
PMLA	Publications of the Modern Language Association of America.
Reden 1955	Schiller. Reden im Gedenkjahr 1955. Im Auftrag [...] hrsg. von Bernhard Zeller. Stuttgart: Klett, 1955.
Reden 1959	[Analog wie zuvor.] 1961.
UP	University Press.
WB	Weimarer Beiträge.
WBG	Wissenschaftliche Buchgesellschaft.
Wiese I	Das deutsche Drama vom Barock bis zur Gegenwart. Interpretationen. Hrsg. von Benno von Wiese. Bd. 1. Düsseldorf: Bagel, 1958 [u. ö.].
Wittkowski	Friedrich Schiller. Kunst, Humanität und Politik [...]: s. Abschn. III, (1982).
WZ	Wissenschaftliche Zeitschrift der [betr. DDR-Hochschule]. Gesellschafts- und sprachwiss. Reihe.
ZfdPh	Zeitschrift für deutsche Philologie.

I. Bibliographien, Forschungsberichte, Nachschlagewerke

Die Abschn. 1 und 2 sind unter dem Gesichtspunkt behandelter Zeiträume und regional geordnet.

1. Bibliographien

Trömel, Paul: Schiller-Bibliothek. Verzeichnis derjenigen Drucke, welche die Grundlage des Schiller'schen Werkes bilden. Leipzig: Brockhaus, 1865. – Nachdr. Leipzig: Schwarzenberg & Schumann, 1924.

Schiller-Bibliographie. Unter Benutzung der Trömelschen Schiller-Bibliothek (1865) hrsg. von Herbert Marcuse. Berlin: Fraenkel, 1925. – Repr. Hildesheim: Gerstenberg, 1971.

Schiller. [Bibliographie 1781–1892. Bearb. von Max Koch.] In: Grundriß zur Geschichte der deutschen Dichtung. [...] von Karl Goedeke. Bd. 5. Dresden: Ehlermann, 1893. S. 97–237. – Fortgesetzt mit:

Schiller-Bibliographie [der Nationalen Forschungs- und Gedenkstätten der klassischen deutschen Literatur, Weimar]: *1893–1958*. Bearb. von Wolfgang Vulpius. Weimar: Arion, 1959. [Erheblich fehler- und lückenhaft!] – *1959–1963*. Bearb. von Wolfgang Vulpius. Berlin: Aufbau, 1967. – *1964–1974*. Bearb. von Werner Wersig. Berlin: Aufbau, 1977. – Zuverlässiger:

Schiller-Bibliographie [der Deutschen Schillergesellschaft, Marbach a. N. – 1962 von Paul Raabe und Ingrid Bode, seitdem von Ingrid Hannich-Bode]: *1959–1961*. In: JbDSG 6 (1962) S. 465–553. – *1962–1965*. In: JbDSG 10 (1966) S. 465–505. – *1966–1969*. In: JbDSG 14 (1970) S. 584–636. – *1970–1973*. In: JbDSG 18 (1974) S. 642–701. – *1974–1978*. In: JbDSG 23 (1979) S. 549–612.

Fambach, Oscar: Bibliographie der Schiller-Kritik in den wichtigsten Literatur-Zeitschriften und Zeitungen bis zu Schillers Tode. In: O. F.: Schiller und sein Kreis in der Kritik ihrer Zeit. Berlin: Akademie, 1957. S. 507–562.

Frey, John R.: American Schiller Literature. A Bibliography. In: JEGPh 57 (1958) S. 633–643. – Wiederabdr. in: Frey. S. 203–213.

Schiller in England. A Bibliography 1787–1960. Compiled under the Direction of R. Pick. Leeds: English Goethe Society, 1961. [Zugl. PEGS N. S. 30.]

Feyl, Othmar: Deutschsprachige Schriften über Friedrich Schiller in der Literaturgeschichte der

Sowjetunion und der europäischen Volksdemokratien. In: WZ Jena 4 (1954/55) S. 347–351; 5 (1955/56) S. 221.
Schiller in Ungarn. Bibliographie [ungar./dt.]. Zsgest. von Gabriel Albert [u. a.]. Budapest: Nationalbibliothek Széchényi, 1959.

2. Literatur- und Forschungsberichte

Wiese, Benno von: Schiller-Forschung und Schiller-Deutung von 1937 bis 1953. In: DVjs 27 (1953) S. 452–483.
Müller-Seidel, Walter: Zum gegenwärtigen Stand der Schillerforschung. In: Der Deutschunterricht 4 (1952) H. 5. S. 97–115.
Vancsa, Kurt: Die Ernte der Schillerjahre 1955–1959. Ein Literaturbericht. In: ZfdPh 79 (1961) S. 422–442.
Paulsen, Wolfgang: Friedrich Schiller 1955–1959. Ein Literaturbericht. In: JbDSG 6 (1962) S. 369–464.
Wittkowski, Wolfgang: Friedrich Schiller 1962–1965. Ein Literaturbericht. In: JbDSG 10 (1966) S. 414–464.
Berghahn, Klaus L.: Ästhetik und Politik im Werk Schillers. Zur jüngsten Forschung. In: Monatshefte 66 (1974) S. 401–421.
Koopmann, Helmut: Schiller-Forschung 1970–1980. Ein Bericht. Marbach a. N.: Deutsche Schillergesellschaft, 1982. [Endet im wesentlichen 1978.]

Frey, John R.: Schiller in Amerika, insbesondere in der amerikanischen Forschung. In: JbDSG 3 (1959) S. 338–367.
Witte, William: Das neue Schillerbild der britischen Germanistik. In: JbDSG 5 (1961) S. 402–413.
Müller, Richard: Friedrich Schiller in der östlichen Forschung. In: R. M.: Studien zum heutigen Schillerbild. Göttingen: Weise, 1961. S. 92–146.

3. Materialien, Nachschlagewerke

Dichter über ihre Dichtungen: Friedrich Schiller. Hrsg. von Bodo Lecke. 2 Bde. München: Heimeran, 1969/70.
Friedrich Schiller in Selbstzeugnissen und Bilddokumenten. Dargest. von Friedrich Burschell. Reinbek: Rowohlt, 1958 [u. ö.].
Wilpert, Gero von: Schiller-Chronik. Sein Leben und sein Schaffen. Stuttgart: Kröner, 1958.
Koopmann, Helmut: Friedrich Schiller. [Realienbuch.] 2 Bde. Stuttgart: Metzler, 1966, ²1977.
– Schiller-Kommentar. 2 Bde. München: Winkler, 1969.
Schiller. Leben und Werk in Daten und Bildern. Ausgew. und erl. von Bernhard Zeller und Walter Scheffler. Frankfurt a. M.: Insel, 1977. – Erw. Ausg. u. d. T.: Friedrich Schiller. Eine Dokumentation in Bildern. Marbach a. N.: Deutsche Schillergesellschaft, 1977, ²1979.

II. Der Zeitraum

(einschließlich allgemeinerer Arbeiten von thematischer Relevanz)

1. Gesellschaft, Kultur, Geschichte, Politik

Fichte, Johann Gottlieb: Schriften zur Revolution. Hrsg. von Bernard Willms. Opladen: Westdeutscher Verlag, 1967. – Taschenbuchausg. Frankfurt a. M.: Ullstein, 1973.
Biedermann, Karl: Deutschland im achtzehnten Jahrhundert. 2 Bde. in 5 Tln. Leipzig: Weber, 1854–80. – Repr. Aalen: Scientia, 1969. [Bd. 2, III: Goethe, Schiller, Kant.]

Schneider, Ferdinand Josef: Die Freimaurerei und ihr Einfluß auf die geistige Kultur in Deutschland am Ende des 18. Jahrhunderts. Prag: Taussig & Taussig, 1909.

Gooch, George P.: Germany and the French Revolution. London / New York: Longmans, Green & Co., 1920. – Repr. London: Cass, 1965; New York: Russell & Russell, 1966.

Boehn, Max von: Deutschland im 18. Jahrhundert. 2 Bde. Berlin: Askanischer Verlag, 1922.

Hartmann, Nicolai: Die Philosophie des deutschen Idealismus. 2 Bde. Berlin: de Gruyter, 1923–29, [3]1974.

Sydow, Eckart von: Die Kultur des deutschen Klassizismus. Leben, Kunst, Weltanschauung. Berlin: Grote, 1926.

Stern, Alfred: Der Einfluß der französischen Revolution auf das deutsche Geistesleben. Stuttgart: Cotta, 1928.

Landsberger, Franz: Die Kunst der Goethezeit. Kunst und Kunstanschauung von 1750 bis 1830. Leipzig: Insel, 1931.

Cassirer, Ernst: Die Philosophie der Aufklärung. Tübingen: Mohr, 1932, [3]1973.

Bruford, Walter H.: Germany in the Eighteenth Century. The Social Background of the Literary Revival. Cambridge [Engl.]: UP, 1935 [u. ö.]; Paperback-Ausg. 1965 [u. ö.]. – Dt.: Die gesellschaftlichen Grundlagen der Goethezeit. Weimar: Böhlau, 1936; Taschenbuch-Ausg. Frankfurt a. M.: Ullstein, 1975.

Franz, Erich: Deutsche Klassik und Reformation. Die Weiterbildung protestantischer Motive in der Philosophie und Weltanschauung des deutschen Idealismus. Halle a. d. S.: Niemeyer, 1937.

Griewank, Karl: Die Französische Revolution, 1789–1799. Berlin: Koetschau, 1948; Köln: Böhlau, [7]1980.

Droz, Jacques: L'Allemagne et la Révolution française. Paris: Presses Universitaires de France, 1949.

Steinem, Wolfram von dem: Das Zeitalter Goethes. Bern: Francke, 1949.

Valjavec, Fritz: Die Entstehung der politischen Strömungen in Deutschland 1770–1815. München: Oldenbourg, 1951. – Neuausg. Kronberg: Athenäum, 1978.

Holborn, Hajo: Der deutsche Idealismus in sozialgeschichtlicher Beleuchtung. In: Historische Zeitschrift 174 (1952) S. 359–384.

Benz, Richard: Die Kultur des 18. Jahrhunderts. Bd. 2: Die Zeit der deutschen Klassik. Stuttgart: Reclam, 1953.

Mousnier, Roland: Le XVIIIe siècle: Révolution intellectuelle, technique et politique (1715–1815). Paris: Presses Universitaires de France, 1953, [4]1963.

Flitner, Andreas: Die politische Erziehung in Deutschland. Geschichte und Probleme (1750–1880). Tübingen: Niemeyer, 1957.

Koselleck, Reinhart: Kritik und Krise. Eine Studie zur Pathogenese der bürgerlichen Welt. Freiburg i. Br.: Alber, 1959, [2]1969; Frankfurt a. M.: Suhrkamp, 1973.

Ayrault, Roger: La genèse du romantisme allemand. Bd. 1: Situation spirituelle de l'Allemagne dans la deuxième moitié du XVIIIe siècle. 2 Tle. Paris: Aubier, 1961.

Bruford, Walter H.: Culture and Society in Classical Weimar, 1775–1806. Cambridge [Engl.]: UP, 1962. – Dt.: Kultur und Gesellschaft im klassischen Weimar, 1775–1806. Göttingen: Vandenhoeck & Ruprecht, 1966.

Hobsbawm, Eric J.: The Age of Revolution, 1789–1848. London: Weidenfeld & Nicolson; Cleveland: World Publishing Co., 1962. – Dt.: Europäische Revolutionen 1789–1848. Zürich: Kindler, 1962.

Bruford, Walter H.: Deutsche Kultur der Goethezeit. Konstanz: Athenaion, 1965.

Epstein, Klaus: The Genesis of German Conservatism. Princeton: UP, 1966 [u. ö.]. – Dt.: Die Ursprünge des Konservatismus in Deutschland. Der Ausgang, die Herausforderung durch die Französische Revolution, 1770–1806. Berlin: Propyläen, 1973.

Pomeau, René: L'Europe des lumières. Cosmopolitisme et unité européenne au dix-huitième siècle. Paris: Stock, 1966. – Repr. Genève: Slatkine, 1981.

Casula, Mario: L'Illuminismo critico. Contributo allo studio dell'influsso del criticismo kantiano sul pensiero morale e religioso in Germania tra il 1783 e il 1818. Milano: Marzorati, 1967.
Langen, August: Attitüde und Tableau in der Goethezeit. In: JbDSG 12 (1968) S. 194–258.
Das Zeitalter der europäischen Revolution, 1780–1848. Hrsg. und verfaßt von Louis Bergeron, François Furet und Reinhart Koselleck. Frankfurt a. M.: Fischer Bücherei, 1969.
Barth, Ilse-Marie: Literarisches Weimar. Kultur, Literatur, Sozialstruktur im 16.–20. Jahrhundert. Stuttgart: Metzler, 1971.
Fink, Gonthier-Louis / Fink-Langlois, Antoinette: L'Allemagne, face au classicisme et à la révolution. Paris: Didier, 1972.
Lypp, Bernhard: Ästhetischer Absolutismus und politische Vernunft. Zum Widerstreit von Reflexion und Sittlichkeit im deutschen Idealismus. Frankfurt a. M.: Suhrkamp, 1972.
Kopp, Bernhard: Beiträge zur Kulturphilosophie der deutschen Klassik. Eine Untersuchung im Zusammenhang mit dem Bedeutungswandel des Wortes Kultur. Meisenheim: Hain, 1974.
Schlumbohm, Jürgen: Freiheit. Die Anfänge der bürgerlichen Emanzipationsbewegung in Deutschland im Spiegel ihres Leitwortes (ca. 1760 – ca. 1800). Düsseldorf: Schwann, 1975.
Schoeps, Hans J.: Deutsche Geistesgeschichte der Neuzeit. Bd. 3: Von der Aufklärung zur Romantik. Mainz: Hase & Köhler, 1977.
Turk, Horst: Das »Klassische Zeitalter«. Zur geschichtsphilosophischen Begründung der Weimarer Klassik. In: Zur Modernität der Romantik. Hrsg. von Dieter Bänsch. Stuttgart: Metzler, 1977. S. 155–174.
Bayer, Hans: feingefühl – achtung – ehrfurcht. Zur Soziologie des bürgerlichen Ethos der Goethezeit. In: Wirkendes Wort 28 (1978) S. 401–421.
Ewers, Hans-Heino: Die schöne Individualität. Zur Genesis des bürgerlichen Kunstideals. Stuttgart: Metzler, 1978.
Philosophie und Humanismus. Beiträge zum Menschenbild der deutschen Klassik. [Jenaer Seminar 1977. ... Leitung: Bolko Schweinitz.] Weimar: Böhlau, 1978.
Propyläen Geschichte Europas. Bd. 4: Der Durchbruch des Bürgertums, 1776–1847. Von Eberhard Weis. Berlin: Propyläen, 1978.
Sengle, Friedrich: Die klassische Kultur von Weimar, sozialgeschichtlich gesehen. In: Internationales Archiv für Sozialgeschichte der deutschen Literatur 3 (1978) S. 68–86.
Streisand, Joachim: Revolution und Evolution im Geschichtsbild der deutschen Klassik. In: Goethe-Jahrbuch 96 (1979) S. 130–145.
L'Europe et les révolutions (1770–1800). Éd. par Roland Mortier et Hervé Hasquin. Bruxelles: Éditions de l'Université de Bruxelles, 1980.
Handbuch der deutschen Geschichte. Begr. von Otto Brandt. Neu hrsg. von Leo Just. Bd. 3. T. Ia: Deutschland um 1800: Krise und Neugestaltung. Von 1789–1815. Von Kurt von Raumer und Manfred Botzenhart. Wiesbaden: Athenaion, 1980.
Jäger, Hans-Wolf: Die These von der rhetorischen Verschwörung zur Zeit der Französischen Revolution. In: Text & Kontext 9 (1981) S. 47–55.

2. Literatur und Theater

Die Protokolle des Mannheimer Nationaltheaters unter Dalberg aus den Jahren 1781 bis 1789. Hrsg. von Max Martersteig. Mannheim: Bensheimer, 1890.
Hettner, Hermann: Geschichte der deutschen Literatur im achtzehnten Jahrhundert. 3 Bde. in 4 Tln. Braunschweig: Vieweg, 1862–70, [7]1925; rev. Neuausg. 2 Bde. Berlin: Aufbau, 1961, [2]1979. – Bd. 3 [2 Tle.] auch u. d. T.: Goethe und Schiller. Braunschweig: Vieweg, 1870, [3]1876; Neuausg. u. d. T.: Literaturgeschichte der Goethezeit. Hrsg. von Johannes Anderegg. München: Beck, 1970.
Eloesser, Arthur: Das Bürgerliche Drama. Seine Geschichte im 18. und 19. Jahrhundert. Berlin: Hertz, 1898. – Repr. Genève: Slatkine, 1970.

Gundolf, Friedrich: Shakespeare und der deutsche Geist. Berlin: Bondi, 1911; Düsseldorf: Küpper, ^{11}1959.

Kluckhohn, Paul: Die Auffassung der Liebe in der Literatur des 18. Jahrhunderts und in der deutschen Romantik. Halle a. d. S.: Niemeyer, 1922; Tübingen: Niemeyer, ^{3}1966.

Stockmeyer, Klara: Soziale Probleme im Drama des Sturmes und Dranges. Frankfurt a. M.: Diesterweg, 1922. – Repr. Hildesheim: Gerstenberg, 1974.

Korff, Hermann August: Geist der Goethezeit. T. 1: Sturm und Drang. T. 2: Klassik. Leipzig: Weber, 1923–30; ebd.: Koehler & Amelang, ^{8}1966. – Repr. Darmstadt: WBG, ^{11}1979.

Kleinberg, Alfred: Die deutsche Dichtung in ihren sozialen, zeit- und geistesgeschichtlichen Bedingungen. Berlin: Dietz, 1927. – Repr. Hildesheim: Olms, 1978.

Bettex, Albert: Der Kampf um das klassische Weimar 1788–1798. Antiklassische Strömungen in der deutschen Literatur vor dem Beginn der Romantik. Zürich: Nichan, 1935.

Schultz, Franz: Klassik und Romantik der Deutschen. 2 Bde. Stuttgart: Metzler, 1935–40, ^{3}1959.

Rehm, Walther: Griechentum und Goethezeit. Geschichte eines Glaubens. Leipzig: Dieterich, 1936; Bern/München: Francke, ^{4}1969.

Viëtor, Karl: Deutsches Dichten und Denken von der Aufklärung bis zum Realismus. Deutsche Literaturgeschichte von 1700 bis 1890. Berlin: de Gruyter, 1936, ^{3}1958.

Kahn, Ludwig W.: Social Ideals in German Literature, 1770–1830. New York: Columbia UP, 1938. – Repr. New York: AMS Press, 1969.

Ruppert, Johannes: Die Darstellung der Leidenschaften und Affekte im Drama des Sturmes und Dranges. Berlin: Junker und Dünnhaupt, 1941.

Beck, Adolf: Griechisch-deutsche Begegnung. Das deutsche Griechenerlebnis im Sturm und Drang. Stuttgart: Cotta, 1947.

Kindermann, Heinz: Theatergeschichte der Goethezeit. Wien: Bauer, 1948.

Wiese, Benno von: Die deutsche Tragödie von Lessing bis Hebbel. Hamburg: Hoffmann und Campe, 1948, ^{8}1973.

Bruford, Walter H.: Theatre, Drama and Audience in Goethe's Germany. London: Routledge & Kegan Paul, 1950 [u. ö.]. – Repr. Westport, Connecticut: Greenwood, 1974.

Grappin, Pierre: La théorie du génie dans le préclassicisme allemand. Paris: Presses Universitaires de France, 1952.

Schneider, Ferdinand Josef: Die deutsche Dichtung der Geniezeit. 1750–1800. Stuttgart: Metzler, 1952.

Sengle, Friedrich: Das deutsche Geschichtsdrama. Geschichte eines literarischen Mythos. Stuttgart: Metzler, 1952; ab ^{2}1969, ^{3}1974 u. d. T.: Das historische Drama in Deutschland.

– Klassik im deutschen Drama. In: Der Deutschunterricht 4 (1952) H. 5. S. 5–18. Auch in: F. S.: Arbeiten zur deutschen Literatur 1750–1850. Stuttgart: Metzler, 1965. S. 71–87.

Pascal, Roy: The German Sturm und Drang. Manchester: UP; New York: Philosophical Library, 1953. – Dt.: Der Sturm und Drang. Stuttgart: Kröner, 1963, ^{2}1977.

Boeschenstein, Hermann: Deutsche Gefühlskultur. Studien zu ihrer dichterischen Gestaltung. Bd. 1: Die Grundlagen. 1770–1830. Bern: Haupt, 1954.

Boucher, Maurice: La Révolution de 1789 vue par les écrivains allemands, ses contemporains. Paris: Didier, 1954.

Buchwald, Reinhard: Bühnengestalt und dramatische Kunstform der deutschen Klassiker. In: Goethe 17 (1955) S. 1–18. Auch in: R. B.: Untersuchungen über das Theater der Goethezeit. Stuttgart: Kröner, 1974. S. 5–19. [Bes. zu Schiller.]

Erläuterungen zur deutschen Literatur: Klassik. [Von einem Autorenkollektiv.] Berlin: Volk und Wissen, 1956, ^{8}1978.

Markwardt, Bruno: Geschichte der deutschen Poetik. Bd. 2/3: [Aufklärung–Romantik.] Berlin: de Gruyter, 1956–58, ^{2}1971.

Kayser, Wolfgang: Formtypen des deutschen Dramas um 1800. In: W. K.: Die Vortragsreise.

Bern: Francke, 1958. Ferner in: Stil- und Formprobleme in der Literatur. Hrsg. von Paul Böckmann. Heidelberg: Winter, 1959. S. 283–294.

Klotz, Volker: Geschlossene und offene Form im Drama. München: Hanser, 1960, ^{8}1976.

Daunicht, Richard: Die Entstehung des bürgerlichen Trauerspiels in Deutschland. Berlin: de Gruyter, 1963, ^{2}1965.

Mittner, Ladislao: Storia della letteratura tedesca. 2: Dal pietismo al romanticismo (1700–1820). Torino: Einaudi, 1964.

Kohlschmidt, Werner: Geschichte der deutschen Literatur vom Barock bis zur Klassik. Stuttgart: Reclam, 1965, ^{2}1981.

Böckmann, Paul: Formensprache. Studien zur Literaturästhetik und Dichtungsinterpretation. Hamburg: Hoffmann und Campe, 1966. – Repr. Darmstadt: WBG, 1973. [S. 215–282: Wiederabdr. von 3 Aufsätzen zu Schillers Dramen (1929, 1934, 1955).]

Ives, Margaret C.: The Problem of Identity in German Classical Tragedy between 1770 and 1808. In: PEGS N. S. 36 (1966) S. 34–59.

Pikulik, Lothar: »Bürgerliches Trauerspiel« und Empfindsamkeit. Köln: Böhlau, 1966.

Mattenklott, Gert: Melancholie in der Dramatik des Sturm und Drang. Stuttgart: Metzler, 1968.

Hay, Gerhard: Darstellung des Menschenhasses in der deutschen Literatur des 18. und 19. Jahrhunderts. Frankfurt a. M.: Athenäum, 1970.

Dahnke, Dietrich: Literarische Prozesse in der Periode von 1789 bis 1806. In: WB 17 (1971) H. 11. S. 46–71.

Die Klassik-Legende. Hrsg. von Jost Hermand und Reinhold Grimm. Frankfurt a. M.: Athenäum, 1971.

Morris, Irene V.: Fate and Form in the German Drama of the Age of Goethe. In: PEGS N. S. 41 (1971) S. 45–64.

Rasch, Wolfdietrich: Die Zeit der Klassik und der frühen Romantik. 1775–1805. In: Annalen der deutschen Literatur. Hrsg. von Heinz Otto Burger. 2., überarb. Aufl. Stuttgart: Metzler, 1971. S. 465–550.

Schultheiss, Werner: Dramatisierung von Vorgeschichte. Beitrag zur Dramaturgie des deutschen klassischen Dramas. Assen: van Gorcum, 1971.

Begriffsbestimmung der Klassik und des Klassischen. Hrsg. von Heinz Otto Burger. Darmstadt: WBG, 1972. [Aufsätze 1922–67.]

McInnes, Edward: The Sturm und Drang and the Development of Social Drama. In: DVjs 46 (1972) S. 61–81.

Menhennet, Alan: Order and Freedom: Literature and Society in Germany from 1720 to 1805. London: Weidenfeld & Nicolson, 1973; New York: Basic Books, 1974.

Deutsches Bürgertum und literarische Intelligenz 1750–1800. Hrsg. von Bernd Lutz. Stuttgart: Metzler, 1974.

Müller-Seidel, Walter: Deutsche Klassik und Französische Revolution. Zur Entstehung einer Denkform. In: Deutsche Literatur und Französische Revolution. Sieben Studien. Göttingen: Vandenhoeck & Ruprecht, 1974. S. 39–62.

Sauder, Gerhard: Empfindsamkeit. 3 Bde. Stuttgart: Metzler, 1974 ff. [Zur Berichtszeit Bd. 2 noch nicht ersch.]

Angelloz, Joseph-François / Naujac, Jeanne: Le classicisme allemand. Vendôme: Presses Universitaires de France, 1975.

Böhler, Michael: Soziale Rolle und ästhetische Vermittlung. Studien zur Literatursoziologie von A. G. Baumgarten bis F. Schiller. Bern/Frankfurt a. M.: Lang, 1975.

Quabius, Richard: Generationsverhältnisse im Sturm und Drang. Köln: Böhlau, 1976.

Deutsche Literatur zur Zeit der Klassik. Hrsg. von Karl Otto Conrady. Stuttgart: Reclam, 1977.

Geschichte der deutschen Literatur. Von einem Autorenkollektiv. Bd. 7: Von 1789 bis 1830. Berlin: Volk und Wissen, 1978.

Jauß, Hans-Robert: Klassik – wieder modern? In: Der Deutschunterricht 30 (1978) H. 2. S. 35–51.

Sturm und Drang. Ein literaturwissenschaftliches Studienbuch. Hrsg. von Walter Hinck. Kronberg: Athenäum, 1978.

Bornscheuer, Lothar: Deutsche Klassik und Französische Revolution. Politisch-soziales Bewußtsein in der klassischen deutschen Literatur und in der Klassik-Forschung. In: Revolution und Demokratie in Geschichte und Literatur. [Festschr. Walter Grab.] Hrsg. von Julius H. Schoeps und I. Geiss. Duisburg: Braun, 1979. S. 19–39.

Geschichte der deutschen Literatur vom 18. Jahrhundert bis zur Gegenwart. Hrsg. von Viktor Žmegač. Bd. 1: 1700–1848. 2 Tle. Königstein: Athenäum, 1979.

Naumann, Dietrich: Literaturtheorie und Geschichtsphilosophie. T. I.: Aufklärung, Romantik, Idealismus. Stuttgart: Metzler, 1979.

Borchmeyer, Dieter: Die Weimarer Klassik. Eine Einführung. 2 Tle. Königstein: Athenäum, 1980.

Haider-Pregler, Hilde: Des sittlichen Bürgers Abendschule. Bildungsanspruch und Bildungsauftrag des Berufstheaters im 18. Jahrhundert. Wien: Jugend und Volk, 1980.

Huyssen, Andreas: Drama des Sturm und Drang. Kommentar zu einer Epoche. München: Winkler, 1980.

Strässner, Matthias: Analytisches Drama. München: Fink, 1980. [Zu Schiller bes. *Die Braut von Messina.*]

Ansichten der deutschen Klassik. [Festschr. Ursula Wertheim.] Hrsg. von Helmut Brandt und Manfred Beyer. Berlin: Aufbau, 1981.

Halm, Heinrich: Deutsche Klassik. Geschichte, Analyse, Kritik. Freiburg i. Br.: Herder, 1981.

Boerner, Peter: Die deutsche Literatur der Goethezeit in ihrer europäischen Ausstrahlung. In: Neues Handbuch der Literaturwissenschaft. Bd. 15: Europäische Romantik II. Hrsg. von Klaus Heitmann. Wiesbaden: Athenaion, 1982. S. 25–56.

Neues Handbuch der Literaturwissenschaft. Hrsg. von Klaus von See. Bd. 14: Europäische Romantik I [d. i. deutsche Literatur der Goethezeit]. Hrsg. von Karl Robert Mandelkow. Wiesbaden: Athenaion, 1982.

Wölfel, Kurt: Prophetische Erinnerung. Der klassische Republikanismus in der deutschen Literatur des 18. Jahrhunderts als utopische Gesinnung. In: Utopieforschung. Hrsg. von Wilhelm Voßkamp. Bd. 3. Stuttgart: Metzler, 1982. S. 191–217.

Schulz, Gerhard: Die deutsche Literatur zwischen Französischer Revolution und Restauration. T. 1: Das Zeitalter der Französischen Revolution. 1789–1806. München: Beck, 1983.

III. Schiller: Biographie und allgemeine Aspekte

Carlyle, Thomas: The Life of Friedrich Schiller; Comprehending an Examination of his Works. London: Taylor & Hessey, 1825. U. a. auch als: Th. C.: Works. Vol. 25. 2d Printing. London: Chapman & Hall, 1899; Repr. New York: AMS Press, 1969 [u. ö.].

Streicher, Andreas: Schiller's Flucht von Stuttgart und Aufenthalt in Mannheim von 1782–1785. Stuttgart: Cotta, 1836. – Neuausg. u. a.: Hrsg. von Paul Raabe. Stuttgart: Reclam, 1968 [u. ö.] – Um den Nachlaß erw. Ausg. u. d. T.: Schiller-Biographie. Hrsg. von Herbert Kraft. Mannheim: Bibliographisches Institut, 1974.

Hoffmeister, Karl: Schiller's Leben, Geistesentwicklung und Werke im Zusammenhang. 5 Tle. Stuttgart: Balz, 1838–42.

Palleske, Emil: Schiller's Leben und Werke. 2 Bde. Berlin: Duncker, 1858/59, ^{16}1906. – Neuausg., durchges. von L. Geiger. Berlin: Weichert, 1913.

Schmidt, Julian: Schiller und seine Zeitgenossen. Eine Gabe für den 10. November 1859. Leipzig: Herbig, 1859.

Brahm, Otto: Schiller. 2 Bde. Berlin: Hertz, 1888–92.

Minor, Jakob: Schiller. Sein Leben und seine Werke. 2 Bde. Berlin: Weidmann, 1890.

Berger, Karl: Schiller. Sein Leben und seine Werke. 2 Bde. München: Beck, 1905–08, [11]1924. – Repr. der 6. Aufl. (1910/11). New York: AMS Press, 1971.

Kühnemann, Eugen: Schiller. München: Beck, 1905, [7]1927.

Mehring, Franz: Schiller. Ein Lebensbild für deutsche Arbeiter. Leipzig: Leipziger Buchdruckerei, 1905, [3]1923. Auch in: W. M.: Werkauswahl. Bd. 1. Neuwied: Luchterhand, 1974. S. 101–289.

Strich, Fritz: Schiller. Sein Leben und sein Werk. Leipzig: Tempel, 1912; Berlin: Deutsche Buch-Gemeinschaft, 1928.

Cassirer, Ernst: Schiller. Freiheitsproblem und Formproblem in der klassischen Ästhetik. In: E. C.: Freiheit und Form. Berlin: Cassirer, 1916, [2]1918 / Repr. Darmstadt: WBG, 1961 [u. ö.]. S. 269–302.

Güntter, Otto: Friedrich Schiller. Sein Leben und seine Dichtungen. Leipzig: Weber, 1925, [2]1937.

Liepe, Wolfgang: Der junge Schiller und Rousseau. In: ZfdPh 51 (1926) S. 299–328. Auch in: W. L.: Beiträge zur Literatur- und Geistesgeschichte. Neumünster: Wachholtz, 1963. S. 29–64.

Fricke, Gerhard: Der religiöse Sinn der Klassik Schillers. München: Kaiser, 1927. – Repr. Darmstadt: WBG, 1968.

Walzel, Oskar: Das ästhetische Glaubensbekenntnis von Goethes und Schillers Hochklassizismus. In: Jahrbuch der Goethe-Gesellschaft 16 (1930) S. 261–292. – Wiederabdr. in: Begriffsbestimmung der Klassik (s. Abschn. II,2: 1972). S. 128–156.

Dilthey, Wilhelm: Schiller. In: W. D.: Von deutscher Dichtung und Musik. Berlin: Teubner, 1933; Göttingen: Vandenhoeck & Ruprecht, [2]1957. S. 325–427. – Buchausg. Göttingen: Vandenhoeck & Ruprecht, 1959. [Bes. zu den historischen Dramen.]

Cysarz, Herbert: Schiller. Halle a. d. S.: Niemeyer, 1934. – Repr., mit neuem krit. Nachw. Tübingen: Niemeyer, 1967.

Cassirer, Ernst: Schiller und Shaftesbury. In: PEGS N. S. 11 (1935) S. 37–59.

Buchwald, Reinhard: Schiller. Leben und Werk. 2 Bde. Leipzig: Insel, 1937 [u. ö.]; neue, bearb. Aufl. Wiesbaden [später: Frankfurt a. M.]: Insel, 1954/54, [5]1966.

Leroux, Robert: Schiller, théoricien de l'état. In: Revue Germanique 28 (1937) S. 1–28.

Meinecke, Friedrich: Schiller und der Individualitätsgedanke. Leipzig: Meiner, 1937.

Kaufmann, Friedrich Wilhelm: Schiller. Poet of Philosophical Idealism. Oberlin: Academy Press, 1942.

Lukács, Georg: Schillers Theorie der modernen Literatur. In: G. L.: Goethe und seine Zeit. Bern: Francke, 1947. S. 78–110. – Wiederabdr. in: Berghahn. S. 95–112.

Wentzlaff-Eggebert, Friedrich Wilhelm: Schillers Weg zu Goethe. Tübingen: Wunderlich, 1949; Berlin: de Gruyter, [2]1963.

Blochmann, Elisabeth: Schiller und die Empfindsamkeit. In: DVjs 24 (1950) S. 483–499.

Gerhard, Melitta: Schiller. Bern: Francke, 1950.

Pyritz, Hans: Der Bund zwischen Goethe und Schiller. In: PEGS N. S. 21 (1950/51) S. 27–55. Auch in: H. P.: Goethe-Studien. Köln: Böhlau, 1962. S. 34–51. – Wiederabdr. in: Begriffsbestimmung der Klassik (s. Abschn. II,2: 1972). S. 306–326.

Berger, Kurt: Schiller und die Mythologie. Zur Frage der Begegnung und Auseinandersetzung zwischen christlicher und antiker Tradition in der klassischen Dichtung. In: DVjs 26 (1952) S. 140–157.

Müller-Seidel, Walter: Georg Friedrich Gaus. Zur religiösen Situation des jungen Schiller. In: DVjs 26 (1952) S. 76–99. – Wiederabdr. in: Berghahn. S. 281–307.

Mayer, Hans: Schiller und die Nation. Berlin: Aufbau, 1953; Düsseldorf: Progreß, 1955. Auch in: H. M.: Studien zur deutschen Literaturgeschichte. Berlin: Rütten & Loening, 1954, [2]1955. S. 79–122.

Abusch, Alexander: Schiller. Größe und Tragik eines deutschen Genius. Berlin: Aufbau, 1955, [7]1980.

Bergsträsser, Arnold: Schillers Idee der Freiheit. In: Mannheimer Hefte 4 (1955) H. 3. S. 16–22. Auch in: A. B.: Staat und Dichtung. Freiburg i. Br.: Rombach, 1967. S. 239–252.

Mann, Thomas: Versuch über Schiller. Frankfurt a. M.: S. Fischer, 1955. Auch in: Th. M.: Schriften und Reden zur Literatur, Kunst und Philosophie. Ebd. 1968. S. 312–374.

Menzer, Paul: Schiller und Kant. In: Kant-Studien 47 (1955/56) S. 113–147, 234–272.

Wertheim, Ursula: Über den Begriff des »Weltbürgers« und die Vorstellung vom »Weltbürgertum« bei Schiller. In: WZ Jena 5 (1955/56) S. 141–162.

Wiese, Benno von: Schiller. Eine Einführung in sein Leben und Werk. Stuttgart: Reclam, 1955 [u. ö.].

Meyer, Herman: Schillers philosophische Rhetorik. In: Euphorion 53 (1959) S. 313–350. Auch in: H. M.: Zarte Empirie. Stuttgart: Metzler, 1963. S. 337–389. – Wiederabdr. in: Begriffsbestimmung der Klassik (s. Abschn. II,2: 1972). S. 413–467.

Müller, Joachim: Das Edle in der Freiheit. Schillerstudien. Leipzig: Koehler & Amelang, 1959. [U. a. *Kabale und Liebe* (1934), *Don Carlos* (1955), *Wallenstein* (1957), *Maria Stuart*, *Die Braut von Messina* (1955).]

Rüdiger, Horst: Schiller und das Pastorale. In: Euphorion 53 (1959) S. 229–251. – Wiederabdr. in: Berghahn. S. 133–158.

Storz, Gerhard: Der Dichter Friedrich Schiller. Stuttgart: Klett, 1959, [4]1968.

Wertheim, Ursula: Schillers Auseinandersetzung mit den Ergebnissen der Französischen Revolution. In: WZ Jena 8 (1958/59) S. 429–449.

Wiese, Benno von: Friedrich Schiller. Stuttgart: Metzler, 1959, [4]1978.

Witte, William: Schiller and Burns, and other Essays. Oxford: Blackwell, 1959. [U. a. zu *Wallenstein* (1952), *Demetrius* (1954/55).]

Hamburger, Käte: Zum Problem des Idealismus bei Schiller. In: JbDSG 4 (1960) S. 60–71.

Schiller Bicentenary Lectures. Ed. by F. Norman. London: [Institute of Germanic Studies of the University], 1960.

A Schiller Symposium, in Observance of Schiller's Birth [...]. Ed. by A. Leslie Willson. Austin: Department of Germanic Languages, University of Texas, 1960.

Binder, Wolfgang: Ästhetik und Dichtung in Schillers Werk. In: Reden 1959. S. 9–36. Auch in: W. B.: Aufschlüsse. München: Artemis, 1976. S. 219–241. – Wiederabdr. in: Berghahn/Grimm. S. 206–232.

Schadewaldt, Wolfgang: Schillers Griechentum. In: Reden 1959. S. 258–270. – Wiederabdr. in: Berghahn. S. 55–65.

Doppler, Alfred: Das Motiv des Abgrunds in den Werken Friedrich Schillers. In: Jahrbuch des Wiener Goethe-Vereins 66 (1962) S. 17–46. Auch in: A. D.: Der Abgrund. Köln: Böhlau, 1968. S. 34–73.

Raabe, August: Idealistischer Realismus. Eine genetische Analyse der Gedankenwelt Friedrich Schillers. Bonn: Semmel, 1962.

Sàito, Nello: Schiller e il suo tempo. Poesia e polemica dal 1788 al 1795. Roma: Ateneo, 1963.

Cannac, René: Théâtre et révolte. Essai sur la jeunesse de Schiller. Paris: Payot, 1966.

Fridrich Šiller. Stati i materialy [F. Sch. Aufsätze und Materialien]. Pod. red. R. M. Samarina i S. V. Turaeva. Moskva: Izdatel'stvo Nauka, 1966.

Craig, Gordon A.: Friedrich Schiller and the Problem of Power. In: The Responsibility of Power. [Festschr. Hajo Holborn.] Garden City, N. Y.: Doubleday, 1967; London: Macmillan, 1968. S. 125–144.

Kaiser, Gerhard: Vergötterung und Tod. Die thematische Einheit von Schillers Werk. Stuttgart: Metzler, 1967. Auch in: Arkadien. S. 11–44.

Staiger, Emil: Friedrich Schiller. Zürich: Atlantis, 1967.

Burschell, Friedrich: Schiller. Reinbek: Rowohlt, 1968.

Hahn, Karl-Heinz: Schiller und die Geschichte. In: WB 16 (1970) S. 39–69. – Wiederabdr. in: Berghahn. S. 25–54.
Heuer, Fritz: Darstellung der Freiheit. Schillers transzendentale Frage nach der Kunst. Köln: Böhlau, 1970.
Baeumer, Max L.: Der Begriff »klassisch« bei Goethe und Schiller. In: Die Klassik-Legende (s. Abschn. II,2: 1971). S. 17–49.
Ueding, Gert: Schillers Rhetorik. Tübingen: Niemeyer, 1971.
Janz, Rolf-Peter: Autonomie und soziale Funktion der Kunst. Studien zur Ästhetik von Schiller und Novalis. Stuttgart: Metzler, 1973.
Grimminger, Rolf: Die ästhetische Versöhnung. Ideologiekritische Aspekte zum Autonomiebegriff am Beispiel Schiller. In: Historizität in Sprach- und Literaturwissenschaft. Hrsg. von Walter Müller-Seidel [u. a.]. München: Fink, 1974. S. 579–597. – Wiederabdr. in: Acta Germanica 9 (1976) S. 141–159.
Berghahn, Klaus L.: Schiller und die Tradition. In: Berghahn. S. 9–24. Zugl. in: Monatshefte 67 (1975) S. 403–416.
Hart-Nibbrig, Christiaan L.: »Die Weltgeschichte ist das Weltgericht.« Zur Aktualität von Schillers ästhetischer Geschichtsdeutung. In: JbDSG 20 (1976) S. 255–277.
Koopmann, Helmut: Friedrich Schiller. In: Deutsche Dichter des 18. Jahrhunderts. Hrsg. von Benno von Wiese. Berlin: Schmidt, 1977. S. 931–957.
Mettler, Heinrich: Entfremdung und Revolution. Brennpunkte des Klassischen. Studien zu Schillers Briefen *Über die ästhetische Erziehung des Menschen* im Hinblick auf die Begegnung mit Goethe. Bern/München: Francke, 1977.
Gethmann-Siefert, Annemarie: Idylle und Utopie. Zur gesellschaftskritischen Funktion der Kunst in Schillers Ästhetik. In: JbDSG 24 (1980) S. 32–67.
Jolles, Matthijs: Dichtkunst und Lebenskunst. Studien zum Problem der Sprache bei Friedrich Schiller. Bonn: Bouvier, 1980.
Mattenklott, Gert: Die Freiheit in der Erscheinung. Friedrich Schiller – ein deutscher Dichter. In: Die Horen 25 (1980) H. 3. S. 29–38.
Middell, Eike: Friedrich Schiller. Leben und Werk. Leipzig 1980.
Wiese, Benno von: »Der Tod kann kein Übel sein ...« Zu Schillers 175. Todestag am 9. Mai 1980. In: JbDSG 24 (1980) S. 68–86.
Fuhrmann, Helmut: Revision des Parisurteils. »Bild« und »Gestalt« der Frau im Werk Friedrich Schillers. In: JbDSG 25 (1981) S. 316–366.
Lahnstein, Peter: Schillers Leben. München: List, 1981.
Trunz, Erich: Schillers Jugendpessimismus und seine Überwindung. In: Jahrbuch des Wiener Goethe-Vereins 84/85 (1980/81) S. 49–70.
Friedrich Schiller. Kunst, Humanität und Politik in der späten Aufklärung. Ein Symposium [Albany 1980]. Hrsg. von Wolfgang Wittkowski. Tübingen: Niemeyer, 1982.
Hinderer, Walter: Utopische Elemente in Schillers ästhetischer Anthropologie. In: Literarische Utopie-Entwürfe. Hrsg. von Hiltrud Gnüg. Frankfurt a. M.: Suhrkamp, 1982. S. 173–186.
Mayer, Hans: Friedrich Schiller. Skizzen zu einem Porträt. In: Literarische Profile. Hrsg. von Walter Hinderer. Königstein: Athenäum, 1982. S. 55–66.

IV. Schiller: Drama und Theater

1. Gesamtdarstellungen, Arbeiten zu mehreren Werken, künstlerische Aspekte

Hinrichs, Friedrich Wilhelm: Schiller's Dichtungen nach ihren historischen Beziehungen und ihrem inneren Zusammenhange. Abt. 2/3: Dramatischer Theil. Leipzig: Hinrichs, 1838/39.
Bayer, Joseph: Von Gottsched bis Schiller. Vorträge über die classische Zeit des deutschen Drama's. T. 3: Schiller. Prag: Mercy, 1863, ^{2}1869.

Bulthaupt, Heinrich: Dramaturgie der Classiker. [Ab ^{4}1891: Dramaturgie des Schauspiels.] Bd. 1: Lessing. Goethe. Schiller. Kleist. Oldenburg: Schwartze, 1882, ^{14}1924.

Bellermann, Ludwig: Schillers Dramen. Beiträge zu ihrem Verständnis. 2 Bde. [Ab ^{3}1905: 3 Bde.] Berlin: Weidmann, 1888–91, ^{5}1914–19.

Weitbrecht, Carl: Schiller in seinen Dramen. Stuttgart: Frommann, 1897.

Petsch, Robert: Freiheit und Notwendigkeit in Schillers Dramen. München: Beck, 1905.

Gerhard, Melitta: Schiller und die griechische Tragödie. Weimar: Duncker, 1919. – Repr. Hildesheim: Gerstenberg, 1977.

Böckmann, Paul: Schillers Geisteshaltung als Bedingung seines dramatischen Schaffens. Dortmund: Ruhfus, 1925. – Repr. Darmstadt: WBG, 1967.

Alfero, Giovanni: Schiller. I drammi della giovinezza. Torino: Paravia, 1929.

Fricke, Gerhard: Die Problematik des Tragischen im Drama Schillers. In: Hochstift 1930. S. 3–69. Auch in: G. F.: Vollendung und Aufbruch. Berlin: Junker und Dünnhaupt, 1943. S. 375–443. – Teilabdr. in: Heuer/Keller. S. 113–118.

Spengler, Wilhelm: Das Drama Schillers. Seine Genesis. Leipzig: Weber, 1932.

Gumbel, Hermann: Die realistische Wendung des späten Schiller. In: Hochstift 1932/33. S. 131–162.

Schneider, Hermann: Vom *Wallenstein* zum *Demetrius*. Untersuchungen zur stilgeschichtlichen Stellung und Entwickelung von Schillers Drama. Stuttgart: Kohlhammer, 1933.

Kommerell, Max: Schiller als Gestalter des handelnden Menschen. Frankfurt a. M.: Klostermann, 1934. Ab 3., verm. Aufl. (1944) auch in: M. K.: Geist und Buchstabe der Dichtung. Ebd. ^{3}1944, ^{5}1962. S. 132–174.

Petersen, Julius: Held und Volk in Schillers Drama. In: Zeitschrift für deutsche Bildung 10 (1934) S. 577–591.

Waldecker, Ludwig: Schillerstudien. Bonn: Röhrscheid, 1934. [Die Dramen von *Wallenstein–Demetrius*.]

Storz, Gerhard: Das Drama Friedrich Schillers. Frankfurt a. M.: Societäts Verlag, 1938.

Wiese, Benno von: Die Dramen Schillers. Politik und Tragödie. Leipzig: Bibliographisches Institut, 1938.

Kommerell, Max: Schiller als Psychologe. In: Hochstift 1934/35. S. 177–219. Auch in: M. K.: Geist und Buchstabe der Dichtung. Frankfurt a. M.: Klostermann, 1940. S. 112–179; ab ^{3}1944, ^{5}1962: S. 175–242.

Rehm, Walther: Schiller und das Barockdrama. In: DVjs 19 (1941) S. 311–353. Auch in: W. R.: Götterstille und Göttertrauer. Bern: Francke, 1951. S. 62–100. – Wiederabdr. in: Berghahn/Grimm. S. 55–107.

Rasch, Wolfdietrich: Tragik und Tragödie. Bemerkungen zur Gestaltung des Tragischen bei Kleist und Schiller. In: DVjs 21 (1943) S. 287–306.

Wiese, Benno von: Tragik und Geschichte in Schillers Dramen. In: Zeitschrift für Deutschkunde 57 (1943) S. 49–61.

May, Kurt: Friedrich Schiller. Idee und Wirklichkeit im Drama. Göttingen: Vandenhoeck & Ruprecht, 1948.

Böckmann, Paul: Die pathetische Ausdrucksform in Schillers Jugenddramen. In: P. B.: Formgeschichte der deutschen Dichtung. Hamburg: Hoffmann und Campe, 1949, ^{3}1967. – Repr. Darmstadt: WBG, 1973. S. 668–694.

Heselhaus, Clemens: Die Nemesis-Tragödie: *Fiesco – Wallenstein – Demetrius*. In: Der Deutschunterricht 4 (1952) H. 5. S. 40–59.

Müller, Joachim: Die geschichtliche Entscheidung in Schillers Dramen. In: WZ Jena 2 (1952/53) S. 93–97. Auch in: J. M.: Wirklichkeit und Klassik. Berlin: Verlag der Nation, 1955. S. 149–162.

Prader, Florian: Schiller und Sophokles. Zürich: Atlantis, 1954.

Stahl, Ernest Ludwig: Friedrich Schiller's Drama. Theory and Practice. Oxford: Clarendon, 1954 [u. ö.].

Ziegler, Klaus: Schiller und das Drama. In: Wirkendes Wort 5 (1954/55) S. 205–215. – Wiederabdr. in: Berghahn/Grimm. S. 108–130.
Beck, Adolf: Die Krisis des Menschen im Drama des jungen Schiller. In: Euphorion 49 (1955) S. 163–202. Auch in: A. B.: Forschung und Deutung. Frankfurt a. M.: Athenäum, 1966. S. 119–166.
Schadewaldt, Wolfgang: Zur Tragik Schillers. In: Reden 1955. S. 303–316. Auch in: W. S.: Hellas und Hesperien. Zürich: Artemis, 1960. S. 832–842; ab ²1970: Bd. 2. S. 133–144.
Schneider, Reinhold: Schiller als Tragiker unserer geschichtlichen Existenz. In: R. Sch.: Erbe und Freiheit. Olten/Köln: Hegner, 1955. S. 107–150. Auch in: R. Sch.: Dem lebendigen Geist. Frankfurt a. M.: Insel, 1980. S. 539–571.
Wiese, Benno von: Der Dramatiker Friedrich Schiller und sein Verhältnis zur Bühne. In: Reden 1955. S. 334–354. – Buchausg. Münster: Aschendorff, 1955.
Mainland, William F.: Schiller and the Changing Past. London: Heinemann, 1957.
Müller, Joachim: Der Held und sein Gegenspieler in Schillers Dramen. In: WZ Jena 8 (1958/59) S. 451–469. Erw. auch in: J. M.: Von Schiller bis Heine. Halle a. d. S.: Niemeyer, 1972. S. 39–82.
Wertheim, Ursula: Schillers *Fiesco* und *Don Carlos*. Zu Problemen des historischen Stoffes. Weimar: Arion, 1958; Berlin: Aufbau, ²1967.
Anstett, Jean-Jacques: Schiller. Drames de jeunesse, drames de la jeunesse. In: EG 14 (1959) S. 307–312.
Kaufmann, Friedrich Wilhelm: Schuldverwicklung in Schillers Dramen. In: Frey. S. 76–103.
Muschg, Walter: Schiller – Die Tragödie der Freiheit. Bern/München: Francke, 1959. Ferner in: Reden 1959. S. 218–239.
Rohrmoser, Günter: Theodizee und Tragödie im Werk Schillers. In: Wirkendes Wort 9 (1959) S. 329–338. – Wiederabdr. in: Berghahn/Grimm. S. 233–248.
Rouché, Max: Nature de la liberté. Légitimité de l'insurrection dans *Les Brigands* et *Guillaume Tell*. In: EG 14 (1959) S. 403–410.
Seidlin, Oskar: Schiller's »Treacherous Signs«. The Function of the Letters in His Early Plays. In: Frey. S. 129–146. – Dt.: Schillers »trügerische Zeichen«. In: JbDSG 4 (1960) S. 247–269. Auch in: O. S.: Von Goethe zu Thomas Mann. Göttingen: Vandenhoeck & Ruprecht, 1963, ²1969. S. 64–119. – Wiederabdr. in: Berghahn/Grimm. S. 178–205.
Thalheim, Hans-Günther: Volk und Held in den Dramen Schillers. In: Konferenz. S. 9–35. Auch in: H.-G. Th.: Zur Literatur der Goethezeit. Berlin: Rütten & Loening, 1969. S. 85–117.
Binder, Wolfgang: Die Begriffe »naiv« und »sentimentalisch« und Schillers Drama. In: JbDSG 4 (1960) S. 140–157. Auch in: W. B.: Aufschlüsse. Zürich: Artemis, 1976. S. 201–218.
Böckmann, Paul: Gedanke, Wort und Tat in Schillers Dramen. In: JbDSG 4 (1960) S. 2–41. – Wiederabdr. in: Berghahn/Grimm. S. 274–324.
Buchwald, Reinhard: In tyrannos [und] Schiller zwischen *Don Carlos* und *Wallenstein*. In: R. B.: Das Vermächtnis der deutschen Klassiker. Neue, verm. Aufl. Frankfurt a. M.: Insel, 1962. S. 130–156, 193–216. [Im gl. Bd. u. a. auch zu *Wallenstein*.]
Grappin, Pierre: Liberté et nécessité dans les tragédies de Schiller. In: Le théâtre tragique. [...] présentées par Jean Jacquot. Paris: ECNRS, 1962. S. 315–327.
Miller, Ronald D.: The Drama of Schiller. Harrogate: Duchy Press, 1963.
Schunicht, Manfred: Intrigen und Intriganten in Schillers Drama. In: ZfdPh 82 (1963) S. 271–292.
Scheibe, Carl Friedrich: Schöpfer und Geschöpf in Schillers Frühwerk. In: GRM N. F. 16 (1966) S. 119–138.
Steffensen, Steffen: Schiller und die klassische Tragödie. In: Orbis litterarum 21 (1966) S. 285–301.
Bloch, Peter André: Schiller und die französische klassische Tragödie. Düsseldorf: Schwann, 1968.

Almási, Miklos: Widersprüche bei der Entstehung eines Dramenmodells: *Don Carlos*, *Wallenstein*, *Tell*, *Demetrius*. In: M. A.: Entwicklungswege des Dramas [d. i. A drámafejlödes útjai (1969) dt.]. Budapest: Akadémiai Kiadó, 1977. S. 93–146.

Garland, Henry B.: Schiller. The Dramatic Writer. A Study of Style in the Plays. Oxford: Clarendon, 1969.

Koopmann, Helmut: Schiller und die Komödie. In: JbDSG 13 (1969) S. 272–285.

Berghahn, Klaus L.: Formen der Dialogführung in Schillers klassischen Dramen. Ein Beitrag zur Poetik des Dramas. Münster: Aschendorff, 1970.

Ziolkowski, Theodore: An Ontology of Anxiety in the Dramas of Schiller, Goethe and Kleist. In: Lebendige Form. [Festschr. Heinrich Henel.] Hrsg. von Jeffrey L. Sammons und Ernst Schürer. München: Fink, 1970. S. 121–145.

Berghahn, Klaus L.: »Das Pathetischerhabene.« Schillers Dramentheorie. In: Deutsche Dramentheorien. Hrsg. von Reinhold Grimm. Frankfurt a. M.: Athenäum, 1971. S. 214–244; 3., verb. Aufl. Wiesbaden: Athenaion, 1980. S. 197–221. – Wiederabdr. in: Berghahn/Grimm. S. 485 bis 522.

Sautermeister, Gert: Idyllik und Dramatik im Werk Friedrich Schillers. Zum geschichtlichen Ort seiner klassischen Dramen. Stuttgart: Kohlhammer, 1971.

Borchmeyer, Dieter: Tragödie und Öffentlichkeit. Schillers Dramaturgie im Zusammenhang seiner ästhetisch-politischen Theorie und die rhetorische Tradition. München: Fink, 1973.

Linn, Rolf N.: Schillers junge Idealisten. Berkeley: University of California Press, 1973.

Martini, Fritz: Schillers Abschiedsszenen. In: Über Literatur und Geschichte. [Festschr. Gerhard Storz.] Hrsg. von Bernd-Rüdiger Hüppauf und Dolf Sternberger. Frankfurt a. M.: Athenäum, 1973. S. 151–184. Auch in: F. M.: Geschichte im Drama – Drama in der Geschichte. Stuttgart: Klett-Cotta, 1979. S. 244–276.

Prudhoe, John E.: The Theatre of Goethe and Schiller. Oxford: Blackwell; Totowa, N. J.: Rowman & Littlefield, 1973.

Wells, George A.: Villainy and Guilt in Schiller's *Wallenstein* and *Maria Stuart*. In: Deutung und Bedeutung. [Festschr. Karl-Werner Maurer.] Ed. by Brigitte Schludermann [u. a.]. The Hague: Mouton, 1973. S. 100–117.

Welzig, Werner: Die Thematisierung der Sprache in Schillers Dramen. In: Sprachkunst 4 (1973) S. 21–28.

Graham, Ilse: Schiller, ein Meister der tragischen Form. Darmstadt: WBG, 1974. – Engl. Originalausg. (verspätet): Schiller, a Master of the Tragic Form. Pittsburgh: Duquesne UP, 1975.

– Schiller's Drama. Talent and Integrity. London: Methuen; New York: Barnes & Noble, 1974.

Hell, Victor: Schiller. Théories esthétiques et structures dramatiques. Paris: Aubier-Montaigne, 1974.

Thalheim, Hans-Günther: Schillers Dramen von *Maria Stuart* bis *Demetrius*. In: WB 20 (1974). H. 1. S. 5–33; H. 2. S. 99–130.

Williams, Anthony: The Ambivalences in the Plays of the Young Schiller about Contemporary Germany. In: Deutsches Bürgertum und literarische Intelligenz (s. Abschn. II,2: 1974). S. 1–112.

Lennert, Rudolf: Beobachtungen zum dichterischen Realismus Schillers. In: Neue Sammlung 16 (1976) S. 529–540. [*Wallenstein*, *Maria Stuart*.]

Jöns, Dietrich: Das Problem der Macht in Schillers Dramen von den *Räubern* bis zum *Wallenstein*. In: Deutsche Literatur zur Zeit der Klassik (s. Abschn. II,2: 1977). S. 76–92.

Steck, Paul: Schiller und Shakespeare. Idee und Wirklichkeit. Frankfurt a. M.: Lang, 1977.

Hinderer, Walter: Freiheit und Gesellschaft beim jungen Schiller. In: Sturm und Drang (s. Abschn. II,2: 1978). S. 230–256. Auch in: W. H.: Über deutsche Literatur und Rede. München: Fink, 1981. S. 95–125.

Porcell, Claude: Les signes, le mal et l'histoire dans le théâtre de jeunesse de Schiller. In: EG 34 (1979) S. 22–33.

Thalheim, Hans-Günther: Zum Problem des geschichtlich handelnden Menschen bei Schiller. In: WB 25 (1979) H. 1. S. 5–21.

Berghahn, Klaus L.: Zum Drama Schillers. In: Handbuch des deutschen Dramas. Hrsg. von Walter Hinck. Düsseldorf: Bagel, 1980. S. 157–173.

Finger, Ellis: Schiller's Concept of the Sublime and its Pertinence to *Don Carlos* and *Maria Stuart*. In: JEGPh 79 (1980) S. 166–178.

Sieckmann, Andreas: Drama und sentimentalisches Bewußtsein. Zur klassischen Dramatik Schillers. Frankfurt a. M.: Haag und Herchen, 1980. [Dramen von *Wallenstein* bis *Demetrius*.]

Blesch, Rainer: Drama und wirkungsästhetische Praxis. Zum Problem der ästhetischen Vermittlung bei Schiller. Frankfurt a. M.: R. G. Fischer, 1981. [*Wallenstein*, *Demetrius*.]

Pillau, Helmut: Die fortgedachte Dissonanz. Hegels Tragödientheorie und Schillers Tragödie. Deutsche Antworten auf die Französische Revolution. München: Fink, 1981. [*Don Carlos*, *Wallenstein*, *Die Braut von Messina*.]

Préaux, Alain: Le motif des frères ennemis chez Friedrich Schiller. In: EG 36 (1981) S. 15–21. [*Die Räuber*, *Die Braut von Messina*.]

Jamison, Robert L.: Politics and Nature in Schiller's *Fiesco* and *Wilhelm Tell*. In: Wittkowski. S. 59–66.

Wittkowski, Wolfgang: »Der Übel größtes aber ist die Schuld.« Nemesis und politische Ethik in Schillers Dramen. In: Wittkowski. S. 295–304.

Hinderer, Walter: Republik oder Monarchie? Anmerkungen zu Schillers politischer Denkungsart. In: Literatur in der Demokratie. [Festschr. Walter Jens.] München: Kindler, 1983. S. 305–314.

2. Zu den einzelnen Dramen

Bibliographien, Arbeiten zur Stoff- und Quellengeschichte sowie Dokumente stehen jeweils gesondert am Anfang.

2.1. *Die Räuber*

Kraft, Günther: Historische Studien zu Schillers *Die Räuber*. Über eine mitteldeutsch-fränkische Räuberbande des 18. Jahrhunderts. Weimar: Arion, 1959.

Die Räuber. Texte und Zeugnisse zur Entstehungs- und Wirkungsgeschichte. Eingel. und hrsg. von Herbert Kraft und Harald Steinhagen. Frankfurt a. M.: Insel, 1967.

Grawe, Christian (Hrsg.): Friedrich Schiller: *Die Räuber*. Erläuterungen und Dokumente. Stuttgart: Reclam, 1976 [u. ö.].

Blochmann, Elisabeth: Das Motiv vom verlorenen Sohn in Schillers Räuberdrama. In: DVjs 25 (1951) S. 474–484.

Ayrault, Roger: Schiller et Rousseau. Sur la genèse des *Brigands*. In: EG 10 (1955) S. 97–104.

Mayer, Hans: Schillers Vorreden zu den *Räubern*. In: Goethe 17 (1955) S. 45–59. Auch in: H. M.: Von Lessing bis Thomas Mann. Pfullingen: Neske, 1959. S. 134–154.

Minder, Robert: Schiller et les »Pères Souabes«. Remarques à propos des *Räuber*. In: EG 10 (1955) S. 145–154.

Schulz, Günter: Zur Entstehungsgeschichte der *Räuber*. In: Schillers *Räuber*. Urtext des Mannheimer Soufflierbuches. Hrsg. von Herbert Stubenrauch und G. Sch. Mannheim: Bibliographisches Institut, 1959. S. 151–180.

Lupi, Sergio: I *Räuber* di Schiller. In: Annali dell'Instituto Orientale di Napoli. Sezione Germanica 3 (1960) S. 145–200.

Schwerte, Hans: Schillers *Räuber*. In: Der Deutschunterricht 12 (1960) H. 2. S. 18–41. –

Wiederabdr. in: Deutsche Dramen von Gryphius bis Brecht. Hrsg. von Jost Schillemeit. Frankfurt a. M.: Fischer Bücherei, 1965. S. 147–171.

Staiger, Emil: Das große Ich in Schillers *Räubern*. In: Theater – Wahrheit und Wirklichkeit. [Festschr. Kurt Hirschfeld.] Zürich: Oprecht, 1962. S. 90–103.

Guthke, Karl S.: Räuber Moors Glück und Ende. In: The German Quarterly 39 (1966) S. 1–11. Auch in: K. S. G.: Wege zur Literatur. Bern/München: Francke, 1967. S. 63–71.

Ackermann, Irmgard: Schillers *Räuber*. In: I. A.: Vergebung und Gnade im klassischen deutschen Drama. München: Fink, 1968. S. 61–91.

Veit, Philipp F.: The Strange Case of Moritz Spiegelberg. In: The Germanic Review 44 (1969) S. 171–185. – Dt.: Moritz Spiegelberg. Eine Charakterstudie zu Schillers *Räubern*. In: JbDSG 17 (1973) S. 273–290.

Frey, John R.: Das Satirische beim frühen Schiller. In: Festschrift für Detlev W. Schumann [. . .]. Hrsg. von Albert R. Schmitt. München: Delp, 1970. S. 173–184.

Martini, Fritz: Die feindlichen Brüder. Zum Problem des gesellschaftskritischen Dramas von J. A. Leisewitz, F. M. Klinger und Fr. Schiller. In: JbDSG 16 (1972) S. 208–265. Auch in: F. M.: Geschichte im Drama (s. Abschn. IV,1: 1973). S. 129–186.

Mayer, Hans: Der weise Nathan und der Räuber Spiegelberg. In: JbDSG 17 (1973) S. 253–272. Auch in: H. M.: Außenseiter. Frankfurt a. M.: Suhrkamp, 1975. S. 327–349.

Wacker, Manfred: Schillers *Räuber* und der Sturm und Drang. Stilkritische und typologische Überprüfung eines Epochenbegriffs. Göppingen: Kümmerle, 1973.

Huesmann, Heinrich: *Räuber*-Inszenierungen an den Reinhardt-Bühnen. In: EG 29 (1974) S. 35–56.

Mann, Michael: Sturm-und-Drang-Drama. Studien und Vorstudien zu Schillers *Räubern*. Bern/München: Francke, 1974.

Rorrison, Hugh: Piscator Directs Schiller's *Die Räuber* at the Staatliches Schauspielhaus Berlin. In: Regie in Dokumentation, Forschung und Lehre. [Festschr. Heinz Kindermann.] Hrsg. von Margret Dietrich. Salzburg: O. Müller, 1975. S. 168–175.

Kluge, Gerhard: Zwischen Seelenmechanik und Gefühlspathos. Umrisse zum Verständnis der Gestalt Amalias in *Die Räuber*. Analyse der Szene I,3. In: JbDSG 20 (1976) S. 184–207.

Koopmann, Helmut: Joseph und sein Vater. Zu den biblischen Anspielungen in Schillers *Räubern*. In: Herkommen und Erneuerung. [Festschr. Oskar Seidlin.] Hrsg. von Gerald Gillespie und E. Lohner. Tübingen: Niemeyer, 1976. S. 150–167.

Best, Otto F.: Gerechtigkeit für Spiegelberg. In: JbDSG 22 (1978) S. 277–302.

Michelsen, Peter: Der Bruch mit der Vater-Welt. Studien zu Schillers *Räubern*. Heidelberg: Winter, 1979. [Teilw. zuvor in: JbDSG 8 (1964) S. 57–111.]

Dreßler, Roland: Erwin Piscators *Räuber*-Inszenierung von 1926. In: WB 26 (1980) H. 5. S. 60–76.

Mattenklott, Gert: Schillers *Räuber* in der Frühgeschichte des Anarchismus. In: Text & Kontext 9 (1981) S. 300–314.

Schings, Hans-Jürgen: Philosophie der Liebe und Tragödie des Universalhasses. *Die Räuber* im Kontext von Schillers Jugendphilosophie. (1.) In: Jahrbuch des Wiener Goethe-Vereins 84/85 (1980/81) S. 49–70. Variante in: Wittkowski. S. 1–21.

Steinhagen, Harald: Der junge Schiller zwischen Marquis de Sade und Kant. Aufklärung und Idealismus. In: DVjs 56 (1982) S. 135–157. [Zur Figur des Karl Moor.]

2.2. *Die Verschwörung des Fiesco zu Genua*

Des Kardinals von Retz *Histoire de la conjuration du Comte Jean Louis de Fiesque*. Nach der Ausg. von 1682 hrsg. von Albert Leitzmann. Halle a. d. S.: Niemeyer, 1913.

Weltrich, Richard: Schillers *Fiesko* und die geschichtliche Wahrheit. In: Marbacher Schillerbuch 3 (1909) S. 292–409.

Günther, Gerhard: Der Cäsar und die Republik. Der politische Gehalt von Schillers *Fiesco*. In: Deutsches Volkstum 11 (1929) S. 96–102.
Buchwald, Reinhard: Schillers *Fiesco*. In: Deutscher Geist, deutsche Tat. Hrsg. von Walter Dönicke. Leipzig: Beck, 1938. S. 26–43.
Farinelli, Arturo: Il dramma genovese dello Schiller. In: A. F.: Nel mondo della poesia e della musica. Bd. 2. Roma: Editrice Nazionale, 1940. S. 223–232.
Blumenthal, Lieselotte: Aufführungen der *Verschwörung des Fiesko zu Genua* zu Schillers Lebzeiten (1783–1805). In: Goethe 17 (1955) S. 60–90.
Wölfel, Kurt: Pathos und Problem. Ein Beitrag zur Stilanalyse von Schillers *Fiesco*. In: GRM N. F. 7 (1957) S. 224–244. – Wiederabdr. in: Berghahn/Grimm. S. 148–177.
King, T. S. Conrad: The Artist as Conspirator. A Study of Schiller's *Fiesko*. In: American German Review 26 (1959/60) Nr. 6. S. 28–33.
Schlumbohm, Dietrich: Tyrannenmord aus Liebe. Überlegungen zu einer Motivkombination. In: Romanistisches Jahrbuch 18 (1967) S. 97–122. [U. a. Schillers *Fiesco*.]
Fowler, Frank M.: Schiller's *Fiesko* Re-Examined. In: PEGS N. S. 40 (1970) S. 1–29.
Hinderer, Walter: »Ein Augenblick Fürst hat das Mark des ganzen Daseins verschlungen.« Person und Existenz in Schillers *Die Verschwörung des Fiesco zu Genua*. In: JbDSG 14 (1970) S. 230–273. Überarb. in: W. H.: Elemente der Literaturkritik. Kronberg: Scriptor, 1976. S. 73–129.
Craig, Charlotte: Fiesco's Fable. A Portrait in Political Demagoguery. In: Modern Language Notes 86 (1971) S. 393–399.
Müller, Joachim: Die Figur des Mohren im *Fiesco*-Stück. In: J. M.: Von Schiller bis Heine. Halle a. d. S.: Niemeyer, 1972. S. 116–132.
Phelps, Reginald H.: Schiller's *Fiesco* – a Republican Tragedy? In: PMLA 89 (1974) S. 442–453.
Lützeler, Paul M.: »Die große Linie zu einem Brutuskopf.« Republikanismus und Cäsarismus in Schillers *Fiesko*. In: Monatshefte 70 (1978) S. 15–28.
Karnick, Manfred: Selbstvergötterung und Selbstgericht: Schillers *Fiesko*. In: M. K.: Rollenspiel und Welttheater. Untersuchungen an Dramen Schillers, Strindbergs, Becketts und Brechts. München: Fink, 1980.
Grawe, Christian: Zu Schillers *Fiesko*. Eine übersehene frühe Rezension. In: JbDSG 26 (1982) S. 9–30.

2.3. *Kabale und Liebe*

Schillers *Kabale und Liebe*. Das Mannheimer Soufflierbuch. Hrsg. und interpretiert von Herbert Kraft. Mannheim: Bibliographisches Institut, 1963.
Schillers *Kabale und Liebe* in der zeitgenössischen Rezeption. Bearb. von Hans Henning. Leipzig: Zentralantiquariat, 1976.
Schafarschik, Walter (Hrsg.): Friedrich Schiller: *Kabale und Liebe*. Erläuterungen und Dokumente. Stuttgart: Reclam, 1980 [u. ö.].

Auerbach, Erich: Musikus Miller. In: E. A.: Mimesis. Bern: Francke, 1949. S. 382–399.
Graham, Ilse: Passions and Possessions in Schiller's *Kabale und Liebe*. In: GLL 6 (1952/53) S. 12–20.
Martini, Fritz: Schillers *Kabale und Liebe*. Bemerkungen zur Interpretation des »Bürgerlichen Trauerspiels«. In: Der Deutschunterricht 4 (1952) H. 5. S. 18–39.
Müller, Joachim: Schillers *Kabale und Liebe* als Höhepunkt seines Jugendwerkes. In: J. M.: Wirklichkeit und Klassik (s. Abschn. IV,1: 1952). S. 116–148.
Müller-Seidel, Walter: Das stumme Drama der Luise Millerin. In: Goethe 17 (1955) S. 91–103. – Wiederabdr. in: Berghahn/Grimm. S. 131–147.
Binder, Wolfgang: Schiller: *Kabale und Liebe*. In: Wiese I. S. 248–268. Auch in: W. B.: Aufschlüsse (s. Abschn. IV,1: 1960). S. 147–168.

Heitner, Robert R.: A Neglected Model for *Kabale und Liebe*. In: JEGPh 57 (1958) S. 72–85.
Streller, Siegfried: Motivierung der Katastrophe von Luise und Ferdinand in *Kabale und Liebe*. In: Konferenz. S. 35–38.
Burger, Heinz Otto: Die bürgerliche Sitte. Schillers *Kabale und Liebe*. In: H. O. B.: »Dasein heißt eine Rolle spielen.« München: Hanser, 1963. S. 194–210.
Lohmann, Knut: Schiller: *Kabale und Liebe*. In: Germanistentag 1964. S. 124–129.
Malsch, Wilfried: Der betrogene Deus iratus in Schillers Drama *Louise Millerin*. In: Collegium philosophicum. [Festschr. Joachim Ritter.] Basel: Schwabe, 1965. S. 157–208.
Heitner, Robert R.: Luise Millerin and the Shock Motif in Schiller's Early Dramas. In: The Germanic Review 41 (1966) S. 27–44.
Kraft, Herbert: Die dichterische Form der *Luise Millerin*. In: ZfdPh 85 (1966) S. 7–21.
Fuhlrott, Otto: Friedrich Schillers *Kabale und Liebe*. (Analyse des Dramas unter dem Aspekt der ungleichen Heirat.) In: WZ Päd. Institut Magdeburg 6 (1969) S. 70–101.
Daly, Peter M. / Lappe, Claus O.: Text- und Variantenkonkordanz zu Schillers *Kabale und Liebe*. Berlin: de Gruyter, 1976.
Janz, Rolf-Peter: Schillers *Kabale und Liebe* als bürgerliches Trauerspiel. In: JbDSG 20 (1976) S. 208–228.
Wich, Joachim: Ferdinands Unfähigkeit zur Reue. Ein Beitrag zur Deutung von Schillers *Kabale und Liebe*. In: Literaturwissenschaftliches Jahrbuch N. F. 15 (1974 [ersch. 1976]) S. 1–15.
Graf, Günter: Sprechakttheorie und poetischer Dialog. Methodenansatz zur Drameninterpretation exemplarisch dargest. an der Szene I,7 aus Friedrich Schillers *Kabale und Liebe*. In: Wirkendes Wort 30 (1980) S. 206–222.
Gruenter, Rainer: Despotismus und Empfindsamkeit. Zu Schillers *Kabale und Liebe*. In: Hochstift 1980. S. 207–227.
Harrison, Robin B.: The Fall and Redemption of Man in Schiller's *Kabale und Liebe*. In: GLL 35 (1981/82) S. 5–13.
Moschek, Walter: Schillers Frühwerk *Kabale und Liebe* – ästhetische Auseinandersetzung des Dichters mit seiner Umwelt. In: Acta Neophilologica 14 (1981) S. 43–53.
Duncan, Bruce: »An Worte läßt sich trefflich glauben.« Die Sprache der Luise Millerin. In: Wittkowski. S. 26–31.

2.4. *Don Karlos*

Des Abbé de Saint-Réal *Histoire de Dom Carlos*. Nach der Ausg. von 1691 hrsg. von Albert Leitzmann. Halle a. d. S.: Niemeyer, 1914.
Bibl, Viktor: Don Carlos in der Geschichte und Dichtung. In: Zeitschrift für die österr. Gymnasien 68 (1917) S. 241–280.
Lieder, Frederick W.: The Don Carlos Theme in Literature. In: Harvard Notes in Philology and Literature 12 (1930) S. 1–73.
Giardini, Cesare: Il tragico destino di Don Carlos, 1545–1568. Milano: Mondadori, 1933. – Dt.: Don Carlos. München: Callway, 1936. [U. a. Vergleich mit Schillers und Verdis *Don Karlos*.]
Pörnbacher, Karl (Hrsg.): Friedrich Schiller: *Don Carlos*. Erläuterungen und Dokumente. Stuttgart: Reclam, 1973 [u. ö.].
Kühlmann, Wilhelm: Don Carlos in der deutschen Literatur des Spätbarock. Zu geistigen und galanten Texttraditionen im Vorfeld von Schillers Drama. In: JbDSG 26 (1982) S. 81–103.

Die Scene 8 (1918/19) Nr. 10–12: Themenheft *Don Karlos*.
Thomas, Anneliese: Don Carlos und Hamlet. Bonn: Röhrscheid, 1933.
Kurella, Alfred: Ich lese *Don Karlos*. In: Das Wort 4 (1939) H. 1. S. 96–101. Auch in: A. K.: Zwischendurch. Berlin: Aufbau, 1961. S. 238–246.
Ayrault, Roger: Schiller et Montesquieu. Sur la genèse du *Don Carlos*. In: EG 3 (1948) S. 233–240.

Gronicka, André von: Friedrich Schiller's Marquis Posa. A Character Study. In: The Germanic Review 26 (1951) S. 196–214.
Klein, Johannes: *Nathan*, *Iphigenie*, *Don Carlos*. Bemerkungen zum vor- und frühklassischen Drama. In: Wirkendes Wort 8 (1957/58) S. 77–84.
Storz, Gerhard: Die Struktur des *Don Carlos*. In: JbDSG 4 (1960) S. 110–139.
Ebstein, Frances: In Defense of Marquis Posa. In: The Germanic Review 36 (1961) S. 205–220.
Storz, Gerhard: Der Bauerbacher Plan zum *Don Carlos*. In: JbDSG 8 (1964) S. 112–129.
Schwinger, Elmar: Zwischen Menschheitsideen und Mensch. Eine vergleichende Betrachtung zu Schillers *Don Carlos*, Brechts *Maßnahme* und Camus' *Gerechten*. In: Anregung 12 (1966) S. 88–94.
Cohn, Hilde D.: Gefängnis und Gefangenschaft in Schillers *Don Carlos*. In: Festschrift Bernhard Blume. Hrsg. von Egon Schwarz [u. a.]. Göttingen: Vandenhoeck & Ruprecht, 1967. S. 81–89.
Orton, Graham: Schiller: *Don Carlos*. London: Arnold, 1967.
Colleville, Maurice: L'Église et la religion dans le *Don Carlos* de Schiller. In: Miscellanea di studi in onore di Bonaventura Tecchi. Roma: Ateneo, 1969. S. 324–340.
Paulsen, Wolfgang: Grillparzer und Schiller. Der *Don Carlos* als Vorbild der *Blanka von Kastilien*? In: Festschrift für Detlev W. Schumann [...]. München: Delp, 1970. S. 281–293.
Böckmann, Paul: Glossen zur »Gedankenfreiheit«. In: Zeiten und Formen in Sprache und Dichtung. [Festschr. Fritz Tschirsch.] Köln: Böhlau, 1972. S. 264–277.
Ehrig, Heinz: Formproblematik von Geschichte und Held im *Don Carlos*. In: H. E.: Paradoxe und absurde Dichtung. Über die Formproblematik von »Geschichte« und »Held«, dargest. an Textbeispielen von Schiller, Kleist und Beckett. München: Fink, 1973. S. 115–272.
Schäublin, Peter: Don Carlos und die Königin. Ein Beitrag zur Interpretation von Schillers *Don Carlos*. In: GRM N. F. 23 (1973) S. 302–320.
Böckmann, Paul: Untersuchungen zur Entstehungsgeschichte des *Don Karlos*. In: Schillers *Don Karlos*. Edition der ursprünglichen Fassung und entstehungsgeschichtlicher Kommentar von P. B. Stuttgart: Klett, 1974. S. 379–623.
Becker-Cantarino, Bärbel: Die »Schwarze Legende«. Ideal und Ideologie in Schillers *Don Carlos*. In: Hochstift 1975. S. 153–173.
Fullenwider, Henry F.: Schiller and the German Tradition of Freedom of Thought. In: Lessing Yearbook 8 (1976) S. 117–124.
Beaujean, Marion: Zweimal Prinzenerziehung: *Don Carlos* und *Geisterseher*. Schillers Reaktion auf Illuminaten und Rosenkreuzer. In: Poetica 10 (1978) S. 217–235.
Blunden, Allan G.: Nature and Politics in Schiller's *Don Carlos*. In: DVjs 52 (1978) S. 241–256.
Albrecht, Wolfgang: Geschichtsdrama als »Familiengemälde«. Einige Beobachtungen zur Lessing- und Diderot-Rezeption in Schillers *Don Karlos*. In: Lessing-Konferenz Halle 1979. Hrsg. von Hans-Georg Werner. Halle a. d. S.: Martin-Luther-Universität, 1980. S. 517–525.
Bohnen, Klaus: Politik im Drama. Anmerkungen zu Schillers *Don Carlos*. In: JbDSG 24 (1980) S. 15–31.
Harrison, Robin B.: »Gott ist über mir.« Ruler and Reformer in the Twofold Symmetry of Schiller's *Don Carlos*. In: Modern Language Review 76 (1981) S. 598–611.
Böckmann, Paul: Schillers *Don Karlos*. Die politische Idee unter dem Vorzeichen des Inzestmotivs. In: Wittkowski. S. 33–47. – Integriert und weiterentwickelt in:
– Strukturprobleme in Schillers *Don Karlos*. Heidelberg: Winter, 1982.

2.5. *Wallenstein*

Die Hauptquellen zu Schillers *Wallenstein*. Hrsg. von Albert Leitzmann. Halle a. d. S.: Niemeyer, 1915.
Schiller/Heyme: *Wallenstein*. Regiebuch der Kölner Inszenierung [1969]. Mit Beiträgen von [...] hrsg. von Volker Canaris. Frankfurt a. M.: Suhrkamp, 1970.

Rothmann, Kurt (Hrsg.): Friedrich Schiller: *Wallenstein*. Erläuterungen und Dokumente. Stuttgart: Reclam, 1977 [u. ö.].

Hermann, Helmut G.: Bibliographie zu *Wallenstein*. In: W. Hinderer: Der Mensch in der Geschichte (s. diesen Abschn.: 1980). S. 99–138.

Süvern, Johann Wilhelm: Ueber Schillers *Wallenstein* in Hinsicht auf griechische Tragödie. Berlin: Buchhandlung der Kgl. Realschule, 1800. – Teilabdr. in: Heuer/Keller. S. 17–20.

Constant, Benjamin: Quelques réflexions sur la tragédie de *Wallstein* [de Schiller] et sur le théatre allemand. In: B. C.: *Wallstein*, tragédie en cinq actes [...]. Paris/Genève: Paschoud, 1809. S. v–lii. – Dt.: Schillers Trauerspiel *Wallenstein* und das deutsche Theater. In: B. C.: Werke. Bd. 1. Berlin: Propyläen, 1970. S. 343–380.

Werder, Karl: Vorlesungen über Schiller's *Wallenstein* [Berlin 1860/61]. Berlin: Hertz, 1889.

Wallenstein, Paul Robert: Die dichterische Gestaltung der historischen Persönlichkeit, gezeigt an der Wallensteinfigur. Würzburg: Triltsch, 1934.

Vowinckel, Hans August: Schiller, der Dichter der Geschichte. Eine Auslegung des *Wallenstein*. Berlin: Junker und Dünnhaupt, 1938.

Schneider, Reinhold: Wallensteins Verrat. In: R. Sch.: Dämonie und Verklärung. Vaduz: Liechtenstein; Wien: Bergland, 1947. S. 43–67. – Wiederabdr. in: Heuer/Keller. S. 119 bis 138.

Paulsen, Wolfgang: Goethes Kritik am *Wallenstein*. Zum Problem des Geschichtsdramas in der deutschen Klassik. In: DVjs 28 (1954) S. 61–83.

Mann, Thomas: Schillers *Wallenstein*. In: Die neue Rundschau 66 (1955) S. 278–293. – Wiederabdr. in: Heuer/Keller. S. 139–156.

Guthke, Karl S.: Die Hamburger Bühnenfassung des *Wallenstein*. In: JbDSG 2 (1958) S. 68–82.

– Die Sinnstruktur des *Wallenstein*. In: Neophilologus 42 (1958) S. 109–127. Überarb. u. d. T.: Struktur und Charakter in Schillers *Wallenstein*. In: K. S. G.: Wege zur Literatur. Bern/München: Francke, 1967. S. 72–91.

Wiese, Benno von: Schiller: *Wallenstein*. In: Wiese I. S. 269–304.

Geerdts, Hans-Jürgen: Theorie und Praxis in Schillers Schaffen, dargestellt am *Wallenstein*. In: Konferenz. S. 45–71.

Linn, Rolf N.: Wallenstein's Innocence. In: The Germanic Review 34 (1959) S. 200–208.

Meyer, Herbert: Heinrich IV. von Frankreich im Werk Schillers. Ein Beitrag zum Verständnis der Wallenstein-Figur. In: JbDSG 3 (1959) S. 94–101.

Seidel, Siegfried: Neue Positionen in der Theorie Schillers während der Arbeit am *Wallenstein*. In: Konferenz. S. 74–97.

Singer, Herbert: Dem F ü r s t e n Piccolomini. In: Euphorion 53 (1959) S. 281–302. – Wiederabdr. in: Heuer/Keller. S. 180–212.

Heselhaus, Clemens: Wallensteinisches Welttheater. In: Der Deutschunterricht 12 (1960) H. 2. S. 42–71. – Wiederabdr. in: Heuer/Keller. S. 213–236.

Braemer, Edith / Wertheim, Ursula: Einige Hauptprobleme in Schillers *Wallenstein*. In: E. B. / U. W.: Studien zur deutschen Klassik. Berlin: Rütten & Loening, 1960. S. 189–214.

Partl, Kurt: Friedrich Schillers *Wallenstein* und Franz Grillparzers *König Ottokars Glück und Ende*. Eine vergleichende Interpretation auf geschichtlicher Grundlage. Bonn: Bouvier, 1960, ²1969.

Sternberger, Dolf: Macht und Herz, oder Der politische Held bei Schiller. In: Weltbewohner und Weimeraner. [Festschr. Ernst Beutler.] Hrsg. von Benno Reifenberg und Emil Staiger. Zürich: Artemis, 1960. S. 281–300. U. a. auch in: D. St.: Kriterien. Frankfurt a. M.: Insel, 1965. S. 110–129. [Überw. zu *Wallenstein*.]

Streller, Siegfried: Entwurf und Gestaltung in Schillers *Wallenstein*. Wandlungen in Schillers Wallensteinbild. In: WB 6 (1960) S. 221–239.

Vincenti, Leonello: I *Wallenstein* di Friedrich Schiller. In: Atti dell'Accademia delle Scienze di

Torino. Classe di scienze morali, storiche e filologiche 95 (1960/61) S. 29–86. Auch in: V. L.: Nuovi saggi di letteratura tedesca. Milano: Mursia, 1968. S. 73–136.

Werner, Hans-Georg: Ein Beitrag zur Deutung der *Wallenstein*-Trilogie Friedrich Schillers. Das Verhältnis des Dichters zur Geschichte. In: WZ Halle 10 (1961) S. 1043–57. – Wiederabdr. in: Neubuhr. S. 131–170.

Silz, Walter: The Character and Function of Buttler in Schiller's *Wallenstein*. In: Studies in Germanic Languages and Literatures. [Gedenkschr. Fred O. Nolte.] Hrsg. von Erich Hofacker und L. Dieckmann. St. Louis: Washington UP, 1963. S. 77–91. – Dt. in: Heuer/Keller. S. 254–273.

Seidlin, Oskar: Wallenstein: Sein und Zeit. In: Der Monat H. 177 (1963) S. 28–32. U. a. auch in: O. S.: Von Goethe zu Thomas Mann (s. Abschn. IV,1: 1959). S. 120–135. – Wiederabdr. in: Heuer/Keller. S. 237–253.

Spanner, Werner: Schillers Wallenstein. Ein Beitrag zur Gestaltinterpretation. In: Wirkendes Wort 13 (1963) S. 87–96.

Jolles, O. J. Matthijs: Das Bild des Weges und die Sprache des Herzens. Zur strukturellen Funktion der sprachlichen Bilder in Schillers *Wallenstein*. In: Deutsche Beiträge zur geistigen Überlieferung 5 (1965) S. 109–142.

Schwerte, Hans: Simultaneität und Differenz des Wortes in Schillers *Wallenstein*. In: GRM N. F. 15 (1965) S. 15–25. – Wiederabdr. in: Heuer/Keller. S. 274–289.

Wentzlaff-Eggebert, Friedrich Wilhelm: Die poetische Wahrheit in Schillers *Wallenstein*. In: Germanistentag 1964. S. 135–142. Auch in: F. W. W.-E.: Belehrung und Verkündigung. Berlin: de Gruyter, 1975. S. 268–277.

Steinmetz, Horst: Schillers *Wallenstein*. In: H. St.: Die Trilogie. Heidelberg: Winter, 1968. S. 56–71.

Hartmann, Horst: *Wallenstein*. Geschichte und Dichtung. (Interpretation. Dokumentation.) Berlin: Volk und Wissen, 1969, [2]1977. [Vgl. ferner WB 11 (1965) S. 29–54.] – Teilabdr. in: Heuer/Keller. S. 311–327.

Wells, George A.: Astrology in Schiller's *Wallenstein*. In: JEGPh 68 (1969) S. 100–115. – Dt. in: Heuer/Keller. S. 290–310.

Kaiser, Gerhard: *Wallensteins Lager*. Schiller als Dichter und Theoretiker der Komödie. In: JbDSG 14 (1970) S. 323–346. Auch in: Arkadien. S. 79–103. – Wiederabdr. in: Heuer/Keller. S. 333–363.

Müller-Seidel, Walter: Die Idee des neuen Lebens. Eine Betrachtung über Schillers *Wallenstein*. In: The Discontinous Tradition. [Festschr. Ernest L. Stahl.] Ed. by Peter F. Ganz. Oxford: Clarendon, 1971. S. 79–98. – Wiederabdr. in: Heuer/Keller. S. 364–385. [Vgl. ferner JbDSG 20 (1976) S. 338–386.]

Barnouw, Jeffrey: Das Problem der Aktion und *Wallenstein*. In: JbDSG 16 (1972) S. 330–408. [Vgl. ferner Heuer/Keller. S. 396–422.]

Gille, Klaus F.: Das astrologische Motiv in Schillers *Wallenstein*. In: Amsterdamer Beiträge zur neueren Germanistik 1 (1972) S. 103–118.

Neubauer, John: The Idea of History in Schiller's *Wallenstein*. In: Neophilologus 56 (1972) S. 451–463. – Dt. in: Neubuhr. S. 171–188.

Jantz, Harold: Schillers *Wallenstein*-Brief vom 1. März 1799. Seine Beziehungen zu Böttiger. In: JbDSG 18 (1974) S. 3–22.

Koopmann, Helmut: Schillers *Wallenstein* – Antiker Mythos und moderne Geschichte. Zur Begründung der klassischen Tragödie um 1800. In: Teilnahme und Spiegelung. [Festschr. Horst Rüdiger.] Hrsg. von Beda Allemann und Erwin Koppen. Berlin: de Gruyter, 1975. S. 263–274.

Glück, Alfons: Schillers Wallenstein. Illusion und Schicksal. München: Fink, 1976.

Hill, Harold C.: Astrology and Friendship. The Net of Commitment in *Wallenstein*. In: Modern Language Notes 91 (1976) S. 467–477.

Reinhardt, Hartmut: Schillers *Wallenstein* und Aristoteles. In: JbDSG 20 (1976) S. 278–337.

Köhnke, Klaus: Max Piccolomini und die Ethik des Herzens. In: Acta Germanica 11 (1979) S. 97–112.

Hinderer, Walter: Der Mensch in der Geschichte. Ein Versuch über Schillers *Wallenstein*. Mit einer Bibliographie von Helmut G. Hermann. Königstein: Athenäum, 1980.

Wittkowski, Wolfgang: Theodizee oder Nemesistragödie? Schillers *Wallenstein* zwischen Hegel und politischer Ethik. In: Hochstift 1980. S. 177–237.

Dahnke, Hans-Dietrich: Schillers Wallenstein und die Aktualität der Geschichte. In: WB 27 (1981) H. 2. S. 5–26.

Hinderer, Walter: Der schöne Traum von der politischen Regeneration: Schillers *Wallenstein*-Trilogie. In: Deutsche Dramen. Interpretationen [...]. Hrsg. von Harro Müller-Michaelis. Bd. 1. Königstein: Athenäum, 1981. S. 31–51.

Richards, David B.: The Problem of Knowledge in *Wallenstein*. In: Goethezeit. [Festschr. Stuart Atkins.] Hrsg. von Gerhart Hoffmeister. Bern/München: Francke, 1981. S. 231–242.

Schulz, Gerhard: Schillers *Wallenstein* zwischen den Zeiten. In: Geschichte als Schauspiel. Hrsg. von Walter Hinck. Frankfurt a. M.: Suhrkamp, 1981. S. 116–132.

Moutoux, Eugene: Wallenstein: Guilty and Innocent. In: The Germanic Review 57 (1982) S. 23–27.

Reinhardt, Hartmut: Die Wege der Freiheit. Schillers *Wallenstein*-Trilogie und die Idee des Erhabenen. In: Wittkowski. S. 252–269.

2.6. *Maria Stuart*

Kipka, Karl: Maria Stuart im Drama der Weltliteratur, vornehmlich des 17. und 18. Jahrhunderts. Leipzig: Hesse, 1907.

Grawe, Christian (Hrsg.): Friedrich Schiller: *Maria Stuart*. Erläuterungen und Dokumente. Stuttgart: Reclam, 1978 [u. ö.].

Petersen, Julius: Die Minneburg in Schillers *Maria Stuart*. In: Studien zur Literaturgeschichte. [Festschr. A. Köster.] Leipzig: Insel, 1912. S. 169–192. Auch in: J. P.: Aus der Goethezeit. Leipzig: Quelle & Meyer, 1932. S. 128–148.

Ross, Werner: Der Streit der Königinnen. In: Wirkendes Wort 5 (1954/55) S. 356–362.

Beck, Adolf: Schiller: *Maria Stuart*. In: Wiese I. S. 305–321. Auch in: A. B.: Forschung und Deutung (s. Abschn. IV,1: 1955). S. 167–187.

Ayrault, Roger: La figure de Mortimer dans *Marie Stuart* et la conception du drame historique chez Schiller. In: EG 14 (1959) S. 313–324.

Klotz, Volker: Die Kronen und die langen Haare. Anmerkungen zu *Maria Stuart*. In: Das neue Forum 9 (1959/60) S. 24–32. Auch in: V. K.: Kurze Kommentare zu Stücken und Gedichten. Darmstadt: Roether, 1962. S. 7–14.

David, Claude: Le personnage de la reine Elisabeth dans la *Maria Stuart* de Schiller. In: Deutsche Beiträge zur geistigen Überlieferung 4 (1961) S. 9–22.

Witte, William: *Maria Stuart* and Mary, Queen of Scots. In: Stoffe – Formen – Strukturen. [Festschr. Hans Heinrich Borcherdt.] Hrsg. von Albert Fuchs und Helmut Motekat. München: Hueber, 1962. S. 238–250.

Politi, Francesco: Schiller: *Maria Stuart*. Arte e problematica in Mortimer. – L'incontro delle regine nella drammaturgia Schilleriana. In: F. P.: Studi di letteratura tedesca e marginalia. Bari: Adriatica Editrice, 1963. S. 7–154.

Sammons, Jeffrey L.: Mortimer's Conversion and Schiller's Allegiances. In: JEGPh 72 (1973) S. 155–166.

Schultz, H. Stefan: »Moralisch unmöglich.« Zu einer Briefstelle Schillers über die Begegnung der beiden Königinnen in *Maria Stuart*. In: Festschr. v. Wiese. S. 85–91.

Berman, Jill: Schiller's Mortimer and the Gods of Italy. In: Oxford German Studies 8 (1974) S. 47–59.

Riemen, Alfred: Ideologiekritik und klassische Texte. Kritische Betrachtung eines Unterrichtsmodells zu *Maria Stuart*. In: Diskussion Deutsch 7 (1976) S. 352–366.

Bennet, Benjamin: Schiller's Theoretical Impasse and *Maria Stuart*. In: B. B.: Modern Drama and German Classicism. Ithaca, N. Y. / London: Cornell UP, 1979. S. 188–228.

Loewen, Harry: The End is the Beginning: The Nature of Maria Stuart's Transformation. In: Seminar 15 (1979) S. 165–180.

Gutmann, Anni: Ein bisher unbeachtetes Vorbild zu Schillers *Maria Stuart*. In: The German Quarterly 53 (1980) S. 452–457.

Ehrlich, Lothar: Zur Interpretation von Schillers *Maria Stuart*. In: WB 27 (1981) H. 8. S. 31–43.

Leistner, Bernd: »Ich habe deinen edlern Teil nicht retten können.« Zu Schillers Trauerspiel *Maria Stuart*. In: Zeitschrift für Germanistik 2 (1981) S. 166–181.

2.7. *Die Jungfrau von Orleans*

Jan, Eduard von: Das literarische Bild der Jeanne d'Arc (1429–1926). Halle a. d. S.: Niemeyer, 1928.

Joan of Arc. An Anthology of History and Literature. Ed. by Edward Wagenknecht. New York: Creative Age Press, 1948.

Storz, Gerhard: Jeanne d'Arc in der europäischen Dichtung. In: JbDSG 6 (1962) S. 107–148.

Liepe, Wolfgang: Schillers *Jungfrau von Orleans*. In: W. L.: Das Religionsproblem im neueren Drama von Lessing bis zur Romantik. Halle a. d. S.: Niemeyer, 1914. – Repr. Walluff: Sändig, 1972. S. 28–45.

Blankenagel, John C.: Shaw's *Saint Joan* and Schiller's *Jungfrau von Orleans*. In: JEGPh 25 (1926) S. 379–392.

Merian-Genast, Ernst: Schillers *Jungfrau von Orleans* und Shaws *Heilige Johanna*. In: Zeitschrift für Deutschkunde 40 (1926) S. 584–591. – Wiederabdr. in: Neubuhr. S. 347–358.

Stuckert, Franz: Rationalismus und Irrationalismus in Schillers *Jungfrau von Orleans*. In: Zeitschrift für Deutschkunde 48 (1934) S. 93–106.

Sternberger, Dolf: Talbot, der einzige Nüchterne. In: D. St.: Figuren der Fabel. Berlin: Suhrkamp, 1950. S. 129–140.

Braemer, Edith: Schillers romantische Tragödie *Die Jungfrau von Orleans*. In: WZ Jena 5 (1955/1956) S. 79–109. Auch in: E. B. / U. Wertheim: Studien zur deutschen Klassik (s. unter »Wallenstein«: 1960). S. 215–296.

Grappin, Pierre: La Jeanne d'Arc de Schiller. In: EG 10 (1955) S. 119–127.

Reinhardt, Karl: Sprachliches zu Schillers *Jungfrau von Orleans*. In: Akzente 2 (1955) S. 206–222. Auch in: K. R.: Tradition und Geist. Göttingen: Vandenhoeck & Ruprecht, 1960. S. 366 bis 380.

Storz, Gerhard: Schiller: *Die Jungfrau von Orleans*. In: Wiese I. S. 322–338.

Frey, John R.: Schillers Schwarzer Ritter. In: The German Quarterly 32 (1959) S. 302–315.

Hilty, Hans Rudolf: Jeanne d'Arc bei Schiller und Anouilh. St. Gallen: Tschudy, 1960.

Ide, Heinz: Zur Problematik der Schiller-Interpretation. Überlegungen zur *Jungfrau von Orleans*. In: Jahrbuch der Wittheit zu Bremen 8 (1964) S. 41–91. [Vgl. ferner: Germanistentag 1964. S. 130–134.]

Kaiser, Gerhard: Johannas Sendung. Eine These zu Schillers *Jungfrau von Orleans*. In: JbDSG 10 (1966) S. 205–236. Auch in: Arkadien. S. 104–136.

Gutmann, Anni: Schillers *Jungfrau von Orleans*. Das Wunderbare und die Schuldfrage. In: ZfdPh 88 (1969) S. 560–583.

Müller, Gerd: Brechts *Heilige Johanna der Schlachthöfe* und Schillers *Jungfrau von Orleans*. Zur Auseinandersetzung des modernen Theaters mit der klassischen Tradition. In: Orbis litterarum 14 (1969) S. 182–200.

Fowler, Frank M.: Hebbel, Jeanne d'Arc and *Die Jungfrau von Orleans.* In: Hebbel-Jahrbuch 1974. S. 126–138.
Richards, David B.: Mesmerism in *Die Jungfrau von Orleans.* In: PMLA 91 (1976) S. 856–870.
Sellner, Timothy F.: The Lionel-Scene in Schiller's *Jungfrau von Orleans.* A Psychological Interpretation. In: The German Quarterly 50 (1977) S. 264–282.
Gutmann, Anni: Der bisher unterschätzte Einfluß von Voltaires *Pucelle* auf Schillers *Jungfrau von Orleans.* In: Voltaire und Deutschland. Hrsg. von Peter Brockmeier [u. a.]. Stuttgart: Metzler, 1979. S. 411–423.

2.8. *Die Braut von Messina*

Brandenburg, Hans: *Die Braut von Messina.* In: Deutsche Rundschau Bd. 195 (1923) S. 298 bis 309.
Wiget, Wilhelm: Die Träume in Schillers *Braut von Messina.* In: Dichtung und Forschung. [Festschr. Emil Ermatinger.] Hrsg. von Walter Muschg und Rudolf Hunziker. Frauenfeld: Huber, 1933. S. 63–73.
Clark, Robert T.: The Union of the Arts in *Die Braut von Messina.* In: PMLA 52 (1937) S. 1135–46.
Atkins, Stuart: Gestalt als Gehalt in Schillers *Braut von Messina.* In: DVjs 33 (1959) S. 529–564.
Silz, Walter: Chorus and Choral Function in Schiller. In: Frey. S. 147–170.
Stockum, Theodor van: Schillers *Braut von Messina,* ein gelungener Versuch der Neubelebung der antiken Tragödie? In: Neophilologus 43 (1959) S. 177–193. Auch in: T. v. St.: Von Friedrich Nicolai bis Thomas Mann. Groningen: Wolters, 1962. S. 118–135.
Weigand, Hermann: *Oedipus Tyrannos* and *Die Braut von Messina.* In: Frey. S. 171–202. Auch in: H. J. W.: Surveys and Soundings in European Literature. Princeton: UP, 1966. S. 124 bis 163.
Seidler, Herbert: Schillers *Braut von Messina.* In: Literaturwissenschaftliches Jahrbuch N. F. 1 (1960) S. 27–52.
Sengle, Friedrich: *Die Braut von Messina.* In: Der Deutschunterricht 12 (1960) H. 2. S. 72–89. – Wiederabdr. in: Berghahn/Grimm. S. 249–273.
Graham, Ilse: Element into Ornament: The Alchemy of Art. A Reading of Schiller's *Die Braut von Messina.* In: Deutsche Beiträge zur geistigen Überlieferung 4 (1961) S. 41–63.
Wells, George A.: Fate-Tragedy and Schiller's *Braut von Messina.* In: JEGPh 64 (1965) S. 191 bis 212.
Hibberd, John L.: The Patterns of Imagery in Schiller's *Die Braut von Messina.* In: GLL 20 (1966/1967) S. 306–315.
Schadewaldt, Wolfgang: Antikes und Modernes in Schillers *Braut von Messina.* In: JbDSG 13 (1969) S. 286–307. Auch in: W. Sch.: Hellas und Hesperien (s. Abschn. IV,1: 1955). ²1970. Bd. 2. S. 144–166.
Kaiser, Gerhard: Die Idee der Idylle in Schillers *Braut von Messina.* In: Wirkendes Wort 21 (1971) S. 289–312. Auch in: Arkadien. S. 137–166.
Thompson, Bruce: The Limitations of Freedom. A Comparative Study of Schiller's *Die Braut von Messina* and Werner's *Der 24. Februar.* In: Modern Language Review 73 (1978) S. 328–336.
Böhler, Michael: Die Zuschauerrolle in Schillers Dramaturgie. Zwischen Außendruck und Innenlenkung. Der Chor in der *Braut von Messina.* In: Wittkowski. S. 272–293.

2.9. *Wilhelm Tell*

Die Quellen von Schillers *Wilhelm Tell.* Zusammengest. von Albert Leitzmann. Bonn: Marcus & Weber, 1912.
Heinemann, Franz: Tell-Bibliographie [15.–20. Jahrhundert]. Bern: Wyß, 1907.
Merz, Elsbeth: Tell im Drama vor und nach Schiller. Bern: Haupt, 1925. – Repr. Nendeln: Kraus, 1970.

Labhardt, Ricco: Wilhelm Tell als Patriot und Revolutionär 1700–1800. Wandlungen der Tell-Tradition im Zeitalter des Absolutismus und der Französischen Revolution. Basel: Helbing & Lichtenhahn, 1947.
Schmidt, Josef (Hrsg.): Friedrich Schiller: *Wilhelm Tell.* Erläuterungen und Dokumente. Stuttgart: Reclam, 1969 [u. ö.].
Tell. Werden und Wandern eines Mythos. Idee und Aufnahmen: Lilly Stunzi. Texte von [...]. Bern/Stuttgart: Hallwag, 1973.

Waldecker, Ludwig: Das Problem des politischen Mordes in Schillers *Tell.* In: Zeitschrift für öffentliches Recht 5 (1925) S. 47–72. [Vgl. ferner: H. Waider (dieser Abschn.: 1968).]
Kahn, Ludwig W.: Freedom: An Existentialist and an Idealist View. Sartre's *Les Mouches* and Schiller's *Wilhelm Tell.* In: PMLA 64 (1949) S. 5–14.
Leroux, Robert: L'idéologie politique dans *Guillaume Tell.* In: EG 10 (1955) S. 128–144.
Thalheim, Hans-Günther: Notwendigkeit und Rechtlichkeit der Selbsthilfe in Schillers *Wilhelm Tell.* In: Goethe 18 (1956) S. 216–257. Auch in: H.-G. Th.: Zur Literatur der Goethezeit (s. Abschn. IV,1: 1959). S. 146–193.
Berendsohn, Walter H.: Schillers *Wilhelm Tell* als Kunstwerk. In: Stockholm Studies in Modern Philology N. S. 1 (1960) S. 5–78.
Graham, Ilse: Schillers *Wilhelm Tell.* Dankgesang eines Genesenden. In: Neophilologus 44 (1960) S. 307–322.
Jantz, Harold: William Tell and the American Revolution. In: A Schiller Symposium (s. Abschn. III: 1960). S. 65–84.
Martini, Fritz: *Wilhelm Tell,* der ästhetische Staat und der ästhetische Mensch. In: Der Deutschunterricht 12 (1960) H. 2. S. 90–118. U. a. auch in: F. M.: Geschichte im Drama (s. Abschn. IV,1: 1973). S. 277–306. – Wiederabdr. in: Berghahn/Grimm. S. 368–406.
Kohlschmidt, Werner: Tells Entscheidung. In: Reden 1959. S. 87–101. Auch in: W. K.: Dichter, Tradition und Zeitgeist. Bern/München: Francke, 1965. S. 229–239.
Tisch, J. Hermann: Schiller und die Schweiz. Geschichtliche Wirklichkeit und dichterische Vision im *Wilhelm Tell.* In: Proceedings of the Australian Goethe Society 1963/64. S. 71–96.
Kausch, Karl Heinz: Das Politische als Kunstform in Schillers Schauspiel *Wilhelm Tell.* In: Nationalismus in Germanistik und Dichtung. Hrsg. von Benno von Wiese und Rudolf Henss. Berlin: Schmidt, 1967. S. 285–304.
Waider, Heribert: Zur Lehre vom Widerstandsrecht des Volkes nach Schillers *Wilhelm Tell.* In: Zeitschrift für die gesamte Strafrechtswissenschaft 80 (1968) S. 389–408.
Seidlin, Oskar: Das Vorspiel zum *Wilhelm Tell.* In: Festschr. v. Wiese. S. 112–128. Auch in: O. S.: Vom erwachenden Bewußtsein und Sündenfall. Stuttgart: Klett-Cotta, 1979. S. 11–29.
Kaiser, Gerhard: Idylle und Revolution. Schillers *Wilhelm Tell.* In: Deutsche Literatur und Französische Revolution. Sieben Studien. Göttingen: Vandenhoeck & Ruprecht, 1974. S. 87–128. Auch in: Arkadien. S. 167–205.
Richards, David B.: Tell in the Dock. Forensic Rhetoric in the Monologue and Parricida-Scene in *Wilhelm Tell.* In: The German Quarterly 48 (1975) S. 472–486.
Ryder, Frank G.: Schiller's *Tell* and the Cause of Freedom. In: The German Quarterly 48 (1975) S. 487–504.
Ives, Margret C.: In Tyrannos! Rebellion and Regicide in Schiller's *Wilhelm Tell* and Joszef Katona's *Bánk Bán.* In: GLL 30 (1976/77) S. 269–282.
Ruppelt, Georg: Die »Ausschaltung« des *Wilhelm Tell.* Dokumente zum Verbot des Schauspiels in Deutschland 1941. In: JbDSG 20 (1976) S. 402–419.
Völker, Ludwig: Tell und der Samariter. Zum Verhältnis von Ästhetik und Geschichte in Schillers Drama. In: ZfdPh 95 (1976) S. 185–203.
Vander Meulen, Ross: The Theological Texture of Schiller's *Wilhelm Tell.* In: The Germanic Review 53 (1978) S. 56–62.

Fetscher, Iring: Philister, Terrorist oder Reaktionär? Schillers *Tell* und seine linken Kritiker. In: Literatur und Kritik. [Festschr. Marcel Reich-Ranicki.] Hrsg. von Walter Jens. Stuttgart: Deutsche Verlags-Anstalt, 1980. S. 217–245.
Schillers *Tell* für die Schule neu gesehen. Von Heinz Lippuner [u. a.]. Düsseldorf: Schwann, 1980.
Hinderer, Walter: Jenseits von Eden: Zu Schillers *Wilhelm Tell*. In: Geschichte als Schauspiel. Hrsg. von Walter Hinck. Frankfurt a. M.: Suhrkamp, 1981. S. 133–146.
Lamport, Francis J.: The Silence of *Wilhelm Tell*. In: Modern Language Review 76 (1981) S. 857–868.
Borchmeyer, Dieter: Altes Recht und Revolution – Schillers *Wilhelm Tell*. In: Wittkowski. S. 69–111.

2.10. *Fragmente, Nachlaß, Kleine Dramen*

Witkowski, Georg: Aus Schillers Werkstatt. Seine dramatischen Pläne und Bruchstücke. Leipzig: Hesse, 1910.
Leitzmann, Albert: Zu Schillers dramatischem Nachlaß. In: Archiv für das Studium der neueren Sprachen und Literaturen Bd. 134 (1916) S. 27–47.
Janssen, Theodor: Gedanken über Schillers dramatischen Nachlaß. In: Nachrichten der Gießener Hochschulgesellschaft 22 (1953) S. 34–55.
Storz, Gerhard: Stilelemente in Schillers dramatischem Nachlaß [1960]. In: Literaturwissenschaftliches Jahrbuch N. F. 3 (1963) S. 53–65.

Leitzmann, Albert: Zu Schillers *Demetrius*. In: Euphorion 4 (1897) S. 508–537.
Castle, Eduard: Zur Entstehungsgeschichte von Schillers *Demetrius*. In: Chronik des Wiener Goethe-Vereins 29 (1916) S. 2–19. Auch in: E. C.: In Goethes Geist. Wien: Österreichischer Bundesverlag, 1926. S. 266–293.
– Der falsche Demetrius in der Auffassung Schillers und Hebbels. In: Hochstift 1930. S. 232–256.
Erler, Otto: Marfa – Demetrius. Eine Studie. Leipzig: Haessel, 1930.
Petersen, Julius: Schillers *Demetrius*. In: Zeitschrift für deutsche Bildung 7 (1931) S. 1–10. Auch in: J. P.: Aus der Goethezeit. Leipzig: Quelle & Meyer, 1932. S. 165–180.
Pfeiffer, Arthur: Der fragwürdige Schiller [*Demetrius*]. In: Die neue Rundschau 49, I (1938) S. 106–138.
Lachmann, Eduard: Die Natur des *Demetrius*. Frankfurt a. M.: Diesterweg, 1940. – Repr. Hildesheim: Gerstenberg, 1975.
May, Kurt: Die »realistische Wendung« und »neue Tragik« in Schillers *Demetrius*. In: GRM N. F. 1 (1950/51) S. 256–275.
Thalheim, Hans-Günther: Schillers *Demetrius* als klassische Tragödie. In: WB 1 (1955) S. 22–86. Gekürzt auch in: H.-G. Th.: Zur Literatur der Goethezeit (s. Abschn. IV,1: 1959). S. 194–240.
Binder, Wolfgang: Schillers *Demetrius*. In: Euphorion 53 (1959) S. 252–280. Auch in: W. B.: Aufschlüsse (s. Abschn. IV,1: 1960). S. 169–200.
Wittkowski, Wolfgang: Demetrius – Schiller und Hebbel. In: JbDSG 3 (1959) S. 142–179.
Szondi, Peter: Der tragische Weg von Schillers Demetrius. In: Die neue Rundschau 72 (1961) S. 162–177. U. a. auch in: P. Sz.: Schriften II. Frankfurt a. M.: Suhrkamp, 1978. S. 135–154. – Wiederabdr. in: Berghahn/Grimm. S. 466–484.
Hahn, Karl-Heinz: Dramatische Dichtung: Schillers *Demetrius*. In: K.-H. H.: Aus der Werkstatt deutscher Dichter. Halle a. d. S.: Sprache und Literatur, 1963. S. 195–361.
Fowler, Frank M.: The Riddle of Schiller's *Demetrius*. In: Modern Language Review 61 (1966) S. 448–454.
Brody, Ervin C.: Schiller's *Demetrius* and Pushkin's *Boris Godunov*. A Contemporary Interpretation. In: Neohelicon 1 (1973) S. 241–294.

Dyck, J. William: Deceit and Conviction in the False Demetrius: Schiller – Pushkin – Hebbel. In: Probleme der Komparatistik und Interpretation. [Festschr. André von Gronicka.] Bonn: Bouvier, 1978. S. 96–110.

Harnack, Otto: Zur Schillerforschung. 2: Über die Entstehung des *Menschenfeinds*. In: Euphorion 6 (1899) S. 538 f.
Sadée, Leopold: *Wallenstein* und *Menschenfeind*. In: Zeitschrift für den deutschen Unterricht 25 (1911) S. 450–456.
Hamburger, Käte: Schillers Fragment *Der Menschenfeind* und die Idee der Kalokagathie. In: DVjs 30 (1956) S. 367–400.

Simon, Philipp: *Die Huldigung der Künste*. In: Neue Jahrbücher für das klassische Altertum, Geschichte und Literatur 21 (1908) S. 714–721.

V. Bühnen- und Wirkungsgeschichte

1. Bühnengeschichte, Vertonungen

Doberenz, Heinrich: La Martelière und seine Bearbeitung Schiller'scher Dramen auf dem Theater der französischen Revolution. Löbau: Kessner, 1883.
Petersen, Julius: Schiller und die Bühne. Ein Beitrag zur Litteratur- und Theatergeschichte der klassischen Zeit. Berlin: Mayer & Müller, 1904. – Repr. New York / London: Johnson, 1967.
Krauß, Rudolf: Die Erstaufführungen von Schillers Dramen auf dem Stuttgarter Hoftheater. In: Euphorion 12 (1905) S. 599–627.
Jacobs, Monty: Schiller. In: M. J.: Deutsche Schauspielkunst. Zeugnisse zur Bühnengeschichte klassischer Rollen. Leipzig: Insel, 1913. S. 99–251. – Neuausg. Berlin: Henschel, 1954. S. 105 bis 255.
Lebede, Hans: Die »Schiller«-Opern von Verdi. [*Don Carlos*, *Giovanna d'Arco*, *Luisa Miller*, *Räuber*.] In: Zeitschrift für deutsche Bildung 6 (1930) S. 182–189.
Schinke, Walter: Schiller oder Brecht? Zur Krise des modernen Theaters. In: Zeitschrift für Deutschkunde 44 (1930) S. 62–67.
Domes, Alfred: Schiller auf der dänischen Bühne. Leipzig: Teubner, 1935.
List, Wolfram: Schiller: Theater und Drama. In: Die Literatur 43 (1940/41) S. 8–11.
Weigand, Paul: Schiller's Dramas as Opera Texts. In: Monatshefte 46 (1954) S. 249–259.
Gründgens, Gustaf: Schiller und die moderne Bühne. In: Akzente 2 (1955) S. 222–224. Auch u. d. T.: Über Schiller und die moderne Bühne. In: G. G.: Briefe, Aufsätze, Reden. Hamburg: Hoffmann und Campe, 1967, ^{2}1968. S. 383–387; München: Deutscher Taschenbuch Verlag, 1970. S. 367–371.
Sellner, Gustav Rudolf: Schiller und die heutige Bühne. In: Reden 1955. S. 355–365.
Genin, Lew E. / Demtschenko, Kyrill S.: Schiller auf der Bühne des revolutionären Petrograd. In: Sinn und Form 11 (1959) S. 927–935.
Haralampieff, Kyrill: Schiller auf der bulgarischen Bühne. Diss. München 1959.
Leeuwe, Hans Heinz Joachim de: Schiller auf der holländischen Bühne. In: Duitse Kroniek 11 (1959) S. 134–151.
Maske und Kothurn 5 (1959) H. 3: Schillerheft. [Bühnenberichte: BRD seit 1945, England und Schottland, Japan, Paris, Rußland, Schweden, Tschechoslowakei, USA, Wien.]
Kuckhoff, Armin-Gerd: Schillers Werke und die moderne Bühnenpraxis. (Die Bedeutung der dramatischen Handlung in den Bühnenwerken Friedrich Schillers.) In: Konferenz. S. 210 bis 230.
Loup, Kurt: Schönheit und Freiheit. Friedrich Schiller und das Düsseldorfer Schauspielhaus Dumont-Lindemann. Düsseldorf: Stern, 1959.

Hadamowsky, Franz: Schiller auf der Wiener Bühne 1783–1959. Wien: Österreichischer Bundesverlag, 1960.

Klein, Johannes: Schiller auf der Bühne unserer Zeit. In: Maske und Kothurn 14 (1968) S. 16 bis 28.

Rudloff-Hille, Gertrud: Schiller auf der deutschen Bühne seiner Zeit. Berlin: Aufbau, 1969.

Kühlken, Edda: Schiller. In: E. K.: Die Klassiker-Inszenierungen von Gustav Gründgens. Meisenheim: Hain, 1972. S. 159–211.

Schulz, Gudrun: Die Schillerbearbeitungen Bertolt Brechts. Tübingen: Niemeyer, 1972.

Cisotti, Virginia: Schiller e il melodramma di Verdi. Firenze: Nuova Editrice, 1975.

Piedmont, Ferdinand: Tendenzen moderner Schiller-Aufführungen. 1965–1975. In: JbDSG 21 (1977) S. 247–273.

Crosby, Donald H.: The Fragmented Schiller: Welttheater oder Regietheater? In: Wittkowski. S. 341–350. [Tendenzen in der BRD 1965–1980.]

Piedmont, Ferdinand: Zur Frage der Rezeptionsleistung moderner Schiller-Inszenierungen. In: Wittkowski. S. 351–359.

Hinderer, Walter: Ist das epische Theater etwa eine »moralische Anstalt«? Bemerkungen zu Brechts kritischer Aneignung von Schillers Dramaturgie. In: Probleme der Moderne. [Festschr. Walter H. Sokel.] Hrsg. von Benjamin Bennett [u. a.]. Tübingen: Niemeyer, 1983. S. 459 bis 475.

2. Allgemeine Wirkungsgeschichte

2.1. Deutschsprachige Länder

Dieser Abschn. ist nach der Chronologie behandelter Zeiträume geordnet.

Schiller im Urtheile seiner Zeitgenossen. Zeitungskritiken, Berichte und Notizen, Schiller und seine Werke betreffend, aus den Jahren 1781–1805. Ges. und hrsg. von Julius W. Braun. Bd. 1/2. Leipzig: Schlicke, 1882; Bd. 3. Berlin: Luckhardt, 1882.

Schillers Persönlichkeit. Urtheile der Zeitgenossen und Documente. Hrsg. von Max Hecker und Julius Petersen. 3 Bde. Weimar: Gesellschaft der Bibliophilen, 1904–09. – Repr. Hildesheim: Olms, 1976.

Schiller und sein Kreis in der Kritik ihrer Zeit. Die wesentlichen Rezensionen aus der periodischen Literatur bis zu Schillers Tod [...]. Von Oscar Fambach. Berlin: Akademie, 1957.

Oellers, Norbert: Schiller. Geschichte seiner Wirkung bis zu Goethes Tod. 1805–1832. Bonn: Bouvier, 1967.

Schiller – Zeitgenosse aller Epochen. Dokumente zur Wirkungsgeschichte Schillers in Deutschland. Eingel. und komm. von Norbert Oellers. Bd. 1: 1782–1859. Frankfurt a. M.: Athenäum, 1970; Bd. 2: 1860–1966. München: Beck, 1976.

Schiller in Deutschland 1781–1970. Materialien zur Schiller-Rezeption, für die Schule hrsg. von Eva D. Becker. Frankfurt a. M.: Diesterweg, 1972, ²1979.

Oellers, Norbert: Zur Schiller-Rezeption in Österreich um 1800. In: Die österreichische Literatur. Ihr Profil an der Wende vom 18. zum 19. Jahrhundert (1750–1830). Hrsg. von Herbert Zeman. Graz: Akademische Druck- und Verlagsanstalt, 1979. S. 677–696.

Prawer, Siegbert S.: The Schiller-Cult in Biedermeier Times. In: Modern Language Review 45 (1950) S. 190–194.

Schiller-Denkmal. (Die bedeutendsten literarischen Festgaben, Reden, Prologe [...] der Säkular-Feier.) Volksausg. 2 Bde. Berlin: Riegel, 1860.

Ludwig, Albert: Das Urteil über Schiller im 19. Jahrhundert. Bonn: Cohen, 1905.

Schiller im Urteil des 20. Jahrhunderts. Stimmen über Schillers Wirkung auf die Gegenwart. Eingef. von Eugen Wolff. Jena: Costenoble, 1905.

Schiller. Reden im Gedenkjahr 1955 [und] 1959: s. Abkürzungsverzeichnis.

Schiller in unserer Zeit. Beiträge zum Schillerjahr 1955. Hrsg. vom Schillerkomitee 1955. (Red.: Franz Fabian.) Weimar: Volksverlag, 1955.

Raabe, August: Schiller im Atomzeitalter. Ein Rechenschaftsbericht zum Schillerjahr 1959. Bonn: Semmel, 1961.

2.2. Ausland

Der Abschn. ist nach Ländern geordnet.

Wais, Kurt: Schillers Wirkungsgeschichte im Ausland. In: DVjs 29 (1955) S. 475–508. Auch in: K. W.: An den Grenzen der Nationalliteraturen. Berlin: de Gruyter, 1958. S. 62–100.

The *English* Reception of Specific Works of Schiller, from the Early Plays to the Historic Works. Ed. and intro. by John Boening. New York: Garland, 1977. [Dokumente bis 1860.]

Ewen, Frederic: The Prestige of Schiller in *England*, 1788–1859. New York: Columbia UP, 1932. – Repr. New York: AMS Press, 1973.

Koskimies, Rafael: Schiller in *Finnland*. In: JbDSG 3 (1959) S. 197–209.

Eggli, Edmond: Schiller et le *romantisme français* [1786–1850]. 2 Bde. Paris: Gamber, 1927. [Index-Heft 1928.] – Repr. Genève: Slatkine, 1970.

Bauer, Roger: Schillers Ruhm in *Frankreich*. In: Festschr. v. Wiese. S. 155–170.

Gislason, Kjartan R.: Schillers Wirkung auf das *isländische* Geistesleben. Nürnberg: Carl, 1964.

Mazzucchetti, Lavinia: Schiller in *Italia*. Milano: Hoepli, 1913.

Zalachowski, Feliks: Schiller in *Polen*. In: WB 9 (1963) S. 159–175.

Tschižewskij, Dimitrij: Schiller in *Rußland*. In: Reden 1959. S. 346–367.

Kostka, Edmund K.: Schiller in *Russian Literature*. Philadelphia: University of Philadelphia Press, 1965.

Harder, Hans-Bernd: Schiller in *Rußland*. Materialien zu einer Wirkungsgeschichte 1789–1814. Bad Homburg: Gehlen, 1969.

Koch, Herbert: Schiller und *Spanien*. München: Hueber, 1973.

Hofmann, Alois: Schiller in der *Tschechoslowakei*. In: A. H.: Friedrich Schiller. Praha: Orbis, 1955, ²1959. S. 43–93.

3. Politisch-ideologische Aspekte

Glossy, Karl: Schiller und die Burgtheaterzensur. In: Österreichische Rundschau 2 (1905/06) S. 645–652. Auch in: K. G.: Kleinere Schriften. Wien: Fromme, 1918. S. 329–337.

Fabricius, Hans: Schiller als Kampfgenosse Hitlers. Nationalsozialismus in Schillers Dramen. Bayreuth: N. S. Kultur-Verlag, 1932; Berlin: Deutsche Kultur-Wacht, ²1934.

Düwel, Wolf: Das Schillerbild der russischen revolutionären Demokraten. In: Aufbau 11 (1955) S. 403–409.

Obermann, Karl: Die deutsche Einheitsbewegung und die Schillerfeiern 1859. In: Zeitschrift für Geschichtswissenschaft 3 (1955) S. 705–734.

Malia, Martin E.: Schiller and the Early Russian Left. In: The Russian Thought and Politics. Ed. by Hugh McLean [et al.]. s-Gravenhage: Mouton, 1957. – Repr. Freeport, N. Y.: Books for Libraries Press, 1971. S. 169–200.

Der Menschheit Würde. Dokumente zum Schiller-Bild der deutschen Arbeiterklasse. [...] Ausgew. und eingel. von Günther Dahlke. Weimar: Arion, 1959.

Hecht, Wolfgang: Kapuzinerpredigt und Tell-Monolog als politische Zeitsatire auf Berliner Flugblättern von 1848. In: Goethe 22 (1960) S. 112–134.

Bangerter, Lowell A.: Schiller in East Germany. In: Research Studies 42 (1974) S. 235–245.

Fähnrich, Walter / Rector, Martin: Schiller und Goethe in der Literaturkritik der *Roten Fahne* und der *Aktion*. In: W. F. / M. R.: Linksradikalismus und Literatur. Reinbek: Rowohlt, 1974. S. 107–129.

Prawer, Siegbert S.: What Did Karl Marx Think of Schiller? In: GLL 29 (1975/76) S. 122–137.

Hagen, Wolfgang: Die Schillerverehrung in der Sozialdemokratie. Zur ideologischen Formation proletarischer Kulturpolitik vor 1914. Stuttgart: Metzler, 1977.
Schiller, Dieter: Rosa Luxemburg in der Schiller-Debatte des Jahres 1905. In: WB 23 (1977) H. 8. S. 5–24.
Ruppelt, Georg: Schiller im nationalsozialistischen Deutschland. Versuch einer Gleichschaltung. Stuttgart: Metzler, 1979.
Hochhuth, Rolf: Räuber-Rede. Drei deutsche Vorwürfe: Schiller – Lessing – Geschwister Scholl. Reinbek: Rowohlt, 1982.
Sharpe, Leslie: Nationalsocialism and Schiller. In: GLL 36 (1982/83) S. 156–165. [Krit. Gegenbericht zu Ruppelt (1979).]

Die Autoren der Beiträge

Karl S. Guthke

Geboren 1933. Studium der Anglistik, Germanistik und Philosophie in Heidelberg, an der University of Texas und in Göttingen. Dr. phil. Kuno Francke Professor of German Art and Culture an der Harvard University.

Publikationen:
Englische Vorromantik und deutscher Sturm und Drang. M. G. Lewis' Stellung in der Geschichte der deutsch-englischen Literaturbeziehungen. Göttingen 1958. – Das Leid im Werke Gerhart Hauptmanns. Fünf Studien. Bern 1958 / Berkeley 1958 (mit Hans M. Wolff). – Geschichte und Poetik der deutschen Tragikomödie. Göttingen 1961. – Gerhart Hauptmann. Weltbild im Werk. Göttingen 1961. – Haller und die Literatur. Göttingen 1962. – Der Stand der Lessing-Forschung. Ein Bericht über die Literatur 1932–1962. Stuttgart 1965. – Modern Tragicomedy. An Investigation into the Nature of the Genre. New York 1966 (dt. Göttingen 1968). – Wege zur Literatur. Studien zur deutschen Dichtungs- und Geistesgeschichte. Bern 1967. – Gotthold Ephraim Lessing. Stuttgart 1967 (mit Heinrich Schneider). – Die Mythologie der entgötterten Welt. Ein literarisches Thema von der Aufklärung bis zur Gegenwart. Göttingen 1971. – Das deutsche bürgerliche Trauerspiel. Stuttgart 1972; [3]1980. – Gotthold Ephraim Lessing. Stuttgart 1973. – Literarisches Leben im achtzehnten Jahrhundert in Deutschland und in der Schweiz. Bern 1975. – Das Abenteuer Literatur. Studien zum literarischen Leben der deutschsprachigen Länder von der Aufklärung bis zum Exil. Bern 1981. – Haller im Halblicht. Vier Studien. Bern 1981. – Erkundungen. Essays zur Literatur von Milton bis Dryden. Bern 1983. – Der Mythos der Neuzeit: Das Thema der Mehrheit der Welten in der Literatur- und Geistesgeschichte von der kopernikanischen Wende bis zur Science Fiction. Bern 1983. – Editionen, Aufsätze, Lexikonartikel, Rezensionen, Radiovorträge.

Helmut G. Hermann

Geboren 1928. Studium der Germanistik, Geschichte und Romanistik in Marburg, Bonn, Paris und an mehreren amerikanischen Universitäten. Freiberuflich in Amherst, Massachusetts.

Publikationen:
Else Lasker-Schüler: »Was soll ich hier?« Exilbriefe an Salman Schocken (Hrsg., mit Sigrid Bauschinger). Heidelberg. (In Vorb.). – Aufsätze, bibliographische Arbeiten, Rezensionen. – Mitarbeiter an Sammelbänden und Zeitschriften sowie am Amherster Kolloquium zur deutschen Literatur.

Walter Hinderer

Geboren 1934. Studium der Germanistik, Philosophie, Anglistik und Geschichte in Tübingen und München. Dr. phil. Professor für Neuere deutsche Literatur an der Princeton University.

Publikationen:
Hermann Brochs ›Tod des Vergil‹. Diss. München 1961. – Börne: Menzel der Franzosenfresser und andere Schriften (Hrsg.). Frankfurt a. M. 1969. – Wieland: Hann und Gulpenheh, Schach Lolo (Hrsg.). Stuttgart 1970. – Moderne amerikanische Literaturtheorien (Mithrsg.). Frankfurt

a. M. 1970. – Deutsche Reden (Hrsg.). Stuttgart 1973. – Sickingen-Debatte. Ein Beitrag zur materialistischen Literaturtheorie (Hrsg.). Darmstadt/Neuwied 1974. – Elemente der Literaturkritik. Kronberg (Taunus) 1976. – Büchner-Kommentar zum dichterischen Werk. München 1977. – Geschichte der politischen Lyrik in Deutschland (Hrsg.). Stuttgart 1978. – Goethes Dramen. Neue Interpretationen (Hrsg.). Stuttgart 1980. – Kleists Dramen. Neue Interpretationen (Hrsg.). Stuttgart 1981. – Brechts Dramen. Neue Interpretationen (Hrsg.). Stuttgart (ersch. 1984). – Aufsätze, literaturkritische Arbeiten und Rezensionen.

Rolf-Peter Janz

Geboren 1940. Studium der Germanistik, Anglistik, Philosophie und Allgemeinen und Vergleichenden Literaturwissenschaft in Kiel, Leeds und Berlin. Dr. phil. Privatdozent für Neuere deutsche Literatur an der Freien Universität Berlin.

Publikationen:
Autonomie und soziale Funktion der Kunst. Studien zur Ästhetik von Schiller und Novalis. Stuttgart 1973. – Arthur Schnitzler. Zur Diagnose des Wiener Bürgertums im Fin de siècle. Stuttgart 1977 (mit Klaus Laermann). – Aufsätze zur Literaturgeschichte und Literaturtheorie.

Gerhard Kluge

Geboren 1935. Studium der Germanistik, Geschichte, Theaterwissenschaft, Philosophie und Niederländischen Philologie in Leipzig und Köln. Dr. phil. Professor an der Katholieke Universiteit Nijmegen.

Publikationen
zur Literatur des 18. Jahrhunderts, der Romantik, der Jahrhundertwende und der DDR. – Editionen von Tieck, Eichendorff, Arnim. – Mitarbeiter an der Schiller-Nationalausgabe.

Helmut Koopmann

Geboren 1933. Studium der Germanistik, Anglistik und Philosophie in Bonn und Münster. Dr. phil. Professor für Neuere deutsche Literaturwissenschaft an der Universität Augsburg.

Publikationen:
Die Entwicklung des ›intellektualen Romans‹ bei Thomas Mann. Bonn ^{2}1971. – Friedrich Schiller. 2 Bde. Stuttgart ^{2}1977. – Schiller-Kommentar. 2 Bde. München 1969. – Das Junge Deutschland. Analyse seines Selbstverständnisses. Stuttgart 1970. – Beiträge zur Theorie der Künste im 19. Jahrhundert (Mithrsg.). 2 Bde. Frankfurt a. M. 1971/72. – Heinrich Heine (Hrsg.). Darmstadt 1975. – Thomas Mann (Hrsg.). Darmstadt 1975. – Thomas Mann. Konstanten seines literarischen Werks. Göttingen 1975. – Heinrich Heine: Ludwig Börne. Eine Denkschrift und kleinere politische Schriften (Hrsg.). Hamburg 1978. – Drama der Aufklärung. München 1979. – Zahlreiche Aufsätze zur Literatur des 18.–20. Jahrhunderts. – Mitarbeiter an der Schiller-Nationalausgabe.

Hanna H. Marks

Geboren 1940. Studium der Germanistik und Anglistik in München und an der University of Maryland. Ph. D.

Publikation:
Textstruktur und Leserrolle. Beobachtungen zu C. F. Meyers Juerg Jenatsch. Diss. University of Maryland 1978.

Fritz Martini

Geboren 1909. Studium der Germanistik, Anglistik, Geschichte in Zürich, Graz, Heidelberg, Berlin. Em. Professor am Institut für Literaturwissenschaft der Universität Stuttgart. Mitglied der Deutschen Akademie für Sprache und Dichtung (Darmstadt) und des Vorstands der Goethe-Gesellschaft (Weimar).

Publikationen u. a.:
Das Bauerntum im deutschen Schrifttum von den Anfängen bis zum 16. Jahrhundert. Halle a. d. Saale 1944. – Die Goethezeit. Stuttgart 1949. – Deutsche Literaturgeschichte. Von den Anfängen bis zur Gegenwart. Stuttgart [17]1978. – Das Wagnis der Sprache. Interpretationen deutscher Prosa von Nietzsche bis Benn. Stuttgart [6]1970. – Deutsche Literatur im bürgerlichen Realismus 1848–1898. Stuttgart [3]1974. – Lustspiele – und das Lustspiel. Stuttgart 1974. – Der Tod Neros. Stuttgart 1974. – Geschichte im Drama – Drama als Geschichte. Stuttgart 1979. – Hrsg. von Der Deutschunterricht (seit 1951) und Jahrbuch der Deutschen Schillergesellschaft (seit 1959). – Veröffentlichungen in Sammelbänden, Anthologien und Zeitschriften.

Gerhard Sauder

Geboren 1938. Studium der Germanistik, Romanistik, Philosophie und Kunstgeschichte in Heidelberg und Paris. Dr. phil. Professor für Neuere deutsche Literaturgeschichte an der Universität des Saarlandes/Saarbrücken.

Publikationen:
Der reisende Epikureer. Studien zu Moritz August von Thümmels Roman »Reise in die mittäglichen Provinzen von Frankreich«. Heidelberg 1968. – Gotthilf Heinrich Schubert: Die Symbolik des Traumes. Faksimiledruck n. d. Ausg. von 1814. Mit einem Nachw. von G. S. Heidelberg 1968. – Empfindsamkeit. Bd. 1: Voraussetzungen und Elemente. Stuttgart 1974. – Empfindsamkeit. Theoretische und kritische Texte (Hrsg., mit Wolfgang Doktor). Stuttgart 1976. – Edward Young: Gedanken über die Original-Werke. Aus d. Engl. von Hans Ernst von Teubern. Faksimiledruck n. d. Ausg. von 1760. Nachw. und Dokumentation zur Wirkungsgeschichte in Deutschland von G. S. Heidelberg 1977. – August Langen: Gesammelte Studien zur neueren deutschen Sprache und Literatur (Hrsg., mit Karl Richter und Gerhard Schmidt-Henkel). Berlin 1978. – Empfindsamkeit. Bd. 3: Quellen und Dokumente. Stuttgart 1980. – Fünf Beiträge in: Hansers Sozialgeschichte der deutschen Literatur vom 16. Jahrhundert bis zur Gegenwart. Hrsg. von R. Grimminger. Bd. 3: Deutsche Aufklärung bis zur Französischen Revolution 1680–1789. München 1980. – Die Bücherverbrennung. Zum 10. Mai 1933 (Hrsg.). München 1983. – Aufsätze zur Literatur des 18.–20. Jahrhunderts.

Gert Sautermeister

Geboren 1940. Studium der Germanistik und Romanistik in Tübingen, Wien, Paris und München. Dr. phil. Professor für Neuere deutsche Literaturgeschichte an der Universität Bremen.

Publikationen:
Idyllik und Dramatik im Werk Friedrich Schillers. Zum geschichtlichen Ort seiner klassischen Dramen. Stuttgart 1971. – Literatur als Geschichte. Dokument und Forschung (Mithrsg.). München 1972–75. – Schwerpunkte Germanistik (Hrsg.). Wiesbaden (seit 1975). – Louis-Ferdinand Céline: Kanonenfutter (Mithrsg. und Übers.). Reinbek bei Hamburg 1977. – Thomas Mann: Mario und der Zauberer. München 1979. – Text und Geschichte. Modellanalysen zur deutschen Literatur (Mithrsg.). München (ab 1979). – Sozialgeschichte der deutschen Literatur. Restauration und Revolution, 1815–1848 (Hrsg., in Vorb.). – Literaturwissenschaftliche Aufsätze, Lexikonartikel zur deutschen und französischen Literatur.

Klaus R. Scherpe

Geboren 1939. Studium der Germanistik und Anglistik in Berlin und Stanford (USA). Dr. phil. Professor an der Freien Universität Berlin.

Publikationen:
Gattungspoetik im 18. Jahrhundert. Historische Entwicklung von Gottsched bis Herder. Stuttgart 1968. – Werther und Wertherwirkung. Zum Syndrom bürgerlicher Gesellschaftsordnung im 18. Jahrhundert. Bad Homburg 1970; ²1975. – Poesie der Demokratie. Literarische Widersprüche zur deutschen Wirklichkeit vom 18. zum 20. Jahrhundert. Köln 1979. – Aufsätze und Rezensionen zur Literaturgeschichte und zur Gegenwartsliteratur. – Hrsg. der Reihe »Literatur im historischen Prozeß« (mit Gert Mattenklott).

Gert Ueding

Geboren 1942. Studium der Germanistik, Philosophie, Rhetorik und Kunstgeschichte in Köln und Tübingen. Dr. phil. Professor für Allgemeine Rhetorik an der Universität Tübingen.

Publikationen:
Schillers Rhetorik. Tübingen 1971. – Glanzvolles Elend. Versuch über Kitsch und Kolportage. Frankfurt a. M. 1973. – Ernst Bloch: Ästhetik des Vor-Scheins (Hrsg.). 2 Bde. Frankfurt a. M. 1974. – Einführung in die Rhetorik. Geschichte, Technik und Methoden. Stuttgart 1976. – Wilhelm Busch. Das 19. Jahrhundert en miniature. Frankfurt a. M. 1977. – Literatur ist Utopie (Hrsg.). Frankfurt a. M. 1978. – Materialien zu Hans Mayer: Außenseiter (Hrsg.). Frankfurt a. M. 1978. – Friedrich Maximilian Klinger: Ein verbannter Göttersohn (Hrsg.). Stuttgart 1981. – Hoffmann und Campe. Ein deutscher Verlag. Hamburg 1981. – Wilhelm Busch: Aus alter Zeit (Hrsg.). Stuttgart 1982. – Wilhelm Buschs geheimes Lustrevier (Hrsg.). Berlin 1982. – Zahlreiche Aufsätze zur Literaturtheorie, Rhetorik und Geschichte der deutschen Literatur vom 18. Jahrhundert bis zur Gegenwart, Literaturkritik.

Christa Vaerst-Pfarr

Geboren 1946. Studium der Germanistik, Geschichte, Philosophie und Psychologie in Köln und Paris. Dr. phil. Assistentin am Institut für Deutsche Sprache und Literatur der Universität zu Köln.

Publikationen:
Dichtungs- und Sprachreflexion im Werk von Nelly Sachs. Frankfurt a. M. / Bern / Las Vegas 1977. – Goethes Literaturtheorie. In: Horst Turk (Hrsg.): Klassiker der Literaturtheorie. (Erscheint 1979.)

Werkregister

Für die Dramen werden neben den Fundstellen in Text und Anmerkungen (A) auch die Fundstellen für die entsprechenden Abschnitte in der Bibliographie (B) gegeben.

Personenregister

Das Register erfaßt Autoren der Primär- und Sekundärliteratur sowie im Kontext relevante Personen. Fundstellen in den Anmerkungen sind durch ›A‹ ausgewiesen.

Friedrich Schiller

EINZELAUSGABEN IN RECLAMS UNIVERSAL-BIBLIOTHEK

Die Braut von Messina. Trauerspiel. Mit der Einleitung Schillers »Über den Gebrauch des Chors in der Tragödie«. 60

Demetrius. Herausgegeben von Wolfgang Wittkowski. 8558 [2]

Don Carlos, Infant von Spanien. Dramatisches Gedicht. 38 [2] – dazu *Erläuterungen und Dokumente.* 8120 [3]

Gedichte. Auswahl und Einleitung von Gerhard Fricke. 7714 [2]

Die Jungfrau von Orleans. Romantische Tragödie. 47

Kabale und Liebe. Bürgerliches Trauerspiel. 33 – dazu *Erläuterungen und Dokumente.* 8149 [2]

Kallias oder über die Schönheit. Über Anmut und Würde. Herausgegeben von Klaus L. Berghahn. 9307 [2]

Maria Stuart. Trauerspiel. Mit einem Anhang zur Entstehung. 64 – dazu *Erläuterungen und Dokumente.* 8143 [3]

Der Parasit. Lustspiel. Nach Picard. 99

Die Räuber. Schauspiel. Mit einem Nachwort. 15 – dazu *Erläuterungen und Dokumente.* 8134 [3]

Turandot, Prinzessin von China. Tragikomisches Märchen nach Gozzi. Nachwort von Karl S. Guthke. 92

Über die ästhetische Erziehung des Menschen in einer Reihe von Briefen. Nachwort von Käte Hamburger. 8994 [2]

Über naive und sentimentalische Dichtung. Herausgegeben von Johannes Beer. 7756 [2]

Der Verbrecher aus verlorener Ehre und andere Erzählungen. Nachwort von Bernhard Zeller. 8891

Die Verschwörung des Fiesko zu Genua. Trauerspiel. 51

Vom Pathetischen und Erhabenen. Ausgewählte Schriften zur Dramentheorie. Herausgegeben von Klaus L. Berghahn. 2731 [2]

Wallenstein. Dramatisches Gedicht.
I *Wallensteins Lager. Die Piccolomini.* 41
II *Wallensteins Tod.* 42
Zu I u. II: *Erläuterungen und Dokumente.* 8136 [3]

Wilhelm Tell. Schauspiel. 12 – dazu *Erläuterungen und Dokumente.* 8102

ANDREAS STREICHER: *Schillers Flucht von Stuttgart und Aufenthalt in Mannheim von 1782 bis 1785.* Herausgegeben von Paul Raabe. 4652 [3]

BENNO VON WIESE: *Schiller.* Einführung in Leben und Werk. 7870

Philipp Reclam jun. Stuttgart

Paperbacks zur Literatur

Deutsche Gegenwartsliteratur. Ausgangspositionen und aktuelle Entwicklungen. 29 Beiträge. Hrsg. M. Durzak. 688 S.

Die deutsche Exilliteratur 1933–1945. 38 Beiträge. Hrsg. M. Durzak. 624 S.

Die deutsche Literatur im Dritten Reich. Themen – Traditionen – Wirkungen. 23 Beiträge. Hrsg. H. Denkler, K. Prümm. 556 S.

Die deutsche Literatur in der Weimarer Republik. 20 Beiträge. Hrsg. W. Rothe. 486 S.

Deutsche Literatur zur Zeit der Klassik. 23 Beiträge. Hrsg. K. O. Conrady. 462 S.

Manfred Durzak, Die deutsche Kurzgeschichte der Gegenwart. Autorenporträts, Werkstattgespräche, Interpretationen. 518 S.

Gegenwartsliteratur und Drittes Reich. Deutsche Autoren in der Auseinandersetzung mit der Vergangenheit. 14 Beiträge. Hrsg. H. Wagener. 342 S.

Geschichte der deutschen Lyrik vom Mittelalter bis zur Gegenwart. 21 Beiträge. Hrsg. W. Hinderer. 659 S.

Geschichte der politischen Lyrik in Deutschland. 13 Beiträge. Hrsg. W. Hinderer. 375 S.

Goethes Dramen. Neue Interpretationen. 16 Beiträge. Hrsg. W. Hinderer. 367 S.

Kleists Dramen. Neue Interpretationen. 12 Beiträge. Hrsg. W. Hinderer. 298 S.

Literatur und Leser. Theorien und Modelle zur Rezeption literarischer Werke. 14 Beiträge. Hrsg. G. Grimm. 444 S.

Die römische Lyrik. Texte, Übersetzungen, Interpretationen, Geschichte. Von K. Büchner. 391 S.

Romane und Erzählungen der deutschen Romantik. Neue Interpretationen. 16 Beiträge. Hrsg. von P. M. Lützeler. 389 S.

Romane und Erzählungen des Bürgerlichen Realismus. Neue Interpretationen. 23 Beiträge. Hrsg. H. Denkler. 422 S.

Romane und Erzählungen zwischen Romantik und Realismus. Neue Interpretationen. 17 Beiträge. Hrsg. P. M. Lützeler. 463 S.

Schillers Dramen. Neue Interpretationen. 13 Beiträge. Hrsg. W. Hinderer. 388 S.

Ulrich Suerbaum / Ulrich Broich / Raimund Borgmeier, Science Fiction. Theorie und Geschichte, Themen und Typen, Form und Weltbild. 215 S.

Philipp Reclam jun. Stuttgart